記念論集刊行會 編

福井重雅先生古稀・退職記念論集
古代東アジアの社會と文化

汲古書院

福井重雅先生
最終講義を前に（2006年１月18日）

福井重雅先生略年譜

昭和一〇年（一九三五）一二月　東京府牛込區（現東京都新宿區）に出生。

昭和二九年（一九五四）三月　早稻田大學高等學院卒業。

昭和三三年（一九五八）三月　早稻田大學第一文學部史學科東洋史專修卒業。

昭和三五年（一九六〇）三月　早稻田大學大學院文學研究科史學（東洋史）專攻修士課程修了。文學修士。

昭和三八年（一九六三）四月　早稻田大學第二文學部非常勤講師（昭和四〇年まで）。

昭和四〇年（一九六五）三月　早稻田大學大學院文學研究科史學（東洋史）專攻博士課程單位取得滿期退學。

一二月　早稻田大學文學部專任講師（昭和四六年まで）。

昭和四一年（一九六六）一月　アメリカ合衆國ミズーリ州セント＝ルイス市ワシントン大學留學。

九月　同合衆國オハイオ州オバリン大學轉學。

昭和四二年（一九六七）一月　同合衆國オハイオ州ウースター大學轉學。

六月　同合衆國マサチューセッツ州ケンブリッジ市ハーヴァード大學付屬燕京研究所留學。

九月　同合衆國ミズーリ州セント＝ルイス市ワシントン大學復學（昭和四三年まで）。

昭和四六年（一九七一）四月　早稻田大學文學部助教授（昭和五一年まで）。

昭和四七年（一九七二）一二月　早稻田大學第一文學部教務副主任（學生擔當）。

昭和四八年（一九七三）四月　早稻田大學第一文學部教務副主任（教務擔當）。

昭和四九年（一九七四）　四月　大正大學文學部非常勤講師（平成一六年まで）。
昭和五一年（一九七六）　四月　東京教育大學文學部非常勤講師（昭和五〇年まで）。
　　　　　　　　　　　　四月　早稲田大學文學部教授。
　　　　　　　　　　　一一月　日本道教學會評議員。
昭和五二年（一九七七）一〇月　早稲田大學大學院文學研究科教務委員。
昭和五五年（一九八〇）　四月　東海大學文學部非常勤講師（昭和五六年まで）。
昭和五九年（一九八四）　四月　東京大學文學部非常勤講師（昭和六一年まで）。
昭和六〇年（一九八五）　四月　文化放送大學受験講座世界史講師（平成一年まで）。
　　　　　　　　　　　一一月　東洋史研究會評議員。
昭和六三年（一九八八）　四月　學位請求論文「漢代官吏登用制度の研究」提出。文學博士（早稲田大學）。
平成　二年（一九九〇）　四月　文部省大學設置・學校法人審議會專門委員（平成七年まで）。
平成　三年（一九九一）　四月　文部省國立高等專門學校教員選考委員（平成八年まで）。
　　　　　　　　　　　一一月　社會文化史學會理事。
平成　四年（一九九二）　八月　アメリカ合衆國ワシントン州シアトル市ワシントン大學客員研究員。
平成　五年（一九九三）　三月　東洋史懇話會會長（平成一一年まで）。
平成　七年（一九九五）　四月　文部省文學視學委員（平成一五年まで）。
　　　　　　　　　　　一〇月　日本秦漢史研究會副會長（平成一一年まで）。
平成一三年（二〇〇一）一〇月　早稲田大學史學會會長（平成一五年まで）。

平成一四年（二〇〇二）　四月　立正大學大學院文學研究科非常勤講師（同年七月まで）。

平成一八年（二〇〇六）　三月　早稲田大學文學學術院教授定年退職。

四月　早稲田大學名譽教授。

一〇月　早稲田大學贊助員。

福井重雅先生主要著作目錄

著書

學術書

『古代中國の反亂』（教育社、一九八二年）
『漢代官吏登用制度の研究』（創文社、一九八七年）
『陸賈『新語』の研究』（汲古書院、二〇〇二年）
『漢代儒教の史的研究――儒教の官學化をめぐる定説の再檢討――』（汲古書院、二〇〇五年）

譯注書

ウィン・チット＝チャン著『近代中國における宗教の足跡』（金花舍、一九七四年）
アーサー＝ライト編著『中國の思考樣式』（金花舍、一九七八年）
アン＝バンクロフト著『佛教の世界』（帝國書院、一九八八年）
『譯注　西京雜記・獨斷』（東方書店、二〇〇〇年）
『中國古代の歷史家たち――司馬遷・班固・范曄・陳壽の列傳譯注――』（早稻田大學出版部、二〇〇六年）

參考書

『基礎からよくわかる世界史』（旺文社、一九八三年〜）

『基礎からよくわかる問題集　世界史B』（旺文社、一九九一年〜）

報告書

『中國前近代社會の社會・文化の地域的研究』——昭和五二・五三・五四年度文部省科學研究費研究成果報告書・研究代表者——（一九八一年）

『東アジア史上の國際關係と文化交流』——昭和六一・六二年度文部省科學研究費研究成果報告書・研究代表者——（一九八八年）

『儒教の國教化（稿）——日本における學説史・研究史の整理——』——平成九・一〇・一一年度文部省科學研究費研究成果報告書——（二〇〇〇年）

論　文

大唐創業起居注考　（『史觀』六三・六四合併號、一九六二年）
『入唐求法巡禮行記』と『舊唐書』武宗本紀　（福井康順編『慈覺大師研究』所載、天台學會、一九六四年）
儒教成立史上の二三の問題――五經博士の設置と董仲舒の事蹟に關する疑義――　（『史學雜誌』七六―一、一九六七年）
前漢における墨家の再生　（『東方學』三九、一九七〇年）
『老子道德經』の英譯とその問題　（『東方宗教』三六、一九七〇年）
天台教學と英語世界　（『天台學報』一四、一九七二年）
漢代の選擧と制科の形成　（『社會科學討究』五二、一九七三年）
ヨーロッパから見たアジア　（『歷史と地理』二一四、一九七三年）
黃巾集團の組織とその性格　（『史觀』八九、一九七四年）
黃巾の亂と起義の口號　（『大正大學研究紀要』五九、一九七四年）
黃巾の亂と傳統の問題　（『東洋史研究』三四―一、一九七五年）
漢代における策書の形式　（奧田慈應先生喜壽記念『佛教思想論集』所載、平樂寺書店、一九七六年）
漢代における對策の書式　（木村英一博士頌壽記念『中國哲學史の展望と模索』所載、創文社、

一九七六年）

漢代鄉學里選の一性格
（『社會文化史學』一五、一九七八年）

後漢の選擧における推擧の辭退
（『東方學』五七、一九七九年）

漢代の制科における察擧の問題
（『早稲田大學大學院文學研究科紀要』二四、一九七九年）

漢末東州兵出自考
（『史觀』一〇〇、一九七九年）

漢代の官僚制度と秩六百石の上下
（『史觀』一〇二、一九八〇年）

天下三分と益州疲弊
（早稲田大學文學部東洋史研究室編『中國前近代史研究』所載、雄山閣、一九八〇年）

後漢末期における河北・山東文化の波及
（酒井忠夫先生古稀記念論集『歴史における民衆と文化』所載、國書刊行會、一九八二年）

蔡邕と『獨斷』
（『史觀』一〇七、一九八二年）

中國古代史疑淺釋——秦漢時代の七不思議——
（『歴史と地理』三三六、一九八三年）

漢代察擧制度の研究
（東京大學『東洋文化研究所紀要』九三、一九八三年）

『舊唐書』——その祖本の研究序説——
（早稲田大學文學部東洋史研究室編『中國正史の基礎的研究』所載、早稲田大學出版部、一九八三年）

後漢の選擧科目「至孝」と「有道」
（『史觀』一一一、一九八四年）

范曄と佛教
（牧尾良海博士頌壽記念『中國の宗教・思想と科學』所載、國書刊行會、一九八四年）

漢代賢良方正科考　（『東洋史研究』四三—三、一九八四年）

『後漢書』所載の佛教記事をめぐって　（壬生台舜博士頌壽記念『佛教の歴史と思想』所載、大藏出版、一九八五年）

南北朝成立三注所引各種『後漢書』類索引・補考　（『アジア史における年代記の研究』——昭和六〇年度文部省科學研究費研究成果報告書・研究代表者長澤和俊——、一九八六年）

後漢の辟召制度——その有資格者の範圍をめぐって——　（『史觀』一一七、一九八七年）

老子の英譯　（加地伸行編『老子の世界』所載、新人物往來社、一九八八年）

漢代の少數民族夜郎の歸屬年代　（『中國史上における少數民族の研究』——昭和六〇・六一・六二年度文部省科學研究費研究成果報告書・研究代表者古賀登——、一九八八年）

漢代の察擧制度と爵制　（東京大學東洋文化研究所『東洋文化』六八、一九八八年）

中國古代帝國の出現と法家思想　（『石川アカデミア講演錄'89』所載、石川縣教育委員會、一九九〇年）

石渠閣論議考　（牧尾良海博士喜壽記念『儒佛道三教思想論攷』所載、山喜房佛書林、一九九一年）

班彪『後傳』淺議　（鹽入良道先生追悼文集『天台思想と東アジア文化の研究』所載、山喜房佛書林、一九九二年）

陸賈『新語』考證・研究略史　（『史觀』一二七、一九九二年）

陸賈『新語』の眞僞問題（『集刊東洋學』七〇、一九九三年）

六經・六藝と五經――漢代における五經の成立――（『中國史學』四、一九九四年）

秦漢時代における博士制度の展開――五經博士の設置をめぐる疑義再論――（『東洋史研究』五四―一、一九九五年）

前漢對策文書再探――董仲舒の對策の豫備的考察――（『社會文化史學』三四、一九九五年）

董仲舒の對策の基礎的研究（『史學雜誌』一〇六―二、一九九七年）

讀『鹽鐵論』芻議（『早稻田大學大學院文學研究科紀要』四二、一九九七年）

讀『鹽鐵論』芻議――續――（『早稻田大學大學院文學研究科紀要』四三、一九九八年）

董仲舒の虛像と實像（『史觀』一三九、一九九八年）

班固の思想　續論――とくに『左傳』と緯書を中心として――（『史滴』二一、一九九九年）

班固の思想　初探――とくに漢堯後說と漢火德說を中心として――（村山吉廣教授古稀記念『中國古典學論集』所載、汲古書院、二〇〇〇年）

班固と董仲舒――儒教の國教化という虛構譚の成立――（『中國――社會と文化』一六、二〇〇一年）

儒教の國教化（松丸道雄他編『中國史學の基本問題Ⅰ　殷周秦漢時代史の基本問題』所載、汲古書院、二〇〇一年）

鹽鐵論議後史――儒教の國教化への一段階――　（『早稲田大學大學院文學研究科紀要』四五、二〇〇一年）
鹽鐵論議後史――漢代儒教の國教化をめぐる一視點――　（『早稲田大學大學院文學研究科紀要』四七、二〇〇二年）
董仲舒の生沒年　（『鴨臺史學』三、二〇〇二年）
儒教の〝勝利〟と法家の〝勝利〟　（宮澤正順博士古稀記念『東洋――比較文化論集――』所載、青史出版、二〇〇四年）
中國古代儒服詮議　（『早稲田大學大學院文學研究科紀要』五一、二〇〇六年）

翻　譯

【獨文からの邦譯】
ルドルフ＝ヘルツァー「淫祀及び淫祠の考察」　（『漢魏文化』一四、一九六二年）
【英文からの邦譯】
ウィン・チット＝チャン「儒教」　（ブリタニカ『國際大百科事典』九所載、ティビーエス・ブリタニカ、一九七三年）
ウィン・チット＝チャン「中國哲學」　（ブリタニカ『國際大百科事典』一三所載、ティビーエス・ブリタニカ、一九七四年）
ジャック＝ダル「新道教における儒教的諸要素」　（酒井忠夫編『道教の總合的研究』所載、國書刊行會、一九七八年）

クリストファー＝M＝シッペール「都功の職能に關する二三の考察」（酒井忠夫編『道教の總合的研究』所載、國書刊行會、一九七八年）

テリー＝F＝クリーマン「北アメリカにおける中國學の現状――殷・周・漢を中心に――」（『社會文化史學』三一、一九九三年）

【自作論著の中國語譯】

呂宗力譯「論秦漢制度中的賢良方正」（『中國秦漢史研究會通訊』一二、一九八六年）

仝晰綱譯「漢代賢良方正察擧制的形成原因」（『山東師範大學學報』一九九一―四、一九九一年）

何凱譯「日本的中國秦漢史研究會的成立和現狀」（『秦漢史論叢』五、一九九二年）

『四川岷江上游歷史文化研究』序文（四川大學出版社、一九九六年）

書評

エドウィン＝O＝ライシャワー著・田村完誓譯『世界史上の圓仁』（『東方宗教』二三、一九六四年）

エティエンヌ＝バラーシュ著・村松祐次譯『中國文明と官僚制』（『季刊東亞』一七、一九七二年）

デ＝ホロート著・牧尾良海譯『中國における宗教受難史』（『東方宗教』五七、一九八一年）

大淵忍爾著『初期の道教――道教史の研究　其の一』（『創文』三三二、一九九二年）

雜　纂

「一九六三年の歴史學界（隋唐）――回顧と展望――」
（『史學雜誌』七三―五、一九六四年）

「一九七〇年の歴史學界（戰國・秦漢）――回顧と展望――」
（『史學雜誌』八〇―五、一九七一年）

「中國僧のインド旅行」ほか
（松田壽男・森鹿三編『アジア歴史地圖』所載、平凡社、一九六六年）

「史料・文獻」「一般圖書」
（井上幸治・入交好脩編『東洋經濟史學入門』所載、廣文社、一九六七年）

「王陽明」「玄奘」「墨子」「孟子」「陸象山」ほか
（『ブリタニカ國際大百科事典』所載、ティビーエス・ブリタニカ、一九七二～一九七五年）

「中國の佛教」
（月刊『住職』五―六別册付錄、一九七八年）

「故栗原朋信先生略年譜」「故栗原朋信博士主要業績目錄」
（『史觀』一〇二、一九八〇年）

栗原朋信遺稿「中華世界の成立」（補注）
（前掲『中國前近代史研究』所載、一九八〇年）

「諸子百家の時代」
（ＮＨＫラジオ『學校放送』高等學校一學期、日本放送出版協會、一九八一年）

「愛琿條約」ほか
（『國語大辭典』所載、小學館、一九八一年）

「鹽鐵論」ほか　(『旺文社百科事典　エポカ』所載、旺文社、一九八三年)

「宗教反亂の指導者・張角」　(週刊朝日百科『世界の歴史』一八、朝日新聞社、一九八九年)

「中國秦漢史研究會第四屆年會暨國際學術討論會參加報告」　(『史滴』一〇、一九八九年)

「東洋史學專修——過去・現在・未來——」　(『早稲田フォーラム』六〇、一九九〇年)

「上座部佛教の世界」　(『地理・圖說史料』所載、帝國書院、一九九一年)

「コンピュータによる中國正史の索引」　(月刊『しにか』一九九三—七、一九九三年)

「鬼道」「黃巾の亂」「五斗米道」「太平道」「封禪」　(野口鐵郎他編『道教事典』所載、平河出版社、一九九四年)

「黃色」「黃巾の亂」「董仲舒」「武帝」ほか　(『歴史學事典』3・4・12所載、弘文堂、一九九五・一九九六・二〇〇五年)

「中國アウトロー列傳・張角」　(月刊『しにか』二〇〇〇—一〇、二〇〇〇年)

「學校・書院」「選擧」　(溝口雄三他編『中國思想文化事典』所載、東京大學出版會、二〇〇一年)

「漢代儒教の官學化をめぐる定説の再檢討」　(二〇〇四年度『アジア地域文化エンハンシング研究センター報告書Ⅲ』所載、二〇〇四年)

「五經」「五經博士」「春秋繁露」「董仲舒」　(『中國文化史大事典』(假)、大修館書店、二〇〇七年以降、豫定)

「創刊によせて」「猶お史の闕文に及べり」「記録の偶合」「十有五にして學に志す」「人生と〝白駒〟」（『史滴』一、一九八〇年）（同六、一九八五年）（同一二、一九九一年）（同一五、一九九四年）（同二七、二〇〇六年）

鈴木（由次郎）博士古稀記念『東洋學論叢』論題英譯（明徳出版社、一九七二年）

栗原朋信『上代日本對外關係の研究』目次英譯（吉川弘文館、一九七八年）

合評會　福井重雅著『漢代儒教の史的研究』討論發言（渡邉義浩編『兩漢の儒教と政治權力』第二部所載、汲古書院、二〇〇五年）

序

早稲田大學文學學術院教授福井重雅先生は、平成十八（二〇〇六）年三月三十一日をもって定年ご退職の日を迎えられた。先生は、早稲田の東洋史學に新制大學院が發足したころの雰圍氣をご存知の最後の方である。戰前に比べれば隨分樣子が變わったとはいえ、大學にはそれぞれ建學時に形成された學風があり、その意味で、先生は早稲田大學東洋史學の學風を作られたお一人ということになる。

私は先生が博士課程單位取得で大學院を退學された一九六五年の四月に、第一文學部東洋史學專修に入學した。初めて先生にお會いしたときの印象は強烈で、今でも鮮明に覺えている。年譜を拜見すると、その時、先生はアメリカ留學から歸國されたばかりで（一九六八年）、外國書講讀の授業であったと思うが、颯爽と教室に現れた先生は、机に腰掛け（椅子ではない）足をくみ、片手に英書をもつと朗々と講義を始められた。「洋行」という言葉がまだ輝いていた時代であった。

當時、アメリカの中國史學をめぐっては、ベトナム戰爭の擴大、米政府の極東政策にからめたアジア・フォード財團問題などの理由で、日本の學界の評價は冷淡であった。一方、中國はまさに文革のただなかで學問研究どころの話ではない。世界中が政治の季節であったのである。しかし目を凝らすと、政治の荒波の下にはゆっくりとであるが、新たな學問潮流の動きが確かに認められた。福井先生の著作目錄、譯注書に名前のあるアーサー=ライトが主編者となりスタンフォード大學出版から刊行された一連の儒教研究シリーズは、私には非常に刺激的であった。儒教を思想・哲學史ではなく、中國史を構成する主要素の一つとして捉え、儒教を切り口に中國社會を縱横に論じる方法は、社會經濟史一邊倒であった60、70年代の日本の中國史研究とは隨分様子を異にしていた。

私の專攻する宋代史の分野では、アメリカの研究は80年代後半になると一氣に奔流となり、注目すべき著作が次々と刊行された。著者たちはほぼ私と同世代である。近年は、かれらの指導した學生たちが活躍する時代となり、今や、アメリカでの研究を抜きにして中國史研究の動向を語ることはできないまでになっている。

福井先生は、早稻田大學東洋史懇話會の雜誌『史滴』に長年にわたり譯注を連載された。蔡邕『獨斷』から始まり、『華陽國志』陳壽傳に至るまで二十年以上繼續された譯業は、分擔した院生を實踐指導する場であったと拜察する。私は參加する機會を得なかったが、隨分前の院生のとき、先生の監修された『中國の思考様式』中の一つ、レブンソンの論考を擔當翻譯させていただいたことがある。私には難解な英文で四苦八苦して提出したが、先生の手を入れられた提出原稿をみると全面朱で埋まっており、ご自分で直接譯されたほうが餘程能率的であったろうにと恥じ入った經驗がある。これから推しても院生の譯注作業を監修することが、いかに大變なことか十分理解できる。

先生が始められた『史滴』の譯注掲載は、その後、ほかの先生方にも廣がり、この雜誌の特色の一つとして定着した。嚴密な譯注作業をふまえた漢文史料の讀解は、こうして早稻田大學東洋史學の學風となったといっても差し支えないであろう。一方、近年の急速な中國古典籍のデジタル化は、豫想以上に研究スタイルの變化を加速させせつつある。また漢文史料を主に扱う東アジア史研究の分野においても、鄰接學問領域との相互乘り入れの必要がいわれ、學際研究が進展している。事實、現代世界が東アジア史研究に求める諸課題に對し、從來の方法論のみで對應することが困難になっていることは明らかである。この點、政府の極東政策と密接に關連した地域研究と連動するアメリカの中國史研究は、その良し惡しは別として當初から學際研究であった。

しかし、學際研究＝interdisciplinaryが、disciplineを疎かにしているわけでないことはこの言葉からも自明である。ラテン語の「學ぶdisciple」から派生し、訓練、修養、規律などの意味をもつdisciplineに對應する東アジア史研究上の言葉は、漢文史料讀解能力の涵養であろう。最近は餘り聞かなくなったが、中國史研究者への最大の褒め言葉は「あの人は讀める」であった。漢文史料讀解能力とは、この意味深長な「讀める」ということなのである。共同譯注作業は、この訓練の場として非常に有效で、近年は臺灣や中國の大學、研究機關でも導入されるようになった。こうしてdisciplineを習得した研究者が、他のdisciplineの研究者と共同することで、初めて學際研究となる。

アメリカの中國史研究と共同譯注作業、この二つをキーワードとしてみると、福井先生は、この間の中國史研究の最も重要な部分で研究室をリードされてきたことが諒解される。本書は、福井先生の古稀を記念して編集されたが、先生ご自身が寄稿されているように單なる門下生の獻呈本ではない。また寄稿者の論題は、先生のご専門を考慮して13世紀までの東アジアに限定されているが、特に統一テーマを設定したわけでもない。冒頭に記したように、東洋史學に新制大學院が發足したときの清水泰次、松田壽男兩先生に受業された福井先生が退職されたことは、早稲田の東洋史研究室が時代の一つの區切りを迎えたということであろう。福井先生の受講生を中心に編まれた本書は、いわば東洋史研究室のマイル・ストーンである。種々の理由で、刊行がご退職から一年後となったことも、早稲田大學文學部が、新生文學部と文化構想學部に全面改組される、その年に重なる結果となり、本書のマイル・ストーンとしての意義はさらに大きくなった。先生の益々のご活躍を祈念して拙い序文とする。

近藤一成

二〇〇七年二月

福井重雅先生古稀・退職記念論集　古代東アジアの社會と文化

目　次

福井重雅先生古稀・退職記念論集

古代東アジアの社會と文化

第一章

東アジア世界における公平、平等の源流を求めて

――甲骨文に見える「公」について――

豐田　久

はじめに

東アジア世界における多様な人々を含む、公平、平等の普遍的な考え方がどのようにして生まれてきたのか、その起源について考えるために、まず古文字における「公」の文字が生まれた時の、その本來の意味から探ってみたいと思う。この文字が生まれた時、それはどのような意味で用いられていたのであろうか。そのことが「公」の文字のもつ、いわゆる公平、平等の普遍的意味とどのように關係してくるのであろうか。

溝口雄三氏は「公」の意味について、ある共同體の首長やそれに對する尊稱、あるいは共同體の施設、所有者などを指すとみられると解し、原字（白川靜氏の『字統』からの引用）の圖1をあげて甲骨文字、金文の中のㅂ ㅁらの部分については、共同體の祭祀の廣場、あるいは首長の宮殿廣場、また八〢らの部分については、祭祀か儀禮の參列者の行列、などとする說が多いとする。そして、この公平の概念を氏族の共同體的性格から導き出している。

圖1

またそれを支える天の萬物萬民に對する公平無私なあり方を述べ、その

天の觀念が、もともと共同體內に留まる公平の概念を廣く天下という普遍世界におし廣げたのではないかとしている。[1]

溝口氏は白川氏の『字統』に見える「公」の解釋に從ったようであるが、白川氏は先の甲骨文字、金文らの公の字形の**圖1**を擧げて、それは儀禮を行う宮廷の廷前のところの平面形であり、公の初義は公宮で建築物として、殷の神都天邑商に公宮があり、そのような宮廟に祭られる人を公といったのであろう。公は族長領主で、公宮はその氏族の宮廟またそこに祭られるべき人であり、氏族は共同體的性格をもつから、そこから公共などの意味となるとしている。[2]

ただ、溝口氏は白川氏が公宮を公の初義とすることに對する疑問や、公そのものの原義を祖宗とみなす説（『金文詁林』に收錄の王獻唐の說）をあげて、祖靈說との結びつきも考えているようである。[3] 確かに白川氏が初義とする「公宮」は、時代的には甲骨文字の斷代における最後の第五期にはじめて集中して見えるものであり、それ以前の第一期から第四期における「公」と氏自身が釋した文字の多數の用例については觸れられていなかった。

また、溝口氏は中國の公觀念には天の觀念が色濃く浸透しており、天と民本位の觀念として「陰陽の和は一類のみを長ぜず、甘露時雨は一物のみに私せず」（『呂氏春秋』貴公）などの言說や、この天、天命の觀念が、「天に私覆なく、地に私載なし」（『莊子』大宗師）といわれる絕對的な天のもつ公平無私と結びつけられるところに中國の特徵があると述べられている。[4]

しかし、「公」の普遍化に資したとする、この天の觀念や民が統治者の權力の背景にすえられたのは、溝口氏も述べるように周王朝に入ってからのことであり、それ以前既に殷王朝時代に生まれた、本來の「公」の文字のもつ概念と神々を統べる後の天の觀念との結びつきに至る說明や、なぜ殷代のそれが、同質的につながるのかが說明されていたわけではなかった。

そこで、これらのことを考えながら殷王朝時代の「公」の文字と釋されている卜辭資料の具體的內容を直接分析して、そこから東アジア世界における文化、風俗らの異なる多種多様な人々を包み込む、領域を超える普遍的な公平、平等の考え方の源流についてあらためて考えてみたいと思う。

一、甲骨文字に見える「公」と釋されてきた文字について

まず、この甲骨文字の「公」という文字に釋文されている字形を甲骨文字の主要な工具書である『甲骨文編』（新版）（一九六五年、初版一九三四年）や『續甲骨文編』（一九五九年）、『甲骨文字集釋』（一九六五年）、『殷墟卜辞綜類』（一九六七年）（後、綜類と略稱）らに見ると、圖2の『甲骨文編』（新版）のように、共通して「公」の字として「」や「」が擧げてある。[5]

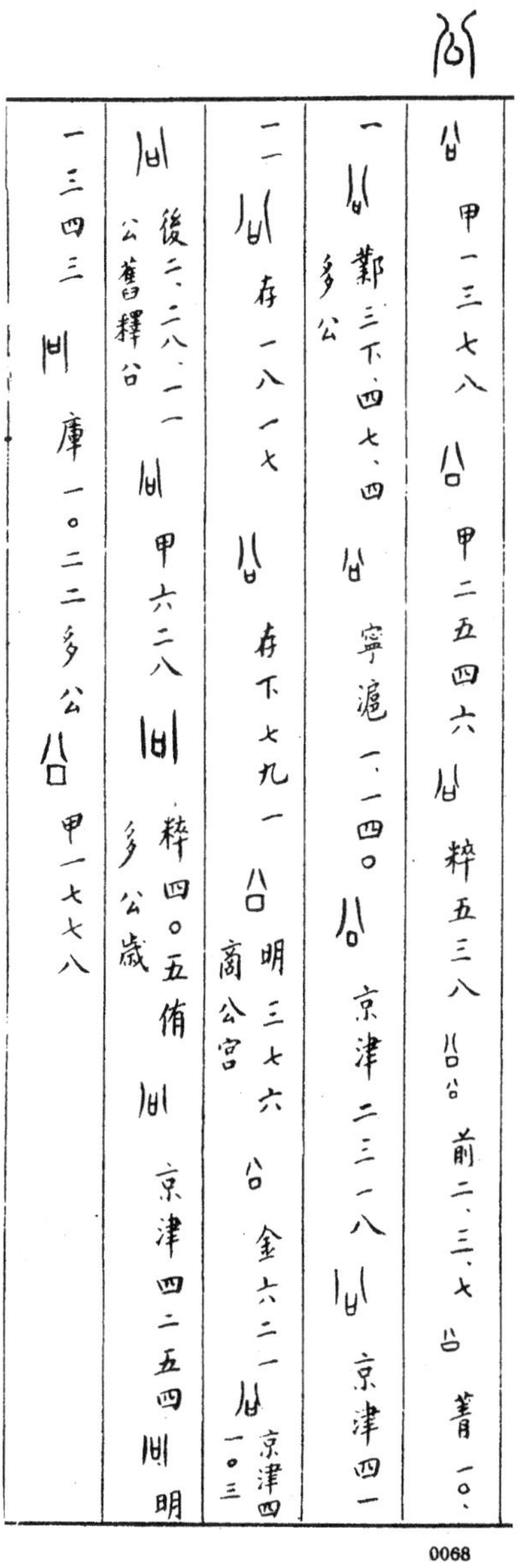

圖2

これらの甲骨文字に關する工具書では、「公」の文字としてあげるものに原字のととを一つのものとして、分けてあげていないが、一九七八年―一九八二年刊の甲骨文字を集めた『甲骨文合集』（後、合集と略稱）に基づく一九八九年刊の『殷墟甲骨刻辭類纂』（後、類纂と略稱）では、「公」の字について、この（、公）と（公）とを二つに分けてあげている。[6] 更に一九九六年刊の『甲骨文字詁林』（後、詁林と略稱）では、「３３０２　公　　、３３０３　公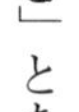」とあり、最近では分けてあげるようになっている。[7] 同じ「公」と釋文されて來ていても、もとの字形はとで少し異なっていたことが分かる。そこで甲骨文字の「公」の字を考えるときに、大きく二つに分けて考える必要があろう。今、先の綜類を例に取ると、綜類は「公」の字を「多公」と「公宮」と「その他」の三つの項に分類しているが、[8] 類纂に從えば、「多公」の「公」はの字であって、「多公」の言葉は既に第三、四期にある。[9] そして「公宮」の「公」の字はの字であり、白川氏の云う「公宮」の言葉は、後に述べるようにの字形と共に甲骨文字で最後の斷代で云う第五期にのみ集中して見えるものであり、むしろ「多公」の「公」は、の字形と共に、それ以前の第一期のはじめから既に見えるものであったことが分かる。そしてそれらは、すべて「公」と釋されてきたのである。なお、「公」の字釋そのものの諸説については、『甲骨文字字釋綜覽』（一九九三年）を參照した。[10]

そこで、今類纂に從って合集によって、その字の拓本をととに分けて整理してみると、次頁の圖３のようになる。

この表によると、の字の確かなものは二十例以上を數え、それは第一期から第三期、第四期に集中して見えていて、やがて第五期には一例も見えなくなってしまう。また、の字の確かなものは十例ばかりで、第三期と第五期に集中してみられ、それは金文「公」のの字形に直接つながるものである。しかし、同じ「公」の文字と釋さ

第一期（武丁）
762
20243
21114
第二期（祖庚、祖甲）
26877
26014
第三期（廩辛、庚丁）
31914
30961
27497
27149
30743
31673
27393
30770
27651
27494
27416
27999
30603
27496
27495
屯 153
屯 75
27354
屯 4102
31848
27417
屯 95
屯 3960
屯 1088
第四期（武乙、文武丁）
34296
33693
33692
31991
屯 31
第五期（帝乙、帝辛）
36543
36547
36541
36540
36542
36545

圖3

れて來ても、の字はの字の倍近くあり、本來、殷王朝時代における同じ「公」の字と釋されて來た文字で云うならば、今見ることの出來る字數によるけれども、第四期までの「公」の文字の主流を占めていたと云うことが出來るであろう。

そこで本稿では、合集に見える卜辭資料の具體的内容から、「公」と釋されてきた、の意味、内容について考えてみたい。その釋文は、合集の『甲骨文合集・釋文』（後、釋文編と略稱、類纂や『殷墟甲骨刻辭摹釋總集』と異なった場合もある）などを參照した[11]。

二、「多公」について

類纂にはの字を「多公」と「その他」の項の二つに分類し、「多公」の例として四例をあげている[12]。第三期が一例、第四期が三例で最も多い。そこで、この「多公」から見てみたい。以下にあげる甲骨文資料における先頭數字は、特別の注記がないものは合集の番號である。

２７４９５　……至于多公、王受［又］。（第三期）

３３６９２　辛亥、貞、壬子又多公歲。（第四期）

３３６９３　辛亥、貞、壬子又多公歲。（第四期）

３４２９６　……夊歲于多［公］……。（第四期）

これらの「多公」は、類纂では２７４９５は「多」と「」に釋文しており、３３６９２以下のものは「多公」と「公」に釋文しているが、合集の釋文編はこれらをすべて「多公」に釋文している[13]。これについて、先の詁林

の「公」の條に屈萬里の說を引いて「、金文中公字多如此作、當是公字。此蓋指先公而言、單言公者、蓋泛稱群公・，言多公者、義亦猶是。」とある。「公」とあっても、群公の意味であろうと解し、この「多公」を祖先神の先公と解している。この屈氏の說は、同氏の『殷虛文字甲編考釋』に甲編の「628　公歲」に注して「萃編538片有公字。同書404・405兩片、並有〝多公〞之語。404片辭云：〝又歲于多公？〞萃釋以公爲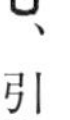、引說文云：〝、山間陷泥地、讀若沇州之沇。〞（按：此本鉤沈說。）且云：〝在此與多后同例、蓋假爲君。〞按：」とあり、以下に續けてこの詁林の文が來る。萃釋とは郭沫若（『殷契萃編考釋』）の考釋のことである。(14) を說文の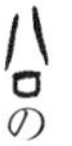の字の意味に解釋することは卜辭にはないようで、今までに山間陷泥地にとる解は見られない。郭氏は「多」の意味を後に云う祖先神の「多后」と同例として、「君」の意味にとっている。(15)

この27495の「……多公に至る。王は（祐）を受けんか。」の「多公」について、「多〇〇」を卜辭資料で見ると、類纂に「多臣」、「多尹」以下、「多公」、「多后」を含めて「多妣」まで二十六例あり、更に「多雨」、「多方」、「多生」などがある。(16) かつて松丸道雄氏は甲骨文中の「多」の字を分析して、一、祭祀對象、二、王朝の官職名、三、後世の爵稱に近い身分呼稱、四、王朝の支配權の及ばない異邦（多方）、五、しばしば人牲とそれる異族奴隸（多羌）、などと分類し、一、から五、までの「多」の用例は、すべて複數を表示するものと解する他はないとしている。(17) 今これに従うと、「多公」は「多くの公」の意味となるであろう。

次に「至于多〇」の形式を卜辭資料で見てみると、類纂の「至」の字における「至祖先」の項に、この27495の「至于多公」と多數の「至于多后」（「后」はもと「毓」の字である。）との二例のみを見ることが出來る。(18)「多公」、「多后」を共に祖先と解している。後者の例は卜辭に多く、この「多后」の「后」は王國維が「引伸爲先後之後、又引伸爲繼體君之后。……卜辭此字又用爲繼體君之后」と解してこの「多后」らの例をあげ、「按書盤庚云：『古我前后』、又云：『女曷不念我古后之聞』、又云：『予念我先神后之勞爾先』、又云：『高后丕乃崇降罪疾』、……詩商頌云：『商之先后』、是商人稱其先人爲后、是多后者、猶書言多子多士多方也、五后者猶書云：『三后成功』、詩云：『三后在天』也。……」と解し、朱岐祥『殷墟甲骨文字通釋稿』（後、通釋稿と略稱）に「卜辭習言「多后」、即諸繼位君主之意、自殷先公上甲以下諸王統稱「多后」、包括大・小宗」と解し、徐中舒の『甲骨文字典』の「后」には「一、君長也、用以稱殷之先公先王。」として、「多后」の例をあげ、また「二、用爲先後之後、爲廟號區別字、與高相對、高祖乙爲祖乙、後祖乙爲小乙、高祖丁爲中丁、後祖丁爲祖丁。」と解している。このように、「多后」は繼體の血縁的系譜につながる祖先の先公、先王と解釋されているものである[19]。

そして類纂はこの「多公」の場合も、郭氏らの解釋に從ったのではないかと思われるが、繼體の意味をもつ「多后」と同じく祖先神と解していることになる。類纂における「后」の「至后」の項で見ると例えば[20]、「10111　桒年自上甲至于多后」、「14851　其祀于河以大示至于多后」、「14852　自上甲至于多后」、「14856　夂歲……至于多后」（第一期）、「22622　自上甲至于多后衣、無尤」や「22621　自上甲衣至于后、無尤」、「22623　自上甲衣至于多后」（第二期）とあるから、「多后」は殷の「上甲」以後の複數の祖先神をまとめた云い方であろう。そこには、「河」の神と共に「多后」が祀られている場合もある。またそれは「后」と單稱されることもあった。「22663　自上甲衣至于后」（第二期）も同じである。また「屯275　甲寅卜、其桒于后……」（第四期）とあり、同版に「甲寅卜、其桒于「四示」」とある。この「后」も複數の祖先神を指すであろう。また、「屯37　甲寅卜、逆自后桒年」（第三期）とあり、裘錫圭はこの「后」も「多后」の「后」として、複數の祖先を指すと考えられている。「后」の用例は、類纂に見ると第五期にも二十例見えている[21]。

ここに見える祭祀對象は「上甲より多后に至る」とあるように、「上甲」の名が最も多く、先の類纂には、その他

「祖乙」、殷王朝の開設者「大乙（成唐）」、「示壬」「大示」の名が見えている。「大示」は陳夢家『殷虚卜辭綜述』（後、綜述と略稱）に「大示自上甲起、終於父王、與直系同。」とあり、また島邦男『殷墟卜辭研究』（後、研究と略稱）に「直系は上甲より示癸に至る六示、大乙より祖丁に至る九示、小乙より武乙に至る五示」と解してあるが、いずれにしても「大示」は「上甲」以後の「示壬」「大乙（成唐）」「祖乙」を含めた殷王朝の先公、先王の祖先神である。[22]「上甲」、「示壬」は夏王朝を倒したという殷王朝の開設者「大乙（成唐）」以前の祖先神である。

なお、よく云われているように、これらの殷の「上甲」以後の祖先神は、後に述べる、それ以前における祖先神の先公神と異なり、皆甲、乙、丙、丁、……という十干がついており、それがつかない先公神と明確な區別がある。[23]

そうすると、類纂らは「多公」を「多后」と同じ祖先と解釋しているが、「多后」が意味する「上甲」以後の、「示壬」「大乙（成唐）」「祖乙」などの祖先神とは異なった殷の、他の祖先神を意味していたことになろう。

また、「公」を祖先と解釋することは

３１６７８反　弜公歲宰。（第三期）

とあり、胡厚宣氏は「宰」の部分を小宰と釋文しているが、「公的意思是祖、卜辭常説多公或三公。歲祭名、小宰卽羊。」として、この「公」をやはり、「多公」の「公」と同じく祖先神に解している。[24] また「２７３９３　……公歲惟羊。（第三期）」は、この「公歲」もこれと同じ例である。また先の「夊歲于多［公］」や類似の「２７１４９　王其又（侑）大乙大丁大甲、惟夊歲公。（第三期）」（後述。この公は「」に作る）は、詁林に２７１４９の「公」を祭名とするが、[25] これらと類似の祭祀對象であろう。これらの「公」も複數の群公を意味する可能性が強い。この「夊歲于多［公］」について、李公定は甲編２５４６（合集　３０９６１、後述）の「王惟夊公」を先に擧げて「辭例正同。而前者作、後者作、明二者無別也。按二形、本當有別、如卜辭咸作、成作、較然明白。而、

不分者、蓋（許訓山間陥泥地）字後起、殷時尚無其字。故、其時史官於公字所从或作、或作二者形近易捉、毎不注意、而無慮與他字淆捉、」などと解している。また詁林は、の字について、「字皆見於廩辛、庚丁以後卜辭。然則「」與「」是屬於早晩期形體的變化、當爲同字。乙辛卜辭則「公宮」連言、屬宗廟建築之類、爲祭祀之所。」と解し、「」、「」を同字として時代的早晩の變化としている。[26] しかし、神靈からその祭祀場所を示すに至るような、背景に何らかの意識的變化があったであろう。

この「多公」については、次の周王朝における西周金文に同じ銘文中に「多公」が二例見えているので、ここで擧げておきたい。即ち、馬承源氏らが西周初の康王時代の作とする沈子𣪘銘（集成、４３３０）に[27]

也曰、拜稽首、敢[illegible]邵告朕吾考、令乃鴅沈子作紭于周公宗、陟二公、……不敢不休同公克成、……惟考□、念自先王先公、廼敉克衣、告刺成功、……沈子其顋懷、多公能福、……（沈子）作茲𣪘、用䊮饗己公、用格多公、……

とある。難解な銘文であるが、冒頭の「也曰」以下は「也」が祖考の神靈に告げた言葉である。本器は洛陽の出土と傳えられており、中原のそのあたりは殷王朝の遺民も含め、殷の影響の強いところであった。この銘文によると「也」は克殷後、洛陽を本據とした有名な武王の弟「周公」の「宗」を繼ぎ、祖考の「二公」、おそらくは銘文に見える「同公」と「己公」を宗廟に陟升したことを云う。ここに「先王、先公」の言葉と共に、二カ所「多公」の名が見えている。即ち「沈子其懷、多公能福、」と「（沈子）作茲𣪘、用䊮饗己公、用格多公、」である。ただ、この「多公」の「公」の字はであって、卜辭に見えるの字ではなく、の字は前に述べたように甲骨文字の第五期目には既に見えなくなっていた。

この「多公」のところの解釋について、前者は『西周銅器斷代（五）』に「〝多公〟應指周公以及同時之諸〝公〟。」、『金文通釋一五』に「沈子なるわれ也は祖靈の眷懷を受け、多公の惠福を與えられたという意」などと解する。後者は『金文通釋一五』に「己公を祀饗する意である。……多公とはその祖同公、その他の先人をさす。……多くの祖靈を邵格するをいう。」」、『商周靑銅器銘文選、三』に「以饗祭己公、升祭多公」などと解する。[28] 前者の意味は「私は祖先を祭ることによって、祖先神に眷懷され、多公（多くの祖先神）は能く福祿を私にくだされる。」」、後者の意味は「私はこの祭器を作って、祖先神の己公を祀り、更に多公（多くの祖先神）の神靈を招きます。」であったと思われ、後者は「也」が「己公」を主祭するも、その他の多くの祖先神も同時に招來され、祀られるのであろう。それは、先の卜辭の「自上甲至于多后」のように、「上甲」を主に祀るも、「多后」卽ち多くの祖先神が宗廟に招來され、共に祀られているのと同じである。

　この銘文の「多公」も多くの祖先を指して述べたものと思われ、その意味で卜辭の「多公」を類纂らが祖先と解するのとはそれ自身同じである。

　そこで、類纂らは「多公」を「多后」と同じ祖先と解釋しているが、このことを考えるために、更に、この「多公」のほかの、類纂の「公」（）のもう一方の「その他」の項にある卜辭資料を見てみたい。

　なお、３４２９６、１４８５６によると、「多公」も「多后」も同じ「夂歲」の祭祀を受けている。無論この「公」も「后」も、共に祭祀對象である。

三、祖先神の「小乙」「父甲」「父壬」らと共に祭祀される「公」

　祖先神と「公」との關係は、類纂の「公」（）における「その他」の項に

２７３５４　其于小乙・公又、王受又。　（第三期）

27494　　……巳卜三公・父二歳、惟羊。　（第三期）
屯　75　　其又公・父。　（第三期）
屯　95　　王其又于父甲・公・兄壬惟㞢、王受又。　（第三期）
屯　153　　辛丑卜、公・父壬歳……王受……。　（第四期）

とあり、祖先神と共に「公」が見えている。

27354は「それ小乙と公を侑するに、王は祐を受けんか」とあり、「小乙」と「公」とが「侑」祭を共に受けているようである。この「小乙」は殷王朝の開設者・成唐「大乙」から数えて、二十一代目の殷王である。また、屯95に「王はそれ父甲、公、兄壬を侑するにこれ㞢ならんか、王は祐を受けんか」とあり、王は「父甲」「公」「兄壬」に「侑」祭を行っており、「公」は祖先と同様の扱いを受けている。この第三期卜辞の「父甲」は直系殷王の「小乙」を筆頭とする「武丁」「祖甲」「庚丁」「武乙」における父輩の「祖甲」をさす。「兄壬」は殷王に即いていないが、王と同輩の親族であろう。そうすると「公」は、殷王やその親族と一緒に祀られたことになる。逆に云えば、「公」は特定の殷王やその親族の先人を指していないが如くである。その順番からすると、先の「小乙」と「公」のように、殷王の「父甲」（祖甲）その次が「公」、その次が殷王の位に即いていない「兄壬」であった。この順番に意味があるかどうか分からないが、屯153に「辛丑卜す、公と父壬とを歳す……王は（祐）を受けんか」とあり、「公」と「父壬」が共に祀られている。「父壬」は殷王の位についていないが、父輩の親族、先の「兄壬」であろう。ここでも、「公」が先に來て、その後に位に即かぬ親族の祖先神が來ている。一般に先王、先公と云うように、殷王に次いで、「公」の位が高かったのかもしれない。これらの「公」も複數の可能性があろう。

また、屯75は「それ公と父を侑せんか。」とあり、「公」と「父」を「侑」祭している。この「公」を「侑」祭することは、屯31の「乙未卜、又（侑）于公」（第四期）と同じである。この「父」は「公」の後次にあって誰か分からないが、殷王の位についていない父輩の祖先であろう。なお、ここを「公父」と續けて讀めるが、先の屯31や27354、屯95、屯153からすると、「公」を單獨に侑祭しており、また祖先を「小乙公」「父甲公兄壬」「公父壬」と並べており、「公」と「父」とを竝べた可能性の方が強いように思われる。また27496に「……公……父……」とあり、これも同例であろう。

　また、27494に「……巳卜す、三公、父二を歳するに、これ羊あらんか。」とあり、ここに「三公、父二」とある。郭氏は「父二」を「二父」としている。これについて、類纂に見ると「三公」の用例はこの一例しかないが、綜述の第十四章親族にこの「三公」や「三且」「二且」「三父」「二父」「四兄」「三兄」「五居」らの例をあげ、この「三公」について「此片若是庚丁卜辭、則〝父二〟是祖庚、祖甲、〝三公〟……它似指武丁前一世的陽甲、般庚、小辛、小乙中之三；此片若是武乙卜辭、則〝父二〟是廩辛、庚丁、三公是祖己、祖庚、祖甲。屬於武乙的可能較大。」と解している。[29] 陳氏は卜辭が庚丁時代とすると、「三公」を庚丁から見て三世代前の「陽甲、般庚、小辛、小乙」の中の三人の祖先を考えたことになるが、その理由は述べていない。もし武乙時代とすると陳氏は次の「三且」についてその例をあげて「此三且當是武乙稱祖己、祖庚、祖甲。」、「二且」についてその例をあげて「此當是武丁稱祖丁、南庚。」と述べている。つまり、この解釋だと同じ武乙時代に二世代前の「祖己、祖庚、祖甲」をある場合は「三公」、ある場合は「三且（祖）」と呼んだことになろう。その場合は、「二且」の例からしても、「三公」でなく「三且」が正しいのではないかと思われる。

　この「三公」について、先の「多后」（多くの后）には卜辭に「五后」の表現があり、「多后」「五后」と同じく「多公」（多くの公）には同じく「三公」の表現があったことになるが、「上甲」以後の祖先が「多后」と稱されていたから、「上甲」以後の祖先であれば「三公」は「五后」のように「三后」と稱されてもいいように思われる。先に「公」は「小乙」「父甲」「兄壬」らと共に祀られ、「父」「兄」や「且（祖）」、また十干の名で呼ばれておらず、「上甲」以後の多くの祖先（多后）とは別の祖先の通稱の如きもののようである。「三公」の三つの神靈の名については確かなことは分からないが、祖先神として「五后」と同じく、「公」は多くの「公」を意味していたであろう。

類纂の２７４９１に「貞于……三父又（侑）」（第三期）とあって、この「三父」について、『甲骨文字研究　本文編』（後、文字研究と略稱）に「三父という集合的な親族呼稱は第一期卜辭にしばしば現れるが、第三期ではむしろ二父という呼び方が一般的である。」として「于多父凷。于二父己父庚凷。」（寧一・二〇六）などをあげて、「「多父」のなかでも「父己」「父庚」が「二父」と呼ばれていたことが明らかである。」と解している。そして、「本片では三父は前述の例からすると、廩辛・康丁時代に祖己・祖庚・祖甲を祀ったと解してもよいようであるが、外に例がないので、決定的な結論は下しがたい。」としている。そして、２７４９４の「三公父二」に對して、郭氏が「下」を「二」に誤ったとして、「三公父」という名稱が第三期には本辭の「三父」に相等するものかと解しているが、その「公」がどのような意味で使われたのか述べられていない。(30)

この「多父」（多くの父の排行にあたる男子）の中の「二父」（父己、父庚）という表現からすると、「多后」の中の「五后」と同じく、「多公」（集團）のなかの「三公」ということになろう。「三公父」という例はこの一例しかないが、確かに「父二」は「父下」と讀める。ただ、先の屯９５、屯１５３に「父甲・公」「公・父壬」とあり「公」と「父」は別の神靈で、「甲」「壬」を略せば「父公」「公父」となる。屯７５の「公父」もこれと同じであろう。この「三公父」の讀みは「父己」「父庚」「父甲」の父輩に一緒に「公」の字をつけて讀み、殷王の位に卽いた先王に對しても「公」の字を前につけて「公父」と讀んだことになるが、先の綜述もそのまま「三公、父二」と讀んでいるように、はっきりしないが用例からしてその可能性は少ないように思われる。

以上のようにこの第五期以前の「公」の用例は、「至于多公」（第三、四期）とあって「多后」と同じく祖先を指すと考えられ、殷の「上甲」以後の祖先と竝んで同様の祭祀を受けていたと思われる。これらの祖先神とされる「公」は群公をも意味していたと考えられ、先の郭氏、屈氏、胡氏、類纂らは先公、祖先神と考えている。

これと同じことは、

屯1088　甲辰卜、新鬯、王其公烝、王受［又］。吉。　（第三期）

とある。

この「甲辰卜す、新鬯、王は其れ公に烝（登）す、王は（祐）を受けんか、吉なり。」の「鬯」とは、通釋稿は「古人以香艸合黍稷釀酒、作爲祭祀、迎賓之用。卜辭用本義、示灌酒以祭。」とし、詁林に「按：鬯或以爲酒名、或以爲草名、千古聚訟。實則契文金刻以及典籍、鬯均以卣計。鬯卽象酒在器中之形、鬯之爲酒不爲草、當成定論。……卜辭以鬯事神祖、均用其本義。」などと解している[31]。祭祀用のにおい酒である。「烝」は、「登」とも釋されている。『小屯南地甲骨考釋』（後、南地甲骨考釋と略稱）の「黍鬯」の條に「古代社會、在農作物收穫之後、則祭告于先祖、所謂「以烝以嘗」、黍稷馨、乃共祭享之意、所以慶農收。《月禮》記孟夏「登麥」、仲夏「登黍」、孟秋「登穀」、天子「先薦寢廟」。卜辭毎見「告秋」、亦當與此有關。」と解し、また綜述の「第一六章　農業及其它」にこの「登嘗之禮」をあげて、「古代在農事收穫以後、行登嘗之禮。……卜辭所記登嘗之禮、也當然就是當時王室所享用的糧食、因爲登嘗就是以新穫的穀物先薦於寢廟讓祖先嘗新。」とある。卽ち新穀をまず祖先神にささげるのである。陳氏は「卜辭所記所登的穀品有以下四類」として四つあげ、その四に「登鬯」「新鬯」をあげている[32]。

この「新鬯」、「烝鬯」の用例を類纂で見るとそれぞれ十四例あり、その祭祀對象を記すものは「新鬯」に「祖乙」

が二例（第二、三期）、「蒸𪛉」に「祖乙」が二例（第二、三期）、「父己」が一例（第三期）、「父己、父庚」が一例（第三期）、「祖乙、小乙」が一例（第三期）、「南庚」が一例（第三期）、「父丁」が一例（第四期）見えており、すべて祖先神である。そしてここの「公」である。「祖乙」「祖己」「祖庚」「小乙」「南庚」「庚丁」という直系、傍系の殷王、親族の祖先神がその登嘗の禮を受けている。「公」もその祖先神と同じ登嘗の禮を受けていたことになろう。(33)

　また、これと同じことは

　　30770　　……卜、王其延公史……。（第三期）

とある。即ち「……卜す、王はそれ公の史（事）に延《ゆ》き……」（後下、28、11）とあって、これについて池田末利氏は「公史」は「公事」で、「公の事に征《ゆ》（延）き（従う）」意であろう、としている。(34) 類纂における「史」の字の條に「史」と「延」の字が共に見える類似の用例を見ると、「小乙史其延」「祖丁史其延妣辛妣癸」「王其延史于父甲」「史其延三兄王受……」（第三期）などとあるように、「公史」の「公」にあたる部分がすべて「小乙」「祖丁」「父甲」らの祖先神になっており、(35) この「公」も、先の「多公」のように祖先神と考えられ、祖先神と同じ祭祀を受けているように、ここも同じように考えられるのではないかと思われる。今までの例からして、王が殷の祖先と同様の扱いを受けている「公」の祀りに行くことを占ったものであろう。

　また、同じことは

　　27417　　　凷于公。（第三期）

　屯　3960　　其凷于公。（第三期）

　屯　4102　　……凷于公……羊。（第三期）

とある。この27417と同版にこの「凷于公。」のほか「凷于多父。」「于二父己父庚凷。」「庚惟牛。」とあり、「凷」

の字の見える同版の三者は皆全く同じ表現であるから、今までの例からして、この「公」も「多父」「父己、父庚」と同じ祖先と同様の扱いを受けていたと思われる。この儀禮は祖先に行われた何らかの祭祀のようである。この「𠙵」の字の意味について、文字研究に「1800　□其𠙵𡩜小乙、王受［祐］。」について、「卜辭の宅も、おくという意味の動詞である。これと同聲のこの𠙵の本義はこの宅《お》くこと、それは神位を祭りの場所、宗廟に安置すること、それから派生してその神を祭る儀禮に汎用せられるようになったと解する。」などとする。そうだとすると、複數である群公の「公」の祭祀場の施設、建築物があり、そこに先王と同じようなその神靈の依りつくものが設けられていたことになろう。詁林にこの字を祭名または用牲の法とする。(36)

このほか、神靈の「公」に對する祭祀の目標としての手がかりとして、

27416　辛丑卜、公𠦪、惟今日酌、王受又。大吉。（第三期）

〃　［公］眔二父酌。

30603　……公𠦪惟……。（第三期）

とある。27416の同版には、このほか「于父己父庚、既𣪘廼酌」などがある。やはり、「二父」のように祖先神と共に祭祀されている。「［公］眔二父。」は、「公」の字のところが缺けているが、「二父」と竝んで重要な祭祀對象であったのであろう。この「公に𠦪る」の「𠦪」の字の意味は「いのる」と釋されている字であるが、多くの場合は「𠦪年」の意味が大半とされている。今類纂において「𠦪」と「酌」の字のセットで見られる卜辭を見ると、(37)「酌祖先」の項に「34252　酌河𠦪」（第四期）、「酌𠦪自上甲十示」（第四期）とあり、類纂は「河」の神も殷の祖先神としている。これについては後述する。また「酌𠦪」の項に四十七例を擧げて、例えば「10076　酌𠦪年于岳河夒」（第一期）、「33316　酌𠦪禾于示壬」（第四期）、「33952　……酌𠦪雨」（第四期）や「屯　4101　貞酌𠦪禾」

（第四期）などと先王や後に述べる「岳」「河」「夒」などに祈雨や祈年（みのり）を行う卜辭がある。また同版の「叡」（祭）の用例を類纂に見ると「27209　……祖乙𠦪……叡迺酉彡、王受祐」とあり、[38]「酉彡」、「𠦪」と同一卜辭にその字が見えるが、ここの27416は「𠦪」（いのる）と「𠦪」のみであるから、確かなことは分からない。また

26014　……卜、出貞、……曾奏……公……月。（第二期）

とある。類纂で「奏」の字の條を見ると、例えば「12824　貞惟奏雨」（第一期）のように祈雨卜辭も多く見えるが、[39]ここの卜辭が斷片なので詳しいことはやはり分からない。このほか「懷1465　其公令何」（第三期）（この公は）の「公」は、楊升南氏は人名又は職官名と考えている。[40]

このほか、この「公」（）の文字は、早く斷代の第一期から見え

762　……惟……公𠬝……𡧊弔……。（第一期）

とある。「𠬝」の字は、詁林に「卜辭之𠬝、一律用作作祭祀時之犧牲、與牛羊豕竝列。」とある。類纂に「𠬝」の用例を見ると第一期卜辭に「709　勿十𠬝于祖辛」「……申卜羌……𠬝父乙」「……酉卜侑祖甲用𠬝」などとあり、「𠬝」の對象として「祖辛」「父乙」「祖甲」など祖先神の例が多い。[41]「𠬝」が祭祀に關係する文字とすると「公」も祭祀對象の可能性があるが、これだけからはよく分からない。ただ、「公」（）の文字が第一期から既に見えているのは確かである。このほか、類纂が「公」と釋して第一期、二期とするものに「21114　庚午卜、王、燎河征于丘……乙……」（第一期）、「26014　□□卜、出、貞……曾奏……公……□月」（第二期）とある。21114は合集釋文編に「公」を「征」と釋してあるが、類纂には「征」を「公」と釋してある。また詁林は「丘」の字を水名としている。[42]拓本を見ると「公」の字とされるものの所に斷裂があり、はっきりしないが、の字にしては兩側の二本の線が短いようである。もし、「公」の字だとすると「河に燎し、丘に公す」と讀んで「公」が祭祀の動詞か、「河公を丘に燎

し」で、「河公」という「河」の神を指したか、などであろう。しかし、はっきりとしたことは分からない。２６０１４は、「公」の部分の拓本はよく見えない。２０２４３の「……王令呑圃……」は、「呑」の字を貝塚茂樹氏等は「去」に釋する。[43] そうであろう。

また、

２７６５１　其又于燕壬、卬又于公、王受又。（第三期）

２７９９９　于公亩其兄于危方奠。茲用。（第三期）

とある。２７６５１は、郭氏は「燕壬」を「當亦殷王子之早世者」、陳夢家は「此庚丁卜辭時燕壬當指其前的名壬者。燕字不確」などと解する。[44]「卬」は詁林にこの例をあげて祭名とするが、この「卬侑」の祀りをされる「公」も、祭祀對象と思われる。[45] また２７９９９は、「公亩にそれ祝し、危方に奠せんか、これ用う」などと讀むのであろうか、「公」は地名か祭祀對象かなど、はっきりしない。

また、類纂に「公」（）として、

３０９６１　……惟夂公、作豐庸于……、又正、王受（又）。（第三期）

とあり、「……これ公に夂して、豐庸を……せんに、正あり、王は（祐）を受けんか」とある。詁林に「豐」「庸」を祭品、祭名とある。屈氏は「郭某讀爲醴（萃釋一三三二）、是也」とする。[46]「公」に「夂」の祀りを行うのは、その祭品に關してのようである。「公に夂す」は「夂」が祭名と思われるから、「公」はその祭祀對象である。この「夂公」は、先の３４２９６の「夂歳于多公」や、２７１４９の「王其又大乙大丁大甲、惟夂歳公」（但し「公」は）の「夂歳公」と類似の例であろう。成唐等の先王と共に「公」が祭られている。

そして、類纂に見ると「公」（）の用例として、最後の第五期に

３６５４１　辛酉卜、貞、在獄天邑商公宮衣、茲夕無𡆥。寧。（第五期）

などのように、「辛酉卜す、貞う、獄に在り、天邑商公宮に衣す、茲の夕𡆥無きか、寧ならんか」とあり、第五期の卜辭として、白川氏が宮廟と云う「天邑商公宮」の名が斷片も含めて十例見えている。ただ、楊氏は「古文獻記載、紂時以鬼侯、鄂侯、周文王爲三公、天邑商的〝公宮〞、有可能是爲他們而設。」と解して、當時の鬼侯、鄂侯、周文王の三公の宮殿かとしている。しかし、「天邑商公宮」の下に「衣」の字があり、それは合祀、盛祀の意味があり、やはり「公宮」は祭宮の意味であろう。(47)

四、「上甲」以前の先公神について

以上のように、卜辭の内容から「公」についての解釋は、主に、先公神、祖先神や宮廟、地名らがあり、第五期以前その解釋が多いのは、祭祀對象としての先公、祖先神であった。しかし、それらが何を指しているかははっきりしない。ただ、從來、殷王朝は自然神を王朝の擬制的血緣關係の中に編入し、先公、祖先神としてその祭典の中に組込んでいったと云われている。(48)

卽ち、「公」を先公、祖先神と見る多くの解釋に從い、確かな殷の祖先神として、所謂殷の先公、祖先神として考えられてきたものに多くの「高祖」の名稱がある。類纂の「高」の「𡆥高」、「燎高」などの項に「２３７１７　𡆥年于高祖」（第二期）、「２７０６１　辛未卜、高祖𡆥、其卯上甲……」（第三期）、「３２０２８　辛未貞、其𡆥禾于高祖、河于辛巳」（第四期）、「３２３１４　丙申貞、其告高祖𡆥、以祖辛」（第四期）、「３３２９７　乙巳貞、𡆥禾于高祖」（第四期）、「３３３０８　甲子貞、𡆥禾于高祖」（第四期）、「３２３０２　癸卯貞、其又（侑）于高祖、燎六牛」（第四期）、「３２３０６　……未貞、高祖燎三十……」（第四期）など「高祖」の例が多く見え、また、ただ「高」のみとして「屯９１６　辛未貞、𠦪于高眔河」（第四期）とあるのも、「高祖」の意味と解されている。これらの祖先神の「高祖」に對する祈りの對象はほとんど年穀の「みのり」や燎祭（雨乞い）という、經濟的な豊かさを願うものである。(49)

また、同じように卜辭に多く「高祖夒」、「高祖王亥（高祖亥）」の名稱が見え「３０３９９　于夒高祖𠦪」（第三期）、「３０４４７　其告于高祖王亥、三牛」（第三期）、「屯２１０５　于高祖亥𠦪禾」（第四期）、「３２０８７　酌高祖亥……大乙羌五、牛三、祖乙羌……小乙羌三、牛二、父丁羌五、牛三、亡壱、茲用」（第四期）、などとあり、また「屯１１１６　酌河十牛、卯十牢、王亥燎十牛、卯十牢、上甲燎十牛、卯十牢」（第四期）、「１００７６　酌𠦪年于岳、河、夒」（第一期）、「１１８２　燎于河、王亥、上甲十牛、卯十宰」（第一期）などとある。研究にこの３２０８７を擧げて、「第三章第三節、高祖神」に「「高祖」と「祖」との關係は……高祖王亥が大乙の前に記されているから上甲以下の祖より以前の祖とされていることは明らかであり、而して上甲以下の祖には定例の五祀が行はれるが、高祖はこの祭祀に與らず、𠦪祀を以って祈雨・祈年が行われている點に於いては自然神と異なる所がない。」などとして、この「高祖王亥」は十干のつく「上甲」より以前の先公、祖先神で、その靈能は他の自然神の靈能と異なる所はなく、ほとんどが祈年、降雨が祈られていると解している。この「夒」、「王亥」、「河」、「岳」らは、本來その地方の夒族、河族らの諸族に祭られていた族祖神（自然神、多くは山、川の神々）であったと云われている。それが、王朝の先公神（祖先神）の系列に組み入れられてゆくと云われるが、これらの靈能はほとんどすべて、多種多様な人々が最も共通に願う、降雨（祈年祭の一環）や「みのり豊か」をもたらす能力であった。(50)それは多様な人々に受けいれやすい普遍的靈性であった。

また、これらの先公神の祭所については「３０３１８　卽右宗夒、有雨」（第三期）などとあり、また卜辭の「卽宗」について南地甲骨考釋に「卜辭上甲以前諸先公「夒」、「王亥」、「河」、「夒戈」、「凷」均有「宗」、唯先祖始有宗、此點應無可懷疑。「卽宗」或稱「卽于宗」（參見《續》1、21、2）、《粹》4有「夒卽宗、河卽宗」、《甲》717亦有「河卽宗」、蓋謂先祖降臨于宗廟。古人認爲：神祖歆饗、可以求得福祉。所以卜辭每見有「卽于又宗又大雨」的記載（《粹》685）。」などと解している。即ち、殷の「上甲」以前の先公神である「夒」「王亥」「河」「[illegible]」「岳」（通釋は岳）に祖先神としての「宗」があり、それは殷の宗廟の右側にあったとする「右宗」（又宗）という祭宮であり、それへのこれらの神靈の降臨を考えているのである。(51) これらの先公神、祖先神らのもつ降雨や年穀の「みのり豊か」らを支配する自然神的靈能は、先の天、地の神々や降雨らが不平等、えこひいきをしない「一類のみを長ぜず、一物のみを私するにあらず」のように、領域を超えて多様な人々を含む王朝にとって、所謂「公」の意味がもつに至る、人々の違いを超える公平、平等らの普遍的なものに發展する源流となる可能性があるのではないかと推測されるのである。そうすると、東アジア世界のそれは我々を普遍的に包み込む自然に發源することになる。

おわりに

卜辭に見える「公」（、）は、その祭祀對象として字が主流として既に第五期以前から見えており、その初義は第五期に云う「公宮」と云う建築物とするよりも、その卜辭内容についての解釋は祭祀對象として先公、祖先神とするものが多く、その方が原義に近かろう。

また、後の周王朝に至る神々の主宰者天の神との結びつきを見ると、これらの有力な天地自然の神々（「夒」、「王亥」、「河」、「岳」など、その多くは山や川の神々）との結びつきを考えるのが整合的ではないかと思われる。それは、もと一地方の族祖神の能力であったものが、王朝の祭典に組み入れられ、その經營領域に擴大して、「みのり豊か」や降雨

（祈年祭の一環）の靈能を百里、千里、天下を潤すものというような、後に廣域に及ぼすことになろう。しかし、この複數の「公」が「上甲」以後の殷王室の祖先神や、殷王室以外の有力者の神靈なども考えられなくはないから、この問題については更に考えてみたいと思う。

注

（1）溝口雄三『中國の公と私』研文出版、一九九五年、四六―四七頁、同『公私』三省堂、一九九六年、二六―二九頁、五二頁、同「中國思想史における公と私」佐々木毅、金泰昌編『公共哲學1　公と私の思想史』東京大學出版會、二〇〇一年、三五―三九頁、など參照。圖1は注（2）の白川氏から引用した。

（2）白川靜『新訂　字統』平凡社、二〇〇四年（初版一九八四年）、二九七頁。

（3）注（1）の溝口氏『公私』三省堂、一九九六年、五二頁。

（4）注（3）に同じ二八―二九頁。

（5）孫海波編『甲骨文編』中華書局、一九六五年（初版一九三四年）、卷二、二ウ。金祥恆編『續甲骨文編』一九五九年、第二、二オ。李孝定編『甲骨文字集釋』中央研究院歷史語言研究所專刊之五十、一九六五年、第二、二六三―二六七頁。島邦男『殷墟卜辭綜類』汲古書院、一九七一年（初版一九六七年）、四八七頁。

（6）郭沫若主編、中國社會科學院歷史研究所編『甲骨文合集』全十三冊、中華書局、一九七八―一九八二年、同『甲骨文合集補篇』全七冊、中華書局、一九九九年。主編姚孝遂、副主編肖丁『殷墟甲骨刻辭類纂』全三冊、中華書局、一九八九年、「公」は下冊、一二八〇頁。

（7）于省吾主篇『甲骨文字詁林』全四冊、一九九六年、「公」は第四冊、三三五七―三三六〇頁。

（8）注（5）の綜類、汲古書院、「公」は四八七頁。

（9）注（6）の類纂に同じ、下冊、一二八〇頁。

（10）松丸道雄、高嶋謙一編『甲骨文字字釋綜覽』東京大學東洋文化研究所、一九九三年、二四頁。
（11）胡厚宣主編『甲骨文合集・釋文』全四冊、中國社會科學院出版社、一九九九年。主編姚孝遂、副主編肖丁『殷墟甲骨刻辭摹釋總集』上、下册、中華書局、一九八八年。
（12）注（6）の類纂に同じ、下册、一二八〇頁。
（13）注（6）の類纂に同じ、下册、一二八〇頁。注（11）の釋文篇に同じ、二七四九五番。
（14）注（7）の詁林に同じ、第四册、三三五八頁。屈萬里『殷虛文字甲編考釋上』屈萬里全集⑥、中央研究院歴史語言研究所、一九八三年（初版、一九六一年）、一七五―一七六頁。
（15）郭沫若「殷契粹編考釋」『郭沫若全集、考古編3』科學出版社、二〇〇二年（一九七三年成）、六三ウ、六四オ。
（16）注（6）の類纂に同じ、下册、一二七〇―一二七一頁。
（17）松丸道雄「2　殷周國家の構造」『岩波講座　世界歴史　4』岩波書店、一九七〇年、七四頁。
（18）注（6）の類纂に同じ、中册、九八九―九九一頁。
（19）注（7）の詁林に同じ、そこに引く王國維の説。朱岐祥『殷墟甲骨文字通釋考』文史哲出版社、一九八九年、一一九頁。徐中舒主編『甲骨文字典』四川辭書出版社、一九八八年、一五八一―一五八三頁。
（20）注（6）の類纂に同じ、上册、一八五―一八六頁。
（21）注（6）の類纂に同じ、上册、一八五―一八六頁。注（7）の詁林に同じ、そこに引く裘錫圭の説、第一册、三二六頁。
（22）陳夢家「第十三章、廟號下」『殷虛卜辭綜述』科學出版社、一九五六年、四六六頁。島邦男「第一篇第三項　先王の王名・世系・稱謂、二　卜辭による先王の世系」『殷墟卜辭研究』中國學研究會、一九五八年、八〇頁。
（23）松丸道雄「第二章　殷」『世界歴史大系、中國史　1』山川出版社、二〇〇三年、など參照。
（24）胡厚宣「臨淄孫氏舊藏甲骨文字考辨」文物一九七三年第九期、五四頁。
（25）注（7）の詁林に同じ、第四册、三三六〇頁。
（26）注（7）の詁林に同じ、そこに引く李公定の説、第四册、三三五八―三三五九頁。詁林の説、注（7）の詁林に同じ、第四冊、三三六〇頁。

(27) 馬承源主編『商周青銅器銘文選3』(略稱、銘文選) 文物出版社、一九八八年、五六頁、中國社會科學院考古研究所編『殷周金文集成』(略稱、集成) 第八冊、中華書局、一九八七年、二八九頁。

(28) 前者は陳夢家『西周銅器斷代 (五)』(它毀に同じ) 考古學報第十三冊、一九五六年、一〇七頁。白川靜『金文通釋第十五輯』(也毀に同じ)、白鶴美術館誌、一九六六年、二〇頁。後者は鄭師許『沈子它敦蓋新釋』中山大學文史學研究所月刊第1卷第五期、一九六六年、一一頁。郭沫若『兩周金文辭大系考釋』、一九三五年、四九オ、同上『金文通釋第十五輯』、一三頁。注 (27) の銘文選、五八頁。

(29) 注 (22) の綜述に同じ、「第十四章　親族、第五節　集合的親稱」、四九四頁。

(30) 貝塚茂樹、伊藤道治共著『甲骨文字研究　本文編』同朋舍、一九八〇年、四六六頁。注 (15) の郭氏に同じ、六四オ。

(31) 注 (19) の通釋稿に同じ、三七六頁。注 (7) の詁林に同じ、第三冊、二八三二頁。

(32) 姚孝遂　肖丁合著『小屯南地甲骨考釋』、中華書局、一九八五年、九〇頁。注 (22) の綜述に同じ、「第十六章、農業及其它」、五二九—五三〇頁。

(33) 注 (6) の類纂に同じ、下冊、一〇九六頁。

(34) 池田末利『殷虛書契後編釋文稿』創元社、一九六四年、卷下、一一〇頁。

(35) 注 (6) の類纂に同じ、下冊、一一二五—一一三〇頁。

(36) 注 (30) の貝塚、伊藤氏に同じ、四五五—四五八頁。注 (7) の詁林に同じ、第四冊、三三〇八頁。

(37) 注 (6) の類纂に同じ、中冊、五六四—五七〇頁。

(38) 注 (6) の類纂に同じ、上冊、三五二頁。

(39) 注 (6) の類纂に同じ、中冊、五七〇—五七二頁。

(40) 主編王宇信、楊升南『甲骨學一百年』社會科學文獻出版、一九九九年、四五五頁。

(41) 注 (7) の詁林に同じ、第一冊、四〇九頁。注 (6) の類纂に同じ、上冊、一五七頁。

(42) 注(11)の釋文編に同じ、二一一二七番。注(7)の詁林に同じ、第二册、一三〇五頁。

(43) 注(30)の貝塚、伊藤氏に同じ、七二二—七二四頁。

(44) 注(15)に同じ、七八オ、ウ。注(22)の綜述に同じ、「第十二章　廟號上」、四三六頁。

(45) 注(7)の詁林に同じ、第二册、一二六〇頁。

(46) 注(7)の詁林に同じ、「豊」は第三册、二七八六—二七八八頁、「庸」は第四册、二八九三頁。注(14)の屈氏に同じ、『殷虚文字甲編考釋下』五四一—五四二頁。

(47) 注(40)に同じ、二五五頁。「衣」、「宮」については、注(7)の詁林に同じ、第三册、一九〇三—一九一一頁、一九八五—一九八七頁、など參照。殷末の殷金文の「公」の用例は數器あり、それは祭所らの意味であるが、眞僞も含め、これについては別論したい。

(48) 注(22)の綜述に同じ、「第十章　先公舊臣」、三三六—三六一頁、赤塚忠「甲骨文に見える神々　二、高祖神」『中國古代の宗教と文化』研文社、一九九〇年、二六五—三二一頁、(原論文は「殷代における祈年の祭祀形態の復元」(上・下)『甲骨學』第九號、第一〇號、一九六一年、一九六四年)、伊藤道治「第一章第二節　祖先神への祭り」『古代殷王朝のなぞ』角川書店、一九六七年、六七—六九頁、注(30)の貝塚、伊藤氏に同じ、一三九—一四一頁、など參照。

(49) 「高」は注(6)の類纂に同じ、中册、七四四—七四六頁。「高祖」、「高」については王國維「第三章　殷先王先公」『古史新證』、一九二五年成、注(22)の島氏に同じ、「第一編第三章第三節　高祖神」、二三五—二四七頁、注(48)の赤塚氏に同じ、注(30)の貝塚、伊藤氏に同じ、五七四—五七六頁、五八〇—五八二頁、注(32)の南地甲骨考釋に同じ、九—一〇頁、など參照。

(50) 注(22)の島氏に同じ、「第一編第三章第三節　高祖神」、二三六頁。「高祖夒」、「高祖王亥」については、注(48)、(49)に同じ、王氏、陳氏、島氏、赤塚氏、貝塚、伊藤氏などの論文、著書參照。「夒」、「王亥」は、注(6)の類纂に同じ、それぞれ中册、五七七—五七八頁、下册、一二四五—一二四六頁、三四頁。族祖神については、注(48)の赤塚氏に同じ、二六五—三二一頁、注(30)の貝塚、伊藤氏に同じ、一三九—一四一頁、など參照。

(51) 注(32)の南地甲骨考釋に同じ、一八頁。「右宗」については、注(14)の屈氏に同じ、三一九頁、注(48)の赤塚氏の著書に同じ、「殷王朝における「𡆥」の祭祀」、一六三頁、(原論文は「殷王朝における𡆥の祭祀と中國における山岳信仰の特質(一)」『甲骨學』第六號、一九五八年)、注(30)の貝塚、伊藤氏に同じ、四九三頁、など參照。この「右宗」は、後の左宗廟、右社稷の右社稷の源流とする說がある(注(22)の綜述に同じ、四七四―四七五頁、など參照)。

范蠡と莊生――『史記』越世家小考――

濱　川　榮

はじめに

『史記』巻四一越王勾踐世家（以下「越世家」）の後半三分の一は、勾踐の謀臣・范蠡の越を去った後の後半生を記している。特に末尾に見える范蠡の次男の救出をめぐる逸話（以下「逸話」）は他書に見えない貴重なものであり、[1]これを盛り込むことが越世家に范蠡の後半生を記した主な目的であったと察せられる。

しかし從來の厖大な『史記』研究においてもこの「逸話」への言及は少ない。確かに物語はでき過ぎの感があり、史實とみなし難い部分も多い。しかし前漢中期以前の社會狀況を探るさい、特に任俠的習俗と商業との關わりを考える場合には注目すべき史料であると思われる。以下、そのような視角からこの「逸話」を讀み解いてみたい。

一、「逸話」の内容

越世家の前半には『國語』・『越絕書』等でも周知の優れた軍略家としての范蠡の姿が見える。また越を去った後、齊で「鴟夷子皮」、陶で「陶朱公」と稱し、大富豪となった姿は『史記』巻一二九貨殖列傳にも詳しい。小論ではこうした他書に見える部分は置き、「逸話」の検討に焦點を絞ることにしたい。まずはその顚末を追ってみよう。

朱公、陶に居り、少子を生む。少子、壯たるに及ぶや、朱公の中男、人を殺し、楚に囚わる。朱公曰く、「人を殺して死するは、職《つね》なり。然れども吾聞くならく、千金の子は市に死せず」と。其の少子に告げ、往きて之れを視しめんとす。乃ち黃金千溢《いつ》を裝い、褐器の中に置き、載するに一牛車を以てす。且に其の少子を遣《や》らんとするに、朱公の長男、固く請いて行かんと欲す。朱公、聽《ゆる》さず。長男曰く、「家に長子有れば家督と曰う。今弟に罪有るも、大人遣らず、乃ち少弟を遣らんとするは、是れ吾の不肖なるかな」と。自殺せんと欲す。其の母、爲《ため》に言いて曰く、「今少子を遣るとも、未だ必ずしも中子を生かすこと能わざらん。而るに先に空しく長男を亡うは柰何《いかん》」と。朱公、已むを得ずして長子を遣る。一封書を爲し、故より善くする所の莊生に遺《おく》り、曰く、「至らば則ち千金を莊生の所に進め、其の爲す所に聽《したが》い、愼みて與《とも》に事を争う無かれ」と。長男既に行くも、亦た自ら私かに數百金を齎《そな》う。

陶で生まれた末子が成人したころ、次男が人を殺し楚で逮捕された。陶朱公（范蠡）は、「人を殺せば死刑になるのが當然である。しかし〝千金の子は市に死せず〟（富豪の子は市で刑死などしない）とも聞く」とし、末子を次男の救出に行かせようとした。そこで黃金千溢（千金。一溢〔鎰〕は二十兩、三二〇グラム。千鎰で三二〇キロ[2]）を箱に入れ牛車に乘せた。ところが、長男がどうしても自分が行くと言って聞かない。長男は、自分は責任ある家督（跡取り）であるのに、次男救出に末弟が行かされるのは自分が不肖だからだと嘆き、自殺しようとした。その母親は、末弟が次男を救えるかもわからないのに先に長男に死なれてはたまらない、と彼の肩を持つ。范蠡はやむなく長男を行かせることにした。そして一通の手紙を長男に託し、さきの千金と一緒に楚にいる舊知の莊生に渡し、あとは彼にまかせて勝手をするなと言い含めた。ところが長男は別にひそかに數百金の黃金を用意して出發したのである。

楚に至る。莊生の家は郭を負えども、藜藋《れいかく》を披《ひら》きて門に到り、居ること甚だ貧たり。然れども長男、書を發して千金を進むること、其の父の言の如くす。莊生曰く、「疾《と》く去るべし。愼みて留まる毋《なか》れ。卽《も》し弟出づとも、然る所以を問う勿かれ」と。長男既に去るも、莊生に過《よ》ぎらずして私かに留まり、其の私かに齎《そな》えしを以て楚國の貴人の事を用いる者に獻遺す。莊生、窮閻に居ると雖も、然れども廉直を以て國に聞こえ、楚王より以下、皆師として之れを尊ぶ。朱公の金を進むるに及ぶや、受くるに意有るに非ず、事を成したる後を以て復た之れを歸し、以て信を爲めんと欲するのみ。故に金至るや、其の婦に謂いて曰く、「此れ朱公の金なり、如《も》し病みて宿さざること有らば、誡めて後に復た歸さん、動かす勿かれ」と。而れども朱公の長男、其の意を知らず、以爲えらく、「殊に短長無し」と。

楚に到着した長男が都の近くの莊生の家を訪ねると、あかざの茂みに覆われて貧乏暮らしをしていた。長男が手はずどおり手紙と千金を渡すと、莊生は、すぐに歸國するように、もし弟が釋放されても理由を詮索してはならないと言った。しかし長男は莊生に內緒で楚に留まり、自分で用意した黃金を楚の有力者たちにばらまいた。莊生は貧乏暮らしではあったが、淸廉潔白ぶりを國中に知られ、楚王以下皆に尊敬されていた。范蠡の千金も受け取るつもりはなく、依賴を承諾した證しに預かっただけで、次男救出に成功したら返却するつもりであった。妻にも、もし自分が急病死するような事態になったら千金を范蠡に返すように、それまでは手を觸れないようにと言っていた。しかし范蠡の長男は莊生の眞意を知らず、なんの變哲もない人物とみなしたのであった。

莊生、時を閒《うかが》い、入りて楚王に見《まみ》え、言えらく、「某星、某に宿る。此れ則ち楚に害あらん」と。楚王、素より莊生を信ずれば、曰く、「今、爲すこと柰何《いかん》せん」と。莊生曰く、「獨り德を以て爲さば以て之れを除くべけん」と。楚王曰く、「生、休《や》めよ。寡人、將に之れを行わん」と。王、乃ち使者をして三錢の府を封ぜしむ。楚の貴人、驚きて朱公の長男に告げて曰く、「王、且《まさ》に赦せんとす」と。曰く、「何を以てせんや」と。曰く、「王、且に赦せんとする毎《ごと》に、常に三錢の府を封ず、昨暮、王、使をして之れを封ぜしむ」と。朱公の長男以爲《おも》えらく、「赦あらば、弟、固より當に出《い》づべけん。重き千金は虚しく莊生に弃て、爲す所無からん」と。乃ち復た莊生に見ゆ。莊生、驚きて曰く、「若《なんじ》、去らざるか」と。長男曰く、「固より未だせせざるなり。初め弟を事とせんが爲《ため》なれども、弟は今、議ありて自ずから赦されんとす。故に生に辭して去らんとす」と。莊生、其の意は復た其の金を得んと欲するを知り、曰く、「若、自ら室に入りて金を取れ」と。長男、卽ち自ら室に入り、金を取りて持ち去り、獨り自ら幸を歡ぶ。

莊生は楚王に謁見し、ある星が楚を害する位置にあるが德を施せば害は除かれる、と言った。王はさっそく使者を派して「三錢の府」（貨幣倉庫）を封印した。それを知った楚の貴人の一人が、驚いて范蠡の長男に「王は近々大赦を行うはずだ」と言う。聞けば、楚王は大赦の前にいつもそうする（大赦を豫期した者が盜みに入るのを防ぐため）という。長男は次男が大赦で釋放されるのなら莊生に與えた千金は無駄であったと思い、莊生のもとを再訪した。そして驚く莊生を尻目に、次男が大赦により釋放されるのでご挨拶にうかがいましたと言う。長男の眞意を悟った莊生は、自分で奥に入って金を持っていけと言い、長男はそのとおり家に上がり込んで千金を持ち出し、奪還をひとり喜んだ。

莊生、兒子の賣る所と爲るを羞じ、乃ち入りて楚王に見えて曰く、「臣、前に某星の事を言い、王、德を修むるを以て之れに報いんことを欲すと言えり。今、臣出づるや、道路に皆言えらく、『陶の富人朱公の子、人を殺して楚に囚わる。其の家、多く金錢を持ちて王の左右に賂せり。故に王は能く楚國を恤《あわ》れみて赦するに非ず、乃ち朱公の子を以ての故なり』と」。楚王、大いに怒りて曰く、「寡人、不德なりと雖も、柰何《いか》んぞ朱公の子を以ての故に惠を施さんや」と。論じて朱公の子を殺さしめ、明日遂に赦令を下す。朱公の長男、竟に其の弟の喪を持ちて歸る。

莊生は若造に欺かれたことを恥じ、再び楚王に拜謁して言った。楚の人々が、今回の大赦は陶の富豪の朱公の子を救うのが目的で、それは朱公の家族からたんまり頂戴したからだと噂しております、と。王は激怒し、どうして朱公の子を特別扱いなどしようかと言い、次男を處刑して翌日に大赦を發した。長男は結局、次男の死體を持ち歸った。

至るや、其の母及び邑人は盡く之れを哀しむ。唯だ朱公のみ獨り笑いて曰く、「吾、固より必ずや其の弟を殺さんことを知るなり。彼、其の弟を愛さざるに非ず。顧《かえり》みるに忍ぶ能わざる所有り。是れ少《わか》くして我と與に倶《つれだ》ち、生を爲すの難きに苦しむを見ゆ。故に財を弃つるを重んず。少弟の如きに至りては、生まれながらに我が富を見、堅に乘り良を驅り、狡兎を逐う。豈に財の從りて來たる所を知らんや。故に之れを弃つるを輕んじ、惜吝する所に非ず。前日、吾、少子を遣らんと欲せし所爲《ゆえん》は、固より其の能く財を弃つるが爲の故なり。而るに長者は能わず、故に卒に以て其の弟を殺せり。事の理なり、悲しむに足る無きなり。吾、日夜、固より以て其の喪の來たるを望めり」と。

長男が歸ると、母も村人もみな悲しんだ。しかしひとり范蠡だけは笑って言った。自分は最初から長男が次男を死なせるだろうと豫想していた。長男は自分とともに生活苦を體験してきた。だから財產を容易に棄てられない。一方末弟は生來贅澤に慣れ、金の苦勞など知るよしもない。彼なら平氣で散財できたであろう。しかし末子ではなく長男を行かせた以上、この結果は當然であり、悲しむには及ばない。自分は日夜次男の遺骸の歸りを待っていたのだ、と。

以上で「逸話」は終わる。越世家の殘る部分は、范蠡が陶で生涯を終えた後も陶朱公の名が稱えられたことを記している。また續く司馬遷の贊は、越の遠祖とされる禹と、呉を滅ぼし霸業を成した勾踐、その霸業を助け、後半生では富豪として名を成した范蠡の賢を稱贊している。しかし「逸話」についての言及は一言もない。

二、從來の諸見解

この「逸話」について、先學はどのような見解を懷いてきたのであろうか。その主なものについて觸れておきたい。

范蠡についての歴史的評價は、智謀溢れる名軍師、理想的貨殖家、といったものが定着しているが、この「逸話」からもその賢明ぶりを讀みとる意見がある。清・吳見思は「范蠡、其の大事を略するは、反って中子殺人の一段の作を以て致せり」(『史記論文』)とし、この逸話にこそ范蠡の大略が顯われているという。また、清・吳汝綸は「此の篇、〝忍〟の字を以て主と爲す。勾踐、能く亡國の恥を忍びて霸たり。陶朱の長男、千金を忍ぶ能わずして其の弟を殺せり」(『桐城先生點勘史記』)とし、長男の忍耐のなさを強調することで間接的に范蠡の明察を評價している。[3]

一方、逆に范蠡の淺慮や非情を讀みとり非難する意見もある。清・史珥は「莊生、〝兒子の賣る所と爲るを羞〟じ、遂に交情を復するを願わざるは、固より傾危の士なり。范子、亦た人を失うと謂う可し。子の軀を弃てて以て其の智を試すは、何ぞ貴とするに足らんや」(『四史剩說』)とし、「傾危の士」(詭辯を弄して國家をも傾ける危險人物)の莊生に賴るなど范蠡には人を見る目がなく、しかも我が子を犧牲にして自分の智謀を試した點などなんら評價に値しない、と手嚴しい。清・徐與喬は、范蠡がそのあり餘る才能を抑えられず各地で富を成したこと自體が次男の不幸の原因であったとし、「此れ乃ち朱公、之れを殺せり。長男の之れを殺し、中男の自ら殺すに關するに非ざるなり。史公、曲筆暢寫し、各おの淋漓を盡し、人に局内に長子を責め、局外に朱公を惜しまんことを要《もと》む。朱公の少子を遣らざるを惜しむに非ず、正に朱公の陶に居りて富を致すを惜しみ、止まるを知らしめ、止まるを知らざる者の戒と爲すなり」(『經史辨體』)とし、司馬遷はこの逸話を通じて際限ない富の追求の弊害を戒めているのだという。

また、當然莊生を批判する聲もある。すでに史頊が「傾危の士」と評しているのを見たが、唐・皮日休は『皮子文藪』巻七に「誚莊生（莊生を誚《せ》む）」という一文を殘し、その言行を嚴しく糾彈している。彼は范蠡と莊生の關係が「義」と「利」のいずれに基づくものであったかを問い、「則ち莊生、事畢《お》わらば金を歸すと謂うは、其の言、信なるか。其の金を取らるるに至り、則ち復た言いて之れを死せしむ。焉くんぞ夫れ金を歸すの心有らんや。是れ莊生と范蠡とは、果たして〝利合〟の曰《いい》ならんや」と「利」に基づく交際であったと斷じ、莊生には千金を返す氣がなかったと非難する。また別人の意見として「夫れ、赦なる者は楚の常法なり。范蠡の子[4]、赦は楚の常法爲らんことを謂《おも》わず、以《おも》えらく、其の弟は自ら不死に合せり、莊生の力に非ず、と。故に夫の金を取る。是れ愚豎の纖鄙なり、何ぞ責むるに足らんや」とし、長男には責任がないとしている。最近の宋志堅氏の「陶朱公的〝故所善〟」（『唯實』、二〇〇六―五）も莊生の報復を千金に眼がくらんだためとみなし、嚴しく非難している。

一方、そもそも「逸話」自體の信憑性を疑う意見も多い。趙宋・葉適は「（司馬）遷の范蠡を載するや、殊に據るに足らず。『越語』、固より其の去るを言うも、而れども遷は雜說を取り、既に言えらく、其れ齊に相たり、又、齊を去りて陶朱公と爲り、又、子、人を楚に殺し、又、千金と書を行かしめて莊生に遺り、又、莊生長子に怒り、卒に其の事を敗る、と。是くの如くを信ずれば、則ち蠡は亂世に偪側《せま》り、狡獪なる賈豎を以て業を爲す。何ぞ呂不韋の流と異ならんや、何ぞ必ずしも賢を稱えられんや」（『習學紀言』）とし、司馬遷がこの「雜說」を載錄したことで范蠡のイメージが呂不韋等と同程度に惡化したという。そして「遷は蠡の時を去ること尚お近きに當れども其の是非を斷ずる能わず、蠡をして羞を蒙らしむ。惜しいかな」（同）と、「逸話」を採錄した司馬遷の不明を非難している。

現在では「逸話」はほとんど史實とみなされていない。蒙文通氏は、賈誼『新書』耳痺に范蠡が石を抱いて五湖（太湖）に水死したとあり[5]、『呂子春秋』悔過・離謂にも類似の記事が見えることから、范蠡は勾踐の霸業達成ののち越で死亡したのであり、以後の成功譚は「全て皆妄誕にして小說家の言なり」と斷じている（『越史叢考』、『古族甄微』巴蜀書社、一九九三年）。韓兆琦氏も「此の節事、固より無稽なり」とする。しかし一方で、「而れども文章、自ずから是れ傑作なり」とこの逸話のできの良さを評價している（『史記箋證』卷五、江西人民出版社、二〇〇四年）。

以上「逸話」に關する從來の諸說を概觀してきた。大別すると、主要人物である范蠡・范蠡の長男・莊生の人物評價と、「逸話」自體の眞僞を問題にするものに分けられる。しかし筆者の關心は、人物評價にも「逸話」の眞僞の詮索にもない。その點からすれば、從來の諸說はいずれも物足りないものといわざるをえない。

三、「逸話」の注目點

韓兆琦氏の言うとおり、この「逸話」は非常に〝おもしろい〟。『史記』に見える數々の逸話・說話のなかでも出色といえるのではないか。しかしこの「逸話」の典據は不明である。『史記』の大部分が先行資料の引用から成っていることはもはや定說であり、恐らく「逸話」も司馬遷や父・司馬談の創作ではなく、何らかの資料に據ったものと考えられる。しかしその追求は（出土資料の出現等の僥倖がない限り）不可能であるし、小論の目的もそこにはない。

筆者が重視したいのは、現代の我々にも種々の感興をもたらす「逸話」の〝おもしろさ〟そのものと、それを前漢中期に司馬遷が事實として採錄したという〝事實〟である。司馬遷は、當時としては驚くほど合理的・客觀的態度で俗說を愼重に退け、事實の採錄にこだわって『史記』を撰述した。「逸話」も明らかに事實と信じていたはずである。それはそのまま「逸話」が前漢中期の社會に廣く膾炙し、信用されていたことを示しているであろう。

細かな事實を詮索すれば、そもそも范蠡の一生全體が疑わしいといえる。まず出身地に諸說がある。(6) 終焉の地である「陶」は一般に現在の山東省定陶縣とされるが、他の場所とする意見も根強く、今も論爭が續いている[7]。前節で觸れたとおり、范蠡が越で死んだとする說も早くからある。范蠡の存在自體嚴密には證明できないとさえいえる[8]。

では、越世家に見える范蠡の記事に史料的價値はないのであろうか。筆者はそうは考えない。繰り返すが、前漢中期には司馬遷をはじめ多くが「逸話」を事實と信じていた。裏返せば、それだけの信憑性をこの「逸話」は持っていたのである。それはもちろん日常的な出來事であったという意味ではない。それならば逆に記錄されることもなかったであろう。逆に、絕對〝ありえない〟ような話でもやはり記錄されなかったはずである。つまり、「逸話」は當時の人々から見て十分に〝ありえそう〟な話だったのであり、だからこそ〝おもしろい〟のである。したがって、「逸話」から前漢中期の社會狀況や人閒關係のあり方を分析することは十分可能であり、またそれは范蠡と陶朱公の同一性や陶の位置を詮索すること以上に重要な作業であると思われる。

では、この「逸話」からどのような狀況が讀みとれるであろうか。まず「千金の子は市に死せず」、つまり巨額の財產は國法すら曲げられるという認識が廣まっていたことがわかる。それを信じればこそ范蠡も次男救出を畫策したのである。しかし〝金でなんでも買える〟というのは古今東西萬古不易の妄念ともいえる。同樣にどうにか次男を救い出そうとした范蠡の子を思う親心も、また大赦の情報を知るや急に莊生に預けた千金が惜しくなった長男の心情も、當時のみならず今日の我々にも理解しやすいものであると思われる。つまりこれらは人閒の普遍的・超歷史的な姿を表しているのであり、「逸話」の社會に固有の狀況とはいい難い。そうした固有性は、范蠡の長男に裏切られた莊生の報復と、最後の范蠡の述懷に隱れていると思われる。どちらも我々の眼には不可解な言動に映るからである。

まず莊生の報復であるが、長男の裏切りに對する仕返しにしては殘酷に過ぎるように感じられる。その點だけを見れば、前節で見た史珥・皮日休・宋志堅氏の莊生批判も首肯できよう。しかし、莊生を單純に「傾危」「利合」などと斷ずることはできない。なぜなら、當時の人々（少なくとも司馬遷）の莊生に對する認識は決してそのようなものではなかったからである。司馬遷は莊生を「廉直を以て國に聞こえ」「皆師として之れを尊ぶ」と評している。彼に千金を受け取るつもりがなく、范蠡からの依頼を承諾した證として一時預かっただけであることを念入りに説明しているのは、その「廉直」を讀者に納得させるための配慮といえよう(9)。また、莊生の報復について司馬遷は何の意見も述べていないが、それも報復を容認していたことを示す間接證據になるであろう。莊生の報復そのものは當時でも驚くほど殘酷なものであったはずである。そうでなければそれを豫想できた范蠡の異能が際だたないからである。しかし殘酷ではあるが、當時の人々にとっては絶對に〝ありえない〟というものではなかったように思われるのである。

では范蠡の最後の發言はどうか。生活苦を體驗して育った長男と全く苦勞を知らない末弟の心情の違い、實直な長男が良かれと思ってしたことが最悪の結果を招いてしまった運命の皮肉、これらも古今東西ありがちなことである。また長男の失敗を當初から豫想していた范蠡の姿は、『春秋左氏傳』等多くの古典に見える「賢者」「君子」の理想像（すなわち未來を豫知できる人物）そのものであり、むしろ陳腐な感さえ否めない。したがって、これらの記述から當時の社會に固有な狀況を見出すことはできない。

むしろ重要な點は、語られていない部分にあると思われる。范蠡の發言には、次男を死に追いやった莊生への思いが一語も見えない。長男を遣わした自身の不明を悔いているだけのように讀めるのである。現代の我々には不可解に映るが、これも司馬遷や當時の人々には〝ありえない〟ものではなかったようである。

莊生の殘酷な報復と、それに對する范蠡の沈默。これらが意味するものは何か。まず想起すべきは、二人の關係のあり方である。范蠡は世に知られた智者であり大富豪である。一方莊生も知名度こそ楚國外では低かったが（范蠡の長男は彼を知らなかった）、國内では誰もが認める賢者であった。その貧乏暮らしも俗世を超越した「隱者」であるという寓意であろう。こうした二人の間には本來主從上下の關係などなく、對等な友情が成立していたものと思われる。「故より善くする所」であった二人の關係がいつからのものかは知るよしもない。范蠡の出身地は宛・三戶・徐のいずれかとされるが、[10] いずれも楚の都・郢（現湖北省江陵縣西北）からは遠く離れている。莊生の出身地は不明だが、假に逸話に見えるように都の「負郭」、つまり郢の近郊であったならば、二人が幼なじみであったとは思えない。また楚越關係を見ると、吳を滅ぼす過程で兩國は同盟關係にあったので、[11] 外交を通じて知り合った可能性もある。しかし假に莊生が楚の外交に關わっていたとしても、一方の范蠡は軍事擔當であり、越の外交は文種や逢同が擔っていた。したがって外交の舞臺を通じて二人が「故より善くする所」になった可能性は低いと考えられる。

したがって、二人の關係は范蠡が越を去って商人として活躍し始めてからのものと推測される。しかも老境に達した兩者[12]の經濟的境遇は一見隔絕しているにもかかわらず、「故より善くする所」と信頼し合う關係が續いている。それは實利を超越した長く深い交友であり、まさしく「任俠的」關係といえるものと思われる。

四、任俠的習俗と商業

中國古代における任俠的習俗の重要性は、宮崎市定・增淵龍夫兩氏の先驅的研究[13]以來廣く認められている。特に秦・漢帝國という中央集權的統一王朝が出現した背後に、極めてパーソナルな人と人との信義の關係、つまり任俠的習俗が血肉として作用したという增淵氏の理解は、西嶋定生氏等との華々しい古代帝國論爭の中で注目され、また評價されてきた。しかし一方で、その高い評價がある種の「定說化」をもたらし、增淵氏の理解を批判し乘り越えていこうとする意欲を學界から奪ってしまった感もある。その後、增淵說は中國史研究全般において隱に陽に參照・引用されてきたが、肝心の古代史研究の場では正面から任俠的習俗を扱った研究はかえって見られなくなってしまった[14]。しかしようやく近年、東晉次氏が一連の考察において增淵說の再檢討を含む拔本的な見直しを進められている[15]。

東氏は多々重要な提言をされているが、筆者が特に重視したいのは、增淵氏以上に明確・簡潔に「任俠」を定義したこと、增淵氏の理解が任俠的關係の中に隱れた家父長制的主從關係を重視しがちなのに對し、友愛に基づく對等な任俠的關係の存在とその重要性を指摘したこと、任俠と商業の關係を重視していることの三點である。

東氏は「任俠」を、「信や義或いは報恩の觀念から生じる他者に對する共感や義務感によって、氣力（勇氣）をもって助力を敢行し、時には自己の身命を賭すことも辭さない心性である」と定義された[16]。しかし一方で東氏は、「任俠とは、なにも戰國期から漢代初期にのみ固有な心性ではなく、漢代全般否中國史全體にも押し及ぼすことのできる心性ではないか、と考えられてくるのである。……もしそうすると、任俠者の範圍は擴大し、歷史學的に考察する場合の任俠的なる心性および行爲の特質が逆に不明確になるおそれがあろう。……中國古代社會における任俠者を問題にする場合には、その特徵的性格をもう少し明確にすることが求められよう[17]」ともされている。確かに氏の定義に見るような人閒は中國史上のあちこちに見いだせるのであり、古代なら古代の時代的特徵を抽出することは難しい。しかし東氏は自ら懸念したこの問題に對し、極めて對等な友愛に基づく任俠的關係の存在を擧げ、中國古代固有のそれとして強調された。具體的には『史記』卷八六刺客列傳に見える荊軻と高漸離の關係である。

しかし主從關係を伴わない對等な任俠的交友が中國古代社會固有のものであるならば、范蠡と莊生の關係こそその典型なのではないか。范蠡の依賴を然諾した莊生の態度はまさに任俠そのものである。また、兩者の關係が范蠡の商行爲を通じて培われたものならば、「逸話」は任俠と商業の關わりを探るうえでも貴重な史料といえるであろう。

しかし殘念ながら、この「逸話」を任俠論の觀點で考察した例は見あたらない[18]。そこで以下、特に任俠的習俗と商業との關わりという點について「逸話」から讀みとれるものを探っていきたい。

從來から任俠と商業との關係は注目されてきた[19]。しかし古代におけるそれは、史料不足のためほとんど具體像が明らかになっていない。もちろん「逸話」も具體的な史料とは言い難い。しかしその背後に、商取引において任俠的習俗が果たした重要性の一端が垣閒見えるように思われるのである。それは、具體的には千金の授受にうかがえる。

純粹な任俠的關係は、あくまで相互の信用に根ざしたものであり、金錢等を介在しないものであったと思われる。しかし現實の場においてはそうまで純粹な關係はまれであったろう。東氏も指摘するように、孟嘗君等「戰國四君」と食客たちの關係も、實體は「利」によって結びついた互酬の關係であった。任俠的關係の一典型とされる智伯と豫讓の關係も、たまたま智伯が豫讓に祿をはずんだために成立したに過ぎない可能性がすでに指摘されている[20]。こうした關係は需要と供給に基づく互酬關係であり、そのまま商業的關係と言い換えてもいいであろう。

しかし范蠡と莊生の場合は、そもそも莊生に千金を受け取るつもりがなかった。范蠡の長男への報復も長男が莊生を輕んじ、約束を破ったためであって、千金とは無關係であった。假に次男が釋放されても、莊生は千金を返し、なんの實利も得なかったはずである。つまり范蠡と莊生の關係は、互酬的・商業的關係ではなかったのである。

では、范蠡はなぜ千金を莊生に預けたのか。假に莊生がそれを報酬や活動資金と理解しても、范蠡に異存はなかったであろう。しかし兩者の閒では、千金の眞の意味は了解濟みであったように思われる。我々には一見不可解な大金のこのような使われ方は、戰國時代の嚴仲子と聶政の關係にも見い出すことができる（『史記』刺客列傳）。

仇敵・俠累との政爭に敗れ亡命中の嚴仲子は、俠累暗殺を託せる人物を搜していた。やがて人づてに犬殺しの聶政を知り、交際を始めたが、しばらくして聶政の老母のためにと百溢の黄金（百金）を進めた。しかし聶政は嚴仲子の本意を察し、老母を看取る義務を理由に受け取りを斷った。ところがその後老母を看取った聶政は嚴仲子を訪れ、暗殺を引き受ける。そして嚴仲子のあらゆる援助を一切受けず、そのまま單身乘りこんで俠累暗殺を成就した。つまり聶政は全く見返りを求めず、一方的に嚴仲子の依賴を果たしたのである。それは卑しい犬殺しの自分を壯士と認め、百金まで捧げてくれた嚴仲子に對し、まさに「己を知る者の爲に死す」の俚諺どおり報いた無償の行爲であった。

ここで嚴仲子が進めた百金の意味を考えてみよう。もちろん報酬や活動資金ではなかったと思われる。そうではなく、狀況から推して、まず自身の信用度を證明するためのものではなかったか。その時點では彼らの關係はまだ淺い。しかし俠累に追われている嚴仲子には時間的餘裕がない。そこでまず嚴仲子自身が聶政の信用を得る必要がある。こうしたさい、一定以上の金錢を相手に預けることが最も手っ取り早い手段であったのではなかろうか。それは同時に相手を信用しているという證にもなろう。相手がみだりにその金錢に手をつけると、こちらの信用を裏切ることになる。ここで金錢は、相互の信賴を保證する擔保になるのである。

加えて、聶政が犬殺しであったことに注目したい。屠殺業者も當然、商業關係者に含まれよう。商業に關わる人間と速やかに任俠的關係を築くには、やはり金錢を擔保とするのが最も有效であったはずである。ここに、任俠的習俗と商業との緊密な接點が見いだせるのである。

もちろん、范蠡と莊生は舊知の間柄であった。しかし實際に楚に行ったのは范蠡の長男である。父から莊生のことは聞いていたであろうが、會うのは初めてであり、用件の緊急性からしても莊生を信用する以前に自身の信用度を證する必要があった。そのために范蠡は彼に千金を持たせたのである。

信用を結ぶために金錢をやり取りする行爲自體は、もちろん本來任俠者のものではなく、商業從事者の發想から出たものであったと思われる。しかし當面實利に直接結びつくものでなく（その後の實利獲得は見込まれたにしても）、あくまで相互の信賴を確認するための行爲であった點に、任俠的習俗の色濃い影響を見出しうるのである。特にそれはお互い顏も合わせられない場合が多い遠隔地交易において、極めて有效な手續きであったと推測されるのである。范蠡は陶が「天下之中」、つまり「天下」相手の遠隔地交易に最適の場所であったから定住を決意したのであった。また、貨殖列傳には彼が「能く人を擇び」商いを行ったと見える。中國社會における商業は、春秋末期の時點ですでに遠隔地間の信用取引が廣範に展開する段階に達していたのである[21]。それを根底から支えた重要な要素が、本來は金錢等を介在しなかったはずの任俠的習俗であった。當然任俠心に富む商人こそが最も成功に近い位置にいたことになる。富を成すたびに近鄰緣者に散じて「德を施し」、世の尊敬を集めた范蠡こそまさにそうした商人の代表であった。

それにしても、莊生の報復は殘酷なものに映る。「逸話」でもう一つ注目されるのはこの報復の意味である。從來の任俠論においては、信頼關係が裏切られた場合にどうなるかという考察が不十分であった[22]。任俠的關係はしょせん理想である。特に商いの現場ともなると、裏切り、詐欺行爲が常態であったはずである。しかしそうした行爲に對しては、當然報復が待っていたと思われる。類似の例として、集合時閒の約束を破った仲閒を容赦なく斬殺した彭越の逸話がただちに想起される（『史記』卷九〇魏豹彭越列傳）。しかしこの時周圍の者は彭越の處斷に驚き、「越を畏れ、敢えて仰ぎ視る莫」い狀態となった。「約」の遵守に命をかけるなど、常人の日常からは隔絕したことであったと思われる。任俠者や任俠的商人が人々の信頼を集めたのは、それができる存在と認識されていたからであろう。それだけに特に彼らの閒では信を失うことは許されず、その場合の報復は苛酷なものになったのではないか。特に商取引においては、先述の大金と同樣、遠隔地の相手との取引を確實に行うための究極の擔保になったと思われる。

もちろん莊生を裏切ったのは范蠡ではなくその長男である。しかし莊生にとっては、舊知の范蠡との關係を反故にするに足る重大な裏切りであった。范蠡もそれを理解したために次男の死を甘受したのであろう。こうした嚴しい人閒關係こそ春秋・戰國時代の商業の發展を支えたのではなかろうか。しかしそれが一般化し、長く存續したわけではもちろんない。『史記』巻三〇平準書を見れば、前漢中期には利潤の追求に狂奔する商人がほとんどであったことがわかる。范蠡の長男もその一例である。しかしそれはまた今日の我々にもなじみの深い商人の姿である。范蠡でも莊生でもなく、實は長男の存在こそ、「逸話」が時代を越えた普遍的〝おもしろさ〟を保っている理由なのかもしれない。

おわりに

以上、『史記』越世家の范蠡と莊生の「逸話」を通じ、保證金の介在と嚴酷な報復を擔保とした任俠的結合が廣範な遠隔地交易の發展を支えていたという、春秋末から前漢中期にかけての社會の特異な一面に觸れることができた。

しかし腑に落ちない部分はまだ殘っている。莊生の怒りの強さはその一つである。それさえなければ事は全て丸く收まったはずである。彼の怒りは范蠡の長男が彼を輕んじ、尊嚴を損なったことに歸因する。それは今日でいう「面子」の問題に極めて近い。今日でも中國社會を理解するには「面子」を理解することが必要だとよく言われる。ところが、「面子」の歷史學的研究は不思議なことにほとんどなされていない[23]。しかしその作業を通じて、任俠論の沒歷史性の問題が打開できる可能性はあるのではなかろうか。もちろん、全ては今後の課題であるが。

注

（1）『越絕書』巻一五・篇敍外傳記第一九に「仲子由楚、傷中而死」と見えるが、詳細は記されていない。

（2）換算は『新字源』（角川書店）の「度量衡表」に據った。

（3）民國期の李景星『史記評義』も越世家について「其君臣得力處、只是一個忍字、故一路敍事、即以此作骨」とし、李長之『司馬遷之人格與風格』（上海開明書店、一九四七年）第八章「司馬遷的風格之美學上的分析」も「越世家在寫范蠡的堅忍」とする。逸話を想定した意見か定かでないが、越世家の主題が「忍」にあるとする觀點は共通している。

（4）原文「范蠡」を、蕭滌非・鄭慶篤整理『皮子文藪』（上海古籍出版社、一九八一年）の校訂に從い「范蠡子」とする。

（5）「范蠡負石而蹈五湖、大夫種折領謝室、渠如處車裂回泉」と勾踐の霸業を支えた賢臣が次々横死したことを記す。

（6）一般的には楚の宛（現河南省南陽市）とされる（『越絶書』、『水經注』等に據る）が、楚の三戶（現河南省淅川縣西方）とする説（『吳越春秋』所引『呂氏春秋』高誘解）、徐（現江蘇省泗洪縣南）とする説（劉向『列仙傳』）もある。孫以楷「范蠡徐人考」（『皖西學院學報』一八―一、二〇〇二年）等參照。

（7）最近だけでも、通説を支持するものに孫良才・李之勤「〝陶〟不是〝定陶〟嗎?」（『菏澤師專學報』一九九八―三）、翟忠義「〝居天下之中〟的〝陶〟地考」（『山東師大學報』社會科學版、一九九八―六）、黃有漢「范蠡所居陶地考」（『河南大學學報』社會科學版、三九―六、一九九九年）、「陶山」（現山東省肥城）説を支持するものに蔣鐵生「范蠡徙陶考」（『泰安師專學報』一九九七―二）、現山東省滕州市平莊鎮南陶山下の土城を「陶」とする張守德・李近山「范蠡所居陶地考」（『齊魯學刊』一九九四―三）等がある。しかし「天下之中」に該當する場所という條件を重視すれば、やはり通説に軍配が上がるようである。

（8）一方莊生については莊子（莊周）とする説がある（司馬貞『索隱』、張守節『正義』が否定しつつ紹介）。莊生が莊子なら實在を證明できようが、逸話の時代は前五世紀前半、莊子は前四世紀後半の人なので同一人物とは思われない。

（9）そうした記述を無視し、莊生は千金を受け取るつもりだったと決めつける皮日休や宋志堅氏の理解は、少なくとも反證となる史料的根據が示されていない以上受け入れがたい。

（10）前揭注（6）參照。

（11）越世家によれば、勾踐が會稽山で吳に敗れ（前四九四年ごろ）てから七年後、吳への復讐を唱えたが、大夫の逢同が時期尚早を諫め、齊・楚・晉との同盟を勸めている。それが實現したかどうかは不明であるが、勾踐は吳を滅ぼしたあと淮水方面の土地を楚に分與しており、楚越關係の良好さがうかがえる。また、『史記』巻四〇楚世家によれば、越が呉を滅ぼした當時の楚・惠王（位前四八九～前四三二年ごろ）は、先代昭王と勾踐の娘との閒の子であった。唐・餘知古『渚宮舊事』に越世家末尾の范蠡と莊生の逸話が引用されているが、そこでは「惠王時、陶朱公子殺人於楚、……」となっている。楚・惠王は在位が長いが、その閒に越との關係が悪化したことを示す記事はないので、逸話の舞臺となった時代における楚越關係は基本的に良好であったと思われる。

（12）會稽山の敗北から呉を滅ぼすまで「二十二年」（越世家）、陶に移住したのち「十九年之中、三致千金」（貨殖列傳）、かつ陶で生まれた末子が成人したころ次男が殺人を犯したわけであるから、逸話の段階の范蠡は相當高齢でなければならない。また莊生も一夜で急病死することを心配しているぐらいであるから、やはり高齢であったと思われる。

（13）宮崎市定「游俠に就て」（『歴史と地理』三四―四・五、一九三四年。のち同『アジア史研究』Ⅰ、同朋社、一九五七年、『中國古代史論』平凡社、一九八八年、『宮崎市定全集』五巻、岩波書店、一九九一年所収）、增淵龍夫『中國古代の社會と國家』（新版、岩波書店、一九九六年）所收の諸論文。

（14）例外的かつ重要な研究例として、上田早苗「漢初における長者――『史記』にあらわれた理想的人閒像――」（『史林』五五―三、一九七二年）、小倉芳彦「刺客列傳考」（『逆流と順流――わたしの中國文化論』研文出版、一九七八年）、「匹夫の俠」（『呴沫集』二、一九八〇年）がある。

（15）「中國古代の社會的結合――任俠的習俗論の現在――」（『中國史學』七、一九九七年）、「中國古代の任俠について」（『ふびと』五一、一九九九年）、「漢代任俠論ノート（一）」「同（二）」「同（三）」（『三重大學教育學部研究紀要（人文・社會科學）』五一、二〇〇〇年、同五二、二〇〇一年、同五三、二〇〇二年）。

（16）前揭注（15）「中國古代の任俠について」では、「恩（德）や信・義を媒介にして、氣力（勇氣）を以て利他行爲を敢行すること」とさらに簡潔に定義されている。

（17）前揭注（15）「中國古代の任俠について」。

（18）近年中國では任俠論が盛んで、專著も陳山『中國武俠史』（上海三聯書店、一九九二年）、王涌豪『中國游俠史』（初版、上海文化出版社、一九九四年。再版、復旦大學出版社、二〇〇一年）、鄭春元『俠客史』（上海文藝出版社、一九九九年）等多數あるが、范蠡と莊生の關係を取り上げたものは見あたらない。

(19) 吉田光邦「素描——漢代の都市」（『東方學報（京都）』四七、一九七四年）、東前揭注（15）「中國古代の社會的結合」等。

(20) 小倉前揭注（14）「刺客列傳考」參照。

(21) それをもたらした地理的條件として、黃河の土沙によって形成された華北の低平な「空閒」の意味は大きい。拙稿「黃河と中國古代史——特に黃河下流域という「空閒」の意義について——」（『歷史學研究』八二〇、二〇〇六年）參照。

(22) 增淵龍夫氏は「戰國秦漢時代における集團の「約」について」（前揭注（13）增淵著書所收）で、任俠的集團內部における「約」「約束」の意味と重要性を指摘されたが、そこでも「約」が守られなかった場合どうなるのかという考察が十分ではない。

(23) 貝塚茂樹『中國の歷史』上（岩波新書、一九六四年）は第一章でスミス『支那的性格』（中央公論社、一九四〇年）やラティモア『中國——民族と土地と歷史』（岩波新書、一九五〇年）を引きつつ「面子」の問題に言及し、演劇の發達との關係を示唆している。しかしこのような觀點からの個別研究はおろか、槪說書における「面子」への言及すら近年見られなくなっているのは、任俠論の低調とともに殘念なことである。

（補記）本稿脫稿後、大川裕子「范蠡三徙說話の形成——水上交通路との關係を中心に——」（『史艸』四七、二〇〇六年）を拜見する機會を得た。「逸話」への言及はないが、本稿で觸れえなかった范蠡傳說の形成と水上交通路の擴大との關係が詳述されている。本稿と併せ讀まれることをお薦めしたい。

中國古代における「二王の後」の成立
――『郭店楚墓竹簡』所收『唐虞之道』・『上海博物館藏戰國楚竹書』所收『容成氏』を手掛かりとして――

岡　安　勇

はじめに

中國の古代國家では支配權力を掌握している現王朝の皇帝が、前王朝の子孫および前々王朝の子孫を一般臣下とは異なる特別な儀禮や封地を與えて優遇するという禮遇形式が存在した。これら前王朝の子孫および前々王朝の子孫は、總稱されて史書に「二王の後」として記されているが、この「二王の後」と現王朝の皇帝との關係は、皇帝の支配權力構造の解明過程では一般臣下とは同列視できない例外的存在であるためかこれまでほとんど論じられることはなかった[1]。

ところで筆者は以前「中國古代における『二王之後』の禮遇について[2]」を發表して中國古代の歷代王朝の「二王の後」に對する禮遇形式の進展を考察したのであるが、その發表では紙幅の制限もあり思想史上の分析を行うことができず、また論考の展開上の都合からは「二王の後」という呼稱が用いられるようになった經緯について十分檢討することができなかった。

そこで本稿では中國古代の歴代王朝で特別な禮遇を賜與されていた前王朝の子孫および前々王朝の子孫に對していつ頃から「二王の後」という呼稱が定着してきたのかという問題について、最近注目を集めている『郭店楚墓竹簡』[3]や『上海博物館藏戰國楚竹書』[4]にも參考にすべき史料が含まれているので、これらも手掛かりの一つに加えて解明を試みたい。

一、經書に現れた「二王の後」

『詩經』巻十九周頌、臣工之什、振鷺の條の序に

振鷺、二王の後來たりて助祭するなり。

とあり、ここに後漢の鄭玄の所謂鄭箋には

二王とは夏なり、殷なり。其の後の杞なり、宋なり。

と注釋が加えられている。また本文には

振鷺ここに飛ぶ、彼の西雝においてす。我が客いたり、亦た斯の容有り。

とあり、現行の『詩經』を趙國の毛萇に傳授した前漢時代の魯國の毛亨はここに

客とは二王の後なり。

と注している。また『禮記』巻二十五郊特牲には

天子、二代の後を存すること猶お賢を尊ぶがごとし。賢を尊ぶこと二代を過ぎず。

とある。また『尙書』巻二虞書、益稷には

虞賓、位に在り、群后德に讓る。

とあり、ここに鄭玄は

虞賓、位に在りと云うは、舜以て賓と爲るを謂う、卽ち二王の後の丹朱なり。

と注している。このほかにも『孔子家語』禮運第三十二には

天子、杞・宋を以て二王の後とす[5]。

とあり、「二王の後」という呼稱は現王朝にとって前王朝と前々王朝の子孫を意味する專用語として先秦時代から一般に定着していたかのように思われる。

しかし、上に引用した經書は古くから儒教の經典として尊重されてきたものではあるが、「二王の後」の語句の使用年代を檢討するに際してはこれら經書の成立年代もまた愼重に見極めておくことが必要になる。まず『詩經』であるが、これは『漢書』卷八十八儒林傳に

毛公、趙人なり。詩を治め、河間獻王の博士と爲る。

とあり、『後漢書』卷七十九下儒林列傳に

前書に魯人の申公、詩を浮丘伯より受け、爲に訓詁を作す、是れ魯詩と爲り、齊人の轅固生もまた詩を傳え、是れ齊詩と爲り、燕人の韓嬰もまた詩を傳え、是れ韓詩と爲り、三家皆な博士に立つ。趙人の毛萇も詩を傳え、是れ毛詩と爲るも未だ立つるを得ざるなり。

とあるように、前漢第六代皇帝景帝時代に河間獻王劉德の博士となった毛萇という人物が傳えた詩であることから『毛詩』とも呼ばれていることは言うまでもない[6]。つまり現在見ることのできる『詩經』は景帝時代（前一五七年～前一四一年）のものであり、しかも『毛詩』の各篇にある詩の主題を記した詩序は後漢の衞宏の作といわれているから[7]、

上掲『詩經』振鷺の序の「振鷺、二王の後來たりて助祭するなり」とあるのは後漢時代になってから記されたものということになり、先秦時代に「二王の後」の呼稱があったという論據とすることはできなくなる。毛亨の注に「客とは二王の後なり」とあることからすれば、(8)「二王の後」の呼稱は少なくとも景帝時代以降に現れたと考えなければならない。

つぎの『禮記』には「二代の後」とあり、これは「二王の後」と同義語と考えることができるが、『禮記』は一般に前漢宣帝期の戴聖によって編纂されたと言われているから、この呼稱も宣帝期を大幅に遡ることはできないと思われる。(9)

『尙書』巻二虞書、益稷については本文にある「虞賓在位」に後漢の鄭玄が「二王の後の丹朱なり」と注をつけたのであるから、當然のことながら前漢以前の呼稱と見なすことはできない。また『孔子家語』については『漢書』巻三十藝文志論語部に「『孔子家語』二十七巻」とあるが、現行の『孔子家語』は魏の王肅によって著されたものであるから、(10)その禮運第三十二に「天子以杞宋二王之後」とあるのも先秦時代に現れた呼稱とすることはできないのである。

このようにみてくると、上掲の經書やその注釋が前漢以降に成立したものであることは明らかであるから、前王朝と前々王朝の子孫を「二王の後」とする觀念は先秦時代以來の固有のものではなく、それ故その呼稱もまた先秦時代には使用され得なかったことが判明する。それでは前王朝と前々王朝の子孫を「二王の後」とする觀念がいつどのような過程を經て發生し、「二王の後」の呼稱が成立したかについてさらに檢討を加えてみたい。

二、「二王の後」呼稱以前

前述のように經書に現れた「二王の後」の呼稱は實は前漢以降の後人が付載したものであったが、先秦時代および秦漢時代には「二王の後」に相當する王朝の子孫をどのように表現したのであろうか。

先秦時代の史料ではないが、『史記』巻二夏本紀には

湯、乃ち天子の位を踐み、夏に代わりて天下を朝す。湯、夏の後を封じ、周に至りて杞に封ぜらる。

とあり[11]、『史記』巻三殷本紀には

周の武王崩じ、武庚、管叔・蔡叔と與に亂を作す。成王、周公に命じて之を誅せしめ、微子を宋に立て、以て殷後を續《つ》がしむ。

とあるように[12]、王朝の子孫は王朝名を冠して「夏後」「殷後」などと表現されていることがわかる。

つぎに、先秦時代の文獻における「二王の後」に對應する表現形式としては、『春秋公羊傳』隱公五年（前七一八）九月の條に

天子は八佾、諸公は六、諸侯は四。諸公とは何ぞや。諸侯とは何ぞや。天子の三公を公と稱し、王者の後を公と稱し、其の餘の大國を侯と稱し、小國を伯子男と稱す。

とあるように、前王朝の王者（君主）の子孫としての意味で「王者の後」と表現されているのを見いだすことができる。これについて『春秋穀梁傳』莊公十一年（前六八三）の條の經文に

秋、宋に大水あり。

とあり、この傳に

外災は書せざるに、此れ何を以てか書す。王者の後なればなり。

とあり、『春秋公羊傳』僖公十六年（前六四四）正月の條の經文に

戊申朔、石の宋に賈《お》ちること五。是の月、六鷁《げき》退飛して宋の都を過ぐ。

とあり、この傳に

五石、六鷁は何を以てか書す。異を記せばなり。外異は書せざるに、此れ何を以てか書す。王者の後の爲に異を記すなり。

とあることから、『春秋公羊傳』隱公五年の「王者の後」とは周の前王朝である殷の子孫が周から土地を賜與され封國された宋の君主を指していることがわかる。このほかにも『春秋公羊傳』には襄公九年（前五六四）の條の經文に

春、宋火あり。

とあり、この傳に

外災書せざるに、此れ何を以てか書す。王者の後の爲に災を記すなり。

とあるように、宋が王者の後つまり殷王朝の子孫の國であるので王者に對する記載規定に準じて特別にその災害について記録したというのである。(13)

『春秋』の微言大義を問答形式によって明らかにする『春秋公羊傳』や『春秋穀梁傳』の記事からそこに記された宋が「王者の後」（＝殷王朝の後裔、子孫）の封國として特別な存在であったことが理解できる。さらに『春秋左氏傳』僖公二十四年（前六三六）六月の條には

宋、楚と平らぎ、宋の成公、楚に如き還りて鄭に入る。鄭伯將に之を享せんとし、禮を皇武子に問う。對えて曰

く、宋は先代の後なり。周において客爲り、天子事有れば焉に膰ぎ、喪有れば焉を拜す、と。

とあり、殷の子孫の封國宋に對する禮遇について他の『春秋』二傳より具體的内容をともなう記事によって知ることができる。つまり、宋は周王朝にとって「先代の後」であるから周王朝の「客」であり、有事や喪葬の際には宋は周の天子から格別の禮遇を賜與されるべき存在であったことが認識されていたのである。また『春秋左氏傳』昭公二十五年（前五一七）夏の條に

　宋の樂大心曰く、我は粟を輸せず、我は周に於て客爲り、之を若何ぞ客を使わん、と。

とあるように、宋の樂大心は自國が殷の子孫の封國として周の「客」であり「不臣」であると自認しているのであり、「先代の後」が一般の臣下とは異なる禮遇（＝輸送免除の特權）を賜與される地位にあることは周王朝下の諸侯にとって共通の認識となっていたのである。このほか『春秋左氏傳』襄公十年（前五六三）五月の條には

　宋公、晉侯を楚丘に享し、桑林を以てせんことを請えり。荀罃《おう》辭す。荀偃・士匄《かつ》曰く、諸侯、宋・魯是に於いて禮を觀る。魯に禘樂有り。賓と祭とに之を用う。宋、桑林を以て君を享せんとす。亦た可ならずや、と。

とあり、宋公が晉侯を楚丘で饗應するときに殷の天子の樂である桑林[14]を演奏したいと申し出たことが記されている[15]。これも宋が殷王朝の子孫の封國であるとの認識が前提にあり、その宋では殷王朝の樂を奏する特權が周王朝から賜與されていた事實も浮かび上がってくるのである。

　このように、『春秋公羊傳』や『春秋穀梁傳』・『春秋左氏傳』には宋が「王者の後」・「先代の後」として周王朝から「公爵」が與えられ、殷王朝の天子の樂である「桑林」を宋でも演奏する特權が認められ、周王朝の「客」として禮遇される地位にあったことなど、前漢武帝時代にはじまる「二王の後」に對する禮遇理念の原型がすでに形成されていたことを知ることができる。

しかし、管見による限りこのほかには先秦時代の所謂諸子百家の書に「二王の後」に關連する記事はほとんど見いだすことはできなかった。そのなかで、『荀子』彊國篇第十六には

夫れ桀、紂は聖王の後の子孫なりて天下を有つ者の世なり。

とあり、夏王朝の禹王、殷王朝の湯王を聖王とみなして、桀、紂はそれらの子孫であるとし、意味内容において「二王の後」と同義的な捉え方を示しているのが一例見える。また、戰國時代末期の秦の呂不韋によって編纂された『呂氏春秋』巻十五愼大覽、愼大には

武王殷に勝ち、殷に入り、未だ轝を下りざるに、黄帝の後を鑄に封じ、帝堯の後を黎に封じ、帝舜の後を陳に封ずるを命ず。轝を下り、夏后の後を杞に封じ、成湯の後を宋に立つるを命ず。

とあり、周の武王の克殷時において傳説上の黄帝以下帝舜、夏および殷の子孫を封國したという記事がみられる。これは混亂期の戰國時代においてもかつての統一王朝周で前代の子孫を存續させていたという觀念が存在していたことを物語る興味深い記事である。ただし、『戰國策』巻六秦策四、或爲六國說秦王の條には

或るひと六國の爲に秦王に說いて曰く、土廣きも以て安しと爲すに足らず、人衆きも以て強しと爲すに足らず。若し土廣き者安く、人衆き者強くんば、則ち桀紂の後、將に存すべし、と。

とあり[16]、これによると戰國時代末期の現實社會では桀紂つまり夏や殷の子孫は存在していないことが前提として語られている。また、戰國末期の秦では周からの王朝交替が現實的問題となったときのこととして『史記』巻五秦本紀、莊襄王元年（前二四九）の條に

東周君、諸侯と秦を謀り、秦、相國呂不韋をして之を誅せしめ、盡く其の國を入る。秦、其の祀を絕たず、陽人の地を以て周君に賜い、其の祭祀を奉ぜしむ。

とあり、戰國秦では東周君の祭祀を斷絶させることはせず、これまでの周王朝が王朝交替後の子孫を存續させる制度を踏襲し、一定の禮遇を以て尊重していたことが分かる[17]。

いずれにしても、戰國時代ではまだ周王朝がそれ以前の「王者の後」に對して一律に封國を與えたと認識されており、「二王の後」という範圍を限定して前王朝と前々王朝の二王朝の子孫に限って特別な禮遇を與えるという觀念は未だ發生していなかったものと思われる。

三、『禮記』「二代の後」の再檢討

第一節では『禮記』卷二十五郊特牲に

天子、二代の後を存すること猶お賢を尊ぶがごとし。賢を尊ぶこと二代を過ぎず。

とあることを指摘したが、そこでは『禮記』の成立年代が一般に前漢宣帝期の戴聖によって編纂されたものと言われてきたことから、「二代の後」の呼稱も宣帝期を大幅に遡ることはできない、と述べた。

ところが、最近出版された『郭店楚簡』や『上博楚簡（一）』所收の『緇衣』は、『禮記』「緇衣」篇の內容とほとんど一致するものであり[18]、『上博楚簡（二）』所收の『民之父母』は『禮記』孔子閒居篇と內容に一致する點があり、『禮記』孔子閒居篇の原初の內容を含んでいると考えらることが明らかになってきた。『郭店楚簡』は湖北省荊門市郭店一號楚墓から出土した戰國時代中期の竹簡であり[19]、『上博楚簡』も『郭店楚簡』と同時代の竹簡であると考えられている[20]。そうすると、『禮記』自體の成立も、これまで言われていた前漢中期ではなく、戰國中期にまで遡ることになり[21]、『禮記』郊特牲の「天子、二代の後を存すること猶お賢を尊ぶがごとし。賢を尊ぶこと二代を過ぎず」という前代に對する禮遇概念も戰國中期以前から存在していたと考えを改める必要が出てきた。

さらに、前掲の『禮記』郊特牲に「賢を尊ぶ」とあるが、これまでは「二代の後」への禮遇がなぜ「賢を尊ぶ」ことと關係があるのか、どこにその根據があるのかまったく手掛りが無く、見當もつかなかったというのが現在までの状況であった。しかし、ここにある「賢」について注目してみると、『上博楚簡（二）』所收の『容成氏』第一簡には[22]

（昔者容成氏、大庭氏、伯皇氏、中央氏、栗陸氏、驪畜氏、祝融氏、昊英氏、有巢氏、葛天氏、陰康氏、朱襄氏、無懷氏、尊[23]）盧氏、赫胥氏、喬結氏、倉頡氏、軒轅氏、神農氏、椲l氏、墉遲氏之有天下也、皆不授其子而授賢。［（昔者、容成氏、大庭氏、伯皇氏、中央氏、栗陸氏、驪畜氏、祝融氏、昊英氏、有巢氏、葛天氏、陰康氏、朱襄氏、無懷氏、尊）盧氏、赫胥氏、喬結氏、倉頡氏、軒轅氏、神農氏、椲l氏、墉遲氏の天下を有つや、皆其の子に授けずして賢に授く。］

とあり[24]、傳説上の上古帝王の名が記されている。しかも、ここに記された二十一名の帝王は帝位を世襲せずに順次帝位を禪讓していることを特色としている。また、この禪讓の條件はみな「賢（者）に授ける」ことが共通している。

さらに、「賢者」について『同』第十簡には

堯以天下讓於賢者、天下之賢者莫之能受也。（堯、天下を以て賢者に讓り、天下の賢者、之を能く受くる莫きなり。）

とあり、『同』第十二簡・二十三簡には[25]

堯有子九人、不以其子爲後、見舜之賢也、而欲以爲後。（堯に子九人有り、其の子を以て後と爲さず、舜の賢を見るや、以て後と爲さんと欲す。）【第十二簡】

［舜乃五讓以天下之賢者、不得已、然後敢受之。[26]］舜聽政三年、山陵不序、水潦不湝、乃立禹以爲司工。（［舜乃ち

五たび讓るに天下の賢者を以てし、已むを得ず、然る後敢えて之を受く。」舜政を聽くこと三年、山陵、序せず、水潦潪《なが》れず、乃ち禹を立てて以て司工と爲す。）【第二十三簡】

とあり、『同』第十七・十八簡には

……舜有子七人、不以其子爲後、見禹之賢也、而欲以爲後。禹乃五讓以天下之賢【第十七簡】者、不得已、然後敢受之。禹聽政三年不製革、不刃金……【第十八簡】（舜に子七人有り、其の子を以て後と爲さず、禹の賢を見るや、以て後と爲さんと欲す。禹乃ち五たび讓るに天下の賢者を以てし、已むを得ず、然る後敢えて之を受く。禹政を聽くこと三年、革を製らず、金に刃せず……）

とあり、『同』第三十三・三十四簡には

……禹有子五人、不以其子爲後、見【第三十三簡】皐陶之賢也、而欲以爲後。皐陶乃五讓以天下之賢者、遂稱疾不出而死。【第三十四簡】（禹に子五人有り、其の子を以て後と爲さず、皐陶の賢なるを見るや、以て後と爲さんと欲す。皐陶乃ち五たび讓るに天下の賢者を以てし、遂に疾と稱して出でずして死す。）

とあるように、これらの竹簡史料に見える賢者は、賢者といっても並みの賢者ではなく、「天下（第一）の賢者」であり、その天下第一の賢者も堯に及ばないので已むを得ず堯自身が帝王の位に卽いたというのである（舜・禹の場合も同じ）。つまり、堯・舜・禹はそれぞれその當時の最高の賢者であったということを強調しているのである。(27) もちろん、堯以前の二十一名の上古の帝王もそれぞれ當代隨一の賢者として禪讓が繰り返し行われたと見るべきであろう。

このことから、『容成氏』の成立當時には、帝位は最高の賢者に禪讓されるということが定式化されていたことを示しており、(28) 中國上古の統治者である帝王の出自はすべて賢者であることが強調されているのである。すなわち、帝王が賢者に禪讓してその賢者が次代の帝王となり、その帝王が賢者に禪讓し、賢者はつぎの帝王となるというパター

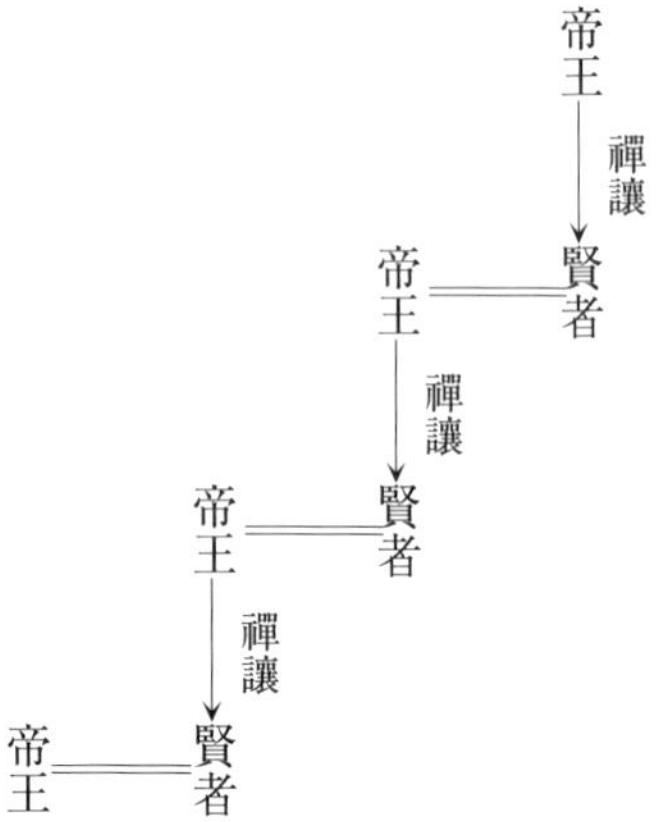

（以下このパターンの繰り返し）

ンの繰り返しになる。このことを圖示すると上記のようになることが理解できよう。

また、『郭店楚簡』所收の『唐虞之道』[29]の第一簡から第二簡には

唐虞之道、禪而不傳、堯舜之王、利天下而弗利也。禪而不傳、聖之【第一簡】盛也。利天下而弗利也、仁之至也。故昔賢仁聖者如此。【第二簡】（唐虞の道は、禪りて傳えず、堯舜の王は、天下を利して利せざるなり。禪りて傳えざるは、聖の盛なり。天下を利して利せざるは、仁の至りなり。故に昔の賢の仁・聖なる者此の如し。）

とあり、「唐堯・虞舜のあいだでは帝王の地位を禪讓し、權力の世襲化はおこなわない。これは至聖の行爲である。また、天下の利益になることを行い、決して天下の利益を獨占したりしない。これは至仁の行爲である。ゆえに昔の賢者はこのように仁聖なのである」[30]と述べて、ここでも「賢者」は極めて高く評價されている。このほかにも『唐虞之道』には「賢者」についてたびたび言及している。それらについて見てみると、第六簡から第十簡にかけて

堯舜之行、愛親尊賢。愛【第六簡】親故孝、尊賢故禪。……【第七簡】……愛親忘賢、仁而未義也。尊賢【第八簡】遺親、義而未仁也。……【第九簡】愛親尊賢、虞舜其人也。……【第十簡】（堯舜の行いや、親を愛して賢を尊ぶ。親を愛す、故に孝なり、賢を尊ぶ、故に禪るなり。……親を愛して賢を忘るるは、仁にして未だ義なら

ざるなり。賢を尊びて親を遺つるは、義にして未だ仁ならざるなり。……親を愛し賢を尊ぶは、虞舜其の人なり。）

とあり、「賢者（＝舜）」を尊ぶことが繰り返し説かれ、「賢者（＝舜）」を尊ぶ行爲として（堯は天下を舜に）禪ったというのである。このほか、第二十五簡から第二十七簡にかけて

……古者聖人廿而【第二十五簡】冒、卅而有家、五十而治天下、七十而致政、四肢倦惰、耳目聰明衰、禪天下而【第二十六簡】授賢、退而養其生。此以知其弗利也。……【第二十七簡】（古は聖人、二十にして冠し[31]、三十にして家を有ち、五十にして天下を治め、七十にして政を致し、四肢倦惰し、耳目の聰明衰うれば、天下を禪りて、賢に授け、退いて其の生を養う。此れ以て其の利せざるを知るなり。）

とあり、古の聖人王者は肉體的衰えを自覺した時には、天下を賢者に禪って養生する。これは利益を獨占しない（權力を世襲化しない）ことを知っているからだ、というのである。また、第十九簡から第二十一簡にかけて

……極仁【第十九簡】之至、利天下而弗利也。禪也者、上德授賢之謂也。上德則天下有君而【第二十簡】世明。授賢則民遷[32]教而化乎道。不禪而能化民者、自生民未之有也。【第二十一簡】（極仁の至りは、天下を利して利せざるなり。禪なる者は、德を上びて賢に授くるの謂なり。德を上べば則ち天下に君有りて世明らかなり。賢に授くれば則ち民教えに遷りて道に化す。禪らずして能く民を化す者は、生民自り未だ之れ有らざるなり。）

とあり、禪讓というものは、有德者を尊び[33]、賢者に（天子の位を）授けることを言うのである。有德者を尊ぶことのできる支配者は明君として世の中が活氣に滿ち、賢者に（天子の位を）授ければ、民衆は善の教えに遷って道に化し從うようになる[34]。賢者に禪讓せず權力を世襲した者で、民を教化することができた者は、人類誕生以來現れたためしがない、というのである。

以上、『禮記』郊特牲にある「天子、二代の後を存すること、猶お賢を尊ぶがごとし。賢を尊ぶこと二代を過ぎず」

とあるところの「賢」について注目して『郭店楚簡』所收の『唐虞之道』や『上博楚簡』所收の『容成氏』をみてきたが、ここには、上古帝王は天下の賢者を尊び、さらに賢者に帝位を禪讓することで權力を世襲化せず、天下國家の利益を最優先させたとする理想社會が描かれていることが理解できる。そこでは、先に圖示したように上古帝王が天下の賢者に禪讓し、禪讓された天下の賢者は帝位に卽くが、しばらくすると自己の身體的衰えを自覺してまたつぎの天下の賢者に禪讓するという權力委讓が繰り返されていた。そうすると上揭『禮記』前半部分の「天子、二代の後を存すること、なお賢を尊ぶがごとし」とは、上古帝王が、自分が賢者として尊重されたと同じ禮遇で前代の上古帝王の子孫を尊重した、ということであろう。しかし、このような禮遇を過去に遡って行なえば際限が無くなるから、上揭『禮記』後半部に「賢を尊ぶこと二代を過ぎず」とあるように、この禮遇對象は二代前の帝王の子孫に限定したということになる。この時の上古帝王は權力の世襲化を行なわず、禪讓したのであるから當然王朝を形成することはなく、そこでこのような時期に「二王の後（＝二王朝の子孫）」という呼稱や概念もまた當然のことながら成立する狀況にはなかったのである。

つまり、『唐虞之道』や『容成氏』と『禮記』郊特牲の記事から、戰國時代には「二王の後」という概念は成立していなかったが、「二代の後」という概念はすでに發生していたと考えることができる。

ここで第三節の結論を述べれば、『禮記』卷二十五郊特牲にある「天子、二代の後を存すること、猶お賢を尊ぶがごとし。賢を尊ぶこと二代を過ぎず」という文獻史料と『唐虞之道』・『容成氏』の出土史料を考え合わせてみると、まず春秋時代以來「王者の後」「先代の後」といわれていた對象は、戰國時代になると「二代の後」という表現が用いられたこと、「二代の後」を尊ぶというその根據は天子から尊重される禮遇を受けた賢者が禪讓によって帝位に卽いたことにより、卽位した天子が禪讓者の子孫（＝帝位を世襲しなかった）に敬意を表して、自己が天子から受けた

「賢者」としての禮遇と同格の禮遇で尊重したこと、しかし、この禮遇を際限なく遡ることはできず、「二代前の子孫まで」という制限を加えたこと、ということになる。ただし、『禮記』に言う「二代」が「賢者の子孫」ではなく、「夏・殷兩王朝の子孫」を指すように變化したことを考えると、次節で述べるように、戰國後半期から漢初にかけては『尙書大傳』とも相互に影響し合って王朝交替の思想が形成される過渡期にあったといえるであろう。

それでは最後に秦漢時代にこの「二代の後」に對する禮遇がどのように繼承されたかについて考察する。

四、結びにかえて――「二代の後」から「二王の後」へ

はじめに、秦王朝であるが、秦王朝では郡縣制度の採用により封土の賜與が無くなったことで「二代の後」に對する財政的保障も無くなり、制度上「二代の後」の存在する餘地はなくなってしまった。その上、秦王朝では前王朝の子孫を「盪滅」し、「二代の後」の存在そのものを抹殺するという政策を實施したので[35]、公式には前王朝の子孫はその存在すら認められず、「二代の後」の制度そのものが斷絕したのである[36]。

秦滅亡後の混亂を收めて中國再統一を成し遂げた劉邦は前漢王朝を樹立し、郡國制を採り入れて、異姓の諸侯王に對する封土の賜與を行なったことから、秦王朝以前に行なわれていた「二代の後」に對する禮遇措置の復活も制度上可能となった。しかし、實際には王朝樹立以前の楚漢時代から劉邦政權では「王者の後」に對して禮遇するという儒教理念が論じられていたことがつぎの史料によって確認することができる。すなわち『史記』卷五十五留侯世家漢三年（前二〇四）の條に

項羽急に漢王を滎陽に圍み、漢王恐れ憂い、酈食其と楚の權を撓むるを謀る。食其曰く、昔、湯、桀を伐ち、其

の後を杞に封ぜり。武王紂を伐ち、其の後を宋に封ぜり。今、秦は德を失い、義を弃て、諸侯の社稷を侵伐し、六國の後を滅ぼし、立錐の地無からしむ。陛下、誠に能く復た六國の後世を立て、畢く已に印を受くれば、此れ其の君、臣、百姓、必ず陛下の德を戴き、風に鄉い義を慕い、臣妾と爲らんことを願はざるもの莫し。德義已に行なわれ、陛下、南鄉して覇を稱うれば、楚、必ず衽を斂めて朝せん、と。漢王曰く、善し。趣かに印を刻し、先生、因りて行きて之を佩ばしめよ、と。

とあり、酈食其の言の中で夏の子孫を杞に、殷の子孫を宋に封じた故事が引用され、劉邦が天下の歸趨を決するためには六國の子孫を封建することにあると述べていることから、(37)この當時、前代の王朝の子孫は禮遇されるべき存在と認識されていたのである。

漢帝國成立後の劉邦は『漢書』巻一下高帝紀十二年（前一九五）十二月の條に

秦皇帝・楚隱王・魏安釐王・齊愍王・趙悼襄王はみな後を絕ち亡へり。其れ秦始皇帝に守冢二十家を、楚・魏・齊には各々十家、趙及び魏公子の亡忌には各々五家を與え、其の冢を視て、復た他事に與ること亡らしめよ。

とある詔を下し、子孫の斷絕した始皇帝および戰國の諸王のために墓守を置いたことが記されている。ただし、劉邦は『禮記』郊特牲にある「二代の後」の禮遇について、自王朝である漢帝國を正統王朝として位置づけるための政策として政治的に利用することはしなかったが、『史記』本紀巻八、高祖本紀高祖五年（前二〇二）正月の條に

諸侯及び將相、相い與に共に、漢王を尊びて皇帝と爲さんと請う。漢王曰く、吾聞く、帝は賢者の有なり、と。空言虛語は、守る所に非ざるなり。吾、敢て帝位に當らず、と。

とあるように、驚くべきことに、劉邦は皇帝卽位について本論第三節で取り上げた『郭店楚簡』の『唐虞之道』や『上博楚簡』の『容成氏』で強調されていた禪讓による賢者への帝位繼承の正當性を認識しており、自己の皇帝卽位

の不適格性を自覺していたのである。したがって『禮記』郊特牲「天子、二代の後を存すること、猶お賢を尊ぶがごとし。賢を尊ぶこと二代を過ぎず」という帝位繼承の思想的背景についても當然のことながら十分理解していたと考えられる。(38)

ところで、漢初の思想界においては『禮記』のように「二代の後」に限った禮遇を主張するものばかりではなく、戰國時代の燕の人で文帝のときに博士となった韓嬰の『韓詩外傳』卷三第十三章には

既に商に反り、未だ車を下りるに及ばずして、黃帝の後を薊に封じ、帝堯の後を祝に封じ、舜の後を陳に封ぜり。車を下りて夏后氏の後を杞に封じ、殷の後を宋に封じ、比干の墓を封じ、箕子の囚を釋し、商容の閭を表せり。

とあり、王者の後に關しては前掲『呂氏春秋』の記事と大差なく、王朝の子孫に對する目新しい禮遇措置を提示しているわけではない。(39)

しかし、戰國時代の濟南の人で秦の博士であり、漢の文帝に召された時にはすでに九十餘歲であったといわれる伏生(40)はその著『尙書大傳』卷三で

王者、二代の後を存するは、己とともに三と爲り、三統を通じ、三正を立つる所以なればなり。是の故に周人は日至を以て正と爲し、殷人は日至の三十日を以て正と爲し、夏は日至の六十日を以て正と爲す。……是の故に夏は孟春を以て正と爲し、殷は季冬を以て正と爲し、周は仲冬を以て正と爲し、夏は十三月を以て正と爲し、色は黑を尙び、平旦を以て朔と爲し、殷は十二月を以て正と爲し、色は白を尙び、鷄鳴を以て朔と爲し、周は十一月を以て正と爲し、色は赤を尙び、夜半を以て朔と爲す。……三統とは、生を序する所以なり、三正とは、天下を統べる所以なり。

とのべ、『國語』や『論語』にあった「二代」を夏・殷兩王朝に周王朝を加えて三正・三統とした上で、これまで見

てきた上古帝王が賢者に禪讓して帝位が繼承されてきたとする見方やそれにつらなる禮遇を記した『禮記』郊特牲の「天子、二代の後を存すること猶お賢を尊ぶがごとし。賢を尊ぶこと二代を過ぎず」という考え方を王朝交替による帝位繼承に轉換したのである。さらに、王朝交替で新王朝を樹立した王者に對しは「王者は二代の後を存」するとして、新王朝の君主（＝王者）が存續すべき對象は、過去の周王朝が對象とした夏・殷兩王朝の子孫としての二代の子孫ではなく、漢王朝にとっての前王朝と前々王朝の二代の子孫に限るという理念をはじめて明らかにし、王朝交替によって成立したと解釋することによって漢王朝の正當化に積極的に關與したのである。ここで用いられた「二代の後」という語は言うまでもなく董仲舒が『春秋繁露』で理論化した「二王の後[41]」の概念[42]の原型であると考えられるから、王朝交替で生ずる前王朝・前々王朝の子孫について「二代の後」（＝二王の後）と規定してその理念化を圖ったのは、ほかでもなく伏生の『尙書大傳[43]』であり、前漢王朝以來の歴代王朝が王朝の子孫を「二王の後」として禮遇することになった思想的背景は『尙書大傳』にもとづくものと考えられるのである。

注

（1）管見による限り、「二王の後」に言及したものには小島祐馬『古代支那研究』（弘文堂、一九四三年三月）、重澤俊郎『周漢思想研究』（弘文堂、一九四三年八月、のち一九九八年二月に大空社から復刻）、中江丑吉『中國古代政治思想』（岩波書店、一九五〇年一月）および齋木哲郎「董仲舒の春秋學――その解釋法の特質――」（『東方學』七十五、一九八八年一月）があるが、この四書とも「二王の後」について董仲舒の春秋改制說を思想上の觀點から述べた際にふれたものであり、「二王の後」を主要テーマとして取り上げたものではない。

（2）『文學研究科紀要　別冊第七集』（早稻田大學大學院文學研究科、一九八一年三月）所收。

（3）以下『郭店楚簡』と略稱。

（4）以下『上博楚簡』と略稱。
（5）原文には「天子杞宋以二王之後」とあるが、語順に誤りがあるので、明覆宋刊本などの訂正に従って「天子以杞宋二王之後」と改めた。
（6）三國・呉の陸璣の『毛詩草木鳥獸蟲魚疏』巻下、毛詩には、孔子以來の詩の繼承過程と『毛詩』と名づけられた由來が記されている。
（7）『後漢書』巻七十九下儒林列傳には「（衞）宏從（謝）曼卿受學、因作毛詩序」とある。
（8）本文の「我が客」については、最近の研究では「我が周王朝の客である殷の祖先神」という意味ではなく、周王朝の祖先神を「我が客」と表現していると解釋され、「二王の後」の關與する場面とは無關係だとする指摘もある。新釋漢文大系『詩經』下「周頌　振鷺」餘説（明治書院、二〇〇〇年七月）參照。また、そもそもこの「我が客」とは「二王の後」のうち「殷後」だけを指し、「夏後」については言及されていない、という指摘もある。方玉潤著『詩經原始』（中華書局、一九八六年二月）參照。
（9）『津田左右吉全集』第十六巻「儒教の研究　一、第五篇禮記及び大戴禮記の編纂時代について」（岩波書店、一九六五年一月）四六六頁には『禮記』の編纂年代を「後漢の中ごろ」としている。
（10）藤原正校譯『孔子家語』緒言（岩波文庫、一九三三年十月）參照。ただし、後述する『上博楚簡』の第一册に所收されている『孔子詩論』と『孔子家語』に記載された孔子の語とが「ほとんど完全に一致している」という指摘があり、「『孔子家語』とは、孔子の子孫である孔子一族の手によって編纂ならびに傳承されてきた孔子の言行錄、語錄集」であるという論考も現れている（朱淵清著、高木智見譯『中國出土文獻の世界――新發見と學術の歴史――』創文社、二〇〇六年五月、二六九頁參照）。
（11）夏の子孫が封じられた杞については王利器主編『史記注譯（一）』（三秦出版社、一九八八年十一月）に「杞、今河南省杞縣。周武王封禹后東樓公于杞」とあり、『漢書』巻二十八上地理志第八上には「雍丘、故杞國也、周武王封禹後東樓公」とある。

（12）『史記』巻二十四樂書第二にも孔子の語として「武王克殷反商、未及下車、而封黄帝之後於薊、封帝堯之後於祝、封帝舜之後於陳、下車而封夏后氏之後於杞、封殷之後於宋」とある。

（13）『春秋穀梁傳』襄公九年の條の傳には「外災不志、此其志、何也。故宋也」とある。

（14）『春秋左氏傳』杜預注はこの「桑林」を「殷天子之樂名也」としている。

（15）『呂氏春秋』巻十二季冬紀、誠廉に「武王卽位……使保召公就微子開於共頭之下、而與之盟曰、世爲長侯、守殷常祀、相奉桑林」とあり、殷後である微子開に殷の常祀を守り、桑林（の樂）を奉ぜしめる盟約をしていることが見える。

（16）後漢の高誘注に「王、王正也。已爲始皇帝」とあって、ここの秦王を始皇帝のこととするが、常石茂譯『戰國策』一（東洋文庫六四、平凡社、一九六六年四月）一六五頁には『この段の插話は、冒頭の「あるものが六國のために」という語があるので、假に、原注を生かして、秦王政に說いたものとしたが、おそらく、前三三三年の齊・楚戰後、說客が秦の惠文君に說いた語、とみるべきであろう』とあり、諸祖耿著『戰國策集注彙考』上（江蘇古籍出版社、一九八五年七月）四一三頁には「祖耿案、顧觀光附此於赧王五十八年（前二五七）」とあり［何建章著『戰國策注釋』上（中華書局、一九九〇年二月）二五四頁も同樣］、繆文遠著『戰國策新校注』（上）（巴蜀書社、一九八七年九月）二五二頁には「此秦王或指昭王（前三二四～二五一年）」とあり、原文の內容は始皇帝以前のこととする。ただし、孟慶祥譯注『戰國策譯注』（黑龍江人民出版社、一九八六年八月）一九一頁には「或爲六國說秦王：此章應爲秦王政稱帝之後事、確年不可考、據文義〝六國〞似後人添入」として、章題の「六國」は後人の竄入とし、始皇帝時代の話しとする。

（17）ただし、『漢書』巻二十五上、郊祀志第五上には「郝王の卒してより後七年、秦の莊襄王、東周を滅ぼし、周祀絕つ」とあって、『史記』とは逆に秦は東周の祭祀を斷絕したと記している。

（18）荊門市博物館編『郭店楚簡』（文物出版社、一九九八年五月）の前言に「（『郭店楚簡』の）『緇衣』の內容は今本『禮記』緇衣と大體一致する」とある。

（19）湖北省荊門市博物館編「荊門郭店一號楚墓」（『文物』一九九七年第七期）では「墓葬形式・制度や器物の特徵から判斷して、郭店一號楚墓は戰國中期偏晚（戰國時代中期後半）の特徵を有しており、その下葬年代は前四世紀中期から前三世紀初めにあたる」としている。また、前掲『郭店楚簡』の「前言」も前掲『文物』の見解を踏襲している。ただし、郭店楚簡研究會編『楚地出土資料と中國古代文化』（汲古書院、二〇〇二年三月）の「まえがき」では前掲『文物』に異論を示して、下葬年代を「紀元前二七八年～二二七年《ママ》」と推測している。これに對して、淺野裕一「戰國楚簡と古代中國思想史の再檢討」（『中國出土資料研究』第六號所收、二〇〇二年三月）では郭店一號楚墓の下葬年代を引き下げるのは郭店楚簡の眞價を無にする行爲であると論じ、淺野裕一編『古代思想史と郭店楚簡』（汲古書院、二〇〇五年十一月）「まえがき」では『楚地出土資料と中國古代文化』「まえがき」に反論する形で、前掲『文物』や前掲『郭店楚簡』「前言」の見解を支持する見解を示している。

(20)　馬承源主編『上博楚簡（一）』（上海古籍出版社、二〇〇一年十一月）の陳燮君氏による「序」には「（上博楚簡の）年代測定の結果によれば、これらの竹簡の年代はすべて戰國晩期である」とあり、馬承源氏による「前言・戰國楚竹書の發見・保護と整理」でも、「さまざまな狀況からの推斷と郭店楚簡との相互比較によって、上海博物館所藏の竹簡は楚國遷都（前二七八年）以前の貴族の墓からの隨葬物であると考えられる」とする。また、『上博館藏戰國楚竹書研究』（上海書店出版社、二〇〇二年三月）には、二〇〇二年一月二十一日午後、朱淵清氏が馬承源氏のもとを訪れて『上博楚簡』に關する問題を直接聞き取り調査をして、馬承源氏よりその整理記錄を發表する承諾を得たものを「馬承源先生談上博簡」（一～八頁）として掲載しているが、その中で馬承源氏は「二度にわたって中國科學院上海原子核研究所に竹簡が作られた歷史年代測定について要請したところ、上博楚簡は超高速小型回旋式加速器質量分析計による計測の結果、今から二二五七年±六五年という結果が出た」と述べ、この科學測定結果は馬承源氏らの當初の判斷の正しさを實證したものであると述べている。ちなみに、炭素十四による年代測定法の起點は一九五〇年であるから、竹簡の歷史年代は前三七二年から前二四二年の間のものということになる。

(21)　福田哲之『文字の發見が歷史をゆるがす』（二玄社、二〇〇三年三月）、淺野裕一・湯淺邦弘編『諸子百家〈再發見〉——掘り起こされる古代中國思想』（岩波書店、二〇〇四年八月）第一章「諸子百家と新出土資料」、淺野裕一編『竹簡が語る古代中國思想——上博楚簡研究——』（汲古書院、二〇〇五年四月）「まえがき」、前掲『中國出土文獻の世界――新發見と學術の歷史――』第九章以下參照。

(22)『上博楚簡』と『郭店楚簡』からの引用史料にはその原文も掲載する。

(23)『莊子』胠篋篇および出土文獻譯注硏析叢書十六季旭昇主編陳美蘭・蘇建洲・陳嘉凌合撰『上海博物館藏戰國楚竹書（二）讀本』（萬卷樓圖書有限公司、二〇〇三年七月）によって補った。なお、『上博楚簡（二）』（上海古籍出版社、二〇〇二年十二月）二五〇～二五一頁には『莊子』胠篋篇以外にも上古帝王を記載する諸史料が掲載されている。

(24)『容成氏』の釋文は『上博楚簡（二）』釋文考釋編に從った（以下同樣）。

(25)陳劍『上博簡《容成氏》的竹簡拼合與編連問題小議』（『上博館藏戰國楚竹書研究續編』所收、上海書店出版社、二〇〇四年七月）に、第十二簡と第二十三簡の文章が一繫がりであるとの指摘があるのに從った。

(26)『上博楚簡（二）』の『容成氏』第十二簡には「堯有子九人、不以其子爲後、見舜之賢也、而欲以爲後」とあるが、この簡の續きについて前掲『上海博物館藏戰國楚竹書（二）讀本』では第三十三簡・第三十四簡の文章の繫がりを考慮して「舜乃五讓以天下之賢者、不得已、然後敢受之」の十八文字を充當しているのにしたがってこの十八文字を補足した。注（24）陳劍論文にも同樣の指摘がある。

(27)『上博楚簡』所收の『容成氏』についてはこれまで多くの論著が發表されているが、そのなかに「天下之賢者」が「天下第一の賢者」という意味で用いられていることを指摘するものは管見による限り見いだせない。ちなみに、本論で掲げた『容成氏』第十簡「堯以天下讓於賢者、天下之賢者莫之能受也。」には「萬邦之君皆以其邦讓於賢」という文が續き、「堯（天子）」と「萬邦之君」との對比と同樣に「天下之賢者」と「（萬邦の）賢」とが對比され、賢者にもランクがあったことが分かる。

(28)吳根友「上博簡『容成氏』政治哲學思想探析」［丁四新主編『楚地簡帛思想研究　二』所收、（湖北教育出版社、二〇〇五年四月）］には、『容成氏』の帝位繼承について「賢に傳えて子に傳えないという政治原則が貫徹しており、かつこの政治原則は當時の社會が共通して暗默のうちに認識されていたこの傳賢不傳子の原則に依存していた」と指摘している。

(29)涂宗流・劉祖信著『郭店楚簡先秦儒家佚書校釋』（萬卷樓圖書有限公司、二〇〇一年二月）三九～六三頁、李零著『郭店楚簡校讀記（增訂本）』（北京大學出版社、二〇〇二年三月）九五～九九頁、《簡帛書法選》編輯組荊門市博物館編著『郭店楚墓竹簡・唐虞之道」（文物出版社、二〇〇二年十月）三〇～三一頁、陳偉著『郭店竹書別釋』（湖北教育出版社、二〇〇三年一月）六〇～七三頁、劉釗著『郭店楚簡校釋』（福建人民出版社、二〇〇三年十二月）一四九～一五九頁參照。

(30) ここに引用した『唐虞之道』では「禪而不傳」については「聖之盛也」と規定し、「利天下而弗利也」については「仁之至也」と規定している。つまり、つぎの句に「故昔賢仁聖者如此」とある「仁」と「聖」は前記の規定に對應するが、「賢」には對應するものがない。したがって、「賢」は「仁」や「聖」と並列できる語句ではなく、「賢者」と考えるべきで、そうすることによって「昔の賢者（＝唐堯・虞舜）の仁聖なること此の如し」と讀み取ることができるのである。ただし、李承律氏は［「郭店楚簡」『唐虞之道』の社會的「利」思想について――「利天下而弗利」を中心として――」］（前揭『楚地出土資料と中國古代文化』所收）、李承律「郭店楚簡『唐虞之道』の堯舜禪讓説の研究――『墨子』『孟子』『荀子』『尙書』との比較を中心として――」（池田知久編『郭店楚簡儒教研究』所收、汲古書院、二〇〇三年二月）の口語譯において、「だから昔の賢人・仁者・聖人はこのようであった」と並列して解釋している。

(31) 原文では「冐」に作るが、前揭『郭店楚簡校讀記（增訂本）』の「唐虞之道」に施された【校讀】に從って改めた。

(32) 原文では「興」に作るが、前揭『郭店竹書別釋』の［「唐虞之道」校釋］にある「興」を「遷」とする校釋に從って改めた。

(33) 原文の「上德」を「有德者を尊ぶ」と譯したことについては、前揭李承律「郭店楚簡『唐虞之道』の堯舜禪讓説の研究――『墨子』『孟子』『荀子』『尙書』との比較を中心として――」および前揭『郭店楚簡校釋』「唐虞之道」を參考にした。

(34) 『荀子』非十二子篇に「遷化」の語句があり、楊倞注には「遷而從化」とある。ここを『荀子』の翻譯本では「感化される」とか「教化される」と譯すことが多い。なかでも久保天隨著『荀子新釋』（博文館、一九一〇年）には「善に遷つて化に從ふやうになる」とあり、ここではこの譯を參考にした。

(35) 『漢書』二十八上、地理志第八上には「陵夷至於戰國、天下分而爲七、合從連衡、經數十年。秦遂幷兼四海。以爲周制微弱、終爲諸侯所喪、故不立尺土之封、分天下爲郡縣、盪滅前聖之苗裔、靡有孑遺者矣」とある。

(36) 前漢初期の思想家賈誼の著した『新書』卷第一、過秦下には「秦滅周祀、幷海内、兼諸侯、南面稱帝、以四海養」とあり、秦が周祀を絶滅させたことは當時周知の事實として理解されていたと思われる。

（37）実際には『史記』巻五十五留侯世家に「（張良）曰、昔者湯伐桀而封其後於杞者、度能制桀之死命也。今陛下能制項藉之死命乎。（高祖）曰、未能也。（張良曰）其不可一也。武王伐紂封其後於宋者、度能得紂之頭也。今陛下能得項藉之頭乎。（高祖）曰、未能也。（張良曰）其不可二也」などとあるように、酈食其の誤りを數え上げて高祖劉邦に六國の封建を中止させている。

（38）漢代における帝位繼承と「賢者」の關係については別に論文を發表する豫定である。

（39）ただし、韓嬰は『太平御覽』巻一四六所載の『韓詩外傳』に「五帝官天下、三王家天下、家以傳子、官以傳賢。故自唐虞已上、經傳無太子稱號」とあるように、『郭店楚簡』の『唐虞之道』や『上博楚簡』の『容成氏』でいわれている賢者への帝位繼承については十分認識していたのである（現行本『韓詩外傳』にはこの記事は見當たらず、『漢書』巻七十七、蓋寛饒傳に『韓氏易傳』の記事として類似の一文が記録されている）。

（40）漢の文帝卽位の前一八〇年の時に伏生が九十餘歳であるとすれば、伏生は前二六〇年頃の生まれとなり、注（19）の『文物』說による郭店一號楚墓の下葬年代から少し遲れて生まれた人物ということになり、『唐虞之書』や『容成氏』などの竹簡史料から學問的影響を受けた可能性もある。

（41）『春秋繁露』で行われた「二王の後」の理論化の意義については今後論文發表する豫定である。

（42）『春秋繁露』巻七、三代改制質文などを參照。

（43）『尙書大傳』に內在する問題點については池田秀三「『尙書大傳』初探」（『中村璋八博士古稀記念東洋學論集』所收、汲古書院、一九九六年一月）參照。ただし、本稿で取り上げた『郭店楚簡』や現在內容が發表されつつある『上博楚簡』の檢討から（『上博楚簡』は現在第五冊目まで刊行されているが、前掲『中國出土文獻の世界——新發見と學術の歷史——』によれば、今後第九冊まで刊行され、その後『字書』も刊行されるとのことである）、『尙書大傳』に內在すると言われる問題點についても再考が迫られる、つまり現行の『尙書大傳』の信頼性が增す可能性は十分に存在する。

九店楚簡「告武夷」篇からみた「日書」の成立

工藤元男

はじめに

李學勤氏は睡虎地秦簡「日書」の建除について、次のように指摘している。「日書」甲種の冒頭の篇名は「除」・「秦除」・「稷辰」等の建除であり、それらは乙種の冒頭の内容と對應する。したがって乙種の「?·」（佚篇名）・「徐」・「秦」も建除である。「日書」は甲・乙兩種とも建除を含み、一種は秦人、一種は楚人の建除であり、また「稷辰」も秦の建除であり、「日書」は建除家と關係がある。秦・楚の建除にはそれぞれ違いがあるとしても、その日名からみて兩者には一定の淵源關係がある。[1] 以上の指摘をふまえて筆者も「日書」にみえる建除を分析し、「日書」が成立する過程でその主要な役割を果したのが建除家ではなかったかと想定した。[2]

また「日書」成立の背景を考える上で、この種の出土資料が楚文化圏に集中している現象に注目される。さらにその楚文化圏の戰國中期ごろの楚墓からは「卜筮祭禱簡」が出土し、ほぼ戰國後期を境に「卜筮祭禱簡」から「日書」へ副葬品の交替が起こっている。一九八一年~八九年末、湖北省江陵縣九店で發見された乙組墓五七八基中の五十六號墓の側龕内から、ちょうどその時期の「日書」が出土した。報告書によると、乙組墓は全體で四期七段に斷代され、五十六號墓はその四期六段、すなわち〝戰國晩期早段〟に相當し、[3] したがって、現存最古の「日書」ということになる。この「日書」の中に武夷の禱告辭がある（以下、「告武夷」篇と稱す）。整理者の李家浩氏はその内容を、巫祝が病人のため某神の子の武夷に禱告し、病人の飲食がもとどおり恢復することを祈求したもの、と説明している。[4] しかしその解釋をめぐって論者のあいだには重大な爭點があり、まだ檢討すべき餘地が殘されている。またその檢討は「卜筮祭禱簡」の中からどのようにして「日書」が成立してくるのか、という問題とも深くかかわっている。そこで小論はこの問題の一端を「告武夷」篇の再檢討を通じて檢證してみたいと思う。

一、「告武夷」篇と「〝太一將行〟圖」の關係

九店楚簡は全體で十五組に區分され、大別して第一組の「䆸・梅等の數量」と第二組以下の「日書」からなる。[5]「告武夷」篇は「日書」の中の第六組（第四三簡～第四四簡）に分類される。「日書」は報告書の中で李家浩氏が原文の釋文・考釋を行っているが、[6] 後に九店楚簡だけを再編集した『九店楚簡』において、氏は少なからぬ修訂を加えている。[7] その修訂後の「告武夷」篇の釋文は、以下の如くである。

【□】敢告□繳之子武逵：「尔居复（復）山之阰、不周之埜（野）、帝胃（謂）尔無事、命尔司兵死者。含（今）日某牆（將）欲飤（食）、某敢㠯（以）亓（其）妻□妻女（汝）、【聑】尚芳糧㠯（以）譩犫（犢）某於武逵之所=（之所）：君昔受某之聑尚芳糧、囟（思）某逨（來）遑（歸）飤（食）故□」。

この一篇の内容は、冒頭にみえる「武逵」という神と密接にかかわる。「武逵」の「逵」字は字書未見のものであるが、安徽省壽縣蔡侯申墓出土の吳王光鑑銘文にこれと同じ字がみえ、李家浩氏は郭沫若の解釋[8]にしたがって「夷」字に讀んでいる。これより本篇は武夷に對する祝禱の辭ということになる。武夷に關する文獻上の初見は、『史記』卷

二八封禪書に、

古者、天子、常に春を以て解祠す。黄帝を祠るには、一の梟と破鏡とを用う。冥羊には、羊を用う。馬行を祠るには、一の青牡馬を用う。太一・澤山君・地長には、牛を用う。武夷君には、乾魚を用う。陰陽使者には、一牛を以てす。祠官をして之を領せしむること其の方の如くし、而して（謬）忌の太一壇の旁らに祠る。

とある文で、この中で武夷は方士たちが前漢武帝に對して太一（北極神）を祠る方術をのべた上奏文の中に登場する[9]。この武夷について饒宗頤氏は、「太一神の麾下で禮拜を受ける羣神の一つで、太一神の傍らで供奉の犧牲を受けた」と説明している[10]。この太一神と武夷の關係を直接表わす注目すべき出土資料が、馬王堆三號漢墓出土の帛畫「〝太一將行〟圖」である（次頁圖參照）[11]。それは長さ四三・五センチ×幅四五センチ四方の絹布上に、神像を上中下三層に分けて描き、それらの神像に題記を附したものである。この帛畫の不鮮明な圖版と簡單な解説は、まず周世榮氏により紹介された[12]。その後、帛畫に關する本格的な検討が始まり、周世榮氏の續篇につづき[13]、李學勤[14]、李零[15]、陳松長[16]、李家浩[17]の各氏が相次いで關連する論文を發表した。

そこで簡單に帛畫の全體を説明すると、次のようになる。上層では右に「雨（帀）師」、中央に「大（太）一」（左腋に〝社〟字がある）、左に「雷【公】」がいる。中層では中央の黄首青身龍を挟んで左右に四神がおり、右から一人目の神は何らかの武器を執り、二人目は劍（もしくは刀）を執り、三人目は何も手に執っていないようで、四人目は戟を執っている。下層では右に黄龍、左に青龍がいる。これらの神像にはそれぞれ題記が附され、李家浩氏の釋文によると以下の如くである。

まず帛畫の右縁に、

☐將（？）承弓☐先行。赤☐白☐莫敢我鄉（向）、百兵莫敢我【傷】、☐狂謂不誠、北斗爲正。卽左右訨剩、徑行

圖一

圖　李家浩「論《太一辟兵圖》」(『國學研究』第１輯、北京大學出版社、1993年）による。

母視、□大一祝曰：某今日且□□。

という全圖の總題記がある。上層では雨師の題記に、

雨帀（師）、光風雨雷、從者死、當【者】▨□□其□□□□□

とある。太一の題記には、

大一、將行□□▨

神從之以□□▨

とある。雷公の題字は、わずかに〝雷〟字を存するのみ。中層では右から三人の神々の題字にそれぞれ、

武弟子、百刃毋敢起、獨行莫▨

我□、百兵毋童（動）【天之】禁。

我虒裘、弓矢毋敢來。

とあり、左端の神の題字は殘缺している。李零氏は右端の「武弟子」を中層の四神の總稱と解するが、(18)李家浩氏は「武弟子」・「我□」・「我虒裘」を三人の神々の〝自謂〟と解し、「我□」・「我虒裘」の「我」は第一人稱の代名詞で、その後にくる「□」・「虒裘」と同格語と解し、また「虒裘」を兵神としての蚩尤の〝一聲之轉〟と推測している。これよりこれら四神はそれぞれ固有の名をもっていたことになるが、さらに李家浩氏は「夷」・「弟」の二字が形音共に近く、したがって「武弟子」は「武夷子」と讀むことができ、「子」はその尊稱であると解している。また下層の黄龍と靑龍の題記にそれぞれ「黃龍持鑪」・「靑龍奉（捧）熨」とあり、「鑪」・「熨」共に避兵の工具としている。(19)帛畫の書寫順序と天文順逆をめぐって諸氏の解釋に相違がみられるが、(20)ともあれ、李家浩氏が帛畫の「武弟子」を「武夷子」と讀めることを示したことで、武夷が先秦～秦漢において〝避兵の神〟であったことがようやく明らかとなった。

なお、武夷は南朝齊永明三年（四八五）の「劉顗買地券」では〝武夷王〟として登場するが、[21] 武夷神の後世における展開については吳之郉氏の研究に委ね、[22] 小論では扱わない。

二、「告武夷」篇の字句に關する諸說の檢討

1、語句の解釋

それでは、李家浩氏の修訂版釋文とその「考釋」を基本テクストとして、以下、本簡の字句の檢討をしてみることにする。

〔【□】敢告〕　第四三簡の簡端は殘缺している。周鳳五氏は睡虎地秦簡「日書」甲乙兩種の「夢」篇に「皋、敢告璽（爾）……」とある構文等によって、簡端の殘缺字を「皋」と復原し、それを『儀禮』士喪禮篇により傍證する。すなわちその招魂儀禮の「復」において、「……曰、皋某復」とある句の鄭玄注に、「皋は、長聲なり。某は、死者の名なり」とある。つまり「皋」とは「巫祝が鬼神を招請する前に、注意を引くため發する長聲の叫び」であり、「招魂はそれを用いて新死者の魂を呼び招き、祝禱はそれを用いて鬼神を招請」するもので、上古の祭祀の祝禱はしばしば「皋！敢告」をもって始まる、とする。[23] ただし「日書」・士喪禮篇も共に「皋」に作るので、あえて「皋」字に復原する必要はないであろう。

〔□繳之子武𨔶〕　李零氏は「武𨔶」の前の缺字とその後の字を「桑臊」と推測するが、その根據を示していない。[24]
周鳳五氏は、『武夷山志』卷四形勢篇に引かれた『列仙傳』に、

籛鏗（彭祖）は此の山に隠れ、二子を武と曰い夷と曰う。

とあり、「籛」・「鏗」の古音は相近く、簡文の缺字は「籛」字（あるいはその通假字）と推測する曹錦炎氏の見解を紹介している。(25) しかし周知のように、『列仙傳』が劉向の撰によるものでないことはすでに福井康順氏等の先學によって明らかにされているので、(26) 彭祖と武夷の結びつきを先秦まで遡及させて解釋しうるかは疑問である。じっさい王叔岷氏の輯本等にも、彭祖（姓は籛、名は鏗）と武夷の關係を示唆するものはみあたらない。(27)

〔復（復）山之配、不周之埜（野）〕「考釋」は「復山」を「復山」に讀み替えるが、復山に對する注釋はない。「復山」・「復山」のいずれにせよ、傳世文獻にその名はみえない。「考釋」は「配」を「基」あるいは「阯（址）」と讀み、「麓」の意とする。「不周」は『山海經』大荒西經、『楚辭』離騷篇、『淮南子』墬形訓等々にみえる傳説の山で、離騷篇の王逸注は崑崙山の西北にあるとする。D・ハーパー氏は、子彈庫楚帛書のいわゆる八行文の第一段に、

……九州不坪（平）、山陵備𢘁、四神乃乍（作）至于復（復）。

とある文に基づき、復山を不周の別稱と解している。(28) 通假の問題は別として、コンテクストからみて、「復（復）山之配」・「不周之埜（野）」は不周山を對句的なレトリックで別々に表現したものと解したい。

〔兵死〕戰死者の意。この語は先秦文獻にしばしばみえる。「考釋」は、簡文は巫祝が帝の命令で武夷に兵死者を管理させようとしたことを記したもので、その目的は兵死者が生人に害を及ぼさないことにある、としている。

〔欲〕原簡の字は「次」・「谷」に从い、「考釋」は「欲」字の異體字とする。

〔㠯（以）亓（其）妻□妻女（汝）〕「考釋」は、前の「妻」字を名詞、後の「妻」字を動詞に解し、「嫁にやる」の意とし、簡文の意味を「武夷に妻を嫁にやることを約束したもの」とする。これに對して周鳳五氏は、「九店楚簡」第三八簡下・第三九簡下の「五卯」の忌日に、

凡五卯、不可以作大事。帝以命益凄禹之火、午不可以【樹】木。

とあり、「考釋」が「凄」を「齎」と讀み、『廣雅』釋詁に「齎、送也」とあることから、「告武夷」篇の後の「妻」字も「齎」と讀み、「某人はその妻に命じて聶幣・芳糧を你（武夷）に送らせる」意味とする。また缺字は「某」で、妻の名の不定代名詞かと推測する。(29)

〔【⿱聑立】㡀〕「考釋」は以下の如くである。「㡀」字の前の殘缺字は、後文の「⿱聑立㡀芳糧」の例によって【⿱聑立】字を補う。「⿱聑立」字は楚簡の遺策にみられ、そこでは「聶」・「⿱聑巾」等にも作る。馬王堆一號漢墓の遺策に記された副葬品や二つの竹笥に繫がれた木簽に「聶幣」の語がみえ、聶幣は竹笥に納れられた一繫がりの絹織物の細切れを指す。よって「⿱聑立㡀」は「聶幣」と讀み、武夷を祭祀する物品とする、と。李家浩氏はさらに「㡀」字に關する專論を發表し、古代に〝幣〟を用いて鬼神を祭祀したことは、『周禮』天官・大宰や『漢書』文帝紀にみえ、簡文で〝聶幣〟を用いて武夷を祭祀したことと一致する、と指摘する。(30) これに對して周世榮氏は、この種の絹織物の細切れを「聶幣」と稱するのは、それが楚國の貨幣である金鈑を象徵するからであると指摘し、(31) ハーパー・李零の兩氏もほぼこの說にしたがっている。(32) 一方、馬王堆一號漢墓の副葬品に泥郢稱があり、これは金鈑の象徵物とみなされるとする周鳳五氏は、「幣」は幣帛で、「聶幣」（一繫ぎの絹織物の細切れ）は一片ごとに一匹の繒帛を代表し、泥郢稱等と共に財富を象徵する副葬明器である、と反論している。(33) その實態はいずれにせよ、武夷を祭祀する物品である。

〔芳糧〕「考釋」には說明がない。周鳳五氏は『楚辭』離騷篇にみえる「椒糈」と解し、それは香料を調製した香しい精米で、それによって鬼神を招請あるいは祭祀したとする。(34)

〔⿰言量⿱土羊（犢）〕「考釋」は以下の如くである。「⿰言量」は「量」を聲符とする形聲字。「⿱土羊」字は「犢」と讀み、「⿰言量犢」は祭名のようである。「⿰言量」字は「言」に从い、その意味は『周禮』春官・大祝の「六祈」の一つである「說」に近く、『廣雅』釋詁二に「揚……、說也」とあり、訓じて「說」となす「揚」は「詳」にも作る。これより簡文の「⿰言量犢」は「詳讀」あるいは「揚讀」と讀むべきである、と。「⿰言量」は字書未見の字なので、はたして「說」と讀めるかどうかは不明であるが、李家浩氏の擧げる『周禮』で大祝が管掌する「六祈」の一つの「說」と「攻」について、鄭玄注に、「攻・說は則ち辭を以て之を責む。……攻・說には幣を用うるのみ」とあり、おそらく氏はこれに基づいてそのように解したのであろう。これに對して周鳳五氏は、兩字を「量贖」(贖を量る)と讀み、「犯罪の輕重をはかり、犯人が支拂う同價の金錢により責めを免除すること」と解す。兩說とも判斷に悩むが、とりあえず何らかの祭祀名とする「考釋」にしたがっておこう。

〔昔〕「考釋」は、「夕」の假借、すなわち「夜」の意とする。

〔囟〕「囟」字は周原甲骨や楚簡にみえ、「考釋」はこれを「思」と讀んで希冀(願う・希望する)の意と解する李學勤氏等の說を「考釋」は紹介している。しかし大西克也氏は、使役動詞の「使」の假借とする[35]。

〔逨(來)⿺辶⿱彐⿱一止(歸)〕「考釋」は、郭忠恕『汗簡』巻上之二第二引の『義雲切韻』により、「逨」字を「來」字の古文とし、「⿺辶⿱彐⿱一止」字を楚簡の例により「歸」の異體字とし、この語が『楚辭』招魂篇・大招篇等の招魂歸來に關してみえることを指摘する。

〔故□〕「考釋」は、「故」字の下に「八」字のような筆畫があり、殘字か文の完結を示す記號かと推測する。

2、「某」の解釋

次に問題になるのは文中に五回現れる「某」である。某は誰を指すのか。「考釋」は簡端の缺字を「祝」字もしくは「某」字と推測し、もし「某」字であれば簡端の「某」は巫祝を指し、後文の「某」は病人を指す、とする。李零氏は、祝者は「某」をもって代稱し、兩者は任意に取り替えられる、とする。[36] ハーパー氏は、「某」を死者、すなわち兵死者と解す。[37] 周鳳五氏は、簡文の「尓（爾）」字は三カ所、「女（汝）」字と「君」字はそれぞれ一カ所みえ、それらはみな武夷を指し、「某」字は五カ所みえ、それらはみな「兵死者」を指すとする。[38] その理由を周鳳五氏は次のように説明する。『周禮』春官・冢人に「凡そ兵に死する者は、兆域に入らず」とあり、鄭玄注に「戰破れて勇無きは、諸を塋外に投じ、以て之を罰す」とあるように、兵死者は塋（共同墓地）に埋葬されることが許されず、「血食」を享受できなかった。そこで巫祝は兵死者「某」に代わって、兵死者を管理する武夷に禱祝して言う、「某」の妻が奉獻した芳糧を用いて武夷を招請し、攝幣を用いて「某」の贖罪をするので、しばらく「某」が武夷の管理下を抜けだし、家族の祭祀を受けて美食を享受することを武夷が許してくれるように、と。この解釋はきわめて整合的である如くである。しかし李家浩氏は簡文中の「某將欲食」の句と包山楚簡「卜筮祭禱簡」との關係を重視し、それとは大きく異なる解釋をしているので、次にその解釋をみてみよう。

三、「告武夷」篇と『楚辭』、「卜筮祭禱簡」との關係

「卜筮祭禱簡」とは、巫祝たちが楚曆四月の歳首に楚國の貴族の屋敷に招かれ、彼らクライアントのため災いの有無を貞問した記録である。[39] 陳偉氏の分類によれば、それは歳貞と疾病貞に區別され、とくに後者はクライアントの病因や病狀を問うたものである。[40] 李家浩氏が擧げる疾病貞の中に、

屈宜習之以彤筶爲左尹邵它貞：「既有（又）病、病心疾、少氣、不內（入）食、尙毋又（有）羕（殃）」。（第二二三簡）

とあり、ここに「不入食」の句がみえ、命辭に含まれるこの句が天星觀楚簡の中で「告武夷」篇と同じく「不欲食」に作っていることに、氏は注目している。(41) すると「告武夷」篇で「某今日將欲食」（某、今日、將に食せんと欲す）と言っているのは、「某」が最初「食を欲せざる」狀態にあったことを物語り、それ故、「告武夷」篇の「某」は病人を指す、と解する。

また簡末の「逨（來）䢜（歸）」の句と『楚辭』大招篇に「魂乎歸徠、以娛昔只」、同じく招魂篇に「魂兮歸來」等とある句の關係に注目し、『楚辭』傳本の「歸徠」・「歸來」を王逸章句や洪興祖補注にしたがって「徠（來）歸」の誤倒とし、簡文の「逨（來）䢜（歸）」とは、招魂の招辭、つまり離散する病人の魂（＝某）に對して巫祝が呼びかけた句と解する。

それでは、兵死者を管理する武夷の屬性とこのことは、どのように關連するのであろうか。それについては、まず招魂と卜筮の關係を指摘する。すなわち『楚辭』招魂篇に、

帝、巫陽に告げて曰く、「人有り下に在り、我、之を輔けんと欲す。魂魄離散す。汝、筮して之を予えよ」と。巫陽、對えて曰く、「掌夢なり。上帝、其の命、從い難し。若し必ず筮して之を予うれば、恐らくは之が謝《さ》るに後れ、復た用うる能わざらん」と。巫陽、焉に乃ち下り招いて曰く、「魂兮歸來……」。

とある。これによると、天帝は肉體から魂が遊離した人を助けるため、巫陽に命じて魂の在處を筮問させ、もとの身に戻させようとしたが、筮問の間に魂を逃してしまうことを恐れた巫陽は、それにはしたがわず、天地四方に呼びかけて招魂した、とある。これより李家浩氏は、本來楚人は先に卜筮して病人の魂の所在を問い、その後に招魂するのが通例であったとする。そしてその論據を包山楚簡「卜筮祭禱簡」に求める。以下は氏の釋文による。

①東周之客許䋎歸作（胙）於葳郢之歲、爨月、己酉之日、許吉以保（寶）家爲左尹邵它貞：以其下心而疾、少氣。

恆貞吉。甲寅之日、病良瘥、又（有）祟、祱見琥。以其故說之：壁（避）琥、擇良月良日歸之；叡（且）爲巫綳佩、速巫之。厭一豭於地宔；賽禱行一白犬、歸冠帶於二天子。甲寅之日、逗於邛陽。（第二一八簡〜第二一九簡）

②東周之客許緹歸作（胙）於蔵郢之歲、爨月、己酉之日、苛光以長惻爲左尹邵它貞：以其下心而疾、少氣。恆貞吉。庚・辛又（有）間、病速瘥、不逗於邛陽。（第二二〇簡）

③大司馬悼愲將楚邦之師徒以救郙之歲、荊尸之月、己卯之日、盬吉以寶家爲左尹它貞：既腹心疾、以上氣、不甘食、舊（久）不瘥、尚速瘥、毋又（有）柰（祟）。占之、恆貞吉、疾難瘥。以其古（故）說之：與禱……侯（后）土・司命各一牂……囟（思）左尹它踐復凥（居）。（第二三六簡〜第二三八簡）

④不智（知）其州名。（第二四九簡反）

氏の解釋によれば、次の如くである。①前三一七年十一月己酉の日、許吉が筮占し、病因を「甲寅之日、病良瘥、有祟、祱見琥」と占斷した。すなわち貞問の六日後の甲寅の日に邵它の病狀は好轉するが、ひきつづき祟りがあり、離散した魂は邛陽（枝陽、枝水の北）に「逗」（逗留）したまま歸來できない、と。②同年同月同日、苛光が筮占し、「庚・辛」すなわち二日目の庚戌の日か三日目の辛亥の日に邵它の病狀は好轉し、快癒するので、離散した魂は「邛陽」に逗留するはずがない、と。③翌年の前三一六年四月己卯の日、盬吉が貞問し、邵它の魂が故居に戻ように求めた。④最後の貞問が行われた同年五月己亥の日の記錄の背面に記され、この日は邵它が沒する前月にあたる。「其の州名を知らず」とは、魂は遠い州に去ってその名も分からず、魂を邵它の身に戻すべくもないことを記している。李家浩氏は①〜④の簡文をこのように解し、「告武夷」篇の巫者も卜筮によって「某」の病因を兵死鬼の祟りと考え、そこで武夷に「某」の妻を娶らせ、聶幣・芳糧で祭祀し、兵死鬼を懲罰させ、「某」への祟りを解除させて魂を戻らせ、飲食をもとどおりにさせようとした、とするのである。

ただし、氏の解釋に問題がないわけではない。確かに「卜筮祭禱簡」で筮占を行っていることは、第一次占卜の占辭の前に記される卦畫によって確認できる。(42) また貞人（巫祝）が使用している占具と卦畫の關係から、李零氏は卦畫をともなう占具を筮占用具、ともなわない占具を龜卜用具と分類している。(43) この基準によれば、①②③の簡文には卦畫がみえず、①③にみえる寶家と②の長惻を筮占用具とみなすことには問題があろう。したがって李家浩氏の擧げる包山楚簡の資料が、「告武夷」篇において巫祝が祝禱する前に病人の魂の在處を筮占したという直接の證據には必ずしもならない。さらにまた「以其妻□妻女」の句についても、神祇が妻を娶るという解釋より、周鳳五氏のようにその妻に命じて聶幣・芳糧を武夷に送らせるという解釋の方が妥當であろう。このようにいくつかの問題點を含みつつも、包山楚簡「卜筮祭禱簡」の「逗於邔陽」、「不逗於邔陽」、「不智（知）其州名」等の句を招魂の視點から解釋しうる可能性はきわめて高いと思われる。そこでこうした觀點から「告武夷」篇を讀み直してみると、とりあえず次のようになるであろう。

【皋《ああ》】、敢えて□繪の子の武䧺（夷）に告ぐ、「尓（爾《なんじ》）は返（復）山の邔（基《ふもと》）、不周の埜（野）に居り、帝は尓（爾）に事ある無かれと謂い、尓（爾）に命じて兵死者を司らしむ。含（今）日、某は⿰爿酉（將）に飤（食）せんと欲し、某は敢えて亓（其）の妻□を㠯（以）て女（汝）に【⿱聑立】（聶）㡀（幣）・芳糧を妻（齎《おく》）らしめ、㠯（以）て某を武䧺（夷）の所に⿰言𥁕韋（犢）せしめんとす。君は昔（夕《よる》）に某の⿱聑立（聶）㡀（幣）・芳糧を受け、某をして逨（來）遱（歸）して飤（食）すること故□のごとく凶（思《せ》）しめよ」と。

〔大意〕【ああ】、敢えて□繪の子の武夷に告ぐ、「爾は復山の麓・不周の野におり、天帝は爾に何事も變わることのなきようにと告げ、爾に命じて兵死者を司らせた。今、某は食事を求めており、そのため某はその妻□から汝に聶幣・芳糧を贈らせ、それによって某を武夷のもとで⿰言𥁕犢（不詳、祭祀名か）させようとしている。

（武夷）君は今夜、その聶幣・芳糧を受け取り、某の魂を歸來させ、某が元のように食事ができるようにさせよ」と。

四、「卜筮祭禱簡」と「日書」の關係

このように九店楚簡の「告武夷」篇は、未解決の部分を殘しつつも、巫祝による招魂のための祝禱の辭であることがほぼ明らかになった。それと共に、「卜筮祭禱簡」にみえる招魂が「告武夷」篇を通じて「日書」に繼承されていることも明らかになった。ところで筆者は、「卜筮祭禱簡」と「日書」の繼承關係をすでに睡虎地秦簡「日書」の疾病占から論じている(44)。それを要約すると、以下の如くである。

李家浩氏の擧げた包山楚簡「卜筮祭禱簡」②の第一次占卜の占辭に、次のようにあった（引用文は體例によって一部補っている）。

……苛光以長惻爲左尹卲它貞、「以其下心而疾、少氣」。【占之】、「恆貞吉。庚・辛又（有）間、病速瘥、不逗於郥陽、同縩」。

文中の「庚・辛」を報告書の「考釋」は「庚申の誤り」とするが(45)、睡虎地秦簡「日書」甲種の「病」篇（第六九簡正貳）に、

甲乙有疾、父母爲祟、得之於肉、從東方來、裹以桼（漆）器。戊己病、庚有【間】、辛酢。若不【酢】、煩居東方、歳在東方、青色死。

とあり、同じく乙種の「有疾」篇（第一八三簡）に、

丙丁有疾、王父爲姓（眚）、得赤肉・雄鶏・酒、庚辛病、壬間、癸酢、煩及歳皆在南方、其人赤色、死火日。

とある。[46] これは五行説に基づいて、發症日、病因、再發日、小康狀態の間日、それに報い祭る酢日、その祭祀を怠った場合に生じる煩・歳の方位等々の關係を示したものである。兩者の占辭において日は天干で表されており、「卜筮祭禱簡」の「庚・辛有間」も「考釋」のように「庚申有間」の誤記と解する必要はなく、これより睡虎地秦簡「日書」の「病」篇・「有疾」篇は「卜筮祭禱簡」まで遡れる、と指摘したのであった。包山楚簡②の「庚・辛有間」について李家浩氏は、苛光が筮占した前三一七年十一月己酉の日の二日目の庚戌の日、もしくは三日目の辛亥の日、と解釋している。その後さらに楊華氏は、包山楚簡よりやや以前のものとみなされる望山楚簡「卜筮祭禱簡」から、次のような記事を擧げ[47]、

疾丙・丁有疒白（瘳）、辛　（第六六簡）
己未又有間、辛・壬瘥。　（第六七簡）
乙・丙少【瘳】。　（第六八簡）
壬・癸大有翏（瘳）。　（第六九簡）
否間、庚申　（第七〇簡）

包山楚簡や望山楚簡の中に「日書」を用いて病占する記録がすでに登場していることを指摘し、「日書」が「卜筮祭禱簡」の中から形成され、その成立過程で主要な役割を果たしたのが建除家であると想定する筆者の見解を批判している。[48]「卜筮祭禱簡」の占卜において龜卜と易占が行われていたことは大方の一致した見解であるが、はたして楊華氏の言うように「日書」も使用されたのであろうか。この問題を考える上で一つの手がかりとなるのは、五行説である。それは「日書」の最も重要な占法原理であるからである。九店楚簡「日書」は目下最古の「日書」であるが、その中

で五行説はどういう状態にあるのであろうか。

先述のように、「日書」は九店楚簡第二組に含まれ、その内部は（一五）「殘簡」を除いて（二）～（一四）の十三に區分されている。陳偉氏は報告書の舊釋文に據ってではあるが、その内容を「建䉼」、「結陽」、「四時十干宜忌」、「六甲宜忌」、「遇」、「十二支宜忌」、「四時方位宜忌」、「歳」、「内月」、「朔」、「衣」に命名區分し[49]、その中に、

【凡春三月】、甲・乙・丙・丁不吉、壬・癸吉、庚・辛城日。【凡夏三月】、丙・丁・庚・辛不吉、甲・乙吉、壬・癸城日。凡秋三月、庚・辛・壬・癸不吉、丙・丁吉、甲・乙城日。凡冬三月、壬・癸・甲・乙不吉、庚・辛吉、丙・丁城日。

とある「四時十干宜忌」（第三七簡上～第四〇簡上）を、五行説の觀點から次の表のように整理している[50]。

表

	不吉	不吉	吉	城（成）
春（木）	甲乙（木）	丙丁（火）	壬癸（水）	庚辛（金）
夏（火）	丙丁（火）	庚辛（金）	甲乙（木）	壬癸（水）
秋（金）	庚辛（金）	壬癸（水）	丙丁（火）	甲乙（木）
冬（水）	壬癸（水）	甲乙（木）	庚辛（金）	丙丁（火）

これよりその配列に五行觀念が認められるとして、次のように説明している。すなわち四時と天干に配される五行が同一の場合は「不吉」（第一段）である。前者は後者を生み、これも「不吉」である（第二段）。後者は前者を生み、「吉」である（第三段）。兩者が相勝すれば、成である（第四段）。また夏の庚辛、秋の丙丁に相生關係はないが、それはまだ出現していない「土」を中介として「火生土」→「土生金」となるのを、直接「火生金」としているのであろう。これより五行相生・相勝の原理が本篇立論（占法原理）の根據といえる、と。

確かに陳偉氏作成の表から五行相生・相勝の要素を見出すことは不可能でないかも知れないが、しかし春・夏および秋・冬では「城（成）」における相勝關係がそれぞれ逆になっている。また陳偉氏も指摘するように、夏の庚辛、秋の丙丁はそのままでは相勝關係が成り立たず、それはこの占辭に「土」の五行配當が存在していないからである。しかも九店楚簡「日書」において五行説と關連する可能性のある占辭は、この「四時十干宜忌」だけである。それがこのような狀態であるのは、九店楚簡「日書」においては五行説がまだ未熟な段階で導入されているに過ぎないことを示唆するものではあるまいか。睡虎地秦簡「日書」の占辭の大部分が、縱横無盡の五行説によることを考えあわせると、まったく對照的である。このことは、九店楚簡「日書」それ自體が「日書」として成立して間もない早期段階のものであることも示唆している。したがって、「卜筮祭禱簡」の占卜ですでに「日書」を用いていたとする楊華氏の解釋は、「日書」の成立過程からみて困難であるように思われる。

むすび

小論では、これまでの筆者の「日書」研究の一環として、(51)「日書」がそれ以前の楚の社會習俗を示す卜筮祭禱の中から、どのようにして成立してくるのかという問題を、目下最古の「日書」である九店楚簡「日書」の中の「告武夷」篇を材料としてその一端を検討した。李家浩氏の研究を中心にして、それに關連する諸説の再検討を通じて、「告武夷」篇の祝禱の辭は『楚辭』招魂篇・大招篇等にみえる楚の招魂儀禮を背景にしたもので、それはまた包山楚簡「卜筮祭禱簡」にその具體例がみえるものであり、ここに『楚辭』を媒介として「卜筮祭禱簡」における招魂儀禮の習俗が九店楚簡「日書」の「告武夷」篇に繼承されている道筋が明らかになった。

また「卜筮祭禱簡」において巫祝が「易占」を行っていることは、竹簡に記された卦畫によって明らかであるが、楊華氏の主張するように、巫祝が「日書」も用いたという所論については、九店楚簡「日書」にみえる五行説の成熟度から、否定的に考えた。確かに包山楚簡よりやや古い望山楚簡においても病占の記録がみえ、「日書」の「病」篇との關連を望山楚簡にまで遡らせたのは、楊華氏の重要な指摘であろうが、しかしそれは必ずしも「日書」の使用を意味するわけではない。望山楚簡よりさらに古く、その年代を戰國中期の聲王以後～肅王初年に想定され、目下最古の「卜筮祭禱簡」である平夜君成墓楚簡にも、

九月又（有）良閒（閒）。☐（甲一：二二）

占之、【吉】、迭（速）又（有）閼（閒）、無祱（祟）。☐（甲三：二〇八）

等々の病占に關する時期がみられる[52]。ただし筆者の分析によれば、平夜君成墓楚簡における貞問はすべて疾病貞とみなされる。すなわち卜筮祭禱習俗はもともと疾病貞に起源し、後に王權の伸張にしたがって王權の政治秩序の中に貴族層を取り込むため歲貞が登場し、歲貞・疾病貞が併存するようになったと考えられるからである[53]。「日書」にみえる病占は、この疾病貞を繼承したものであり、「卜筮祭禱簡」において「日書」が用いられたわけではないというべきであろう。しかし反面、このことから、「卜筮祭禱簡」から「日書」への過程に病占の影響があったことも豫想される。この問題については、稿を改めて檢討したいと思う。

注

（1）李學勤「睡虎地秦簡《日書》與楚・秦社會」（『江漢考古』一九八五年第四期。後、同氏著『簡帛佚籍與學術史』、時報文化出版企業有限公司、一九九四年十二月、に轉載）。

（2）工藤元男「建除より見た「日書」の成立過程試論」（『中國─社會と文化』第十六號、二〇〇一年）。
（3）湖北省文物考古研究所編著『江陵九店東周墓』（四一五頁、科學出版社、一九九五年七月）。なお、小論で「報告書」という場合は、本書を指す。
（4）湖北省文物考古研究所・北京大學中文系編『九店楚簡』（中華書局、二〇〇〇年五月）の考釋［一六二］。なお、本文で「考釋」という場合は、とくに斷りのない限り、このテクストの「考釋」を指す。
（5）第十五組は「殘簡」（第一〇〇簡～第一四六簡）であるが、「識別できる文字からみて、大部分は「日書」に屬す」（前掲書『九店楚簡』一二頁）。
（6）前掲書『江陵九店東周墓』五〇八頁。
（7）前掲書『九店楚簡』五〇頁。
（8）郭沫若「由壽縣蔡器論到蔡墓的年代」（原載は『考古學報』一九五六年第一期。後に『文史論集』、人民出版社、一九六一年一月に、再錄）。
（9）本文は『史記』巻一二孝武本紀、『漢書』巻二五郊祀志上の間でそれぞれ若干の異同がある。
（10）饒宗頤「說九店楚簡之武䢼（君）與復山」（『文物』一九九七年第六期）。
（11）この帛畫は「社神圖」・「神祇圖」・「避兵圖」・「太一避兵圖」等々と稱され、名稱が定まっていない。湖南省博物館の陳松長氏は「〝太一將行〞圖」の呼稱を提唱し（陳松長『中華文明史話　帛書史話』一六四頁、中國大百科全書出版社、二〇〇〇年一月）、小論ではそれにしたがった。なお、本帛畫は傅擧有・陳松長『馬王堆漢墓文物』（湖南出版社、一九九二年）で正式に公表され（未見）、カラー寫眞は湖南省博物館編『湖南省博物館文物精粹』（一一二頁、上海書店出版社、二〇〇三年一月）でも掲載されている。
（12）周世榮「馬王堆漢墓中的人物圖像及其民族特點初探」（『文物研究』2、一九八六年十二月）。
（13）周世榮「馬王堆漢墓的〝神祇圖〞帛畫」（『考古』一九八九年第一〇期）。
（14）李學勤「〝兵避太歲〞戈新證」（『江漢考古』一九九一年第二期）。

（15）李零「馬王堆漢墓〝神祇圖〟應屬辟兵圖」（『考古』一九九一年第一〇期。後に『入山與出塞』文物出版社、二〇〇四年六月、に再錄）。
（16）陳松長「馬王堆漢墓帛畫〝神祇圖〟辯正」（『江漢考古』一九九三年第一期）。
（17）李家浩「論《太一辟兵圖》」（袁行霈主編『國學研究』第一卷、北京大學出版社、一九九三年）。
（18）李零前揭論文「馬王堆漢墓〝神祇圖〟應屬辟兵圖」。
（19）以上の李家浩氏の議論は、前揭論文「論《太一辟兵圖》」による。
（20）李零氏は「上北下南」說、周世榮・李家浩氏は「上南下北」說を主張する（李零前揭論文「馬王堆漢墓〝神祇圖〟應屬辟兵圖」、周世榮前揭論文「馬王堆漢墓的〝神祇圖〟帛畫」、李家浩前揭論文「論《太一辟兵圖》」）。
（21）湖北省博物館（王善才）「武漢地區四座南朝紀年墓」（『考古』一九六五年第四期）。
（22）吳之邨「〝武夷〟名實考」（『東南文化』一九九六年第三期）。
（23）周鳳五「九店楚簡〈告武夷〉重探」（『中央研究院歷史語言研究所集刊』第七二本第四分、二〇〇一年）。
（24）李零「讀九店楚簡」（『考古學報』一九九九年第二期。後、「九店楚簡《日書》」と改題し、同氏著『中國方術續考』四二二～四二三頁、東方出版社、二〇〇〇年十月に再錄）。
（25）周鳳五前揭論文「九店楚簡〈告武夷〉重探」。
（26）福井康順「列仙傳考」（『早稻田大學大學院文學硏究科紀要』三、一九五七年。『福井康順著作集』第二卷、法藏館、一九八七年六月、再錄）、澤田瑞穗「『列仙傳』『神仙傳』解說」（『抱朴子・列仙傳・神仙傳・山海經』中國古典文學大系8、平凡社、一九六九年九月）。
（27）王叔岷『列仙傳校箋』（中央研究院中國文哲研究所中國文哲專刊7、一九九五年四月）。
（28）夏德安（Donald Harper）（陳松長譯）「戰國時代兵死者的禱辭」（中國社科院簡帛研究中心編『簡帛研究譯叢』第二輯、湖南人民出版社、一九九八年八月）。
（29）周鳳五前揭論文「九店楚簡〈告武夷〉重探」。

(30) 李家浩「包山楚簡〝𥴦〟字及其相關之字」(李家浩『著名中年語言學家自選集・李家浩卷』所收、安徽教育出版社、二〇〇二年十二月)。
(31) 周世榮「馬王堆漢墓竹簡聶幣研究兼論楚國金鈑」。本論文は中國文字學會成立十周年會議(吉林長春、一九八八年七月)に提出したものとされるが、未見。前掲のハーパー氏論文より引用。
(32) 夏德安前掲論文「戰國時代兵死者的禱辭」、李零「古文字雜識(二則)」(『第三屆國際古文字學研討會論文集』所收、香港中文大學中國文化研究所・中國語言及文學系、一九九七年十月)。
(33) 周鳳五前掲論文「九店楚簡〈告武夷〉重探」。
(34) 周鳳五前掲論文「九店楚簡〈告武夷〉重探」。
(35) 大西克也「包山楚簡「囟」字の訓釋をめぐって」(『東京大學中國語中國文學研究室紀要』第三號、二〇〇〇年四月)。
(36) 李零前掲論文「讀九店楚簡」。
(37) 夏德安前掲論文「戰國時代兵死者的禱辭」。
(38) 周鳳五前掲論文「九店楚簡〈告武夷〉重探」。
(39) 池澤優「祭られる神と祭られぬ神——戰國時代の楚の「卜筮祭禱記錄」竹簡に見る靈的存在の構造に關する覺書——」(『中國出土資料研究』創刊號、一九九七年)、「戰國時代の祖先祭祀——「卜筮祭禱記錄」楚簡と睡虎地秦簡「日書」——」(同氏著『「孝」思想の宗教學的研究』所收、東京大學出版會、二〇〇二年一月)。工藤元男「包山楚簡「卜筮祭禱簡」の構造とシステム」(『東洋史研究』第五九卷第四號、二〇〇一年三月)。なお、以下に引用する包山楚簡等の「卜筮祭禱簡」の釋文は、李家浩氏が論文に擧げる釋文による。
(40) 陳偉『包山楚簡初探』(一五一～一五六頁、武漢大學出版社、一九九六年八月)。
(41) 滕壬生『楚系簡帛文字編』(四〇八頁、湖北教育出版社、一九九五年七月)。
(42) 包山楚簡「卜筮祭禱簡」における占卜のシステムについては、工藤元男前掲論文「包山楚簡「卜筮祭禱簡」の構造とシステム」を參照されたい。

(43) 李零「包山楚簡研究（占卜類）」（『中國典籍與文化論叢』第一輯、中華書局、一九九三年。後、「楚占卜竹簡」と改題改編して、同氏著『中國方術正考』中華書局、二〇〇六年五月、に再錄）。
(44) 工藤元男「从卜筮祭禱簡看〝日書〟的形成」（『《人文論叢》特輯　郭店楚簡國際學術検討會論文集』湖北人民出版社、二〇〇〇年五月）。
(45) 湖北省荊沙鐵路考古隊『包山楚墓』上（三八八頁、文物出版社、一九九一年十月）。
(46) テクストは睡虎地秦墓竹簡整理小組編『睡虎地秦墓竹簡』（文物出版社、一九九〇年九月）による。
(47) 望山楚簡のテクストとしては、湖北省文物考古研究所・北京大學中文系編『包山楚簡』（中華書局、一九九五年六月）がある。ここに擧げた釋文の表記は、楊華氏による。
(48) 楊華「出土日書與楚地的疾病占卜」（『武漢大學學報』二〇〇三年第五期）。
(49) 陳偉氏は「告武夷」篇を漢代の「告地策」に近い可能性があるとして「日書」の中から區別しているが、睡虎地秦簡「日書」には「夢」篇、「馬禖祝」篇等の祝禱の辭を含むので、これを區別する必要はないであろう）。
(50) 陳偉「九店楚日書校讀及其相關問題」（『人文論叢』一九九八年卷、武漢大學出版社）。
(51) 工藤元男『睡虎地秦簡よりみた秦代の國家と社會』（創文社、一九九八年二月）。
(52) 河南省文物考古研究所編著『新蔡葛陵楚墓』（大象出版社、二〇〇三年十月）。
(53) 工藤元男「平夜君成楚簡「卜筮祭禱簡」初探——戰國楚の祭祀儀禮——」（『長江流域文化研究所年報』第三號、早稲田大學長江流域文化研究所、二〇〇五年一月）、同「序文——長江流域の地域文化論をめぐって——」（長江流域文化研究所編『長江流域と巴蜀、楚の地域文化』所收、雄山閣、二〇〇六年十一月）。

〔附記〕　小論は中國教育部社會科學研究重大課題關項目「楚簡綜合整理與研究」（703JZD0010）、及び財團法人ＪＦＥ21世紀財團二〇〇六年度大學研究助成金交付研究・アジア歷史研究「『卜筮祭禱簡』から『日書』へ——九店楚簡《日書》の研究——」による研究成果の一部である。

秦律・漢律における女子の犯罪に對する處罰
――家族的秩序との關係を中心に――

水間大輔

はじめに

私はこれまで秦律・漢律の中でも刑罰法規、つまり今日でいう刑法に相當する部分について檢討し、秦・漢という國家がいかなる形態の民衆統治を目指していたのか、刑法の面から解明しようと試みてきた。これまでの研究では、犯罪に對する處罰の一般原則を明らかにすることを通して、この問題を檢討しようとしてきたため、犯人と被害者の間に親族關係がある場合など、「家」に關する問題は特殊な例外として扱い、行論上必要性がない限り、あえて檢討の對象からはずしてきた。しかし、從來から指摘されてきた通り、前近代の中國において、家は國家による民衆統治の單位として機能していたといわれている。それゆえ、秦律・漢律に見える家に關する史料を檢討することは、當時の國家がいかなる民衆統治を目指していたのかを知るうえで非常に重要である。

以上のような問題意識から、まず本稿では秦律・漢律において、女子による犯罪がどのように扱われていたのかを檢討したい。それは次のような理由による。すなわち、前近代の中國においては、女子は一般に家父長による強い統制下に置かれていたといわれている。そういう意味において、女子は家父長によって率いられた家という私的な枠組の中に存在し、國家にとっては男子よりも比較的權力を及ぼしにくい存在であったといえる。それゆえ、本來權力を及ぼしにくいはずの女子が、律でどのように扱われているのかを検討すれば、その律を定めた國家が家を介した民衆統治を目指していたのか、それとも家を介することなく、民衆個々人を直接統治しようとしていたのか、その政策的意圖がおのずと明らかになるはずである。

もっとも、秦律・漢律において女子による犯罪がどのように扱われていたのかについては、かつて趙鳳喈氏が中華民國期以前の法律全般における女子の地位を論じる中で言及されている[1]。また、近年では堀毅氏が従來から知られていた傳世文獻に加え、睡虎地秦簡を史料として検討されている[2]。さらに、最近では二〇〇一年に公表された張家山漢簡「二年律令」の中に、女子に關する規定が見えることから、この問題を扱った研究が盛んになりつつある[3]。しかし、女子による犯罪がどのように扱われていたのかを明らかにするためには、男子の場合と比較する必要がある。女子が男子と異なる扱いを受けているのか否かは、男子の場合と比較して初めてわかるからである。そのためには、そもそもまず秦律・漢律の内容を明らかにしておかなければならないが、従來は史料が不足していたこともあり、必ずしも明らかにされていなかった。私はこれまで傳世文獻や睡虎地秦簡などの他、二年律令を史料として加え、秦律・漢律における犯罪處罰の原則を検討してきたのであるが、本稿ではこれらの研究成果を踏まえ、女子の犯罪に對する處罰には男子と比べていかなる違いが見られるかを明らかにし、そしてその違いの意味するところについて考察したい。

一、女子が罪に問われる行爲の種類

秦律・漢律ではさまざまな行爲が犯罪として處罰の對象とされているが、女子は男子と比べて罪に問われる行爲の種類に違いがあるのであろうか。

そこで、實際に秦律・漢律の條文を見ると、殺人・傷害・竊盜などの典型的な犯罪のみならず、多くの犯罪は男女を問わず處罰の對象とされている。もっとも、女子がなしえず、男子のみなしうる行爲については、男子のみが罪に問われるものもある。例えば、強姦がこれにあたる。二年律令「襍律」では、[4]

強與人奸者、府（腐）以爲宮隷臣。（第一九三簡）

とあり、人を強姦した者は宮刑に處したうえ、「宮隷臣」として服役させると定められている。「隷臣」とは男子に對して科される勞役刑の一種であるから、[5]やはり男子しか處罰の對象とされていないことが知られる。その他、徭役・兵役に關する行爲、官吏による行爲も、女子が罪に問われることは原則としてありえない。徭役・兵役は原則として男子のみ課され、また官吏は男子しか就任しえないからである。

ところが、二年律令の中には、明らかに女子でもなしうる行爲であるにもかかわらず、一見すると男子に對する處罰しか定められていない條文もある。すなわち、襍律に、

強略人以爲妻及助者、斬左止（趾）以爲城旦。（第一九四簡）

「津關令」に、

越塞、斬左止（趾）爲城旦。（第四八八簡）

とあり、いずれも「斬左趾城旦」という男子にのみ適用される刑罰が科されている。すなわち、前者では人を略取して妻とするか、あるいはそれを幇助した者が罪に問われている。確かに、人を妻とするのは男子しかなしえないが、それを幇助することは女子でもできるはずである。また、後者では「塞」（邊境の防衛線）を越えた者が罪に問われているが、これも女子でもなしうる行爲である。「斬左趾」とは左足を切斷する刑罰、「城旦」とは勞役刑の一種である

が、後者はもっぱら男子に對して科される。したがって、これらの行爲は一見すると男子のみ罪に問われ、女子は罪に問われなかったごとくである。しかし、次節で檢討する通り、二年律令では女子が斬趾城旦に相當する罪を犯した場合、「黥舂」に處すると定められている。「黥」とは顔にいれずみを施すこと、「舂」は女子に對して科される勞役刑の一種である。それゆえ、女子がこれらの行爲をなした場合、罪に問われなかったわけではなく、黥舂に處されたと解される。

ただし、次の條文では女子でもなしうる行爲であるにもかかわらず、明らかに男子に對する處罰しか定められていない。すなわち、二年律令の襍律に、

博戲相奪錢財、若爲平者、奪爵各一級、戍二歲。（第一八六簡）

とあり、金錢や財物を賭けて「博戲」（すごろく）を行ったり、もしくは博戲に對して判定を行った者は[6]、爵一級を奪い、「戍卒」（邊境で防備にあたる兵士）として二年間服役させると定められている。博戲やその判定は女子でもできるはずであるが、なぜか奪爵と戍卒という、男子に對してしか行いえない處分がなされている。それゆえ、女子がこのような行爲を行った場合、罪に問われなかったか、あるいは奪爵と戍卒に相當する何らかの處分がなされたのかもしれない[7]。

二、女子に對する刑罰の適用

次に、秦律・漢律にはさまざまな刑罰が設けられているが、女子に對する刑罰の適用は男子と比べてどのような違いが見られるであろうか。

勞役刑における男女差

秦律・漢律には「城旦舂」・「鬼薪白粲」・「隷臣妾」・「司寇」・「戍罰作」などの勞役刑が見えるが、これらには男女の區別が設けられていた。城旦舂は「城旦」と「舂」、鬼薪白粲は「鬼薪」と「白粲」、隷臣妾は「隷臣」と「隷妾」の總稱であり、城旦・鬼薪・隷臣が男子、舂・白粲・隷妾が女子に對して科される刑罰である。また、司寇・戍罰作については、女子の場合それぞれ「作如司寇」・「復作」が科される。つまり、城旦・鬼薪・隷臣・司寇・戍罰作は男子に限って科される刑罰であって、女子には科されず、代わりに舂・白粲・隷妾・作如司寇・復作が科されることになる。[8] 城旦と舂、鬼薪と白粲、隷臣と隷妾、司寇と作如司寇、戍罰作と復作は刑罰制度上、それぞれ同等級の刑罰であるが、兩者の間では原則として勞役の內容が異なる。すなわち、城旦は城壁を築いたり、外敵の警備にあたること、舂は臼で米をつくこと、鬼薪は鬼神の祭祀に用いる薪を採集すること、白粲は米を選りわけること、隷臣は男子の奴隷、隷妾は女子の奴隷として勞役に從事すること、司寇は警備にあたること、戍罰作は邊境で防備にあたること、復作は官府の雜用にあたることである。もっとも、以上はあくまでも刑罰名の原義であって、實際には、刑徒はさまざまな勞役に流用されていたが、[9] それでも一般に男子と女子は異なる勞役に從事させられていたようである。例えば、睡虎地秦簡「秦律十八種」の「工人程」に、[10]

　隷臣・下吏・城旦與工從事者冬作、爲矢程、賦之三日而當夏二日。　工人程（第一七五簡）

同「均工律」に、

　隷臣有巧可以爲工者、勿以爲人僕・養。　均（第一八〇簡）

「秦律雜抄」に、

　縣工新獻、殿、貲嗇夫一甲。縣嗇夫・丞・吏・曹長各一盾。城旦爲工殿者、治（笞）人百。

とあり、城旦と隷臣が「工」（工匠）として器物の生産に従事させられているのに對し、工人程に、

隷妾及女子用箴（針）爲緡綉它物、女子一人當男子一人。　工人程（第一七七簡）

とあり、隷妾は裁縫に従事させられている。現に、例えば北京故宮博物院に保管されている秦の銅戈の銘文に、(11)

廿七年、上守趞造。漆工師逽・丞恢・工隷臣積。

とあるように、秦の銅器にはしばしば「工城旦」・「工隷臣」・「工鬼薪」など、男子の刑徒が製造者として記されているが、女子の刑徒が記されている例は確認できない。

ただし、女子が男子と同じ勞役に従事させられることもあったようである。例えば、睡虎地秦簡秦律十八種の「倉律」には、

城旦舂・舂司寇・白粲操土攻（功）、參食之。不操土攻（功）、以律食之。　倉（第一二二簡・一二三簡）

とあり、舂や白粲なども城旦と同じく土木工事に従事させられている。

次に、男女の間では衣服の支給についても區別が設けられていた。すなわち、睡虎地秦簡秦律十八種の「金布律」に、

稟衣者、隷臣・府隷之毋妻者及城旦、冬人百一十錢、夏五十五錢。其小者、冬七十七錢、夏卌四錢。舂、冬人五十五錢、夏卌四錢。其小者、冬卌四錢、夏卌三錢。　（第一六一簡・一六二簡）

とあり、刑徒に對して有償で衣服を支給する旨が定められている。これによると、城旦には冬服が一一〇錢、夏服が五五錢で支給されるのに對し、舂には冬服が五五錢、夏服が四四錢で支給されている。

さらに、男女の間では食糧の支給についても區別が設けられていた。すなわち、睡虎地秦簡秦律十八種の倉律に、

隸臣妾其從事公、隸臣月禾二石、隸妾一石半。其不從事、勿稟。小城旦・隸臣作者、月禾一石半石。未能作者、月禾一石。小妾・舂作者、月禾一石二斗半斗。未能作者、月禾一石。嬰兒之毋母者各半石。雖有母而與其母冗居公者、亦稟之、禾月半石。隸臣田者、以二月月稟二石半石、到九月盡而止其半石。舂、月一石半石。隸臣・城旦高不盈六尺五寸、隸妾・舂高不盈六尺二寸、皆爲小。高五尺二寸、皆作之。　倉（第一一六簡〜一一九簡）

とあり、勞役刑の種類・內容、刑徒の身長に應じて穀物が支給されているが、女子の刑徒に對する支給量は男子よりも少なくなっている。同「司空律」には、

有辠以貲贖及有責（債）於公、以其令日問之。其弗能入及賞（償）、以令日居之、日居八錢。公食者、日居六錢。居官府公食者、男子參、女子駟（四）。（第二〇〇簡・二〇一簡）

とあり、「貲刑」（「甲」・「盾」の價値に相當する金錢を納入させる刑罰）・「贖刑」に處された者、及び國家に對して債務を負っている者が期日までに支拂えず、勞役に從事することによって代替させる場合、國家から食糧の支給を受けることを希望する者については、男子であれば朝と夕に三分の一斗ずつ、女子であれば四分の一斗ずつ支給すると定められている。これは勞役刑そのものではないが、やはり女子に對する支給量は男子よりも少ない。ただし、前揭の倉律（第一二二簡・一二三簡）によると、女子の刑徒が男子と同じく土木工事に從事する場合、男子と同じく朝と夕に三分の一斗ずつ支給するものとされている。

勞役刑の贖罪についても區別が設けられていた。『漢書』巻一二平帝紀元始元年條に、

天下女徒已論、歸家、顧山錢月三百。

とあり、前漢・平帝の元始元年（西暦一年）、女子の刑徒を家へ歸らせる代わりに、「顧山錢」として一か月あたり三〇〇錢を納入させるという詔が出されている。顧山錢とは顏師古注に、

謂女徒論罪已定、竝放歸家、不親役之、但令一月出錢三百、以顧人也。

とあり、また『後漢書』巻一上光武帝紀上建武三年條の李賢注が引く『漢書音義』に、

令甲、女子犯徒遣歸家、毎月出錢雇人於山伐木、名曰雇山。

とあるように、女子の刑徒を家へ歸らせ、みずから服役することを免除する代わりに、山で木を伐採する人を雇うために支拂わせる錢を指す。女子の刑徒に顧山を認めた例は、前掲の元始元年の詔の他、『後漢書』光武帝紀建武三年條に、

女徒雇山歸家。

とあるように、後漢・光武帝の建武三年（西暦二七年）にも同様の詔が出されている。それゆえ、少なくとも當初は女子の刑徒に對する臨時的措置に過ぎなかったようであるが、前掲の『漢書音義』、及び『漢書』平帝紀の如淳注に、

令甲、女子犯罪、作如徒六月、顧山遣歸。

とあるように、後に顧山は「令甲」として令典に收録され、常制化されたようである。現に、『後漢書』巻二八上桓譚列傳には、

今宜申明舊令、若已伏官誅而私相傷殺者、雖一身逃亡、皆徙家屬於邊。其相傷者、加常二等、不得雇山贖罪。

とあり、既に刑罰が執行されたにもかかわらず、犯罪の加害者と被害者の間で傷害事件が發生した場合、顧山を認めるべきではない、という意見を桓譚が光武帝に對して上奏している。それゆえ、遲くとも光武帝のときには顧山が常制化されていたはずである。ちなみに、右の下文に、

書奏、不省。

とあり、結局桓譚の意見は採用されなかったので、それ以降においてもこのような犯罪を女子が犯した場合、顧山が

認められていたと考えられる。

刑罰の減刑

二年律令「具律」には、

女子當磔若要斬者、棄市。當斬爲城旦者、黥爲舂。當贖斬者、贖黥。當耐者、贖耐。（第八八簡・八九簡）

とあり、女子に對する處罰の通則のごとき規定が見える。すなわち、女子が「磔」（何らかの方法で處刑した後、死體をさらしものにする刑罰）もしくは「要斬」（腰部を切斷する刑罰）にあたる罪を犯せば「棄市」（絞首刑）、「斬爲城旦舂」（「斬」は斬趾を指す）であれば「黥爲舂」、「贖斬」（黃金一斤四兩を納入させる刑罰）であれば「贖黥」（黃金一斤を納入させる刑罰）、「耐」（ひげを剃り落す刑罰）であれば「贖耐」（黃金一二兩を納入させる刑罰）にそれぞれ減刑すると定められている。例えば、二年律令「亡律」では、

吏民亡、盈卒歲、耐。不盈卒歲、毄（繫）城旦舂⌐。（第一五七簡）

とあり、官吏や民衆が逃亡した場合、逃亡期間が一年に達すれば、耐に處すると定められているが、前掲の具律によると、男子の場合にはそのまま耐に處されるのに對し、女子の場合には贖耐に處されることになる。現に、同じく亡律には、

女子已坐亡贖耐、後復亡當贖耐者、耐以爲隸妾⌐。（第一五八簡）

とあり、亡罪に問われて贖耐に處された女子が、再び贖耐にあたる亡罪を犯した場合の規定が設けられている。これは女子が一年間逃亡し、本來であれば第一五七簡の規定により、耐に處されるところであるが、具律の規定によって贖耐へと減刑された場合が想定されているのであろう。

また、龍崗秦簡には[12]、

竇出入及毋符傳而闌入門者、斬其男子左趾、□女【子】〼　（第二簡）

とあるように、穴を開けて出入りしたり、あるいは「符傳」（通行證）がないのに勝手に門へ入った者を處罰する規定が設けられている。男子は斬左趾に處されるのに對し、女子の處罰について記した部分は判讀できない。しかし、男子が斬左趾に處されるので、具律の規定からすると、女子は黥に處されるはずである。おそらく、「□」は「黥」字であったと推測される。

さらに、二年律令「告律」には、

奴婢自訟不審、斬奴左止（趾）、黥婢顏（顏）頯、畀其主。　（第一三五簡）

とあり、「奴婢」が訴訟を起こしたものの、告訴の內容が不正確であった場合、「奴」であれば斬左趾、「婢」であれば額とほほに黥を施した後、主に返還すると定められている。奴は男子の奴隸、婢は女子の奴隸である。奴が斬左趾に處されるのに對し、婢が黥に處されるにとどまっているのは、やはり具律の規定と同じく、女子に對しては斬趾を科さず、代わりに黥を科すという考え方によるのであろう。つまり、婢といえども基本的には具律の規定における女子と同樣の扱いを受けていたごとくである。

以上のように、少なくとも二年律令によると、磔・要斬・斬趾城旦・贖斬・耐は男子に限って科される刑罰であって、女子には科されなかったことになる。中でも、耐については睡虎地秦簡の出土以降、女子が耐にあたる罪を犯した場合、具體的にいかなる刑罰に處されるのかが問題となっていた。というのも、耐はひげを剃り落す刑罰であるが、そもそも女子にはひげがあろうはずもないからである。それゆえ、女子には耐が科されず、代わりに「完」（頭髮を剃り落す刑罰）が科されたとする說もあったが[13]、二年律令により贖耐に處されていたことが明らかになった。

そこで、實際に漢代の處罰の實例を見ると、確かにこれらの刑罰が女子に對して科されている例は認められない。また、これらの刑罰はいずれも秦律から受け繼がれたものであるが、秦でも女子に對して科された例は見えない。ただし、磔は女子に對して科されている例もある。すなわち、『史記』卷八七李斯列傳に、

於是羣臣諸公子有罪、輒下高、令鞠治之。殺大臣蒙毅等、公子十二人僇死咸陽市、十公主矺死於杜。

とあり、秦の二世皇帝のとき、一〇人の公主が「矺」に處されている。矺は『索隱』に、

矺、音宅。與磔同。古今字異耳。

とあるように、磔の通假字として用いられているのであろう。それゆえ、この例からすると、秦律では二年律令と異なり、女子に對しても磔が科されていたと解することもできそうである。しかし、『史記』では前掲の文章の前に、

趙高曰、嚴法而刻刑、令有罪者相坐、誅至收族、滅大臣而遠骨肉、貧者富之、賤者貴之、盡除去先帝之故臣、更置陛下之所親信者近之。此則陰德歸陛下、害除而姦謀塞、羣臣莫不被潤澤蒙厚德。陛下則高枕肆志寵樂矣。計莫出於此。二世然高之言。乃更爲法律。

とあるように、二世皇帝はみずからの政權を安定させるため、法律を苛酷なものに改め、諸公子や大臣を罪に陷れて排除するという趙高の案に從っており、その結果として公主たちも磔に處されるに至ったごとくである。したがって、女子にも磔が科されたのは、あるいは秦律本來の規定によるものではなかったのかもしれない。

繫の緩和・免除

秦律・漢律では犯人を逮捕した後、「繫」すなわち枷をはめて監獄に拘束するのが原則であったが、漢代以降、女子に對しては繫を緩和あるいは免除する詔が何度か出されている。もっとも、繫は刑事手續の一つであって、刑罰そ

のものではないが、人身を拘束するという點では刑罰と近いものがあるので、ここで合わせて検討しておきたい。

まず、『漢書』巻二三刑法志に、

〔景帝後〕三年復下詔曰（中略）其著令、年八十以上、八歳以下、及孕者未乳、師・朱儒當鞠繫者、頌繫之。

とあり、前漢・景帝の後三年（前一四一年）、妊婦に對して「頌繫」を行うという詔が出されている。頌繫とは枷をはめずに監獄で拘束することである。[14]また、『漢書』平帝紀元始四年條に、

詔曰（中略）其明敕百寮、婦女非身犯法、及男子年八十以上、七歳以下、家非坐不道、詔所名捕、它皆無得繫。其當驗者、卽驗問。定著令。

とあり、平帝の元始四年（西暦四年）、家族が「不道」の罪に問われたのではなく、かつ逮捕するよう詔で特別に指定されたのではない場合、女子がみずから罪を犯したのでなければ、繫を免除するという詔が出されている。さらに、『後漢書』光武帝紀建武三年條に、

庚辰、詔曰（中略）男子八十以上、十歳以下、及婦人從坐者、自非不道、詔所名捕、皆不得繫。

とあり、女子が犯罪に連坐して處罰される場合、繫が免除されている。繫を免除するということは、『漢書』平帝紀の顔師古注に、

就其所居而問。

とあるように、居所で取調べを行うのであろう。

以上から、秦律・漢律では女子に對する刑罰適用が男子と區別される場合もあったことが知られる。これらのうち、女子の勞役刑の內容が男子と區別されているのは、男女の體力差や作業內容の性的分業が考慮されているのであって、

必ずしも女子に對する處罰が緩和されているわけではないであろう。また、衣服の支給を受けるのに必要な錢は、女子の方が男子よりも低く設定されている。しかし、これも女子が優遇されているわけではなく、身體が一般に男子よりも小さく、衣服の作成に必要な布が少なくて濟むからであろう。さらに、女子に對する食糧の支給量が一般に男子よりも少ないのは、女子が冷遇されているわけではなく、女子の方が男子よりも食糧の攝取量が少なく、たくさん支給する必要がないためと考えられる。

しかし、女子に磔・要斬・斬趾城旦・贖斬・耐が科されず、代わりに棄市・黥舂・贖黥・贖耐が科されること、勞役刑を顧山錢で代替させることが認められていること、繫が免除されることなどは、女子に對する處罰が明らかに緩和されているといえる。

三、配偶者やその尊屬に對する犯罪

前節では秦律・漢律において、女子に對する處罰が緩和される場合もあったことを明らかにした。しかし、逆に女子が男子より重く處罰される場合もある。まず、配偶者やその尊屬に對して危害を加える行爲がこれにあたる。すなわち、二年律令「賊律」に、

妻毆夫、耐爲隷妾。（第三三簡）

とあり、妻が夫を毆れば耐隷妾に處すると定められている。それに對して、睡虎地秦簡「法律答問」に、

妻悍、夫毆治（笞）之、夬（決）其耳、若折支（肢）・指、胅體（體）。問夫可（何）論。當耐。（第四四九簡）

とあり、妻が「悍」であるため、夫がこれを毆るかあるいは笞で打ったところ、妻の耳が切れたり、もしくは四肢や

指が折れたり脱臼した場合、夫を耐に處するとされている。つまり、妻は夫を毆っただけでも耐隷妾に處されるのに對し、夫は妻に耳を切るなどの傷を負わせたとしても、耐隷妾より輕い耐に處されるにとどまる。もっとも、本條は妻が悍であることを要件の一つとしている。悍とは秦律・漢律上の用語であり、凶暴であることを指す。しかし、王子今氏が指摘される通り、當時の裁判においては悍であることの證據の提出を必要とせず、悍であるか否かは、悍であると主張する者の意見を根據として判斷がなされていたと推測される。[15] それゆえ、妻が悍であると夫が主張さえすれば、妻が悍であったと認定されることになるので、本條の悍という要件には事實上あまり意味がなかったといえる。

さらに、二年律令の賊律では、

妻悍而夫毆笞之、非以兵刃也、雖傷之、毋罪。（第三二簡）

とあり、悍である妻を夫が毆るかあるいは笞で打った場合、武器を用いたのでなければ、たとえ傷を負わせたとしても、罪に問わないと定められている。つまり、睡虎地秦簡では夫が妻に耳を切るなどの傷を負わせれば耐に處されていたが、二年律令へ至るまでのいずれかの時期にこれが改められ、少なくとも武器を用いたのでなければ、罪に問われることとさえなくなっていたことが知られる。

また、二年律令の賊律には、

婦賊傷・毆詈夫之泰（大）父母・父母・主母・後母、皆棄市。（第四〇簡）

とあり、女子が夫の「大父母」（祖父母）・父母・「主母」（奴婢の主の妻）・「後母」（繼母）に對して罵る・毆る・「賊傷」（傷害へ至る直前に犯人と被害者の間で「鬭」（鬭爭・格鬭）がなされることなく、犯人が一方的に、故意に傷を負わせること）などの行爲をなせば、棄市に處すると定められている。夫の父母を毆れば死刑に處されることは、後漢でも同樣であったようである。すなわち、『太平御覽』卷六四〇引の後漢・應劭『風俗通義』の佚文には、

南郡讞、女子何侍爲許遠妻。侍父何陽素酗酒、從遠假求。不悉如意、陽數罵詈。遠謂侍、汝翁復罵者、吾必揣之。侍曰、共作夫妻、奈何相辱。揣我翁者、搏若母矣。其後陽復罵遠。遂揣之。侍因上堂、搏姑耳再三。下司徒鮑宣〈昱〉。決事曰、夫妻所以養姑者也。今聟自辱其父、非姑所使。君子之於凡庸不遷怒。況所尊重乎。當減死論。

とあり、許遠の妻である何侍が、許遠の母を毆ったという事件につき、司徒の鮑昱は死刑より減刑するという判決を下している。死刑より減刑するという判決が下されているということは、本來妻がその夫の母を毆れば、死刑に處するべきところを、特別に減刑するということであろう。鮑昱は後漢初期の人であるから、少なくともその頃の律でも夫の母を毆れば死刑に處すると定められていたことが知られる。

それに對して、二年律令の賊律には、

毆父偏妻父母・男子同産之妻・泰（大）父母之同産及夫父母同産・夫之同産若毆妻之父母、皆贖耐。其奊訽詈之、罰金四兩。（第四二簡・四三簡）

とあり、夫が妻の父母を毆れば贖耐、罵って侮辱すれば「罰金四兩」（黃金四兩を納入させる刑罰）に處すると定められている。妻が夫の父母を毆ったり罵ったりすれば棄市に處されるので、逆の場合にははるかに輕く處罰されることが知られる。しかも、本條では單に罵るだけではなく、「奊訽」すなわち侮辱することが要件として附加されている。それゆえ、夫が妻の父母を罵っただけでは必ずしも罪に問われず、それが侮辱を内容とするものであって初めて罪に問われるのであろう。

次に、配偶者の父母を告發することにおいても、女子は男子より重く處罰されていたようである。すなわち、二年律令の告律には、

子告父母〻、婦告威公〻、奴婢告主・主父母妻子、勿聽而棄告者市。（第一三三簡）

とあり、女子が「威公」（夫の父母）を告發すれば[16]、その告發を受理せず、かつ告發者を棄市に處すると定められている。さらに、『說文解字』女部には、

漢律曰、婦告威姑。

とあり、本條の「婦告威公」に相當する部分が漢律の條文として引用されているので、このような規定は後漢末期まで受け繼がれたと考えられる。それに對して、夫が妻の父母を告發した場合については規定がないので、罪に問われないか、あるいは棄市よりも輕い刑罰に處されていたと推測される。つまり、配偶者の父母を告發した場合、少なくとも女子の方が男子より重く處罰されていたことになる。

ただし、秦律及び二年律令では、妻が夫を告發することは認められていた。すなわち、睡虎地秦簡の法律答問に、

夫有辠、妻先告、不收〻。（第五四〇簡）

とあり、また二年律令「收律」に、

夫有罪、妻告之、除于收及論。（第一七六簡）

とあるように、妻は夫を告發すれば罪に問われるどころか、「收孥」（妻子を沒收して官奴婢とすること）という連坐刑を免れることができた。少なくとも唐以降の前近代中國の律においては、例えば唐律「鬭訟律」の「告期親尊長」條に、

諸告期親尊長・外祖父母・夫・夫之祖父母、雖得實、徒二年。其告事重者、減所告罪一等。

とあり、妻が夫やその尊屬を告發すれば、たとえその告發の內容が事實であったとしても罪に問われる。それゆえ、秦律・二年律令において妻が夫を告發することが認められているのは、前近代中國の律の中でも特異であるといえる。それというのも、秦律・二年律令では收孥という制度が設けられていたからであろう。例えば、二年律令の收律に、

罪人完城旦・鬼薪以上、及坐奸府（腐）者、皆收其妻子・財・田宅。（第一七四簡・一七五簡）

とあるように、完城旦・鬼薪以上の罪を犯した者、及び姦罪によって腐刑に處される者は、その妻子を收孥とすると定められていた。しかし、前掲の睡虎地秦簡第五四〇簡と二年律令第一七六簡に見える通り、妻は夫を告發すれば收孥を免れることができた。それゆえ、秦律・二年律令において、妻が夫を告發することが認められているのは、妻に夫と同等の權利が與えられているからではなく、以上のような收孥という制度によって、告發が強制されているからであろう。

以上から、秦律・漢律では配偶者やその尊屬に對して危害を加えたり、あるいは配偶者の父母を告發すれば、女子は男子より重く處罰される場合もあったことが知られる。

結　語

それでは以上の檢討結果から、いかなることがいえるであろうか。まず、秦律・漢律では女子がなしえず、男子のみなしうる行爲については、男子のみが罪に問われる場合もあるものの、基本的には男女の間で罪に問われる行爲の種類に差が設けられていなかった（第一節）。しかし、女子に對する刑罰の適用は男子より緩和される場合もあった（第二節）。その理由について堀毅氏は、寛刑主義が重視されていたこと、及び女子が人口を增殖させるための道具として重視されていたことを指摘されているが[17]、他にも以下の二つの理由があったと考えられる。第一に、家族的秩序の保護である。第二節で擧げた『漢書』平帝紀によると、元始四年、女子に對して繫を免除する旨の詔が出されているが、第二節で省略した部分には、そのような詔を出した理由が記されている。すなわち、蓋夫婦正則父子親、人倫定矣。

とあり、夫婦が正しい關係にあれば父子も互いに親しくなり、人倫も安定すると述べられている。つまり、繫で妻が監獄に拘束されることによって、夫婦關係が一時的にでも斷たれ、さらにはその悪影響が父子關係にも及び、家族的秩序が崩壞するまでに至ることを防ぐため、女子には繫が免除されたのであろう。しかも、詔では右に續いて、

前詔有司復貞婦、歸女徒、誠欲以防邪辟、全貞信。

とあり、「前詔」で貞婦に對する税役を免除し、女子の刑徒を歸宅させたのは、悪事の發生を防ぎ、貞信を全うさせるためであったと述べられている。ここでいう前詔とは、第二節でも擧げた平帝紀元始元年條に「天下女徒已論、歸家、顧山錢月三百。復貞婦、鄕一人」とある詔を指すのであろう。つまり、顧山も繫の免除と同様の理由によって設けられたことが知られる。

第二に、少なくとも秦・漢においては、女子が罪を犯すことは男子と比べて少なかったことである。それは睡虎地秦簡の法律答問において、男子による犯罪を例にとっているものが壓倒的に多いことから窺われる。また、一九六四年、河南省偃師縣の漢魏時代の洛陽城址附近で、後漢中期〜末期のものと見られる五二二基の刑徒の墓が發掘されたが、出土した人骨のうち九六パーセントが男子であるのに對し、女子は四パーセントに過ぎない(18)。さらに、女子の場合、その體力や、當時置かれていた社會的地位などからすると、たとえ罪を犯したとしても、一般に男子による犯行と比べてそれほど甚大な被害が出なかったことであろう。したがって、女子に對しては重い刑罰を設けて犯罪の一般豫防を強化する實益が男子と比べて少なく、それよりも處罰を緩和し、家族的秩序をある程度保護した方が餘程實益があると考えられたのであろう。

ところが、秦律・漢律では以上と逆に、女子が男子より重く處罰される場合もあった。妻が夫やその尊屬に對して

危害を加えることや、夫の父母を告發することなどがこれにあたる（第三節）。これは一見すると、以上のような女子に對する處罰の緩和と矛盾するごとくである。しかし、むしろ女子に對する處罰の緩和が、家族的秩序の保護を理由の一つとしているからこそ、女子が夫やその尊屬に對して危害を加えたり、夫の父母を告發するなど、家族的秩序に危害を加える行爲をなせば、重く處罰されるのではないであろうか。つまり、女子に對する處罰の緩和と重罰は、一見すると相反するごとくであるが、家族的秩序の保護という點では共通していることになる。

以上から、秦律・漢律では少なくとも女子による犯罪に對する處罰の分析からいえば、他の前近代中國の律と同様、家族的秩序をある程度保護することを通して、民衆を統治しようとしていたといえよう。ただし、本稿で檢討したのは律の中でも刑法が中心であって、律には他にも女子の財産や相續など、刑法以外にもさまざまな規定が設けられている。今後はこの問題について檢討し、家と國家による民衆統治との關係を明らかにしていきたい。

注

（1）趙鳳喈『中國婦女在法律上之地位』（商務印書館、一九二八年）參照。
（2）堀毅「秦漢寛刑攷」（同氏『秦漢法制史論攷』法律出版社、一九八八年。一九八三年原載）參照。
（3）王子今「張家山漢簡『賊律』所見「妻悍」・「妻毆夫」等事」（同氏『古史性別研究叢稿』社會科學文獻出版社、二〇〇四年。二〇〇二年原載）、池田雄一「張家山『二年律令』に見える妻の地位」（『呴沫集』一一、二〇〇四年）、翟麥玲・張榮芳「論秦漢法律的性別特徵」（秦始皇兵馬俑博物館『論叢』編委會編『秦文化論叢』第一二輯、三秦出版社、二〇〇五年）、宋仁桃「律文所見秦漢婦女的權利」（同上）など參照。
（4）張家山漢簡の簡番號・釋文は張家山二四七號漢墓竹簡整理小組編『張家山漢墓竹簡〔二四七號墓〕』（文物出版社、二〇〇一年）によった。
（5）秦律・漢律の刑罰の内容・等級については、拙稿「張家山漢簡「二年律令」による秦漢刑罰制度研究の動向」（『中國史學』

第一四巻、二〇〇四年）參照。

（6）「爲平者」とは博戯に對して判定を下す者を指すのであろう。前掲『張家山漢墓竹簡〔二四七號墓〕』一五八頁「博戯相奪錢財」條注〔二〕參照。

（7）ただし、睡虎地秦簡の法律答問では、例えば「公祠未闋、盜其具、當貲以下耐爲隸臣」（第三九五簡）とあるように、女子でもなしうる行爲であるにもかかわらず、男子の勞役刑しか科されていないものが非常に多い。それゆえ、これらの史料を文字通りに讀むと、女子が罪に問われる行爲は男子と比べて非常に少なかったということになってしまうが、それはありえないであろう。これらの史料の場合、女子の勞役刑が省略されているものと思われる。律の條文が省略した形で引用されるのは、よく見られることである。例えば、張家山漢簡「奏讞書」の案例一五には「律、盜臧（贓）直（値）過六百六十錢、黥爲城旦⺅」（第七二簡・七三簡）とあり、錢に換算すると六六〇錢を超える價値を有するものを盜めば、黥城旦に處するという律の條文が判決の根據として引用されている。これは二年律令「盜律」に「盜臧（贓）直（値）過六百六十錢、黥爲城旦舂。六百六十到二百廿錢、完爲城旦舂。不盈二百廿到百一十錢、耐爲隸臣妾⺅。不盈百一十到廿二錢、罰金四兩⺅。不盈廿二錢到一錢、罰金一兩」（第五五簡・五六簡）とある條文のうち、傍線の部分だけを引用したのであろう。ただし、二年律令では「黥爲城旦舂」とあり、舂も科されているので、奏讞書では舂が省略されていることがわかる。もっとも、このような省略は睡虎地秦簡の中でも法律答問のみに見え、秦律十八種や秦律雜抄などでは女子の勞役刑が省略されていると見られるものは確認できない。それは龍崗秦簡や二年律令でも同様である。

（8）ただし、秦律及び二年律令では女子にも司寇が科されている。作如司寇は前漢の文帝一三年に行われた刑制改革で初めて登場するので、おそらくそれ以降、司寇は男子、作如司寇は女子に對して科されるようになったと考えられる。

（9）劉海年『戰國秦代法制管窺』（法律出版社、二〇〇六年）一〇五頁（一九八一年原載）參照。

（10）睡虎地秦簡の簡番號は雲夢睡虎地秦墓編寫組編『雲夢睡虎地秦墓』（文物出版社、一九八一年）、釋文は同書及び睡虎地秦墓竹簡整理小組編『睡虎地秦墓竹簡』（文物出版社、一九九〇年）によった。

（11）張政烺『張政烺文史論集』（中華書局、二〇〇四年）三六六・三六七頁（一九五八年原載）參照。

（12）龍崗秦簡の簡番號・釋文は中國文物研究所・湖北省文物考古研究所編『龍崗秦簡』（中華書局、二〇〇一年）によった。
（13）堀毅氏前掲書一九七・一九八頁、三八八・三八九頁參照。
（14）沈家本『刑法分考』卷一二參照。
（15）王氏前掲書二〇四頁參照。
（16）威公が夫の父母を指すことは、王貴元「張家山漢簡與『說文解字』合證――『說文解字校箋』補遺」（『古漢語研究』二〇〇四年第二期）參照。
（17）堀氏前掲書二一〇頁參照。
（18）中國科學院考古研究所洛陽工作隊「東漢洛陽城南郊的刑徒墓地」（『考古』一九七二年第四期）參照。

〔附記〕本稿は平成一七年度科學研究費補助金（若手研究（Ｂ））による研究成果の一部である。

第二章

前漢時代の賣爵と刑罰免除
——爵の本質的機能とは——

石岡　浩

はじめに

秦漢時代の刑罰制度の特徴の一つは、「隷臣妾」「城旦舂」「鬼薪白粲」など、固有名を持つ複數の勞役刑が存在することにある。後代の「徒~年」などのように刑に服する年月で刑名をつけるのではなく、刑徒の從事する各種作業の名を利用した刑名[1]をつけているのは、前漢の文帝十三年（前一六七）に秦以來の刑法が改革されるまで[2]、勞役刑の刑期を無期としていたことがその一因と考えられる。

無期勞役刑を採用していた秦では、勞役刑徒の日常の處遇・權利・勞働環境など、さまざまな條件に差をつけて、複數の勞役刑に輕重を設定している。その條件の一つ、刑徒身分から解放される權利について、先に筆者は、隷臣妾の刑徒にその權利があり、解放の條件として軍功で得た「爵」の返却があることをつぎのように述べた[3]。

前漢文帝の刑法改革以前では、勞役刑は城旦舂（城旦・舂）と隷臣妾（隷臣・隷妾）に大別され、そこに大きな格差が設定されている。まず隷臣妾より重い城旦舂刑は、容赦なく肉刑を加重され、とくに男性の城旦はその妻子が「收帑」されて奴隷に落とされるという處置を伴う勞役刑として位置する。この城旦の刑徒は軍事行動に參加しても軍功褒賞の對象から除外されて「爵」とは一切縁がなく、刑徒身分からの解放も想定されていないと考えられる。ところが城旦舂より輕い隷臣妾刑では、その妻子と財産が鄕里社會に保全されており、刑徒が軍事行動に參加して功績を擧げたばあい、一般庶民と同様に「爵」を賜與される。しかもその「爵」を規定分返納すれば、その刑徒本人あるいは親族の隷臣・隷妾を解放することができた。戰國時代の秦の法を傳える睡虎地秦簡(4)の軍爵律はつぎのように記す。

爵二級を歸して以て親父母の隷臣妾と爲る者一人を免ぜんと欲す、及び隷臣斬首して公士と爲り、公士を歸して故妻の隷妾一人を免ぜんと謁むるは、之れを許し、免じて以て庶人と爲す。工隷臣斬首す及び人爲《ため》に斬首して以て免ぜらるるは、皆工と爲さしむ。其の完ならざるは、以て隱官工と爲す。軍爵

（秦律十八種一五五・一五六簡）

ここには免刑の條件として、爵あるいは賜爵に價する斬首の軍功が擧げられている。おそらく「爵位」ならば第一級公士、「爵級」ならば二級分が隷臣妾の免刑に必要とされていたのであろう(5)。とくに「爵二級」という記述は、自分の「爵位」のみではなく、他人の「爵級」を譲渡されて、父母の隷臣妾の免刑に使用していたことを窺わせる。

このような「爵級」を集めるかたちの刑罰免除は、漢代にも見られる。『漢書』巻二惠帝紀元年（前一九四）冬十二月條「民に罪有れば、爵三十級を買いて以て死罪を免ずるを得しむ」、すなわち「賣爵（買爵）」による刑罰免除がそれである。ところが二十等爵と刑罰の關係を論じた先行研究は、これを「常制とは認められない(6)」「臨時的なもの(7)」として、爵による刑罰減免の權利とは區別するのが常であった。なぜならこの「爵級」と刑罰の交換は有爵者に限らず實行できるものであり、爵はたんに「金錢に換わる切符(8)」として利用されたに過ぎないと見なされたからである。そして西嶋定生氏の爵制論以來(9)、爵の存在意義は「有爵者に當然與えられている特權」にあるとされ、「有爵者の刑罰減免の特權」が「爵の本質的機能」の一つであるという氏の見解が通説となっていた。つまり「爵級」を金錢のご

とく賣買して行なう刑罰減免は、「爵の本質的機能」とは無關係と見なされていたのである。

ところが近年、籾山明氏が「有爵者の刑罰減免の特權」の實效性に疑問を示され[10]、冨谷至氏が秦漢時代に有爵者は自動的に奪爵・削爵されてすべての刑罰を免除されていたのか否かという問題を検證されて、つぎの事實が確認された[11]。

①秦代（前漢文帝肉刑廢止までを含む）では、有爵者は刑罪＝肉刑の適用を免除されるという限定的な特權のみがある。

②漢代では、奪爵・削爵されて刑罰を減免される實例が存在するのは列侯（第二十級）のみに限られ、その他の爵位の奪爵・削爵の事例には刑罰の減免が伴っていない。

そして現在では、秦漢時代の有爵者は自動的に刑罰を減免される特權を持っていたわけではないとする見解が優勢となり、新たに「爵」の存在意義が追究されて、たとえば籾山氏は「拜領者たる臣民を王權への奉仕者として認定すること[12]」と述べられ、宮宅潔氏は「爵の持つ『身分轉落の防止』機能[13]」と述べられるなど、新たな爵制論が試みられつつある。

しかしそこには一つの疑問が残されている。有爵者の刑罰減免が限定的でしかないのなら、文獻史料にかならず爵が刑罰を減じる旨特記されているのは、一體、なぜであろうか。たとえば『漢舊儀』卷下には、

漢は秦爵二十等を承け、以て天下に賜う。爵は祿位なり。公士、一爵。……。侯、十九爵。列侯、二十爵。秦制二十爵。男子爵一級以上を賜わるは、罪有れば以て減す。

とある。爵を賜與された者の權利として、まず第一に罪を減じることを記す以上、これが爵の重要な機能でなければ意味がない。

わざわざ記載するのであるから、それが限定的に過ぎない有爵者の刑罰減免の特権であるとは考えにくい。するとこの「罪有れば以て減す」とは有爵者の特権とは異なる刑罰減免ではないか、と考えることも可能となる。それならばこの刑罰減免とは「爵級」と交換する刑罰免除であり、これこそが爵の主たる機能ということにならないであろうか。それを傍證するのが、『後漢書』巻二明帝紀中元二年（五七）夏四月丙辰詔の李賢注に引く「前書音義」＝『漢書音義』である。

商鞅秦制爵二十級を爲る。一、公士。二、上造。三、簪褭。……。十八、大庶長。十九、關内侯。二十、徹侯。人、爵を賜るは、罪有れば贖うを得、貧者は賣りて人に與うるを得たり。

この資料は先の『漢舊儀』とよく似た記述内容からなり、『漢舊儀』の「罪有れば以て減す」の部分が「罪有れば贖うを得」と記され、しかも犯罪者が罪を「贖う」ために購入する爵は、貧者が人に賣却した爵であることが示されている。すると先の「罪有れば以て減す」とは、具體的には民が賣る「爵級」を購入して罪を「贖う」ことであり、それこそが爵の第一の機能であるとも考えられよう。

そこで本稿は、いままでの爵制研究で捨象されてきた「爵級」を集めて刑罰と交換するかたちの刑罰免除をとりあげる。現在の資料狀況では、「爵級」を集めるかたちの刑罰免除の實例そのものは乏しく、「賣爵（買爵）」を許可した詔やその效用を推す上奏文などの資料を檢討の主とせざるを得ない。しかしそこから讀み取られる情報を丹念に整理することで、爵の本質的機能とは何であるのか、また秦漢時代の社會に生きる人々にとって、爵がいかなる意味を持っていたのかという問題に解答を與えることができるように思われるのである。

一　「賣爵」の機能

「賣爵」「買爵」の記事から、情報を整理してみよう。なお「賣」と「買」は對の行爲なので、民が自分の爵を賣るばあいは「賣爵」と表記し、民が王朝から爵を購入するばあいは「買爵」と表記して、二つを區別する。本稿ではこの區別が重要になるため、最初に注意を喚起しておく。まず秦代に「賣爵」の記事は見當たらず、前漢の惠帝の時代に二度の「賣爵」が見出される。

元年冬十二月、趙の隱王如意薨す。民に罪有れば、爵三十級を買いて以て死罪を免ずるを得しむ。民に爵を賜うこと、戶ごとに一級とす。（『漢書』巻二惠帝紀）

六年冬十月辛丑、齊王肥薨す。民をして爵を賣らしむ。女子年十五以上三十に至りて嫁がざるは、五算とす。（同帝紀）

前者の元年の記事では、諸侯王薨去のとき、爵を購入して刑罰を免除することを民に許したと記す。後者の六年も同じ諸侯王薨去の記事であるが、ここでは民に爵の賣却を許したことのみ記す。兩者は同じ諸侯王薨去にともなう施策であるし、元年の記事で爵三十級を王朝が賣り出したとは考えにくいことから、兩者を併せて、民が自身の所有する爵を賣却し、それを別の民が購入して三十級分を集めて、死罪の免除と交換することが許可されたと解してよいであろう。

この二つの記事の「得しむ」「賣らしむ」という表現から、普段は爵の賣買が禁じられており、詔が下された一定期間のみ、それが許可されたことが窺える。すると王朝が民に賜與した爵は、王朝が許可したときだけ賣却して金錢に換えることができ、また購入者は刑罰免除と交換することができるという、いわば賣買の時期と引換物が嚴密に指定された〝引換券〟のような存在であることがわかる。いいかえれば、王朝は爵という〝引換券〟を通じて、爵を獲得した者には金錢、買い集める者には刑罰免除という恩典を用意し、王朝の欲するとき、民にその恩典と引き換えさせていたことになる。すなわち爵は、一見、そのままでは無價値なようであるが、それは將來、金錢と刑罰免除に換わる〝引換券〟であり、その點で〝財貨〟ともいい得る價値を有していたのである。(14)

つぎの『史記』巻一〇孝文本紀後六年（前一五八）の條では、自然災害時の救濟策のなかで、被災者に對する食糧の支給とともに、「賣爵」の許可が記されている。

天下旱し、蝗す。帝惠みを加う。諸侯をして貢を入るる毋からしめ、山澤を弛め、諸々の服御狗馬を減《へら》し、郎吏の員を損《へら》し、倉庾を發《ひら》きて以て貧民に振い、民に爵を賣るを得しむ。

ここでは自然災害の被災者が爵を賣り、その對價として金錢を得て災害に對處する費用としている。ここで換金される爵は民にとって〝財貨〟に等しい。しかしそれは王朝の許可がなければ換金できない不自由な〝引換券〟でもある。被災民はこの〝引換券〟の換金を希求し、王朝は救濟策として換金を許可することで、いわば恩を賣る。たとえば『漢書』巻六四上嚴助傳の武帝建元六年（前一三五）の淮南王劉安の上書に、

間者、數年歳比に登《みの》らず。民は賣爵を待ちて子を贅して以て衣食を接ぐ。陛下の德澤《うるお》いて之れを振救するに賴る。轉じて溝壑に死する毋きを得たり。

とあるのがその好例であり、『漢書』巻二四上食貨志上所收の文帝時代前半の賈誼の上書の一節も同例である。

時を失いて雨《ふ》らざれば、民且《まさ》に狼顧せんとす。歳惡《あ》しく入らざれば、爵、子を賣らんことを請う。

すなわち普段は實用性がないかに見える爵が、(15)王朝の賣買の許可で、はじめて利用可能な〝財貨〟となる。それゆ

え民は爵を懸命に保持・蓄積して「賣爵」の機會を待ち望み、(16)それを許可する皇帝に感謝する。つまり爵とは〝財貨〟に等しいからこそ、爵級を蓄積したことの證である爵位が價値を持ち、民は爵の獲得に勵み、爵位の昇進を望む。ここに民爵の存在意義があるのではないであろうか。

漢代は官爵が九級「五大夫」以上で、官秩六百石以上の官のみが所有可能であり、民爵が八級「公乘」以下で、六百石に滿たない吏と庶民が所有する。とくに民爵では、各爵位に特別な特權は設定されず、身分の上下も構成せず、爵位と官職に對應關係もないとされる。また拙稿で論じたように、前漢文帝の刑法改革までは秦の爵制が繼承されており、そこでは四級「不更」以下が民爵に相當し、やはり爵位と官職に對應はなく、身分・特權の上下もないと推測される。(17)それにもかかわらず爵が民の軍功の褒賞となり、王朝の慶事のさい、わざわざ民に爵一級がふるまわれるのは、その爵には將來かならず換金される見込みがあるからなのである。

もっとも爵が金錢に引き替えられることに加えて、購買意欲を起こさせるさらなる價値が爵になければ〝商品〟のごとく賣買はされない。そこで王朝は、富者にすすんで爵級を購入させるため、多數の爵級を集めれば、刑罰の免除と交換される機能を爵に設定した。

本稿の序に述べたように、前漢文帝十三年の刑法改革までは、第一級「公士」あるいは爵二級分と交換で隸臣妾刑が免除されるが、それより重い刑罰は免除の對象外であったと推測される。つまり刑罰免除の術のない死刑に對して、またおそらくは城旦舂刑に對しても、臨時の許可のもと、爵級と交換の刑罰免除を認めたからこそ、大金を支拂って買い集めるだけの高い商品價値が爵に生じたのである。

このように考えるならば、爵の本質的機能とは、それが將來に換金されるべき〝財貨〟に等しいことがまず第一義と見なされる。そして普段は免除されない刑罰が、爵級と交換に特例として免除されたことは、爵が滯りなく換金されるように〝商品〟たる價値をより高めるべく付加された二義的な機能であったと考えられる。すなわち「賣爵」によって「爵級」が民から富者、富者から王朝に移った結果、民は金錢を得て、富者は刑罰免除を得る。すると爵は欲する者に金錢や刑罰免除の〝權利〟を得させる〝媒介〟の役割を擔っていることになる。

このように〝財貨〟に等しい爵がさらに交換の〝媒介〟となって、人々に〝金錢〟や〝刑罰免除〟を獲得させる役割を果たすことを確認すると、それを基礎としてさらに發展させたかたちが、文帝時代の納粟授爵政策と武帝時代の武功爵、すなわち富者が王朝から爵を買う「買爵」であることがよりよく理解される。(18)

二　國家が無償で〝財貨〟を得る「買爵」の役割

前漢の文帝の納粟授爵政策は『漢書』食貨志上に詳しい。そこには文帝十二年（前一六八）の鼂錯の上書とそれを承けて施行された政策がつぎのように記されている。この十二年が、文帝の刑法改革の行なわれた十三年の一年前に當たることは、きわめて重要である。先に拙稿で述べたように、爵制の混亂が刑罰制度を破綻させたと考えられるからである。(19)

今、天下に募りて、粟を縣官に入れて以て爵を拜するを得、以て罪を除くことを得しむ。此くの如くんば富人に爵有り、農民に錢有りて、粟渫《ち》る所有らん。夫れ能く粟を入れて以て爵を受くるは、皆餘り有る者なり。……。是に於いて文帝は錯の言に從い、民をして粟を邊に入れしめ、六百石は爵上造とし、稍《やや》增して四千石に至れば五大夫と爲し、萬二千石は大庶長と爲し、各々多少を以て級數に差を爲す。

ここでは富者が民から粟を買い集め、それを王朝に納入して爵位を購入し、その爵位によって刑罰の免除を得ている。これは文帝十三年の刑法改革以前の政策なので、爵二級「上造」は肉刑が免除されて鬼薪白粲刑に減じられる爵位に當たる。[20]ただし爵九級「五大夫」と爵十八級「大庶長」がいかなる犯罪にいかなる刑種を免除されるのかは、現存する資料にその痕跡すら見出されない。しかしこの「五大夫」は六百石の官秩に相當し、それは縣令あるいは郡の長吏以上の職が持つ官秩であるから、[21]この官爵の購入者に限定して、上級官秩所有者に許された刑罰減免が行なわれることがあったからこそ、そこに「買爵」して獲得すべき價値が存したと考えてよいであろう。[22]

この納粟授爵では、貧窮農民が金錢を得、富者が爵位と刑罰免除を得て、王朝が北邊の匈奴對策[23]に必要な粟を得るという三段階を踏んでいることに注意される。そもそも農民の貧困を救い、北邊に食糧を充實するのであれば、たんに王朝が直接、農民から粟を購入すればよい。それにもかかわらず、わざわざ富者に納粟させて爵を授けるという面倒な手段をとっているのは、爵を〝媒介〟とすることで、貧窮農民に金錢を與え、北邊に粟を移しても、王朝は一片の出費もなくて濟むからなのである。

ここで先の「賣爵」を振り返ってみよう。惠帝の時代の二度の「賣爵」では、民は金錢を得て、富者が刑罰免除を得ている。また文帝後六年の「賣爵」でもやはり被災民は金錢を得て、富者は刑罰免除を得ている。ところが王朝は、爵を賣買する許可を出して刑罰免除を與えただけで、やはり何ら出費をしていない。

すると王朝が〝財貨〟に等しい性質を爵に付與し、そのうえ刑罰免除の權利を與えてさらに爵の價値を高めたのは、その價値の高い爵を〝媒介〟として民間の〝財貨〟を集め、それを被災民や貧窮農民を援助する費用や邊境防備に必要な食糧費に當てるためであったといえよう。このとき王朝は無償で〝財貨〟を得ることができる。「買爵」のばあい、王朝が粟と引換に支拂ったのは、二級上造を除けば、本來、民には手のとどかない官爵であった。また「賣爵」のばあいにも、王朝は民が大量に買い集めた爵級と交換に、ただ刑罰免除を許可したに過ぎない。つまり王朝が、無償で粟と金錢を集め、民に金錢を與えて恩を賣るために利用したのが、爵を〝媒介〟とする刑罰免除といういわば〝餌〟であった。したがってこの刑罰免除はたんなる付加價値に過ぎないのである。

いいかえれば、王朝は、民が買い集めた「爵級」と交換に臨時の刑罰免除を許可し、また普段は民には得難い「爵位」を臨時に購入させて刑罰を免除させることで、爵の價値を國家の出費の代替にまで高めることができた。それゆえ王朝は氣前よく軍功爵と「爵一級」を吏民にばらまいて、それを〝媒介〟とした臨時の刑罰免除の途があることを民に認識させるのである。

このような爵の機能は、武帝時代の「買爵」すなわち武功爵にも見出される。『史記』巻三〇平準書は、元朔六年（前一二三）に武功爵を賣り出すに至る事情をつぎのように記す。

明年、大將軍は六將軍を將い、仍《より》て再び出でて胡を擊ち、首虜萬九千級を得。虜を捕え斬首するの士受けて黃金二十餘萬斤を賜り、數萬人を虜にして皆《みな》厚賞を得たり。衣食は仰ぎて縣官に給す。而して漢軍の士馬の死する者十餘萬、兵甲の財、轉漕の費焉れに與にせず。是に於いて大農陳《ひさ》しく藏せる錢經秏し、賦稅旣に竭き、猶以て戰士に奉するに足らず。……。天子曰く、……、日者、大將軍匈奴を攻め、斬首の虜萬九千級なり。留蹛して食わす所無し。①民をして爵を買う及び禁錮を贖いて罪を免減するを得しむるを議せ、と。請いて賞官を置き、命じて武功爵と曰う。

（傍線と數字記號は筆者による。以下同じ）

ここでは對匈奴戰爭に從事した兵士たちに、すでに「黃金二十餘萬斤」に達する報奬金を與えた結果、もはや殘餘金がなく、つぎの戰費と新たな報奬金に使う國費が盡きてしまったと記す。ここで『漢書』武帝紀の同年條の同じ記事を見ると、

日者、大將軍朔方を巡り、匈奴を征し、斬首の虜萬八千級なり。諸々の禁錮及び過有る者、②咸な厚賞を蒙り、

罪を免減するを得たり。今大將軍仍て復た克獲し、斬首の虜萬九千級なり。③爵賞を受けて移し賣らんと欲するも、流し貤《かさ》ぬる所無し。其れ議して令と爲せ、と。有司奏請す、武功賞官を置き、以て戰士に寵《めぐ》まん、と。

とあって、傍線部②の「厚賞」におそらく爵も含まれており、そこで刑罰免除が行なわれていたと推測され、また傍線部③から、[24]再び賜與された爵で「賣爵」しようとしても、刑罰免除の用は②ですでに足りており、購入する者がいないことが讀み取られる。

ここで注意すべきことは、②で行なわれた刑罰免除では王朝に金錢が入らず、また③では民が爵を賣ろうとしても購入する者がなく、やはり王朝に金錢が入らないため、國費の枯渇は滿たされないことにある。そこで傍線部①に記されるように、王朝は武功爵という新たな爵位を買わせる「買爵」と禁錮刑の「贖」を行ない、直接にその對價を得て國費を補おうとした。そしてさらに注目されるのは、その武功爵はいままでにない價値——任官の權利を付加されていたことにある。平準書の續きをあげる。

諸そ武功爵の官首を買う者試みに吏に補し、先づ除す。千夫は五大夫の如し。其れ罪有るは又二等を減ず。爵は樂卿に至るを得て、以て軍功を顯らかにす、と。軍功多く用て等を越え、大は侯卿大夫に封ぜられ、小は郎吏となる。吏道雜えて多端なれば、則ち官職秏廢す。

ここでは官爵の九級「五大夫」に等しい「千夫」爵[25]を買う者が官吏に除せられ、また罪を二等減じられることが示されている。すなわち武功爵もやはり金錢と交換される〝財貨〟に等しく、その〝商品〟としての價値をより高めるために、さらに任官の權利までが付加されているのである。

以上のように前漢初めの「賣爵」と「買爵」（納粟授爵・武功爵）を通覽してみると、民爵はそのままでは無價値でありながら、將來、金錢と交換される見込みを持つことで〝財貨〟に等しい價値をもち、さらにそれが積極的に賣買される〝商品〟のごとき價値を高めるため、臨時に刑罰免除の權利が付加され、しかも任官の權利すら付加されていたことが看取される。すなわち刑罰免除は爵の本質的機能ではなく、爵を賣買させる付加價値に過ぎない。むしろ爵の機能は、王朝が付加した刑罰免除や任官の〝權利〟を欲する者に、それを賣り渡す〝媒介〟の役割を擔うことで、王朝の與える〝權利〟を現金化・現物化することにある。そしてその現金・現物は、被災對策の費用や北邊に輸送する食糧、すなわち國家の費用となる。いわば爵とは、王朝の與える〝權利〟を現金・現物に換える便利な變換裝置なのである。

このように爵の機能を整理すると、軍功に對する爵の賜與や王朝の慶事にさいする賜爵の意義を考えるに當たって、恩德の賜與や君臣關係の強化という政治的な觀點よりも、むしろ爵を得ることにいかなる利益があるのかという觀點が重要となる。つまり軍功爵や民爵の賜與は一般庶民が爵を得ることにその特色があるのであるから、爵の本質的機能は、富者が王朝から高爵を買う「買爵」にあるのではなく、庶民が爵を賣って金錢を得る「賣爵」の方にこそあると考えなければならない。

この利益という觀點から、このほかの爵の記事を見直してみると、いままでとは異なる解釋も可能となる。そこでつぎの節では、この觀點から解釋し得る爵の事例を擧げて、本稿のまとめとすることにしたい。

三　〝財貨〟として與える爵

前節では、ひろく吏民に賜與する「爵一級」には、のち金錢に交換されて〝財貨〟に等しい價値があると述べた。この〝財貨〟という性質は、授與者を限定して賜與する「爵」により顯著であるように思われる。まず『史記』卷六秦始皇本紀三十六年（前二一一）條をあげる。

是に於いて始皇之れを卜す。卦に游徙に吉を得。北河、楡中に三萬家を遷す。爵一級を拜す。

この「爵一級」は遷徙された三萬家のみに與えられたと考えてよい。しかし北の對匈奴最前線に〝飛ばされる〟民にとって、爵位を一つ上げたところで何の〝ありがたみ〟があるのであろうか。むしろ將來現金化される〝財貨〟が賜與されたと考えれば、それは遷徙の支度金に等しく、遷徙民にとっての〝ありがたみ〟がよく理解される。

また『漢書』巻四九鼂錯傳の文帝時代後半の錯の上書でも、對匈奴對策として北邊に遷徙された人々に爵が賜與されている。

乃ち辠人及び免徒復作を募りて之れに居せしめ、足らざれば、募るに丁奴婢の辠を贖う及び奴婢を輸して以て爵を拜さんと欲する者を以てす。乃ち民の往かんと欲する者を募り、皆高爵を賜う。其の家を復し、冬夏の衣を豫え、食を稟し、能く自ら給すれば止む。郡縣の民、其の爵を買うを得、以て自ら增して卿に至る。

ここで問題となるのも、北邊に遷徙される民が一律に「高爵」を得て、いったい何の意味があるのかという點にある。この「高爵」が第九級以上の官爵であるため、かりに官爵に付帶する兵役・力役免除の「復」の權利も得られたと解すると、彼らは永久にそれらが免除されることになり、「自ら給すれば止む」と矛盾する。むしろこれは、民爵の最上位の第8級以下が與えられ、爵位と無關係に一定期間の「復」が許可されたと解すべきであろう。この記事には、遷徙民に「復」が許可され、衣料・食糧が支給され、のち自給が可能となれば「復」と諸支給をやめると記されている。それにならんで「高爵」が賜與されるのならば、それは遷徙民が自給可能になるまでの費用の一部か、あるいは自給可能になったのちのいわば緊急用の資金とおぼしい。事實、その後文には、郡縣の民が民の賣る爵を買い集める「賣爵」が許可されたとあるので、遷徙民が得た爵はそこで賣却されて〝財貨〟に換わったのである。この記事は、爵の賜與が「賣爵」で現金化されるのを見込んだ施策であることを證する、まさに好例といえよう。
最後にあげるのは、『史記』巻七三白起列傳の秦の昭王四十七年（前二六〇）の記事である。これは全國民を對象とした民爵賜與の最古の例であるが、その賜與にいたる事情が、のちの王朝の慶事の常例たる民爵賜與とは性格が異なっている。

秦王、趙の食道絶たるるを聞くや、王自ら河内に之く。民に爵各々一級を賜い、年十五以上を發して悉く長平に詣らしめ、趙の救わんとす及び糧食を遮絶す。

この記事では、趙軍の救援と食糧補給を遮斷せんとする秦の昭王が、趙との決戰のために十五歳以上の男子を兵士に徴發したさい、民に爵一級を賜與している。この賜爵が全國に對する民爵賜與の最初の事例であることは、すでに西嶋定生氏の指摘がある。(26)そしてこの記事から籾山明氏は〝奉仕を期待しての賜爵〟という性質を讀み取り、民爵賜與の固有の機能を「拜領者たる臣民を王權への奉仕者として認定すること」と定義して、その奉仕とは、王權に對する〝軍事的奉仕〟であったとされている。(27)
たしかに先の北邊遷徙民の記事も〝軍事的奉仕〟という性質を付帶していた。しかしそれら〝軍事的奉仕〟の義務に對して、民が獲得する爵の價値がたんなる王權との距離の證に過ぎないとき、期待された〝奉仕〟はほんとうに果たされ得るのであろうか。もっとも籾山氏は、右の見解を述べた論考の別の箇所の注のなかで、
爵が賣買可能であったことを、ここで一言述べておくべきだろう。……。それは認可されれば生活の糧を得る最後の手段として錢に換えることができた。このことが刑罰減免の特權と併せて、爵に單なる位階にとどまらない價値（有難み）を賦與している。
と一言述べられて、「賣爵」「買爵」が爵に價値を與えている點に注意を喚起されている。

しかし筆者は、むしろそれこそが爵の本質的機能であり、爵の價値の主體ではないかと考えたい。前節までに述べたように、爵は、そのままでは無價値に等しいが、それは將來、金錢と交換される見込みを持つことで〝財貨〟に等しい價値が生じる。しかもそれが積極的に賣買される〝商品〟のごとき價値を帯びるべく、許可さえあれば刑罰免除や任官を得る〝權利〟が付加されていた。このような〝權利〟を欲する者に、爵が〝媒介〟となってそれを賣り渡すことで、〝權利〟は現金・現物に換わる。そしてその現金・現物は、國家にとっては無償で入手した〝財貨〟となり、また民にとっては〝軍事的奉仕〟の負擔義務の代償として手に入れた〝財貨〟となる。この爵の機能、すなわち〝財貨〟を配分する〝媒介〟となる機能がなければ、爵が〝軍事的奉仕〟の負擔義務を民に課すことは不可能であり、期待される奉仕義務も果たされないように思われるのである。

爵とは、王朝が設定した〝權利〟を現金と現物に換える點で、王朝にとってきわめて便利な〝變換裝置〟であり、しかも民間に散在する〝財貨〟を集めて、それを王朝の望む使途に集中させる役割を果たす、便利な〝媒介〟でもある。それゆえ王朝はその爵の利點を最大限に利用するため、軍功の褒賞に限らず、おりにふれては民に爵を賜與する。民は、將來それが〝財貨〟に換わることを承知しているからこそ、その蓄積に努める。そこには、君臣關係の強化、社會的秩序の形成というような要素のみではなく、王朝の側にも民の側にも、むしろ金錢・利害などを重視する即物的・功利的な觀念が濃厚に存在するといえよう。

このように考えるならば、なぜ兩漢時代の民の持つ爵位が八等もの多數からなるのかという疑問にも解答が得られる。それは爵が蓄積すべき〝財貨〟であるからにほかならない。八つの等級からなる民爵の各爵位が何の特權も付帯せず、社會においても軍隊においても、身分・階級の上下をまったく示さないのは、民爵は〝財貨〟の〝引換券〟をどれだけ蓄積しているかの表現であって、何かの身分や權利の表現ではなかったからなのである。

おわりに

本稿では、爵が將來換金されて〝財貨〟に換わり、しかも王朝や民に〝權利〟や〝財貨〟をもたらす〝媒介〟にもなること、ここに爵の本質的機能があると考えた。すると爵の價値は、民が爵を賣って〝財貨〟を得る「賣爵」の實行の有無にこそかかる。もしそれが實行されなければ、爵は効力を失ない、その價値を信じる民を裏切ったことになりかねない。そこで前漢時代の「賣爵」（民が爵を賣る）と「買爵」（王朝から爵を買う）をすべて確認してみると、次表のようになる。(28) なお「賣爵」のみ太字とした。

表　前漢時代の賣爵と買爵

皇帝	賣爵・買爵	皇帝	賣爵・買爵
高祖（前202～前195）	なし	武帝（前140～前87）	**建元6年（前135）** 元朔6年（前123）
惠帝（前195～前188）	**元年（前194）** **6年（前189）**	昭帝（前86～前74）	なし
呂后（前188～前180）	なし	宣帝（前74～前49）	なし
文帝（前180～前157）	**前半頃** 12年（前168） **後半頃** **後6年（前158）**	元帝（前48～前33）	なし
景帝（前157～前141）	前半頃	成帝（前32～前7）	鴻嘉3年（前18） 永始2年（前15）
		哀帝（前7～前1）	なし
		平帝（1～5）	なし

ここに示される通り、武帝までの前漢前半期は「賣爵」「買爵」がほぼ繼續されており、とくに「賣爵」が多數を占める。ところが後半期は成帝代に王朝が爵を賣り出す「買爵」が二度あるのみで、民が爵を賣る「賣爵」が一つも見つからない。ちなみに後漢時代も「買爵」があるのみで「賣爵」の記事はない。(29) すなわち前漢前半期に三回、後半期に二回しか行なわれなかった「買爵」は、たしかに「常制とは認められない臨時のもの」であろう。しかし前漢前半期に「賣爵」は繼續して六回行な

われ、後半期以降にまったく行なわれていないことから、前漢前半期までの王朝では、爵制の運用には「賣爵」が不可缺な必須の政策であることを認識し、かつ實行していたものの、後半期以後はなぜかそれを實行しなくなってしまったことが讀み取られる。すると前漢前半期では、「賣爵」による換金によって、爵が〝財貨〟に等しい價値を保持していたものの、後半期には、爵は換金の途をなくしてその實用價値を失っていたことになる。これこそがまさしく二十等爵制度の衰退の最大の原因なのである。

前漢後半期以後、「賣爵」が消滅するのは偶然なのであろうか、それとも意圖的な策なのであろうか。一般に、二十等爵制度は兩漢時代を通じて弛緩・形骸化していったとされるが、その原因をさぐるには、軍功に對する爵以外の褒賞の有無[30]、爵以外の刑罰免除（赦など）の有無の影響を検討する必要がある。資料の蓄積を待って、今後の課題とする。

注

（1）『漢書』巻二惠帝紀序文の應劭注「城旦は旦に起ちて治城に行く。舂は婦人外徭に豫らず、但だ米を舂作す。……。薪を取りて宗廟に給するは鬼薪と爲し、坐して米を擇びて正白せしむるは白粲と爲す」。ただし實際には、勞働内容と刑名は一致していなかった。

（2）文帝十三年の刑法改革を論じた最近の研究を擧げる。滋賀秀三「前漢文帝の刑制改革をめぐって——漢書刑法志脱文の疑い——」（同『中國法制史論集』創文社、二〇〇三年、初出一九九〇年）、籾山明「秦漢刑罰史研究の現状」（同『中國古代訴訟制度の研究』所收、京都大學學術出版會、二〇〇六年、初出一九九五年）、張建國「前漢文帝刑法改革及其展開的再探討」（同『帝制時代的中國法』所收、法律出版社、一九九九年、初出一九九六年）、冨谷至『秦漢刑罰制度の研究』第Ⅳ編（同朋舍、一九九八年）、宮宅潔「有期勞役刑體系の形成——「二年律令」に見える漢初の勞役刑を手がかりにして——」（『東方學報』京都七八、二〇〇六年）、石岡浩ａ「收制度の廢止にみる前漢文帝刑法改革の發端――爵制の混亂から刑罰の破綻へ――」（『歷史學研究』八〇五、二〇〇五年）、石岡浩ｂ「北宋景祐刊『漢書』刑法志第十四葉の復元――前漢文帝刑法改革詔の文字の增減をめぐって――」（『東方學』一一一、二〇〇六年）。石岡浩ｃ「秦の城旦舂刑の特殊性――前漢文帝刑法改革のもう一つの發端――」（『東洋學報』八八―二、二〇〇六年）。

（3）注（2）石岡論文ａ。なお「耐司寇」「耐候」の刑罰免除の權利の有無は資料が不足しているが、筆者はそれが存在したと考える。

（4）睡虎地秦簡の釋文と簡番號は、睡虎地秦墓竹簡整理小組編『睡虎地秦墓竹簡』（文物出版社、一九九〇年）にしたがう。

（5）睡虎地秦簡には、隸妾が子あるいは兄弟の邊境勞働五年と交換免除される例（秦律十八種、司空律一五一・一五二簡）や、隸臣が成年男子二人、老人・未成人・女性の隸臣妾が成年男子一人の身代わりで免除される例（同倉律六一・六二簡）もあり、このほかにも解放のさまざまな條件の組み合わせが存在したと推測される。

（6）西嶋定生『中國古代帝國の形成と構造　二十等爵制の研究』（東京大學出版會、一九六一年）三三五頁。

（7）注（2）冨谷氏著書二九四頁。

（8）注（2）冨谷氏著書二九五頁。

（9）注（6）西嶋氏著書。

（10）籾山明「爵制論の再檢討」（『新しい歷史學のために』一七八、一九八五年）。

（11）注（2）冨谷氏著書第Ⅳ編「秦漢二十等爵制と刑罰の減免」。のち宮宅潔氏がそれを補足・再確認されている。宮宅潔「秦漢時代の爵と刑罰」（『東洋史研究』五八―四、二〇〇〇年）。

（12）籾山明「皇帝支配の原像――民爵賜與を手がかりに」（松原正毅編『王權の位相』弘文堂、一九九一年）。

（13）注（11）宮宅氏論文。

（14）佐立治人「北魏の官當制度――唐律の官當規定の淵源をたずねて――」（梅原郁編『前近代中國の刑罰』京都大學人文科學研究所、一九九六年）の注（51）で、佐立氏は、「爵」を一種の財產とみるべきという藤田高夫氏の教示を紹介されている。

(15) 前漢文帝の肉刑廢止までは、有爵者に肉刑免除の特權があったが、肉刑廢止以後、八級「公乘」以下の民爵に何らかの特權が付加されていたことを示す史料は、管見の限り見當たらない。

(16) 民爵の蓄積は八級を上限とするからこそ、賣爵でそれを〝財貨〟に換える必要があることは、一九九二年三月、早稲田大學第一文學部東洋史學專修に提出した筆者の卒業論文「王杖十簡と王杖詔書令に關する二、三の問題」第四章、王杖制度と二十等爵制度で論じた問題である。卒業論文の指導と審査をいただいた主査の福井重雅先生、副査の工藤元男先生に心より感謝の意を申し上げたい。

(17) 石岡浩「張家山漢簡二年律令にみる二十等爵制度——五級大夫を中心に——」(『中國史研究』二六(大韓民國)、二〇〇三年)。

(18) なお前漢代の「買爵」は、本文に取り上げる事例のほかに『史記』巻三〇平準書「孝景の時、上郡西に旱するを以て、亦た復た賣爵令を脩め、而して其の價を賤めて以て民を招く」がある。また納粟授爵(買爵)は、『史記』巻六秦始皇本紀、秦王政四年(前二四三)十月條「天下疫す。百姓粟千石を内《い》るるは、爵一級を拜す」、『漢書』成帝紀永始二年(前一五)二月條「關東比歳に登らず。……。穀物を入れて縣官を助けて振贍するは、已に直を賜い、其れ百萬以上は加えて爵右更を賜う。……」がある。なお『漢書』巻一〇成帝紀鴻嘉三年(前一八)條「夏四月、天下に赦す。吏民をして買爵せしめ、賈は級ごとに千錢とす」は、「買爵」「賣爵」の區別をつけにくいが、西嶋定生氏は國家が爵を賣りだす「買爵」と推測されており、本稿もそれにしたがった。注(6)西嶋氏著書一四〇頁。栗原朋信氏もこれを「買爵」と解されているが、この千錢が比較的に安價であることから、賣り出された爵は第八級以下の民爵であったと推測されている。それにしたがえば、この千錢は民が爵を賣る「賣爵」の價格と解する餘地もある。栗原朋信「兩漢時代の官民爵に就いて(上)(下)」(『史觀』二二・二三、二六・二七、一九四〇年・一九四一年)參照。

(19) 栗原朋信氏は、この文帝十二年の「買爵」が漢の爵制に大きな影響と變革をもたらしたと推測されている。注(18)栗原氏論文。筆者は注(2)石岡論文aで、文帝十三年の刑法改革は爵制の混亂が原因であることを論じたが、この改革前年の「買爵」の存在を取り上げていなかった。今後の重要な検討課題としたい。

(20) 現存する資料では、第二級「上造」はすべての犯罪に肉刑を免除されるが、第一級「公士」は犯罪内容によって肉刑免除の有無がある。詳細は、石岡浩「張家山漢簡「奏讞書」案例二一の疑問と課題」(『法制史研究』五五、二〇〇六年)を參照。

(21) 第九級五大夫が六百石に相當することの詳細は、福井重雅『漢代官吏登用制度の研究』(創文社、一九九八年)を參照。六百石以上に當たる官職は、張家山漢簡「二年律令」秩律から得た。張家山二四七號漢墓竹簡整理小組編『張家山漢墓竹簡〔二四七號墓〕』(文物出版社、二〇〇一年)を參照。

(22) 第九級爵の持つ刑罰減免の特權は犯罪の條件によって效力に有無があると推測したのは、注(20)に述べたように、第一級爵の肉刑免除が犯罪の條件によって效力に差違があることからの類推である。

(23) 宮宅潔氏は、この時期の對匈奴政策が文帝元年に勞役刑徒の緣坐を廢止するにいたった原因の一つであったという重要な指摘をされている。注(2)宮宅氏論文參照。

(24) 西嶋定生氏は傍線部③を「班固の改作」として退けられているが(注(6)西嶋氏著書一一七頁)、ここを〝爵と賞による刑罰免除〟と解すれば解釋に困難は生じない。

(25)『漢書』食貨志の臣瓚注によれば、武功爵十一等のうち、「千夫」は第七番目に當たる。

(26) 注(6)西嶋氏著書五一三頁。

(27) 注(12)籾山氏論文およびその注(2)。

(28) 注(18)と本文に引用した資料による。

(29) 注(18)栗原氏論文を參照。

(30) 藤田高夫氏は、前漢晩期の上孫家寨簡牘では金錢授與を伴う軍功爵の授與を「拜爵」と記し、金錢を伴わない民爵の授與では「賜爵」と記すと述べて、軍功爵と民爵の差を説明されている。藤田高夫「漢代の軍功と爵制」(『東洋史研究』五三―二、一九九四年)。なお前漢初年の二年律令では、金錢授與を伴う軍功爵の規定(捕律一五〇簡)があるが、金錢を伴わない規定もある。注(21)『張家山漢墓竹簡』參照。

前漢の典屬國

熊谷滋三

はじめに――問題の所在

先に筆者は前漢における「蠻夷降者」と「歸義蠻夷」の區別について論じたうえで、兩者を管掌した前漢の中央官をとりあげ、「歸義蠻夷を掌る」典客系統の官（典客・大行令・大鴻臚）については明らかにしたが、「蠻夷降者を掌る」典屬國の官については、檢討を留保していた[1]。この典屬國について、『漢書』巻十九百官公卿表には、

典屬國、秦官、掌蠻夷降者。武帝元狩三年（前一二〇）昆邪王降、復增屬國、置都尉、丞、候、千人。屬官、九譯令。成帝河平元年（前二八）省幷大鴻臚。

とあり、秦以來の官で、元狩三年の屬國增置（五屬國設置）[2]にともなって都尉以下の官が新設され、屬官には九譯令があったが、河平元年に大鴻臚に統廢合されたことが傳えられ、從來はおもに五屬國の設置やそれを機に新設された屬國都尉について論究されてきた。

手塚隆義氏は、前漢は秦を繼承して高祖のときから屬國を設置し、典屬國はその事務管掌に加えて匈奴との外交折衝の任にもあたったが、五屬國設置後は屬國都尉が各屬國を直接監督指揮し、典屬國がそれらを總括したとされ[3]、鎌田重雄氏も、手塚氏の見解に従いつつ、典屬國が大鴻臚に統廢合された背景には對匈奴情勢の安定があり、統廢合後

は大鴻臚が屬國都尉の指揮監督權を握ったとされた[4]。これに對し、嚴耕望氏は、統廢合後は郡太守が屬國都尉を指揮したとされ[5]、さらに市川任三氏は、百官表の「武帝〜千人」の二十一字を無理に插入した記事として、屬國都尉は當初から郡太守の隸下にあって典屬國との關係は「假にあったとしても殆んど名儀的なもの」であり、典屬國は「王化を慕い到った者を主るという極めて觀念的な、員に備わった官署」で、それゆえに統廢合されたと主張された[6]。一方、工藤元男氏は、五屬國以前の屬國設置を疑問視され、その時期の典屬國はあくまで事務的な機關で、五屬國設置によって異民族支配のありかたが部都尉制から屬國制へ切りかえられると同時に、異民族支配の中心は典屬國から屬國都尉に移っていったとされ[7]、王宗維氏も、前漢が正式に屬國を設置したのは元狩三年からで、屬國都尉は郡內の屬國吏民を領護する軍政長官として太守を補佐し、同時に典屬國の指揮も受けたが、典屬國は屬國吏民と直接の統屬關係にはなく、その職はさほど重要なものではなかったとされる[8]。

このように、從來は、屬國都尉が屬國管理の中心として注目されるのに對し、典屬國は、中央政府の官ではあっても、あまり重要性はなかったと見られる傾向にある。その理由の一つには典屬國が河平元年に統廢合されたことがあげられるが、典屬國の統廢合は五屬國設置から九〇年餘も後のことであり、その間の武帝太初元年（前一〇四）には大規模な官制改革があったにもかかわらず、河平元年に至るまで典屬國が置かれていたことや、單に廢止されたのではなく「大鴻臚に幷」されたのであって、典屬國の職掌は何らか大鴻臚に繼承されたと見られることなどを考えれば、この官を等閑視することはできない。從來は典屬國そのものについて專論した研究はなく、この官の詳細についてはいまだほとんど明らかにされていない。そこで、以下、典屬國の官の具體像に迫るべく檢討していきたい。

一　史料に見える典屬國

典屬國に關する史料は乏しく、この官に關するまとまった記述は前掲百官表の記事以外には見當たらない。百官表に「秦官」とあることについては、睡虎地秦簡や戰國秦の兵器銘文に「屬邦」の語が散見することから、「屬國」は秦までは「屬邦」で、漢になって高祖劉邦を避諱して改稱されたものと解され、また睡虎地秦簡では「屬邦」の記されている簡に「道官」の語が見え「道」は異民族の居住縣を指すことから、「屬邦」は異民族統御に何らかの關係があると考えられ、百官表の「蠻夷降者を掌る」という記事と符合する。(9)

一方、『史記』・『漢書』から前掲百官表の記事以外の史料を檢索してみると、『漢書』卷四十八賈誼傳に見える文帝への上疏文の中に、

陛下何不試以臣爲屬國之官以主匈奴。

とあるのが前漢における屬國の官に關するもっとも早い史料であるが、賈誼が實際に屬國の官に就任したことを示す記事は見當たらない。實際の任官者としては、『史記』卷十孝文本紀の後七年（前一五七）六月條に見える文帝の遺詔中に、

令中尉亞夫爲車騎將軍、屬國捍爲將屯將軍、郎中令張武爲復土將軍。

とあるのがもっとも早い例（『漢書』卷四文帝紀も同）で、「屬國悍」は「典屬國の官に就いていた祝茲侯徐悍」のことと解される。(10)

これらに關連して、矢澤悅子氏は、秦の「屬邦」を中央の機關・官府の名稱と解したうえで、文帝期の史料では

「屬國之官」や「屬國」と記すのに對し、景帝期以降はすべて「典屬國」と記す點に着目し、典屬國の官は、秦までは屬邦、前漢高祖期には屬國で、景帝期に至って典屬國に更名されたとする。[11]氏が指摘する秦の兵器銘文の「屬邦」については官府名と見るのが妥當であるが、しかし、器物の銘文は簡略化される可能性があり、秦簡の「屬邦」についてはその簡のみで判斷するのは困難であるから、兵器銘文のみを根據に秦の「屬邦」がすべて官名を示す語と解するのは早計であろう。また、官名を簡略化して記す例はあり、[12]「屬國之官」については、上疏文ということを考慮すれば、「屬國に關係する官」という趣旨の婉曲な表現とも考えられ、景帝期の官名變更については直接關係する史料が見出せない以上、少なくとも現時點では矢澤氏の指摘にはしたがえない。

それよりも、文帝期の史料においてまず注目すべきことは、賈誼の上疏文中で「匈奴を主る」官として「屬國之官」をあげていることと、文帝の遺詔で「屬國悍」がともに文帝に親近される中尉周亞夫・郎中令張武と竝んであげられていることの二點であろう。すなわち、これらの史料は、文帝期における典屬國が實際の異民族統御に攜わる官で、その地位は中央政府のなかで尊重されるものであったことを示していると考えられる。さらにこの後の史料では、『史記』巻一〇九李將軍列傳（『漢書』巻五四李廣傳も同）に、

　及孝景初立……（李廣）徙爲上谷太守、匈奴日以合戰。典屬國公孫昆邪爲上泣曰、「李廣才氣、天下無雙、自負其能、數與虜敵戰、恐亡之。」於是乃徙爲上郡太守。

とあって、典屬國たる公孫昆邪[13]が匈奴に對する人材の配置に關連して景帝に進言し、それによって實際に太守の異動が行われていることからすると、やはり典屬國は異民族に對處する職責を擔う中央政府の官として一定以上の地位にあったと見るべきであろう。

文・景帝期の史料は以上で、典屬國が異民族に對處する中央政府の官として置かれていたこと、その地位は決して

低いものではなかったことが看取されるが、他に史料は見當たらず、典屬國の具體的な活動や他の任官者について知ることはできない。

典屬國に關する史料が乏しい狀況は次の武帝期にはさらに顯著で、新たに設置された五屬國や屬國都尉等に關する史料は出土史料も含めて散見するが、典屬國に關する史料は皆無に近く、任官者も活動・職掌もまったくわからない。しかし、『漢書』卷六五東方朔傳に、東方朔が武帝に對して三十二の官職をあげ、それぞれ理想の人物をあてて辨ずる記事が見えるが、その二十二番目に典屬國もあげられている。この記事について專論された大櫛敦弘氏は、この記事は、およそ元鼎二年（前一一五）から太初元年（前一〇四）に至る時期の官制やその序列を反映しており、全體としては皇帝とその側近から見た官制全體のイメージを反映したものと指摘されている[14]。したがって、典屬國は五屬國設置後のこの時期においても、少なくとも、當然置かれるべき一定以上の地位の官であったと考えられよう。

昭帝期以降になると、典屬國關係の史料はやや增加する。まず『漢書』卷五四蘇武傳に、

①（蘇）武以始元六年（前八一）春至京師、詔武……拜爲典屬國、秩中二千石、賜錢二百萬、公田二頃、宅一區。……

②武來歸明年、上官桀子安與桑弘羊及燕王・蓋主謀反。武子男元與安有謀、坐死。初桀・安與大將軍霍光爭權、數疏光過失予燕王、令上書告之。又言蘇武使匈奴二十年不降、還乃爲典屬國、大將軍長史無功勞、爲搜粟都尉、光顓權自恣。

③及燕王等反誅、窮治黨與、武素與桀・弘羊有舊、數爲燕王所訟、子又在謀中、廷尉奏請逮捕武。霍光寢其奏、免武官。

④數年、昭帝崩、武以故二千石與計謀立宣帝、賜爵關內侯、食邑三百戶。

⑤久之、衞將軍張安世推武明習故事、奉使不辱命、先帝以爲遺言。宣帝卽時召武待詔宦者署、數進見、復爲右曹典

屬國。以武著節老臣、令朝朔望、號稱祭酒、甚優寵之。……

⑥武年八十餘、神爵二年（前六〇）病卒。

とあり、蘇武は、長期にわたる匈奴抑留の末、①始元六年に歸國し、典屬國に任ぜられて秩中二千石とされたこと、②上官氏・桑弘羊・燕王らと霍光との抗争に巻き込まれ、霍光を非難する燕王の上書の中で、長期にわたる匈奴抑留に耐えた蘇武が典屬國に任ぜられたことと「功勞無き」大將軍長史が捜粟都尉となったこととが比較されたこと、③燕王らの謀反に際して、上官桀や桑弘羊と舊交があり、燕王の上書にしばしばとりあげられたうえ、子の元も連座していたため、廷尉から逮捕を奏請されたが、霍光が上奏をおさえて蘇武を免官するにとどめたこと、④宣帝擁立に「故の二千石を以て」關與し關内侯に封ぜられたこと、⑤後に衞將軍張安世の推薦で宣帝に近侍して右曹典屬國とされ「優寵」されたこと、⑥八十餘歳で神爵二年に病死したことが知られる。

①については『漢書』卷七昭帝紀の同年二月條にも「武を以て典屬國と爲す」とある。王宗維氏や黎虎氏は①の記事を根據として典屬國を秩中二千石の官とされるが⒂、百官表の記事による限り典屬國は本來二千石の官で、①は長期の抑留にもかかわらず漢節を全うした蘇武を賞するための特別優遇措置と見るべきであろう。また、③については、昭帝紀の元鳳元年（前八〇）九月條に燕王らの謀反記事が、同十月條にその處分に關する詔がそれぞれ見えるから、蘇武の免官もこのころであろう。さらに、その後の蘇武は、⑤にあるように、衞將軍張安世の推薦の結果、右曹典屬國となっているが、百官表では張安世の衞將軍就任は地節三年（前六七）七月で元康四年（前六二）八月に衞將軍のまま死去しているから、蘇武が推薦されたのはその間で、推薦から典屬國任官までそれほど長い時間はかかっていないであろうから、任官したのもほぼこの間のことと見てよいであろう。

ところが、④で「故の二千石を以て」關與したとされる宣帝擁立、及びその前提となった昌邑王賀の廢位について見てみると、『漢書』巻六八霍光傳の昌邑王廢位の上奏文中には「典屬國臣武」とあり、さらに『漢書』巻八宣帝紀の本始元年（前七三）正月條の詔文中でも「典屬國武……爵皆關内侯」とある。これらが上奏文や詔文からの引用であることや、昌邑王廢位の上奏文では單に「臣某」とのみ記される者も多いなかで「典屬國」と明記されていることから見ると、誤記とは考えにくい。したがって、前掲蘇武傳の記事のみでは、蘇武が典屬國に任官していたのは①〜③と⑤〜⑥の二回と讀めるが、實際には、元鳳六年に罷免された後、元平元年（前七四）六月の昌邑王廢位の時までには再び典屬國に任官し、本始元年以降のある時期に一旦その官を離れ、その後、先に見た如く、⑤で三たび典屬國に就任したのであって、蘇武は前後三回、典屬國に任官していたことになる。

次に『漢書』巻四〇常惠傳を見ると、

隨栘中監蘇武使匈奴、幷見拘留十餘年、昭帝時乃還。…………

後代蘇武爲典屬國、明習外國事、勤勞數有功。甘露中、後將軍趙充國薨、天子遂以惠爲右將軍、典屬國如故。宣帝崩、惠事元帝三歳薨。

とあり、蘇武とともに匈奴に抑留されていた常惠が、後に蘇武にかわって典屬國となったことを傳えているが、その時期は明らかではない。「元帝に事えること三歳にして薨ず」とある常惠の死去は、初元三年（前四六）と見られるが、[16]

『漢書』巻七九馮奉世傳に、

右將軍典屬國常惠薨、奉世代爲右將軍典屬國、加諸吏之號。

とあることから、常惠は死去するまで右將軍典屬國の任にあり、それを馮奉世が繼いだことがわかる。したがって、これらの記事によれば、典屬國の官は蘇武・常惠・馮奉世と引き繼がれたことになるが、『漢書』巻六六楊惲傳を見ると、

又（楊）惲兄子安平侯譚爲典屬國、……廷尉當惲大逆無道、要斬。……譚坐不諫正惲、與相應、有怨望語、免爲庶人。

とある。『漢書』巻十八外戚恩澤侯表によれば、安平侯楊譚は五鳳四年（前五四）に免ぜられており、[17]『史記』巻二〇建元以來侯者年表の褚生補の安平侯の條には、

翁君代立。爲典屬國三歳、以季父惲故出惡言、繫獄當死、得免爲庶人、國除。

とあって翁君は楊譚のことと考えられるので、楊譚は五鳳二～四年（前五六～前五四）の三年間、典屬國の任にあった。前掲蘇武傳⑥で見たように、蘇武の死去は神爵二年（前六〇）であるから、常惠は、この年までに蘇武にかわって典屬國となった後、五鳳二年までに一旦その官を離れ、五鳳四年以後に再び任官して初元三年に死去したことになる。

馮奉世については、前掲の如く、常惠の死後、「代わって右將軍典屬國と爲り、諸吏の號を加え」られているが、これについて、百官表の初元三年（前四六）の條には、

執金吾馮奉世爲右將軍、三年爲諸吏典屬國、二年爲光祿勳。

とある。この記事によれば、馮奉世は初元三年に右將軍となり、「三年にして」諸吏典屬國と兼任となり、さらに「二年にして」光祿勳に異動したことになる。ただし、右將軍典屬國の官を引き繼ぐのに、右將軍のみを先に繼いで典屬國を三年も空席にするのはいささか不自然で、馮奉世傳にあるように、まず右將軍典屬國となり、その後に諸吏の號を加えられたと見る方が妥當であろう。馮奉世傳には、前掲記事に續いて、

數歳、爲光祿勳。永光二年（前四二）秋、隴西羌彡姐旁種反、……於是遣奉世將萬二千人騎、以將屯爲名。典屬國任立・護軍都尉韓昌爲偏裨、到隴西、分屯三處、典屬國爲右軍、屯白石、護軍都尉爲前軍、屯臨洮、奉世爲中軍、屯首陽西極上。

とあり、馮奉世は「數歳」で典屬國から光祿勳に異動している。百官表によれば、永光元年に光祿勳となった金賞が一年で死去しているから、馮奉世はその後任として永光二年に光祿勳に就き、同年秋、羌族反亂鎭壓に出動したと見られるが、馮奉世の後任の典屬國は右の記事に見える「典屬國任立」であろう。しかし、この任立については他に史料がなく、またこの後の典屬國についても、『漢書』巻十成帝紀の河平元年六月條に「典屬國を罷め大鴻臚に幷す」とあって、前掲百官表の記事を裏付けるものの、他に史料は見出せない。

以上のように、典屬國に關する史料はおもにその任官者に關するもので、文帝・景帝期の徐悍・公孫昆邪、昭帝〜元帝期の蘇武・常惠・楊譚・馮奉世・任立があげられるが、個々の任官時期等の詳細には不明な點もあり、また、蘇武・常惠・馮奉世のように『漢書』に立傳されている人物でさえ、任官中の具體的事績についてはほとんど記されていない。しかし、このように斷片的とはいえ、文帝期から成帝期までの幅廣い時期にわたって史料が殘されている以上、これらを手がかりとしてこの官の實像に迫ることは不可能ではなかろう。そこで、以下、各任官者についてさらに検討してみたい。

二　任官者の検討

前節で明らかにした七名の任官者のうち、徐悍・公孫昆邪・楊譚・任立は史料がきわめて少ないが、蘇武・常惠・馮奉世は『漢書』に立傳されており、ある程度の史料が殘されている。そこで、この三名を中心に、まず昭帝〜元帝期の任官者から検討していきたい。

蘇武は、大將軍衞靑の下で活躍した蘇建の子で、天漢元年（前一〇〇）に匈奴に使いして抑留され十九年後に歸國しており、その經歴から見て彼が「蠻夷降者を掌る」典屬國に適任とされたことは容易に理解できるが、前節で見たように、蘇武は、始元六年〜元鳳元年、元平元年ころ〜本始元年以降のある時期、地節三年十月以降から元康年間ころ〜神爵二年以前の三回にわたって典屬國に任官している。なぜ蘇武はこのような典屬國への就任と離任をくり返したのであろうか。前節で検討した蘇武傳の③の記事に見えるように、元鳳元年の離任（免官）は燕王らの謀反に連座したためであったが、逮捕奏請の理由の一つとされたのが「數《しばしば》燕王の訟うる所と爲る」で、これは②の記事の、

初桀・安與大將軍霍光爭權、數疏光過失予燕王、令上書告之。又言蘇武使匈奴二十年不降、還乃爲典屬國、大將軍長史無功勞、爲搜粟都尉、光顓權自恣。

とある部分にあたる。この上書は『漢書』巻六三武五子傳・巻六八霍光傳にも同様の文が掲載されており、王宗維氏は典屬國があまり重要な官ではなかったことを示唆する史料とされる[18]。前述の如く、王氏は蘇武傳の①の記事によって典屬國を中二千石の官とされており、中二千石の高官があまり重要な官ではないというのはいささか疑問に思われるが、小竹武夫氏も右の記事の波線部を「蘇武が匈奴に使いして二十年のあいだ降伏せず、帰還してようやく典屬國となったのに、大將軍の長史は何の功勞もなくて搜粟都尉となり、……」と解され、武五子傳・霍光傳の當該部分についても同様である[19]。しかし、それならば、なぜ霍光は蘇武をかばったのであろうか。蘇武は子が實際に連座していたうえ、自身も上官桀・桑弘羊と舊交があったから、逮捕の奏請はむしろ當然で、霍光が奏請をおさえて免官にとどめたのには相當の理由がなければならない。したがって、霍光は何らかの理由で蘇武を重んじ必要としていたと見なければならず、そうすると、先の上書は、功の大きさに比して賞が薄い者と功なくして賞が厚い者とを對比したものではなく、霍光が自己に必要な人物を自己に都合のよい官職につけたという、彼の恣意的な任官を列擧して非難したものと解すべきであろう。すなわち、蘇武の典屬國任官は霍光政權にとって必要不可缺な人事だったのである。このよ

うに考えると、霍光が主導した昌邑王廢位に先だって蘇武が典屬國に復歸していたことも頷けるし、逆に前節では特定できなかった二回目の離任（免官）の時期は地節四年（前六六）の霍氏失脚の時と考えられよう。そして、さらに蘇武が衞將軍張安世の推薦によって三たび典屬國に任官したことは、彼のような人材を典屬國に任ずることが、霍光政權のみならず、宣帝政權にとっても必要な人事であったことを示している。

常惠も、前節で見た如く、蘇武の下で匈奴に使いし長期の抑留の末に歸國した人物であった。一部前節の引用と重複するが、あらためて『漢書』常惠傳を引くと、

隨栘中監蘇武使匈奴……乃還。……拜爲光祿大夫。……本始二年、遣惠使烏孫。公主及昆彌皆遣使、因惠言……。於是漢大發十五萬騎、……以惠爲校尉、持節護烏孫兵。……遂封惠爲長羅侯。……惠因奏請龜茲國嘗殺校尉賴丹、未伏誅、請便道擊之、宣帝不許。大將軍霍光風惠以便宜從事。惠與吏士五百人倶至烏孫、還過、……攻龜茲、……王執姑翼詣惠、惠斬之而還。後代蘇武爲典屬國、明習外國事、勤勞數有功。甘露中、後將軍趙充國薨、天子遂以惠爲右將軍、典屬國如故。宣帝崩、惠事元帝三歲薨。

とある。これによれば、常惠は、蘇武とともに歸國すると光祿大夫となり、本始二年（前七二）には烏孫に派遣され、對匈奴戰の功により長羅侯に封ぜられた。[20] その後も西域關係で活動し、「後に蘇武に代わりて典屬國と爲るに、外國の事に明習し、勤勞數《しばしば》功有り」とある如く、やはり典屬國の適材と見られるが、常惠はいつ典屬國となったのであろうか。常惠傳は典屬國就任の記事の前に龜茲攻擊について記しており、『漢書』卷九六下西域傳下の龜茲國の條では、龜茲攻擊の記事は元康元年（前六五）の前に置かれている。元康元年の前年は地節四年で、前述の蘇武の二回目の離任時期と合致するから、この時期に常惠が蘇武にかわって任官した可能性はある。しかし、西域傳下の烏孫の條を見てみると、

①元康二年、烏孫の昆彌因（常）惠上書、「願以漢外孫元貴靡爲嗣、得令復尙漢公主、……。」……遣使者至烏孫、先迎取聘。昆彌……遣使……入漢迎取少主。……相夫爲公主、置官屬侍御百餘人、舍上林中、學烏孫言。天子自臨平樂觀、……設樂而遣之。

②使長羅侯光祿大夫惠爲副、凡持節者四人、送少主至敦煌。未出塞、聞烏孫昆彌翁歸靡死、烏孫貴人共從本約、立岑陬子泥靡代爲昆彌、號狂王。惠上書曰、「願留少主敦煌、惠馳至烏孫責讓不立元貴靡爲昆彌、還迎少主。」事下公卿、……（天子）徵還少主。

とあり、『漢書』巻七八蕭望之傳では右の②に該當する記事を神爵二年に記しているから、常惠は元康二年から神爵二年まで烏孫への公主降嫁に關與していたことがわかるが、それを傳える西域・蕭望之兩傳ともに常惠を長羅侯ないしは長羅侯光祿大夫と記し、典屬國とは記していない。爵位と官位は別であるから、典屬國であっても長羅侯と記されることはありうるが、光祿大夫は常惠が典屬國となるより前に就いていた官位であるから、これらの點から見ると、常惠がこの時期に典屬國であったとは考えにくい。蘇武の死去は神爵二年であるから、常惠はそれにともなって典屬國に任官したと見る方が妥當であろう。

この後の常惠は、前節で見た如く、五鳳二年までに典屬國の官を離れ、五鳳二～四年には楊譚が典屬國に任官していた。『漢書』外戚恩澤侯表や楊敞・楊惲傳によれば、楊譚の祖父楊敞は霍光の麾下で「愛厚」され昭帝期から宣帝卽位直後にかけて御史大夫・丞相をつとめ安平侯に封ぜられた人物で、また叔父の楊惲は霍氏の謀反を侍中金安上を通じて上聞し平通侯に封ぜられているが、楊譚本人については、前節で見た史料以外には、元康三年に父の忠を嗣いで安平侯となったことを除いて、とくに史料は見當たらない。

一方、常惠について見ると、『漢書』西域傳によれば、神爵二年後も烏孫情勢は安定せず、それを傳える記事に續

いて、

詔烏就都詣長羅侯赤谷城、立元貴靡爲大昆彌、烏就都爲小昆彌、皆賜印綬。破羌將軍不出塞還。後……漢復遣長羅侯惠將三校屯赤谷、因爲分別其人民地界。……

元貴靡・鴟靡皆病死、公主上書言年老土思、願得歸骸骨、葬漢地。天子閔而迎之、公主與烏孫男女三人倶來至京師。是歳、甘露三年（前五一）也。

とあり、常惠は再び烏孫方面に派遣されている。常惠が派遣された時期は明確ではないが、右の波線部に關連する記事として『漢書』巻六九趙充國傳に、

辛武賢自羌軍還後七年、復爲破羌將軍、征烏孫至敦煌、後不出、徴未到、病卒。

とあり、「羌の軍より還りて後七年」は羌族反亂が鎭壓された神爵二年の七年後、すなわち甘露元年（前五三）で、常惠は遲くともこの年までには派遣されていたと見られる。楊譚の典屬國免官は五鳳四年（前五四）であるから、常惠はすでに派遣された後であった可能性があり、ここの記事でも長羅侯と記されている常惠が楊譚の免官後すぐに典屬國に再任していたかは疑問である。前節で引いた常惠傳には「甘露中、後將軍趙充國薨ずるや、天子遂に惠を以て右將軍と爲し、典屬國は故の如し」とあり、趙充國傳によれば充國死去が甘露二年、百官表で常惠の右將軍就任が同四年、前掲西域傳で烏孫公主の歸國が甘露三年（宣帝紀では同年冬）であるから、前後關係に矛盾はないが、常惠傳には右將軍就任記事の後に「典屬國は故の如し」とあり、百官表の甘露四年條にも「典屬國常惠、右將軍と爲る」とあるから、常惠は甘露四年以前、同二年か三年に典屬國に任官していたことになる。これについては、『太平御覽』巻二三二職官部三〇に引かれる『漢書』には「宣帝甘露二年、常惠を以て典屬國と爲す」とあり、現行『漢書』には見えないこの記事が事實とすれば、常惠は、烏孫公主より先に歸國したのか派遣されたままであったかは不明であるが、

趙充國が死去した甘露二年に典屬國に再任し、同四年に典屬國のまま右將軍に就任したのであって、前掲常惠傳はその間の經緯を略述したものということになろう。

常惠の時に右將軍と兼職となった典屬國は、前節で見た如く、常惠の死後、馮奉世に引き繼がれた。馮奉世傳によれば、彼は前將軍韓增の上奏によって軍司空令となり本始年間の匈奴遠征に從軍した後、再び韓增の推薦で西域への使者の任にあてられて功をあげ、歸還後、光祿大夫・水衡都尉とされた。宣帝期に西域を中心に活躍した經歷は常惠と同樣で、彼もまた典屬國にふさわしい人材と言えよう。百官表を見ると、元康四年（前六二）條に「光祿大夫馮奉世、水衡都尉と爲り、十四年にして遷る」とあり、十四年後の初元元年（前四八）條に「水衡都尉馮奉世、執金吾と爲る」とあって、前節で見た如く、馮奉世はこの執金吾から右將軍典屬國に異動するが、その間の經緯について、馮奉世傳には、

元帝卽位、爲執金吾。上郡屬國歸義降胡萬餘人反去。初、昭帝末、西河屬國胡伊酋若王亦將衆數千人畔、奉世持節將兵追擊。右將軍典屬國常惠薨、奉世代爲右將軍典屬國、加諸吏之號。

とある。右の記事中の上郡屬國の反亂・逃亡については『漢書』卷九元帝紀の初元元年條に「秋八月、上郡屬國降胡萬餘人亡入匈奴。」とあり、また「昭帝末」は「宣帝末」の誤りとされるが[21]、とすると、宣帝末から初元元年にかけて上郡・西河兩屬國で逃亡・反亂が相次いだのに對し、執金吾に任ぜられた馮奉世が持節將兵してこれを追擊し、その後、常惠が死去したため、馮奉世が右將軍典屬國に就任したということになる。言うまでもなく、執金吾は「京師を徼循するを掌る」中二千石の官で、いわば首都警備司令官であるから、屬國の反亂・逃亡に對する出動は職責外のことであり、本來ならば右將軍典屬國の常惠が對處すべき事態であろう。にもかかわらず、なぜ常惠が出動しなかった（できなかった）のか、その理由については明らかにしがたいが、右將軍典屬國の職務を臨時に代行しうる者が必

要となった際、職責上は關係がない執金吾の馮奉世がとくに選任されたのは、彼が適任者と判斷されたためであり、常惠の死後、馮奉世が右將軍典屬國の職を繼いだのもそれゆえであろう。その後の馮奉世は、前節で見た如く、永光二年（前四二）には光祿勳に異動し典屬國には任立が就任したと見られ、右將軍と典屬國の兼任は解消したが、同年秋の羌族反亂に右將軍として出動した馮奉世の下で典屬國の任立が右軍を率いていたことからすると、この時の右將軍馮奉世はまだ典屬國と密接な關係にあったと見られよう。

昭帝〜元帝期の任官者については以上の如くであるが、文帝〜景帝期の徐悍・公孫昆邪についてはどうであろうか。まず徐悍については、『史記』卷十孝文本紀を見ると、

後六年冬、匈奴三萬人入上郡、三萬人入雲中。以中大夫令勉爲車騎將軍軍飛狐、……將軍張武屯北地、河内守周亞夫爲將軍居細柳、……祝茲侯軍棘門、以備胡。

とあり、『漢書』卷四文帝紀の後六年（前一五八）條にも「祝茲侯徐厲爲將軍次棘門、以備胡」とあって、徐悍は、父の徐厲が將軍として匈奴に關係する立場にあった。また、公孫昆邪については、『史記』卷十九惠景閒侯者年表によると、吳楚七國の亂で將軍として功をあげ平曲侯に封ぜられたことがわかるが、『史記』卷一一一衞將軍驃騎列傳に、

將軍公孫賀。賀、義渠人。其先胡種。賀父昆邪、景帝時爲平曲侯。

とあるように、本籍地と出自の兩面で北方異民族との關係が深い人物であった。

以上のように、典屬國任官者は異民族との關係が深い點でほぼ共通し、蘇武らの例からは、そうした人材の選任が時の政權に重視されたことも窺われる。これは、「蠻夷の降者を掌る」典屬國にとって當然のこととも考えられようが、典屬國が從來言われるような事務的ないし觀念的な官ならば、そこまでの配慮は必要あるまい。とすると、そうした人事上の配慮を要した典屬國はいかなる官だったのであろうか。この點について考えるにあたって、ここまでの

検討結果から注目されるのは典屬國任官者と將軍職との關係である。

三　典屬國と將軍職

各任官者と將軍職との關係を整理してみると、徐悍は、文帝の遺詔により典屬國のまま將屯將軍に任じられ、前年には父の徐厲が將軍として匈奴の侵入に備えて出動しており、公孫昆邪は吳楚七國の亂で將軍として出擊している。また、蘇武は、大將軍霍光・衞將軍張安世のもとで典屬國に任じられ、常惠は、西域派遣にあたって「大將軍霍光風(常)惠以便宜從事」(前揭常惠傳)とあり、後には後將軍趙充國の死去にともなって典屬國に任官し、さらに自ら右將軍となって典屬國を兼任した。馮奉世は、前將軍韓增の推薦で匈奴・西域關係の職務に拔擢され、その後、右將軍典屬國を常惠から引き繼いでおり、任立は、右將軍馮奉世のもとで典屬國に任官している。楊譚のみ、本人と將軍職との關係は見當たらないが、その祖父楊敞は大將軍霍光との關係が深かった。

このうち、典屬國と將軍職との關係という點に着目すると、蘇武と任立は特定の將軍のもとで典屬國に任官し、徐悍・常惠・馮奉世は典屬國と將軍とを兼任しているが、注目されるのは常惠の場合である。常惠は後將軍趙充國の死去を承けて甘露二年にまず典屬國に就き同四年に典屬國のまま右將軍となったが、このことは常惠が典屬國と右將軍とを兼任することによって後將軍趙充國を引き繼いだことを示唆しており、そうだとすれば、趙充國は後將軍の立場で典屬國と何らかの關係を持っていたことになろう。そこで『漢書』卷六九趙充國傳を見ると、趙充國は神爵元〜二年に羌族反亂鎭壓に出動しているが、鎭壓後には金城屬國が置かれている。趙充國と金城屬國との具體的な關係については記事がないが、屯田策の立案・實施などで反亂鎭壓の中心的役割を果たし、屬國設置後も護羌校尉人事に影響力があった趙充國は、少なくとも神爵元年以降、羌族關係で典屬國の職務と何らかの關係を持つようになった可能性が高い。金城屬國が設置された神爵二年は、前述の如く、蘇武が死んで常惠が典屬國に就いたとみられる年であるが、烏孫關係で多忙であった常惠にとって、典屬國の職務全般を遂行するのはかなり嚴しかったと考えられる。しかし、その後の趙充國傳を見ると、時期は不明であるが、

充國乞骸骨、……罷就第。朝廷毎有四夷大議、常與參兵謀、問籌策焉。

とあり、後將軍たる趙充國が典屬國の職務を一部にせよ代行するようなことが一時的にはあったと見られるものの、それが長く續いたとは考えられない。むしろ、右の記事の波線部からわかるように、趙充國は引退後も異民族問題の專門家として重きを置かれていたが、こうした點に留意して馮奉世傳を見てみると、

永光二年秋、隴西羌彡姐旁種反、詔召丞相韋玄成、御史大夫鄭弘、大司馬車騎將軍王接、左將軍許嘉、右將軍奉世入議。

とあり、これに續く議論において、馮奉世は「羌虜近く竟内に在りて背畔す。時を以て誅せざれば、威を以て遠蠻を制する亡し」として速戰卽決の積極策を主張し、さらに動員兵力四萬とするその用兵策に對し丞相らが「四方饑饉」という内政問題を考慮して一萬による守勢策を主張すると、飢饉で漢側の備えが薄くなっているために異民族側に「邊吏を輕んずるの心」があり、大兵力を動員しなければ「羌人利に乘じ、諸種並びに和し、相扇りて起ち」深刻な事態になるとして、一擧に鎭壓すべきことを說いている。このことは、馮奉世が趙充國同樣に異民族問題の專門家として朝議に參與していたことを示しており、趙充國の立場は、常惠をへて馮奉世に引き繼がれていたと見られよう。

このように、將軍職には異民族問題への對應が要求される場合があったが、百官表を見ると「前後左右將軍、……皆兵及び四夷を掌る。」とあり、異民族統御が前・後・左・右將軍の職掌の一つとされている。すなわち、異民族問

題への對應は特定の將軍のみに限られるものではなく、それらの將軍全般に求められていた。[22] また、漢朝の軍には少なからざる異民族部隊が含まれており、[23] 軍司令官たる將軍はそうした異民族部隊を的確に管理・運用しなければならなかった。[24] したがって、趙充國らのように、異民族問題に精通した將軍の場合にはともかく、そうでない場合には、そうした面を補完する官が必要となろう。もとより、將軍の下にはその任にあたる幕僚らもいたであろうが、本來は「不常置」でかつ指揮下の軍團にしか權限が及ばない將軍やその下の幕僚には、すべての異民族部隊を恆常的に掌握しておくことは不可能であり、また常設の各異民族部隊の長やその屬官も權限が指揮下の部隊に限定される點では同様である。とすると、典屬國はまさにそうした空白をうめる存在だったのではなかろうか。すなわち、典屬國は、中央政府の常設官として異民族部隊の編成や管理を統括し、付隨して異民族關係の情報收集などにもあたり、必要に應じて異民族部隊の管理・運用や情報面などで將軍職を補完する立場にあったのであろう。

こうした典屬國と將軍職との關係から見ると、趙充國のように、異民族問題に精通した將軍の場合には、將軍が典屬國の職務をカバーする逆の關係もありえたし、典屬國任官者が將軍適任者でもあれば、徐悍・常惠・馮奉世のように、兩官を兼任することもありえた。[25] このように考えると、武帝期には、驃騎將軍霍去病をはじめ、公孫昆邪の子公孫賀、公孫昆邪が惜しんだ李廣、蘇武の父蘇建など、異民族關係に精通した將軍が多く、將軍による兼任や代行が多かった可能性が高いが、このことがこの時期の任官者の記録が見えない背景にあるのではなかろうか。また、霍光や張安世のように、大將軍や衞將軍として政權の中樞にある者にとって、自らの軍事權の安定のために異民族部隊の掌握は重要で、[26] そのためには優秀で忠實な人材を典屬國に任ずる必要があった。匈奴での生活が長く異民族問題に精通し漢朝への忠誠心が強かった蘇武はまさにうってつけの人材だったのである。

結　び

以上のように、前漢の典屬國に關する史料は少なく、そのほとんどは任官者に關するものであったが、その任官者の檢討を通じて浮かび上がった典屬國と將軍職との關係から、典屬國の具體像の一端をとらえることができた。典屬國は「蠻夷の降者を掌る」官であるが、異民族部隊はおもに異民族の「降者」によって編成されており[27]、本稿で明らかになった典屬國の職務は百官表の記述とも一致する。五屬國設置にともなって新設された屬國都尉は、異民族固有の編成を持つ屬國軍を漢軍の中の一部隊として動かすための指揮官で、屬國ごとの部隊運用にあたる官であったのに對し、典屬國は、異民族の「降者」全體を對象とし、彼らによる部隊の編成や管理、あるいは彼らを通じての情報收集やそれらにもとづく「降者」に對する統御行政の調整や統御策の策定などを擔當する中央官であった。したがって、典屬國はおもに軍政的な面から異民族統御にあたる官で武官的性格が強いが、このことは、「降者」の語が本來は敵對者が投降した場合に使われる軍事的な語であったことや、前漢の屬國が軍事色の濃いものであったことと合致し[28]、この點から考えれば、戰國秦において「屬邦」の語が武器銘文に集中的に見られることも容易に理解されよう。

一方、「不常置」の將軍職は武帝末から常置の傾向に轉じ、前漢後半期には政治的に重要な存在となっていた[29]。とすると、將軍職と關係が深い典屬國も重要な官であったはずであるが、それならば、なぜ典屬國は河平元年に統廢合されたのであろうか。本稿ではこの問題に論及できなかったが、『漢書』成帝紀には「(建始)四年春、罷中書宦官、初置尙書員五人」とある。從來から尙書の一部が異民族統御に關與していたことが指摘されているが[30]、右の記事は河平元年の前年で、典屬國の統廢合と何らかの關係があると見られる。これらの問題は今後の課題としたい。

注

（1）拙稿a「前漢における『蠻夷降者』と『歸義蠻夷』」（『東洋文化研究所紀要』一三四　東京大學東洋文化研究所、一九九七年十二月）・b「前漢の典客・大行令・大鴻臚」（『東洋史研究』五九―四、二〇〇一年三月）參照。

（2）拙稿「前漢における屬國制の形成――「五屬國」の問題を中心として――」（『史觀』一三四、一九九六年三月）參照。

（3）手塚隆義「前漢の投降胡騎に就いて」（『蒙古』一二、一九三九年五月）參照。

（4）鎌田重雄『秦漢政治制度の研究』（日本學術振興會、一九六二年）第六・七章參照。

（5）嚴耕望『中國地方行政制度史』（中央研究院歴史語言研究所、一九六一年）甲部秦漢地方行政制度、第三章參照。

（6）市川任三「前漢邊郡都尉考」（『立正大學教養部紀要』二、一九六八年）參照。

（7）工藤元男「睡虎地秦墓竹簡の屬邦律をめぐって」（同氏著『睡虎地秦簡よりみた秦代の國家と社會』創文社、一九九八年所收）參照。

（8）王宗維「漢代的屬國」（『文史』二〇、一九八八年）參照。

（9）矢澤悅子「戰國秦の異民族支配と『屬邦』」（『明大アジア史論集』創刊號、一九九七年三月）參照。

（10）『史記』卷二二漢興以來將相名臣年表の文帝後六年條では「屬國捍」とあり、同卷十九惠景閒侯者年表では「松茲侯徐悼」とある。王先謙『漢書補注』參照。

（11）矢澤氏前揭注（9）論文參照。

（12）大行令→大行、大農令→大農など。あるいは行政區畫名と同名であるが、司隸校尉→司隸、京兆尹→京兆、左馮翊→馮翊、右扶風→扶風などもあげられよう。

（13）公孫昆邪の典屬國任官時期については矢澤氏前揭注（9）論文參照。

（14）大櫛敦弘「東方朔の『除目』――漢代官制史研究の一史料として――」（『海南史學』四三、二〇〇五年八月）。

（15）王氏前揭注（8）論文、黎虎『漢唐外交制度史』（蘭州大學出版社、一九九八年）上編　漢代外交制度、第二章「漢代外交專職機構」を參照。
(16)『漢書』卷十七景武昭宣元成功臣表では、常惠の長羅侯の爵位は初元二年に嚴侯成に嗣がれているから、あるいは常惠の沒年は初元二年であったかもしれない。
(17)『漢書』宣帝紀は五鳳二年十二月條に楊惲處刑の記事を載せるが、これは司馬光『資治通鑑考異』が指摘する通り、五鳳四年の誤りである。
(18)王氏前揭注（8）論文參照。
(19)小竹武夫譯『漢書』中卷（筑摩書房、一九七八年）參照。
(20)『漢書』景武昭宣元成功臣表によれば、常惠が封ぜられたのは本始四年四月である。
(21)王先謙『漢書補注』參照。
(22)前漢の將軍については、大庭脩『秦漢法制史の研究』（創文社、一九八二年）第四篇　第一章「前漢の將軍」などを參照。
(23)たとえば、中央の常設部隊では、武帝期に設置された長水校尉・胡騎校尉の部隊などがあげられる。手塚氏前揭注（3）論文、米田賢次郎「前漢の匈奴對策に關する二三の問題」（『東方學』一九、一九五九年）などを參照。
(24)『續漢書』百官志一の劉昭注に引く蔡質漢儀にも、將軍について「京師の兵衞、四夷の屯警を典る」とある。
(25)將軍の他官兼任については、大庭氏前揭注（21）論文參照。
(26)たとえば、『漢書』霍光傳に「自昭帝時、光子禹及兄孫雲皆爲中郎將、雲弟山奉車都尉侍中、領胡越兵」とあることは、このことを示す一例であろう。
(27)手塚氏前揭注（3）論文、米田氏前揭注（22）論文などを參照。
(28)以上の「降者」や屬國・屬國都尉に關しては、前揭注（1）a及び注（2）拙稿參照。
(29)大庭氏前揭注（21）論文などを參照。
(30)黎氏前揭注（15）著書七〇～七九頁參照。

『漢書』「五行志」の述作目的

小林春樹

［一］「抄録」に代えて

小稿の目的は、『漢書』の著者である班固が「五行志」という編目を中國史學史上はじめて設けた、その意圖の一斑を闡明することにある。[1] そのための方法として、『漢書』「五行志」に記録された多種多様な異變（客觀性を維持するために、以下の記述においては「災異」という語は使用せず、「異變」と表記する）が如何なる歴史的事象と關連づけて解釋されているかを個別具體的に檢討するという手段を採用した。またその作業の結果、所謂「漢王朝神話」[2] が成就するための必須の前提條件である前漢の滅亡が不可避の天命であったことを、災異思想などを驅使して明らかにすることが『漢書』「五行志」述作目的の一つであったことが判明した。

［二］『漢書』「五行志」の記載内容の具體的檢討

『漢書』「五行志」（以下、單に「五行志」と表記する）が、その構成においては『書經』「洪範」に記された「洪範九疇」のうちの「五行」すなわち水・火・木・金・土と、「五事」すなわち貌・言・視・聽・思、そして「皇極」の十一項目を骨子としていること、また史料的系譜としては、秦の博士で、漢初まで存命していた伏勝（伏生）が傳えたとされる『尙書大傳』と『洪範五行傳』、および劉向の『洪範五行傳論』などと密接な關係を有していることは周知の事實である。(3)

そのような「五行志」に記された種々の異變を、當該書の構成にしたがって卷次の順に列擧すると以下のようになる。

【「五行志」第七上】＝「木」［木冰］・「火」［火災、鐵銷（製鐵所の鐵が溶けて飛散すること）］・「土」［凶作］・「金」［石言・石鳴（石や岩が人語したり、鳴動したりすること）］・「水」［大水・大雨］

【「五行志」第七中之上】＝「貌」［貌不恭（容貌、容姿や態度が恭しくないために生じる異變）］、［恆雨］、［服妖（服飾に關わる妖事）］、［鷄禍］、［靑眚・靑祥（靑という色に直接、閒接に關わる異變）］、［金沴木（木氣が損なわれたことによって生じる異變）］・「言」［言不從（言葉が素直でないことによって生じる異變）］、［大旱・大雩・旱］、［詩妖（詩や童謠に關わる妖事）］、［毛蟲之孽（毛の生えた動物に關わる孽事）］、［犬禍］、［白眚・白祥］、［木沴金（靑銅器が自然に鳴る、移動するというような、金氣が損われたために生じる異變）］

【「五行志」第七中之下】＝「視」［恆奧（暑さ續き）］、［草妖］、［羽蟲之孽（羽のある動物に關わる孽事）］、［羊禍］、［赤眚・赤祥］・「聽」［恆寒］、［鼓妖（異常な音が聞こえるといった、音に關わる妖事）］、［魚之孽］、［介蟲之孽（殼を有する動物に關わる孽事）］、［豕禍］、［火沴水（河の水が赤くなるというような、水氣が損われたために生じる異變）］

【「五行志」第七下之上】＝「思」［恆風］、［脂夜妖（晝なのに暗くなるというような妖事）］、［蠃蟲之孽（鱗・甲羅・羽・毛のない生物に關わる孽事）］、［牛禍］、［心腹之痾］、［黃眚・黃祥］、［金木火水沴土（金・木・火・水の四氣が土氣を損なうことによって生じる、大地の震動、山の崩壞、それに起因する洪水のような重大な異變）」
【「五行志」第七下之下】＝「皇極」［恆陰（曇り續き）］、［射妖（射ることに關わる妖事）］、［龍蛇之孽］、［馬禍］、［下人伐上人之痾（下の者が上の者を伐つという「病」）］、［日食］、［兩月重見］、［日赤］、［星隕如雨］、［星孛（彗星の出現）］

以下においては、上記の十一項目、合計四十一種類の異變中の主要なものに關してその實際と、それが發生した原因として「五行志」が擧げている歷史的事實とを概觀してゆく(4)。

（一）「木」［木冰］

「五行志」第七上は五行の「木」から記述が始められるが、言及されている異變は『春秋』成公十六年（前五七五）正月の記事にもとづく「木冰」、すなわち木が凍ることの一事のみである。この事例について劉向は、

冰は陰盛んにして水、滞《こお》る者なり。木は少陽たり、貴臣卿大夫の象なり。此の人、將に害有らんとすれば則ち陰氣木を脅かし、木先ず寒《ひ》ゆ。故に雨を得て冰るなり。是の時、叔孫喬如出奔し、公子偃誅されて死す(5)。

と述べて、異變の成因として魯一國の內紛を擧げている。孤例ではあるが、上記の事例とそれに關する劉向の解釋によって、當該の事例においては、第一に、陰陽・五行思想、天人相關思想、災異思想などが理論的根據とされていること、第二に、叔孫喬如らの謀反という春秋時代の魯の國內問題、つまり漢帝國とは無關係とも言ってよい過去の歷史的事實が異變發生の原因とされていることの二點を確認することができる。

（二）「火」「災」

魯の桓公十四年（前六九八）八月壬申の「御廩に災あり」[6]に始まり、前漢の平帝元始五年（後五）七月己亥の「高皇帝の原廟の殿門に災ありて盡く」に至るまでの合計二十八の事例（うち、春秋時代が十三例、前漢時代が十五例）が記録されている。最初に記載された桓公十四年の御廩の火災を例として論じれば、董仲舒はその原因を、桓公が「内に政事を怠り、外に四鄰を侮」ったことに對する天戒として、また劉向は淫行と叛逆の心を持った桓公夫人が「宗廟に奉ずべ」きではないという意味を有する天戒として解釋している。火災關係の「五行志」の記載についても、陰陽・五行思想などが理論的根據とされていること、および個々の火災が、その時々の爲政者への天戒として理解されていることが確認される。

ところで、上述の「木」「木冰」の事例と、桓公十四年の火災の事例をはじめとする火災關係記事（特に後者の、『春秋』から引用された十三の事例）からは、「五行志」の述作意圖に關する從來の理解に再考を迫る重要な特徴が抽出される。すなわち、火災を招來した責任がその時々の爲政者に歸せられるにとどまっており、漢代の諸帝については關心の埒外に置かれているかの如き記述がなされているという事實が導き出される。この事實と、漢王朝の永遠不滅性を證明するという、『漢書』自體の著述目的[7]とを總合的かつ有機的に勘案して、あらためて「五行志」の述作意圖に關する通説、つまり、『春秋』の「災異」記事を師表として漢の諸帝が自己の統治を反省する、そのよすがとなることを期待して「五行志」が著された、と考える從來の理解を吟味するとき、通説とは全く異なる著作目的の存在が強く豫測されることになる。ちなみに、その目的に關する考察自體が小稿にとっての課題であるから詳細は後述に委ねることにして、ここでは通説の論據とされた蓋然性が高い「五行志」第七上の二つの史料、すなわち、前漢武帝建元六年（前一三五）六月丁酉の「遼東高廟災」と、同年四月壬子の「高園便殿火」に關する董仲舒の議論、および班固本人が「五行志」の著作意圖を述べた一文とを示して、通説が形成された經緯を追認するにとどめる。

董仲舒對へて曰く、春秋の道は往を擧げて、以て來るを明らかにす。是の故に天下に物《こと》有れば、春秋の擧ぐる所と同比の者を視、微眇を精《あきら》かにし、以て其の意を存《おも》ひ、倫類を通じて以て其の理を貫けば、天地の變、國家の事は粲然として皆な見はれ、疑《まぎ》らわしき所亡からん。

春秋の占は咎徵是れをば擧ぐ。往を告げて來を知るは王事の表たり。五行志第七を述ぶ。

（『漢書』巻一百下「敍傳」下）

天地の異變や國家にとっての重大事件が惹起した場合には『春秋』を紐解き、類似した出來事を求めてそこに託された聖人の微言大義を精究する。そうすれば現實に對する正しい對處法が燦然として明らかになるから、それにしたがって施政方針を正す。それこそが爲政者のとるべき正しい態度である――。

概ねそのような董仲舒の個人的見解と班固自身の言説とが結合されたうえに、災異思想等の流行という漢代の思潮についての後世の知見が加味された結果成立したのが「五行志」述作に關する通説であった蓋然性が高いと推測されるのである。

（三）「土」［凶作］

『春秋』莊公二十八年（前六六六）冬のこととして、(8) 麥と粟とが大凶作であったという記録が一例見えるのみであり、それが生じた理由を、董仲舒は「夫人の哀姜は淫亂、陰氣を逆《むか》ふるが故に大水あり」と述べ、劉向も、「土氣養われず、稼穡成らざる者なり。是の時夫人二叔に淫し[9]、内外別亡《な》し。又た（中略）一年にして三たび臺を築く。故に是に應じて稼穡成らず。臺榭を飾り淫亂を内《い》るるの罰ならん」と解釋している。やはり孤例ではあるが、ここでも上述した「木」、「火」の場合と同樣の著述態度を確認することができる。

（四）「金」［石言・石鳴］

石が人語し、岩が鳴動するという異變については、『春秋左氏傳』昭公八年（前五三四）春と、前漢の成帝鴻嘉三年（前一八）五月乙亥に起きたとされる事例が記錄されているが、ここでは「天水冀南山大石鳴」と記された後者に關する「五行志」の解釋を紹介する。

是の時昌陵を起こす。作者は數萬人。郡國の吏民五千餘戸を徙して以て陵邑に奉ず。作治すること五年にして成らず。乃ち昌陵を罷め[10]、徙家を還す。

當該の異變が前漢の成帝治世下の出來事とされていること、およびそれが發生した理由として成帝による壽陵造營が擧げられている點は上述した諸事例とは異なっていて注目に値するが、同時にそれに對する戒告が、同じく成帝の時に發生したとされる、後述する他の異變[11]の場合のように前漢帝國の命運に關わる最惡の凶事としては認識されていない事實にも留意しておく必要がある。

（五）「水」［大水］

『春秋』桓公元年（前七一一）秋の「大水」に始まり、前漢成帝建始三年（前三〇）夏の大水にいたる十三の事例（うち、春秋時代が七例、前漢時代が六例）が採錄されている。五行の「水」に關わる異變である大水の發生原因として臣下、民衆、夫人や宦官のように、陰的存在の感情や行動が重視されていることは理解しやすいことであるが、とりわけ注意を引かれることは、高后三年（前一八五）夏、同四年（前一八四）秋、同八年（前一八〇）夏の三回にわたる大水に關する「五行志」の敍述態度である。「女主」・呂后とその一族の專權という前漢王朝滅亡の危機を象るという點において、當該の三回の大水と、『春秋』の「災異」記錄に由來する他の大水關係記事とはその深刻さの度合いを全く異にしているにもかかわらず、そのような前者の原因に關して「五行志」が「是時女主獨治、諸呂相王」というわずか十文字の、あまりに簡潔に過ぎる記錄しか殘していないという事實に注目されるのである。この點に關しても、後述する成帝時代に生じたとされるいくつかの異變[12]に對して「五行志」が示している強烈な危機感との「溫度差」について、あらかじめ注意を喚起しておきたい[13]。

（六）「貌」［貌不恭］

五事のなかでも容貌、容姿、態度などに相當するものが「貌」であり、「五行志」第七中之上には、［貌不恭］、つまり容貌などが恭《うやうや》しくないことを原因として發生すると考えられた異變が、成公十六年（前五七五）から定公十五年（前四九五）までの合計十三例として採錄されている。便宜上、以下では最初に見える成公十六年（前五七五）の場合を例として擧げる[14]。

（成）公、諸侯を周に會す。（周の）單襄公、晉の厲公の視遠く、歩高きを見て、（魯の成）公に告げて曰く、「晉將に亂有らん」と。（中略）曰く、「（中略）夫れ君子は目は以て體を定め、足は以て之に從ふ。是を以て其の容を觀て其の心を知れり。（中略）晉公は（中略）其の心に必ず異變あらん。（中略）偏《ひと》つ喪はるれば咎有りて、既《すべ》て喪はるれば則ち國も之に從ふに、晉公は二をば爽《うしな》ふ。吾是を以て云へり」と。後二年、晉人厲公を殺す。

きわめて観念的な議論であるが、以上が、五事の第一として擧げられた「貌」の重要性と、それが損なわれた場合に發生するとされた［貌不恭］に由來する異變記事の實例である。なお、これに續く十二例は内容、議論ともに上掲の事例と大同小異であるので省略に歸して、ここでは［貌不恭］の結果として招來されたとされている歷史的事實が、上引の諸例と同樣に漢代の政治や社會とは無關係な些事に過ぎないという一事のみを確認して檢討を進めることにする。

（七）「貌」［鷄禍］

［鷄禍］とは、いうまでもなく鷄に具現した禍事《まがごと》であるが、「五行志」第七中之上に見出される［鷄禍］の記錄に特徵的なことは、以下に紹介する史料のように鷄に關わる異變が、王莽に代表される外戚王氏の臺頭という歷史的事實、とくにその前半期に當たる宣帝、元帝、成帝時代における王氏關係の種々の史實と密接に關連づけて時系列的に配列され、解釋されているという事實である。[15]

宣帝黃龍元年（前四九）、未央殿の輅軨中の雌鷄、化して雄と爲る。毛衣は變化するも而も鳴かず、將ゐず、距も無し。[16]元帝の初元中（前四八～前四四）、丞相府史[17]の家の雌鷄、子を伏するに漸化して雄と爲る。冠距[18]ありて鳴き將ふ。

（元帝）永光中（前四三～前三九）、雄鷄の角を生ずるを獻ずる者有り。（中略）一に曰く、（中略）黃龍、初元、永光の鷄變は乃ち國家の占、[19]妃后の象なり。孝元王皇后、甘露二年[20]を以て男を生み太子[21]に立てらる。妃は王禁の女なり。黃龍元年（前四九）、宣帝崩じ太子立つ。是れ元帝爲り。王妃將に皇后爲らんとす。故に是の歲、未央殿中の雌鷄、雄と爲る。（中略）鳴かず、將ゐず、距無きは、貴始めて萌すも而も尊未だ成らざればなり。元帝初元元年（前四八）（中略）三月癸卯制書して曰く、「其れ婕妤の父丞相少史王禁を封じて陽平侯と爲し、位は特進たらしむ」と。丙午、王婕妤を立てて皇后と爲す。明年正月、皇后の子を立てて太子と爲す。故に是に應じて丞相府史の家の雌鶏雄と爲る。（中略）冠距ありて鳴きて將ゐるは、尊已に成ればなり。（元帝）永光二年（前四四）、陽平頃《ママ》侯（王）禁薨ず。子の鳳、侯を嗣ぎ、侍中衛尉と爲る。元帝崩じ、皇太子立つ。是れ成帝爲り。皇后を尊んで皇太后と爲し、后の弟鳳を以て大司馬大將軍と爲し、尙書の事を領せしめ、上、政を委ねて與る所無し。王氏の權は鳳自り起く。故に鳳始めて爵位を受くる時に於て雄鶏に角有るは、威を作して君を顓《もっぱ》らにし上を害して國を危ふくする者は、此の人從り始るを明視するなり。其の後群弟世々權し、莽に至るを以て、遂に天下を簒ふ。

「五行志」に記載されたさまざまな異變に關する記事と比較して［鶏禍］に關する右の記載の特色を再述すれば、その發生要因とされている歷史的事實が外戚王氏の臺頭という、前漢帝國の滅亡に歸着する重大事であったことにまず注目される。加えて、［鶏禍］以外の諸項目で取り上げられた異變が相互に獨立した一回性の事象であったこととは異なり、［鶏禍］關連記事では王氏の勢力擴大に對應して、出現する禍事も凶兆としての深刻度を次第に増していくような配慮を伴って、有機的かつ時系列的に記述されていることも重要な特徵として指摘される。

（八）「言」

五事の第二とされた「言」とは言葉の謂であるが、「五行志」の他の場合とまったく同様に、この項目に記録された事例においても、陰陽・五行思想などが理論的基礎に据えられていること、およびそのときどきの爲政者の施政の個別的な問題、したがって漢帝國とその皇帝にとっては重大とはいえない事象がその發生原因と見做されていることが確認できるのみであるので省略に歸する。[22]

（九）「視」［草妖］

「五行志」第七中之下がはじめに取り上げている「視」に關わる異變は、前漢の滅亡に關連してきわめて重要な存在である王莽の生誕に關わる異變とされている［草妖］關係の記事である。[23]

元帝初元四年（前四五）、（王）皇后の曾祖父、濟南東平陵の王伯の墓門の梓柱、卒《にわか》に枝葉を生じ、屋より上出す。劉向以爲へらく、王氏貴盛にして、將に漢家に代らんとするの象なり。後、王莽位を簒ひ、自ら之れを說いて曰く、初元四年は莽の生まるるの歲なり。漢九世火德の厄に當りて此の祥、高祖考の門に興ること有り、と。

この事例においても、陰陽・五行思想や災異思想などが理論的基礎に据えられていることが確認できるのであるが、上述したとおりその發生理由が王莽の誕生にもとめられているという點において、當該の事例は他の多くの事例とは性質を異にしている。ただし異變の記述形態においては、上述した［鶏禍］におけるような時系列的、有機的配列という體裁はとらず、王莽の誕生という一事の敍述にとどまっている點においては、［鶏禍］關係の記事とは一線を畫しており、むしろ上述した他の多くの事例と同工異曲の性格を有していることも事實である。

（一〇）「聽」［恆寒］

五事の第四で、聽くことと密接な關係をもった「聽」に配分された異變のなかでは寒さつづきを意味する［恆寒］、とくに「降雪」に關する記事が最多で、『春秋』桓公八年（前七〇四）十月から、前漢の元帝陽朔四年（前二一）三月にいたる十例（春秋時代の記録が二、前漢時代のそれが八）が記録されている。ちなみにそれらに共通している特徴は、原因とされた歴史的事象が皇后などの婦人、宦官、諸侯王などの臣下、そして匈奴などの異民族のようにすべて陰的存在の専横や反亂であるということであるが、以下では前漢の武帝元狩元年（前一二二）十二月の史料を例として擧げる。

　大いに雪を雨らし民の凍死するもの多し。是の歳淮南、衡山謀反するも發覺して皆自殺す。使者郡國を行りて黨與を治む。坐して死する者數萬人あり。

前漢の武帝期の大雪に關わるこの記録は、それが生起した理由を淮南王劉安と、弟の衡山王賜による謀反という漢代の事件に求めている點において注意をひかれるが、當該の事件が、結果的に鎮壓されて漢王朝の命運に影響を及ぼすことはなかった一回性の出來事であったという事實に鑑みると、後述する成帝時代の異變[24]とは異質であり、むしろ春秋時代の種々の異變に準じる事例と見做すことができる。したがって「恆寒」についての「五行志」の記述もまた、陰陽・五行思想等が理論的基礎として援用されて書かれたものであるとともに、漢帝國の滅亡に關わる重大な凶兆としての性格を有するものではなかったと見做すことが可能である。

（一二）「思」［金木火水沴土］

「五行志」第七下之上は五事の最後に位置づけられた「思」、すなわち思慮から記述が始まるが、この項目には、「五行志」に記録されたすべての異變の中でも特別に重大な意義を付與された事例が記載されている。その事例とは、「金木火水沴土」（五行の金、木、火、水が土を沴《そこな》うこと）によって引き起こされると考えられた「山崩」と「河竭」（もしくは河の水の逆流）、およびそれらに關連したいくつかの異變であり[25]、「五行志」が最初に言及しているのは西周最後の幽王二年（前七八〇）に起きた、「周の三川、皆な震ふ。（中略）是の歳、三川竭れ、岐山崩る」という出來事である。(26)ちなみに「川竭」と「山崩」という異變は、「五行志」第七之下之上に記錄された、成公五年（前五八六）夏の「梁山崩」という異變に關連して、「國は山川を主とす。山崩れ川竭るるは亡國の徵なり」、と述べられていることからも知られるように國家の滅亡を象る最悪の凶兆と考えられた異變であるが、(27)幽王二年の異變に關連して「五行志」に採錄された周の太史伯陽甫の解釋は下記のとおりである。

陽、伏して出づる能わず、陰迫りて升る能はざれば、是において地震ふこと有り。（中略）陽失して陰に在らば、原必ず塞がる。（中略）夫れ水は、土、演《ひ》きて民用ふるなり。

クリアカットな議論ではないが、意を以て補いつつその發生機序を推せば以下のように理解される。陽が逼塞し、陰に迫られているのに上昇できないと、陰の居場所である地を陽が占據することになり、陰陽二氣が衝突して地震が起きる。同時に地に滯った陽の作用をうけて、極陰的性質をもった水源の水が枯渇して川の水も涸れる。また五行の「水」は、それを吸引して「土」が種々の作用を實現するうえで重要な存在であるが、その「水」も、滯った陽の影響をうけて十分に「土」に對して作用することができない。その結果「土」の性質が「沴《そこな》」われて、「土」から生成されている山が崩落するという異變が發生する。

ところで、幽王二年に起きたとされる「川竭」などの記事に注目される最大の理由は、前漢の成帝の時に起きた、ほぼ同容の異變が前漢王朝の滅亡を象る最悪の凶兆として「五行志」の「思」の條の、「金木火水沴土」の項目に明記されているためである。この點については簡單に上述したが、あらためて史料を示しつつ論じていくことにする。

河平三年（前二六）二月丙戌、犍爲の柏江山崩れ、捐江山も崩れ、皆な江水を廱《ふさ》ぐ。江水逆流して城を壞し、十三人を殺す。地震ふこと二十一日を積む。

この一文に續いて、「五行志」は元延三年（前一〇）に起きた同種の異變などを記すとともに、それらの異變が招來された理由については、正史に載せるにはあまりにも過激かつ危險であると思われる劉向の解釋を紹介し、そのうえで、王莽によって前漢が實際に滅された事實についても以下のように明言している。

元延三年蜀郡の岷山崩れて江を廱ぎ、江水逆流す。（中略）劉向以爲へらく、周の時岐山崩れ、三川竭れて幽王亡ぶ。岐山は周の興る所なり。漢家は本、蜀漢より起つ。今起つ所の地の山崩れ、川竭れ、星孛又た攝提、大角に及び、參《しん》從り辰に至る。(28)殆ど必ず亡びん。其の後三世嗣亡く、王莽位を簒ふ。

幽王の場合の異變とは若干の相違が見られるとはいえ、「殆ど必ず亡びん」、つまり「前漢の滅亡が殆ど不可避である」という劉向の認識が漢王朝にとってこのうえなく深刻な事態であることに注目される重要な事例である。なお、ここで劉向が言及している「星孛又た攝提、大角に及び、參從り辰に至る」という天文現象は、「五行志」七下之下の「皇極」の項目に、前漢の成帝元延元年（前一二）に起きた異變として詳述されている現象と全く同一の出來事である。したがって當該の天象に關する史料をあらかじめ以下に擧げたうえで、その事象をも含めて、さらに檢討を進めていくことにする。

元延元年七月辛未、星孛東井に有り。（中略）南のかた度を逝《さ》りて大角、攝提を犯し、天市に至りて節を按じて徐行し、(29)炎は市に入る。（中略）谷永(30)對へて曰く、「上古以來、大亂の極みにして、希に有る所なり」と。（中略）劉向亦た曰く、「三代の亡ぶや、攝提、方を易へ、(31)秦、項の滅ぶや大角に星孛あり」と。（中略）後五年、成帝崩ず。（中略）哀帝嗣亡し。平帝卽位するや、王莽事を用ふ、（中略）平帝も嗣亡し、莽遂に國を簒ふ。

成帝の河平三年と元延三年の二度にわたって起きた「山崩」等の異變、さらには同じ成帝の元延元年に發生した「星孛が東井、すなわち二十八宿の井宿付近に出現し、大角と攝提とを犯す」という天文現象にもとづいて、劉向は、前漢の滅亡が殆ど不可避であるという、禁忌とも思われる事態について明確に言及し、「五行志」もまた憚ることなくそれを記録しているのである。［金木火水沴土］に對應する種々の異變についてはまず以てこの事實を銘記しておく必要がある。

（一二）「皇極」［星隕如雨］

「五行志」第七下之上と第七下之下で扱われている異變は、『尙書』「洪範」の九疇の第五に擧げられた「皇極」、つまり君主が定めた中正な準則と、それに則った君主の行動とが損なわれた場合（そのような狀態を「五行志」は「不建」と稱する）に生じるとされた異變であり、就中日食に關する記事が八十二例であって最も多い[32]。ただし日食關係の記錄はそれが發生した年月日、および分野説にしたがって機械的に割り出された、それぞれの日食が影響を及ぼすであろう國名と發生が豫測される凶事とを記錄したにすぎない史料が大部分を占めているという事實に鑑みると、日食關連記事は、上文において縷述した數多の異變記事と同樣に、漢帝國にとっては些事に等しい異變記錄としての意味しか有していないこと、換言すればそれらは前漢の滅亡を論じた「山崩」などの異變關係の諸記錄とはその重要性において決定的な差違があることが確認される。

しからば「皇極」と「不建」に關連する、日食以外の「五行志」所載の異變中、「山崩」などと同等の重要性が付與された異變記事は存在するのか。存在するとすればそれは如何なる事例であるか。結論的にいえば「星隕如雨」と表記された流星の出現記錄がそれであり、以下では當該の異變について考察を加えることにする。

「五行志」初出の「星隕如雨」に關する記錄は莊公七年（前六八七）四月辛卯夜の出來事として、「恆星見えず、夜中、星隕つること雨の如し」と記された一文であるが[33]、この現象について「五行志」は、董仲舒と劉向の解釋として

「常星たる二十八宿は人君の象なり。衆星は萬民の類なり。（中略）衆星隕墜するは、民、其の所を失うなり」という觀念的な理解を紹介しているにすぎない。しかれども、それとは對照的に、前漢の成帝永始二年（前一五）二月癸未に出現した同様の天文現象に對しては、それを前漢の滅亡が不可避であることを示す異變であり、『春秋』の「災異」の中でも最大級の凶兆であると主張する谷永の議論を載せて、その異變を極めて重視しているのである。[34]

夜中を過ぎて、星隕つること雨の如し、長さは一、二丈、繹繹として未だ地に至らずして滅し、鷄鳴に至りて止む。谷永對へて曰く、「（中略）星辰の天に附離するは猶ほ庶民の王者に附離するがごときなり。王者道を失ひ綱紀廢頓すれば、下將に叛去せんとす、故に星叛きて自ら隕ち、以て其の象を見はす。春秋の異を記すや、星隕最も大なり、魯嚴[35]自り以來、今に至るまで再見あるのみ。（中略）社稷宗廟の大憂なり」、と。

周の成公五年の「山崩」に關する解釋に見える「亡國徵也」、前漢の成帝河平三年、および元延元年と同三年の「山崩」や「星孛」の出現などの異變記錄における「殆必亡矣」などという深刻な事態を豫言した明文は見出し得ないとはいえ、それにかわって「春秋記異、星隕最大。自魯嚴以來、至今再見」という谷永の言葉が明記されているという事實に鑑みれば、「五行志」が、成帝治世下に發生した「星隕如雨」を、「山崩」などの異變と同様に前漢の滅亡を象る最悪の凶兆と見做していることは明白であり、この事實は重視されるべきである。

しかしながらここに一つの問題が存在する。それは、「星隕如雨」を以て『春秋』の「災異」中、最大級の凶兆の一つであるとする谷永の主張を根據づける記載が『春秋』三傳の傳文には一切見られないという事實がそれであって、以下では史料を示してこの問題を検討する。

恆星とは何ぞ、列星なり。（中略）則ち何を以て夜、中するを知る。星反ればなり。雨の如しといふは何ぞ。雨の如しといふは雨には非ればなり。（中略）君子、之を脩めて曰く、星霣《お》つること雨の如し、と。何を以て書す。

異を記すなり。

（『春秋公羊傳』）

恆星とは經星なり。（中略）夜中星隕つること雨の如し。其の隕つるや雨の如し。（中略）何を用て其の中なるを見るや。失變して其の時を錄せば、則ち夜中ならん。（中略）上に著らかにして下にも見ゆるは、之を雨と謂ひ、下に著らかなるも上に見へざるは、之を隕と謂ふ。豈に雨もて說かんや。

（『春秋穀梁傳』）

夏、恆星見へざるに、夜明なり。星隕つること雨の如し。雨に偕《ひと》しきなり。

（『春秋左氏傳』）

上掲三傳の傳文中、『公羊傳』のみは「星隕如雨」を災異の一種と見倣す視點をもっているとはいえ、それでも三傳の記述から「星隕如雨」を以て「春秋記異、星隕最大、自魯嚴以來、至今再見」、「社稷宗廟の大憂」などという谷永の所論を導き出すことはできない。この事實によって我々は、（一）、「星隕如雨」という現象を以て『春秋』最大の異變とする理解が、所詮、當該の天象の解釋者である谷永自身（もしくは彼が傳えたとされる天官の學と京房易）に淵源する異端的見解に過ぎないこと、（二）、「五行志」はそのような特殊な解釋を根據として、前漢の滅亡をあたかも不可避の天命であるかのごとき主張を展開していること、の二點を確認することができるのである。

［三］　結論にかえて

――「五行志」の、ふたつの述作意圖――

前節において縷々概觀した結果、「五行志」の記載は、第一類として、前漢との直接の關わりを見出しにくい壓倒的多數の異變とその解釋、第二類として、前漢王朝滅亡の原因となった王氏と王莽による簒奪と直結させて「五行志」が解釋している「山崩」、「川竭」、（もしくは河川の逆流）「星孛」の出現、「星隕如雨」などの異變とその出現理由の解釋[36]という、二つの異なった性格を有する記事から構成されていることが判明した。あたかも、遺傳情報を傳達しないイントロンと、遺傳情報を直接傳達する機能を有したエクソンとから構成される遺傳子の構造を想起させる、〔「五行志」の二重構造的構成〕を念頭においてその述作意圖を再考するとき、前者の類型と後者の類型に對應して、それぞれつぎのような著述目的の存在が確認されることになる。

すなわち、『春秋』に記録された異變を中心とした第一類の異變記事と密接な關係を有する著作目的としては、『春秋』の「災異」を漢の諸帝の鑑戒とするために「五行志」が著されたと考える、通説に代表される目的の存在が確認されることになる。

一方、「山崩」などの第二類の異變と密接に關連する述作意圖としてはつぎのような目的の存在が浮上してくるであろう。

（一）、「漢王朝神話[37]」が成就するための必須の前提條件である前漢王朝の滅亡が、不可避の天命にも等しい出來事であったことを證明すること。

（二）、そのための具體的手段として、王氏の臺頭が始まった前漢の成帝期に着目して、その時期に起きた異變の發生要因が、王氏の臺頭、王莽の簒奪、そして前漢の滅亡という一連の歴史的事實と不可分の關係を有する漢王朝の「運命」であったことを、陰陽・五行思想、天人相關思想、災異思想などを理念的根據としつつ證明してみせること[38]。

以上である。

ちなみに後者の著述目的は、漢のための頌歌《オード》としての、『漢書』自體の本質的性格を閑却することなく、多少の論理的思考を働かせれば誰でも容易にその存在を感知できる、見やすい著述目的であったはずのものが、諸般の事情[39]によって忘却されたまま今日に至ったものと考えられる。「コロンブスの卵」的な「事實」の存在の確認を以て小稿の結論に代える所以である。

注

（1）『漢書』「五行志」および『五行志』一般に關する近年の論考としては以下の諸篇がある。高木理久夫「正史五行志の基礎的研究」（『早稲田大學大學院文學研究科紀要（別册）』一七、一九九一年）、釜田啓市「『漢書』「五行志」災異理論の再検討」（「中國研究集刊」一八、一九九六年）、佐野誠子「五行志と志怪書――「異」をめぐる視點の相違――」（『東方學』第一〇四輯、二〇〇三年）、和田恭人「『漢書』五行志に見える災異説の再検討――董仲舒説について――」（『大東文化大學中國學論集』二〇、二〇〇三年）、濱川榮「五行志と溝洫志――『漢書』の河災記述に關する一試論」（『東方學』第一一〇輯、二〇〇五年）。

（2）板野長八「班固の漢王朝神話」（『歴史學研究』四七九號、一九七八年、同氏『儒教成立史の研究』、岩波書店、一九九五年所收）。

（3）清の陳壽祺の『洪範五行傳』が『漢書』「五行志」の本文を底本としているという事實は兩者の密接な關係を明示する一例である。

（4）種々の異變の名稱とその性格については「五行志」第七之中之上に以下のような説明が見える。

凡草物之類謂之妖。（中略）蟲豸之類謂之孼、（中略）及六畜謂之禍（中略）。及人謂之痾。（中略）甚則異物生、謂之眚、自外來、謂之祥。（中略）氣相傷謂之沴。

（5）紙幅の制約のため、小稿では原文の紹介は省略する。なお叔孫喬如は魯の大夫、公子偃は成公の弟。ともに謀反を企てて失敗した。
（6）「御廩」については後文に「夫人八妾所舂米之藏、以奉宗廟者也」と記されている。
（7）前掲、板野論文を參照。
（8）「五行志」では後漢の明帝の諱である「莊」字をさけて「嚴」字を使用している。
（9）「二叔」は莊公の弟の仲慶父と叔牙のこと。
（10）「昌陵」は成帝の壽陵。
（11）小稿（一一）「思」［金木火水沴土］で扱う「山崩」、「河の逆流」、「星孛」の出現、「星隕如雨」などがそれである。
（12）小稿、注（11）を參照。
（13）筆者は、呂氏と王氏の專權に對する「五行志」の危機感と關心の「強度」の相違が、それらに關わる異變に對する「五行志」の態度の「溫度差」を生み出したと推測している。
（14）「貌」に關連する異變とされた［恆雨］、［服妖］、［靑眚・靑祥］、［木沴金］については紙數の都合で省略する。
（15）訓讀文の提示に當たっては、時間の經過を明示するために、意を以て適宜改行した。
（16）鳴は時を告げること、將は群鶏を率いること、距は蹴爪。ともに雄鶏の行爲、もしくは形狀。
（17）王禁のこと。王皇后（のちの王太后）、王鳳、王曼、王譚、王商、王根らの父、王莽の祖父。當時王禁は丞相府史の職にあった。
（18）冠はトサカ。
（19）「國家之占」とは國家の運命に關する占い。
（20）「甘露」は宣帝の元號。その二年は前五二年に當たる。
（21）この太子が後の成帝である。
（22）「言」に關わる異變は［恆陽］、［詩妖］、［毛蟲之孽］、［犬禍］、［白眚・白祥］、［木沴金］の六つである。
（23）［恆奧］、［羽蟲之孽］、［羊禍］、［赤眚・赤祥］については省略する。

(24) 小稿、注(11)を參照。
(25) なお「思」に關わる異變とされた「恆風」、「脂夜妖」、「羸蟲之孽」、「牛禍」、「黄祥」は紙幅の制約のために省略する。
(26) 顔師古の注によれば「三川」とは涇水、渭水、洛水の三川。「岐山」とは陝西省にあり、『國語』周語上に「周之興也、鸑鷟鳴岐山」と記されている山である。
(27) 『開元占經』卷九十九「山崩」の條にも、「地鏡曰、山崩、人君位消、政暴不出三年、有兵奪之。五年敗」という史料がみえる。
(28) 「攝提」は牛飼い座のη星を含む六星。「大角」を東西に挾んで左攝提と右攝提に別れる。「大角」は牛飼い座のα星。ちなみに、大角と攝提とは、冬至において北斗七星の斗柄が建《おざ》すところの星々として特別の存在と見做された可能性が高い。（陳久金「北斗星柄指向考」、同氏『帛書及古典天文史料注析與研究』、萬卷樓圖書有限公司、一九八九年）。なお「參」は參宿、「辰」は房宿を指すか。
(29) 「東井」は「井宿」。「天市」は「天市垣」。「南」は「西」の誤りである可能性が高い。
(30) 谷永について、『漢書』列傳第五十五の本傳には「其於天官、京氏易最密、（中略）黨於王氏、上亦知之、不甚親信也」という記事があり、詳細な考察が必要であるが、その作業は別稿に讓らざるを得ない。
(31) 逆「く」の字形をしている左右の攝提がその屈曲する方向を變えたという意味か。
(32) 「五行志」には、日食以外の異變も記錄されているが省略する。
(33) 福田俊昭「『星隕如雨』考」（『大東文化大學紀要』第一三號、一九七五年）、庄天山「論魯莊公七年夏四月辛卯夜、恆星不見、夜中星隕如雨」（『天文學報』第四七卷第一期、二〇〇六年）を參照。
(34) 谷永については小稿の注(30)を參照。
(35) 魯の莊公。後漢の明帝の諱を避けて「莊」を「嚴」にあらためている。
(36) 王氏の臺頭と時系列的に關連づけられた「鶏禍」もそれに準じる異變と考えられる。
(37) 板野前揭論文を參照。

（38）小稿における檢討によって「五行志」は成帝の治世を以て前漢滅亡の端緒が開かれたと理解していることが明らかになった。前掲濱川論文も成帝期を河災が集中した時代であると認識したうえで、後漢の明帝の河災に關する責任を免じることが「五行志」の配慮の中心であったという理解を提示している。成帝期に關する『漢書』の認識についての理解という點において佐藤論文と小稿の議論とは共存し得る。

（39）「諸般の事情」としてまず考えられることは董中舒の言說への過大評價という「惡弊」であるが、この問題の檢討は後日の課題としたい。なお、董仲舒の業績については福井重雅氏、『漢代儒教の史的研究』（汲古書院、二〇〇五年）を參照。

漢代牛馬挽犂畫像石考

渡　部　　武

はじめに

二〇〇二年の秋、私は「日本農業史研究者學術交流訪中團」を組織し、北京の中國農業博物館の協力を得て、山東省各地の農村を歴訪した。主たる目的は二つあった。一つは中國農業博物館の館員との學術交流、もう一つは山東地區農村で今日に至るまで使用されている傳統的農具の記錄撮影であった。この旅行に際して博物館側からマイクロバスを借用することができたので、ついでに漢代の畫像石を多く收集展示している濟南の山東省博物館、山東石刻藝術博物館、嘉祥縣の武氏祠文物管理所、微山縣文化館（ここに文物管理處が併設）、滕州市漢畫像石館、および鄒城博物館などを參觀した。山東から蘇北（江蘇省北部）地方にかけては、河南および陝西地方と竝んで、前漢末から後漢時代にかけて獨特の風格を有する畫像石墓が流行した。その規模も大小様ざまで、解放後いち早く報告書が刊行された沂南畫像石墓、庖廚と髡刑・樂舞百戲畫像石の出土で有名な諸城市前涼臺磚石墓、および墓室內立柱に見事な浮彫を殘す安丘市董家莊畫像石墓などは、地上の邸宅を模して、それをそのまま地下に再現したような豪壯な畫像墓で、當時の「厚葬の風」を如實に窺い知ることができる。しかしながら、このような大規模な畫像墓は特別の例であって、棺を保護し若干の副葬品安置の空間を確保した小規模な石椁畫像墓（單椁墓と雙椁墓の二種がある）は、無數と言ってよ

圖版１　山東省棗莊市出土後漢時代農耕畫像石（滕州市漢畫像石館所藏、2002年渡部撮影）

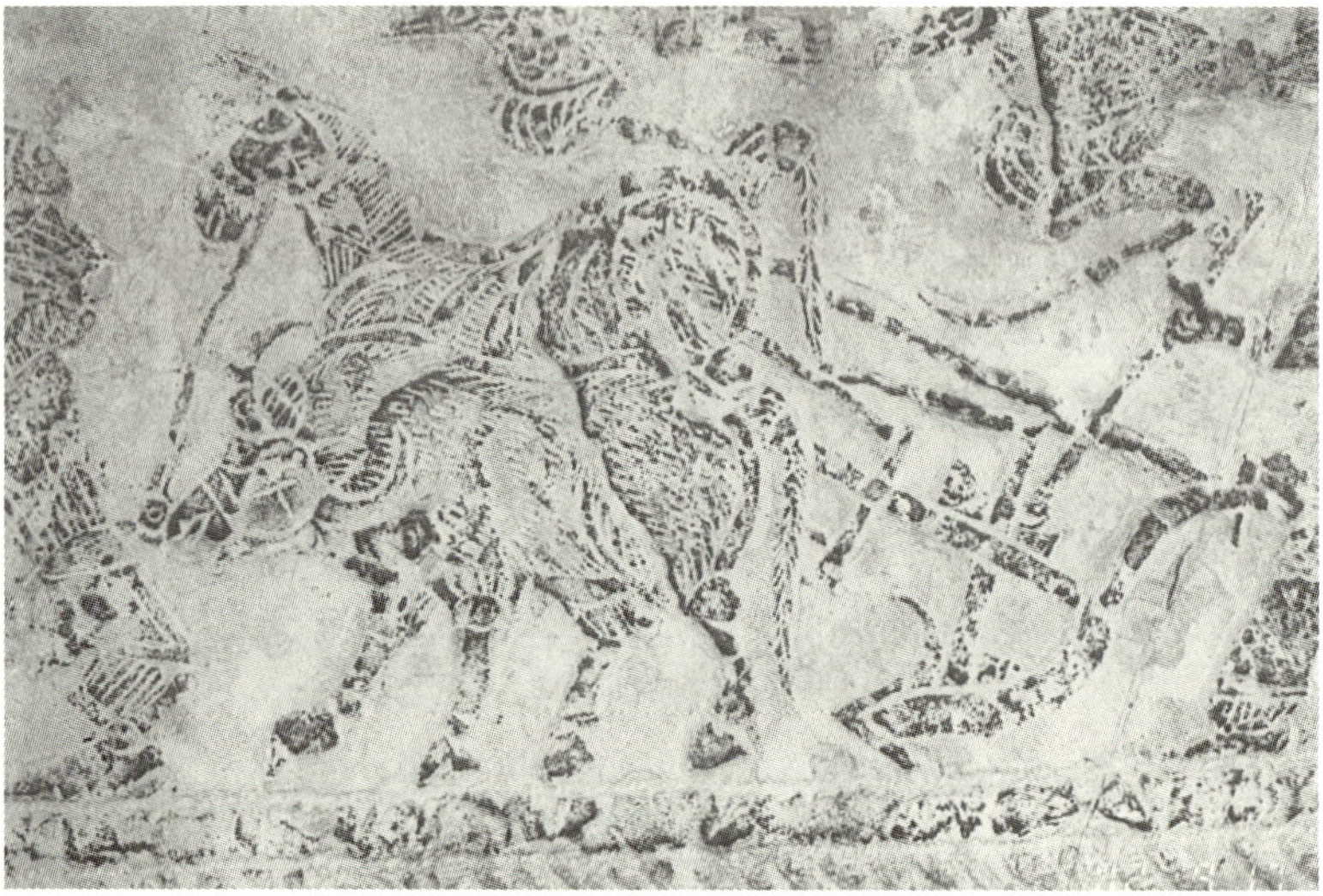

圖版２　棗莊市出土農耕畫像石中の牛馬挽犂圖部分（滕州市漢畫像石館所藏、2002年渡部撮影）

いほどある。そのような情報を微山縣文化館の學藝員楊建東氏から教えられると同時に、考古發掘されて同館の中庭に搬入された石槨畫像石のいくつかを熟覽することができた。

漢代畫像のモチーフはまことに多彩で、死後の神話的世界はもとより、當時の人びとの日常の生產活動や娛樂に至るまで、實に樣ざまな情景を活寫しており、社會史資料としてきわめて貴重である。私はこの旅行を通じ、山東石刻藝術博物館、滕州市漢畫像石館および鄒城博物館において、漢代の重要農業史資料である犂耕畫像石各一點を撮影することができた。いずれも

圖版３　山東省滕縣黄家嶺出土後漢時代農耕畫像石中の牛馬挽犂圖部分（『中央研究院歴史語言研究所藏漢代石刻畫象拓本精選集』1994年、圖33より）

圖版４　安徽省宿州市蕭縣出土の牛馬挽犂圖畫像石。上段に馬車に乗る官員圖があり、この犂耕圖は下段部分。時代は後漢から三國時代と推定されている（『漢畫解讀』2006年、129頁掲載圖版より）

二頭の挽畜に犂を曳かせる畫像であるが、その内の一點滕州市漢畫像石館所藏の棗荘市出土後漢犂耕畫像石（圖版１、２）は、牛と馬とを併用して犂を曳かせており、はなはだ異様な印象を受けた。牛と馬とでは身體構造が根本的に異なっており、そのため車や犂を牽引するに當って繫駕方式が全く違ってくる。私がこの牛馬挽犂畫像石に深い關心を抱いたのは、別にもう一點の同樣の畫像石の存在を知っていたからである。それは山東省滕縣（現在の滕州市）出土の事例（圖版３）で、この畫像については、すでに私は自著などの中でとりあげたことがある[1]。しかし、當時は唯一の事例ということで、比較検討すべき資料を持たなかった關係上、この滕縣出土の牛馬混用犂耕圖を傳承の途絶えた古代説話の一場面を表したのではないかと疑い、それ以上詮索することを控えた。ところが種類の異なる家畜を混用して車や犂を牽引する傳統は、私が直接に目撃したわけではないが、今日に至るまで中國農民のあいだで傳承され、複數の友人が華北地方での目撃體驗を教えてくれた。ただし、さらにその繫駕方式を質問すると、友人たちの返答は一様に曖昧であった。

この牛馬などの役畜混用による繫駕方式の解明は、中國における犂耕技術發展史上きわめて重要な意義を有する。幸いにも本稿を執筆中、さらに安徽省宿州市蕭縣出土の新資料一點（圖版4）を追加することができた。本稿では合計三點の漢代牛馬挽犂畫像石を犂耕技術方面から検討を加えることで、この繫駕法の問題に言及してみたい。

一、漢代の犂のタイプ

まず牛馬挽犂畫像石の説明に入る前に、漢代の犂の形態とその特色について以下簡略に解説しておこう[2]。

畫像石や壁畫などに描寫された漢代の犂は、通常「枠型犂」と呼ばれるタイプの犂で、この枠型犂はさらに二つのタイプに細分できる。一つは圖版1～3に示したように犂床と犂梢とが一體となり、ほぼ無床犂に近い三角枠型犂タイプ、そしてもう一つは犂床と犂梢とが別材によって構成された方形枠型犂タイプである（圖版5）。山東および蘇北地方で發見された犂耕圖中の犂は全てが前者に屬し、一方、陝西地方（とくに陝北地區に畫像墓が集中）および内蒙古（和林格爾漢墓壁畫）で發見された犂耕圖中の犂は全てが後者に屬す。つまり漢代の華北の犂は東西で大きく二つにタイプ區分が可能であった。また犂の繫駕方式は、二牛の頸に差し渡した横槓（犂衡）から牽引力を取る「二牛擡槓式」

圖版 5　陝西省綏德縣白家山出土後漢時代犂耕畫像石。典型的な二牛擡槓式の長轅方形枠型犂で耕作している（李貴龍・王建勤主編『綏德漢代畫像石』陝西人民美術出版社、2001年、圖90より）

圖版 6　二牛擡槓式犂による水田の荒起こし作業。その後に耖耙（マグワ、寫眞の右上の農具）をかける。横槓は兩牛の背の瘤（肩峰）がクッションとなっているので、牛の牽引力をうまく引き出せる。ただし狹い水田内での犂の方向轉換は一苦勞である（雲南省洱海ほとりの雙廊にて、1995年 5 月渡部撮影）

が普及していた。[3] この場合、犂轅の先端を横槓に結着して畜力を犂に傳えるわけであるが、そのため犂轅は眞直ぐで、しかも長くせざるを得ず、そのことが犂の方向轉換操作を著しく妨げた。長直轅枠型犂のほかに單直轅の枠型犂もあり、一牛で犂を牽引する場合にこの短轅犂（役畜に引綱を結び曳かせるので搖動犂でもある）が採用されたと思われる。[4] さらに出土文物から判明することであるが、鐵製の犂鏵（犂先）と犂冠（掘土効果を高め犂先の損耗を防ぐための装着部品）は規格が一律ではなく、土壌の性質や作業の内容に應じて先端の角度の鈍鋭、形の大小があった。犂轅は犂柱によって貫かれているが、犂鏵は、片側に土塊を翻轉させるタイプのものと兩側に翻轉するタイプのものとがあった。犂轅は犂柱によって貫かれているが、その貫通する犂轅の上端部に装着されている器具（唐代の陸龜蒙の『耒耜經』に言及されている「評」とそれを固定する楔の「楗」に相當）でもって、犂轅を上下に調節固定することによって耕深を變えることができた。

漢代の畫像に描きとどめられた犂耕圖は、すべてが秦嶺―淮河線以北の畑作地帯におけるもので、以南の水田地帯における圖像は未發見である。[5] 中國における犂の使用については、華中・華南地方に比べて華北の畑作地帯での採用のほうがはるかに古く、枠型犂（特に方形枠型犂）の發達と改良は、華北の乾地農法（dry farming）の形成に歩調を合わせて成就されてきた。このタイプの犂の大きな特色は淺耕に向いていて、深耕には不向きであったことである。そのことは華北の土壌性質と氣候風土とに大いに關係があった。周知のように華北地方は廣い範圍にわたって黄土（loess）によって覆われ、古くより天水に依存する無灌漑農業を行ってきた。年間の平均的降水量は四〇〇～六〇〇ミリメートルで、そのほとんどが八月から九月にかけて降り、肝心の播種期および幼苗期の春季に、農民たちは著しい水分不足に惱まされることになる。そのため「十年九春旱」（十年のうち九年間は春の旱魃に見舞われる）という農諺が人口に膾炙されてきた。また黄土は「砂漠レス」と稱されるように、西方の砂漠地帯から風によって運ばれ堆積した關係上、微粒の細砂やシルトから構成され、透水性がよいと同時に、毛管の水の上昇に伴って土中の鹽分を土壌の表層に析出させ、含鹽アルカリ化現象を引き起こす。いわゆる「斥鹵之地」がこれである。そこで農民たちが考案したのが降水を可能な限り土中に蓄え、作物の生育および成熟に必要な時期まで保持する土壤處理技術と栽培作物を合理的に組み合わせた輪作體系であった。北魏の農學者賈思勰も農諺を引用しながら、その著作『齊民要術』の中でそのことを繰り返し強調している。ことに秋の收穫後に犂で土壤を淺く耕起し、耙（マグワ）で土塊を砕き、そして耮（枝條を編んで拵えたハロー）もしくは耱で土壤を細碎・鎮壓する乾地農法體系が、この賈思勰によって初めて文字記錄として殘されたのである。

中國農民が乾地農法のメカニズムに氣づいたのは、賈思勰の時代よりもはるかに古く、すでに漢代には完成していたであろうと思われる。[6] 枠型犂という形態がそのことをよく物語っている。とくに方形枠型犂の機能は深耕には適しておらず、もっぱら淺耕に向いていたのは、乾地農法に深く關わっていたからである。後に水田に方形枠型犂が轉用されていくが、その機能は耕盤を締め、水田の漏水を防ぐ方面に効果があった。

二、三點の漢代牛馬挽犂畫像石

それでは問題の三點の牛馬挽犂畫像石を紹介することにしよう。第一は山東省棗莊市出土の後漢畫像石（圖版1、2）である。前述したように、この畫像石は滕州市漢畫像石館に展示されており、それを最初に詳細に報道したのは、文物關係週刊新聞『中國文物報』で、以下のように記されている。[7]

昨年（一九九七年）七月二十三日、山東省棗莊市某村の村民が小學校の庭園を整備している際に、一つの古い墓石を發見した。その墓石の表面には人物と牛馬の類の畫像が彫られてあった。ある村民が壁の積み石に轉用しようとしたところ、東堌城小學校長の張永繼によって制止された。張永繼と教員たちはこの畫像石を滕州に運び、滕州市漢畫像石館に引き渡した。

この畫像石は横長で、殘長は一八〇㎝、幅は八〇㎝。左から右方向に圖像を說明すると、まず一頭の獸がいて、その背中には曲藝を演じているような一人物が描かれている。その後ろに一人物が犂を裝備した一牛一馬を先導し、犂を操作する一人物が後に隨う。最後尾には钁〔鍬〕を擔いで斧を所持するもう一人の人物がおり、牛馬の上空には二羽の鳥が飛翔し、そして畫面〔欄外〕の右側に一獸が描かれている。

この漢代畫像石の內容は農業勞働者たちの家路につく喜びの樣子を表現している。『續滕縣志』金石志によると、かつて滕州市王家嶺〔黃家嶺の誤りか―渡部補〕から出土した漢代の牛耕畫像石も一牛一馬で犂を曳く圖であった（この畫像石はすでに破損し拓本が現存するのみ）。この新發見の畫像石は淺浮き彫り技法を採用し、時代は後漢中期に屬し、漢代の棗滕地方一帶の農業生產方式、生產力の發展情況および民俗などの方面において、重要な考古的價値を有する。

この犂耕畫像石に描かれている犂は三角枠型犂で、犂柱と犂轅との交差する部分には耕深調節用の「評」に相當する器具が裝備されており、犂鏵の後部には反り返った犂鏵が裝備されている。また犂轅の途中に引木があり、その兩端に引綱が結ばれている。また牛の鼻環（棬・桊）と馬の頭絡（面繫）もしくはハミエダ（鑣）の間は一本の綱で結ばれている。この犂耕圖の最大の問題點は、牛馬の肩部に差し渡された横槓の存否、犂轅の長短の區別、および引木の引綱が牛馬にどのように結着されているのかが定かでなく、繫駕方式が解明できないことである。この點については後に再び檢討する。

第二の牛馬挽犂後漢畫像石（圖版3）は山東省滕縣黃家嶺のもので、大きさは縦五五㎝×横一九〇㎝。ここでは犂耕圖部分のみしか掲載しないが、上下二段の圖像より構成されている。上段には迎謁圖と刀劍鍛冶圖があり、下段にはこの犂耕圖のほかに鍬を用いての中耕作業、一頭の牛に耱（もしくは輥軸・磟碡。耙という說もある）を曳かせての土壤鎭壓作業などが描寫されている。[8] これは犂での耕起と耱での鎭壓作業がセットで表現された最古の事例で、乾地農法の普及を知る上での重要資料でもある。この犂のタイプも棗莊出土畫像と同様に三角枠型犂で、耕深調節装置を備えている點でも兩者は酷似している。犂の繫駕方式については、拓本の表現には限界があって解明は困難である。

この滕縣出土犂耕畫像石については、文革前に考古學者の方壯猷が拓本などの圖版を示さずに、雜誌『考古』誌上に以下のような簡單な紹介を行なっている。[9]

滕縣の犂耕圖では、前面で犂を牽引しているのは一牛一馬で、犂轅の先端は牛に繫駕され、馬については引綱の一端を馬の頸に結び、別の一端を犂轅〔拓本に依據するならば犂柱―渡部補〕の先端に結び付けている。これは後世の短轅犂の端緖を成すものである。

この方壯猷の見解によると、犂を曳く主畜は牛で、馬はそれを補助する役畜ということになる。またこの犂を長轅犂ではなく短轅犂であると推定している。方壯猷がこのような結論を導き出した理由は、たぶんこの兩役畜の間に二牛擡槓方式のような繫駕法が認められなかったからであろう。彼の見解に對して山東文物考古研究所の蔣英炬は、實際に見聞した農村での慣行を踏まえながら、次のような圖像解釋を行なっている。[10]

……しかし、前述の繫駕方式〔二牛擡槓方式―渡部補〕は畫像中からはっきりと識別はできない。圖像中から比較的明瞭に識別できるのは、馬の口元の銜環〔ハミエダ〕と牛の鼻環との間の連結綱で、これは車制繫駕用語で「軜」と稱しており、いわゆる內轡のことである。一牛一馬による犂の牽引では、明らかに單長轅の「二牛擡槓」方式は用いることができない。圖像の示すところによると、牛を轅につけ、馬は引綱でもって傍らで牽引している。このような牛馬組み合わせ方式は、今日の農村での耕作に依然として採用されている。現在、北方の農村では耕作の際、耕起を主導する役畜を内側に歩かせ、添えて引かせる役畜を外側に歩かせる。この犂耕圖にそれを照應させてみると、轅をつけた牛は內側を歩いており、牛が主役で、これを「服牛」と稱することができ、また馬は傍らで牽引し外側を歩いているので、これを「驂馬」と稱することができる。

蔣英炬の解釋は現實の例に依據した說明なので說得力がある。中國の傳統的農器具研究に造詣が深く、自らも農具の設計を手がける山東省濟寧市在住の周昕は、蔣英炬の解釋に全面的に贊同している。蔣氏はこの犂を二牛擡槓式の犂ではないとしか言っていないが、換言するならば短轅犂と認めていたことになろう。周昕は「單直轅」であると明言している。[11]すると主導役畜である牛に犂を曳かせるためには、軛（頸木）や引木などの繫駕具を必要とする搖動犂となってくるはずであるが、その點についてこの畫像石は何も物語ってはくれない。

第三番目の牛馬挽犂畫像石は安徽省宿州市蕭縣虎山で回收されたものである（圖版4）。時代は後漢から三國時代にかけてと考えられているが、ほかの畫像石の作風と比較すると後漢末の作と認めても問題はなさそうである。近年、安徽省の宿州市および淮北市の兩市出土の畫像石整理が進み、ようやくその全貌が明らかになりつつある。[12]當該地域は江蘇省徐州市に程近く、前漢時代は沛郡に、また後漢時代は沛國にそれぞれ屬した。沛郡は漢の高祖劉邦の故郷でもあり、王侯將相や貴人豪族が居住した關係もあり、漢代には「厚葬の風」が席卷し多くの畫像石墓が造營された。

この畫像石は「牛馬同耕圖」と命名され、劉輝は以下のように解說している。[13]

この畫像は二段に區分されている。上段には、一官員が一頭引きの馬車に乘って左方向に進み、その傍らに一羽の飛鳥、笏を持って出迎える二人の人物が描かれている。下段には、一農夫が鞭を揮って牛・馬に犂を曳かせて耕作する樣子が描かれている。牛・馬の間には一本の橫木が差し渡され、平衡を保つ働きをしている。犂の上部には鞍形の犂鑱が裝着され、これは土壤を兩側に翻轉して膨軟にし、土壤の表面の有機物質を地面下に翻入することで基肥とするのである。左上方に飛鳥と鷹が各一羽おり田間で餌をあさっている。その傍らに飲食を運ぶ一婦人がおり、それを農夫に屆けるところであろう。また飼い犬がその後に付き隨い、その恩惠に與ろうとしている。……この畫像は牛・馬を組み合わせての犂耕を表しており、畜力の使用とその役畜の組み合わせが一段と進歩したことを示している。

この牛馬挽犂畫像石は二つの點できわめて注目される。第一は犂の形態である。蘇北および山東地方から發見された漢代犂耕畫像は、そのほとんど全てが三角枠型犂であったが、この蕭縣出土畫像中の犂は犂柱のない長轅犂で、犂鑱を犂梢（犂身）にくくり付けて犂梢が犂柱を兼ね、後部に張り出した犂床の後端部と犂梢との間に垂直に補強材が加えられている。また犂轅は犂梢に對してかなり高い位置に接合されている。これでは牽引力點（役畜の肩端附近）を通る牽引線（長轅部分に相當）が犂體の抵抗中心點（犂鑱の先端部分）から離れすぎていて、耕作作業中の犂體の安定性はきわめて良くなかったはずである(14)。インド各地では、二牛で牽引する犂柱のない短床もしくは無床の長直轅犂が用いられており、多くの場合その長直轅は犂梢に對して低位置に接合される。しかも犂轅をひときわ長大にした目的は、牽引線が犂體の抵抗中心點にできるだけ接近することによって、犂體の安定性を獲得するためにあったからではなかろうか。しかしその反面、犂轅が長大になればなるほど、犂體の方向轉換の利便性は失われていくことになるが、大田での耕作作業においては一向に問題となり得なかったと考えられる。

第二の注目點は、やはりその繫駕方式である。通常「二牛擡槓方式」は文字通り二頭の牛に對して採用される繫駕方式であるにもかかわらず、ここでは牛馬に對して適用されている。牛は肩の上部に筋肉でできた瘤（肩峰）があるので、この前部に横槓を差し渡して綱で頸に結着し、犂を曳かせても氣管を壓迫することはない。ところが馬の場合は身體の構造が牛と比べて全く異なり瘤がないので、牛と同様に横楨をくくり付けて犂耕作業をさせたならば、必ずや氣管を壓迫してしまうに違いない。しかも歩く速度の異なる牛と馬を併用して、本當にこのような二畜擡槓式が有り得たのであろうかという疑問がわいてくる。しかし、漢代の畫像石、畫像磚および壁畫中に見られる農耕技術に關する圖像はおおむね正確であり、この圖像中に見られるような繫駕法の存在を認めなければなるまい。その理由は、畫像墓などの築造に當って、その地域内の民間の畫工や石工がその制作に直接關與し、彼らは日常の生産活動の實際に精通していたので、圖像の細部は省略したと考えられるからである。(15) この蕭縣出土犂耕圖の場合、牛と馬の口部にそれぞれ手綱が結ばれ、兩綱の反對側の一端が操犂人の左手部分にある（たぶん犂梢の先端に卷きつけてある）。私自身の西南中國農具調査の經驗によれば、犂耕の際の役畜の方向轉換や作業の開始と停止には、鞭、掛け聲およびこの手綱操作を組み合わせて行なう。二牛擡槓式犂耕でよく訓練された牛（これを熟牛と稱する）を用いるならば、一方の牛だけに手綱を付けることで事足りる例を目擊したことがある。牛馬混用の場合は異種の役畜ということで、雙方に手綱を必要としたのであろうか、その點は定かではない。

以上、三點の牛馬挽犂畫像石を紹介してみたが、馬の役割に關しては、驂馬（添え馬）であろうという推測説、および兩畜擡槓式の一方を擔っていたという確證説の兩説が竝存することとなった。このような異種の役畜混用の習俗については、文獻史料中から拾い上げることはきわめて困難である。そこで次節において解放前や近年の中國旅行記、民俗報告書などの記事から、このような習俗事例を若干紹介し、あわせて中國農民が牛馬挽犂方式をなぜ採用するに至ったのかを考えてみることにする。

三、中國における役畜混用の習俗

異なる役畜を混用する中國の傳統的習俗は、外國人旅行者に對して一樣に奇異な印象を與えた。大正から昭和にかけて支那通として有名であった中野江漢の見聞錄に、以下のような一文がある。[16]

> ……數頭を用ゆる場合に、車輛直前に繫駕するものを「臺馬」といふ。此馬は溫順でなければ他の馬に及ぼすので盲目を用ゐる習慣がある。甚しきに至つては、故意に眼瞼を刺絡することがある。殊に最も奇觀なるは、一車に牛馬驢騾を混用することである。四種ともその性質異なる如く、休息の際は、馬は起立し、牛は偃臥し、驢は反轉し、騾は間食する等各々別々の運動をする。然るに一旦之を車輛に繫駕すると、能く一致協同の動作をなし、相反撥することがない。それは使役者の技能に賴ることであらうが、支那に慣れない人から見ると奇異に感ずる。

脫穀・製粉などの調製作業で、石碾を回轉させる役畜の眼に刺絡する例を私は知っているが、それを車輛の挽馬に施すというのは初耳である。また、敗戰色の濃厚となった昭和二十年（一九四五年）二月から四か月間、人文地理學者飯塚浩二は滿蒙調査を敢行した。その日記の六月十日の條に次のような記錄が見られる。[17]

> 亞溝（阿城の一つ東の驛）（現在の黑龍江省ハルピンの南――渡部補）發の列車に乗りたいというわけで、早めに出發。白い滿馬と騾馬との二頭立ての大車で、街道を走らせる。よくみていると、索條でつながれた騾馬のほうは、轅につながれた滿馬と歩調を合わせているだけで、ちっとも力になっていない。しょっちゅう索條がたるんでいるのだが、馬夫の青年はいっこうおかまいなしで、騾馬にはめったに鞭をあてない。しかもたまたま鞭をくれると、

騾馬の奴は不滿を示す足蹴りをやる。默々として獨り頑張っている白い滿馬にいたく同情すると共に、馬夫の不公平な扱いにいらいらしてくる。

以上の二例は車輌の牽引における異種の役畜混用例であるが、前者の中野の記録においては、車輌の轅（たぶん複轅）を「臺馬」に繋駕したのであろうが、他の牛・驢馬・騾馬の三種の役畜の具體的繫駕法については判然としない。後者の飯塚の記録においては、馬が主導役畜で、騾馬は役立たずと悪口を言われているけれども驂馬の役割を果たしている。

犂の牽引に關しても、異種の役畜混用の記録を見出すことができる。明治四十二年（一九〇九年）、約半年間にわたって日本、朝鮮および中國の農村を視察した米國の農學者キングは、滿洲（現在の中國東北地方）でその實例を目擊して、次のように記している。[18]

滿洲の畑は支那のより一層大きく、そして列條のあるものは四分の一哩の長さは充分あつた。それ故耕作は驢馬と牛を使つてなされ、そして澤山の人が四人、七人、十人、二十人の集團をなし、また或る畑では五十人もが一團になつて粟畑を除草してゐた。……そしてかれらは多分九月か、十月に歸る豫定で、山東の人口稠密な地方から春にやつて來た人びとであらう。……狹くて、深い溝と畦がつくられてゐた畑では、竝んで馭される一匹の大きな牡牛と二匹の小さな驢馬が一組となることが多かつた。そしてその三匹は鄰り合う列條を歩き、牡牛或ひはその代りの大きな騾馬が犂を引いてゐた。

滿洲への先驅的な入植者としては、清末以降に山東地方からやって來た漢族が多く、そのような事情から山東人と滿洲とは密接な關係を有していた。[19] その山東地方の役畜混用については、キングの旅行の二年後の明治四十四年（一九一一年）、青島の中德高等學校農業講師に招聘されたドイツ人ウィルヘルム・ワグナーが貴重な記録を殘している。

彼は山東地方を中心にすぐれた農業報告書『中國農書』を著し、その中で

小さな農業經營では、この驢は牛と共に繋がれて、農具である犂を牽いてをり、また大きな農業經營でも穀物の脱穀や製粉に使用されてゐる。……大種の驢は主として乘用馬として用途を見出してゐるのに反して、中種及び小種の馬は農業經營に於て駄獸及び輓獸として用ゐられてゐる。

と述べ、小農經營における驢馬と牛の混用犂耕を指摘している。[20] この譯文は高山洋吉によるもので、この冒頭部分を天野元之助は滿鐵の調査報告書中において「比較的小さな農業經營では、驢は牝牛の傍らに牽かれて、農具を曳き、比較的大きな農業經營においては、穀物の脱穀と製粉に使用せらる」と、驢馬の役割を驂馬のように譯出している。[21]

また次のような報告もある。[22]

濰縣では、小農家では驢・黄牛が多く、大農は一般に騾・馬を使ひ、中等の農家では、通常一、二頭の騾及び一、二頭の牛或は驢を飼つてゐる。そして驢と黄牛と云つた色々の動物を、一つに組合せて驅使せられるのである。

ちなみに、このような役畜混用による犂耕作業でどれほどの能率を發揮できたのであろうか。これに關しては天野元之助による若干の報告がある。[23] 彼は青島日本商工會議所の調査資料から山東省各地における各種家畜混用統計表を作成し、牛と騾馬との組み合わせを、①牛・騾各一頭、②牛二頭・騾一頭、③牛一頭・騾二頭の三タイプに區分している。それらの一日當りの耕耘畝數を見ると、①タイプ：大畝二畝（泰安）、小畝四畝（臨城、徳州）、大畝一畝半（濰縣）、小畝五～六畝（高唐、臨清、清平、東昌）、②タイプ：小畝三畝（嶧縣）、大畝一畝半（博山）、小畝五畝（東阿、蒙陰、沂州）、③タイプ：中畝（三六〇弓）五～六畝（即墨、平度）と、その數値は實に様ざまである。地積單位の畝に大・中・小の區別があるのは、解放前の度量衡の不統一に起因し、この數値によって各地の作業效率を相互に比較するのは困

難である。[24]

以上、いくつかの役畜混用による耕作記事を引用してみたが、このような慣行が形成されてきた背景には、零細經營農家の間における勞働力や農具の交換利用があったからであろう。戰前に滿鐵調査部の慣行班が實施した華北農村慣行調査報告書（『中國農村慣行調査』全六卷、岩波書店、一九五二〜五八年）を繙くと、家畜の相互貸借を「搭套」、家畜と農具の相互貸借を「插套」、家畜と人の勞働力の相互貸借を「夥養活」「打具」、人の勞働力のみの貸借を「幇工」とそれぞれ稱していたことが分かる。この搭套ということばの意味は「車を引く驢馬と驢馬とを繫ぎ更に車と結びつける繩のこと」（同書、第一卷、七七頁）で、よくその實態を表している。また天野は、零細農家間での農具・家畜の相互貸借を「括具」あるいは「夥具」と稱した事例を紹介している。[25]

ところで熊代幸雄は役畜混用を可能とさせた理由を、中國犂の構造と家畜の調教技術にもとめている。以下その說明を引用しておこう。[26]

> 東アジア・中國犂の搖動性は、長床（犂底＝いざりが長い）、輕犂であり、短轅でも有輪化する契機がない。したがって牽畜は黃牛が主であっても輕馬、騾、驢など單畜、ないしそれらの組合わせの連畜での犂耕が可能である。犂體自體が機動性に富むばかりでなく、牽畜の選定もきわめて多種、彈力的である特徵をもつ。連畜のばあいは、とくに多樣な牽畜の組合わせには、老練な調教を要する。この調教は傳統的に日常の集市、市鎭への外出・購販・往復に際して、車を頻繁に利用することで農民たちは練達してきた。役畜飼養の集體化がこのばあい大きな變化を與えたのであろう。

私はこの熊代の說明をきわめて妥當と考える。中國の前近代社會を支えてきた小經營生產樣式および乾地農法の長い傳統を考慮するならば、社會的および技術的性質には極端な斷絕はなく、もし犂耕技術史上に大きな變化を認めるとしたならば、魏晉南北朝頃に華北の乾地農法の農具體系が江南から嶺南の水田地帯に技術移轉し、曲轅犂が考案されたことを取り上げなければならない[27]。したがって、中國（特に華北地方）における役畜混用の習俗は、少なくとも二千年近い傳統を有していたと推定できる。

四、役畜混用における繫駕法について

前述のように、三點の牛馬挽犂畫像石において、その犂の繫駕法が明瞭に判別できるのは圖版4の蕭縣出土畫像石のみである。殘りの二點の畫像石については馬を驂馬と推定するよりも以前に、犂自體が短轅もしくは長轅なのか、それと牛軛の裝着の確認が困難な牛を主導牽引役畜と斷定してよいのかどうかを問題にすべきだと、私は思っている。二牛擡槓式の場合はその繫駕方式はきわめて明らかで、現在においても傳統的な犂耕作業中によく見られ、その形態は二千年來變わることがない（圖版6）。また一頭曳きの牛の繫駕法についても早くから軛が使用せられ、漢代の畫像中にしばしば牛車の複轅に結着された軛を觀察することができる。この形態も今日に至るまで繼承されている（圖版7）。ところが車や農具を牽引する馬についての繫駕法については、いくつかの段階的技術發展を經てきた。

中國科學技術史研究者のジョセフ・ニーダムは、中國の馬具の發展變遷を三段階に考えている。すなわち、①古代の喉=腹帯式馬具（throat-and-girth harness）、②古代から中世にかけての胸帯式馬具（breast-strap harness）、そして③近代の頸帯式馬具（collar harness）の三段階である。とくに②の胸帯式については、秦漢時代以前の早い時期に考案され、「古代および中世初期の中國に特有のもの。胸骨へかかる壓力により牽引線が直接骨格につながれているので、充分な牽引力が出せた」と述べている[28]。また③の頸帯式馬具における頸帯=補強パッド（ハモ。中國では墊子、擁子、

圖版７　黄牛１頭曳きの方形枠型曲轅犂。軛からのびている引綱は引木に結ばれ、耕作者は右手で犂梢の先端を、左手で手綱をそれぞれ握り、聲をかけながら畑を耕作する（陝西省西安市郊外、1987年７月渡部撮影）

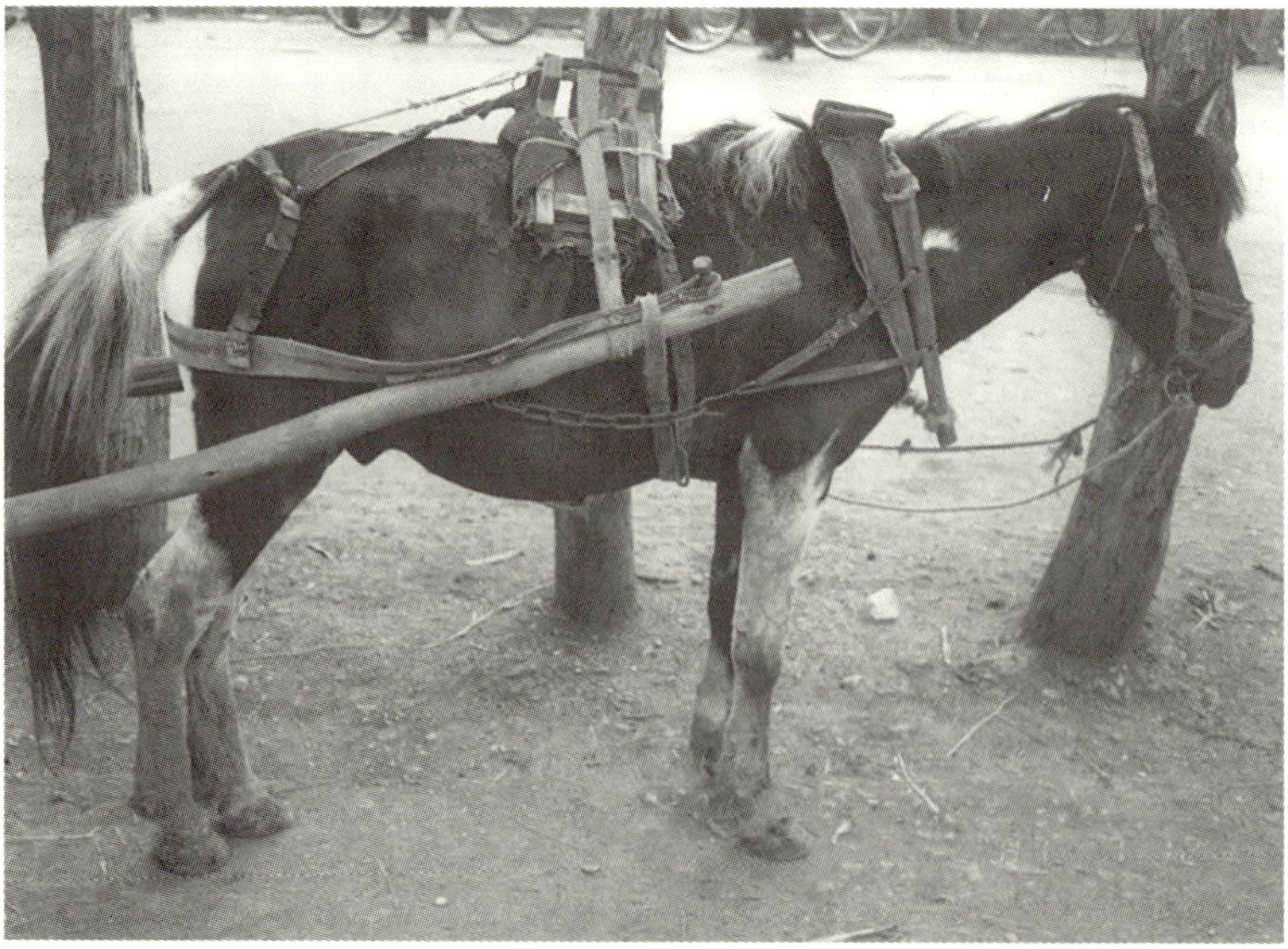

圖版８　墊子（ハモ）と挾板子（ハモ木）を組み合わせた頸帶式繋駕法による馬車。複轅は腹帯で留められた鞍部に吊るされており、牽引綱は複轅からのびた鐵鎖に引っ掛けられている（雲南省石林近くの小板橋の定期市にて、1987年７月渡部撮影）

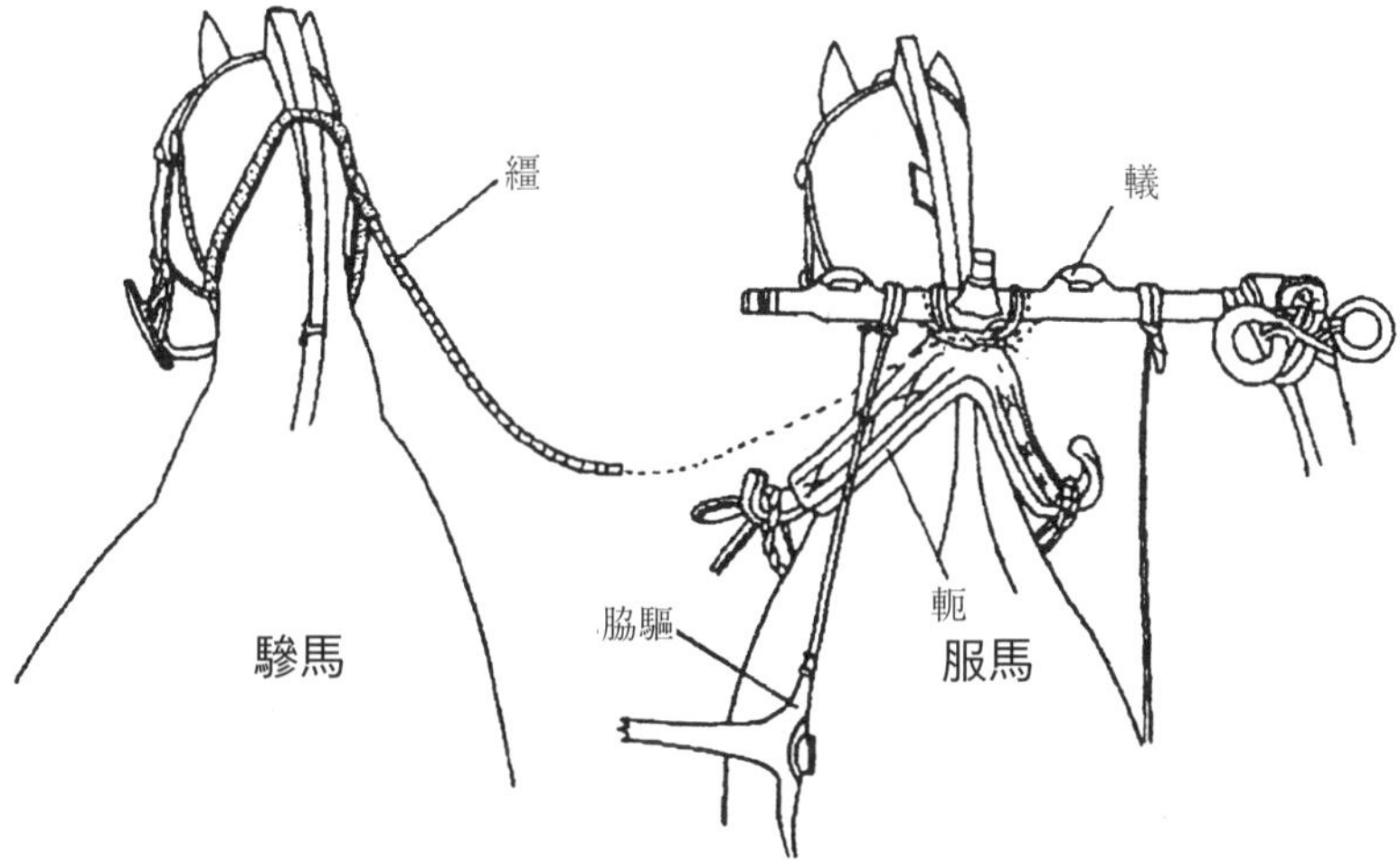

圖版９　秦の始皇帝陵出土の銅馬車に見える服馬と驂馬との關係（汪少華著『中國古車輿名物考辨』商務印書館、2005年、71頁圖版より）

套包子、搭背などと稱す）と引綱を結ぶ木枠（ハモ木。中國では挟板子、梜板子、夾板などと稱す）の考案は、馬の牽引力を最大限に引き出すことを可能にし、馬の繋駕法における最大の技術革新であった（圖版８）。ニーダムはその考案時期について、以下のように述べている[29]。

> 頸帶式馬具が唐代、すなわちヨーロッパにおけるその最初の畫像が現れるより二、三世紀前に、知られていたということを、私は敦煌近くの千佛洞（莫高窟と呼ばれている）の石室で一九四三年に滯在した何週間かを通じて確信するに至った。

ニーダムは頸帶式馬具の考案を唐代と述べているが、別の箇所では遠慮がちに、それ以前の北魏時代（五世紀末）まで遡るであろうと推定している。この點については出土文物が著しく增加した今日、再檢證してみる必要がある。

馬や牛などの役畜を混用するには、確かに熟練した家畜の馴致技術も必要である。しかし、それらの役畜に百パーセントの本領を發揮させるには、牛の軛、馬の頸帶式馬具および引木などの繫駕具一式の完備、さらにはそれに曳かせる犂が曲轅犂であるという諸條件が必要不可缺である[30]。それらの諸條件が整って、はじめてその目的が達成されるのである。圖版9は、秦の始皇帝陵から出土した銅馬車における服馬と驂馬との關係を示したものである。蔣英炬の說によれば、山東省滕縣黃家嶺出土の牛馬挽犂畫像石中の牛が、この服馬の役割を果たしていることになるが、その牽引力效率は萬全ではなかったろうと思われる。しかし、蔣英炬の證言にもあるように、このような役畜混用による犂耕方式も傳承されてきたのである。

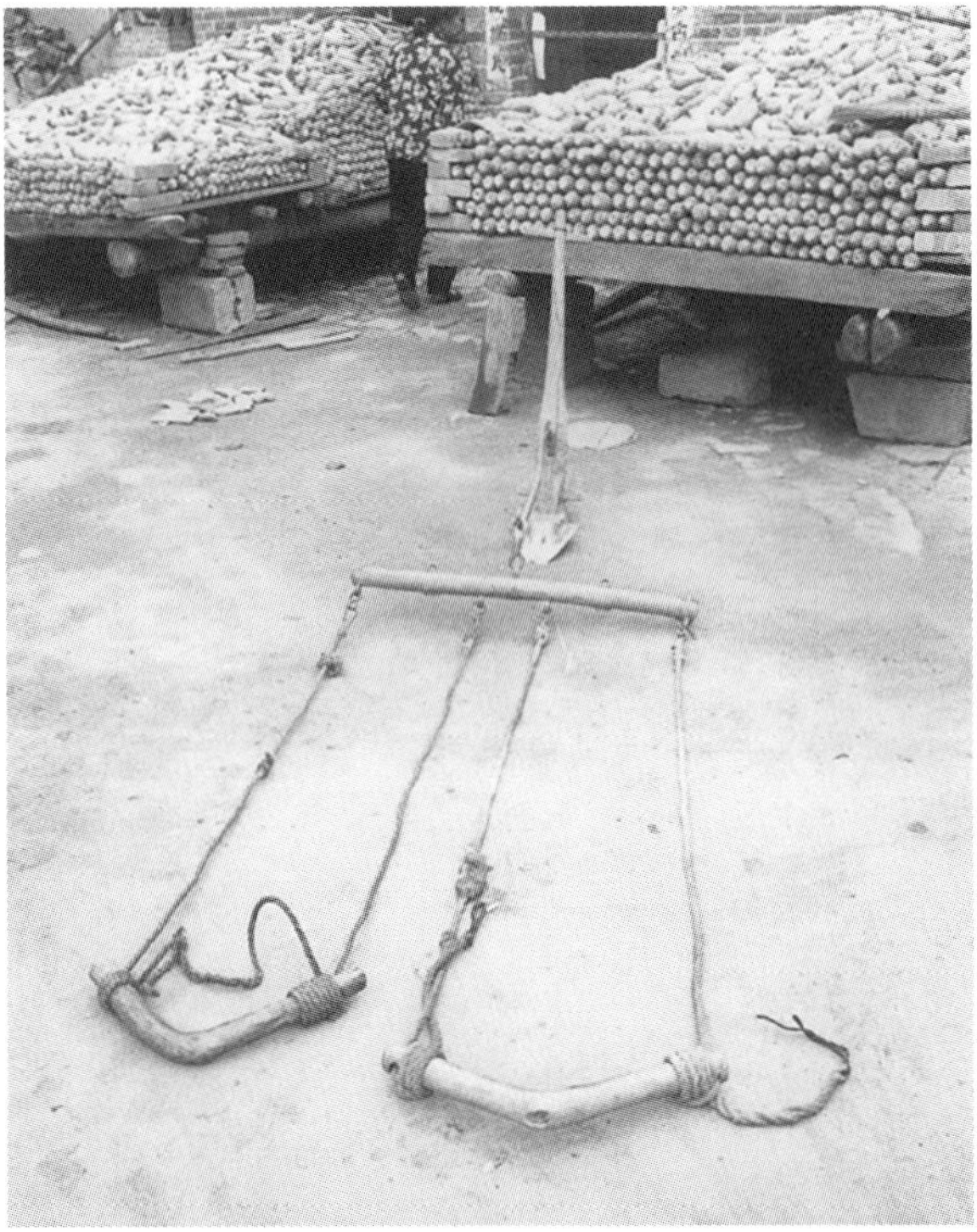

圖版10　黃牛２頭曳き犂の繫駕具。軛からのびた引綱は引木のフックに留められる。引木の中央部に鐵環があり、ここに犂轅が裝着される。また引木の兩側にある鐵環は方耙を使用するときに留める（山西省沁水縣西文興村にて、2005年11月渡部撮影）

現在、中國の傳統的な二牛牽引の曲轅犂は、圖版10のように二頭の黃牛にそれぞれ軛を裝着し、そこから延長した引綱を共用の引木に結び、さらに引木の中央部の鐵環と犂轅の先端とを結ぶのである。この圖版寫眞は山西省沁水縣で記錄した事例であるが、私は同樣の方式を四川省と雲南省との境の瀘沽湖地方でも記錄した經驗がある[31]。また土壤の性質が重粘であったり、または荒地の開拓であったりした場合には、圖版11の連畜を多くす

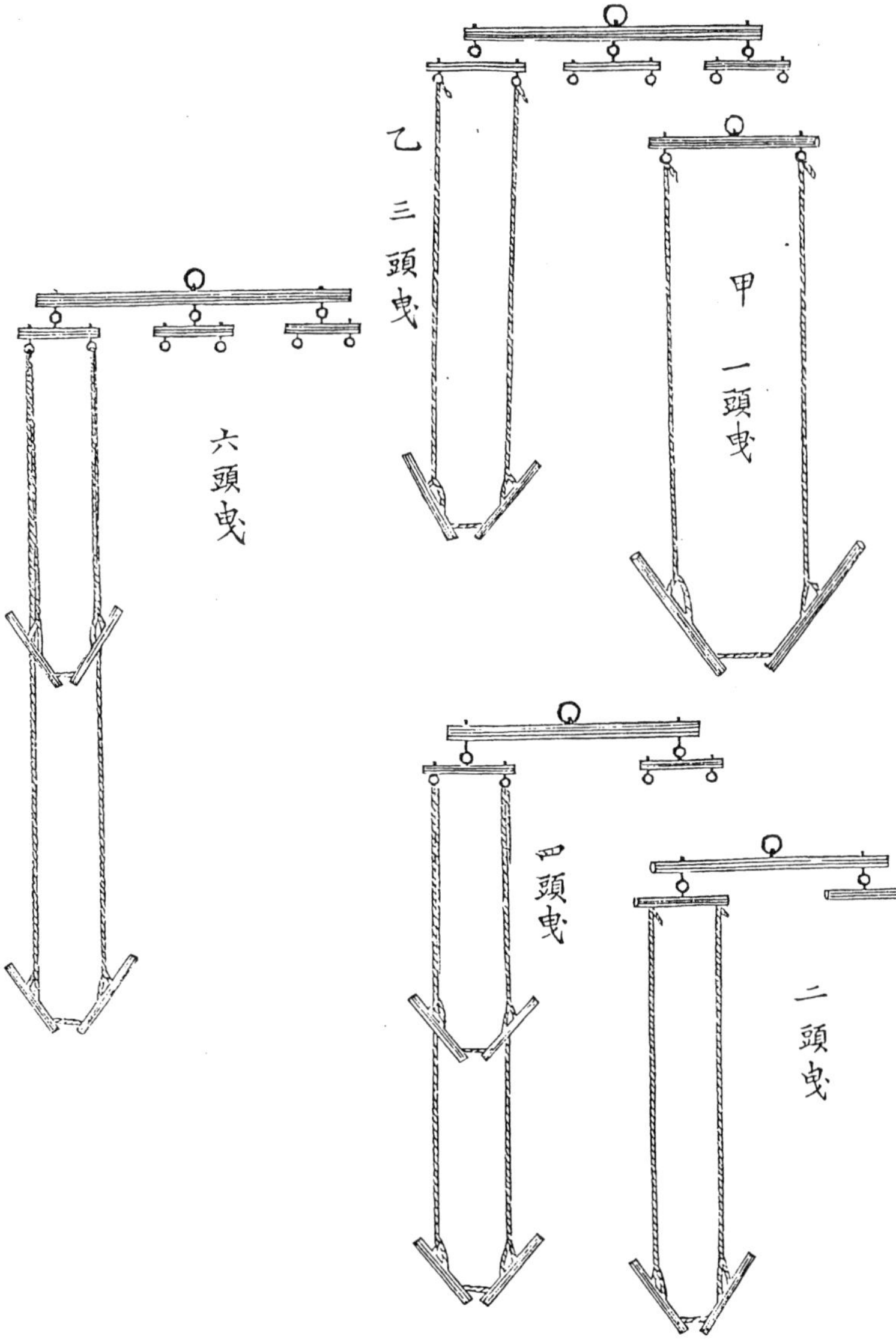

圖版11　解放前の舊滿州地方での繫駕方式。華北地方と土壤の性質が異なり、また開墾地方においては連畜の數も多くなる。引木のことを「耍杆子」と稱した（南滿洲鐵道株式會社產業試驗場『滿洲ノ在來農具』產業試驗場彙報第２號、大連、1917年、第55圖より）

る繫駕方式を採用した。

ともかくも、このような繫駕方式の基本が整っておれば、頸帶式馬具を裝着した馬や騾馬などを牛と併用することはきわめて容易である。そのような觀點から民俗資料を調査してみたところ、私はようやくのことで一つの事例を探し當てることができた。それは、寫眞家橋本紘二が山西省大同市あたりで撮影した牛馬混用犂耕の寫眞で、その犂耕作業を明瞭に捉えていた[32]。

また役畜混用の事例ではないが、最近、山東地方を中心にして民藝運動（日本の民具研究に相當）を展開している若手研究者グループ（その代表者は山東工藝美術學院院長の潘魯生）の調査報告書中に、以下のような記事を見出した[33]。

もし騾馬・馬・驢馬を使って犂を曳かせようとするならば、これらの役畜は肩背の構造が牛と異なるので、牛軛は使用できず、その代わり改めて「套包子」〔ハモ〕と「夾板」〔ハモ木〕を用いなければならない。

耕起・整地用の犂や耙を各種の役畜によって使いまわすことが容易となったのは、まさに牛・馬それぞれに最適な繫駕具が考案された結果なのである。

むすび

以上、三點の漢代牛馬挽犂畫像石をめぐって、主として繫駕法との關係から考察を加えてみた。中國の農業技術史研究（とくに農具研究）において、文化人類學的ならびに民俗學的調査成果の援用はきわめて有效である。その理由は、中國の傳統的技術のそのほとんどが、さして姿を變えることなくそのまま今日まで傳承されることがあるからである。漢代の畫像石、畫像磚および壁畫などに描寫された生活風俗は、當時の物質文化がいかなるものであったのかを知る上で絶好の資料である。ここで扱った問題もそうした物質文化研究の一端である。しかし、研究材料がきわめて限られていたせいもあって、充分な分析はできなかった。今後の考古學的調査によって、新たなる牛馬挽犂畫像石が出現することを期待している。その發見の曉には、「驂馬」の問題に解決の絲口が見えてくるかもしれない。それから繫駕法に關して、もう一つ未解決の問題がある。それは、中國における頸帶式馬具の出現時期の問題である。ニーダムが問題提起した唐代以前說について、もう少し詳細に檢討してみる必要がある。これは私にとって今後の研究課題でもある。

注

（1）渡部武「中國古代犂耕圖再考——漢代畫像に見える二つのタイプの犂をめぐって——」（『古代文化』第四〇卷第一一號、一九八八年）、および拙著『畫像が語る中國の古代』（平凡社、イメージ・リーディング叢書、一九九一年）第二章犂耕文化のひろがり。

（2）漢代の犂のタイプについては注（1）前掲渡部論著、および Francesca Bray ; *Science and Civilisation in China*, Volume 6, Part II, Agriculture, London, Cambridge University Press, 1984. を參照のこと。

（3）張春輝編著『中國古代農業機械發明史（補編）』（清華大學出版社、清華大學學術專著、北京、一九九八年）によると、二牛擡槓式の犂衡を牛の肩の筋肉でできた瘤（肩峰）に差し渡す「肩軛」（橫槓）方式が普及する以前には、犂衡を牛角に結着する「角軛」の時期があったと推定し、書中に角軛想定圖を掲載しているが（四四頁）、その根據は示されていない。角軛方式については、私は二〇〇〇年の春に四川省阿壩州馬爾康縣梭磨鄉のチベット族の農具を調査した際に記錄した經驗がある。

（4）この搖動犂方式は、役畜が牛の場合、その額の當木などに引綱の一端を直接に結ぶか、あるいは肩峰の前部に裝着した軛に引綱の一端を結び、それでもって犂を曳かせる。われわれは前者を「額引法」、後者を「頸引法」とそれぞれ稱している。これらの方式の犂牽引に際しては、必然的に引木（尻枷、犂槃）を必要とするが、漢代畫像中に見られる一頭曳き犂耕圖では引木は確認できなかった。なお役畜による各種犂牽引方式の力學的特色については、(社)大日本農會編『日本の鎌・鍬・犁』((財)農政調査委員會刊、一九七九年)所收の新關三郎執筆「役畜の裝具」(五九一〜六三六頁)中に詳細に解説されているので、これを參照するとよい。

(5) 從來、廣東省佛山市瀾石出土後漢水田耕作模型中の犂先の痕跡が牛犂耕の證據として擧げられてきたが、私はこの犂先は踏鋤であり牛犂耕の證據にはならないことを考證した。以下の私の論文を參照のこと。「廣東省肇慶市東晉墓出土陶製水田模型考」(『東海史學』第三九號、二〇〇五年)。

(6) 最初に乾地農法の詳細を記錄したのは六世紀前半の農書『齊民要術』であるが、圖像資料としては甘肅省嘉峪關の魏・晉墓彩繪磚のほうがはるかに古い。農耕關係の彩繪磚を總合して檢討してみると、『齊民要術』が言及している乾地農法が三世紀初頭の甘肅河西回廊地區で實施されていたことが判明する。

(7) 石晶「棗莊發現漢代農耕畫像石」(『中國文物報』一九九八年四月八日、第二七期〔總第五九二期〕)。

(8) この山東省滕縣黃家嶺出土犂耕圖の最も鮮明な拓本圖版を提供しているのは、以下の圖錄である。文物圖象研究室漢代拓本整理小組『中央研究院歷史語言研究所藏漢代石刻畫象拓本精選集』中央研究院歷史語言研究所、臺北、一九九四年、圖版三三。

(9) 方壯猷「戰國以來中國步犂發展問題試探」(『考古』一九六四年第七期、三五七頁)。

(10) 蔣英炬「略論山東東漢畫像石的農耕圖像」(『農業考古』一九八一年第二期、四三頁)。

(11) 周昕『中國農具發展史』山東科學技術出版社、濟南、二〇〇五年、三三七頁。

(12) 淮北市地方の畫像石報告書として、高書林編著『淮北漢畫像石』(天津人民美術出版社、天津、二〇〇二年)および同編著『淮北漢畫像初探』(同、二〇〇二年)があり、宿州市地方の畫像石報告書として、馮其庸題評・劉輝解讀『漢畫解讀』(文化藝術出版社、北京、二〇〇六年)がある。

(13) 注(12)前掲書『漢畫解讀』一二八頁。

(14) 在來犂を多く調査した下田博之の研究によれば、挽畜の牽引線の延長點が耕起中の犂體の抵抗中心點附近に位置するのが最も犂體が安定するとのことである（下田『圖説畜力農機具發達史』非賣品、一九九五年）。
（15）漢代の民間の畫工や石工などの活躍については、注（1）前掲拙著『畫像が語る中國の古代』序章において言及してある。
（16）中野江漢『支那の馬』支那風物叢書、第七編、支那風物研究會、北京、一九二四年、一六―一七頁。
（17）『飯塚浩二著作集』第一〇巻、平凡社、一九七六年、四三三―四三四頁。（『東洋文化研究所紀要』一九六七年三月に初載、一九七二年に『滿蒙紀行』と題して筑摩書房から單行本として刊行される）
（18）キング著、杉本俊明譯『東亞四千年の農民』（栗田書店、東京、一九四四年、二六二―二六三頁）。原題は、F.H.King : *Farmers of Forty Centuries or Permanent Agriculture in China, Korea and Japan*, 1911.
（19）『滿洲の在來農具』（慶友社、東京、一九九三年）渡部武解説、七頁參照。
（20）ウィルヘルム・ワグナー著、高山洋吉譯『中國農書』（刀江書院、東京、一九九五年リプリント版、下卷四五三―四五四頁）。原題は、W.Wagner : *Die Chinesische Landwirtschaft*, 1926.
（21）天野元之助『山東農業經濟論』山東省經濟調查資料第三輯、南滿洲鐵道株式會社經濟調查會、大連、一九三六年、五二頁。
（22）注（21）前揭天野著書に引用の孫文郁の報告（五二頁）。
（23）注（21）前揭天野報告書、五四頁の表。
（24）解放前の中國の度量衡制度は複雜で、例えば天野元之助が示す京漢鐵路沿線三四地方での一畝の換算は、「最小は我が六・一九一畝、最大は一三・九一五畝、その間二十七種の地方「畝」がある」（天野『中國農業經濟論』不二出版、東京、一九八四年、第一卷、三頁）とのことで、同じ一畝でもその開きは倍以上もある。したがって①～③の役畜混用タイプにおける一日當りの耕耘畝數の優劣を論ずるのは困難である。
（25）注（21）前揭天野報告書、五五頁。
（26）熊代幸雄・小島麗逸編『中國農法の展開』（アジア經濟研究雙書二三八、アジア經濟出版、東京、一九七七年）熊代執筆の第一章、一三頁。
（27）渡部武「廣東省肇慶市東晉墓出土陶製水田模型考」（『東海史學』第三九號、二〇〇五年）。

（28）ジョセフ・ニーダム著、中岡哲郎・他訳『中國の科學と文明』（思索社、東京、一九七八年、第八巻、機械工學上、四〇三頁）。原題は、J.Needham : *Science and Civilisation in China*,Volume 4, Part II, Mechanical Engineering, 1965.

（29）注（28）前掲書、四二六頁。

（30）曲轅犂の場合、役畜の牽引力點と犂體の抵抗中心點とを結ぶ牽引線上に低く犂輻〔引綱を結ぶ犂轅の先端部分〕の位置がきて、牽引效率がよくなる。

（31）C・ダニエルス・渡部武編『四川の考古と民俗』慶友社、東京、一九九九年、一七八頁。

（32）橋本紘二『中國黄土高原――砂漠化する大地と人びと――』東方出版、東京、二〇〇一年、三二圖の寫眞。この寫眞集は一九九六～二〇〇〇年にかけての山西取材に基づいている。

（33）潘魯生主編『農事器用』民間文化生態調査叢書、山東美術出版社、濟南、二〇〇五年、一九頁。

五斗米道張魯政權の性格

澤　章　敏

はじめに

後漢時代の後半、順帝の治世（一二五〜一四四）に、沛國の人・張陵（?〜一七七?）が蜀の鵠鳴山（鶴鳴山）で道書（符書）をつくって人々に道を授けた。道を受けた者が五斗（約十リットル）の米を納めたので、「五斗米道」[1]とよばれる。五斗米道は、張陵の死後、子の張衡（?〜?）が受け繼ぎ、張衡の死後はその子の張魯（?〜二一五〜?）が繼承した。張姓の教主を「天師」と稱することから「天師道」とよばれるようになるが、教團としては「正一盟威の道」と自稱したという。さらに元代には「正一教」と稱するようになった。教主（天師）の地位は張魯ののちも代々世襲したとされ、現在第六十四代張天師・張源先が臺灣に健在である。

中國における三教（儒教・佛教・道教）のひとつの「道教」の成立は南北朝時代の初期とされ[2]、それは張陵の開いた五斗米道が發展したものであるから、五斗米道は太平道とともに道教の源流ということができる[3]。そのため五斗米道については、中國の思想・哲學・宗教、とくに道教研究の立場から膨大な研究が行なわれてきた[4]。

一方、中國史研究者による研究も少なくない。五斗米道は開祖張陵の代から多くの信徒を集め、三代張魯にいたって漢中郡を中心に政權を樹立した。この政權は教團により運營され、教えに基づいた政治が行なわれ、曹操に降るまで三十年近くにわたり存續した。多くの人々の支持を得たことは、この宗教の教え、政権の施策の中に、人々の願いにかなった何かがあったからであろう。そしてそれを探ることによって、後漢時代後半の社會が抱えていた問題點や人々の心情・欲求が明らかになるであろう。そのような觀點から、日本の中國史研究者による五斗米道研究は行なわれてきた。ただし、それらの大半は五斗米道を主對象とするものではない。五斗米道と相前後して鉅鹿郡の張角が、五斗米道と類似した太平道を開き、その教團が黄巾の亂を起こした。この反亂以後、中國は三國時代に始まる分裂の時代へと突入してゆく。そのため黄巾の亂は中國史上まことに大きな意義を有し、多數の研究者が注目してきたことは言うまでもない。そして、反亂の母體となった太平道と類似した五斗米道についても考察が加えられた。五斗米道を主對象とした研究も皆無ではないが、少々極端な言い方をすれば、五斗米道は黄巾の亂の付錄として研究されてきた感を拭えない。

また中國の歷史研究においては、五斗米道の活動を國家に抑壓された人民による「農民反亂」と捉え、陳勝・吳廣の亂から太平天國までの一連の農民反亂のひとつと位置づけ、同時期の黄巾の亂と同じ性格のものと考える研究が大部分を占めてきた。

はたして、以上のような視點すなわち農民反亂あるいは黄巾の亂の附屬品として論じることで、五斗米道本來の像を明らかにすることができるのであろうか。本稿では、後漢末の五斗米道の活動を、そのような視點とはひとまず切り離して捉えなおしてみたい。

五斗米道の教法

(一) 病氣治療

五斗米道については『三國志』巻八張魯傳（以下、張魯傳と略記）にもっともまとまった記述が殘されている。

張魯字公祺、沛國豐人也。祖父陵、客蜀學道鵠鳴山中、造作道書以惑百姓。從受道者出五斗米、故世號米賊。陵死、子衡行其道。衡死、魯復行之。……魯遂據漢中、以鬼道教民、自號師君。其來學道者、初皆名鬼卒。受本道已信號祭酒。各領部衆、多者爲治頭大祭酒。皆教以誠信不欺詐、有病自首其過、大都與黄巾相似。

張魯は漢中を占據すると、鬼道を民に教え、自らは「師君」という稱號を用いた。その道を學ぶ者は初めは「鬼卒」とよばれ、信仰が一定の段階に達すると「祭酒」に昇格した。祭酒はそれぞれ鬼卒を統領し、鬼卒が多い祭酒は治頭大祭酒とよんだ（祭酒については後述）。誠の心を重んじてうそ詐りのないよう教え、病氣にかかった場合は犯した過ちを自ら告白して反省させるが、この方法は黄巾すなわち太平道と類似している、という。病氣の原因を自己の言動に求めることは、五斗米道・太平道に共通する特徴として注目されるものである。

また病氣治療法が太平道と似ているとのことであるが、これについては張魯傳の裴松之注に引く『典略』（以下、『典略』と略記）に次のように記されている。

典略曰、熹平中妖賊大起、三輔有駱曜。光和中、東方有張角、漢中有張脩。駱曜教民緬匿法、角爲太平道、脩爲五斗米道。太平道者、師持九節杖爲符祝、教病人叩頭思過、因以符水飲之。得病或日淺而愈者、則云此人信道、其或不愈、則爲不信道。脩法略與角同。加施靜室、使病者處其中思過。

光和年間（一七八〜一八四）、漢中で五斗米道を行なった張脩（張脩については後述）が、張角の太平道と類似した病氣治療を行なった。太平道の治療は、叩頭思過、符水を飲ませる、の二つの方法による。このうち「叩頭思過」は、張魯傳で見た五斗米道の「自首其過」に相當しよう。張魯傳に符水は見えないが、「ほぼ（張）角と同じ」というのであるから、五斗米道でも行なわれていたのかもしれない。なお五斗米道では、「思過」[5]のための「靜室」[6]を設置している點で特筆される。

また『典略』には、駱曜の「緬匿法」というものが見えるが、五斗米道・太平道と同列に記されていることから考えると、兩教と似た教えであったのかもしれない。このほかにも後漢後半の混亂期には、社會不安を反映して、類似した要素をもつ宗教が各地で行なわれていたことは十分考えられる。その中にあって、太平道は黃巾の亂を起こし、五斗米道は獨立政權を立て、さらに張魯は魏の帝室と姻戚關係を結んだ（魏帝室との關係については後述）。それゆえ『後漢書』・『三國志』をはじめとする史書に比較的詳しく記載されることとなったのであろう。ただし五斗米道は太平道と類似していただけでなく獨自の教法を持っていた。

（二）三官手書

病氣治療と關連した五斗米道特有の教法として「三官手書」を指摘することができる。これは張魯以前の張脩のときにはすでに行なわれていたものである。『典略』に

請禱之法、書病人姓名說服罪之意。作三通、其一上之天著山上、其一埋之地、其一沈之水。謂之三官手書。

とある。三官手書とは、病人の姓名と罪に服する意思を記したものを三通つくり、天（天官）にささげる一通を山上に置き、地（地官）にささげる一通を地中に埋め、水（水官）にささげる一通を水中に沈め、病氣の治癒を祈禱する

というものである。道教においては、天官・地官・水官の神を三官、三元あるいは三官大帝と總稱し、天官は人に福を授け、地官は罪を赦し、水官は厄を祓うとされる。このような三官に對する信仰が最初に確認できるのが、後漢末五斗米道においてであるということは注目すべきであろう。(7)

（三）『老子五千文』の都習

『典略』はまた、やはり張脩のときの五斗米道特有の敎法として『老子五千文』の「都習」を記している。

　又使人爲姦令祭酒。祭酒主以老子五千文使都習號爲姦令。

この記述から、道教の源流である五斗米道では『老子五千文』すなわち『老子』が經典のように用いられ、その都習を擔當する祭酒が「姦令（祭酒）」とよばれていたことがわかる。(8)

なお『老子五千文』の都習について、そのテキストに『老子想爾注』という注釋が使用されていたとする指摘がある。(9)この注釋書の完本は現存しないが、大英博物館所藏のスタイン將來敦煌文書第六八二五卷にその殘卷がみえる。六朝から唐の道教經典によれば張陵ないしは張魯の手によるものと傳えられ、それを肯定する後漢末成立說が唱えられるいっぽう、これを否定し南朝宋や北魏における成立とみなす見解も提示されている。成立時期をどのように判斷するかによって、五斗米道の內容は大きく左右されることになる。研究のさらなる進展がのぞまれる。(10)

（四）義舍・義米肉など

張魯傳は張魯の漢中占據後のこととして

　諸祭酒皆作義舍、如今之亭傳。又置義米肉、懸於義舍、行路者量腹取足、若過多鬼道輒病之。

とある。祭酒はそれぞれ義舎という施設を設置して、そこに義米肉とよぶ米や肉を懸け置く。行路者はそれを食べてかまわないが、腹を満たす分量にとどめ、たくさん取り過ぎると鬼道がその者を病氣にするとされている。また『典略』に

及魯在漢中、因其民信行脩業、遂增飾之。教使作義舍、以米肉置其中以止行人。又教使自隱有小過者、當治道百步、則罪除。又依月令、春夏禁殺、又禁酒。流移寄在其地者、不敢不奉。

とあり、漢中を占據した張魯は、以前にそこで張脩が廣めていた教えに加え、義舍・義米肉や、小さな過ちを犯した者には道の百歩修繕をさせる、また月令に従い春夏には動物の禁殺、禁酒などを行ない、これらにより他所から流移してきた者で五斗米道を信奉しない者はなかったという。なお『華陽國志』巻二漢中志（以下、漢中志と略記）は

立義舍置義米義肉其中、行者取之量腹而已。不得過多、云鬼病之。其市肆賈平亦然。犯法者三原、而後行刑。

と記し、こうした一種の社會事業により、多くの信者を得ていたことがわかる。これは同時に張魯の政權下にある人口の增加をも意味していたことは言うまでもない。

五斗米道の活動

（一）政權樹立

順帝の治世に張陵が蜀の鵠鳴山（鶴鳴山）で開いた五斗米道は、張陵の死後、子の張衡が受け繼ぎ、張衡の死後はその子の張魯が繼承した。そしてこの三代目の張魯のときに大きな轉換期をむかえる。それは黃巾の亂の發生後まもなく、益州の州牧として劉焉（?―二〇〇）が赴任してきたのを契機とする。劉焉は、地方の混亂への對應策として

州刺史の權限強化を建議して採用され、自らは、益州に天子の氣があるという侍中・董扶の言に從い益州牧を希望して認められた。そして赴任するや、直前に州內で反亂をおこしていた者たちを赦すなどの寬大な措置をとり、その後、非協力的な大姓（豪族）十數名を殺害して威嚴を示し、獨立するかのような行動をとった。[11]その一連の活動に張魯が登場する。張魯傳に

益州牧劉焉以魯爲督義司馬、與別部司馬張脩將兵擊漢中太守蘇固。魯遂襲脩殺之奪其衆。

とあり、また漢中志に

魯字公祺、以鬼道見信於州牧劉焉。魯母有少容、往來焉家。初平中、以魯爲督義司馬、住漢中斷谷道。

とあり、さらに『後漢書』巻七五劉焉傳にも

沛人張魯、母有恣色、兼挾鬼道、往來焉家。遂任魯以爲督義司馬、遂與別部司馬張脩將兵掩殺漢中太守蘇固。斷絕斜谷殺使者。魯既得漢中、遂復殺張脩而幷其衆。

とある。この三つの記述によると、張魯は五斗米道をもって益州牧劉焉から信じられ、また若々しい容姿をして鬼道を行なう母が劉焉のもとに往來していたことから、督義司馬に任命された（初平年間、一九〇～一九三）。劉焉の命を受けた張魯は、別部司馬張脩とともに漢中太守の蘇固を攻め殺し、漢中を手に入れると、今度は張脩を殺してその手勢を奪った。そして、前項で見たように、義舍を作ってそこに義米・義肉を置いて旅人に供する、物價を安定させる、違法者を三回までは赦すなどの政策を實施している。したがって劉焉の配下ではあったが、張魯は漢中の支配權を事實上掌握していたといえる。すなわちこの段階で五斗米道の政權が成立したと考えられる。[12]政權を樹立した漢中は、早くから五斗米道が浸透していた地域であった。『典略』に

熹平中妖賊大起、三輔有駱曜。光和中、東方有張角、漢中有張脩。駱曜教民緬匿法、角爲太平道、脩爲五斗米道。

とあり、光和年間に張脩という者が漢中で五斗米道を行なっていたことがわかる。したがって、張魯政権以前の光和年間から、漢中には多くの信徒があり、政權は住民から受け入れられやすい條件が整っていたといえよう。

ところで、張脩という名は、張魯に殺害された別部司馬張脩と同名である。實は五斗米道に關する記述には三人の張脩が登場するのであるが、筆者は先にこの三人の張脩について仔細に檢討し、三人は同一人物であるという結論を得た[13]。したがって、もし拙論が當を得ているとすれば、かつて漢中郡で五斗米道を布教して反亂をおこした張脩を、三代目師君（天師）・張魯が殺害したこととなり、五斗米道内部に、たとえば師君の繼承問題など何らかの對立のあったことが推測される。

（二）益州牧からの獨立と板楯蠻との提攜

さて、この五斗米師で別部司馬となっていた張脩を殺害し、その配下を奪って漢中に政權をたてた張魯は、その後病死した劉焉をついだ子の劉璋と對立する。漢中志および『後漢書』劉焉傳によると、建安五年（二〇〇）、從わなくなった張魯の母と弟を劉璋が殺害すると、張魯は「巴夷」とよばれる民族の首長の杜濩・朴胡・袁約らを自陣に加えて劉璋に對抗した[14]。これに對し劉璋は、張魯の「部曲」が巴郡に多かったため、配下の龐羲を巴郡太守に任じて對處したが、張魯は逆に巴郡を奪い取り「遂に巴・漢に雄たる」にいたった。こうして、五斗米道政權は巴夷との連合により、それまでの漢中郡に加えて巴郡をも勢力下に置き、規模を擴大したのである。

ところでこの「巴夷」は、「賨人」「獠」のちには「渝州蠻」ともよばれた「板楯蠻」という民族のことである[15]。この民族は武勇を誇り、秦以來その軍事力を漢人王朝に提供し友好關係を保ってきていた。ところが後漢末期の混亂のなかで過重な收奪を受け、しばしば反亂をおこしている。劉璋支配下の巴郡においてもその狀況は變わらなかったか、むしろ悪化していたことは容易に想像される。そのため張魯の求めに應じて、劉璋と敵對する五斗米道の政權に加わったのであろう。さらに、もしも張魯の政權において「五斗米」が租税化されていたならば[16]、劉璋の收奪よりもはるかに負擔は輕かったはずで、これも板楯蠻を五斗米道に向わせる一因となったであろう。もちろんその前提として、『華陽國志』巻九李特志に

種黨勁勇俗好鬼巫。漢末張魯居漢中、以鬼道教百姓、賨人敬信。

とあるように、賨人＝板楯蠻が五斗米道を信仰していたという背景があった。また教團・政權の組織構造については次節で述べるが、おそらく板楯蠻の首長たちは便宜的に祭酒の地位を與えられて從來どおり自民族を統率し、かれらの部族制はそのまま維持されたものと考えられる。

(三) 曹操への投降

板循蠻との連合により勢力を擴大した張魯の政權であったが、中國統一を目指す曹操の攻勢には耐えられず、これに降ることによって終焉をむかえる。『三國志』巻一武帝紀、建安十六年（二一一）の條に

張魯據漢中、三月、遣鍾繇討之。

とあり、建安十六年三月、曹操は漢中に據る張魯を討つため鍾繇を派遣している。ただし、この攻撃の結果については記述がないので、おそらく取り立てて大きな成果は擧げられなかったのであろう。つづいて建安二十年（二一五）の條に次のように記されている。

三月、公西征張魯、至陳倉、將自武都入氐、氐人塞道、先遣張郃・朱靈等攻破之。夏四月、公自陳倉以出散關、至河池。氐王竇茂衆萬餘人、恃險不服、五月、公攻屠之。西平・金城諸將麴演・蔣石等共斬送韓遂首。秋七月、

公至陽平。張魯使弟衞與楊昂等據陽平關、横山築城十餘里、攻之不能拔乃引軍還。賊見大軍退、其守備解散。公乃密遣解慓・高祚等乘險夜襲、大破之斬首將楊任、進攻衞、衞等夜遁、魯潰奔巴中。公軍入南鄭、盡得魯府庫珍寶。巴・漢皆降。

これによれば、三月、曹操は張魯征討のため自ら出軍し、途中、氐族を討ち、七月には陽平に到達した。陽平關には張魯の弟・張衞および配下の楊昂が待ち受けていた。曹操はいったん軍を引き、張衞軍が油斷したところに夜襲をかけて防衞線を突破した。張魯は巴中に逃れ、曹操は漢中の郡治が置かれていた南鄭に入り、張魯の府庫珍寶を接收した。こうして巴郡・漢中郡はことごとく曹操に降った、という。張魯の巴中への逃走および投降について、張魯傳は次のように述べる。

魯聞陽平已陷將稽顙、圃又曰、今以迫往功必輕、不如依杜灌《ママ》赴朴胡、然後委質功必多。於是乃奔南山入巴中。左右欲悉燒寶貨倉庫。魯曰、本欲歸命國家、而意未達、今之走避鋭鋒、非有惡意、寶貨倉庫、國家之有。遂封藏而去。太祖入南鄭甚嘉之。又以魯本有善意、遣人慰喩。魯盡將家出、太祖逆拜魯鎭南將軍、待以客禮、封閬中侯邑萬戸。封魯五子及閻圃等皆爲列侯。爲子彭祖取魯女。魯薨謚之曰原侯。子富嗣。

弟・張衞が守備していた陽平關陷落の報を受け、張魯はすぐさま曹操に降ろうとしたが、配下の閻圃の進言に従い、巴中の板循蠻の族長、杜濩[17]・朴胡のもとに身を寄せることにした。南鄭を離れる際、左右の者が寶貨を收藏した倉庫に火をかけることを勸めたが、張魯は従わず封印して巴中に向かった。曹操は南鄭に到着すると封印された倉庫を見て大變喜び、張魯に善意ありとして使いをさしむけた。張魯がこれに應ずると、曹操は自ら迎え入れ、張魯を鎭南將軍、閬中侯とし客禮で待遇したほか、五人の子や閻圃らも列侯に封じ、さらに息子曹宇（字は彭祖）に張魯の娘を娶るなど、破格の待遇をしている。

ここで、張魯の五人の子とともに列侯に封ぜられた閻圃について取り上げておく必要がある。曹操の攻撃を受けたさい、ここですぐさま降ってしまっては功は輕いものとなってしまう、いったん巴中の板楯蠻のもとに逃れて體制を建て直したうえで投降したほうが重んぜられる、と張魯に進言するなど、彼が張魯政権において大きな發言力をもっていたことが伺われる。「圃又曰く」と記されているように、閻圃の張魯への進言はこのときが初めてではない。張魯傳に

漢末力不能征、遂就寵魯爲鎭民中郎將、領漢寧太守、通貢獻而已。民有地中得玉印者、羣下欲尊魯爲漢寧王。魯功曹巴西閻圃諫魯曰、漢川之民、戶出十萬、財富土沃、四面險固、上匡天子則爲桓・文、次及竇融不失富貴、今承制署置、勢足斬斷、不煩於王、願且不稱、勿爲禍先。魯從之。

とあり、最初の進言が記されている。地中から玉印が掘り出されて王號を稱えるよう群下が勸めるなか、ひとり閻圃のみがそれを諫め、張魯はこれに從っている。また、漢中志に

二十年、魏武帝西征魯。魯走巴中、先主將迎之。而魯功曹巴西閻圃說魯、北降歸魏武、贊以大事宜附託、不然西結劉備以歸之。魯勃然曰、寧爲曹公作奴、不爲劉備上客。遂委質魏武。武帝拜魯鎭南將軍、封襄平侯、又封其五子皆列侯。

とあり、閻圃の進言に從って巴中に逃れた張魯を、のちの蜀の先主・劉備が迎えようとしている。このとき、閻圃が張魯に二つの選擇肢を示した。一つは、北から迫ってきている魏武・曹操に降りすべてをこれに附託する。もう一つは、西の劉備と結びこれに歸順する、というもの。すると張魯は、たとえ曹操の奴となろうとも劉備の上客にはならない、と答えてついに曹操に投降した[18]。

この三つの事例は、張魯政權において閻圃が非常に大きな存在だったことを示していよう。閻圃の進言はいずれも、

政権の存續、教團および張魯らのその後を大きく左右しており、張魯がどれほど閻圃を重用していたか、張魯の信任が厚かったかを物語っている。このことは、閻圃個人の能力もさることながら、彼が巴西郡の大姓（豪族）であった（大姓については後述）ことを背景としている。おそらく彼の發言は、政権下の在地有力者層の意見を代弁するものであり、それだけの重きをもっていたことが推測される。(19)

教團組織と政權組織

すでに言及したように、張魯の政權では五斗米道にもとづいた政治が行なわれ、宗教政權とよぶべき様相であった。その様子を張魯傳は次のように傳えている。

魯遂據漢中、以鬼道教民、自號師君。其來學道者、初皆名鬼卒。受本道已信號祭酒。各領部衆、多者爲治頭大祭酒。皆教以誠信不欺詐、有病自首其過、大都與黄巾相似。諸祭酒皆作義舍、如今之亭傳。又置義米肉、懸於義舍、行路者量腹取足、若過多鬼道輒病之。犯法者三原、然後乃行刑。不置長吏、皆以祭酒爲治、民夷便樂之。雄據巴・漢垂三十年。

五斗米道の入信者は「鬼卒」とよばれ、一定段階に達すると「祭酒」に昇格し、鬼卒たち（部衆）の指導に當たる。(20)政權ではさまざまな宗教的施策を行なうとともに、長吏を置かずに祭酒に統治に當たらせたところ、民夷ともによく治まり政權は三十年近く維持された、という。教團の祭酒に政治的機能を果たさせた點に注目すれば、宗教政權、五斗米道王國と位置づけることができよう。ただし、教團による政權運營というのは、教團にとっては理想的ではあるが、反面、非現實的ともいえる。政權の支配領域の住民には、多數の信徒とともに、非信徒も少なからずいたはずである。はたして教團の人間だけで滞りなく行政實務を處理できたのであろうか。先に筆者はこの問題について檢討し[21]、張魯政權では縣の令・長・丞尉といった長吏から、行政實務を擔當する屬吏にいたるまでの役割を祭酒が果たしていたことを明らかにした。漢代の行政機構[22]においては郡縣の屬吏[23]は現地採用で、實際に採用された者に大姓・豪族などの在地有力者層[24]が多かった[25]。そうすることにより地方行政はスムーズに運營されたのであり、逆にこれを崩せば支障をきたしたであろう。張魯の政權もこの實態を無視しえたとは思えない。政權樹立にあたり、それまで屬吏の任にあった在地有力者たちを解任して教團の者が取って代わったならば、大きな反發を買い政權運營は困難となる。そして實際に、すでに見た張魯配下の功曹の閻圃は巴西郡安漢縣の大姓なのである[26]。そうすると張魯政權では、祭酒に統治に當らせたが、そのうち屬吏とされたのは在地有力者であったことになる。おそらくは在地有力者を便宜的に入信させて祭酒の資格を與え（もちろん政權樹立以前から入信して祭酒となっていた場合もあったであろう）、屬吏に任用したのであろう。また政權下の非信徒についても同樣に鬼卒としたのであろう。つまり教團と政權とが重なり合って、役人と一般民とのあいだには、統治する者とされる者という關係と同時に、教團の指導者である祭酒と一般信徒である鬼卒という關係も成りたっていた、ということであろう。

おわりに

以上、後漢末の五斗米道について、これまでの研究成果をふまえて教法・活動・政權組織を一覽してきた。それは「はじめに」で述べたように、五斗米道を農民反亂という枠組みでくくったり、黄巾の亂の附屬品として扱うのでは、本來の像を明らかにすることはできないのではないか、との問題意識から、そのような視點とはひとまず切り離して捉えなおしてみようと考えたためであった。ここで改めて、五斗米道の活動、張魯政權の性格について考えてみたい。

初代張陵および二代張衡のときのことは史料の制約からほとんど知り得ないが、三代張魯については、きわめて現實的に行動して政權を樹立し、宗教に根ざしながらも現實社會と乖離することなく運營にあたった、という印象を受ける。

張魯は益州牧劉焉の配下として漢中郡を襲擊し、政權を樹立した。張魯が斜谷を斷絶して朝廷からの使者を殺害し、これを劉焉が「米賊道を斷つ」と朝廷に報告しているから、朝廷から見れば反亂ということにはなろう。しかし、衰えた朝廷にもはや張魯を討つ力はなく、張魯を漢寧太守（漢中郡から漢寧郡に改稱）に任命して支配權を追認し、體裁を繕っている。つまり張魯は太守として政權を運營したのであった。そこでは五斗米道の教えによる世界を小さいながら實現した。これに對し、同列に論じられることの多い張角の太平道は、後漢王朝の打倒、「黃天」の世の實現を目標に黃巾の亂をおこしたのであり、王朝にとっては明らかに反亂であった。したがって、五斗米道の活動と太平道の黃巾の亂とのあいだには大きな隔たりがあるといえる。五斗米道も反亂と言えば確かに反亂ではあろうが、明らかに黃巾とは次元を異にし、一緒に論じられるようなものではない。もちろん、張魯が王朝打倒の動きをとらなかったのは、太平道の失敗を教訓とした可能性はある[27]。そう考えるときにも、やはりその無理をしない現實路線が注意を引く。張魯は國家轉覆といった無理はぜずに實現可能なことを實行に移していったといえよう。

また政權運營にあたっては、功曹・閻圃に代表されるように在地有力者層を巧みに取り込み、また板楯蠻とも提攜して領域を擴大するとともに、政權維持に必要な軍事力をも確保した。そしてその政治の根底には五斗米道の教えをすえつける。これがそもそもの目的であろう。そのための政權樹立である。そのために教團組織をベースに政權を運營するが、そのままスライドさせるのではなく、非信徒の住民や在地有力者、さらに板楯蠻の存在を考慮して整合性をとっている。具體的な施策のなかには、たとえば義舍・義米義肉の制度のように、教えにもとづいた社會事業であると同時に、實は人口增加策であったと思えるような現實的なものも見出すことができる。またこの現實路線は、閻圃が張魯の王號僭稱を諫めたことなどからも讀み取れる。さらに、曹操への投降にあたっては、寶貨倉庫を獻上したり、劉備にではなく曹操に從いたい旨の發言をするなど、生き殘り――政權は消滅しても五斗米道という宗教は殘したい――のために畫策している樣子が傳わってくる。

こうして見てくると、張魯率いる五斗米道の活動は、陳勝・吳廣の亂や赤眉の亂、そして太平道の黃巾の亂、さらには後世の幾多の反亂と同じような「農民反亂」とは範疇を異にするものと考えざるを得ない[28]。また、いわゆる割據政權とも違う。それらは天下を取るとか、權力を握るといった野心によるもの、すなわち政權獲得そのことを目的としており、張魯の政權はそれらとは一線を畫す。張魯は、五斗米道の理想世界を目指しながらも、理想に走ることなく、實現可能な道を探り、ごく限られた地域に、さまざまな勢力や人々に配慮して現實的な宗教王國を築こうとした、そしてそれをかなりの程度まで實現した、ということができるであろう。

注（研究論文・著書などが再錄・再刊されている場合は、補訂がなされていることなどを考慮して最新のものを揭げ、初載・初刊はその西曆年のみを記すにとどめる。）

（1）『華陽國志』卷二漢中志は「米道」とする。

（2）三教（儒教・佛教・道教）のひとつの「道教」の成立は南北朝時代の初期とするのが通說。大淵忍爾『初期の道教』（創文社、一九九一年）、野口鐵郎・坂出祥伸・福井文雅・山田利明編『道教事典』（平河出版社、一九九四年）、小林正美『中國の道教』（創文社、一九九八年）、山田利明「日米道教研究會議――日本とアメリカの道教研究――」（山田利明・田中文雄編『道教の歷史と文化』、雄山閣出版、一九九八年）などを參照。

（3）五斗米道・太平道の成立にいたる背景、後漢末期の狀況については、大淵忍爾「中國における民族的宗教の成立」（一九六四年。同氏前掲書に再錄）、「黃巾の反亂と漢中政權」（同氏前掲書所收）、R＝A＝スタン（川勝義雄譯）「紀元二世記の政治＝宗教的道教運動について」（吉岡義豐・M＝スワミエ編『道教研究』第二册所載、昭森社、一九六七年）、川勝義雄「漢末のレジスタンス運動（一九六七年。同氏『六朝貴族制社會の研究』再錄、岩波書店、一九八二年）、同氏「中國前期の異端運動――道教系反體制運動を中心に――」（一九七四年。同氏『中國人の歷史意識』再錄、平凡社、一九八六年）、多田狷介「黃巾の亂前史」（一九六八年。同氏『漢魏晉史の研究』再錄、汲古書院、一九九九年）、木村正雄「黃巾の叛亂」（一九七二年。同氏『中國古代農民叛亂の研究』所收、東京大學出版會、一九七九年）などを參照。

（4）道教研究者や中國史研究者による從來の研究については、松崎つね子「後漢末の宗教的農民反亂――黃巾の亂と五斗米道――」（『駿臺史學』二九、一九七二年）、都築晶子「後漢末道教運動研究の諸問題――その宗教性と政治性について――」（『名古屋大學東洋史研究報告』二、一九七三年）、澤章敏「道教教團の形成」（田中文雄・丸山宏・淺野春二編〈講座道教〉第二巻『道教の教團と儀禮』所載、雄山閣出版、二〇〇〇年）を參照。

（5）吉川忠夫「中國六朝時代における宗教の問題」（『思想』一九九四―四）、土屋昌明「後漢における思過と首過について――自傳文學との關連を考えるために――」（道教文化研究會編『道教文化への展望』所載、平河出版社、一九九四年）などを參照。

（6）吉川忠夫「靜室考」（『東方學報』五九、一九八七年）、同「靜室――懺悔の場」（同氏『中國人の宗教意識』所收、創文社、一九九八年）を參照。

（7）大淵忍爾前掲「中國における民族的宗教の成立」、「後漢末五斗米道の組織について」（一九八五。同氏前掲書再錄）を參照。

（8）五斗米道と『老子五千文』との關係を論じた研究は數多く、ここでは最新の前田繁樹『初期道教經典の形成』（汲古書院、二〇〇四年）を掲げるにとどめる。

また、「道家」と「道教」との關係について、日本における一般的な理解では、『老子』は春秋戰國の諸子百家の道家の代表的思想書ないしは哲學書とされる。しかし、『老子』が遲くとも張魯以前の張脩の時に道教の源流たる五斗米道で經典のような扱いをされていた、すなわち『老子』＝道教經典と捉えるとき、この一般的理解は、「道家」と「道教」の關係を含めて今一度考えてみる必要があるかもしれない。この問題については福井文雅「道教の成立」（福井文雅・山田利明・前田繁樹編〈講座道教〉第四巻『道教と中國思想』所載、雄山閣出版、二〇〇〇年）を參照。

（9）饒宗頤『老子想爾注校箋』（香港大學、一九五六年）。

（10）後漢末成立説をとるものに大淵忍爾「老子想爾注の成立」（一九六七年。同氏前掲書再錄）「續老子想爾注の成立」（同氏前掲書所收）、南朝宋成立説をとるものに小林正美「『老子想爾注』」（一九八七年。同氏『六朝道教史研究』再錄、創文社、一九九〇年）、北魏成立説に、福井康順「老子想爾注考」（一九六七年。同氏『福井康順著作集』第二巻再錄、法藏館、一九八七年）、楠山春樹「『老子想爾注』考」（同氏『老子傳説の研究』所收、創文社、一九七九年）、麥谷邦夫「『老子想爾注』について」（『東方學報』五七、一九八五年）などがある。また全文英譯にS.R.Bokenkamp Early Daoist Scriptures, Univ.of Calif. Pr. 1997 pp.20-148がある。なお丸山宏氏による平明な紹介がある（『しにか』一九九九―五。田中文雄・增尾伸一郎・丸山宏編『道教經典を讀む』再錄、大修館書店、二〇〇一年）。

（11）劉焉の益州政權については、狩野直禎「蜀漢國前史」（一九五八年。同氏『後漢政治史の研究』再錄、同朋舍出版、一九九三年）、福井重雅「漢末東州兵出自考――山東と巴蜀の文化をめぐって――」（『史觀』一〇〇、一九七九年）などを參照。

（12）政權樹立について、漢中志は初平中（一九〇～一九三）とし、劉焉傳では初平二年より前の出來事として記載しており、初平元年（一九〇）のことと考えられる。澤章敏前掲「五斗米道政權と板楯蠻」參照。

（13）澤章敏「張脩と五斗米道」（『福井文雅博士古希・退職記念論集　アジア文化の思想と儀禮』所載、同論集刊行會編、春秋社、二〇〇五年）。拙論以前に張脩について論じたものに、宮川尚志「張陵と張角」（一九八〇年。同氏『中國宗教史研究』第一に再錄。同朋舍出版、一九八三年）、大淵忍爾前掲「黃巾の反亂と漢中政權」、劉琳『華陽國志校注』（巴蜀書社出版、一九八四年）、などがある。

なお、拙論において、『三國志』本文が張脩を單に「別部司馬張脩」として五斗米師であることを記述していない理由に論及したが、この問題については、魏への投降後の張魯およびその子孫の政治的社會的立場への配慮などの可能性を含めて、今後の課題としたい。

(14) 五斗米道と巴夷との關係については、酒井忠夫「道教史上より見たる三張の性格」(『支那佛教史學』一—四、一九三七年)、福井康順「原始道教の研究」(同氏『道教の基礎的研究』所收、一九五二年。『福井康順著作集』第一巻として收錄、法藏館、一九八七年)、宮川尚志「道教成立期における非漢族の參加」(一九八〇年。同氏前掲書再錄)、錢安靖「試論西南少數民族與道教的關係」(『貴州民族研究』一九八三—四)、張家祜「張陵五斗米道與西南民族」(『貴州民族研究』一九八三—四)、澤章敏「五斗米道政權と板楯蠻」(『史觀』一一六、一九八七年)謝荔「四川の民間信仰と道教——漢族と少數民族の宗教的職能者の『陰』、『陽』祭祀儀禮」(遊佐昇・野崎充彦・增尾伸一郎編〈講座道教〉第六巻『アジア諸地域と道教』所載、雄山閣出版、二〇〇一年)などを參照。

(15) 板楯蠻については、澤章敏前掲「五斗米道政權と板楯蠻」、野中敬「西晉戶調式の『夷人輸賨布』條をめぐって」(『東方學』九五、一九九八年)、何努(大島誠二譯)「巴文化の起源を探る」(『日中文化研究』一二、一九九八年)、中村威也「中國古代西南地域の異民族——特に後漢巴蜀における『民』と『夷』について——」(『中國史研究』第一〇巻、二〇〇〇年)、堀敏一「異民族支配からみた三國時代の位置」、「五胡十六國時代、華北における諸民族の國家形成」(ともに同氏『東アジア世界の形成——中國と周邊國家——』所收、汲古書院、二〇〇六年)などを參照。

(16) 大淵忍爾「後漢末五斗米道の組織について」(一九八五年。同氏前掲書に再錄)、澤章敏前掲「五斗米道と板楯蠻」などを參照。

(17) 張魯傳は「杜灌」につくるが、『三國志』巻一武帝紀、『華陽國志』漢中志など他の史料はいずれも「杜濩」につくっており改めた。

(18) これと同内容の張魯の發言が『三國志』文帝紀、注引『獻帝傳』に見える。

獻帝傳載禪代衆事曰、左中郎將李伏表魏王曰、……魯雖有懷國之心、沈溺異道變化、不果寤(姜)合之言。後密與臣議策質、國人不協、或欲西通、魯卽怒曰、寧爲魏公奴、不爲劉備上客也。言發惻痛、誠有由然。

(19) 大淵忍爾は前掲「黃巾の亂と漢中政權」において「郡の功曹、巴西の閻圃は魯の政治顧問的存在であった如くであるが、彼の目指す所は、漢中を保持して、機を見て張魯一族をして賨融の富貴を獲しめ、そしてそれに附して、恐らく自己の富貴をも狙うものであったのであろう」（53頁）と述べている。

(20) 祭酒の名稱が五斗米道の指導者として用いられたことについては、大淵忍爾前掲「黄巾の反亂と漢中政權」、「中國における民族的宗教の成立」、R＝A＝スタン前掲「紀元二世紀の政治＝宗教的道教運動について」などを參照。

(21) 澤章敏「五斗米道政權の組織構造」（前掲『道教文化への展望』所載）。

(22) 嚴耕望『中國地方行政制度史』上編・巻上（中央研究院歷史語言研究所、一九六一年）などを參照。

(23) 池田雄一「漢代における地方小吏についての一考察」（『中央大學文學部紀要』一七、一九七二年。同氏「中國古代における郡縣屬吏制の展開」（中國古代史研究會『中國古代史研究』四、所載、一九七六年）、藤田勝久『中國古代國家と郡縣社會』（汲古書院、二〇〇五年）などを參照。

(24) 豪族・大姓については籾山明「漢代豪族論への一視角」（『東洋史研究』四三―一、一九八四年）がそれまでの研究を概括しているほか、東晉次「後漢時代の選擧と地方社會」（一九八七年。同氏『後漢時代の政治と社會』再録、名古屋大學出版會、一九九五年）、同氏「東漢的鄕里社會及其政治的變遷」（『中國史研究』一、一九八九年）などを參照。

(25) 增淵龍夫「所謂東洋的專制主義と共同體」（一九六二年。同氏『中國古代の社會と國家』再版本に再録、岩波書店、一九九六年）を參照。

(26) 『華陽國志』巻一巴志。なお巴蜀地方の豪族については宮川尚志「蜀姓考」（同氏『六朝史研究　政治・社會篇』所收、平樂寺書店、一九五六年）、狩野直禎「後漢末の世相と巴蜀の動向」（一九五七年。同氏前掲書再錄）、岡安勇「古代中國西南地域の大姓（一）――『華陽國志』を通して見た――」（『法政史學』四〇、一九八八年）などを參照。

(27) 兩教の間には直接あるいは間接に何らか交渉があったかもしれないが、それを論證することはきわめて難しい。この問題については宮川尚志前掲「張陵と張角」、宮﨑市定『中國史』（一九七七年。同氏『宮﨑市定全集』第一巻收錄、岩波書店、一九九三年）、狩野直禎前掲「後漢末の世相と巴蜀の動向」、福井重雅前掲「漢末東州兵出自考」などに言及がある。

(28) 拙稿においても「後漢末に發生した五斗米道反亂」と述べたことがある（前掲「五斗米道政權と板楯蠻」）が、適切な表現ではなかったと言わざるをえない。

『後漢書』『三國志』所收倭（人）傳の先後問題

福井重雅

まえがき

日本における古代國家の開幕を告げる最初で最古の歴史史料が、中國正史の范曄『後漢書』巻八五東夷列傳倭（以下、『後漢書』倭傳と略稱）および陳壽『三國志』魏書巻三〇東夷傳倭人（以下、『魏志』倭人傳と略稱）であることは、今さらいうまでもない周知の事實であろう。和田清・石原道博編譯『魏志倭人傳・後漢書倭傳・宋書倭國傳・隋書倭國傳』[1]は、中國古代の歴史書に收錄される日本人の傳記を對象として、それらに書き下し文と注釋をほどこした、簡便で有益な一書（以下、『編譯書』と略稱）として知られている。右に擧げた二つの正史の文章を比較照合すると、兩者の間にはきわめて類似一致した記事や表現が少なくない。この點に着目して、『編譯書』は左のように兩史の關係を解說する。

1・中國正史の倭・日本傳のうち、製作年代のもっともふるいのは、……、「魏志倭人傳」で、……、「後漢書」倭傳の記事は、ほとんどこれをおそうている。（一七頁）

2・魏と後漢とでは、もとより時代が前後しているが、「後漢書」の方が「魏志」より後にできたものであることは、……あきらかであろう。しかもこの「後漢書」倭傳が、主として「魏志」倭人傳によったこともあきらかで

あり、……、兩書を比較對照してよんでみると、その間の事情を了解することができる。（二二頁）

3・ことに范曄の造作がその馬脚をあらわして誤りをおかしているのは、その冒頭總序のところであり、……。すなわち魏志にみえる郡[イ]（帶方郡）が、後漢時代の記述としては具合がわるいので韓とあらため、また「魏志」[ロ]が「前漢書」地理志によって「舊百餘國。漢の時朝見する者有り」とあるのを、前漢武帝のころとしてかき、さらに「魏志」に三國時代のこととして「今、使譯通ずる所三十國」とあるのを、後漢時代のこととして「使驛（譯の誤）漢に通ずる者、三十許國」とあらためている。（二二～二三頁）

右の拔粹の各文中に述べられるように、後漢は西紀二五年から二二〇年まで、また三國・魏は二二〇年から二六五年にかけて、それぞれ存續した王朝であるから、年代的には、當然、前者は後者より以前に存在する。しかし前者の歴史を記錄する『後漢書』は、南朝・宋の文帝の元嘉九年（四三二）から同十四年（四三七）の間に編纂された正史であり、また後者の歴史を敍述する『三國志』は、西晉・武帝の太康六年（二八五）に完成したとされる正史であるから、前者は後者より約一五〇年後に出現した史料であることになる。

このような先後關係を重視し、それを論據として、『後漢書』倭傳は『魏志』倭人傳よりも後出の文獻である。したがって『後漢書』倭傳は『魏志』倭人傳を祖本として、その記事內容の一部を襲用したという論法（以下、これを「『後漢書』倭傳の『魏志』倭人傳襲用論」と假稱）が成立することになる。これは明治末年に內藤湖南[2]、白鳥庫吉[3]らによって創唱されて以來、古くは津田左右吉[4]、和田淸[5]らをへて、最近の栗原朋信[6]、礪波護[7]らの各氏にいたるまで、現在、定說として遵守され、〃常識〃として公認されている有名な解釋である。しかも金毓黻（號は靜庵）『中國史學史』[8]第四章二2陳壽三國志に、

三國志は晉初に成る。……。范曄の後漢書を撰するに至りては、則ち遠く陳壽の後に在り。故に其の外夷の傳は、

多く材を（陳）壽の書（『三國志』――福井注）より取る。　（六七～六八頁）

とされるように、それは中國の學界においても採用されている通説である。

しかしながらこのような從來の定説は、それを無條件に信用し、そのまま鵜呑みにして、一體、そこにはなんら史料上の疑問や異論も起こり得ないのであろうか。この論文はこのような〝常識〟に對して、根本的な再檢討を試みようとする一篇である。

一　定説をめぐる疑問　一

この「『後漢書』倭傳の『魏志』倭人傳襲用論」という定説をめぐって、そこには四點の疑問が併起する。まずその第一點は、『後漢書』倭傳に記されるつぎの有名な一節の中に垣間見られる。

(イ)建武中元二年、倭奴國、奉貢して朝賀す。使人自ら大夫と稱す。倭國の極南界なり。光武賜うに印綬を以てす。(ロ)安帝の永初元年、倭國王帥升等は、生口百六十人を獻じ、請見を願う。(ハ)桓靈の間、倭國大いに亂れ、更々相攻伐して、歷年主無し。

文中の傍線（イ）の部分は、『後漢書』巻一下光武帝紀下の建武中元二年（五七）の條に、「春正月辛未、……、東夷の倭奴國王は、使を遣わして奉獻す」と見える記事と一致する。また傍線（ロ）の部分は、同巻五安帝紀の永初元年（一〇七）の條に、「冬十月、倭國は使を遣わして奉獻す」と述べられる記事と符合する。さらに傍線（ハ）の部分は、『魏志』倭人傳にいう「倭國亂れ、相攻伐すること歷年」という記事と對應するが、右とほぼ同文を載せながら、そこには肝心の「桓靈間」という三字が缺落している。

これらはいずれも後漢の初期・中期・末期における日中交渉の消息を傳え残す記事である。したがってもっぱら三國時代の歴史の記載を主體とする『三國志』の文中に、これら三つの記載が登場しないのは當然のことと見なしてよい。とするならば、右の『後漢書』倭傳に記される「倭奴國」の「奉貢、朝賀」、また「倭國王帥升等」の「請見」、さらには「桓靈の間」の「倭國の大亂」という情報は、一體、范曄はそれらをどこから、いかにして入手し、記録にとどめることができたのであろうか。

もし「『後漢書』倭傳の『魏志』倭人傳襲用論」という通說を是認するならば、このばあい、後漢一代の中國の對外關係の一端を敍述するにさいして、范曄は一方では、『魏志』倭人傳を採用し、それと同時に他方では、それ以外の後漢に關連する史料を參照することによって、現行の『後漢書』を完成した、というように、いわば〝二律背反〟して理解しなければならなくなる。

定說をめぐる疑問の第二點は、そもそも『後漢書』は『三國志』を藍本とするような性格の史料であるか否かという問題にも繫がる。いうまでもなく、後漢末期から三國初期にかけて活躍した群雄や學者たちは、それぞれ『後漢書』と『三國志』の雙方に各自の傳記が立てられている。たとえば『後漢書』巻七四上袁紹列傳、巻七五袁術列傳、巻七二董卓列傳、巻七四下劉表列傳、巻七〇荀彧列傳などの諸傳は、いずれも『三國志』魏書巻六袁紹傳・同袁術傳、巻六董卓傳、巻六劉表傳、巻一〇荀彧傳として、重複して立傳されている。したがってもし倭人の傳記のばあいと同様に、『後漢書』が『三國志』を踏襲したとするならば、そのような筆致は右記の五名の列傳のばあいにも、同様に見出されるであろうか。

このような疑問を檢證するために、『後漢書』と『三國志』の雙方に收載される袁紹傳の冒頭部分を取り上げ、次頁のように兩者を對比的に示すことにする。

『後漢書』袁紹列傳	『三國志』魏書袁紹傳
袁紹、字は本初。汝南汝陽の人、司徒湯の孫なり。父の成は五官中郎將。壯健にして交結を好み、大將軍梁冀より以下、之れと善からざるは莫し。	袁紹、字は本初。汝南汝陽の人なり。高祖父の安は漢の司徒と爲る。安自り以下、四世、三公の位に居る。是れに由りて勢は天下を傾く。

上下の二文を一讀して明らかなように、その先祖について述べるとき、『後漢書』袁紹列傳は、祖父の司徒袁湯と父の五官中郎將袁成についてはその名を記しているが、『三國志』袁紹傳には、それら二人についてはその名さえ示されていない。他方、『三國志』袁紹傳は、高祖父の司徒袁安については記名しているが、『後漢書』袁紹列傳には、その記事すら存在しない。以下、袁紹の傳記の比較對照は割愛するが、このように、字《あざな》と本貫を除いて、兩者の間には數多くの大幅な相違點が介在し、ほとんど合致する共通點を見出すことはできない。このような敍述のあり方は、袁術以下、殘る四名の傳記のばあいにも、同樣に當てはめて指摘することができる。そしてこの事實は『後漢書』と『三國志』のもつ相關性や對應性それ自體について、根本的に疑問視させる一證となるはずである。

「『後漢書』倭傳の『魏志』倭人傳襲用論」に對する疑問の第三點は、『後漢書』『三國志』の雙方に立てられている外國傳の比較からも發生する。すなわち一方の『三國志』には、その外國傳として、ただ卷三〇に烏丸・鮮卑・東夷の三種族を主體とした、一つの列傳が置かれるのみである。しかし他方の『後漢書』には、その異民族の傳記として、卷八五東夷列傳、卷八六南蠻西南夷列傳、卷八七西羌列傳、卷八八西域列傳、卷八九南匈奴列傳、卷九〇烏桓鮮卑列傳という六種類からなる多くの異民族の傳記が設けられている。したがってもし『後漢書』が『三國志』を底本としたとするならば、一體、范曄は『三國志』に立傳されない外國傳、すなわち右に列記される南蠻西南夷列傳以下、四種類の非漢民族の傳記をいかにして執筆することが可能であったのであろうか。

最後に定説をめぐる疑問の第四點は、『後漢書』と『三國志』が共有する東夷列傳中の倭（人）傳の存在からも派生する。すなわち一方の『後漢書』東夷列傳は、夫餘・挹婁・高句驪・東沃沮・濊・三韓・倭からなる七種類の外國傳をもって構成されている。また他方の『三國志』東夷列傳も、順序は同一ではないが、同様に夫餘・高句麗・東沃沮・挹婁・濊・韓・倭人の七種類からなる異民族の傳記から成り立っている。したがってもし前者が後者を基礎材料として倭人の傳記を執筆したとするならば、なにゆえそれは東夷列傳の中でただ唯一倭人の傳記のみを單獨に抜き出して、それを別個に分離して撰述したのであろうか。逆にいえば、なにゆえ『後漢書』は『三國志』東夷傳の中からただ倭人の傳記のみを偏重して抽出し、夫餘以下、殘る六部族の傳記を同様に敍述しなかったのであろうか。

このような疑問に對處するとき、もっとも注目される史料は、『後漢書』『三國志』雙方の東夷傳中の筆頭に置かれる夫餘の傳記である。その『後漢書』東夷列傳の一部は、左のように述べられる。

> 夫餘國は玄菟の北千里に在り。……。建武中、東夷の諸國は皆來たりて獻見す。二十五年、夫餘王は使を遣わして奉貢し、光武は厚く之れに答報す。是こに於いて、使命歳ごとに通ず。安帝の永初五年に至りて、夫餘王は始めて歩騎七八千を將い、樂浪に寇鈔して、吏民を殺傷するも、後に復た歸付す。永寧元年、乃ち嗣子の尉仇台を遣わし、闕に詣りて貢獻せしむ。天子は尉仇台に印綬、金綵を賜う。順帝の永和元年、其の王は京師に來朝す。……。桓帝の延熹四年、使を遣わして朝賀貢獻す。永康元年、王の夫台は二萬餘人を將いて、玄菟に寇す。……。靈帝の熹平三年に至りて、復た章を奉じて貢獻す。

圈點をほどこしたように、ここには「光武」「安帝」「順帝」「桓帝」「靈帝」という五つの帝號と「建武」「永初」「永寧」「永和」「延熹」「永康」「熹平」という七つの元號が見出される。それらはいずれも三國時代の歴史とは直接關係をもたない名號であるから、もちろん右の文章は『三國志』東夷傳の夫餘傳の中には登場しない。とするならば、一體、范曄はこれらの記事をいかにして、どこから入手することができたのであろうか。そしてこの『後漢書』夫餘傳の一例が示すように、それが『三國志』から取材した記事ではないことが明らかにされる。したがってこのように想定される以上、同樣に『後漢書』倭傳もまた『魏志』倭人傳を粉本とした一篇ではない、という結論を導き出すことになるのではなかろうか。

李成市氏の研究(9)によると、『梁書』卷五四東夷列傳高句麗傳と比較して、「『後漢書』は『梁書』とは異なり、……、『魏志』夫餘傳の風俗關係記事は何一つ採られていない」（七二頁）ことが指摘されている。とするならば、この指摘もまた「『後漢書』倭傳の『魏志』倭人傳襲用論」に對して、一つの有力な反證をあたえることになるであろう。

二　定說をめぐる疑問　一

以上、四點の疑問とともに、ここで『編譯書』の解說に對して、さらに二點の疑問を追加することができる。まずその一點は、前揭の『編譯書』3の傍線（イ）の部分に、「魏志にみえる郡（帶方郡）が、後漢時代の記述としては具合がわるいので韓とあらため」たとする解說が疑問に付される。『三國志』東夷傳韓の條を見ると、

建安中、公孫康は屯有縣以南の荒地を分かちて、帶方郡と爲す。

と明記されている。文中に見える公孫度の一子康は、建安九年（二〇四）に父のあとを繼いで卽位、建安十六年（二一一）に死去しているから、帶方郡が樂浪郡から分置されたのは、この期間のことと推定してよい(10)。もちろん帶方郡は後漢王朝によってではなく、公孫氏によって創設された一郡である。しかし後漢は獻帝の建安二十五年（二二〇）まで存續していたのであるから、その最末年に當たるとはいえ、當時、帶方郡が〝嚴存〟していたことは、まぎれも

ない事實である。したがって『編譯書』の解説のいうように、ここに帯方という郡名が登場するのは、けっして「後漢時代の記述として具合がわるい」ことにはならない。

それでは『後漢書』倭傳は、なにゆえここに帯方郡と記さずに、韓という地名を使用したのであろうか。このような觀點からあらためて『後漢書』東夷列傳の三韓の條を見ると、それはつぎのように抜粋される。

> 韓に三種有り。一に馬韓と曰い、二に辰韓と曰い、三に弁辰と曰う。……。馬韓は……。其の北は樂浪と、南は倭と接す。……。弁辰は……。其の南も亦《また》倭と接す。……。其の南界は倭に近く、亦文身する者有り。辰韓は、……、國に鐵を出だし、濊、倭、馬韓は、竝びに從いて之れを市《か》う。……。弁辰は辰韓と雜居し、……。其の國は倭に近く、故に頗る文身する者有り。

文中にそれぞれ傍點と圈點をほどこしたように、馬韓・辰韓・弁辰（韓）の三韓の地勢について記述するばあい、つねに例外なくそれらが倭と近在あるいは鄰接する地方として述べられていることに注意される。そして右のような三韓の大勢を描寫したのちに、それを踏まえて、あらためて『後漢書』東夷列傳は、倭國の傳記を立てていることが知られる。したがってその倭傳が「倭は韓の東南大海の中に在り」と起筆するのは、文脈的にも構文的にも、けっして不自然ではない。というよりも、むしろここでは「韓」と表記するのがもっとも正確かつ適切であって、それ以外の妥當な國名や地名をここに配置することはできない。

つぎにその二點は、前掲の『編譯書』3の傍線（ロ）の部分に、「『魏志』が「前漢書」地理志によって「舊百餘國。漢の時朝見する者有り」とあるのを、前漢武帝のころとしてかき」云々と憶測する解説が問題とされる。當該の『後漢書』倭傳の一節は、「武帝が朝鮮を滅ぼして自り」と記述されているのであって、解説のいうような「武帝時代のころとしてかき」改められているわけではない。すなわちそれは前漢の「武帝が朝鮮を討滅して自り（以）來」という意味に解釋すべき文章である。事實、その『後漢書』東夷列傳の文中には、「中興自りの後」や「漢興りて自り已後」の用例をはじめとして、時間の上限を意味する「自」字が、都合七例を數え得るが、それら各事例はいずれも一定の時期より以後の一定の時間帶を指稱する用語ばかりである。

同じく『後漢書』東夷列傳の序文を見ると、

陳渉が兵を起こし、天下崩潰するや、燕人の衞滿は地を朝鮮に避け、因りて其の國に王たり。百有餘歳にして、武帝は之れを滅ぼし、是こに於いて東夷始めて上京に通ず。王莽が位を簒うや、貊人は邊に寇す。

という一節が存在するが、文中の「是こに於いて」という表現も、また「武帝が朝鮮を討滅した時點」とそれ以降の時代という意味にほかならない。したがって右の『後漢書』倭傳の一節につづく「使譯の漢に通ずる者」と述べる當該の「漢」は、ただ武帝當時にのみ限定される前漢中期の意味ではなく、それ以降の時代を含めた前漢後半の時代を指稱すると解釋しなければならない。とするならば、この期間中、「舊百餘國」の中で、「漢の時朝見する」倭の國々が存在したとしても、それはけっしてあり得ないことではない。すなわち『編譯書』の解說するように、それは范曄によって意圖的に改竄された文章ではない。

以上、いわゆる書誌學と讀解上から生ずる合計六點の疑問を中心に、「『後漢書』倭傳の『魏志』倭人傳襲用論」の問題點について再檢討を試みてきた。その結果、これまで定說の論據として重用されてきた『編譯書』の解說には、基本的に疑問視されなければならない點が少なくないことが浮き彫りにされるように思われる。したがってもし以上の私見が再考に價するとするならば、從來、〝常識〟として〝妄信〟されてきた通說には、多分に過誤や缺陷が潛在し、無條件にそれを信用することは危険であるばかりではなく、あらためてそれに對して全面的に再檢討を加える餘地が生ずるのではなかろうか。

三　定説をめぐる批判

「『後漢書』倭傳の『魏志』倭人傳襲用論」に共通する最大の缺陷は、現在、ただたまたま残り得た二種類の歴史書、すなわち『後漢書』倭傳と『魏志』倭人傳にのみ目を奪われ、前者のもつ祖本の存在について、目を向けようとしないことである。そして范曄が『後漢書』の編纂に従事していた劉宋初期の時點において、後漢に關する各種の先行史料が〝現存〟していたという事實に、一向に注意を拂おうとしないことである。すなわち從來の定説は、現行の『後漢書』が成立する以前に、現在では散失してしまっているが、當時、十指を數える『後漢書』類（以下、「諸家後漢書」と總稱）が遺されていたという事實を全く念頭に置かず、ただ既存の二種類の正史にのみ注目して、議論を展開しているのである。いいかえれば、當時、范曄はいかなる先行史料を援用して『後漢書』を撰述したか、という問題を度外視して、ただ現存する『後漢書』と『三國志』のみを直接對象として、短絡的な考證や立論に終始しているところに問題がある。

それでは范曄『後漢書』に先行し、その祖本として使用された「諸家後漢書」とは、一體、どのような史書であったであろうか。『隋書』第三三經籍志二、『舊唐書』巻四六上經籍志上、『新唐書』巻五七藝文志一のそれぞれ史部の項を見ると、『東觀漢記』を筆頭に、約一三種類にのぼる「諸家後漢書」が採錄されている。それらをほぼ成立の年代順に整理すると、およそ次頁のように圖表化することができる。(11)（巻數欄の上の數字は、『隋書』經籍志に記載されるそれを表わし、同様に下の數字は、『舊唐書』經籍志に記載されるそれを示す。またそれぞれ（ ）内の數字は、隋代に殘存していた巻數を意味する。）

〈表〉「諸家後漢書」の修撰

	書名	卷數	時代	撰者	撰者の年代	存亡	輯本の有無
Ⅰ	東觀漢記	143 127	後　漢	劉珍ほか	在官107ごろ～126ごろ	亡	武英殿聚珍版 湖北先正遺書
Ⅱ	後漢書	130 133	吳	謝　承	在官222ごろ～252ごろ	亡	八家後漢書
Ⅲ	後漢記	100 (65) 100	吳～西晉	薛　瑩	（？～282）	亡	〃
Ⅳ	後漢書	97 (17) 31	西　晉	華　嶠	（？～293）	亡	〃
Ⅴ	後漢紀	30 30	西　晉	張　璠	未詳 (袁宏より以前)	亡	〃
Ⅵ	後漢南記	55 (45) 58	西　晉	張　瑩	不詳	亡	無
Ⅶ	續漢書	83 83	西　晉	司馬彪	（？～306ごろ）	志のみ存	八家後漢書
Ⅷ	後漢書	122 (85) 102	東　晉	謝　沈	在官342ごろ～344ごろ	亡	〃
Ⅸ	後漢紀	30 30	東　晉	袁　宏	(328～376)	存	
Ⅹ	後漢書	100 (95) 102	東　晉	袁山松	（？～401）	亡	八家後漢書
Ⅺ	後漢書	97 92	宋	范　曄	(398～445)	存	
Ⅻ	後漢書	— 58	宋	劉義慶	(402～444)	亡	無
XIII	後漢書	100 —	梁	蕭子顯	(489～537)	亡	無

この圖表によって一目瞭然とするように、范曄『後漢書』は、後漢に關する多數の史書の中で、第十一番目に作成された紀傳體の歷史書に相當する。逆にいえば、范曄『後漢書』が出現する以前に、すでに一〇種類にのぼる多數の『後漢書』類が存在していたことが明らかにされる。したがって范曄はこれら一〇種類の「諸家後漢書」の大半を祖本として、『後漢書』全九七卷を完成することが可能であったのである。

この事實を裏付けるもっとも有力な證據は、『宋書』卷六九范曄傳に見出されるつぎの一節である。

元嘉九年冬、彭城太妃薨ず。……。曄は司徒左西屬王深と（范）廣淵の許《もと》に宿《とま》り、夜中酣飲して、北牖を開き、挽歌を聽きて樂しみと爲す。義康は大いに怒り、曄を宣城太守に左遷す。志を得ずして、乃ち衆家の後漢書を刪りて、一家の作を爲《つく》る。

ここで注目されるのは、文中に圈點を付したように、范曄が「衆家」、すなわち「衆多の作家」の撰述になる『後漢書』、いいかえれば「諸家後漢書」を「刪」定して、獨自の『後漢書』を編纂したと述べられていることである。

劉知幾『史通』書事篇に、「范曄は博く衆書を采りて、漢典を裁成す」とあり、またその古今正史篇を見ると、

宋の宣城太守范曄に至りては、乃ち廣く學徒を集めて、舊籍を究覽し、煩を刪りて略を補い、後漢書を作る。凡そ十紀、十志、八十列傳、合して百篇と爲す。

と記されるが、ここにいう「衆書」や「舊籍」が、「衆家」の手になる「舊來」の「諸家後漢書」を指すことは疑いない。

このように、數多くの先行史料を基礎に『後漢書』を修撰するという方針や手法は、ただ單に范曄のばあいにのみ見られる特殊な事例ではない。たとえば『晉書』卷八二司馬彪傳を見ると、

（司馬）彪は乃ち衆書を討論して、其の聞する所を綴り、世祖に起こりて孝獻に終わるまで、年を編むこと二百、

世を錄すること十二。通じて上下を綜《す》べ、旁《あまね》く庶事を貫きて、紀、志、傳を爲る。凡そ八十篇、號《なづ》けて續漢書と曰う。

と記され、また右の『史通』古今正史篇にもこれとほぼ同文が見出されるが、この「衆書を討論して」作成された司馬彪『續漢書』こそ、のちに現行の『後漢書』の志として合刻されるにいたった重要な基礎史料の一つである。

また『梁書』巻三五蕭子顯傳を見ると、

又衆家の後漢を採り、同異を考正して、一家の書を爲る。……。子顯の著わす所の後漢書、一百卷。

と記されるように、前掲の表の第十三番目に當たる蕭子顯『後漢書』も、また「衆家の後漢」書を採用して修撰された「諸家後漢書」の一つであった。したがってこれらの記事を否定し得ないかぎり、范曄が『東觀漢記』以下、各種の先行する「諸家後漢書」のいくつかを底本として、個別かつ獨自に、後漢一代の歴史を執筆したことは疑いない。そしてそこには『三國志』の一部をも同時に參照したなどということは、一言半句も傳え殘されていない。

これと關連して、『三國志』魏書巻三〇烏丸傳の序を見ると、つぎの一節に注目される。

烏丸、鮮卑は卽ち古《いにし》えの所謂東胡なり。其の習俗、前事は漢紀を撰する者、已に錄して之れを載せり。故に但漢末、魏初以來を擧げて、以て四夷の變に備う、云々。

これによると、『三國志』が完成した西晉初期には、「漢紀」、すなわち「後漢の紀傳」を「撰する者」によって、これら塞外民族について、すでにいくつかの記錄が傳え殘されていたという事情が判明する。したがって『三國志』の烏丸・鮮卑の兩傳が、これらの遺存史料によって編纂されたことはまちがいない。とするならば、これと同一の列傳中に收められる倭人の傳もまた同樣であったはずである。すなわち『後漢書』が編纂された劉宋初期にも、數量の多寡や精粗の差違はあったにせよ、ほぼ同樣の史料が殘存していたと想定してよい。したがって范曄はそれら各種多数の「諸家後漢書」を利用すれば十分であって、わざわざ時代の異なる後出の『魏志』倭人傳の記事を借用する必要などは、全くなかったといわなければならない。

四　『後漢書』とその一定の祖本

王鳴盛『十七史商榷』巻二九後漢書一范氏後漢書用司馬彪志補に、

范蔚宗（范曄の字《あざな》――福井注）の前に、後漢書を作りし者に、已に數家有り。今皆《みな》傳わらず。而して范氏のみ獨り存す。

と述べられているが、前掲の『史通』古今正史篇に、「世に言う、漢の中興の史なる者は、唯だ范（曄）と袁（宏）の二家あるのみ、と」と明記されるように、編年體の史書である袁宏『後漢紀』は、今日、完本として殘存している。したがって嚴密にいうと、右の『十七史商榷』の文中に、「范氏のみ獨り存す」と記すのは、必ずしも正しい評言ではない。しかしこの『後漢紀』を除いて、「後漢書を作りし者」の「數家」の史書は、そのほとんどすべてが、東晉から隋初にいたる混亂の時代に散逸して、清代には「今皆傳わら」ない狀態に陥っていたことは事實である。そして今日ではただそれらの一部のみが、「諸家後漢書」の題名を付されて、輯本として殘されているにすぎない。

しかしこれら「諸家後漢書」のうちで、范曄が最重要視して、『後漢書』の第一の原典として活用した一書こそ、ほかならぬ華嶠『後漢書』であった。[12]また『後漢紀』巻二七孝獻皇帝紀初平三年（一九二）十月の條に、

華嶠曰く、臣の父表は毎《つね》に臣の祖歆に言いて云う、當時の人は皇甫嵩を以て伐《ほこ》らずと爲す。故に汝、豫の戰は功を朱雋に歸し、張角の捷は之れを盧植に本づけり、と。蓋し功名なる者は、士の宜しく重んずべき所なり。誠に

能く爭わず、天下の之れ與《とも》に爭うこと莫ければ、則ち怨禍は深からざらん、と。

という一文が見える。このように特定の個人の發言を引用することは、『後漢紀』においてはきわめて稀有の事例に屬するから、あるいは『後漢紀』もまた華嶠『後漢書』を第一の祖本としたと想定してよいかもしれない。また劉勰『文心雕龍』史傳篇を見ると、「司馬彪の詳實、華嶠の準當の若きは、其の冠たり」と稱され、さらに前掲の『史通』古今正史篇と見ると、司馬彪『續漢書』などの「紀傳を創《つく》りし者は五家、其の長ずる所を推すに、華氏は最（上）に居る」と評されるように、それは「諸家後漢書」の中でもっとも優れた作品であると見なされていた。とするならば、范曄『後漢書』が最重要の祖本とした歴史書は、この華嶠『後漢書』であったと推定してまちがいないであろう。

したがってもし「八家後漢書」に收容される當該史書に、東夷傳倭の佚文が採錄され、それが現行『後漢書』倭傳の記事と類似符合する部分が數多く存在するならば、以上に考證してきたこの論文の結論は、ただちに異論なく是認される結果となるはずである。しかし殘念ながらそこには、肝心の倭人に關しては、ただの一片の佚文すら殘されていない。したがって『後漢書』倭傳が、事實上、それを原據として撰述された歴史書であるか否かを實證することは不可能である。

しかし幸いにも華嶠『後漢書』の佚文中に、西南夷と南匈奴の二傳が收集されているから、それらによって范曄『後漢書』卷八六西南夷列傳と同卷八九南匈奴列傳とを比較檢討することが可能である。兩者の相互關係を明示するために、前者を上段に、後者を下段に配置すると、それら兩傳は次頁のように對比される。

これら上下の文章を比較檢證するとき、一字一句にいたるまで、兩者がいかに酷似一致する文章であるかということが判然とする。このような符合はほかに例を見ない特徴であるから、これによって下段の范曄『後漢書』が、上段の華嶠『後漢書』の文章を直接引用したことは、ほぼまちがいないと認定される。とするならば、これと同じ外國傳

華嶠『後漢書』	范曄『後漢書』
西南夷傳 哀牢夷は染綵紬布を知り、文章を織り成すこと、綾絹の如し。梧桐の木の華有りて、績《つむ》ぎて以て布と爲す。幅は廣さ五尺、潔白にして垢汙を受けず。先ず以て亡《な》き人を覆《おお》い、然る後に之れを服す。	西南夷列傳 （哀牢人は）染采文繡を知り、……、文章を織り成すこと、綾錦の如し。梧桐の木の華有りて、績ぎて以て布と爲す。幅は廣さ五尺、潔白にして垢汚を受けず。先ず以て亡き人を覆い、然る後に之れを服す。
南匈奴傳 南單于は使を遣わして闕に詣らしめ、藩を奉じて臣と稱し、入りて雲中に居らしむ。使を遣わして上書し、駱駝二頭、文馬十匹を獻ず。	南匈奴列傳 南單于は復た使を遣わして闕に詣らしめ、藩を奉じて臣と稱し、……。入りて雲中に居るを聽《ゆる》す。使を遣わして上書し、駱駝二頭、文馬十匹を獻ず。

に屬する范曄『後漢書』の倭傳が、同様に華嶠『後漢書』のそれを襲用したと想定することは、十分な可能性や蓋然性をもつ假説となり得るように思われる。

五　范曄と『後漢書』倭傳

『宋書』范曄傳には、「臣は二漢の故事を歴觀するに」云々にはじまる上奏の一節が見出されるが、このことは、范曄自身が「二漢」、すなわち前漢・後漢の「故事」に目を通していたことを示唆する。そして范曄と『後漢書』倭傳との關連を示す貴重な記述は、同傳の左の書翰の文中に見出される。

曄は獄中より諸々の甥姪に書を與え、以て自ら序して曰く、……。既にして後漢（書）を造るや、……、循吏以下六夷に及ぶ諸々の序論に至りては、筆勢縱放にして、實に天下の奇作なり、と。

ここにいう「六夷」の傳記とは、現行『後漢書』の目次にしたがって配列すると、㈠、巻八五東夷列傳、㈡、巻八六南蠻西南夷列傳、㈢、巻八七西羌列傳、㈣、巻八八西域列傳、㈤、巻八九南匈奴列傳、㈥、巻九〇烏桓鮮卑列傳の六傳である。『小學紺珠』巻二地理類は、この『後漢書』の各列傳に依據して、「六夷」の各部族を特定している。

三﨑良章氏の研究[13]によると、「六夷」という用語は、『後漢書』西南夷列傳冉駹夷傳に、

其の山に六夷、七羌、九氐有り。各々部落を有《も》つ。

とある一文をもって、その「最古の記録である」（二八頁）と見なされ、またそれは「五胡」の名稱とともに、「四、五世紀に活動した少數民族の總稱である」（三〇頁）ことが明らかにされている。この結論にしたがうかぎり、「六夷」という稱謂は『三國志』の編纂當時には存在しなかったことになるから、當然、それは『後漢書』が撰述されたころにはじめて使用されるようになった、新しい造語の一つであったと考えてよいであろう。

そして右の獄中からの書信の中で、范曄自身が、この「六夷に及ぶ諸々の序論」は、「實に天下の奇作なり」と自畫自贊しているのであるから、その「六夷」に含まれる東夷列傳の一部が、范曄の手筆になる一篇であると考えてまちがいない。そして當該の列傳の「序論」を見ると、

（東夷は）建武の初め、復た來たりて朝貢す。……。是こに於いて、濊、貊、倭、韓は萬里にして朝獻し、故に章（帝）和（帝）より已後、使聘流通す。永初の多難なるに逮んで、始めて入りて寇鈔し、桓（帝）靈（帝）は政を失い、漸く滋曼せり。

と述べられているが、文中に傍線をほどこした三つの部分は、すでに引用したように、『後漢書』倭傳に、

建武中元二年、倭奴國、奉貢して朝賀す。……。安帝の永初元年、倭國王帥升等は、生口百六十人を獻じ、請見を願う。桓靈の間、倭國大いに亂れ、更々相攻伐して、歴年主無し。

とある傍線の部分とほぼ對應する記事である。

このように『後漢書』東夷列傳の「序論」と本論とは、時間的、内容的に相互に關連し、しかもその「序論」が范曄自筆の作文になることに疑問の餘地はない。とするならば、その全文が范曄自身の筆錄であるか否かという點についてまでは不明であるが、その本論をなす『後漢書』倭傳自體も、また范曄の執筆になる一篇であると推定することが可能となる。しかもこれらの記事は、『魏志』倭人傳の文中のどこにも見出すことはできないから、范曄は右の文章を『魏志』倭人傳以外の別の史料から引用したと想像しなければならない。そして既述のように、一つに、范曄『後漢書』は華嶠『後漢書』を第一の祖本とした正史であること、二つに、前者の西南夷列傳と南匈奴列傳が、後者の兩傳をほぼ直接引用していること、という二點から類推するとき、現在、そこには倭傳は殘存しないにせよ、范曄『後漢書』倭傳がおそらくこの華嶠『後漢書』に掲載されていた未知の倭傳、すなわち現行のそれと同様の倭人の傳記を採擇轉載したという推測が、可能となるのではなかろうか。

六　正史の編纂と先行史料

このような推測は、中國正史の編纂における先行史料の援用という問題からも闡明にすることができる。すなわち中國古代の修史事業を通觀するとき、ある特定の王朝や時代の歴史書を編集するばあいには、つねに必ず當該王朝や當該時代に關する先行史料を襲用するのが準則である。いいかえれば、特定の王朝史や年代記を執筆するばあいは、その王朝や年代に關する既存の完成史料を祖本とするのが定法であって、それより後出の王朝や年代に關する文獻を參考にして、その史書を作成するというような事例は、一切それを見出すことはできない。『後漢書』と『三國志』

の編纂に當たっても、この原則は例外ではあり得ない。

その好例の一つとして擧げられる史料が、袁宏『後漢紀』三〇巻である。『晉書』巻九二文苑傳＝袁宏傳によると、袁宏は東晉・康帝の建元年間（三四三〜三四四）前後に生存していた學者であるから、この『後漢紀』は范曄『後漢書』を遡ること約五〇年前に編纂された後漢に關する歷史書の一つに當たる。またそれは現存する後漢に關する唯一の編年體の歷史書でもあるが、その序文を見ると、『後漢紀』を撰述するさいに使用した底本について、つぎのように述べている。

> 予は嘗て後漢書を讀むに、煩穢雜亂、睡《ねむ》くして竟《お》えること能わざるなり。聊《いささ》か暇日あるを以て、撰集して後漢紀を爲《つく》る。其の綴りし所は、（東觀）漢紀（記）、謝承（後漢）書、司馬彪（續漢）書、華嶠（後漢）書、謝沈（後漢）書、漢山陽公記、漢靈（帝）獻（帝）起居注、漢名臣奏を會《あ》わせ、旁《あまね》く諸郡の耆舊、先賢の傳、凡そ數百卷に及べり。前史は闕略して、多くは次敍せず、錯繆同異す。誰にか之れを正さしめんや。……。始めて張璠が撰する所の書（後漢紀――福井注）を見るに、其の漢末の事を言うこと差《やや》詳し。故に復た探りて之れを益《ま》せり。

このように『後漢紀』を撰述するにさいして、袁宏は『東觀漢記』以下、『漢名臣奏』[14]にいたる「凡そ數百卷に及」ぶ各種の原典を列記し、また張璠『後漢紀』にも目を通しているが、それらの書名から察知されるように、それらはすべてただ後漢時代にのみ限定され、「前史」として一括して原本とされている。當時、すでに『三國志』は成立し、一般に流布していたはずであるが、右の『後漢紀』の序文の中にも、『三國志』を藍本の一部として採用したなどということは、一言半句も述べられていない。

またここでは詳述を省略するが、『三國志』のばあいは、陳壽は晉・王沈『魏書』を第一の粉本とし、また蜀（魏）・譙周『蜀本紀』および吳・韋昭『吳書』などを流用して、魏・蜀・吳三國の歷史書全六五卷を集成したことが推定される。

一方、この『三國志』につぐ『晉書』は、唐・太宗の貞觀二十年（六四六）ごろに完成した「奉敕撰」になる正史であるが、それは臧榮緒『晉書』一一〇巻を主體に、「十八家」とよばれる一八種類の晉代に關する史書[15]を原典として、多數の學者によって執筆された官撰の歴史書である。

他方、この『晉書』のつぎに置かれる『宋書』一〇〇巻は、南朝・齊の永明五年（四八七）、沈約が敕命を奉じて執筆を開始し、最終的には梁の天監二年（五〇三）前後に完成した、南朝・宋一代に關する同時代史に似た正史として知られる。したがってそれは『晉書』の刊行より一四〇年餘も以前に世に現われている。ということは、『晉書』が敕撰された唐代の初期には、晉より後世の南朝・宋に關する歴史の書物が、すでに存在していたことを示すものである。このように王朝としては晉が先行し、史書としては『宋書』が先行するという意味において、兩書の相關關係はちょうど『後漢書』と『三國志』とのそれに對應する。そして『晉書』巻九七四夷傳には倭人の傳記が設けられ、また『宋書』巻九七東夷傳にも倭國の傳記が立てられている。しかし前者の倭人傳が後者の倭國傳を襲用したような痕跡をたどることなどは不可能に近い。このように特定の王朝一代の歴史を執筆するばあいは、つねにただその當該王朝に關する先行史料にのみ限定して、その歴史を記録するというのが、中國の史學史上、ほぼ例外のない一般原則の一つであった。

前掲の圖表によって明らかにされるように、范曄『後漢書』が編纂された南朝・宋の元嘉年間には、後漢に關する史料として、一〇種類にのぼる「諸家後漢書」が殘存していた。したがって范曄はそれらの先行史料を利用して〝修史〟に從事すれば十分であって、わざわざ王朝や時代を異にする、後出の『三國志』を用いなければならない必要性や妥當性は、微塵もなかったのである。以上がこの論文の結論である。

あとがき

再述するまでもなく、日本における古代國家の起源や原形を記録する最初の文獻史料は、『後漢書』と『三國志』という二種類の中國の歴史書である。したがって日本國家の誕生について考察しようとするとき、まず最初に目を通すべき第一等の基本的な史料が、これら二つの正史に記録される日本人に關する情報であることもいうまでもない。しかしこれまでくりかえし述べてきたように、『三國志』は三世紀後半に、また『後漢書』は五世紀前半に、それぞれ修撰されたことから、それらの時代の先後關係と兩書のもつ記載内容の近似性や相關性を論據として、後出の『後漢書』倭傳は、已存の『魏志』倭人傳を底本とし、その記事や文章を襲用したというのが、今日、ほぼ異論のない定説として認められている。最後に再び『編譯書』の一部を引用すると、その「凡例」の一つはその目次の配列に觸れて、

> 時代的におそい三國志を後漢書より前にかかげたのは、三國志の製作年代が後漢書よりはやく、また兩者の史料的關係をうかがうにも前後した方が便利なためである。
> （五頁）

と付言しているが、それはまさしく現在における日本の學界の一般的通念を代表する典型的解説であるといってよいであろう。

しかしながらもし以上の考證に大過がないとするならば、この定説はあらためて根本的、全面的に問い直されなければならない宿題となるはずである。そしてもし「『後漢書』倭傳の『魏志』倭人傳襲用論」が、全く疑問や再考に付されることもなく、今後、日本最古の歴史に關する研究が推進されるとするならば、それはその最初の出發點から

根本的な過誤を犯すことにならないであろうか。日本の國情を傳え殘す最古で第一の文獻史料は、『魏志』倭人傳ではなく、あくまでも華嶠『後漢書』を母胎とした范曄『後漢書』にほかならない。

注

（1）和田清・石原道博編譯『魏志倭人傳・後漢書倭傳・宋書倭國傳・隋書倭國傳』（岩波書店〈岩波文庫〉、一九五一年第一刷）。

（2）內藤湖南「卑彌呼考」（『藝文』一—二、一九一〇年。のちに『內藤湖南全集』第七卷「讀史叢錄」所收、筑摩書房、一九七〇年）。

（3）白鳥庫吉「倭女王卑彌呼考」（『東亞之光』五—六・七、一九一〇年。のちに『白鳥庫吉全集』第一卷所收、岩波書店、一九六九年）。

（4）津田左右吉『古事記及び日本書紀の新研究』總論二我々の民族と支那人及び韓人との交涉（岩波書店、一九一九年。のちに『津田左右吉全集』別卷第一所收、岩波書店、一九六六年）、同氏『日本古典の研究』上第一篇第二章我々の民族とシナ人及び韓人との交涉（岩波書店、一九四八年。のちに『津田左右吉全集』第一卷所收、岩波書店、一九六三年）。

（5）和田清「魏志倭人傳に關する一解釋」（『歷史』一—一、一九四七年）。

（6）栗原朋信『上代日本對外關係の研究』「魏志」倭人傳にみえる邪馬臺國をめぐる國際關係の一面（吉川弘文館、一九七八年）。

（7）礪波護「日本にとって中國とは何か」（尾形勇他『中國の歷史』12所載、講談社、二〇〇五年）。ここでは「著作年代は陳壽（二三三—二九七）によって編纂された『三國志』の方が、范曄（三九八—四四五）によって編纂された『後漢書』よりも先であり、しかも『後漢書』列傳七五・東夷傳の倭の條の記事の大部分は、『三國志』卷三〇・魏書東夷傳の倭人の條、いわゆる「魏志倭人傳」の記事をほぼ踏襲しているのである」（二八九頁）と述べられる。「『後漢書』倭傳の『魏志』倭人傳襲用論」は、最新の學說においても、なお變更されることはない。

（8）金毓黻（靜庵）『中國史學史』修訂重排本（鼎文書局、一九七九年）。

（9）李成市『古代東アジアの民族と國家』第一篇第三章二『梁書』高句麗傳の史料的性格（岩波書店、一九九八年）。
（10）帶方郡については、池内宏「公孫氏の帶方郡設置と曹魏の樂浪帶方二郡」（内藤博士頌壽記念『史學論叢』所載、弘文堂書房、一九三〇年）を參照。
（11）福井重雅『陸賈『新語』の研究』付節二付錄南北朝成立三注所引各種『後漢書』類索引・補考（汲古書院、二〇〇二年）の圖表にもとづく。
（12）華嶠『後漢書』については、吳樹平「范曄《後漢書》與華嶠《後漢書》」（同氏『秦漢文獻研究』所收、齊魯書社、一九八八年）、福井重雅「華嶠『後漢書』について」（福井重雅編譯『中國古代の歷史家たち——司馬遷・班固・范曄・陳壽の列傳譯注——』補論所載、早稻田大學出版部、二〇〇六年）を參照。
（13）三﨑良章『五胡十六國の基礎的研究』第一部第一章「五胡」（汲古書院、二〇〇六年）。
（14）『漢名臣奏』については、齋藤實郎「袁宏『後漢紀』序・引用の「漢名臣奏」について」（『史叢』三四、一九八五年）を參照。
（15）『晉書』の祖本とされる「十八家」については、李宗侗『中國史學史』第四章第三節諸家晉史（中國文化學院出版部、一九七九年）などを參照。

付記　この論文は二〇〇六年一月十八日に行なわれた筆者の最終講義の内容の一部をまとめたものである。紙幅の制約上、參考論著の引用などは、最少限度にとどめ、その詳細の検討については他日を期することにしたい。

第三章

慕容廆の遼西支配

三﨑良章

はじめに

三五二年四月、前燕王慕容儁は鄴に據る冉閔の魏を滅ぼして中原進出を達成し、一一月には皇帝を稱した。前燕は三七〇年一一月に前秦によって滅ぼされるまで華北東部を支配したが、その間、前燕のもたらした鮮卑文化は中原社會に多大な影響を與えた[1]。前燕は五胡十六國時代の華北における諸文化融合にきわめて重要な役割を果たしたのである。

前燕は三三七年九月に慕容儁の父である鮮卑慕容部の部族長慕容皝が燕王を名のって建國されるが、慕容部の發展は、『晉書』巻一〇八慕容廆載記及び『魏書』巻九五徒河慕容廆列傳によれば、始祖莫護跋が曹魏の初めに部民を率いて遼西に定住したことから始まる。その後、三世紀末までの約七〇年間、慕容部は遼東、遼西の各地に移動をくりかえした。すなわち莫護跋は曹魏の公孫氏討伐に從軍して功績を擧げて棘城北方に住み着き、その孫の涉歸の時に鮮卑宇文部の壓力を避けるために遼東の北に移動した。さらにその子慕容廆は遼東が僻遠だとして遼西徒河の靑山に移り、ついで二九四年に顓頊の墟だという理由で棘城[2]に移居したのである。そして棘城は、慕容廆の子の慕容皝が三四二年に龍城に遷都するまで、慕容部政權、さらに前燕の據點となる。

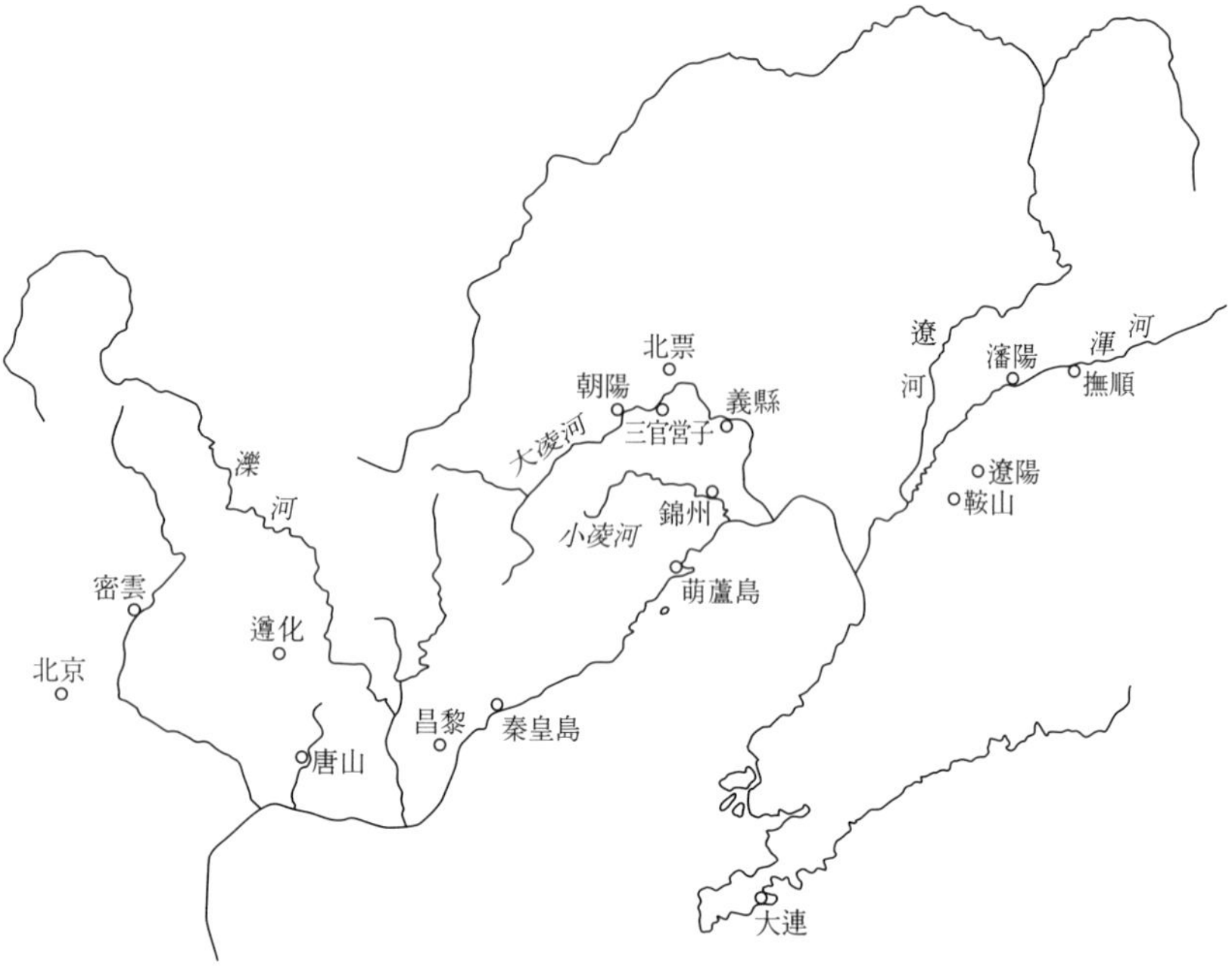

遼西主要圖

慕容部が據點を置いたこれらの地點のうち、龍城が現在の朝陽市にあったことには異論はない。ところが徒河の青山と棘城の位置については主に二つの比定が行なわれている。一つは『通典』巻一七八州郡典柳城郡條(3)を根據にして、徒河の青山を現在の義縣附近、棘城を現在の錦州市附近に當てる見方であり、例えば田村實造氏(4)は徒河の青山を義縣、棘城を錦州北方としている(5)。また楊守敬の『西晉地理圖』は徒河の青山を錦州の西北、棘城を義縣に置き、おそらくそれによって『中國歴史地圖集』(6)は徒河を錦州市、棘城を義縣西方に置いている(7)。これらの比定は青山と棘城の位置がほぼ逆になっている點に大きな相違がある。しかし慕容部の據點が大凌河流域から小凌河流域にわたっていたという點では共通する。すなわち慕容廆時代の慕容部は大凌河流域及び小凌河流域を中心に活動していたと理解され、慕容廆時代の慕容部社會についてはその前提の上で論じられてきたのである。

これに對して田立坤氏[8]は、徒河の青山を朝陽市から義縣に至る間の大凌河の兩岸地帶、棘城を義縣よりも西の北票市西部の三官營子遺址に比定した。田立坤氏の論考は一九九六年に發表されたものであるが、その後の考古學調査による新たな知見[9]などに照らして再檢討すると、現地の地勢や出土遺物を詳細に分析した上でなされた非常に信頼が置ける比定であるように思われる。田立坤氏の比定を受け入れるとすれば、慕容廆時代の慕容部の據點は、從來の理解とは異なり、北票市周邊の大凌河中流域を出なかったことになる。こうした見方は慕容廆時代の慕容部の支配領域、さらには四世紀前半の遼西全體の狀況についての理解にも影響するのである。

慕容廆が部族長であった期間は前後五〇年近くに及び、その後期に遼東から遼西一帶を支配したことには異論の餘地がない。しかし從來は慕容廆初期、中期の支配領域について、それ自體を檢討することなく、その後期の支配領域から遡及して過大に捉える傾向が強かったように思われる。そのため三世紀末から三二〇年代に至る間の遼西の狀況が不明確のまま殘されているように考えられる。そこで本論では、特に四世紀初から三二〇年代までの慕容廆の遼西支配について、近年出土した墳墓の狀況、編纂史料に現れる慕容部政權に流入した漢人や鮮卑段部の動向等を通して再檢討を試みることにする。

一　錦州李廆墓の意味

一九九二年一一月、遼寧省錦州市の中心部である凌河區で二基の墳墓が發掘され、そのうちの一號墓から文字が刻された灰磚が發見された[10]。灰磚の形態は三二センチメートル×一五センチメートル×五センチメートルの直方體で、その表面には次のように三行にわたって一五字の楷書體の文字が陰刻されていたのである。

燕國薊李廆

永昌三年正月廿六

日亡

この灰磚について發掘簡報は「墓表」とし、關尾史郎[11]氏は「墓記」、羅新・葉煒[12]氏は「墓誌」と理解しているが、ここでは發掘簡報に從い、「墓表」と表記する。

さて墓表に記される「李廆」という人物、「永昌三年」という年次については發掘簡報や關尾史郎氏、羅新・葉煒氏が檢討している[13]。それらによると、李廆は燕國薊縣を本貫とし、華北の混亂のなかで遼西に遷居した漢人であると推定され、當墓の墓主であると考えられる。したがって一號墓は「李廆墓」ということになる。また永昌年號は東晉元帝の年號であるが、元帝は永昌元年（三二二）閏十一月に崩じて明帝が即位し、翌年三月に太寧と改元されている。すなわち永昌は二年までで終わり、三年は存在しない。それにもかかわらず「永昌三年」と記されるのは、東晉の首都建康から遼西への情報傳達の遲れによるものであり[14]、この年次は西暦三二四年と理解して問題ないと思われる。すなわち李廆墓は東晉初期の漢人の墳墓ということになる。

發掘簡報によれば、李廆墓は長さ四メートル、巾一・三二メートル、高さ一・四八メートルの長方形單室の磚室墓で、墓道は發見されていない。墓室は墓表とほぼ同じ規格の繩紋磚で構築されている。隨葬品は墓表の他、銅鏡、銅釜、陶壺、五銖錢など四〇餘件が確認できる。李廆墓發見直後に發見された二號墓は、早く破壞されたが、李廆墓と同樣、長方形單室の磚室墓であり、墳墓の形態や用いられた磚の狀況などから、李廆墓と同時期の墳墓であるとされる。兩墓の形態や出土遺物は中原や江南で發見される兩晉時代の墳墓の形態、遺物と共通しており、特に墓表は江南一帶でしばしば發見される東晉時代の墓誌や紀年銘磚と風格や形式が一致するとされる。そして發掘簡報は、當時錦州地域は前燕の支配下にあったという前提のもとに、李廆墓等は前燕が物質文化の上で東晉の影響を深く受け、密接な關係を維持したことを示すと結論するのである。

錦州市では李廆墓發見の直前の一九九二年八月に、市東部の太和區でもう一基の墳墓が發見されている。前山墓である。(15) この墳墓は墓室の長さ三・二メートル、巾〇・八～一・〇四メートル、高さ〇・九メートルで李廆墓より一回り小さいが、墓道、墓門、甬道も確認されている。隨葬品は陶器一六件と青瓷器一件である。前山墓からは文字は發見されていないが、磚室墓であること、墓室構築に用いられた繩紋磚の規格等が李廆墓と等しいこと、出土した泥質灰陶壺の紋のつきかたが李廆墓から出土した陶壺と基本的に同じであることなどから、李廆墓と同時期のものと考えられている。そして簡報はやはり、この時期の遼西地域が前燕の支配地域であるから、前山墓は前燕の墳墓であるとするのである。

ところでここで疑問に感じるのは、それぞれの發掘簡報がこれらの三墓を前燕の墳墓であるとすることである。「燕」という國名は慕容皝が三三七年に「燕王」と稱したことから始まる。したがって三二四年あるいはその前後の墳墓を「前燕墓」と呼ぶ場合には何らかの注釋が必要であろう。しかしそれは前燕を慕容部政權あるいは慕容廆政權と言い換えれば處理できる問題である。より本質的な問題は、三二四年前後の錦州地域が慕容廆の支配下にあったのかということである。兩發掘簡報とも、當然のごとく、當時錦州地域は慕容廆の支配下にあったとし、その根據を示していない。わずかに根據らしく窺えるのは、李廆墓の發掘簡報に慕容廆時代の棘城の位置を「今遼寧錦州北」としていることである。これは注によれば『東北歴史地理』(16) の理解に基づく。慕容廆の據點が錦州の北にあったとすれば、現在の錦州市で發見された三墳墓が慕容廆政權下で築造されたと考えても問題はない。しかし前述したように、慕容廆の據點は大凌河流域に限られる可能性が高いのである。

錦州の三墳墓が慕容政權下で築造されたという前提を離れてみると、三墳墓の意味は全く異なってくる可能性がある。田立坤氏による三燕[17]の墳墓の類型分析によると、一九九〇年代までに發見された六〇基に及ぶ墳墓のほとんどは、被葬者が漢人であるか鮮卑人であるかを問わず、土坑墓、石室墓、石槨墓である。遼寧を遠く離れた河南省安陽の孝民屯晉墓も土坑墓である。ところが錦州のこれらの三墳墓だけが磚室墓なのである。[18]田立坤氏はこの三墳墓が不規則な梯形をしていることに着目し、土坑竪穴木棺墓の影響を受けた三燕の墳墓であると理解する。しかし戴俊英[19]氏の魏晉南北朝時代の墳墓についての網羅的研究によると、華北、華中、華南の魏晉時代の墳墓の多くは磚室墓であり、この時期の漢人の墳墓は一般的に磚室墓である。また前述した出土遺物の状況を考慮すると、三墳墓は中原や江南の墳墓との共通性を多くもつ墳墓だと捉えることができる。つまり李廆墓等の三墳墓の被葬者は慕容政權の影響を受けることが少なかった漢人である可能性が指摘できるのである。

發掘簡報や關尾氏、羅新・葉煒氏らは墳墓の漢族的要素から、慕容廆支配下で漢族が自立して存在していたと指摘している。しかしそうした漢族的要素は、慕容廆が錦州を支配していたという前提を退ければ、李廆等の自立した漢人が慕容政權とは別に獨自に存在していたこと示していることになる。李廆墓や二號墓、前山墓からは、三二四年ころには錦州には未だ慕容部の勢力が浸透しておらず、華北から移動してきた漢人が自立していたという可能性が指摘できるのである。そしてその可能性は、慕容部の據點からより離れた、錦州以西の遼西一帶についてもあてはまると思われるのである。

二　慕容廆支配下の漢人の居住地

四世紀初、華北において八王の亂、永嘉の亂が起こると華北の民衆は流民として華北から移動を始めた[20]。流民の多くは華北から江南へ移動したが、河西や遼西への移動も起こった。『晉書』慕容廆載記には、

　時二京傾覆、幽冀淪陷、廆刑政修明、虚懐引納、流亡士庶多襁負歸之。廆乃立郡以統流人、冀州人爲冀陽郡、豫州人爲成周郡、靑州人爲營丘郡、幷州人爲唐國郡。

と記されている。「二京傾覆」は三一一年に洛陽が前趙によって陷落して西晉の懷帝が拉致された事件と、三一六年に長安がやはり前趙によって陷落し愍帝が拉致された事件を指す。この記録は『資治通鑑』には卷八八建興元年（三一三）四月條に、

　初、中國士民避亂者、多北依王浚、浚不能存撫、又政法不立、士民往往復去之。段氏兄弟專尙武勇、不禮士大夫。唯慕容廆政事脩明、愛重人物、故士民多歸之。

と記されている。これらの記錄から三一〇年代に慕容廆政權に漢人の流亡者が流入し、慕容廆は彼らのために冀陽郡、成周郡、營丘郡、唐國郡という僑郡を設けたことが分かるのである。また慕容廆載記には先の記事に續けて、

　於是推擧賢才、委以庶政、以河東裴嶷・代郡魯昌・北平陽耽爲謀主、北海逢羨・廣平游邃・北平西方虔・渤海封抽・西河宋奭・河東裴開爲股肱、渤海封弈・平原宋該・安定皇甫岌・蘭凌繆愷以文章才儁任居樞要、會稽朱左車・太山胡毋翼・魯國孔纂以舊德淸重引爲賓友、平原劉讚儒學該通、引爲東庠祭酒。

とあり、冀州等四州以外の漢人も多數、慕容政權に流入していたことが確認できる[21]。慕容廆はそうした漢人に謀主等

の屬僚の地位を與えたのであり[22]、これが政權形成の第一歩となった[23]。

さてここで問題となるのが、こうした中原などから移動してきた漢人の居住地である。史念海[24]氏の研究によると、前燕に流入した人口は、漢人、非漢人を問わず、主にその時どきの都城に向かったとされるが、慕容廆時代はその據點は棘城であったから、彼らは棘城に居住したと考えられる。また葛劍雄[25]氏等も前燕の僑郡の設置された場所を棘城附近と理解している。これらの研究によれば、前燕に流入した漢人の居住地は棘城周邊であるとして問題ないと思われるが、それが棘城からどこまで廣がっていたかという疑問が殘る。『晉書』卷一〇九慕容皝載記の屯田政策についての記室參軍封裕の諫言に、

自永嘉喪亂、百姓流亡、中原蕭條、千里無煙、飢寒流隕、相繼溝壑。先王以神武聖略、保全一方、威以殄姦、德以懷遠、故九州之人、塞表殊類、襁負萬里、若赤子之歸慈父、流人之多舊土十倍有餘、人殷地狹、故無田者十有四焉。殿下以英聖之資、克廣先業、南摧強趙、東滅句麗、開境三千、戶增十萬、繼武闡廣之功、有高西伯。

とある。この諫言は『資治通鑑』では永和元年（三四五）正月條に揭げられているが、慕容皝の先代の慕容廆の時代に流民が慕容部が支配する地域に流入し、人口が一〇倍以上に增え、土地が狹くなって、田のない者が四割に達した。そうしたなかで慕容皝が後趙や高句麗を攻擊して領土を擴大したということが大きな功績であるとする。この記錄からは、慕容廆時代に慕容部政權に從った漢人は棘城周邊のそれほど廣くない地域に居住していたという狀況を知ることができる。

慕容廆時代の慕容部の支配領域に關連する記錄として慕容廆載記には、

太安初、宇文莫圭遣弟屈雲寇邊城、雲別帥大素延攻掠諸部、廆親擊敗之。素延怒、率衆十萬圍棘城、衆咸懼、人無距志。廆曰、素延雖犬羊蟻聚、然軍無法制、已在吾計中矣。諸君但爲力戰、無所憂也。乃躬貫甲冑、馳出擊之、

素延大敗、追奔百里、俘斬萬餘人。

という記事がある。これは『資治通鑑』では巻八四太安元年（三〇二）條に記される。すなわち四世紀初には慕容部の據點である棘城が鮮卑宇文部に包圍されているのである。慕容廆はこの宇文部の攻擊を擊退し、さらに追奔するが、その範圍も一〇〇里に留まる。すなわち四世紀初の慕容廆の支配は決して盤石でも廣大でもなかったと見なければならない。慕容廆載記にはさらに、

時平州刺史東夷校尉崔毖自以爲南州士望、意存懷集、而流亡者莫有赴之。毖意廆拘留、乃陰結高句麗及宇文・段國等、謀滅廆以分其地。太興初、三國伐廆。（中略）於是三國攻棘城、廆閉門不戰、遣使送牛酒以犒宇文、大言於衆曰、崔毖昨有使至。於是二國果疑宇文同於廆也、引兵而歸。

と記されている。これは『資治通鑑』には巻九一太興二年（三一九）條に掲げられているが、この時も慕容廆は晉の幷州刺史東夷校尉崔毖や高句麗、鮮卑宇文部、鮮卑段部等の周邊勢力に攻擊され、一時、棘城を保つのみになったのである。

以上のような記錄から、慕容廆の強固な支配領域は、少なくとも三二〇年ころまでは、首都棘城周邊に限られたという狀況が窺えるのである。そして慕容廆政權に參加するような漢人、すなわち慕容廆が主導權をもって管理できる漢人の居住地域は棘城周邊に限られたと考えられるのである。

三　鮮卑段部の動向

三世紀初から四世紀中期にかけて遼西で活動した勢力に鮮卑段部がある。段部は後漢末か三國初ころに部族長日陸

眷が烏桓から自立して以後、三五〇年ころに部族長龕が前燕の慕容儁によって捕らえられるまで、現在の昌黎縣附近に當たる遼西郡を中心に活動したことが知られる(26)。

『北史』巻九八徒河段就六眷列傳(27)には次のような記録が見られる。

①徒河段就六眷、出於遼西。

②乞珍死、子務目塵代立、卽就六眷父也。據遼西之地而臣於晉。

③末波既得免、就六眷等遂攝軍而還、不復報浚、歸于遼西。

④末波自稱幽州刺史、屯遼西。

⑤建國元年、石季龍征護遼於遼西。

①は部族長段就六眷の出自が遼西であることを示しているが、彼は邱久榮氏(28)によれば、三一一年から三一八年の間、部族長の地位にあった。②は就六眷の父である四世紀初の部族長務目塵が遼西を據點としているとする。③は三一二年に就六眷が弟の匹磾、從弟の末波等と石勒を襄國に攻撃し、末波が石勒に捕らえられた後の記録で、解放された末波は遼西に歸したとする。④は就六眷死後の混亂のなか、三二一年に部族長になった末波が遼西に屯したとする。さらに⑤は後趙の石虎（石季龍）が末波の次の部族長護遼を遼西に攻撃したことを示すが、「建國」は代の拓跋什翼犍の年號で、元年は西暦三三八年である。以上のような記録から、三〇〇年代から三三〇年代にかけて段部は遼西郡を據點としていたことは確認できる。

さらに『晉書』巻四惠帝紀太安二年（三〇三）一一月條に、

封鮮卑段勿塵(29)爲遼西公。

とあり、また『晉書』巻三九王沈列傳に、三〇七年の懷帝卽位直後のこととして、

（王）浚又表封務勿塵遼西郡公。

とあるように、晉も段部の遼西支配を容認していたことも分かる。

そこで問題になるのが、遼西郡に據點を置いた段部の勢力がどこまで及んでいたかである。これに關して『晉書』巻六三段匹磾列傳に、

自務勿塵已後、値晉喪亂、自稱位號、據有遼西之地、而臣御晉人。其地西盡幽州、東界遼水。然所統胡晉可三萬餘家、控弦可四五萬騎、而與石季龍遞相侵掠、連兵不息、竟爲季龍所破。

と記されている。この支配領域に關する記録は、『資治通鑑』巻九三太寧三年（三二五）一二月條では、

段氏自務勿塵以來、日益強盛、其地西接漁陽、東界遼水、所統胡晉三萬餘戸、控弦四五萬騎。

とされている。すなわち『晉書』は西の境界を幽州とし、『資治通鑑』はそれを漁陽とするのである。『晉書』地理志には漁陽郡は見られないが、三一九年に石勒を趙王に推戴する石季龍らの上疏には趙國の版圖に漁陽郡が含まれている。漁陽は後趙の北東端だとされたのであろう。したがって支配領域について兩書の記すことに大きな差異はない。段部は西方は晉代の北平郡、すなわち現在の唐山、遵化附近まで支配したということであろう。ここで注目されるのが東の境界を兩書とも遼水、すなわち現在の遼河としていることである。段部の領域は西は現在の唐山、遵化附近から東は遼河までということになり、そこには朝陽や北票、錦州も含まれるのである。これについて李柏齡氏[30]は、段部は西では後趙と對峙し、東では今の大凌河一帶に居する鮮卑慕容部と境を接していたとする。しかし遼河までを支配したということであるから、段部は慕容部が支配する大凌河中流域の南方の遼東灣に近い錦州地域を經て遼河までを支配したということであろう。そしてその支配下には胡すなわち鮮卑人とともに、晉すなわち漢人も居住していたのである。

段部の唐山、遵化附近から遼河までの支配が始まる時期は、『晉書』段匹磾列傳では「値晉喪亂」の後とあるから、三〇〇年代である。一方『資治通鑑』では太寧三年條に記されているから三二五年ということになるが、その「自務勿塵以來」は『晉書』段匹磾列傳の「自務勿塵已後」と同様の意味である。『資治通鑑』は三二五年の段部を説明するために三〇〇年代からの状況を記したと考えられる。そして段部は務勿塵の代から強盛に向かい、次の部族長就六眷の時期が最盛期だとされるから[31]、三一〇年代末まではその状態が継續したのであろう。

段部のその地域に對する支配がいつまで續いたかは明確にできない。しかし『資治通鑑』巻九〇太興元年（三一八）條に、

春正月、遼西公疾陸眷卒、其子幼、叔父涉復辰自立。段匹磾自薊往奔喪。段末柸宣言、匹磾之來、欲爲簒也。匹磾至右北平、涉復辰發兵拒之。末柸乘虛襲涉復辰、殺之、并其子弟黨與、自稱單于。迎擊匹磾、敗之。匹磾走還薊。

とあり、就六眷[32]が三一八に死去した後、段部では内紛が起こったと記される。先に引用した『資治通鑑』太寧三年一二月の記録の前段にも、

慕容廆與段氏方睦、爲段牙謀、使之徙都。牙從之、卽去令支、國人不樂。段疾陸眷之孫遼欲奪其位、以徙都爲牙罪。十二月、帥國人攻牙、殺之、自立。

と記録されている。そして『晉書』慕容廆載記に、

段末波初統其國、而不修備、廆遣皝襲之、入令支、收其名馬寶物而還。

とあり、これは『資治通鑑』には三二二年一二月條に記されている。すなわち三二〇年前後から段部の混亂、衰退が始まったのであろう。しかし少なくとも三一〇年代における錦州は、慕容部ではなく、段部の支配下にあったと理解

できるのである。

おわりに

以上に検討したことを整理すると、次のようになる。三二〇年代に建造されたと考えられる錦州の李廆墓等三墳墓は漢人を墓主とするものであり、鮮卑の文化の影響はほとんど見られず、李廆等は慕容政權と離れた自立した漢人である可能性が高い。三二〇年ころまでは慕容廆の支配が確立していた地域は大凌河中流の棘城を中心とした地域に限られ、小凌河流域の恆常的な支配には至っておらず、また流入漢人に對する支配も棘城周邊に限られていた。一方、三〇〇年代から三三〇年代において、鮮卑段部は遼西郡を中心に活動したが、三〇〇年代から三一〇年代には、その東方の支配領域は遼河に達していた。

こうした理解に従えば、三二〇年代までにおいては大凌河流域を除く遼河以西に對する慕容廆の支配が確立していたとは認め難いことになる。錦州地域には鮮卑段部の勢力が及び、また李廆などの中原から移住した漢人が自立していたのであろう。

『晉書』慕容廆載記には、前述した三二二年一二月の段末波攻撃の後、三二三年三月には宇文乞得龜を攻撃したことが記される。慕容廆が、三二〇年代に遼西で勢力擴大に向かったことは間違いない。しかし一方で『晉書』巻一〇六石季龍載記上には、

（石季龍）進師攻棘城、旬餘不克。

とある。これは『資治通鑑』によれば三三八年のことと考えられるが、三三〇年代においても棘城が後趙の攻撃を受

けたのである。その後、三四四年のこととして、『晉書』慕容皝載記に、

（慕容皝）尋又率騎二萬親伐宇文歸、以翰及垂爲前鋒。（中略）盡俘其衆、歸遠遁漠北。皝開地千餘里、徙其部人五萬餘落於昌黎、改渉奕于城爲威德城。

と記される。先に引用した三四五年の封裕の言にも慕容皝の功績として「南摧強趙、東滅句麗、開境三千、戶增十萬」とあるように、慕容皝時代の三四〇年代に至ってようやく慕容部―前燕の勢力は著しく擴大し、遼西支配も確立したと認識さたのである。(33) 慕容廆の遼西支配は三二〇年代まではかなり限定的だったのである。

注

（1）例えば河南省安陽で發見された孝民屯晉墓は、鮮卑の騎馬文化が中原にもたらされた典型的な事例だとされている。中國社會科學院考古研究所安陽工作隊「安陽孝民屯晉墓發掘報告」（『考古』一九八三―六）、穴沢咊光・馬目順一「安陽孝民屯晉墓の提起する問題――「現存最古の鐙」を含む馬具をめぐって――」（Ⅰ）・（Ⅱ）（『考古學ジャーナル』二二七・二二八、一九八四年）。

（2）慕容廆載記では「廆以大棘城卽帝顓頊之墟也、元康四年乃移居之。」とあり、「大棘城」と表記される。そして一般に『通典』柳城郡條に「棘城卽顓頊之墟」とあることなどにより、莫護跋の時期の棘城と同一とされる。蔣福亞「論鮮卑慕容部的封建化」（『歴史論叢』三、一九八三年）は棘城と大棘城を別の場所と理解するが、本論で扱う問題とは抵觸しないので、ここでは通說に從って論ずることにする。

（3）『通典』卷一七八柳城郡條

漢徒河縣之靑山、在郡城東百九十里。棘城卽顓頊之墟、在郡城東南一百七十里。

（4）田村實造「ボヨウ王國の成立とその性格」（『東洋史研究』一一―二、一九四九年、のち同氏『中國史上の民族移動期』所收、創文社、一九八五年、改題「慕容王國の成立と性格」）。

（5）その他、例えば蔣福亞前掲注（2）論文は、徒河の青山を義縣境、大棘城を錦州市附近とし、孫進己・馮永謙等（主編）『東北歴史地理』第二巻（黒龍江人民出版社、一九八九年）は徒河の青山を今の義縣・北票・阜新の間の群山とし、大棘城を今の錦州の北境とする。

（6）譚其驤（主編）『中國歴史地圖集』第四册「東晉十六國・南北朝時期」（地圖出版社、一九八二年）。

（7）鄭小容「慕容廆漢化政策略述」（『西南民族大學學報（人文社科版）』二〇〇五―一）は棘城を義縣内とする。

（8）田立坤「棘城新考」（『遼海文物學刊』一九九六―二）。

（9）辛岩等「金嶺寺魏晉時期大型建築群址考古發掘獲初步成果」（『中國文物報』二〇〇一年一月三一日）、遼寧省文物考古研究所（編）『三燕文物精髓』（遼寧人民出版社、二〇〇二年）、田立坤「關于北票喇嘛洞三燕文化墓地的幾個問題」（遼寧省文物考古研究所（編）『遼寧考古文集』遼寧民族出版社、二〇〇三年）、遼寧省文物考古研究所・朝陽市博物館・北票市文物管理所「遼寧北票喇嘛洞墓地１９９８年發掘報告」（『考古學報』二〇〇四―二）等。

（10）辛發・魯寶林・吳鵬「錦州前燕李廆墓清理簡報」（『文物』一九九五―六）。

（11）關尾史郎「遼寧出土、「五胡」時代墓記考釋――「東晉永昌三年正月李廆墓記」ならびに「後燕建興十年崔遹墓記」をめぐって――」（『環日本海研究年報』一一、二〇〇四年）。

（12）羅新・葉煒『新出魏晉南北朝墓誌疏證』（中華書局、二〇〇五年）。

（13）前掲注（10）・（11）・（12）論文。

（14）辛發・魯寶林・吳鵬前掲注（10）論文は「永昌三年」を誤記とする。

（15）魯寶林・辛發「遼寧錦州市前山十六國時期墓葬的清理」（『考古』一九九八―一）。

（16）孫進己・馮永謙等（主編）前掲注（5）書。

（17）前燕、後燕、北燕の三國を指す。田立坤「三燕文化遺存的初步研究」（『遼海文物學刊』一九九一―一、穴沢咊光（譯）改題「三燕文化遺存の初歩的研究」（『古文化談叢』二七、一九九二年））がこれら三國を總稱して「三燕」と呼んで以來、この語が用いられることが多いが、前燕建國以前の慕容部時期も含めて「三燕時期」とされることもある。

（18）田立坤「三燕文化墓葬的類型與分期」（巫鴻（主編）『漢唐之間文化藝術的互動與交融』文物出版社、二〇〇一年）。

（19）戴俊英「中國魏晉南北朝における華北墳墓の類型的分析」（『岡山大學大學院文化科學研究科紀要』一二、二〇〇一年）、同「中國魏晉南北朝期における華中墳墓の編年的分析」（『岡山大學大學院文化科學研究科紀要』一四、二〇〇二年）、同「中國魏晉南北朝における華中墳墓の類型的分析」（『岡山大學大學院文化科學研究科紀要』一五、二〇〇三年）、同「中國魏晉南北朝における華南墳墓の類型的分析」（『岡山大學大學院文化科學研究科紀要』一六、二〇〇三年）、同「中國魏晉南北朝における華南（湖南省・江西省）墳墓の編年的分析」（『岡山大學大學院文化科學研究科紀要』一七、二〇〇四年）、同「中國魏晉南北朝における華南（浙江省・福建省）墳墓の編年的分析」（『岡山大學大學院文化科學研究科紀要』一八、二〇〇四年）、同「中國魏晉南北朝における華南（浙江省・福建省）墳墓の編年的分析」（『岡山大學大學院文化科學研究科紀要』一九、二〇〇五年）。羅宗眞『六朝考古』（南京大學出版社、一九九四年、中村圭爾・室山留美子（譯）改題『古代江南の考古學　倭の五王時代の江南世界』白帝社、二〇〇五年）も、六朝墓の普遍的な特色の一つは絶對多數が磚室墓であることとしている。

（20）葛劍雄（主編）『中國移民史』二『先秦魏晉南北朝時期』（福建人民出版社、一九九七年）、堀敏一『東アジアのなかの古代日本』（研文出版、一九九八年）、關尾史郎「古代中國における移動と東アジア」（『岩波講座世界歷史』一九『移動と移民』岩波書店、一九九九年）。

（21）その他の慕容廆政權への漢人の流入の記錄としては次のようなものがある。

『晉書』卷九五藝術黃泓傳

永嘉之亂、（黃泓）與渤海高瞻避地幽州、（中略）泓乃率宗族歸廆。

『晉書』卷一〇八慕容廆載記高瞻附記

永嘉之亂、（高瞻）還鄉里、乃與父老議曰、（中略）乃與叔父隱率數千家北徙幽州。既而以王浚政令無恆、乃依崔毖、隨毖如遼東。毖之與三國謀伐廆也、瞻固諫以爲不可、毖不從。及毖奔敗、瞻隨衆降于廆。

『晉書』卷一一〇慕容儁載記韓恆附記

永嘉之亂、（韓恆）避地遼東。廆既逐崔毖、復徙昌黎。

『資治通鑑』巻八八建興元年四月條

宋該與平原杜羣・劉翔先依王浚、又依段氏、皆以爲不足託、帥諸流寓同歸於廆。（中略）遼東張統據樂浪・帶方二郡、與高句麗王乙弗利相攻、連年不解。樂浪王遵說統帥其民千餘家歸廆、廆爲之置樂浪郡、以統爲太守、遵參軍事。

『資治通鑑』巻九一太興二年一二月條

（鞠彭）與鄉里千餘家浮海歸崔毖。北海鄭林客於東萊、彭・（曹）嶷之相攻、林情無彼此。嶷賢之、不敢侵掠、彭與之俱去。比至遼東、毖已敗、乃歸慕容廆。

(22) 飯塚勝重「慕容部の漢人政策についての一考察——前燕國成立以前を中心として——」（『白山史學』九、一九六三年）、關尾史郎「前燕政權（３３７—３７０年）成立の前提」（『歷史研究』四八八、一九八一年）。

(23) 三﨑良章「前燕の官僚機構について」（『史觀』一二二、一九九〇年、のち三﨑『五胡十六國の基礎的研究』所收、汲古書院、二〇〇六年）。

(24) 史念海「十六國時期各割據霸主的遷徙人口」（上篇）（『中國歷史地理論叢』三、一九九二年）。

(25) 葛劍雄（主編）前揭注（20）書。その他、李海葉「漢士族與慕容氏政權」（『內蒙古師大學報（哲學社會科學版）』二〇〇一—四）も慕容廆が設立した僑置郡縣は柳城地區に集中的に分布したとしている。

(26) 段部については、志田不動麿「遼西鮮卑段氏考」（『池內博士還曆記念東洋史論叢』一九四〇年）、邱久榮「鮮卑段部世系考略」（『社會科學戰線』一九八五—一）、池培善「段氏에 대하여」（『漢城史學』三、一九八五年）、李柏齡「鮮卑段遼自保之密雲山考」（『北方文物』一九八六—一）、張雲「鮮卑段部歷史初探」（『東北地方史研究』一九八八—一）、孟志偉「鮮卑段國史考」（『牡丹江師範學院學報（哲學社會科學版）』一九九七—二）、辛迪「段氏鮮卑起源考」（『內蒙古大學學報（人文社會科學版）』二〇〇五—一）等參照。

(27) 現行『魏書』には巻一〇三に「徒河段就六眷傳」が收錄されているが、中華書局本『魏書』校勘記によると巻一〇三は『北史』巻九八によって補われたという。

(28) 邱久榮前揭注（26）論文。

(29)「勿塵」は『北史』徒河段就六眷列傳に見える「務目塵」、『晉書』段匹磾列傳等に見える「務勿塵」と同一人物である。
(30) 李柏齢前掲注(26)論文。
(31) 邱久榮前掲注(26)論文。
(32)「疾陸眷」は「就六眷」の『資治通鑑』、『晉書』王浚傳、段匹磾傳等における表記である。
(33) 田立坤前掲注(18)論文によると、錦州安和街石室墓は前燕が龍城に首都を置いた時期の墳墓であり、墓壁や頂に石板を用い、出土遺物にも典型的な三燕文化の器物を含むという。三三〇年代から三四〇年代における前燕の錦州支配を示すことになる。なお田立坤氏は發掘簡報である劉謙「錦州北魏墓清理簡報」(『考古』一九九〇―五)が當該墓を北魏墓とするのは誤りだとする。

北魏の華北支配と道教

小幡　みちる

はじめに

北魏第三代皇帝である世祖太武帝の治世の下、道教が國家的に採用されたことは廣く知られている。この道教は、道士の寇謙之によって主導され、後漢の五斗米道（天師道）教團以來の傳統を刷新したものであり、新天師道とも稱される。當時の有力者であった漢人の崔浩が、この寇謙之の道教を太武帝に薦めたため、ついに太武帝は道壇において符籙を受け、道教皇帝となるに至った。かつて陳寅恪氏が「崔浩と寇謙之の關係は、北朝史中一大の公案である」と述べたように[1]、北魏における道教政策の過程については、すでに政治史・道教史・佛教史など多様な視點から論じられてきた。そこで、代表的な見解を以下に整理しておきたい。

まず、太武帝の道教採用から廢佛への流れのなかで、崔浩の果たした役割を重視したのが塚本善隆氏である。塚本氏は、崔浩が東晉末に孫恩とともに五斗米道を母體とした反亂を起こした盧循と血縁關係にあることから（盧循の曾祖父盧諶が崔浩の母の祖父）、崔浩も道教的環境のもとで育ち、後に寇謙之に師事したとする。崔浩の理想は周代の儒教的封建制國家にあり、その實現のために寇謙之と提攜してこれを太武帝に薦め、外來思想である佛教を排斥しようとして廢佛を引き起こしたものと解している[2]。陳寅恪氏も、寇謙之が大族の出身であり、その教法が儒家の傳統と合致していたことなどにより、崔浩が彼を重用したものとしている。[3] 塚本氏、陳氏らは、胡族政権のなかで漢族的傳統を再建しようとする目的のもとに、崔浩と寇謙之が提攜したと解しているが、崔浩が寇謙之の教法をどのような形で利用しようとしたのか、具體的には論じていない。佐藤智水氏は、基本的に塚本氏の說を承けたうえで、崔浩が寇謙之の出現を祥瑞ととらえ、自らの儒教的皇帝觀（〝中國皇帝〟）に寇謙之の眞君思想を包含しようとしたものとし、太武帝は胡漢兩世界に君臨する絕對的權威を保持するため、崔浩は漢族中心の貴族制國家實現のため、寇謙之は道教的世界を具現するため、三者が結びついて道教政策を進めたものとしている。[4] 川本芳昭氏は、華北統一を果たした太武帝が、帝權を確立して從來の胡族君主の立場を超えた中華皇帝たることを志向し、そのために寇謙之の新道教を採用したものとし、帝權擴大に對する太武帝の強い意志を強調している。[5] これらの諸說は、それぞれ異なる點もあるが、道教政策の背景に胡漢問題を想定している點については共通している。

他方、これを階級鬪爭の視點からみるものもある。湯用彤・湯一介氏は、寇謙之の新道教が封建統治階級の立場から農民革命を彈壓することを目的としたものであり、崔浩と寇謙之は政治的理想を實現するために宗教を利用したと解する。[6] 砂山稔氏は、當時「眞君李弘」に對する救世主信仰が民間に廣まり、李弘を名乘る宗教的反亂が相次いだため、寇謙之が道教教團を「淸整」してこうした民間信仰を放逐しつつも、その「眞君」思想を北魏皇帝と結びつけて、國家の支配維持に利用しようとしたものとする。[7]

このように、從來の硏究は、道教政策の背景として胡漢問題を重視するか階級鬪爭の問題を重視するかに大別されるが、無論これは嚴密に分かたれるものではなく、實際はそれぞれの側面を有していたと考えてよいであろう。しかし、寇謙之の登用が太武帝の卽位後早い時期に行われているにもかかわらず、「太平眞君」への改元はその十六年後（四四〇年）であり、太武帝の授籙はさらにその二年後（四四二年）であることを考えれば、太武帝・崔浩・寇謙之それぞれの意圖が常に一貫していたとはいえないのではなかろうか。少なくとも、太武帝が胡漢兩世界を包含するものとして新道教を採用したとする見解は、太延五年（四三九年）の北涼滅亡による華北統一前後からの流れについては説明できても、そもそもなぜ太武帝の卽位直後から三者が提攜しえたかという點については、なお檢討の餘地を殘している。また、從來は一連の道教政策を宗教問題あるいはイデオロギーの問題ととらえているが、儒教國家を理想とした崔浩が道教をどのように利用しようとしたのかという點については、必ずしも具體的な説明はなされてこなかった。そこで本稿では、太武帝期の他の諸政策と關連づけつつ、當時の北魏政權がなぜ道教に傾斜していったのかを、華北支配の進展という視點から論じてみたい。

一　寇謙之の登用をめぐって

寇謙之の道教を國家的に採用し、大々的な廢佛を行ったことから、道教皇帝とみなされる太武帝であるが、卽位當初から道教のみを宣揚していたのではない。『魏書』巻一一四釋老志（以下、『魏書』からの引用については書名を略す）に、

世祖初卽位、亦遵太祖・太宗之業、毎引高德沙門、與共談論。於四月八日、輿諸佛像、行於廣衢、帝親御門樓、臨觀散花、以致禮敬。

とあるように、沙門と談論したり、四月八日の釋迦生誕日には行像の様を門樓から見物して散花するなど、道武帝・明元帝による佛教尊崇の方針を太武帝も繼承していた。釋老志にはまた、

世祖卽位、富於春秋。既而鋭志武功、毎以平定禍亂爲先。雖歸宗佛法、敬重沙門、而未存覽經教、深求緣報之意。

とあり、太武帝は佛教を尊崇する姿勢を示してはいるものの、その教理を追求しようとする意志はなく、あくまで武功を第一と考えていたものとする。神䴥中には、北涼の沮渠蒙遜に對し、高僧として知られた曇無讖を移送するよう申し入れているが、無讖が沮渠蒙遜に殺されたためこれはならなかった。ただ、しばしば指摘されるように、五胡十六國以來の華北佛教は、その教理よりも神異靈驗が求められるものであった。胡族君主らは、僧侶に對し戰爭のための豫言や祈願、天文・地理などの知識を期待し、一種の政治顧問として彼らを遇する傾向にあったといわれる。(8)太武帝の佛教觀も、こうしたものであったと考えられる。

それでは、道教に對してはどうであろうか。釋老志には、

世祖將討赫連昌、太尉長孫嵩難之。世祖乃問幽徵於謙之。謙之對曰、「必克。陛下神武應期、天經下治、當以兵定九州、後文先武、以成太平眞君」。

とあり、四二五年に夏の赫連勃勃が死亡すると、太武帝は夏攻擊を圖るが、長孫嵩の反對にあった帝は寇謙之に「幽徵」を問うている。謙之は、征討が期に應じているため必ず勝利するとし、兵事を優先すれば太武帝が太平眞君になるであろうと答えている。崔浩らもこれに贊成したため、太武帝は夏遠征を擧行し、始光三年（四二六）十二月には長安、翌年六月には統萬城を占領するに至っている。また、神䴥二年（四二九）の柔然征伐や太延五年（四三九）の北涼征伐にも寇謙之は從軍している。このように、太武帝にとって、寇謙之登用の直接の目的は、その神異性を軍事的に利用するところにあったと思われる。

ところで、佐藤智水氏は、太武帝の帝權伸張の背景に、崔浩の持つ漢人名族のネットワークとそこから得られる情報力があったことを重視している。(9)そこから類推するに、寇謙之のネットワークも、崔浩の情報力の一端を擔うものとして利用されたのではなかろうか。釋老志には、

世祖時、道士寇謙之字輔眞、南雍州刺史讃之弟、自云寇恂之十三世孫。

とあり、これによれば、寇謙之は南雍州刺史寇讃の弟であり、後漢光武帝期に執金吾・雍奴侯となった上谷昌平の寇恂の十三世子孫を自稱していたものとする。寇讃は巻四二に立傳されており、

寇讃字奉國、上谷人、因難徙馮翊萬年。……姚泓滅、秦・雍人千有餘家推讃主歸順。拜綏遠將軍・魏郡太守。其後、秦・雍之民來奔河南・滎陽・河内者戶至萬數、拜讃安遠將軍・南雍州刺史・軹縣侯、治于洛陽、立雍州之郡縣以撫之。由是流民繈負自遠而至、參倍於前。

とあるように、後秦が滅した際に、秦州・雍州地方の千家以上が寇讃を主として北魏に歸順し、寇讃は綏遠將軍・魏郡太守に任じられている。またその後も彼を頼って一萬戶ほどが河南・滎陽・河内に移住してきたという。後秦は四一七年八月に劉裕軍が長安を占領したことによって滅亡しているので、寇讃の歸順もこの頃とみてよいであろう。寇讃傳には「難に因りて馮翊萬年に徙る」とあるが、唐・林寶撰『元和姓纂』巻九寇氏條には、

恂、後漢執金吾・雍奴侯。曾孫榮。榮孫孟、魏馮翊太守、徙家馮翊。元孫循之、生讃。讃生臻、後魏七兵尚書。

とあり、寇恂の曾孫の孫にあたる寇孟が曹魏の時に馮翊に移住したとする。陳寅恪氏は、寇氏が寇恂を祖とするのは假託であるとみなし、漢中に據っていた五斗米道の張魯が曹操に降伏し、その信徒數萬戶が長安及び三輔に徙された際に、信者であった寇氏一族も馮翊郡に從ったものと解している(10)。いずれにせよ、寇氏は少なくとも數代にわたって馮翊に居住しており、『晉書』巻一一五苻丕載記中に「馮翊寇明」という人名がみられるので、遲くとも東晉の頃には馮翊で活動していたことが分かる。陳氏の指摘するように、關中一帶は五斗米道の信者が多數徙された地域であり、寇謙之の教法もこうした環境と深く關わるものであろう。梁・慧皎撰『高僧傳』巻一一釋玄高傳には、

釋玄高、姓魏、本名靈育、馮翊萬年人也。母寇氏、本信外道。

とある。釋玄高は、太武帝の皇太子である拓跋晃（景穆太子）によって尊崇された人物であるが、その母寇氏は寇謙之とは同族とみられ、「本と外道を信ず」とあるように、もともと道教信者であった。したがって、道教信仰は寇謙之一人にあらわれたものではなく、寇氏一族のなかである程度共有されていたとみられる。

寇氏の居住した馮翊周邊は、後漢以降、多くの氐・羌が移住し、統治の困難な地域として知られていた。『晉書』卷五六江統傳にみえる「徙戎論」では、馮翊・北地・新平・安定の諸羌を先零・罕幵・析支の地に徙し、扶風・始平・京兆の氐を陰平・武都に徙すことが論じられている。また、卷一九下安定王休傳附燮傳にも、

竊見馮翊古城、羌魏兩民之交、許洛水陸之際、先漢之左輔、皇魏之右翼、形勝名都、實惟西蕃奧府。

とあるように、北魏においても、民族が雜居し水陸の要衝となる名都として知られていたことが分かる。さらに、關中一帶は、四一七年に東晉の劉裕軍が後秦より奪取した後も、四一八年十一月に夏が長安を占領し、四二六年十二月に北魏が夏を放逐して長安鎮を置き、四二八年三月に再び夏が長安を占領するも、四三〇年十二月に北魏が夏よりこれを奪回するといったように、支配者がめまぐるしく交替していた。最終的に關中の支配權を得た北魏も、混亂の續いた當地の掌握には苦心したであろう。そうした際に、まさしく關中の出身であり、當地の信仰と深い關わりを持ち、さらには地域の民望を集める一族であった寇謙之の持つ影響力や情報力が、當時の政權にとって政治的・軍事的に有用であると判斷されたのではないかと考えられる。

寇謙之のネットワークは、關中にとどまらなかった。釋老志には、

……謙之守志嵩嶽、精專不懈。以神瑞二年十月乙卯、忽遇大神、乘雲駕龍、導從百靈、仙人玉女・左右持衞、集止山頂、稱太上老君。……泰常八年十月戊戌、有牧土上師李譜文來臨嵩嶽。

とあり、寇謙之は嵩山で修行し、神瑞二年（四一五）に太上老君、泰常八年（四二三）に李譜文の降臨を得たとされる。

これはあくまで寇謙之の述べるところに基づいたのであろうが、『宋書』巻四八毛脩之傳には、

初、脩之在洛、敬事嵩高山寇道士。道士爲燾所信敬、營護之、故得不死、遷于平城。

とあり、四一六年に劉裕軍が洛陽を占領した際、城壘の修築のため駐屯していた毛脩之が、寇謙之に師事したという。毛脩之は、その後長安に移り、四一八年の夏の長安攻撃にともなって夏の捕虜となり、四二六年に北魏が長安・統萬を占領すると北魏の捕虜となったが、寇謙之のとりなしによって死を免れ、平城に遷されている。したがって、毛脩之が洛陽に滞在していたのは四一六年から四一七年にかけてであり、その頃寇謙之が嵩山に據っていたのは間違いないであろう。始光元年（四二四）に寇謙之が北魏朝廷に出仕すると、嵩山から弟子四十人餘りを呼び寄せているので、嵩山での修行はこの頃まで續いており、しかもその活動は、多數の弟子を抱えた組織的なものであったことがうかがえる。『宋書』毛脩之傳にはまた、

脩之不信鬼神、所至必焚除房廟。時蔣山廟中有佳牛好馬、脩之竝奪取之。

とあり、毛脩之が鬼神信仰に對しては冷淡であり、淫祠を認めない人物であったと語る。これからすれば、毛脩之は寇謙之の教法を、鬼神信仰ではなく、正當なものと認識していたことになろう。毛脩之は『魏書』巻四三にも傳があり、

浩以其中國舊門、雖學不博洽而猶涉獵書傳、每推重之、與共論說。

とあるように、北魏の捕虜となった後、毛脩之は崔浩に「中國の舊門」として常に重んじられていたとする。つまり、嵩山での寇謙之の門下には、ある程度の家格を持つ南朝士人も參加していたのであり、その教法は決して鬼神信仰と混同されるものではなかった。ところで北魏が洛陽を占據したのは四二三年のことであり、寇謙之はおそらく後秦治下の嵩山に入山し、東晉の劉裕軍が洛陽を奪取した後も嵩山にとどまって修行し、洛陽が北魏の支配地となった後に

平城に赴いたのであろう。洛陽はその後も四三〇年に一時劉宋軍によって占領されるなど、南北朝間での係争地であり、こうした状況下に身を置いていた寇謙之の、南朝側にも廣がるネットワークも、やはり利用價値のあるものとして期待されたのではなかろうか。

このように、寇謙之の登用をめぐっては、華北統一に邁進しようとする太武帝の初期治世下において、その神異性や、關中の名望家出身という出自、さらに南朝にまで廣がる宗教的ネットワークなどが重要な意味を占めていたものと考えられる。

二　崔浩と寇謙之の提攜について

ところで、巻三五崔浩傳には、以下のような記事がみられる。

太宗怒、乃親南巡。拜浩相州刺史、加左光祿大夫、隨軍爲謀主。及車駕之還也、浩從太宗幸西河・太原。登憇高陵之上、下臨河流、傍覽川域、慨然有感、遂與同僚論五等・郡縣之是非、考秦始皇・漢武帝之違失。好古識治、時伏其言。天師寇謙之毎與浩言、聞其論古治亂之迹、常自夜達旦、竦意斂容、無有懈倦。……因謂浩曰、「吾行道隱居、不營世務、忽受神中之訣、當兼修儒教、輔助泰平眞君、繼千載之絶統。而學不稽古、臨事闇昧。卿爲吾撰列王者治典、幷論其大要」。浩乃著書二十餘篇、上推太初、下盡秦漢變弊之迹、大旨先以復五等爲本。

これによれば、泰常八年（四二三）、太宗明元帝が劉宋に遠征した際の歸途に、謀主として從軍していた崔浩が丘陵に登り、黄河や支流の様子を望見して感ずるところがあり、五等爵（公・侯・伯・子・男）と郡縣制の是非や秦の始皇帝・漢の武帝の違失を同僚と論じたという。さらに、崔浩は寇謙之とつねに古の治亂の行跡について議論し、寇謙之は崔浩に對し、自分は古のことには闇昧であるので、王者の治典を著してその大要を論じてほしいと依賴した。そのため、崔浩は二十餘篇を著して、太古のことから秦漢の弊害まで盡く述べ、五等爵の制度をもってその本旨としたとする。つまり、崔浩傳によるならば、崔浩と寇謙之は、單に信仰心によってのみ結託していたのではなく、國家の支配體制をめぐって議論をかわす間柄にあったのである。崔浩は、秦漢の制を否として周制を是とし、五等爵制を規範としているが、巻一一三官氏志に、

皇始元年、始建曹省、備置百官、封拜五等。

とあるように、北魏では初代道武帝の皇始元年（三九六）に五等爵制が制定されている。さらに官氏志には、

（天賜元年）九月、減五等之爵、始分爲四、曰王・公・侯・子、除伯・男二號。

とあり、天賜元年（四〇四）九月にこれを改變し、王・公・侯・子の四等爵制としている。北魏の封爵制度について論じた川本芳昭氏は、上述の天賜元年九月の授爵が諸功臣に對する論功行賞としての性格をもつことから、この授爵は食邑をともなっており、北魏前期においても食邑制が存在していたとする。そして、封土の多くは授爵者の本貫と一致することから、國家が授爵者の鄉村との結びつきを利用して鄉村支配を行おうとしたのであり、當時の華北において漢人士大夫が鄉村の指導者として在地性を保っていたため、非漢人國家である北魏がこれに依存していたものとしている。[11]大知聖子氏は、川本氏の說に對し、爵制改革以前の封爵に封土がともなっていた可能性は低いとするが、封土を所有しなくても、爵位そのものを通じて本貫との結びつきは強化され、授爵者によるその地域の秩序維持に對して國家がこれを認證する働きがあったと解している。[12]いずれにせよ、當時の北魏では本貫地に封爵を受けることが多く、鄉村の秩序が授爵者によって維持されていくことを國家が認めていたのである。崔浩と寇謙之の對論はこうした狀況下において行われたものであり、五等爵をめぐる議論は單に古の制度としてではなく、現實的な問題もはらむ

ものであったことが推測されよう。漢人支配者層に屬する崔浩と寇謙之は、封爵制によってこうした漢人の在地性をある程度維持しようとする意識を共有していたと考えられるのである。寇謙之が太上老君より授かった『雲中音誦新科之誡』の殘缺本とされる[13]『老君音誦誡經』（HY 七八四）には、封爵について、

老君曰、……若人士從願到官、一切郡縣及以公・侯・卿相・伯・子・男封土、隨意欲設廚可作耳。

とあり、神への誓願が叶い官職を得た者で、一切の郡縣の官吏及び公・侯・伯・子・男の爵や卿相の地位をもって封土を得た者は、その意志に從って廚すなわち會食を設けてもよいとされている。『老君音誦誡經』には、廚に關して時や人數など様々な規定がみられるが、官位や封爵を得ている者に對してはこうした規定が比較的緩和されているようである。このように、『老君音誦誡經』のなかに五等爵制がみられることは、寇謙之が高官や授爵者などもその信者として想定していたことを示している。

それでは、崔浩の意圖する漢人豪族による地域支配と、寇謙之の教法はどのような點で結びつくものであったろうか。寇謙之の改革は、教團内の租米錢税や房中術を禁止したが、これは「治」と呼ばれる教區制を基盤としたものであった。後漢の五斗米道教團に由來する治の制度では、祭酒と呼ばれる指導者が教區の信者を統轄し、奉納された錢米などをとりまとめ、さらには信者の名籍も管理していたとされる。『老君音誦誡經』では、現在の治制が墮落し、多くの道官・祭酒がそれぞれ勝手な行いをして信者から錢米などを集めていることが批判され、こうした現状を是正することが求められている。例えば、

我此樂音之教誡、從天地一正變易以來、不出於世。今運數應出。汝好宣教誡科律、法人治民。祭酒按而行之、奉順誡約之後、吾當勅下九州四海之内土地眞官之神、騰籍戶言、其有祭酒・道民奉法有功、然後於中方有當簡擇種民、錄名文昌宮中。

とあるこのような記述は、釋老志の內容とも通じるが、老君が今新たに授けるこの教誡科律に從って祭酒は民を治めること、またこの誡律が遵守された後には、九州四海の土地神に命じて信者の名籍を天上に上らし、そのなかの祭酒や道民に教法を奉って功績のあるものがいれば、これを選んで「種民」となし、文昌宮中にその名を記録するとしている。種民とは、道教經典でしばしば語られる終末思想において、大災害を生き殘り新たなる太平の世を再建する人々をいう。このように、種民となるためには祭酒や道民がその行いを正すことが求められるが、土地神は信者の名籍を天上に報告するため、信者が種民となるためには治の名籍に名を登録されていることが前提條件となる。こうした治の戸籍制度については、劉宋の道士陸修靜の撰とされる『陸先生道門科略』（HY一一一九）にも詳しくみえる。

道科宅錄、此是民之副籍。男女口數悉應注上。守宅之官、以之爲正。人口動止、皆當營衞。……籍主齋宅錄詣本治、更相承錄、以注正命籍。

このように、道科の宅錄は民にとって正規の戸籍に次ぐ副籍であり、男女の口數はことごとく記さねばならず、家を守護する神はこの宅錄の口數を正しいものとみなすため、口數が變わっても宅錄によって護衞するものとしている。すなわち、この宅錄に名を記錄されない者は、天神の守護を受けられないということになる。またこの宅錄は、戸主によって本治（所屬する治）に持ち寄られ、治で管理されている名籍を正さねばならないとしている。南朝初期の天師道においても、治の制度が基盤とされ、信者は治によって口數まで把握されることが理想とされていた。北朝の寇謙之の改革においても、やはり信者が正しく治によって統轄されることが目的とされていたのである。

崔浩を中心とする當時の政權にとっては、こうした寇謙之の教法が、利用すべきものとして映ったのではなかろうか。太和十年（四八六）の三長制施行以前には、郡縣支配が未だ貫徹せず、國家による戸籍管理が困難であったことはすでに先學の指摘するところである。(14) 巻五三李沖傳に、

舊無三長、惟立宗主督護、所以民多隱冒、五十三十家方爲一戸。

とあるように、三長制施行以前、いわゆる宗主督護制によって數十家が一戸として戸籍登錄されるような状況にあった。巻一一〇食貨志には、

先是、禁網疏闊、民多逃隱。天興中、詔採諸漏戸、令輸綸綿、自後諸逃戸占爲細繭羅穀者甚衆。於是雜營戸帥遍於天下、不隷守宰、賦役不周、戸口錯亂。始光三年詔一切罷之、以屬郡縣。

とあり、北魏初期には戸籍につかない民が多く、道武帝の時に、漏戸に對し綸綿を供出させるよう詔したところ、「雜營戸」が天下にあふれ(15)、郡縣支配に屬さず、戸口が混亂したという。そこで、太武帝の始光三年にこれを罷め、郡縣に屬すよう詔したとする。また、巻四世祖紀上太延元年十二月條の詔には、

自今以後、亡匿避難、羈旅他鄕里、皆當歸還舊居、不問前罪。

とあり、流民となって他鄕にいる者に對し歸還を勸めている。古賀登氏は、夏を滅ぼして華北統一を進める北魏において、國内秩序を回復し、生產を再開させるためにこの詔が發布されたものとする(16)。このように、太武帝期には、相次ぐ戰亂と徙民による混亂から脱却し、郡縣支配を再構築しようとする動きがあった。そこに、寇謙之教團の掲げる治の制度とその戸口把握力が、有效性を持ちうると判斷されたのであろう。崔浩と寇謙之の提攜は、こうした政治的目的をもって始められたものではないかと考えられるのである。

三　寇謙之教團の整備と北魏の華北支配

それでは、實際の教團の運營と、北魏の支配構造はどのように關わっていたのであろうか。釋老志には、

及嵩高道士四十餘人至、遂起天師道場於京城之東南、重壇五層、遵其新經之制。給道士百二十人衣食、齋肅祈請、六時禮拜、月設廚會數千人。

とあり、平城の東南に五層の「天師道場」が建てられ、道士百二十人に對して衣食が給せられ、毎月の廚會には數千人が集ったとする。この天師道場については、『水經注』巻一三漯水條に、

水左有大道壇廟。始光二年、少室道士寇謙之所議建也。（中略）壇之東北、舊有靜輪宮、魏神䴥四年造。

とあり、始光二年に寇謙之の建議により建立されたものとする。隋・費長房『歴代三寶紀』巻三（大正藏四九）始光二年條にも「道壇を置く」とあるから、天師道場の設立は始光二年とみてよいであろう。『水經注』には、靜輪宮が神䴥四年に建造されたとあるが、『歴代三寶紀』巻三神䴥四年條には、

州鎭悉立道壇置生各二百人。

とあり、同年には、州鎭ごとに道壇が立てられ、「生」二百人が置かれたことが分かる。「生」が「諸生」すなわち學生を指すのか、「籙生」すなわち道教の籙を受けた者を指すのかは判然としないが、中央の天師道場に對して、「州鎭」にも道壇が設置されたことには注目すべきであろう。從來はこれを單に地方に道壇が置かれた事例と解していたが、筆者はこれを北魏の「州鎭制」との關連から檢討すべきでないかと考える。北魏が華北を統一する際には、被征服民に對して大規模な徙民政策を行い、占領地には軍事機構として「鎭」を置いた。鎭はしだいに州に改められ、州刺史が鎭將を兼任するようになるが、州と鎭は一定期間竝存していたため、「州鎭制」と稱されている。北邊諸鎭の設置年代はおおむね太延年間以降であるから、道壇が置かれたという鎭とは、南邊諸鎭にあたるとみてよいであろう。道武帝期からすでにいくつかの鎭が存在したが、本格的な設置は太武帝期以降であり、對夏戰爭の過程で長安や統萬、安定などに軍鎭が置かれている。(17) 神䴥四年の時點では、少なくともこれらの諸鎭が存在していたのである。鎭から州

への改變は、太平眞君五年（四四四）の營州設置（舊和龍鎭）に始まるので、道壇の置かれた「州鎭」とは、州鎭竝存の狀態ではなく、諸州・諸鎭を併せたものの總稱と考えられる。したがって、『歷代三寶紀』の記述によるならば、太武帝期には國都のみならず、地方の州や新たな占領地である鎭にも道壇が整備されたことになる。

それでは、なぜ軍事機構である鎭にまで道壇が置かれたのであろうか。まず、當時の內地における鎭の狀況について檢討したい。占領地統治のために置かれた鎭には、宗室の一族や功臣などが鎭將として駐留したが、その駐留軍は北人を主體としたものであった。谷川道雄氏は、『魏書』などにみられる「城民」という言葉が諸州鎭の軍士を意味し、それは一般の州郡民とは區別された存在で、北人貴族の子弟・漢人豪族の子弟・流罪人・非漢人（雜夷）などにより構成されていたものとする。[18]「城民」をこのように理解した場合、巻五一封敕文傳にある以下のような記事が注目される。

敕文表曰、「……又仇池城民李洪、自稱應王、天授玉璽、擅作符書、誑惑百姓。……」。

これは、太平眞君七年（四四六）に金城郡の邊冏・天水郡の梁會という人物が反亂を起こした際、秦州刺史として討伐に遣わされた封敕文が上表したものであるが、そこに「仇池城民李洪」が時を同じくして百姓を誑かしていると述べている。李洪は梁會によって殺害されてしまうが、「擅作符書」という記述からは、彼の行動が宗教的な色彩をもつものであったことがうかがえる。砂山稔氏は、「洪」の字は獻文帝の諱である「弘」を避けたもので、これを「眞君李弘」系の反亂、すなわち、亂世にあらわれ太平の世を現出する救世主として、道教經典中にしばしば語られる「李弘」という人物に對する信仰を利用し、東晉初から北魏末期に數多く起こった一連の宗教的反亂の一つであるとしている。[19]この李弘（洪）は仇池の「城民」であるが、この時期仇池は劉宋と北魏の係争地となっており、太平眞君三年に劉宋の文帝が將を派遣して仇池を陷落させたが、北魏からは仇池鎭將を拜した皮豹子が派遣されて眞君四年に宋軍を破っている。しかし諸氏が反亂を起こして仇池を圍んだため、仇池が平定されたのは眞君七年頃と思われる。このように、當時の仇池は非常に混亂しており、こうした狀況下で鎭軍に屬していたと思われる李弘（洪）が人心を惑わしていたのである。太武帝期における州鎭は、征服後の大規模な徙民、また鎭軍の進駐や劉宋との攻防などにより、いまだ安定していなかったために、反亂などを招きやすい狀況にあったといえるであろう。

李弘を標榜するこうした反亂は、寇謙之教團にとっては否定されるべきものであった。『老君音誦誡經』では、世間が「李弘應に出づべし」という圖讖を信じるため李弘を名乘るものが連年現れているが、「吾れ大いに瞋怒し、此の惡人を念う」というように、太上老君がこうした存在を認めていないことを強調している。こうしたことからすれば、州鎭における道壇設置の目的は、寇謙之教團の教法を徹底させ、その教化力により當地の人心を收攬することにあったと推測されよう。これらの道壇と治の關係は不明であるが、上述したように州鎭では徙民や鎭軍の進駐などで人の移動が大きく、かりに以前から天師道の治制が存在していたとしても、これを從前のように維持できる狀況ではなかったと思われる。そこで、こうした地域に對しては改めて國營の道壇を設置し、占領地統治の手段の一環としたのであろう。つまり、仇池における李弘の反亂は、結果からすれば、それを防ぎきれなかった事例と考えられるのである。

李弘の名を掲げる反亂は、かつて姚興治下の後秦でも起きていた。『晉書』卷一一八姚興載記下には、

興寢疾、妖賊李弘反于貳原、貳原氏仇常起兵應弘。興輿疾討之、斬常、執弘而還、徙常部人五百餘戶于許昌。

とあり、「妖賊李弘」が反亂を起こし、貳原氏の仇常がそれに應じたとする。なお『資治通鑑』卷一一六義熙十年（四一四）條では「貳原」を「貳城」に作り、卷一一五義熙五年條の胡三省注に「貳城、貳縣城也。在杏城西北、平涼東南」とする。多民族の雜居する關中では、李弘の反亂と氏族が結んでいることに注目される。先に述べたように、

道壇が置かれたと考えられる南邊の諸鎭は、對夏戰爭の過程で主に關中一帶に設置されていた。勝畑冬實氏によれば、この地域は劉宋と北魏の兩國にとって極めて大きな意味を持つ交通の要衝であり、劉宋はこの地の氐・羌・吐谷渾と盟を結んで交通路を獲得しようとし、北魏もこれを警戒していたという。[20] したがって、對劉宋の戰略上、北魏はこの地域の支配に相當留意していたはずであり、しかも第一節で述べたように、十六國後期以降、この地域の支配權は非常に流動的であり、北魏の支配も貫徹しがたかったと思われる。この地でかつて李弘を標榜する反亂が起こり、そこに氐族も參加したという事實は、崔浩を中心とする政權や寇謙之教團にとっても脅威と映ったであろう。そこで、州鎭へも道壇を配置し、特に統治の難しい關中一帶を道教の教化力によって安定させ、反亂などを未然に防ごうとしたのではないかと考えられる。後の太平眞君六年（四四五）に、盧水胡の蓋呉が杏城において叛し、長安の一寺がこれと通謀したとされたことが廢佛のひきがねとなったことは周知のごとくであるが、寺院の持つ密室性が反亂と結びつきやすかったことも、太武帝や崔浩をして道教へと傾斜せしめた一因であろう。

また佐川英治氏は、太武帝期末から文成帝初め頃に、關中の長安鎭を中心に編戸に對して一定の徵兵制度が成立しており、それは關中が非常に不安定な地域であり、そのため長安鎭のような支配の要となる重鎭では兵力需要も特に大きかったためであるとする。[21] そうであれば、關中においては特に編戸の把握が急務であり、そのため道壇の整備をもって當地の戸口を掌握する一助としたものではなかろうか。

さらに、靜輪宮や州鎭の道壇が設置された神䴥四年は、太武帝期において重要な時期であった。世祖紀上・神䴥四年九月條には、

壬申、詔曰、「頃逆命縱逸、方夏未寧、戎車屢駕、不遑休息。今二寇摧殄、士馬無爲、方將偃武修文、遵太平之化。……」。

とあり、太武帝の卽位以來、外征が續いていたが、神䴥二年五月の柔然討伐勝利、四年六月の夏滅亡を受け、外政から內政重視へ轉換することを宣言している。またこの年は、九月に太尉長孫嵩・司空長孫道生・司徒崔浩の新三公體制が發足し、さらにいわゆる「徵士詔」が發布され、大々的に漢人名族らが招請される。[22] 十月には、崔浩によって律令改定が行われている。まさにこうした時期に行われた州鎭への道壇設置は、內政重視への轉換にともなう「太平の化」實現のための一連の政策の一つと理解されうるのである。

おわりに

本稿の內容を要約すれば、以下の通りである。北魏において道教が國家的に採用された背景には、寇謙之の持つ神異性や獨自のネットワークを、軍事的・政治的に利用しようとする太武帝や崔浩の思惑があったと考えられる。また、その教團は信者の名籍を所屬する治において管理することを原則としており、戶口把握に苦慮し、郡縣制を再建せんとしていた當時の政權にとって、その在地性が利用しうるものと認識されたのであろう。このようにして道教は採用され、國都には天師道場、地方の州鎭には道壇が置かれることとなったが、軍鎭にまで道壇が設置されたのは、教團の教化力をもって混亂收まらない占領地經營を行おうとしたためと考えられる。特に鎭の集中していた關中は、夏や劉宋との間でしばしば係爭地となっており、また多くの民族が雜居する地域であり、北魏政權の支配力も貫徹しがたかったものと思われる。そこに道壇を配備することで、反亂などを未然に防ごうと意圖したのであろう。

このように、北魏の道教政策は、華北統一戰爭の進展と劉宋との南北二極化という緊迫した時代性が密接に關わっており、自らをとりまく國際關係のなかで、華北という地域にいかに支配權を確立するかという北魏政權の思惑が、國家的な道教採用という選擇としてあらわれたものといえるであろう。

注

（1）陳寅恪「崔浩與寇謙之」（『陳寅恪先生文史論集』（下卷）所收、文文出版社、一九七三年。初出一九五〇年）參照。

（2）塚本善隆「北魏太武帝の廢佛毀釋」（『塚本善隆著作集』第二卷・北朝佛教史研究所收、大東出版社、一九七四年。初出一九三七年）參照。

（3）前揭注（1）論文參照。

（4）佐藤智水「北魏前期の政治と宗教」（同『北魏佛教史論考』所收、岡山大學文學部、一九九八年）參照。

（5）川本芳昭「五胡十六國・北朝時代における華夷觀の變遷」（同『魏晉南北朝時代の民族問題』所收、汲古書院、一九九八年。初出一九八四年）及び「景穆太子と崔浩――北魏太武帝による廢佛前後の政局をめぐって――」（前揭書所收。初出一九九六年）など參照。

（6）湯用彤・湯一介「寇謙之的著作與思想――道教史雜論之一――」（『歷史研究』一九六一年第五期）參照。こうした見方を踏襲するものに、湯其領「寇謙之與北朝道教」（殷宪主編『北朝史研究』（中國魏晉南北朝史國際學術研討會論文集）、商務印書館出版、二〇〇四年）などがある。

（7）砂山稔「李弘から寇謙之へ――西曆四・五世紀における宗教的反亂と國家宗教――」（同『隋唐道教思想史研究』所收、平河出版社、一九九〇年。初出一九七一年）參照。

（8）當時の華北佛教の狀況については、塚子秀利「北魏前期の佛教」（『田村博士頌壽東洋史論叢』所收、一九六八年）、山崎宏「東晉時代の北支那諸胡族佛教」（同『支那中世佛教の展開』所收、寶藏館、一九七一年。初版一九四二年）、鎌田茂雄「北魏の佛教（二）」（同『中國佛教史』第三卷南北朝の佛教（上）第四章、東京大學出版會、一九八四年）など參照。

（9）前揭注（4）論文參照。

（10）前揭注（1）論文參照。

(11) 川本芳昭「封爵制度」(前掲『魏晉南北朝時代の民族問題』所收。初出一九七九年) 參照。

(12) 大知聖子「北魏の爵制とその實態——民族問題を中心に——」(『岡山大學大學院文化科學研究科紀要』第一二號、二〇〇一年) 參照。

(13) 楊聯陞「老君音誦誡經校釋」(『中央研究院歴史語言研究所集刊』第二八本上冊、一九五七年) 參照。

(14) 三長制施行前後の狀況については、均田制との關連から多くの論考がある。ここでは、諸研究を整理・紹介したものとして、佐川英治「北魏均田制研究の動向」(『中國史學』第一一卷、二〇〇一年) を擧げるに止めておく。

(15) 「雜營戶」については、進駐してきた軍營に新たに蔭附した戶とみなす濱口重國氏の説や、「雜戶・營戶」とみなして、官府に直屬する雜戶と軍營に直屬する營戶と解する堀敏一氏の説などがある。濱口重國「官賤人の由來についての研究」(『唐王朝の賤人制度』第五章、東洋史研究會、一九六六年) 及び堀敏一「中國古代における良賤制の展開——均田制時代における身分制の成立過程——」(『均田制の研究』所收、岩波書店、一九七五年。初出一九六七年) など參照。

(16) 古賀登「北魏三長考」(『東方學』第三一輯、一九六五年) 參照。

(17) 州鎭の沿革については、周一良「北魏鎭戍制度考」(同『魏晉南北朝史論集』所收、北京大學出版社、一九九七年。初出一九三五年) 參照。

(18) 谷川道雄「北魏末の內亂と城民」(同『增補隋唐帝國形成史論』所收、筑摩書房、一九九八年) 參照。

(19) 前揭注 (7) 論文參照。ただし砂山氏は、この李洪の反亂の時期を始光年間 (四二四～四二七) とするが、誤りである。

(20) 勝畑冬實「北魏の郊甸と「畿上塞圍」——胡族政權による長城建設の意義」(『東方學』第九〇輯、一九九五年) 參照。

(21) 佐川英治「北魏の編戶制と徵兵制度」(『東洋學報』第八一卷第一號、一九九九年) 參照。

(22) 「新三公體制」の呼稱については、佐藤智水氏前揭注 (4) 論文によった。

〈付記〉本稿は二一世紀COEプログラム「アジア地域文化エンハンシング研究センター」の研究成果の一部である。

劉昭の『集注後漢』撰述と奉呈について

小林　岳

はじめに

『集注後漢』は、撰著者范曄の刑死によって未完におわった志部が失われ[1]、本紀と列傳のみが傳わっていた『後漢書』に對して、梁の劉昭が司馬彪『續漢書』の八志を斷裁して補い、その補成した『後漢書』の紀傳部分および八志部分の全篇にわたって自からの注釋を挾入して完成させた後漢王朝史を綜述する歷史書である。この劉昭の事績は、福井重雅先生の講筵に列し、御指教を賜わることによってはじめて明らかになし得た事柄の一つである。私は、劉昭による如上の『後漢書』補成と『集注後漢』撰述の全容を究明すべく考察を進めているが[2]、小論は、その研究の成果をはじめて世に問うものとなった「劉昭と『集注後漢』」と題する論考に補續するもので、劉昭が『集注後漢』を撰述した時期およびその書を奉呈した人物について新たな検討をこころみるものである。

一　『集注後漢』について

はじめに『集注後漢』という書名について論ずると、それは劉昭の傳記である『梁書』巻四九文學傳＝劉昭傳（以下「劉昭傳」と稱す）に「（劉）昭また後漢の同異を集めて以て范曄書に注す。世、博悉を稱《ほ》む。（中略）集注後漢一百八十巻なり」とある記事を初見とする。ただしその書の自序として劉昭が著した「後漢書注補志序」や『集注後漢』の八志部分の注釋が殘存したと考えられる現行『續漢書』八志の劉昭注（以下八志注あるいは劉昭注という）などに劉昭自身がその書名を稱した事例を見出すことができないので、それは劉昭の命名になるものであろうと推定する域を出ない。ついで『集注後漢』は『隋書』經籍志に採録されるものの、そこでは書名が切捨てられて「後漢書一百二十五巻、范曄本、梁剡令劉昭注」（巻三三經籍志二）のごとく記され、さらにこの記述形式は歴代の經籍（藝文）志に繼承されて『集注後漢』はついにその書名をもって記録されることはなかったのである。[3] これと同様に中國初の總合的な史論書とされる劉知幾の『史通』やそれにつづく宋代の私撰の圖書目録[4]等も劉昭の事績については記すものの『集注後漢』の書名をあげる例は極めてまれで、管見のかぎりでは、王應麟『玉海』巻四六正史に「梁天監中、劉昭集注後漢一百八十巻」と記してそのもとに「後漢書注補志序」を抄引する一例を徴するのみである。そしてつづく明清時代の著作でも『集注後漢』の書名を提示してその内容に言及する事例は見られぬようである。[5] このように『集注後漢』の名は歴代にわたってほとんど取り上げられることがなかったのであるが、それは如何なる理由によるのであろうか。ここで一言するならば、まず右の『隋書』經籍志が「後漢書」、「范曄本」と明記し、「劉昭注」と斷ることが示すように經籍（藝文）志においては正史本文の撰者が何よりも重視され、注釋者は二義的なものと解されたに相違ない。とくに數ある諸家後漢書類においては本文の撰著者名は不可缺であったはずである。したがって『後漢書』の一書として『集注後漢』を採録するばあい、その紀傳部は范曄『後漢書』、八志は司馬彪『續漢書』と明記し、さらに補成と注釋とをふくむ劉昭の事績を加筆する必要が生じるであろう。しかしそれは他の『後漢書』の解説に比べて繁多となり、また歴代の記述形式からも逸脱する形になることは言うまでもない。それを避けた結果がさきの一文につながるのではないだろうか。また『玉海』をのぞいて歴代の史論書や圖書目錄等が『集注後漢』の名を記さぬことについて、私は唐の章懷太子李賢が范曄『後漢書』の注釋を作成した折に『集注後漢』から多くの注釋を繼承したため、遠からずその書は散逸して書名も失われたと推定し、そこに主因を求めるが、これについては稿を改めて述べることにしたい。以上、二點にわたり私見を述べたが、それらが相俟って『集注後漢』は後世に傳わることなく、その名も消滅したと考えられるのである。

二　『集注後漢』の撰述と奉呈

つづいて『集注後漢』が撰述された時期を考察するが、それには劉昭の官歷を把握しておくことが必要であるため、その要點を左に示すことにしたい。

劉昭は、梁の武帝の天監元年から三年（五〇二〜五〇四）ころに起家して奉朝請となり、ついで實官として征北行參軍に就官した。その府主は征北將軍曹景宗または武帝の第八弟にあたる鎭北將軍建安王蕭偉のいずれとも決しがたいが、劉昭が征北行參軍となって閒もない天監四年（五〇五）十月から五年（五〇六）九月にかけて武帝の第六弟の臨川王蕭宏を總帥とする對北魏戰が實施されていることを勘案すると、劉昭はその府主とともに梁の總力を結集した北伐軍に加わったものと推定される。この北伐は臨川王が自軍を棄てて逃歸したため梁の大敗におわったが、劉昭はこの戰役ののち中央政府の官員である尙書倉部郎に轉ずることになる。そして、その在任期閒と部分的に重複すると見られる天監六年（五〇七）閏十月から九年（五一〇）正月にかけて尙書を統括する尙書令には、劉昭に多大な影響をあたえた從兄江淹と文學を通じて親密な交際を結んでいた沈約が在職したことを想起すると、劉昭と沈約の閒には江淹を仲介とする交流があった可能性が高い。あるいはこの人事自體が沈約の意向を受けたものとも考えられる。つづいて劉昭は武帝の第二子である宣惠將軍豫章王蕭綜の軍府に記室參軍として出仕し、さらに府主豫章王が統監する南徐州管轄下の無錫縣の縣令に任ぜられて現地に赴任した。この二職の在任時期は、豫章王が南徐州刺史として京口に出鎮していた天監五年（五〇六）正月より同十年（五一一）正月にいたる期間内の後半にあたると考えられる。そして劉昭はふたたび中央の官員にもどって通直郎となり、武帝の側近く仕えたのち、さらに中軍將軍臨川王蕭宏の軍府に記室參軍として出仕するのである。新たに府主と仰いだ臨川王はかつて劉昭が從軍したと見られる北伐の總帥であったことは先述のごとくである。その出仕時期は臨川王が二度にわたって中軍將軍を帶びた天監三年（五〇四）正月から同六年（五〇七）四月および天監十七年（五一八）五月から普通元年（五二〇）正月までのうち後者の期間内と考えるのが順當であろう。そして劉昭は揚州都督刺史を兼任する府主臨川王の意向によって統轄下の剡縣令となって赴任し、在任中に卒したのである。その在任と死去とは臨川王が太尉・揚州都督刺史に昇官・再任した普通年閒（五二〇～五二六）のことと考えられる。以上、明らかにした劉昭の官歴をまとめると①～⑨のごとくなる。

①天監元年（五〇二）から同三年（五〇四）ころ起家して奉朝請となる。
②征北將軍曹景宗または鎭北將軍建安王蕭偉の軍府に征北行參軍として就官。
③天監四（五〇五）十月より同五年（五〇六）九月の臨川王蕭宏の北伐に府主とともに從軍。
④尙書倉部郎に補任。在任中に尙書令沈約（在職五〇七～五一〇年）と交流。
⑤天監五年（五〇六）一月より同十年（五一一）にいたる期間内に南徐州刺史・宣惠將軍豫章王蕭綜の軍府に記室參軍として出仕。
⑥同右期閒内に豫章王の指名によって無錫縣令となり、赴任。

⑦天監十一年（五一二）より同十七年（五一八）にいたる期間内に通直郎に轉じて武帝に近侍。
⑧天監十七（五一八）五月より普通元年（五二〇）正月にいたる期間内に中軍將軍・臨川王蕭宏の軍府に記室參軍として轉補。
⑨普通元年（五二〇）正月より七年（五二六）四月にいたる期間内に太尉・揚州都督刺史・臨川王蕭宏の指名によって剡縣令となり、赴任。在任中に死去。

つぎに、この劉昭の官歴にもとづいて『集注後漢』の撰述時期を考察するが、そこでは先論となる「劉昭と『集注後漢』」と部分的に重複する記述があることを一言しておく。

さて、八志注を通覽すると、そこには「臣昭案ずるに」・「臣昭曰く」とする表記が頻見することに注意される。このような稱臣の形式について、尾形勇氏は非官人たる一般の民庶であっても臣と自稱する事例が存在することを指摘しておられるが(6)、このばあいの稱臣にかぎると、それは右に確認した劉昭の官歴、および以下に論ずるごとく、八志注には就官せねば知り得ぬ情報が多數記されているとする二點から、『集注後漢』は官員たる劉昭が稱臣形式を必須とする人物の閱讀を想定して撰述したとする私見の證左になると考えたい。以下それを論ずるが、まずは左の『續漢書』郡國志四吳郡海鹽縣の劉昭注の檢討を手はじめに『集注後漢』の完成時期を特定することにしたい。なお八志については『續漢書』本來の卷數が不明であるため篇名のみを記すこととする。

案今計偕簿、縣之故治、順帝時陷而爲湖、今謂爲當湖。大旱湖竭、城郭之處可識。

ここでは劉昭が「今、計偕簿」を案ずることにより、海鹽縣の舊縣治が宋末の順帝（位四七七～四七九）の時代に陷沒して湖となり、現今ではそれを「當湖」と謂うこと。また「大旱」となって湖水が竭きると、水沒した「城郭」の舊址を識別することができると記している。「計偕簿」とは地方の郡府が中央に提出するいわゆる會計報告書をいうが、ここでは計偕という制度とあわせて考えるべきで、宮﨑市定氏は、それは地方から中央に人材を登用する漢代の上計吏の制度が魏晉以後にも繼承したもので、それを掌る中央官廳は尙書であると指摘される。[7] これによれば劉昭の官歴から「計偕簿」を閲覽できるのは尙書倉部郎に在任した時とするのが最も蓋然性が高いであろう。したがってこの部分の注釋は尙書在任中もしくはそれ以後の執筆となるはずである。ついで劉昭が無錫縣令として赴任した同郡國志の吳郡無錫城の注釋を確認すると、そこには左のごとく詳細な注文が見られるのである。

①史記曰、春申君城故吳墟、以自爲都邑。城在無錫。②皇覽曰、吳王太伯冢在吳縣北梅里聚、去城十里。太伯始所居地名句吳。③臣昭案、無錫縣東皇山有太伯冢。民世修敬焉。去墓十里有舊宅。幷猶存。④臣昭以爲卽宅爲置廟。不如皇覽所說也。⑤越絕曰、縣西龍尾陵道、春申君初封吳所造。⑥臣昭案、今見在。自是山名。非築陵道。

ここで劉昭はまず①「史記に曰く、春申君、故《もと》の吳の墟に城《きず》き、以て自ら都邑と爲す、と」とする『史記』卷七八春申君列傳の一文を提示し、ついで「城は無錫に在り」とする自說を記している。この「吳墟」に附された『史記正義』は「墟音虛、今の蘇州なり。闔閭、城內の小城の西北に於て別に城を築きて之に居る。今、圮壞す。また大內の北の瀆は、四從五横し、今に至るまで猶お存す」として、「吳墟」を闔閭が都した蘇州に比定するとともに、その城內西北に闔閭が築いた居城は圮壞するものの、大內の北には四從五横に配された瀆（下水溝）が猶存するという唐代の狀況を傳えている。[8] これに對して劉昭は『史記』の內容と併せて春申君が「吳墟」に城いて都邑とした城郭は無錫に在ると注しているのである。ここにいう「吳墟」とは闔閭の都城址ではなく吳の一城址と解すべきことは、蘇州に比定される吳本國の條に劉昭は「越絕に曰く、吳大城は闔閭の造る所、周四十七里二百一十歩二尺」と記して、[9] この二者をはっきり區別することから明らかである。ただしここで問題とするのはそこではなく、唐の開元二十四年（七三六）に完成した『史記正義』[10] が闔閭（在位前五一四〜前四九六）の建築址を一部なりとも猶存すると記すことである。すなわち闔閭の居城の濆址が一二五〇年ほどの時をへて確認できるとする事實に注目したいのである。この例からすると、春申君（?～前二三八）の治世から七五〇年ほどくだる梁代において、都邑の圮壞は免れぬであろうが、その建築址は『史記正義』と同等程度か、あるいはより舊觀に近い形で殘存した可能性を否定できぬであろう。劉昭は特記しないが、右の見解は無錫縣下にそれを目睹した上での指摘と考えるべきではあるまいか。ついで②において劉昭は『皇覽』を引用して「皇覽に曰く、呉王太伯の冢は呉縣の北の梅里聚に在り。城を去ること十里なり。太伯始めて居する地を句呉《こうご》と名づく、と」と記し(11)、これに③「臣昭案ずるに、無錫縣の東皇山に太伯の冢有り。民、世よ焉を修敬す。墓を去ること十里に舊宅有り。幷せて猶お存す」とする自説を附記する。ここで注目に値するのは、「呉王太伯の冢は呉縣の北の梅里聚に在り」とする『皇覽』の説に對し、劉昭は無錫縣の東皇山に太伯の冢墓と舊宅とが「幷せて猶お存す」と異なる見解を示し、さらに④「臣昭以爲えらく、宅に卽きて廟を置くと爲す。皇覽の説く所に如《したが》わざるなり」と追記して太伯の舊宅に祠廟が置かれていることにも言及して『皇覽』の所説を否定することである。これは劉昭治下の無錫縣の現状に則した記述と解すべきで、その出典を記さぬのは縣吏の報告もしくは實見して知り得た事實によるのであろう。またとくに「民世修敬焉」と記す部分は縣令として縣下の民情に目を配る劉昭の姿勢を示すのみならず、太伯を敬慕する民衆が歴代にわたって冢墓や舊宅および祠廟を守り、修築を重ねたことを傳える記録としても貴重である。そして最後に劉昭は、⑤「越絶に曰く、縣西の龍尾陵道は、春申君初めて呉に封ぜられて造る所なり」と記して『越絶書』の所説を引用し、それに⑥「臣昭案ずるに、今、見在す。是れ山名に自《よ》るなり。陵道を築くには非ず」とする訂正を加えている。これは無錫縣西部の「龍尾陵道」は春申君が呉に初封された折に建設されたものとする『越絶書』の説に對して、劉昭は「今」それが「見（現）在」すると斷り、つづいて「龍尾」とする命名は山名に依據すること。また陵道は春申君が建設したものではないとする自説を開陳している。これもまた右と同じ條件によって知り得たのであろう。このように劉昭がことさら先學の書を引用してそれを否定するのは、現地において自身が調査した確實な證據に自得してのことではあるまいか。絶對の自信があればこそかかる一文が記せるのである。ついで同様の事例を示すと、劉昭は同郡國志の吳郡餘杭縣に「史記に曰く、始皇、浙江に臨む。水波悪《あら》し。乃ち西すること百二十里、狹中より渡る、と。徐廣曰く、餘杭なり、と」と『史記』巻六秦始皇本紀の本文と徐廣注とを引いて、始皇帝が最後の巡行で浙江を渡った地點を餘杭に比定する徐廣説を提示し[12]、それを「臣昭曰く、始皇の過る所は乃ち錢塘、富春に在り。豈に餘杭の界に近からんや」と否定するとともに錢塘、富春附近に渡河點を求める自說を展開している。これもまた劉昭が收集した現地の記錄にもとづくものとすべきであろう。以上の劉昭注とくに劉昭自身の手になる案語は無錫縣およびその近鄰諸縣の歷史・地理・民情などに精通しなければ記せぬ內容であることは贅言するまでもない。それはまさに無錫縣令として縣下諸般の把握に努力し、近縣の情報をも積極的に收集した成果が凝縮したものなのである。この事實は、無錫縣令在任時にも『集注後漢』の執筆が繼續されていたことを物語るものである。

それでは、その完成はいつになるのであろうか。ここで劉昭の官歷を顧みると、そののち劉昭は通直郎をへて臨川王蕭宏の記室參軍に轉出し、さらに剡縣令となって赴任、在任中に卒している。そこでまず無錫縣の事例と同様に剡縣の注釋に注目すると、そこには注文が一字も記されぬという事實に直面するのである。これをどう解釋すべきか。まずは前掲の郡國志四の劉昭注を再檢討することから論を進めると、同志は吳郡管轄下に吳本國・海鹽・烏程・餘杭・毗陵・丹徒・曲阿・由拳・安・富春・陽羨・無錫・婁の一三城があるとし、そのうち曲阿・富春・婁をのぞく九城に注釋が附され、そこには七條にわたる劉昭の案語が記されている。なかんづく無錫縣については引用・案語ともに詳細を極めるものであることは前述のごとくである。これに對して剡縣を統括する會稽郡には山陰・鄮・烏傷・諸曁・餘曁・太末・上虞・剡・餘姚・句章・鄞・章安・永寧・東部の一四城があり、そのうち鄮・剡・餘姚・鄞・永寧・東部をのぞく八城には諸書を引用する形の劉昭注が附されるが、劉昭の案語は太末・上虞・句章・章安の四城に簡略な四條が記されるのみで、剡縣の部分には案語はおろか引用文からなる注釋すら記されていないのである。私は、この事實をもって『集注後漢』は劉昭が剡縣令として赴任する以前に完成し、然るべき人物に奉呈された證左になると考えたい。少なくとも剡縣の注釋を缺く理由を赴任ののち加筆する閒もなく卒したためと説明するには無理があるとしなければならない。また無錫縣の例からして劉昭は剡縣でも情報收集につとめたが、それを奉呈後の『集注後漢』に反映させることはできなかったと解することも可能であろう。しかし、それはあくまでも推定の域を出るものではない。そもそも奉呈とはこれ以上の推敲は無用と判斷したのちに實行するのであるから、輕々に加筆・訂正などがなされてはならぬはずである。

それでは、『集注後漢』の完成は通直郎と臨川王の記室參軍のうちいずれの在任時とするのが妥當であろうか。私は、劉昭と武帝との關係を重視して以下のごとく考察したいと思う。すなわち八志注に頻見する「臣昭」という表現はあくまでも武帝に對する稱臣と解すべきではないか。ただし『集注後漢』を奉敕撰とする史料はなく、もとよりそれは私撰の書として起筆されたであろうから、のちに奉呈の可能性が生じた段階で「臣昭」が加えられたと考えられる。それでは劉昭の官歷中でその撰述に利便をあたえ、また完成後の奉呈に有利となる官職はどれが適當であろうか。私は、武帝に近侍した通直郎が最も蓋然性が高いのではないかと推定する。一般に通直郎とは通直散騎常侍の簡稱とされるが、[13]その上司の散騎常侍について榎本あゆち氏は天監六年（五〇七）の詔によって從來門閥貴族から輕んじられたこの官に天子の顧問官という本來の職掌に見合う官品と機能とがあたえられたと指摘される。[14]當然ながらその改革は散騎常侍だけではなく、その統轄下の官員すべてを通じてのものであることは言うまでもなかろう。[15]宮崎市定氏はこのような理念を「貴族制度と官僚主義の調和」と稱し、それはたとえ門地が低くても貴族的教養を身につけた者を抜擢・登用しようとする武帝の意圖を具現化したものとされる[16]。このような官品と職權とを獲得して武帝に近侍した劉昭は、所藏の書籍に加えて宮中の諸資料をも閲覽する機會を得て『集注後漢』の撰述を進め[17]、武帝に奉呈したのではないだろうか。劉昭の官歴にしたがえば、それは天監年間の後半ほぼ十年（五一一）から十七年（五一八）ごろにあたると考えられるのである。

なお、この考察とは別に『集注後漢』は通直郎辭任後に記室參軍として仕えた臨川王蕭宏に獻上され、王を介して武帝の上覽に達したとの考えも成り立つであろう。しかしそのばあいにおいても臨川王はあくまでも奉呈の仲介者とすべきで、以上縷述した劉昭の官歴と注釋の内容および次節で詳述する八志注における避諱の事例からして前記の稱臣を臨川王に對するものと考えるのは難しいとすべきではないか[18]。すなわち『集注後漢』は臨川王に奉呈する目的で撰述されたものではなく、また王の台覽のみに留まるものでもなかったのである。

三　避諱字から見た武帝への奉呈

つづいて劉昭の施した避諱の事例から『集注後漢』は武帝に奉呈されたとする右の考察を補うこととしたい[19]。ただし『集注後漢』はその完成からすでに一五〇〇年が經過し、その書自體はつとに佚亡したことから、その八志部分が殘存した現行『續漢書』八志と八志注における避諱の事例を檢討するばあいは、幾多の轉寫・翻刻を經たことによってその證跡がそのまま傳わらぬということを前提としなければならない。以下それを考慮しつつ、劉昭が仕えた武帝（蕭衍）・豫章王（蕭綜）・臨川王（蕭宏）およびその可能性がある建安王（蕭偉）さらには武帝の父（蕭順之）の諱字を八志本文および八志注に徵すると左表のごとくなる。

衍　本文に一例　注文に二例
宏　本文になし　注文に四例
綜　本文に四例　注文に一九例
偉　本文になし　注文に一例
順之　順は本文に五四例、注文に二九例
　　　之は本文、注文ともに無數。

以上、五人の諱字は本文・注文ともに用いられていることが確認できる。『集注後漢』ではこれらの諱のすべてか、あるいは一部の諱には闕筆・缺畫などの處置が施されたと推定されるが、現時點でそれを確認することは難しいようである。そこで私は、劉昭が必ず遵守しなければならなかった今上避諱に注目したいと思う。まずは左に提示した三例について、その内容を吟味することにしたい。

①廣衍（郡國志五）
②孔安國曰、羣神謂丘陵墳衍、古之聖賢皆祭之矣（祭祀志上劉昭注）。
③左傳曰、伯禽封少昊之墟。僖二十九年介葛盧舍于昌衍（郡國志二劉昭注）。

①廣衍は、前漢武帝が元朔四年（前一二五）に設置した西河郡の管轄下一三城のうちの一城で城名をいう。②劉昭は「孔安國曰く」とするのみで出典を記さぬが、これは經傳に附した注釋の一部として誤りなかろう。墳衍は『周禮』地官大司徒に「大司徒之職、……其の山林、川澤、丘陵、墳衍、原隰之名物を辨ず」とあり、その鄭玄注に「水崖曰墳、下平曰衍」と記すことから、水涯と低地をさす成語である。③『春秋左氏傳』の僖公二十九年の條に「廿九年、春、介の葛盧來朝し、昌衍の上に舍る」とあり、杜預注は「魯縣の東南に昌平城有り」として昌衍を昌平城に比定するが、『左傳會箋』は「昌衍は、蓋し水名ならん。故に上と曰うなり」として水名と考える。以上まとめると①廣衍は前漢以來の城名、②墳衍は諸經傳注に見える成語、③昌衍は『春秋左氏傳』に見える地名あるいは水名となり、劉昭からすると、この三者の衍の字は避けねばならぬものではあるが、いずれも傳統ある地名や經典上の成語であるために他の文字には置き換え難く、闕筆・缺畫を以て對處せざるを得なかったのではないだろうか。ただしその證跡は

いつしか失われ、現行史料によってそれを確認することは困難としなければならぬのである。

つづいて私は、左に引く律暦志一の劉昭注に注目したいと思う。

前志曰、夫推暦生律、制器規圓矩方、權重衡平、準繩嘉量、探賾索隱、鉤深致遠、莫不用焉。度長短者不失毫釐、量多少者不失圭撮、權輕重者不失黍絫。紀於一、協於十、長於百、大於千、廣於萬。

ここにいう「前志」とは『漢書』巻二一上律暦志上のことであるが、該當する一文を示すと左のごとくなる。

夫推暦生律、制器規圜矩方、權重衡平、準繩嘉量、探賾索隱、鉤深致遠、莫不用焉。度長短者不失豪氂、量多少者不失圭撮、權輕重者不失黍絫。紀於一、協於十、長於百、大於千、衍於萬。

この兩者は一見して明らかなように、傍點を附した四字が異なる以外はまったく同一の文章である。この四字については張輯『廣雅』釋詁三に「圜は圓なり」、陸徳明『經典釋文』禮記音義三に「氂は本と又た釐に作る」、段玉裁『説文解字注』一四篇に「絫の隷は變じて累に作る。累行われて絫廢せらる」、孔鮒『小爾雅』廣言二に「衍は演、廣なり」とあり、いずれも類緣の文字であることが確認できる。そしてこの四字はいずれも劉昭が『漢書』律暦志を注引する際に改めたと考えることも可能であるが、圜と圓、氂と釐、絫と累のばあいは字形が類似し、字音も通ずることから必ずしも劉昭に關わることなく後世の轉寫・翻刻の際に置き換えられたとする可能性を否定できぬであろう。ただし衍と廣については一見して字體が異なることに加えて字音も明確に異なることから、その置き換えには確固たる意志が必要であったと考えたい。すなわち劉昭はここで今上避諱を遵守するために衍を廣に改めたに相違ないのである。

つづいて私は、左に抄引した祭祀志下の劉昭注を検討することにしたい。これは蔡邕の上奏によってなされた宗廟迭毀の記事に附された注釋で、祭祀志下の本文が上奏の内容を記さぬために袁山松『後漢書』所載の蔡邕「宗廟迭毀議」を三二〇字餘にわたって引用したものの一部である。

> 袁山松書載邕議曰、漢承亡秦滅學之後、宗廟之制、不要周禮。……臣下懦弱、莫能執夏侯之直。今聖朝尊古復禮。

ここで問題となるのは、『蔡中郎集』（海原閣本）巻九所收の「宗廟迭毀議」は「莫能執夏侯之直。故遂衍溢、無有方限。今聖朝尊古復禮」につくることである。すなわち劉昭の引用は傍點を附した「故遂衍溢、無有方限」の八字を缺くものなのである。管見のかぎりでは、『續漢書』八志のうち百官志をのぞく七志の劉昭注には「蔡邕曰」・「蔡邕集」・『獨斷』などを冠して蔡邕の言説を引用する例を五〇條近く見出すことができる。これは八志の注釋に蔡邕の言説が不可缺であったことを示すとともに、その著作や思想に深く通ずる劉昭の學殖を物語るものである。この觀點からすると、劉昭は注引した袁山松書所載の「宗廟迭毀議」が「故遂衍溢、無有方限」の八字を缺くものであることを認識していたと考える方が自然であろう。それでは、この缺落は袁山松の手になるものか。あるいは袁山松書には記されていたものを注引にあたって劉昭が削除したかは明らかになし得ぬが、少なくとも劉昭は缺落の事實を認識した上で注引したとして間違いないのではないか。そもそも缺落を問題とするならば、劉昭は書架中に備えていたであろう『蔡邕集』等で容易に補正ができたはずである。それをしなかったのは八字中の衍について今上避諱を實行する必要があったからに他ならない。ここで推測するならば、劉昭が蔡邕「宗廟迭毀議」中の衍一字のみではなく、それをふくむ四字句二條の都合八字を缺落させたのは上奏文の語調を損なわずに避諱をなそうとしたからではないか。さらに、その際に蔡邕の名によって「宗廟迭毀議」を注引することはせず、敢えて袁山松書を介したのは、上奏文改作の責を袁山松と分かつ形にしたかったのではなかろうか。

以上の二例は、『集注後漢』に對して今上避諱が周到になされたことを物語るものである。これは劉昭に課せられた執筆上の責務に他ならぬが、この避諱の事實は『集注後漢』が武帝の叡覧に備えて撰述され、奉呈されたとする前節の見解を補うものとなろう。

むすび

以上の考察をまとめると、

（1）『集注後漢』は奉敕の書ではないが、武帝の叡覧に備えて今上避諱が施されるとともに、その注釋には「臣昭曰く」とする稱臣形式が用いられた。

（2）『集注後漢』の注釋には官人でなければ知り得ぬ情報が認められる。劉昭は奉朝請起家ののち記室參軍・尙書倉部郎・無錫縣令・通直郎・剡縣令を歷任したが、このうち尙書倉部郎・無錫縣令において職務上知り得た事例が確認される。とくに天監五年（五〇六）より同十年（五一一）ごろ在任していた無錫縣令として收集した現地の情報は詳細を極めている。

（3）『集注後漢』は劉昭が武帝に近侍した通直郎在任時に完成し、武帝に奉呈されたと考えられる。その時期は天監十年（五一一）より十七年（五一八）ごろにあたる。

（4）奉呈ののち劉昭は剡縣令として赴任、在任中に死去する。その時期は普通元年（五二〇）より七年（五二六）ごろにあたる。なお詳細を極める無錫縣の注釋に比して剡縣については注釋が皆無であるため『集注後漢』は奉呈ののち加筆されることはなかったと推定される。

（5）『集注後漢』はつとに散逸し、歷代の經籍（藝文）志や圖書目錄等に書名が記されることは稀であったため、一般に、その存在が知られることはなかった。

となり、劉昭による『集注後漢』の撰述とその書が武帝に奉呈されたことが明らかになったと思われる。

注

（1）范曄の生涯は、福井重雅先生の編になる『中國古代の歴史家たち』（早稲田大學出版部、二〇〇六年）の第三篇「『宋書』范曄傳譯注」および「范曄略年譜」によって詳細を知ることができる。なお『後漢書』十志については、吉川忠夫「范曄と劉知幾」（『東海史學』第四號、一九六七年。のちに同氏『六朝精神史研究』所收、同朋舍、一九八四年）、吳樹平「范曄『後漢書』的志」（同氏『秦漢文獻研究』所收、齊魯書社、一九八八年）を參照。

（2）劉昭に關する拙稿は①「劉昭と『集注後漢』」（『史滴』第一三號、早稻田大學東洋史懇話會、一九九二年）、②「劉昭の『後漢書注補志序』譯注」（『研究年誌』第三七號、早稻田大學高等學院、一九九三年）、③「劉昭の『後漢書』補志について――『後漢書』補成考――」（『研究年誌』第三八號、早稻田大學高等學院、一九九四年）、④「劉昭の『後漢書』注について――『集注後漢』の内容をめぐって――」（『史學雜誌』第一〇六編第七號、史學會、一九九七年）、⑤「平原高唐の劉氏と劉昭」（『研究年誌』第四九號、早稻田大學高等學院、二〇〇五年）がある。

（3）『舊唐書』經籍志、『新唐書』藝文志、『宋史』藝文志、『明史』藝文志および『四庫全書總目提要』史部正史類。

（4）たとえば宋代までに限定すると鄭樵『通史』、洪邁『容齋隨筆』、尤袤『遂初堂書目』、高似孫『史略』、晁公武『郡齋讀書志』、陳振孫『直齋書錄解題』、王應麟『玉海』、馬端臨『文獻通考』などがある。

（5）顧炎武『日知錄』、何焯『義門讀書記』、惠棟『後漢書補注序』、王鳴盛『十七史商榷』、趙翼『陔餘叢考』、錢大昕『十駕齋養新錄』・『續漢書辨疑』、桂馥『札樸』、洪頤煊『讀書叢錄』、成瓘『篛園日札』、劉寶楠『愈愚錄』、侯康『後漢書補注續』、沈銘彝『後漢書注又補』、周壽昌『後漢書注補正』、李慈銘『越縵堂讀書記』などを參照した。

（6）尾形勇「『臣某』の意義と君臣關係」（同氏『中國古代の「家」と國家――皇帝支配下の秩序構造――』第三章所收、岩波書店、一九七九年）。

（7）宮崎市定「南朝における流品の發達」（同氏『九品官人法の研究――科擧前史――』第二編第三章所收、同朋舍、一九五六年）。

（8）『史記』巻七八春申君列傳に「春申君因城故呉墟、以自爲都邑」とあり、『史記正義』に「墟音虚、今蘇州也。闔閭於城内小城西北別築城居之。今圮壞也。又大内北瀆、四從五横、至今猶存」とある。

（9）郡國志四劉昭注に「越絶曰、呉大城、闔閭所造、周四十七里二百一十歩二尺」とある。

（10）張守節は『史記正義』の完成時期について序に「守節渉學、三十餘年、六籍九流、地理蒼雅、鋭心觀採。評史漢詮衆訓釋而作正義。郡國城邑、委曲申明、古典幽微、竊探其美、索理允愜、次舊書之旨、兼音解注、引致旁通、凡成三十卷、名曰史記正義。……于時歳次丙子、開元二十四年八月、殺靑斯竟」と記す。

（11）「呉王太伯冢」について、施之勉は『後漢書集注補』郡國志四第二十二無錫侯國の條に「張森楷曰、太伯非呉王、疑此文有衍誤」と指摘し、また標點本『後漢書』校勘記もこれにしたがう。

（12）『史記』巻六秦始皇本紀に「三十七年十月癸丑、始皇出游。……臨浙江、水波惡、乃西百二十里從狹中渡」とあり、『史記集解』に「徐廣曰、蓋在餘杭也」とある。

（13）『中國歷史大辭典』（上海辭書出版社、二〇〇〇年）下巻二五九九頁。

（14）榎本あゆち「梁の中書舍人と南朝賢才主義」（『名古屋大學東洋史研究報告』一〇、一九八五年）、同「北魏後期・東魏の中書舍人について」（『中國中世研究續編』、京都大學學術出版會、一九九五年）。

（15）『隋書』巻二六百官志上集書省の條に「天監六年革選、詔曰、在昔晉初、仰惟盛化、常侍、侍中、並奏帷幄、員外常侍、特爲清顯。陸始名公之胤、位居納言、曲蒙優禮、方有斯授。可分門下二局、委散騎常侍尚書案奏、分曹入集書。通直常侍、本爲顯爵、員外之選、宜參舊准人數、依正員格。自是散騎視侍中、通直視中丞、員外視黃門郎」とある。

（16）宮崎市定「梁陳時代の新傾向」（同氏前掲書第二編第四章所收）。なお安田二郎「梁武帝の革命と南朝門閥貴族體制」（同氏『六朝政治史の研究』第Ⅱ編第八章所收、京都大學出版會、二〇〇三年）も參照。

（17）前掲注（15）『隋書』百官志は、散騎常侍以下の職掌を「掌侍從左右、獻納得失、省諸奏聞文書。意異者、隨事爲駁。集錄比詔比璽、爲諸優文策文、平處諸文章詩頌」と記す。

(18)　尾形氏前掲論文（6）一六一頁注⑤は、漢代以降の諸侯王國（および侯國）における家臣のその王に對する稱臣は、劉宋期にいたって「稱臣」から「稱下官」に改められ、隋代にいたって再び「稱臣」がおこなわれたとする。この指摘は梁代の事例には言及しないが、劉昭注の「稱臣」を臨川王ではなく武帝に對するものとする見解の傍證となり得よう。

(19)　避諱については、陳國慶著・澤谷昭次譯『漢籍版本入門』（研文出版、一九八四年）および陳垣『史諱擧例』上海書店、一九二八年）、王建『中國古代避諱史』（貴州人民出版社、二〇〇二年）、范志新『避諱學』（臺灣學生書局、二〇〇六年）などを參照。

(20)　『集韻』に圜・圓は于權切、鼇・鼇は陵之切または郎才切、絫・累は魯水切または倫追切とある。

(21)　『集韻』に衍は以淺切、夷然切、延面切とあり、廣は古晃切、古曠切、姑黄切とある。

(22)　蔡邕の事績は、福井重雅先生の「蔡邕『獨斷』の研究――『後漢書』編纂外史――」（同『陸賈『新語』の研究』符節二所收、汲古書院、二〇〇二年）に詳述される。また『獨斷』については福井重雅先生の編になる『譯注　西京雜記・獨斷』（東方書店、二〇〇〇年）を參照。

西魏・北周時代の「防」について

平田陽一郎

はじめに

西魏を建國した宇文泰は北方武川鎮の出身であり、北魏末、六鎮の亂に乘じて史上に登場してきた。彼が股肱と恃んだのが八柱國・十二大將軍、いわゆる「關隴集團」の中核を形成した勢力である[1]。その顔ぶれは、元をただせばとるに足らぬ家格の出身者が多かったが、隋の楊氏が十二大將軍に、唐の李氏が八柱國に名を連ね、のちに隋唐兩王朝を打ち立てている。隋唐帝國の支配者層の源流や諸制度の淵源が、西魏・北周に求められてきたゆえんである。

こうした一般的な理解を支える根本史料となるのが、『周書』卷一六、末尾の「史臣曰」條と、ほぼ同内容を傳える『北史』卷六〇、末尾の「論曰」條である[2]。ところが同史料に關しては、前島佳孝氏が、唐室の祖、李虎をめぐる序列の改竄を摘示し[3]、山下將司氏が、「八柱國家」という概念の唐初における捏造を論證するなど[4]、諸氏による詳細な檢討を經て、西魏時代の實態を傳える史料としての信憑性は、ほぼ失われたといってよい。これらの研究は、定說化して久しい「關隴集團」說に再考を迫るものである。と同時に、同史料の後段で八柱國・十二大將軍の權力・權威のよりどころとして語られる、いわゆる西魏の「二十四軍制」（府兵制）に關する記述も、到底鵜呑みにするわけにはいかないことになろう。

隋唐帝國を生み出した直接の原動力の一つに、軍事力の柱であった「府兵制」とその沿革をなす制度があったことは疑いない。しかし、唐代兵制＝「府兵制」という概念自體が後代に捏造・喧傳されたものであり、その起源を遡らせて西魏時代の「二十四軍制」に結びつけることも、同樣に後代の作爲によるであろうことは、かつて筆者が考察したとおりである。[5] したがって現在取り組むべき課題は、西魏・北周時代の軍事制度の實態や、それが隋唐時代へと受け繼がれた制度的繼承關係を、史料的に問題のある『周書』『北史』傳末の記事を離れて改めて究明することにある。

本稿ではその一環として、西魏・北周時代の軍事據點である鎭・戍・防、特に史料例の豐富な防を中心に考察する。從來の研究は、「二十四軍制」（府兵制）の統轄組織といった上部構造の解明に偏してきたが、ミクロの視點から當時の軍事制度の具體像を明らかにしたいと考えたからである。

一、西魏・北周の鎭と戍

西魏・北周に先行する北魏時代の軍鎭制度については、『魏書』巻一一三、官氏志にはほとんど記述がない。しかし、周一良氏の基礎的な研究を受けて、[6] 一層の考究を加えた嚴耕望氏によれば、太武帝期以降、全國各地に設置された鎭は九三を數え、孝文帝の漢化政策によって次第に撤廢されるまでの約六十年間にわたり、軍鎭制度は北魏の地方統治制度上で最も重要な位置を占めていたとされる。[7] なお、鎭より小規模な軍鎭に戍があり、邊境の州・郡・鎭の管下に設置され、その守將は戍主と呼ばれた。

北魏を受けた西魏、さらにその後繼王朝である北周においても、この鎭戍制度が受け繼がれたものと推定される。以下、節を分けて簡單に考察しておくことにする。

1・西魏・北周の鎮

まず西魏・北周時代に實在したことが確かな鎮を一覽にして示せば、表1のごとくである。[8] 總數四十は北魏時代の半數以下となっているものの、領土の縮小を考えればむしろ多いと言うべきかもしれない。これら西魏・北周時代の鎮のうち、北魏からの繼承關係が明らかなものは、安民鎮（表1―1）や長虵鎮（表1―25）など少數に止まり、西魏以降、軍鎮の統廢合や再配置が大がかりに實施されたことを示している。分布の特徵としては、北魏時代の六鎮のような北方に對する備えがあまり考慮されていないように思われること、[9] および華北の東西分裂という新しい事態を受けて、東魏・北齊と熾烈な爭奪戰が繰り返された河南の洛陽西方一帶、および河東方面に集中していること、の二點が指摘できる。

なお、鎮の指揮官を鎮將といい（表1―3ほか）、特に有能な人物が選任されることもあり（表1―8の梁士彥）、長史以下の屬僚が置かれたことも分かる（表1―15）。こうした鎮の制度的な位置づけについては、『隋書』卷二七、百官中、北齊官制に、

三等の諸鎮は、鎮將・副將、長史、錄事參軍、倉曹・中兵・長流・城局等參軍事、鎧曹行參軍、市長、倉督等の員を置く。

とあり、『隋書』卷二八、百官下、隋高祖時官制に、

鎮は、將・副を置く。……其の制は、官屬に各々三等の差を立つ。

とあるように、北齊・隋に關しては百官志に記述があり、三等に分かれた官品も詳記されている。[10] 一方、西魏・北周時代の制度については、『隋書』百官志ではなく『周書』卷二四、盧辯傳に詳しいが、宇文泰が恭帝三（五五六）年に

表１　西魏・北周時代の「鎭」一覽表

番號	鎭名	所在地	年　代	主な典據および記事
1	安民	關中北部	天和中	隋1116李穆傳「築武申・旦郛・慈澗・崇德・安民・交城・鹿盧等諸鎭」
			北魏～隋	元和78延水縣「後魏於其中置安人縣並安人鎭、屬東夏州。隋文帝廢鎭、置安人戍」※「民」は唐諱
2	涓水	現湖北省境	太建十二(580)年	陳97宣帝紀「司馬消難以鄖隨溫應土順沔澴嶽等九州、魯山・甑山・沌陽・應城・平靖・武陽・上明・涓水等八鎭內附」
3	永橋	河南懷州	大象二(580)年	周543韋孝寬傳「進次懷縣永橋城之東南。其城既在要衝、雉堞牢固、(尉遲) 迥已遣兵據之」
				北史2212尉遲迥傳「永橋鎭將紇豆陵惠以城降迥」
4	閻韓	河南	大統十三(547)年	周451梁椿傳「別攻閻韓鎭、斬其鎭城徐衞。城主卜貴洛率軍士千人降」
			大統十三年～	周695梁昕傳「十二年、除河南郡守、鎭大塢。尋又移鎭閻韓」
			保定四(564)年	周780魏玄傳「四年、進位驃騎大將軍・開府儀同三司、徙鎭閻韓」
5	應城	現湖北省境	太建十二(580)年	同上２
6	火井	劍南邛州	北周	太平寰宇記、卷七五「周置火井鎭」
7	河陽	河南懷州	大象二(580)年	周543韋孝寬傳「河陽鎭防、悉是關東鮮卑、迥若先往據之、則爲禍不小。乃入保河陽。河陽城內舊有鮮卑八百人、家竝在鄴」
				周134靜帝紀「廢河陽總管爲鎭、隸洛州」
8	九曲	洛陽西方	大統九年(543)年	周775韋祐傳「拜車騎大將軍・儀同三司、鎭九曲城」
			大統十三(547)年	周251于寔傳「侯景來附、遣寔與諸軍援之、平九曲城」
			大統十六(550)年	周780魏玄傳「玄率弘農・九曲・孔城・伏流四城士馬討平之」
			西魏	周778陳忻傳「(大統三年) 忻率義徒於九曲道邀之…十年、侯景築九曲城…十三年、從李遠平九曲城…魏恭帝元年、…共齊將段孝先戰于九曲」
			明帝三(561)年	周695梁昕傳「三年、除九曲城主。保定元年、遷中州刺史」
			保定末	周598裴鴻傳「出爲中州刺史・九曲城主。鎭守邊鄙、甚有扞禦之能」
			建德中	周547梁士彥傳「少任俠、好讀兵書、頗涉經史。周武帝將平東夏、聞其勇決、自扶風郡守除爲九曲鎭將」
			唐代	通典4654壽安縣「有九曲城、所謂九河也」
9	恆安	河北朔州	北周～隋	元和409雲州「周武平齊、州郡並廢、又於其所置恆安鎭、屬朔州。自周迄隋、仍爲鎭也」
10	洪雅	劍南眉州	天和二(567)年	元和808洪雅縣「周武帝攘卻夷獠、立洪雅鎭」
				太平寰宇記、卷七四「周武天和二年、攘夷獠、立洪雅鎭」
11	交城	周齊國境	天和中	同上１
12	洪和	隴右洮州	武成元(559)年	北周賀蘭祥墓誌「取其洪和洮陽二大鎭」
13	五原	關中西北部	大統十三(547)年	周286王德傳「原靈顯三州五原蒲川二鎭諸軍事」
14	鼓鍾	河南邵州	建德五(576)年	周95武帝紀「烏氏公尹昇步騎五千守鼓鍾鎭」
15	固城	洛陽西方	大統三(537)年	白實造中興寺石像「鎭固城大都督…固城鎭長史…」
16	三鵶	山南廣州	北周	元和167魯陽關水「其關三鵶鎭…後周置以禦高齊、亦名平高城」
17	三堡	關中北部	大統三(537)年	元和74丹州「後魏文帝大統三年、割鄜・延二州地置汾州、理三堡鎭」
18	慈澗	洛陽西方	保定六(566)年	元和143慈澗故鎭「在（新安）縣東南二十里。周武帝保定六年置」
			天和中	同上１
19	上明	現湖北省境	保定二(562)年	周613崔謙傳「遷安州總管・隨應等十一州甑山上明魯山三鎭諸軍事」
			太建十二(580)年	同上２
20	崇德	周齊國境	天和中	同上１
21	石門	劍南汶州	北周武帝期	元和813通化縣「周武帝時、於此置石門鎭」
22	甑山	現湖北省境	西魏末～北周初	周416李賢傳「乃遷江夏民二千餘戶以實安州、幷築甑山城而還」
			保定二(562)年	同上19
			太建十二(580)年	同上２
23	旦郛	周齊國境	天和中	同上１
24	長城	隴右弘州	天和四(569)年	太平寰宇記、卷三三「置長城鎭、後改爲長川鎭」
25	長虵	關中西部	大統十五(549)年	周577趙昶傳「拜安夷郡守、帶長虵鎭將」
26	長寧	周齊國境	北周建德以前	周648裴孝仁傳「出爲長寧鎭將、扞禦齊人、甚有威邊之略」
27	定夷	隴右渭州	西魏大統中	周574趙剛傳「時五醜已剋定夷鎭、所在立柵」
28	洮陽	隴右洮州	武成元(559)年	同上12
29	沌陽	現湖北省境	太建十二(580)年	同上２
30	南由	關中西部	西魏	隋810扶風郡南由縣「後魏置、西魏改爲鎭、後周復置縣」
31	番和	隴右涼州	北周	隋815武威郡番和縣「後魏置番和郡。後周郡廢、置鎭。開皇中爲縣」
32	伏夷	關中北部	北周	周181馮遷傳「子恕、位至儀同三司・伏夷鎭將」
33	武申	周齊國境	天和中	同上１
34	武陽	現湖北省境	太建十二(580)年	同上２
35	文侯	河東絳州	天保十(559)年	北齊223斛律光傳「遂取文侯鎭、立戍置柵而還」
			北齊武平末	北史3051高阿那肱傳「…行到文侯城…行至文侯城…」
			建德五(576)年	隋1458段文振傳「進拔文侯・華谷・高壁三城、皆有力焉」
36	平靖	現湖北省境	太建十二(580)年	同上２
37	蒲川	關中西北部	大統十三(547)年	同上13
38	鳴沙	關中西北部	建德六(577)年	元和96鳴沙縣「周保定二年於此置會州、建德六年廢郡、立鳴沙鎭」
39	鹿盧	周齊國境	天和中	同上１
40	魯山	現湖北省境	保定二(562)年	同上19
			太建十二(580)年	同上２

施行した六官制に基づき、官職の名稱と命數を一覽で示した同列傳末尾をみても、鎭については一切記述がない。よって、果たして西魏・北周にも「三等の差」が設けられていたのか否かといった點については不明である。しかし、表1で確認されるように、この鎭の制度は、西魏初頭から北周末期までを通じて存在したと思われる。

2．西魏・北周の戍

つづいて、西魏・北周時代に實在したことが確かな戍を一覽にして示せば、表2のごとくである。[11] 總數二三と少ないうえ、うち約半數を『庾子山集』卷一三、周大將軍崔説神道碑の十例（表2―1ほか）が占めている。そしてこの十例を除くと、殘りはいずれも北齊側から見た例（表2―3・7ほか）、南朝に關わる例（表2―4）、周邊諸國・諸民族に關わる例（表2―15・22）ばかりであり、西魏・北周の側でもこれを戍と稱したかどうか疑問無しとしない。

こうした史料情況から考えると、西魏・北周における戍の制度は、『隋書』卷二七、百官中、北齊官制に、

三等の戍は、戍主・副、掾、隊主・副等の員を置く。

とあり、『隋書』卷二八、百官下、隋高祖時官制に、

戍は、主・副を置く。關は、令・丞を置く。[12] 其の制は、官屬に各々三等の差を立つ。

とある北齊・隋に比べて、[13] 整備・實施の度合いが低かったのではないかとの印象を受ける。鎭の場合と違って戍については、『周書』卷二四、盧辯傳に、戍主は三命、戍副は二命の官として官職名が擧げられている點が注意されるものの、盧辯傳に記される六官制は、『隋書』卷二七、百官中の末尾に、

制度既に畢わり、太祖、魏恭帝三年を以て、始めて命じて之れを行わしむ。設くる所の官名、周末に訖《いた》り、多く改更する有り。

表２　西魏・北周時代の「戍」一覧表

番號	鎭名	所在地	年　代	主な典據および記事
1	王晏	洛陽西方	天和六(571)年頃	『庾子山集』卷十三、周大將軍崔説神道碑「除使持節・大將軍・大都督・崇德安義建忠九曲安樂三泉伏流周張平泉固安〔安〕蠻〔蠻谷〕通俗凡十三防〔禦〕・熊和中三州・黃蘆起谷王晏供超牽羊溫狐交河大嶺避雨木柵寺一十戍諸軍〔事〕・崇德防主」※「安」「蠻谷」「事」の誤脱、「禦」を衍字とみるが不確定
2	溫狐	洛陽西方	天和六(571)年頃	同上１
3	澮交	河東絳州	天保九(558)年	北齊223斛律光傳「又率衆取周絳川・白馬・澮交・翼城等四戍」
4	迴車	山南鳳州	大統十七(551)年	元和568迴車戍「在縣西北六十里。梁太淸五年、西魏遣雍州刺史達奚武爲大都督及行臺楊寬率衆七萬、由陳倉路取迴車戍入斜谷關…」
5	起谷	洛陽西方	天和六(571)年頃	同上１
6	九曲	洛陽西方	武定七(549)年頃	北齊221斛律金傳「西魏九曲戍將馬紹隆據險要關、金破之」※表１－８も參照
7	牛頭	河東晉州	天保中	北齊223斛律光傳「東有周天柱・新安・牛頭三戍、招引亡叛、屢爲寇竊」
8	供超	洛陽西方	天和六(571)年頃	同上１　※一本に「洪超」に作る。
9	建安	洛陽西方	武平二(571)年	北齊224斛律光傳「乃取周建安等四戍、捕虜千餘人而還」
10	牽羊	洛陽西方	天和六(571)年頃	同上１
11	交河	洛陽西方	天和六(571)年頃	同上１
12	絳川	河東絳州	天保九(558)年	同上３
13	黃蘆	洛陽西方	天和六(571)年頃	同上１
			北周	通典4655永寧縣「後周置黃櫨・同軌・永昌三城以備齊也。櫨音盧」
14	新安	河東晉州	天保中	同上７
15	石門	隴右	保定五(565)年	周417李賢傳「遂廢河州總管、改授賢洮州總管、七防諸軍事、洮州刺史。屬羌寇石門戍…」
				周893宕昌羌傳「彌定又引吐谷渾寇石門戍、(李) 賢復破之」
16	大嶺	洛陽西方	天和六(571)年頃	同上１
17	天柱	河東晉州	天保中	同上７
18	白馬	河東晉州	天保九(558)年	同上３
19	避雨	洛陽西方	天和六(571)年頃	同上１
20	木柵	洛陽西方	天和六(571)年頃	同上１　※「木柵寺」は「木柵等」の誤りか
21	翼城	河東絳州	天保九(558)年	同上３
			建德五(576)年	隋1447崔仲方傳「又令仲方説翼城等四城、下之」
22	蘭皐	山南興州	北周明帝期	周896氐傳「世宗時、興州人段吒及下辯·栢樹二縣民反、相率破蘭皐戍」
23	□小關	山南廣州	大統十七(551)年	劉氏造像記「襄城行軍□小關戍主始平縣伯劉□□…」

とあるように、その後に多くの改變を被ったようであり、これが定制であったとはいえない。

　以上、検討してきた鎭と戍は、連稱されて鎭戍という用語を作る。その用例は、『梁書』『陳書』『魏書』『北齊書』『隋書』の諸史料に多數見いだされる。これは、それらの王朝のいずれにおいても、鎭・戍二本立ての軍鎭制度が實施されていたことを反映しているであろう。ところが『周書』にはそれが一例もないことから考えると、西魏・北周においては、鎭・戍の制度、特に戍は衰退の方向へと改革された可能性が高いと言えよう。そして、この鎭・戍とは逆に、西魏・北周に見られる特有の軍鎭が、次節で検討する防である。

二、西魏・北周の防

前節で検討を加えた鎭・戍にならい、まず防の實例をあげれば表3のごとくである。總數六五は、鎮・戍の用例を合わせた數に匹敵し、防が西魏・北周の軍鎮制度の柱となっていたとみて大過なかろう。その制度について、項を分けて考察していきたい。

1・防の呼稱の由來

まず防という呼稱の由來から見ていくと、『魏書』巻八〇、賀抜勝傳に、

祖の爾逗、北防に選充せられ、武川に家す。以て蠕蠕を窺覘し、兼ねて戰功有り、顯祖、爵龍城男を賜い、本鎮軍主と爲す。

とあるように、北方の六鎮（武川鎮）が「北防」とも呼ばれていることがわかる。また、『魏書』巻一八、廣陽王淵傳に、六鎮の亂の背景に關する上書を載せ、その前半部で、

昔皇始には移防を以て重しと爲し、盛んに親賢を簡び、麾を擁して鎮を作り、配するに高門の子弟を以てし、死を以て防遏し……

との北魏初期の狀況を傳えるが、兩史料とも防と鎮の字義が近く、通用される可能性があることを示している。管見のかぎりでは大統三（五三七）年に初見（表3―5）する西魏・北周における防という軍鎮に對する呼稱の採用は、ごく自然な選擇であったといえよう。

なお、字義が相通じるために、西魏・北周時代の軍鎮は、例えば九曲鎮（表1―8）、九曲防（表3―11）はもちろん、九曲戍（將）（表2―6）、九曲城（同上各項）[14]とも呼ばれ、果たして鎮・防・戍・城にどのような違いがあったのか、非常にわかりにくくなっている。いずれも城壁・土壘などを備えた軍事要塞・固定陣地であるが、あるいは若干規模に違いがあったに過ぎないのであろうか。實際、このような考え方から、西魏・北周の防は、その性質も地位も

表３　西魏・北周時代の「防」一覧表

番號	鎭名	所在地	年　代	主な典據および記事
1	安義	洛陽西方	天和四(569)年	周503劉雄傳「兼齊公憲府掾、從憲出宜陽、築安義等城」
			天和六(571)年頃	周614崔說傳「軍還、除使持節・崇德安義等十三防熊和中等三州諸軍事、崇德防主、加授大將軍」
				表２－１『庾子山集』を參照
2	安蠻	洛陽西方	天和六(571)年頃	同上１
3	安民	關中北部	天和三(568)年	周498李和傳「拜延綏丹三州武安伏夷安民三防諸軍事、延州刺史」
			建德元(572)年	周498李和傳「改授延綏銀三州文安伏夷安民周昌梁和五防諸軍事」
			天和～建德	隋李和墓誌「出爲延綏丹銀四州大寧安民姚襄招遠平獨朔方武安金明洛〔陽〕原啓淪十防諸軍事、延州刺史」※「陽」は衍字
4	安樂	洛陽西方	明帝二(558)年	周55明帝紀「遣柱國・寧蜀公尉遲迥率衆於河南築安樂城」
			天和六(571)年頃	同上１
5	永寧	河東晉州	大統三(537)年	周626敬珍傳「太祖嘉之、卽拜珍平陽太守、領永寧防主、祥龍驤將軍・行臺郎中、領相里防主」
6	閻韓	河南	大統十三年～	周695梁昕傳「十二年、除河南郡守、鎭大塢。尋又移鎭閻韓」
			保定四(564)年	周780魏玄傳「四年、進位驃騎大將軍・開府儀同三司、徙鎭閻韓」
			建德末	周776韋祐傳「子初嗣。建德末、位至開府儀同大將軍・閻韓防主」
7	會寧	關中西北部	保定二(562)年	元和97會州「廢州、改爲會寧防。隋開皇元年改防爲鎭」
8	樂昌	河東絳州	西魏末	周304達奚武傳「以大將軍出鎭玉壁。武乃量地形勝、立樂昌・胡營・新城三防」
9	甘松	隴右芳州	武成中	元和1000芳州「周明帝武成中西逐諸戎、始有其地、乃於三交口築城置甘松防、武帝建德中改爲芳州」
			建德六(577)年	周103武帝紀「(六月)癸亥、於河州鷄鳴防置旭州、甘松防置芳州、廣川防置弘州」
10	義州	河南陝州	大統九(543)年頃	周420李遠傳「尋授都督義州弘農等二十一防諸軍事」
11	九曲	洛陽西方	天和六(571)年頃	同上１　※表１－８も參照
12	金明	關中北部	天和～建德	同上３
13	鷄鳴	隴右旭州	建德六(577)年	同上９
14	啓淪	關中北部	天和～建德	同上３
15	建忠	洛陽西方	天和六(571)年頃	同上１
16	孔城	洛陽西方	大統十六(550)年	周780魏玄傳「玄率弘農・九曲・孔城・伏流四城士馬討平之」
			西魏末～北周初	周596裴寬傳「卽除孔城城主。(大統)十六年、遷河南郡守、仍鎭孔城。…孝閔帝踐阼、…寬在孔城十三年、與齊洛州刺史獨孤永業相對」
			天和四(569)年	周77武帝紀「盜殺孔城防主、以其地入齊」
				周188齊王憲傳「四年、齊將獨孤永業來寇、盜殺孔城防主能奔達、以城應之」
			北朝後期	通典4654壽安縣「高齊置孔城防以備周、在今縣東南」
17	廣川	隴右弘州	建德六(577)年	同上９
18	弘農	河南陝州	大統九(543)年頃	同上10
19	江陵	山南荊州	魏恭帝元(554)年	周859蕭詧傳「太祖乃置江陵防主、統兵居於西城、名曰助防。外示助詧備禦、內實兼防詧也」
			魏恭帝二(555)年	周634鄭偉傳「除江陵防主、都督十五州諸軍事。…及在江陵、乃專戮副防主杞賓王、坐除名」
				『庾子山集』卷十五、周大將軍襄城公鄭偉墓誌銘「魏後二年、授大將軍事・江陵防主・都督十五州諸軍事」
			孝閔帝踐阼(557)	周468史寧傳「出爲荊襄淅郢等五十二州及江陵鎭防諸軍事・荊州刺史」
				周479權景宣傳「尋除基郡硤平四州五防諸軍事・江陵防主、加大將軍」
20	胡營	河東絳州	西魏末	同上８
21	固安	洛陽西方	天和六(571)年頃	同上１
22	朔方	關中北部	天和～建德	同上３
23	三泉	洛陽西方	天和六(571)年頃	同上１
24	慈澗	洛陽西方	保定六(566)年	元和143慈澗故鎭「在縣東南二十里。周武帝保定六年置」
			北周	周594韓德輿傳「車騎大將軍・儀同三司・通洛慈澗防主・邵州刺史」
25	周昌	關中北部	天和六(571)年頃	隋1319郭榮傳「榮於上郡・延安築周昌・弘信・廣安・招遠・咸寧等五城」
			建德元(572)年	同上３
26	周張	洛陽西方	天和六(571)年頃	同上１
27	周武	關中慶州	保定元(561)年	元和67慶州「廢朔州爲周武防」
28	純州	山南純州	保定中	周789泉暅傳「授帥都督、累遷儀同三司、出爲純州防主」

29	小劍	山南利州	建德三(574)年	周206紀厲王康傳「仍出爲總管利始等五州・大小劍二防諸軍事・利州剌史」
			唐代	元和565小劍故城「在（綿谷）縣西南五十一里。小劍城去大劍戍四十里、連山絕險、飛閣通衢、故謂之劍閣道」
30	招遠	關中北部	天和六(571)年頃	同上25
			天和～建德	同上３
31	新城	河東絳州	西魏末	同上８
32	崇德	洛陽西方	天和四(569)年	周77武帝紀「九月辛卯、遣柱國・齊國公憲率衆於宜陽築崇德等城」
				周188齊王憲傳「詔憲與柱國李穆將兵出宜陽、築崇德等五城」
			天和六(571)年頃	同上１
33	相里	河東晉州	大統三(537)年	同上５
34	大劍	山南始州	建德三(574)年	同上29
			唐代	同上29
35	大寧	河東汾州	天和～建德	同上３
36	通俗	洛陽西方	天和六(571)年頃	同上１　※あるいは「俗」を「谷」につくる
37	通洛	洛陽西方	保定五(565)年	周72武帝紀「冬十月辛亥、改函谷關城爲通洛防」
			武成～天和以前	隋1116李穆傳「奉詔築通洛城」
			北周	同上24
				周797陽雄傳「除通洛防主」
38	同軌	洛陽西方	大統五(539)年	周595裴寬傳「授都督・同軌防長史」
			北周	通典4655永寧縣「後周置黃櫨・同軌・永昌三城以備齊也」
39	同州	關中東部	建德四(575)年	周710尉遲運傳「出爲同州・蒲津・潼關等六防諸軍事・同州剌史」
			建德五(576)年	北周尉遲運墓誌「除同州・蒲津・潼關・楊氏壁・龍門・溇頭六防諸軍事・同州剌史」
40	潼關	關中東部	保定二(562)年	『庾子山集』卷十五、故周大將軍趙公墓銘「敕守蒲城都督潼關等六防諸軍事」
			建德四～五年	同上39
41	儻城	山南梁州	魏恭帝元(554)年	周616崔猷傳「卽以猷爲都督梁利等十二州白馬儻城二防諸軍事・梁州剌史」
			保定元(561)年	周617崔猷傳「重授總管梁利開等十四州白馬儻城二防諸軍事・梁州剌史」
42	洮陽	隴右洮州	武成中	元和997洮州「西逐諸戎、其地内屬、置洮陽防、武帝保定元年立洮州」
			北周	隋呂武墓誌「父眞…洮陽博陵等防諸軍事、巴渠通洮四州剌史」
43	南陽	山南荊州	天和三(568)年	周613崔謙傳「遷荊州總管・荊淅等十四州南陽平陽等八防諸軍事・荊州剌史」
44	白超	洛陽西方	天和二(567)年	周780魏玄傳「除白超防主」
45	白馬	山南梁州	魏廢帝元(552)年	周645司馬裔傳「令以本兵鎭漢中。除白馬城主、帶華陽郡守」
			魏恭帝元(554)年	同上41
			保定元(561)年	同上41
46	博陵	隴右洮州	北周	同上42
47	蠻谷	洛陽西方	保定元(561)年	周780魏玄傳「移鎭蠻谷」
			天和六(571)年頃	同上１　※魏玄傳の例によって補入
48	壐川	不明	北周	隋1152元景山傳「授壐川防主」
49	武安	關中北部	天和三(568)年	同上３
			天和～建德	同上３
50	伏夷	關中北部	天和三(568)年	同上３
			建德元(572)年	同上３
51	伏流	洛陽西方	保定二(562)年	周66武帝紀「於伏流城置和州」
			天和四(569)年	周780魏玄傳「轉和州剌史・伏流防主」
			天和六(571)年頃	同上１
52	文安	關中北部	建德元(572)年	同上３　※「武安」防の改名か？
53	平泉	洛陽西方	天和六(571)年頃	同上１
54	平獨	關中北部	天和～建德	同上３
55	平陽	山南荊州	天和三(568)年	同上43
56	蒲津	關中東部	建德四(575)年	同上39
			建德五(576)年	同上39
57	楊氏壁	關中東部	建德五(576)年	同上39
58	姚襄	河東南汾州	天和～建德	同上３
59	洛原	關中北部	天和～建德	同上３
60	龍涸	隴右扶州	保定五(565)年	元和809松州「於此置龍涸防、天和元年改置扶州、領龍涸郡」
61	龍門	關中東部	建德五(576)年	同上39　※元和38龍門戍「後周於此置龍門關、今廢」
62	梁州	山南梁州	北周前半期	『庾子山集』卷十四、周車騎大將軍賀婁公神道碑「出梁州防主」
63	梁和	關中北部	建德元(572)年	同上３
64	魯山	現湖北省境	保定初	周596裴寬傳「保定元年、出爲沔州剌史。尋轉魯山防主」
65	溇頭	關中東部	建德五(576)年	同上39

魏末・北齊の鎭とまったく同じで、鎭を防と改名したにすぎないとする見解や、(15)鎭の用例が少なくないことからこれを否定し、北周では戍を防と改稱したのであり、戍の用例が極めて少ないのはその反映であるとの指摘もある。(16)しかしながら、鎭・戍・防の三者が竝置されていたことは史料から明らかであり、強いて改名を想定する必要はない。むしろ考えなければならないことは、北魏・東魏・北齊・隋において鎭・戍二本立てで機能していた軍鎭制度に、なぜ西魏・北周はわざわざ防を加える必要があったのかということである。この點に留意しつつ、考察をつづけていくことにする。

2．防の官員と統轄機構

防の指揮官を防主（表3―1ほか）といい、副官を副防主（表3―19）といった。それ以下の僚屬としては、『周書』巻三四、裴寬傳（表3―38）に、

大統五（五三九）年、都督・同軌防長史を授かり、征虜將軍を加えらる。十三年、防主韋法保に從いて潁川に向かい、侯景の圍みを解く。

とあるように、長史が置かれており、平時の戍卒の統轄から征討の任務にもあたっていたと推測される。

ところで、西魏・北周においては、戎秩（隋の散實官）と呼ばれる各級の稱號があり、宮崎市定氏の整理によって北周期の例を示せば、(17)柱國大將軍―開府儀同三司―大都督―帥都督―都督―別將―統軍―軍主―幢主―戍主という一系列が設けられていた。西魏期にもその祖型となる系列があったのであるが、前掲の裴寬傳についていえば、大統十三年の時點で、防主の韋法保は車騎大將軍・儀同三司であり、長史で都督の裴寬の上位にあった。地方に點在する鎭や防は、『周書』巻三五、崔謙傳に、

（大統）十五年、車騎大将軍・儀同三司を授かり……驃騎大将軍・開府儀同三司・直州刺史に進み……保定二（五六二）年、安州總管・隨・應等十一州、甑山・上明・魯山三鎮諸軍事・安州刺史に遷る。四年、大將軍を加えられ……天和元（五六六）年、江陵總管を授かる。三年、荊州總管・荊・淅等十四州、南陽・平陽等八防諸軍事・荊州刺史に遷る。

とあるように、さらに高位の戎秩を持つ都督諸州軍事・總管の指揮下にあり、戎秩に基づく統轄系統は、末端にあたる各防にまで及んでいたことがわかる。周知のように、戎秩の系統は、中央軍の機構である「二十四軍制」（府兵制）においても貫かれており[18]、その意味では中外軍の統轄系統の一本化・有機的な運用が圖られていたと推測される。

ちなみにこの裴寬は、大統十四年頃に帥都督・孔城城主（表3—16）に除され、その後「孔城に在ること十三年」の間に、大都督から車騎大将軍・儀同三司へと階級を上げ、保定年間には魯山防主（表3—64）となり、驃騎大将軍・開府儀同三司に進んでいる。その他の例では、驃騎大将軍・開府儀同三司の魏玄が、閻韓防主（表3—6）・白超防主（表3—44）・伏流防主（表3—51）を歴任しているように、西魏・北周に仕えた人物は、自分の位階を示す戎秩等を有したほか、各防に駐屯して戍卒を率いる場合には、この他に實職を示す防主・城主などの職名を與えられたのだと理解される。なおここで注目されるのは、從來は防主と同じく實職であったはずの戍主が、戎秩の列に加えられ、その最下級に位置づけられてしまっていることである。戎秩はまったくの肩書きではなく、實職に横滑り可能とのことではあるが[19]、おそらく戍主の散官・戎秩化が徐々に進行し、それに合わせて、軍鎮としての戍は防に取って代わられていく趨勢にあったのではなかろうか。すでにみた戍の用例の少なさ、特に北周末の武帝建德年間に一例もないことは、その反映であろう。

3・防の兵力

さて、防は軍事要塞・固定陣地であったので、そこには兵力が常駐していたと考えられる。例えば、『周書』巻三〇、于翼傳に、

是より先、齊陳との二境、各々邊防を修め、聘好を通ずると雖も、而れども毎歳兵を交う。然るに一彼一此にして、克獲する所有る能わず。高祖（武帝）既に萬機を親しくし、将に東討せんことを圖り、邊の城鎮に詔して、竝びに儲偫を益し、戍卒を加えんとす。二國之れを聞きて、亦た守禦を増修す。……（于翼の反對）……邊嚴を解き、戍防[20]を減ずるに若かず、……

とあり、『周書』巻四三、魏玄傳に、

十六年、洛安民の雍方雋、郡に據り外叛し、……玄、弘農・九曲・孔城・伏流四城の士馬を率いて之れを討平す。

とあるように、そこには軍糧・武器などの「儲偫」があり、「戍卒」「士馬」がおかれて反亂討伐などに従軍している。なおこの時の魏玄は、河南郡守・大都督として、河南地域に點在するこれらの戍卒を統率している。おそらく鎮や防の兵力は、近郊の治安維持・敵の侵入阻止に加えて、有事の際にはより上級の軍職・地方官の指揮下に入り、征討軍に編成されることも多かったであろう。

では、これら鎮・防に配備されたのは、どのような兵士であったのだろうか。まず注目したいのは、『周書』巻二八、權景宣傳に、大統年間（五三五～五五一）半ばのことを傳えて、

南陽郡守に除さる。郡敵境に鄰み、舊制、民を發して防三十五處を守らしむれば、多く農桑を廢し、而れども姦宄猶《なお》作す。景宣の至るや、並な之れを除き、唯だ城樓を修起し、多く器械を備うるのみにして、寇盜斂迹し、民

は業を肄にするをう。百姓之れを稱し、碑を立てて徳を頌う。太祖特に粟帛を賞し、以て其の能を旌す。

とある記事である。これによれば、敵境と鄰接する南陽郡下には、三十五處に防に類する要塞があり[21]、舊制では、その戍卒には地元の民を徵發して充てていたようである。ところが、防の守備兵として、また防御施設の維持などの任務が過重であったためか、民は農業に專心できず好ましからぬ事態を招いたため、この體制を廢止している。これが美談として語られていることからみて[22]、多數の防を有する敵境近くでは、守備兵や施設維持の人夫として民を徵發するのが普通であったと思われる。しかし戰亂の時代であれば、その勞役は過重になり、民は農業を廢さざるを得ない結果になったであろう。そのような事態を回避するためには、一般民衆を農業に專心させる一方で、守備兵としては專門の兵士を配備するしかない。もと北齊の軍鎮であった「河陽鎮防」には、「關東の鮮卑」が「八百人」駐屯していたようであるが（表1―7）、北齊の鮮卑兵に代わる兵士を西魏・北周に求めれば、それは「二十四軍制」（府兵制）の「府兵」をおいて他にないであろう。

三、軍鎮から軍府へ

さて、軍鎮である鎮や防と「二十四軍制」（府兵制）の關わりを傳える史料としては、『周書』巻五、武帝紀、天和元（五六六）年の條に、

秋七月戊寅、武功・郿・斜谷・武都・留谷・津坑の諸城を築き、以て軍人を置く。

とあるのが注目される。ここに名前のみえる六城は、長安西北方の寧州・豳州方面にあった六僑州が、長安西方の雍州・岐州管内に移置されたものであり、そこに配された「軍人」とは、具體的には北族六鎮系の兵士を指す[23]。ただし、

西魏・北周において「軍人」といった場合、それは「國軍を擔う正規兵たる府兵」[24]を意味する。そして、その主力は、北族系軍士の流入が少なかった西魏・北周においては、『周書』巻二、文帝紀、大統九（五四三）年の條に、

是こに於いて廣く關隴の豪右を募り、以て軍旅を增す。

とある、いわゆる「廣募豪右」政策と、『周書』巻二三、蘇椿傳に、

（大統）十四（五四八）年、當州に鄉帥を置くに、自ら鄉望の衆心に允當するに非ざれば、預かるを得ず。乃ち驛に令して椿を追い鄉兵を領せしむ。

とある「統領鄉兵」政策を通じて、兵力不足を補うべく結集された土着豪族の組織する鄉兵集團にほかならない。[25]この點については、西魏初に「鄉曲を率募」して「是れ自り每に鄉兵を率」いた魏玄が（『周書』巻四三、本傳）、前述のごとく閻韓・白超・伏流防主を歷任し、また鄉里の河内溫で「義徒」「義衆」を結集した司馬裔が、「本兵」を率いて遙か遠方に出鎭し、漢中の白馬城主となった例（『周書』巻三六、本傳、表3—45）など、實例も散見している。率募された鄉兵は、移動と戰鬪の連續で農業をする暇はなく、軍籍につけられて賦役を免除されたであろうが、おそらく、こうした「軍人」の配備が他の鎭・防でも進んでいったであろう。その際には、やはり「統領鄉兵」形式が踏襲されたはずで、土地の豪族が開府・儀同以下の資格で鄉兵を率い、鎭・防の鎭將・防主以下の職を與えられた場合には、麾下の鄉兵が鎭・防所屬の兵として常駐するというかたちをとったのではないかと推測される。

以上の考察に大過無いとすれば、鄉兵統率者が鎭・防に駐屯したときには、彼らは開府府・儀同府等の軍府を開設し、その僚屬を通じて自己の鄉兵集團を統率する一方で、鎭將・防主として長史以下の僚屬を通じて、鎭・防所屬の兵士も合わせて統轄していたと考えられる。とすると、本來別個のものであった開府府・儀同府等の軍府の機構と鎭・防の軍鎭の機構は、實際の運營において極めて密接に關わることになったであろう。このように鎭・防の兵力を「軍

人」「鄉兵」が構成し、それが開府府・儀同府等の軍府組織によって統轄されていたとすれば、これを「府兵」の範疇で捉えることができる。また、愛宕元氏が多數の實例をあげて詳細に論じられたように、唐代折衝府の多くが「固有の城壁をもつ軍事基地としての構造をもつこと、つまりは事實上の軍鎭と言ってよいもの」であったことに注意すれば[26]、西魏・北周の軍鎭である鎭や防は、すでに現實において軍府としての役割を果たしていたと考えられるのである。

こうした西魏・北周時代の軍府と軍鎭の實態を考察していくにあたっては、『周書』巻六、武帝紀、建德六（五七七）年六月の條に、

癸亥、河州鷄鳴防に旭州を置き、甘松防に芳州を置き、廣川防に弘州を置く。

とある記事が參考となる[27]。表1～3で明らかなように、鎭・戍・防は多く敵境付近に設置されたが、その當初の目的は、敵の侵入阻止や軍事力を背景にした治安維持と軍政支配の實施にあった。この史料によれば、その後、軍鎭をそのまま治所とした州郡統治に切り替えられる場合もあったことがわかるが、その經緯は、北魏時代におかれた鎭が、西魏では州郡組織に移行しているのと同じである[28]。このように西魏・北周時代の軍鎭が州治に移行可能であったことからみて、おそらく軍鎭とその周邊には、軍人のみならずその家族や各種の軍屬が住まい、軍事都市が形成されていたと推測される。その點では軍事と民政が未分離の狀態にあったわけで、これは、唐代の軍府が地方に所在するのみで所屬していたわけではなく、民政系統と切り離されていたのと決定的に異なる點である[29]。しかしながら、そのような機構・機能の變遷を唐代まで廣げて追ってみると、唐代折衝府と西魏・北周時代の軍鎭（含州縣城等）とで、繼承關係を想定し得るものが相當數存在することが明らかとなる。いま愛宕氏の研究等を踏まえて[30]それらをまとめれば、次の表4のごとくである。

表４　軍鎭から軍府への變遷簡表

種別	軍鎭名	折衝府名	備　考
鎭	恆安(表１－９)	雲州恆安府	雲州城内
	三鵶(表１－16)	汝州魯陽府	魯陽關の別名
	慈㵎(表１－18)	河南府慈㵎府	
	鳴沙(表１－38)	靈州鳴沙府	鳴沙縣城内
戍	絳川(表２－12)	絳州絳川府	
	翼城(表２－21)	絳州翼城府	
防	甘松(表３－９)	芳州甘松府	北周の芳州治
	弘農(表３－18)	虢州弘農府	
	慈㵎(表３－24)	河南府慈㵎府	
	大寧(表３－35)	懷州大寧府？	
	通洛(表３－37)	河南府函谷府	故函谷關新城
	同軌(表３－38)	河南府同軌府	
その他	一合(金・全)塢	河南府宜陽府	宜陽城の別名
	伊陽縣城	河南府伊陽府	
	永昌城	隋代の永昌府	表２－13、表３－38に該當？
	王屋縣城	河南府王屋府	
	溫縣城	河南府溫城府	
	金城津	蘭州金城府	北周の渡津、隋の金城關
	邵郡城	絳州垣城府	西魏の臯落城
	太陽故關	河中府大陽府	北周の茅津
	郿城	鳳翔府郿邑府	前揭『周書』武帝紀を參照
	留谷城	鳳翔府留谷府	同上
	某故城	洮州安西府	表１－12・28、表３－42・46に該當？

ここであげた諸例をみれば、鎭・戍・防の軍鎭・州縣城・折衝府が、狀況の變化に應じて移行を繰り返すことがわかるだろう。西魏・北周時代には、いまだ鄕兵所在地＝軍府という流動的な體制が殘されていた。しかし、その中で頻繁に鄕兵が駐屯した鎭・戍・防、とりわけ多數を占めた防は事實上の軍府として機能し、やがて固有の城壁を持ち兵士が常駐する固定軍府に變化を遂げたのではないかと考えられる。そして軍事的要衝としての地勢・地政的條件にそれほど大きな變化はないであろうから、表４に揭げた例以外にも、隋の鷹揚府や唐の折衝府の直接の前身となったものが少なくなかったと思われる。

かつて嚴耕望氏は、『周書』の一般の記述が甚だ簡略な中で、防について詳記されていることには、何か特別な理由が有るのではないかと推測された[31]。私見によれば、鎭戍の制度に屋上屋を架してまで防を設置した特別な理由とは、西魏・北周における防が、「二十四軍制」（府兵制）の整備・擴充と關わる軍府としての機能を果たすべく設置された機關であったことではないかと考える。より確實な結論を出すには、北周を受けた隋代の鎭・戍の軍鎭制度や軍府（鷹揚府）の制度[32]、北周の防との繋がりが連想される「軍坊」の制度などについてあわせて検討しなければならないが、それは後日の課題としたい。

注

（1）「關隴集團」については、陳寅恪『唐代政治史述論稿』（生活・讀書・新知三聯書店、一九五六年）、布目潮渢『隋唐史研究――唐朝政權の形成――』（東洋史研究會、一九六八年）の二點を擧げるにとどめる。

（2）紙幅の關係上、史料の原文については、原典および後掲の前島・山下兩氏の論考を參照されたい。

（3）前島佳孝「西魏・八柱國の序列について――唐初編纂奉敕撰正史に於ける唐皇祖の記述様態の一事例――」（『史學雜誌』一〇八―八、一九九九年）。

（4）山下將司「唐初における『貞觀氏族志』の編纂と「八柱國家」の誕生」（『史學雜誌』一一一―二、二〇〇二年）。

（5）拙稿「唐代兵制＝府兵制の概念成立をめぐって――唐・李繁『鄴侯家傳』の史料的性格と位置づけを中心に――」（『史觀』一四七、二〇〇二年）。

（6）周一良「北魏鎭戍制度考及續考」（『禹貢』半月刊三―九、四―五、一九三五年。同氏著『周一良集』第1巻「魏晉南北朝史論」遼寧教育出版社、一九九八年、再錄）。

（7）嚴耕望『中國地方行政制度史』乙部、魏晉南北朝地方行政制度下册、第十一章「北魏軍鎭」（中央研究院歷史語言研究所、一九六三年）。その他の主要な關係論文としては、北魏～唐代の軍鎭・軍府を略論した谷霽光「鎭戍與防府」（『禹貢』半月刊三―一二、一九三五年）や、直江直子「北魏の鎭人」（『史學雜誌』九二―二、一九八三年）などがある。

（8）周、注（6）前掲書、二七六～二七七頁に載せる西魏・北周時代の鎭の一覧（全十八箇所）や王仲犖『北周六典』（中華書局、一九七九年、六三〇～六三一頁）をもとに作成。その補訂作業に當たっては、編纂史料のほか、拙稿「西魏石刻關係文獻目錄」（『沼津工業高等専門學校研究報告』第四〇號、二〇〇五年）に從って西魏時代の石刻史料を網羅的に檢索した。その上で、梶山智史「北朝墓誌所在總合目錄」（『東アジア石刻研究』創刊號、二〇〇五年）によって北周時代の墓誌史料にも目を通したが、墓碑・造像記等や隋代の史料は博捜できていない。後掲表2・3についても同樣。なお表中の引用史料の略稱は次のとおりで、引用箇所を中華書局本の頁數で示した。

周＝『周書』　北齊＝『北齊書』　陳＝『陳書』　隋＝『隋書』　元和＝『元和郡縣圖誌』

(9) 六鎭の名稱と位置については諸說あるが、宮川尙志『六朝史研究　政治・社會篇』第九章「南北朝の軍主・隊主・戍主等について」(日本學術振興會、一九五六年)、五八四頁の注(13)を參照のこと。なお六鎭遺址の發掘調査については、比較的新しいものとして索秀芬「內蒙古地區北魏城址」(『內蒙古文物考古』二〇〇二—一)を擧げるにとどめる。ちなみに、毛漢光「西魏府兵史論」(『中央研究院歷史語言研究所集刊』五八—三、一九八七年。同氏著『中國中古政治史論』聯經出版事業公司、一九九〇年、再錄)によれば、西魏時代には、寧州・豳州一帶に設置された、北魏六鎭の流れをくむ六僑州が柔然に對する備えとされていたが、柔然に代わって勃興してきた突厥との友好關係の構築に成功したこともあり、六僑州は岐州一帶に移されたとされる。この點については、後揭注(23)を、また西魏・北周と突厥との關係については、拙稿「突厥他鉢可汗の即位と高紹義亡命政權」(『東洋學報』八六—二、二〇〇四年)をあわせて參照されたい。

(10) 北齊官品については、嚴、注(7)前揭書、八九一頁の「北齊州郡縣官佐品階表」を參照。隋の鎭將・鎭副は、以下のとおり。上鎭將軍(從四品下)、中鎭將・上鎭副(從五品下)、下鎭將・中鎭副(正六品下)、下鎭副(從六品下)

(11) 戍については、周、注(6)前揭書、嚴、注(7)前揭書、王、注(8)前揭書でも言及されているが簡略にとどまる。比較的詳しく論じたものとしては、宮川前揭注(9)論文、陶新華『北魏孝文帝以後北朝官僚管理制度研究』第五章第三節「都將・別將・統軍・軍主・戍主・城主・防主」(巴蜀書社、二〇〇四年)を參照。

(12) 關もまた、鎭・戍・防と竝ぶ軍事および交通の據點と考えられるが、西魏・北周時代の實例としては、「汾水關」(『周書』卷六、武帝紀)や「蒲津關」(『周書』卷六、武帝紀・同卷三九、韋瑱傳)などがあり、後者は「蒲津防」(表3—56)とも呼ばれている。

(13) 戍關係の官品は、北齊については、嚴、注(7)前揭書、八九一頁の「北齊州郡縣官佐品階表」を參照。隋の戍主・戍副は、以下のとおり。上戍主(正七品下)、中戍主・上戍副(正八品下)、下戍主(正九品下)

(14) 西魏・北周の河東における重鎭で、東魏の高歡が遂に攻略出來ずに憤死したことで知られる「玉壁城」(現山西省稷山縣)をはじめ、「城」「城主」の例も枚擧に暇がない。鎭・戍・防が城とも呼ばれたことは、表1〜3の用例で明らかであるが、陶、注(11)前揭書、三一八頁で、戍主はみな城主と呼ばれうるが、城主は州刺史(州城の主)を指す場合もあることが指摘されている。
(15) 嚴、注(7)前掲書、七八三頁を參照。
(16) 陶、注(11)前掲書、三二一頁を參照。
(17) 宮崎市定『九品官人法の研究――科擧前史――』(東洋史研究會、一九五六年。同氏著『宮崎市定全集』六、岩波書店、一九九二年、再錄)、四〇八頁、第三十六表「北周散官表」を參照。この制度は改變が多く非常に複雑であるので、その沿革を明らかにする作業は、後日の課題としたい。
(18) 關連する研究については、氣賀澤保規「前期府兵制研究序説――その成果と論點をめぐって――」(『法制史研究』四二、一九九三年。同氏著『府兵制の研究――府兵兵士とその社會――』同朋舍、一九九九年、再錄)を參照。
(19) 宮崎、注(17)前掲書、四〇九頁を參照。
(20) 中華書局標點本『周書』校勘記は、『册府元龜』により「戎」を「戍」に作るのを是とする。その理由は戍と防がともに「當時駐防軍事單位的名稱」であると考えるからである。しかし、前述したように戍は軍鎮から戎秩の戍主へ變化を遂げ、一般名詞である「戍卒」(同于翼傳)などと熟すようになったと考えられるのでここでは從わず、原文どおり「戎」と解しておく。
(21) 「三十五處を守防せしむれば」と訓むべきかも知れないが、「守防」の用例が少なく、「城樓」「器械」を備える軍事施設であったことに注目し、本文のとおりに解しておく。
(22) 楊殿珣編『石刻題跋索引』(商務印書館、一九九〇年重印增訂本)、三五頁右に載せる大統十(五四四)年七月二日立碑の「西魏持節征東將軍景宣頌」は、存字が少なく詳細は不明であるが、南陽太守の職にあった權景宣の頌德碑であり、あるいはこの時の事情を傳えるものであるかも知れない。
(23) 王仲犖『北周地理志』附錄三種「東西魏北齊北周僑置六州考略」(中華書局、一九八〇年)、毛前揭注(9)論文を參照。
(24) 氣賀澤保規「北朝隋の『軍人』について」(『堀敏一先生古稀記念　中國古代の國家と民衆』汲古書院、一九九五年。同氏著、注(18)前掲書、再錄)、一五二頁を參照。

(25) 西魏・北周時代の鄕兵については、拙稿「北朝末期の『部曲』について」(『史滴』二二、二〇〇〇年)で考察したのでそちらを參照されたい。
(26) 愛宕元「唐代府兵制の再檢討――折衝府の歷史地理的分析――」(『東洋史硏究』五六―三、一九九七年)、八一頁を參照。
(27) 表3―9(甘松防)、表3―13(鷄鳴防)、表3―17(廣川防)も參照。
(28) 嚴、注(7)前揭書、第十一章「北魏軍鎭」を參照。
(29) 谷川道雄『增補　隋唐帝國形成史論』(筑摩書房、一九九八年)、四二〇頁を參照。
(30) 愛宕注(26)前揭論文を參照。
(31) 嚴、注(7)前揭書、五三五頁を參照。
(32) 隋代の軍事施設の一つに都尉府があり、拙稿「隋煬帝期府兵制の再檢討――總管制廢止と都尉官設置について――」(『早稻田大學大學院文學硏究科紀要』第四五輯、第四分册、二〇〇〇年)で論じたことがある。その中で一部言及したが、隋の文帝によって廢止された防は、『隋書』卷二八、百官下、隋煬帝時官制に、

又諸防主・副官を置く。掌は諸鎭と同じ。

とあるように、煬帝によって再び設置されることになった。その經緯や目的の解明は、別の機會に讓ることにする。

第四章

麹氏高昌國の王權とソグド人

荒川正晴

はじめに

魏晉南北朝隋唐期にいわゆるソグド人と呼ばれる人々の一團が、ユーラシア東部地域で活發に交易活動を展開していたことはよく知られている。言うまでもなく、その活動自體はこの時期以前から見られ、早くも後漢代には「中國」やモンゴリアの遊牧地域にその活動の痕跡を留めているが[1]、彼らの明確な交易活動の姿は、スタイン將來の四世紀のソグド語文書「ソグド人の手紙」にようやく認められる[2]。そして續く五・六世紀になるとソグド人は積極的に東方に進出するようになり[3]、キャラヴァン・ルートの要衝や貿易目的地に彼らのコロニーを陸續と設置し、それらを據點として、自らの交易ネットワークを構築することに努めていた。

ソグド人らのこうした交易活動を維持・發展させるために、彼らがコロニーを置いた移住先の支配者らの庇護を得ることに盡力したことは當然であろう。他方、迎え入れる各地の支配者にとっても、ソグド人はモノだけでなく、最先端の文化や豊かな情報、さらには軍事力さえもたらす存在であった。それ故、ソグド人と各地の政治權力との間にある種の提攜關係が構築されていたことは容易に推測できるのである。事實、それは「中國」の諸王朝や遊牧國家にとどまらず、中央アジアのオアシス國家との間にも同樣な關係を見て取ることができる。本論では、六世紀初めにトゥルファンに建國した麴氏高昌國を取り上げ、オアシス國家における上述した關係の一端を檢討する。

一　麴氏高昌國におけるソグド人の任官

麴氏高昌國においてソグド人が多く定住していたことは、既に指摘されている通りである。[4] しかも彼らの多くに、漢人風の名を既に稱し、高昌國の民として高昌「漢人」と同一の税役を負擔するものがいたことを認めることができる。[5] このことはまた、彼らが移住聚落だけに集住しているばかりでなく、既に高昌國の「漢人」と混住していた可能性を示唆している。

しかしながら、こうした彼らが麴氏政權なり王家と如何なる關係を構築していたのかは、これまであまり檢討されてこなかったように思う。史料狀況の嚴しさがその理由の一つに擧げられるが、本論では麴氏高昌國においてソグド人が如何なる官職を得ていたのかという觀點から、この問題にアプローチしてみたい。トゥルファン出土の文書や墓表から、ソグド人が帶びた漢字姓をもつもので、官職を得ていたものを抽出してみると、以下の如くである。[6]

姓名	官職名	典據
(1)史患	通事令史	「高昌都官残奏」(67TAM84:22〈錄〉文書2, p. 212;〈寫〉圖文2, p. 4)
(2)史某	通事令史	「高昌諸臣條列得破被氈、破褐囊、絶便索、絶胡麻索頭數奏」(72TAM155:29〈錄〉文書3, p. 288;〈寫〉圖文1, p. 429)

(3)史某	通事令史	「高昌民部殘奏」(67TAM78:24(a)〈錄〉文書4, p. 65;〈寫〉圖文2, p. 40)
(4)史某	通事令史	「高昌延昌酉歲屯田條列得橫截等城葡萄園頃畝數奏行文書」(64TAM24: 35, 32〈錄〉文書5, p. 3;〈寫〉圖文2, p. 169)
(5)史某	通事(令史)	「高昌高乾秀等按畝入供帳」(67TAM88:1〈錄〉文書2, p. 183;〈寫〉圖文1, p. 199)
(6)史養生	侍郎	「高昌延昌二十七(587)年四月兵部條列買馬用錢頭數奏行文書」(66TAM48:25(a), 31(a)〈錄〉文書3, p. 73;〈寫〉圖文1, p. 338)ほか
(7)史歡隆	侍郎	「高昌兵部殘文書附記馬匹帳」(67TAM142:1〈錄〉文書3, p. 238;〈寫〉圖文1, p. 407);「高昌延壽二(625)年正月張憙兒入租酒條記」(72TAM155:55〈錄〉文書3, p. 275;〈寫〉圖文1, p. 424)ほか
(8)史歡太	侍郎	「高昌某年傳始昌等縣車牛子名及給價文書」(72TAM155:37(a)〈錄〉文書3, p. 291;〈寫〉圖文1, p. 428)
(9)史某	殿中	「高昌重光三(622)年條列虎牙氾某等傳供食帳」(66TAM50:9(b)〈錄〉文書3, p. 170;〈寫〉圖文1, p. 377)
(10)史元善	虎牙(將軍)	「高昌諸臣條列得破被氈、破褐囊、絕便索、絕胡麻索頭數奏」(72TAM155: 36, 38〈錄〉文書3, p. 289;〈寫〉圖文1, p. 430)
(11)史洪信[7]	凌江將軍兼都官(司馬)事	「高昌義和二(615)年都官下始昌縣司馬主者符」(72TAM151: 15〈錄〉文書4, p. 172;〈寫〉圖文2, p. 98)

(12)史某	東宮司馬	「高昌重光某年條列得部麥田、□丁頭數文書」（69TAM140:18/3〈錄〉文書5, p. 51;〈寫〉圖文2, p. 194）
(13)史某	司馬	「高昌作人善憙等名籍」（72TAM154:24(a),30(a),31(a)〈錄〉文書3, p.138;〈寫〉圖文1, p. 365）
(14)史祐孝	（交河郡）田曹司馬 （追贈）高昌司馬	ヤールホト古墓群出土墓表（延昌五（565）年）（〈錄〉『增集』pp.4-5;〈寫〉『增集』p.101））
(15)康師兒	虎牙（將軍）	「高昌義和二（615）年七月馬帳」（72TAM151:58〈錄〉文書4, p. 160;〈寫〉圖文2, p. 91）ほか
(16)康婆居羅	虎牙（將軍）	「高昌附官、將、兵人糧食帳」（73TAM520:6/1-2(a),4(a)〈錄〉文書3, pp. 27-28;〈寫〉圖文1, pp. 314-315）
(17)康相祐	虎牙（將軍）	「高昌義和二（615）年七月馬帳」（72TAM151:58〈錄〉文書4, p. 160;〈寫〉圖文2, p. 91）
(18)康□鉢	領兵胡將	ヤールホト古墓群出土墓表（04TGXM4:1）[8]
(19)康衆僧	帳下左右	ヤールホト古墓群出土墓表（04TGXM6:1）[9]
(20)康浮圖	左親侍左右	巴達木古墓群出土墓表[10]
(21)何祋子	官人	「高昌將顯守等田畝得銀錢帳」（67TAM78:17(a),18(a),19(a),28(a)〈錄〉文書4, p. 69;〈寫〉圖文2, p. 42）

(22)安居	常侍	「高昌義和二（615）年七月馬帳」（72TAM151:58〈錄〉文書4, p. 159;〈寫〉圖文2, p. 91）
(23)安住	參軍	「高昌高寧馬帳」（69TAM142:4〈錄〉文書3, p. 241;〈寫〉圖文1, p. 409）

この一覧表から、まず確認できるのは、ソグド人が名乗っていた諸姓のうち、麹氏高昌國で任官していたのは、ほぼ史・康・安姓に限られ、しかも軍事に關わる（15）以降の康姓を除き、何れも漢人風の名を帶びていたことである。[11]

そして一覧表を通覧して明らかなように、史姓のものが目立って重要なポストを占めていたことも認めることができる。すなわち彼らは、他姓と異なり中央の尙書系の高官（司馬）に任じると同時に、門下系の「通事令史」「侍郎」のような王への傳達と王命の下達を擔う官に顯著に就任していた。[12] このうちとくに注目されるのは、侍郎に就いていた（7）の史歡隆と（8）の史歡太である。というのも兩者の名を傳える文書は、いずれも延壽年間（六二四―六四〇）に作成されたものであり、[13] さらに『慈恩傳』の一條にも、玄奘を西突厥可汗庭まで送った人物として「殿中侍御の史歡信」が見えるからである。玄奘が麹氏高昌國に立ち寄ったのは、貞觀二（六二八）年頃と見られるので、[14] この史歡信は先の（7）の史歡隆と（8）の史歡太と、同時代人と見て良い。

ただし『慈恩傳』の當該部分は、これまでは例外なく「殿中侍御史の歡信」と讀まれてきたが、出土史料から見る限り、麹氏高昌國には「殿中侍御史」という官は設けられていない。これに對して、「侍御」という官名については麹氏高昌國時代の公文書（「高昌令狐等傳供食帳」60TAM307:5/3 (b)〈錄〉『文書』3, p.261;〈寫〉『圖文』1, p.419）に見えており、しかも時代は降るものの唐代では「殿中侍御史」「監察御史」を「侍御」と括って呼ぶことがあった。[15] これらのことから判斷して、『慈恩傳』の當該部分は「殿中侍御の史歡信」と解釋すべきであろう。「殿中侍御」とは「殿中で王に近侍する側近官」、つまり麴氏高昌國では具體的には「侍郎」と近似する性格の官であったと考えられよう。ちなみに『續高僧傳』第四、譯經四、京大慈恩寺 釋玄奘では、當該部分は「殿中侍郎」となっている。

同じく門下系の侍郎に任じ、ほぼ同時代人の前掲三者の名が「歡」という字を共有していたことを考えると、彼らは特定の史姓一族に屬す親族同士であった可能性は高い。そして名の漢字一字を共有するというような習慣を身につけていたところから見ると、この史姓一族は一定期間「漢人」社會に定着していた集團であったことは疑いない。また前掲一覧表を通じて、史姓の人々に門下系の官に就任するものが目立っていることは注目に値しよう。

もちろん、ソグド人が帯びていた諸姓のうち史姓は「漢人」も稱しており、漢人風の名を持つ場合には、それらがソグディアナ出身のソグド人ないしその後裔か、あるいは「漢人」かを検討する必要がある。[16] この點については、検討に供し得る史料に乏しいが、まずはこの史姓一族の出身地から、この問題を考えてみることにしたい。

そこで、參考になるのは、前掲一覽表（14）の史祐孝に代表される交河郡・交河公府（ヤールホト）における史姓一族の例である。既に拙稿で検討したように、[17] 麴氏高昌國の交河郡・交河公府において、地方ながらも王族に連なる名門麴氏と婚姻關係をもった一族として、張氏とともに史氏が存在していた。

王都（カラホージャ）において王族麴氏の姻族として張氏が優勢を誇っていたことはよく知られているが、交河郡においてもそうした麴氏と張氏とのつながりは濃厚に反映されていたのである。それに對して史氏については、中央にあっては王族麴氏の姻族にはなっていないが、交河郡においてそれを實現していたことがわかる。このことは、史氏を張氏とともに交河郡における有力氏族に押し上げていた。そしてこの有力氏族が郡の最高官である諸曹司馬を獨占することになり、さらには張氏などはそこから中央官の諸部司馬に直接昇進したりしていた。[18] 先に掲げた史祐孝のように、交河郡の史氏も死後には中央の司馬を追贈されていた。

そして交河郡の史氏については、彼らの墓表から、彼らが「建康（甘州）史氏」と自稱していた一族であったことが知られている。[19] このことから、交河郡の史氏は、甘州をその一族の本貫と意識していたことが認められる。甘州にソグド人の史氏一族が據っていたことは、榮新江氏が既に明らかにした通りであり、またそのことから榮氏は、交河郡の史氏がこの甘州の史氏に淵源していることを指摘している。[20] 他方、六世紀の固原の史氏一族もその出自は張掖（甘州）にあったが、この點についても榮氏は兩者の繋がりを認め、彼らの張掖から固原方面への移住を五世紀の北涼滅亡を契機にしたものと解している。[21] トゥルファンにおいて交河の地を車師から奪い、これを高昌國の領域に組込んだのが、北涼滅亡とともにトゥルファンに逃れてきた沮渠氏であることを考えれば、交河郡の有力勢力たる史氏も、この時に沮渠氏とともに河西より流住してきた可能性は高い。おそらくは固原だけでなく、トゥルファンへも同樣に北涼滅亡を機にして、甘州の史氏が移住してきたことが考えられよう。王族麴氏と密接な關係にあった交河郡の史氏一族の淵源は、河西甘州のソグド人集團であったと見られるのである。そしてこの史氏一族が、交河郡のみに定住していたはずもなく、當然のことながら王都にも定居していたことは疑いない。前掲一覽表に見える尙書系の司馬や王に近待する「通事令史」「侍郎」に就任していた史氏とは、こうした王都に定居した史姓一族であったと考えられるのである。

また一覽表からは、こうした史姓に次いで任官が目立つのが康姓であることが讀み取れる。しかしながらその任官は、門下系・尙書系の官には及ばず、虎牙將軍や領兵胡將のような武官職に限られていた。[22] しかも史姓と異なり、その名にはソグド人風のものが目立つ。[23] このことから、麴氏高昌國においては、おなじくソグド人による任官といっても、史姓と康姓とでは、麴氏高昌國の官人として果たしていた役割に明確な相違があったことがうかがえる。とくに胡人風の名を有する康姓のソグド人たちが、高昌國の武力の一端を擔っていたことは注目に値する。

二　「給價文書」に見える史氏一族と麴氏王との提攜關係

ところで前掲表（8）の史歡太の名が見えるのが、以下に掲げる「高昌某年傳始昌等縣車牛子名及給價文書」（72TAM155:37（a）〈錄〉『文書』3, pp. 290-292;〈寫〉『圖文』1, p. 428; 王素2000, pp. 505-506. 以下、「給價文書」と略記）である。この國の遠距離用の交通手段である「遠行車牛」の具體的な運用を検討できる貴重な史料である。

麴氏高昌國において、その領内に多様な公用交通馬を置いていたことは、實態は不詳ながらトゥルファン文書に見える「驛馬」・「亭馬」・「任行馬」・「近行馬」等々の用語[24]からもうかがうことができるが、なかでもオアシス國家として缺かせない沙磧をわたる交通手段の一つとなっていたのが、この遠行車牛であった。

本文書については既に検討を加えたことがあったが[25]、その後見解を改めた部分もあるので、再度ここに検討し、それを踏まえてこの史氏集團の活動の一端をうかがうことにしたい。

（1）「給價文書」の錄文と年代

まず、検討する文書の錄文を全文、筆者の推補を交えて以下に掲げておく[26]。ただし、行間の［　］内の文字は本來の正字であり、（　）内の文字は筆者の推補を示す。

1　（前　缺）

【a】］□□（車得）銀錢陸文。□□保牛、得銀錢拾壹文。［

2　□□（合車）牛貳具。次始昌孫延□牛、得銀錢拾壹□（文）、［

3　安足生、得　銀錢壹人〔文〕。［　　　］□□□（合車牛）

4　拾具、乘牛壹頭、得近道價、□□□□往河畔中取悵木。次【b】十□（二？月）［

5　傳、始昌遠行車牛子名、董安伯牛、得銀錢貳拾陸文。［

6　參文。參軍師祐牛、得銀錢貳拾陸文。　劉延明車□□□□□（得銀錢拾參文）。□□延車牛

7　壹具、得銀錢參拾究〔玖〕文。張延敍牛、得銀錢貳拾□□（陸文）。□□□□（□□車、得銀）、□□　錢拾參文。

8　羅寺　道明車牛壹具、得銀錢參拾究〔玖〕文。張伯兒車牛壹具、得銀錢參拾究〔玖〕

9　文。張伯臭牛、得銀錢貳拾陸文。唐懷願車、得□□□□（銀錢拾參）文。田來得牛、得銀錢貳拾□□（陸文）。

10　□海憙車、得銀錢拾參文。合車牛捌具、供侍郎史歡太馱、往塢耆、得遠道價。

11　【c】□□（昌）歲二月廿二日、酒泉令陰世皎宣、門下校郎司空明塋・通事令史辛孟護貳人傳、高

12　□［　　　］官車牛伍具、單車壹具乘、合得銀錢究〔玖〕拾壹文。次東宮車牛

13　□□（參具、得銀）、□□錢伍拾壹文。□車（單車壹乘）、壹脚破塋付主、得銀錢拾伍□（文）。［

14　□□軸壹、得銀錢貳文。合得銀錢陸拾捌文、并合車牛□□（捌具、單車壹乘？）、□□□□［

15　□□□付麴顯伯・虎牙張海瑚貳人、往天公薗中去〔取木〕。次【d】［

16　□□（門下）校郎司空明塋・通事令史辛孟護貳〔人〕傳、西頭遠行生名、安樂□□

17　□□(牛)、得銀銭拾壹文。永安　東寺□(牛、得銀銭拾)、□□□□壹文。次洿林主簿康虎皮、牛死生

18　」價、得銀銭壹佰貳拾壹文、買肉去、得銀銭拾肆文(貳)。□□【e】

19　銀銭肆文、破□□□付主、「　」□□□(牛拾參)頭、付麴□□□□□人乘往天公薗中去。次二

20　月廿九日、酒泉令陰世校宣、門下□□□□□(校郎司空明犖・通事)・□□令史辛□(孟)護□□□(貳人傳、西)、□

21　頭遠行車牛子名、□□官寺牛「

（後　　缺）

本文書が出土した阿斯塔那一五五號墓は、墳墓の年代を決定する「墓表」及び隨葬衣物疏の類は伴出していないが、この文書が麴氏高昌國時代に屬することは、「宣」「傳」に携わる門下校郎及び通事令史という麴氏高昌國獨自の官名が見えていることから明らかである。そして、本文書の反對面（72TAM155:37（b）〈錄〉『文書』3, pp.290-292;〈寫〉『圖文』1, p.427）の末尾には、二行の落書に近いかたちながら、「延壽十（六三三）年」という麴氏高昌國の元號が記されている。內容からすれば、この「延壽十年」の文字がある面が後から書かれたと見られ、したがって本文書はそれ以前に書かれた可能性が高い。

さらに當墓からは、重光二（六二一）年から延壽十（六三三）年にわたる紀年文書が出土しており、この文書もほぼこれら紀年文書が示す時期に相當するものと認められよう。このことは、本文書中に記される「通事令史辛孟護」が、延壽元（六二四）年の紀年をもつ遠行馬價錢の納入を命ずる符の文書（大谷一三一一號）に見える「通事令史辛孟」と同一人物である可能性が高い[27]ことからも傍證されよう。

また本文書自體は、一五五號墓に埋葬された夫婦の屍のうち先葬された男屍の紙鞋から取り出されたものであるが、

同時に作られたこの男屍の紙帽からは、延壽六（六二九）年〈31〉、延壽九（六三二）年〈30(a)〉、延壽十（六三三）年〈30(b)〉の紀年をもつ公・私文書が出土している。[28] 男屍の埋納用の紙鞋・紙帽を作成するために、延壽六〜十年にわたる公・私文書が用いられていた可能性は高い。

以上の検討より、本文書は、重光二（六二一）年から延壽十（六三三）年の間、とくにその最後の四年間に作成されたと見るのが最も妥當であろう。

（2）「給價文書」の書式と機能

まず全體を通覽して明らかな如く、本文書は車牛を用いた目的別にまとめられ、それが同一の書式に則り整理されていたことが知られる。すなわち、冒頭に日付と「傳」者もしくは「宣」・「傳」者名を記し、以下に「遠行車牛子」のリストと、それぞれの使用の目的が列記される。「遠行車牛子」のリストには、遠行車牛の供出者（遠行車牛子）名と車・牛の內譯、さらには供出に對して支出された銀錢價がリストアップされている。ただし、一一行目以降に見える【c】件のみは、遠行車牛子のリストに替わって、官府及び東宮の所有に係る車牛が記錄されている。從って本文書は、遠行車牛の運用だけを對象にしたのではなく、官有の車牛使用にも及ぶと見做さねばならない。

【遠行・官有車牛運用表】

	月日	車數	牛數	目的
【a】		一〇	一一	往河畔中、取悵木（近道價）
【b】	一□（二?）月	八	八	供侍郎馱、往塢耆（遠道價）
【c】	二月二十二日	九	八	往天公薗中、取木去（近道價）
【d】			一三	往天公薗中去（近道價）
【e】	二月二十九日			

これらは年月日順に配列されており、四行目の殘畫から判斷した「十」の文字の判讀が正しいとするならば、一一行目の「□□歲二月廿二日」は、年が改まってからの最初の日付と思われる。ここで運用目的ごとに、本文書の內容を

整理すると、前頁の表のようになる。目的の欄に付記した遠・近道價というのは、車牛が擔った運送距離（遠距離か近距離か）に應じて供出者に支出される銀錢價格を意味している。

	「宣」者	「傳」者	
【a】	不明	不明	近道價
【b】	無	有（6文字前後）	遠道價
【c】	酒泉（縣）令・陰世皎	門下校郎・司空明犖／通事令史・辛孟護	近道價
【d】	（酒泉（縣）令・陰世皎）	門下校郎・司空明犖／通事令史・辛孟護	近道價
【e】	酒泉（縣）令・陰世皎	門下校郎・司空明犖／通事令史・辛孟護	近道價

この點については、車牛運用の内容檢討とともに、後に詳しく見ることにする。

ところで、先に述べたように本文書には車牛の運用ごとに、「傳」者もしくは「宣」・「傳」者の名が明記されており、それを遠・近道價の別と併せて案件ごとにまとめてみると右に掲げた表のようになる。

表のうち、【c】・【e】兩件には、酒泉縣令[29]の陰世皎が「宣」し、門下校郎の司空明犖と通事令史の辛孟護が「傳」したことが明記されている。その間に載せられる【d】件も、「宣」者の名は缺落しているものの、「傳」した門下校郎と通事令史は同一人物であることが知られる。おそらく、その缺字分から判斷して、【d】件も酒泉縣令の陰世皎が「宣」したものと推測される。

これに對して、【b】件にも冒頭部が缺落するものの、「傳」の字が五行目冒頭に記されている。しかしながら缺落する文字分から判斷して、【b】件の「傳」者は六文字前後しか餘裕がなく、【c】～【e】件の「傳」者とは異なっていたこと、さらに「宣」者についてはこれが記されていたことを想定することは不可能であることが知られる。すなわち、本文書から、遠道價が支拂われる遠距離運送には「傳」者のみが、近道價が支拂われる運送には「宣」・「傳」者が記されていたことがうかがえるのである。

麴氏高昌國の上奏案件などに見える「傳」に、王令の下達を意味することが認められることは既に明らかにされているとおりであり[30]、本文書に見える「傳」も、そうした解釋を取って不都合な點はない。では、この「傳」に「宣」[31]が加わるというのは、どのような狀況を想定すべきなのであろうか。この問題については、王令との關わりを含め、今後の檢討に待たねばならないが、少なくとも「宣」が「傳」されていたことは疑いなかろう。つまり【b】件は王令が「傳」され、【c】～【e】件は「宣」が「傳」されていたのであり、麴氏高昌國では少なくとも延壽年間にあっては、中央の意思下達の方法として、二樣の形式が設けられていたことになる[32]。

敢えて推測を加えるならば、これが王令下達における二樣の形式を示すものであったとしても、麴氏高昌國のような小規模なオアシス國家にあっては、それはあくまでも形式上のことであって、「宣」者が實質的な意思決定者となっていたのが實態ではなかったのか。「宣」者になっていた陰世皎が帶びていた縣令という稱號は、既にこの時中央の高官が帶びた遙任の官となっており、縣令といっても彼らは高昌都城にいたことが明らかになっている[33]。

これに對して、【b】件に「傳」者しか見えないのは、これが名實ともに王自身の令による下達であったからであろう。

とするならば、それぞれ何が「傳」されたのであろうか？　これについては、この國における他の公文書と同じように、「傳」以下に逐一、記されている內容と理解しなければならないであろう[34]。本文書で言うならば、遠行車牛もしくは官車牛を何具使用し、それらに對して遠道價・近道價として銀錢をいくら支出したのか、ということを通告してきたのである。つまり、これらは、王や高官による遠行車牛もしくは官車牛の使用とその供出者に對する銀錢の支出を、王令もしくは「宣」として車牛運用を擔當する官司に傳えてきたと理解するのが妥當なのである[35]。

以上の推測に大過なければ、本文書は、「宣・傳」あるいは「傳」により、遠行車牛および官車牛の運用に關する諸件が王や高官より擔當官司に下達され、それに基づいて擔當官司側で作成した帳簿樣文書の一部と認められよう[36]。

そして擔當官司とは、高昌國において車牛運用をも管轄する屯田部であったと見られる[37]。本文書が出土した一五五號墓から屯田部の上奏文書をはじめ屯田部が關わった官文書が出ていることも參考になろう。

（3）遠行車牛の性格

これまでの解釋に基づいて考えれば、麴氏高昌國において銀錢支出をともなう遠行車牛の運用は、官有車牛のそれとともに、王自身もしくは高官によってきわめて限定的に行なわれていたと判斷できよう。なぜならば、本文書に登載される案件の數はあまりにも少なく、その使用が頻繁なものであったならば、斷片文書であっても、さらに多様な運用案件が記録されることになるからである。歳が改められてからの最初の日付が二月二十二日であるという事實は、その限定された運用を如實に反映している。

さて遠行車牛の具體的な運用については、前掲【遠行・官有車牛運用表】を見ると、車・牛の供出に對して、先にも述べたように、その使用される距離に應じて遠道價〈【b】件〉と、近道價〈【a】・【c】・【d】・【e】件〉との區別があったことが知られる。

まず【a】・【c】・【d】・【e】件については、【a】件が車牛が河畔に派遣されていたのに對して、【c】以下の案件は、官府及び東宮所有の車牛〈【c】件〉及び西頭の遠行車牛子所有の車牛〈【d】・【e】件〉が天公薗に遣わされていた。この河畔及び天公薗が、具體的にどこを指しているのかは詳らかではないが、この派遣に對して規定の銀錢が近道價として各供出者に支出されていた。したがって、この地はトゥルファン盆地内に存在した蓋然性は高かろう。

これに關わって【d】・【e】件に見える西頭の遠行車牛子の所屬は、安樂（Turfan）・永安（現在地は不詳ながら、ヤール・ホト周邊か）・洿林（Bulayuq）などのオアシスにわたっており[38]、所屬地としての統一性はまったくないが、高昌國都を中心にしてみれば、いずれもこれらは國都の西側地區に存在していた。であれば、この西頭の遠行車牛子とは、高昌國境域内において、高昌城以西地區における輸送に從事したものと考えられよう。西頭という名稱は、國内での遠行車牛の活動の範圍を示唆していると見られる。

これに對して、【b】件は、始昌（縣）の遠行車牛子が塢耆に派遣され、それに對して規定の銀錢が遠道價として各所有者に支出されていた。ここに見える塢耆は、焉耆（カラシャール）を指すことは疑いない。[39] 從って遠道價とは、鄰接するオアシス國家にまでいたるような遠距離運送に對して支出される價格であったことがわかる。支出された銀錢の額から判斷すると、遠道價は、車＝13文・牛＝26文・車牛＝39文と規定されていたのに對して、近道價は、車＝6文・牛＝11文・車牛＝17文とされ、遠道價の半分以下に評價されていたことがわかる。[40]

西州時代ではあるが「唐顯慶三（六五八）年趙知德上車牛道價抄」(67TAM74:1/3〈錄〉『文書』6, p.156;〈寫〉『圖文』3, p.79) より、伊州へ使いに出る車牛役を免除する錢として、銀錢3文が納められていたことがうかがえる。ここに設定されている遠道價の額の大きさを知ることができよう。

また【b】件の始昌縣については、現時點では、Oi-tam 廢址に一應比定されているが、[41] いずれにせよ、現在のトゥルファン盆地最西端に位置するトクスン・オアシスに近在していたことは疑いない。おそらくは、この始昌縣城を本據とする遠行車牛子の一團であったと見られよう。當縣の地理的な位置を考慮するならば、本件がトゥルファンの西方に鄰接する焉耆（カラシャール・オアシス）を目的地としたことと、その運用に始昌（縣）の遠行車牛子が充てられていたこととは無關係ではあり得ない。始昌縣に備えられた遠行車牛の役割・機能は、主としてトゥルファンと焉耆とを結ぶことにあったと推測できよう。

このことから、遠行車牛は、國内における輸送に對應すると同時に、鄰接するオアシス國家との運送に使用されていたことが確認できる[42]。そして、先に述べたように、この車牛は王や高官によってきわめて限定的に運用されるものであり、とくに鄰接するオアシス國家への名實ともに遠行となる派遣は、王自身の令による運用となっていたと見られるのである。

こうした解釋に基づくならば、本文書【b】件に見える侍郎の史歡太が、その「馱」をカラシャールに運搬するにあたり、始昌縣に備えられた遠行車牛八具（銀錢價312文）が王令により發遣されていたことになろう。ではこの「馱」とは何か。やはり遠行車牛という交通手段の性格を考えるならば、侍郎の史歡太の個人的な荷馱のみを運搬したと解するよりも、王の側近官として王の「馱」を遠行車牛を使ってカラシャールに運ぶのを主務としていたと見るべきであろう。そしてその目的が交易にあったであろうことは贅言を要しまい。

おわりに

以上を要するに、麴氏高昌國においてはソグド人のなかでも史氏集團が、王の側近官となるなど當地の政治權力と密接な關係を結んでいた。當然、豫想されるのは兩者の提攜關係であり、その一端が「給價文書」に見えているのであろう。この點に關わって留意しておかねばならないのは、高昌都城の「市場」における交易のほとんどがソグド人によって擔われており、さらにそこでの賣買行爲に對して「稱價錢」と呼ばれる税錢が課され、それが「內藏」に納められていたことである[43]。「內藏」とは、王室財政を支えた「藏」と見られ、國家財政を支えた「官藏」と對比される[44]。こうした王室の財について、交易を通じてその運用を委託されたのが、史氏一族のような王に近侍した特定のソグド人集團であったのではないか。

既に見たように、玄奘を西突厥可汗庭へ道案内したのも彼らであり、王の側近としてその使いに頻繁に派遣されていたことが容易に推測される。おそらくは、彼ら史姓一族は王の使いとなって各地を往來するとともに、王のために交易活動に従事し、併せて自らも交易を展開していたと考えられよう。

魏晉南北朝隋唐期、とりわけ五・六世紀以降には、ユーラシア東部に點在する主要都市には、そのほんどにソグド人の姿を認めうるが、はじめに述べたように、彼らはそれぞれに在地の支配者と密接な關係を取り結んでいたことは疑いない。本論で檢討した麴氏高昌國の事例は、そうした關係の一端を具體的に傳えるものであろう。

【引用文獻略號】

『會報』…吐魯番出土文物研究會（編）『吐魯番出土文物研究會會報』吐魯番出土文物研究會、一九八八年～（第一～五〇號までは同會編『吐魯番出土文物研究情報集錄』〔中央ユーラシア諸民族の歴史・文化に關する國際共同研究の企畫・立案〕成果報告書二、一九九一年として合册）。

『新出』…柳洪亮『新出吐魯番文書及其研究』新疆人民出版社、一九九七年。

『圖文』…唐長孺主（編）、中國文物研究所・新疆維吾爾自治區博物館・武漢大學歴史系（編）『吐魯番出土文書』一～四、文物出版社、一九九二～一九九六年。

『增集』…黃文弼『增訂本高昌塼集』（『考古學特刊』二）中國科學院、一九五一年。

『文書』…國家文物局古文獻研究室・新疆維吾爾自治區博物館・武漢大學歴史系（編）『吐魯番出土文書』一～一〇、文物出版社、一九八一～一九九一年。

【引用文獻】

荒川正晴

一九八六「麴氏高昌國における郡縣制の性格をめぐって――主としてトゥルファン出土資料による――」『史學雜誌』九五―三、三七―七四頁。
一九八九「麴氏高昌國の遠行車牛について（1）（2）」『會報』七七―八〇、八六―八八頁。
一九九〇「トゥルファン出土「麴氏高昌國時代ソグド文女奴隷賣買文書」の理解をめぐって」『内陸アジア言語の研究』五、一三七―一五三頁。
一九九三「トゥルファン漢文文書閱覽雜記」『内陸アジア史研究』九、七九―九三頁。
一九九九「ソグド人の移住聚落と東方交易活動」『商人と市場』（岩波講座世界歴史一五）岩波書店、八一―一〇三頁。
二〇〇三「隨葬物別出土文書一覽表」荒川正晴研究代表『トゥルファン出土文書および關連伴出資料の調査』平成一二～一四年度科學研究費補助金　基盤研究（B）（1）研究成果報告書、一〇七―一九〇頁。
荒川正晴・關尾史郎
二〇〇〇「トゥルファン出土文書調査記」『唐代史研究』三、五九―七四頁。
榎一雄
一九八〇「ソグド商人の手紙」『講座敦煌』一、大東出版社、二六三―二七五頁。
桑山正進
一九八一（袴谷憲昭と共著）『人物中國の佛教　玄奘』大藏出版。
嶋崎昌
一九七七『隋唐時代の東トゥルキスタン研究――高昌國史研究を中心として――』東京大學出版會。
白須淨眞
一九八四「麴氏高昌國における上奏文書試釋――民部・兵部・都官・屯田等諸官司上奏文書の檢討――」『東洋史苑』二三、一三―六六頁。
一九九七「麴氏高昌國における王令とその傳達――下行文書「符」とその書式を中心として――」『東洋史研究』五六―三、一四一―一七〇頁。
關尾史郎
一九九一「高昌國の侍郎について――その所屬と職掌の檢討――」『史林』七四―五、一三五―一五〇頁。
一九九三「高昌國時代の「馬帳」について（上）・（中）・（下）」『會報』九一、一四頁・九二、一―六頁・九三、一―五頁。
一九九四「トゥルファン出土高昌國税制關係文書の基礎的研究（七）――條記文書の古文書學的分析を中心として――」『人文科學研究』（新潟大學人文學部）八六、一―二六頁。
二〇〇二「高昌國上奏文書管窺」『日中律令制の諸相』東方書店、四〇七―四二八頁。
陳海濤
二〇〇一「從胡商到編民――吐魯番文書所見麴氏高昌時期的粟特人――」『魏晉南北朝隋唐史資料』一九、一九七―二〇九頁。
陳海濤・劉惠琴
二〇〇五「商業移民與部落遷徙――敦煌、吐魯番著籍粟特人的主要來源――」『敦煌學輯刊』二〇〇五―二、一一七―一二五五頁。
中村裕一
一九九六『唐代公文書研究』汲古書院。
羽田明
一九六九『西域』（世界の歴史一〇）、河出書房新社（再刊：一九八九）。
一九七一「ソグド人の東方活動」『内陸アジア世界の形成』（岩波講座世界歴史六）、岩波書店、四〇九―四三四頁（再錄：同氏『中央アジア史研究』臨川書店、一九八二、三二一―三四八頁）。
福島惠
二〇〇五「唐代ソグド姓墓誌の基礎的考察」『學習院史學』四三、一三五～一六二頁。
松井太
一九八九「モンゴル時代ウイグリスタン税役制度とその淵源――ウイグル文供出命令文書にみえる Kazig の解釋を通じて――」

『東洋學報』七九―四、三九四―四二三（横組 pp. 26-55）。
護雅夫
一九七六「ソグド商人の足跡を追って」『古代遊牧帝國』（中公新書437）、中央公論社、一六二―二〇七頁。
森部豊
二〇〇二「唐代河北地域におけるソグド系住民――開元寺三門樓石柱題名及び房山石經題記を中心に――」『史境』四五、二〇―三七頁。
山下將司
二〇〇四「新出土史料より見た北朝末・唐初間ソグド人の存在形態――固原出土史氏墓誌を中心に――」『唐代史研究』七、六〇―七七頁。
二〇〇五「隋・唐初の河西ソグド人軍團――天理圖書館藏『文館詞林』「安修仁墓碑銘」殘巻をめぐって――」『東方學』一一〇、六五―七八頁。
吉田豐
一九九七「ソグド語資料から見たソグド人の活動」『中央ユーラシアの統合』（岩波講座世界歴史11）、岩波書店、二二七―二四八頁。
吉田豐・森安孝夫・新疆ウイグル自治區博物館
一九八九「麹氏高昌國時代ソグド文女奴隷賣買文書」『内陸アジア言語の研究』4（一九八八）、一―五〇頁。
榮新江
一九九九「北朝隋唐粟特人之遷徙及其聚落」『國學研究』六、二七―八六頁（再録：同氏『中古中國與外來文明』生活・讀書・新知三聯書店、二〇〇一年、三七―一一〇頁）。
二〇〇六「新出吐魯番文書所見粟特、突厥」（國際シンポ「シルクロードの文化と交流」豫稿集、新潟大學、二〇〇六年三月三日）および（淸水はるか・關尾史郎譯）「新出トゥルファン文書に見えるソグドと突厥」『環東アジア研究センター年報』一、五―一五頁。

王素

二〇〇〇『高昌史稿　交通編』文物出版社。

姜伯勤

一九九四『敦煌吐魯番文書與絲綢之路』文物出版社。

黄文弼

一九五一『增訂本高昌塼集』（『考古學特刊』二）中國科學院。

朱雷

一九八二「麴氏高昌王國的〝稱價錢〟――麴朝稅制零拾――」『魏晉南北朝隋唐史資料』四、一七―二四頁。

祝總斌

一九八三「高昌官府文書雜考」北京大學中國中古史研究中心（編）『敦煌吐魯番文獻研究論集』二、北京大學出版社、四六五―五〇一頁。

孟憲實

二〇〇四『漢唐文化與高昌歷史』齊魯書社。

李徵

一九八六「安樂城考」『中國史研究』一九八六―一、一五三―一五八頁。

Harmatta, J.

1979 Sogdian Sources for the History of Pre-Islamic Central Asia. *Plolegomena to the Sources on the History of Pre-Islamic Central Asia.* Budapest. pp. 153-165.

Sims-Williams, N.

1992 *Sogdian and Other Iranian Inscriptions of the Upper Indus* 2 (*Corpus Inscriptionum Iranicarum Part* Ⅱ, *Vol.* Ⅲ-Ⅱ). London.

SOAS.

2001　The Sogdian Ancient Letter Ⅱ. In: M. G. Schmidt, W. Bisang（eds.）, *Philologica et Linguistica. Historia, Pluralitas, Universitas. Festschrift für Helmut Humbach zum 80. Geburstag am 4. Dezember 2001.* Wissenscaftlicher Verlag Trier, pp. 267-280.

Grenet, F., Sims-Williams, N., and De la Vaissière, É.

2001　The Sogdian Ancient Letter Ⅴ. *Bulletin of the Asia Institute* 12（1998）, pp. 91-104.

Karlgren, B.

1972　*Grammata Serica Recensa.* Stockholm.

注

（1）羽田明一九七一、四二四頁（再録一九八二、三三七頁）。護一九七六、一六九頁・二〇二―二〇三頁。

（2）「ソグド人の手紙」のうち、A. L・Ⅱ（Or.8212/95, 99）とA. L・Ⅴ（Or.8212/94, 100）がよく引用される。前者の解讀文として、Harmatta 1979, pp. 160-163、榎一九八〇、二六七―二七一頁、Sims-Williams 2001, pp.268-273などが、また後者のそれとして榎一九八〇、二七三―二七五頁、Grenet, Sims-Williams, De La Vaissière 2001, pp.91-98などがある。

（3）荒川一九九〇、一五一―一五二頁、一九九九、八八頁參照。なお概説書ながら、羽田明氏も、ソグド人の商業活動の全盛期を五世紀半から八・九世紀としている。羽田一九六九、二三四頁。

（4）吉田・森安・新博一九八九、二八―二九頁、姜一九九四、一五五―一六二頁、榮一九九九（再録二〇〇一、四四―四八頁）ほか。

（5）姜一九九四、一五五―一六一頁。

（6）「將」・「吏」と稱される官職については、未だその性格があまり明確ではなく、ここから除外している。「將」については、關尾一九九三、五二・六八頁注（46）ほか參照。また吉田・森安兩氏によって解讀・紹介されたソグド文の女奴隷賣買契約書には、ソグド人と「漢人」との奴隷賣買契約の内容を保障するソグド人の「書記長」が見えている。吉田・森安・新博一

九八九、七―八・二八―二九頁。おそらくこの「書記長」は、高昌國本來の官というよりも、ソグド人聚落を取り仕切る彼ら自身の職號と見られよう。吉田一九九七、二三三頁、荒川一九九九、九〇頁。なお陳海濤二〇〇二、一九八―一九九頁・二〇二―二〇四頁、陳海濤・劉惠琴二〇〇五、一二〇―一二一頁には、麴氏高昌國のソグド人が列擧されているが、すべてが網羅されているわけではない。

（7）同じ墳墓より出土した別の文書「高昌義和二（六一五）年七月馬帳」〈錄〉『文書』4, p. 161:〈寫〉『圖文』2, p. 92）に、「史淩江」という人物が見えているが、この史洪信と同一人物であった可能性が高い。

（8）榮二〇〇六、九頁。

（9）榮二〇〇六、九頁。

（10）榮二〇〇五、一一頁、榮二〇〇六、一〇頁。

（11）（6）の史歡太の「歡太」（kuan t'ai, Karlgren1972, p. 62, p.95）は「漢人」の名前らしくなく、あるいはソグド語の kwnt (Sims-williams 1992, p.54）に充て得る可能性もあるが、ここでは一應、漢人風の名としておく。

（12）侍郎については、關尾一九九一を參照。また麴氏高昌國の中央官制については、嶋崎一九七七、二六一―二六六頁・二九二―二九四頁の「麴氏高昌國官制一覽表」および孟二〇〇四、九三―一三二頁などを參照。

（13）（8）の文書には紀年が明記されていないが、その作成年代については次節を參照されたい。

（14）玄奘がインドへ出立した年については、種々議論があったが、現在では貞觀元年もしくは二年初めがほぼ鐵案となっている。桑山一九八一、五八―八二頁。

（15）唐・趙璘撰『因話錄』巻五　徵部に指摘されている。

（16）森部二〇〇二、二二一―二二三頁、福島二〇〇五、一四七頁・一五一―一五二頁參照。

（17）荒川一九八六、五二―五三頁。

（18）荒川一九八六、五一頁の「交河郡諸曹司馬官歷表」參照。

（19）「史祐孝墓表」の末尾に、「建康史祐孝之墓表」と見えている。〈錄〉黃文弼一九五一、四五頁〈寫〉同、一〇一頁の圖版一三。

(20) 榮一九九九（再錄二〇〇一、六六—六八頁）。

(21) 榮一九九九（再錄二〇〇一、六七頁）。

(22) (18)の領兵胡將さらに(19)の帳下左右は、交河郡のヤールホト古墓群より、また(20)の左親侍左右は、高昌都城東北の巴達木古墓群より出土した墓表にその名が見えるだけで、實のところその性格については詳らかではない。ただし領兵胡將は、既に知られている軍將の領兵將と密接にかかわることは明らかで、あるいはソグド人部隊を率いる軍將の可能性もあろう。また帳下左右や左親侍左右は、その名からヤールホトの交河郡太守の幕府＝鎮西府（鎮西將軍の幕府）や王府の親衛軍に關わることが考えられよう。孟憲實二〇〇四、一三九頁參照。とくに領兵胡將については、ソグド系突厥以外のソグド人でも武人的性格を有していたという近年の山下將司氏の指摘を踏まえ、康□鉢がこの官に就任していたことの意味を改めて考えなければならない。山下二〇〇四・二〇〇五。

(23) (16)康婆居羅・(18)康□鉢・(20)康浮圖 pwt (y) は、ソグド人風の名と認められよう。なお榮二〇〇六（清水・關尾譯、一〇頁）には、(20)の康浮圖を康浮面とするが、榮新江氏が講演時（於新潟大學、2006.3.3）に配付したレジュメには康浮圖であることが指摘されている。ソグド人の佛教信仰と關わる微妙な問題と絡むが、ここでは一應、浮圖としておく。寫眞の公表を待ちたい。

(24) 「驛馬」・「亭馬」・「任行馬」は、いずれも『文書』所收の文書に見えている（「驛馬」〈64TAM15〈錄〉『文書』4, pp. 34-36〉、「亭馬」〈72TAM171〈錄〉『文書』4, p. 136〉、「任行馬」〈72TAM151〈錄〉『文書』4, pp. 162, 168〉）。關尾一九九三・王素二〇〇〇、五二六—五三九頁を參照。また「近行馬」は、『新出』所收の「高昌延昌年間兵部賃近行馬驢殘奏」(86TAM386: 21-3〈錄〉『新出』p. 54:〈寫〉『新出』p.421）に見えている。王素二〇〇〇、五一〇—五一一頁、關尾二〇〇二、四二二頁。なおこれが、後のモンゴル時代ウイグリスタンにも繼承されていたことは注目に値する。松井太一九九八、四〇五頁（p.44）。

(25) 荒川一九八九。

(26) 本文書の古文書學的データは以下の通りである。現在、72TAM155:37 (a) の番號が一つ附けられているが、實際には四斷片から成る。（A）斷片（1—12行目、タテ28×ヨコ24㎝）・（B）斷片（1・2行目下方、1×3㎝）・（C）斷片（1・2行目下方、6×3㎝）・（D）斷片（13—21行目、28×19㎝）。全體では、28×43㎝。8行目と9行目の間で紙が貼り繼がれている（右上接合）。紙質については、麹氏高昌國時代の公文書として標準的な紙のように見えるが、現在、本文書は臺紙に糊附けされた狀態で保管されていることから、正確にはチェックできていない。荒川一九九三、八二—八三頁、王素二〇〇〇、五〇六頁注①參照。なお荒川一九九三、八三頁において指摘した18行目については、私の記錄ミスであり、『文書』の錄文が正しい。

(27)　『會報』一三頁。

(28)　荒川二〇〇三、一三四頁。

(29)　河西だけでなく、トゥルファンにも酒泉城が置かれていた。高昌城の東方二〇～三〇里に位置していた。荒川一九八六、四〇・六八頁注（16）①を參照。

(30)　祝總斌氏は、上奏案件の本文に見える「傳」の字を、高昌王の口令を傳えると解している。祝一九八三、四六七頁。

(31)　唐における「宣」については、中村一九九六、五七四—五八二頁に詳しい。

(32)　「宣」は「傳」と異なり、今のところ延壽年間（六二四—六四〇）以前の文書には見られない。麹氏高昌國において延壽年間に「宣」字が見えるようになるとすれば、ほぼ同時期に導入された上奏文書における稱「臣」制度と連動した改變であった可能性はあろう。白須一九八四、三三一—三三八頁參照。

(33)　荒川一九八六、五八—六三頁。なお王族麹氏の姻族として、陰氏が存在しており、この「宣」者の陰世皎もそうした一族の一員であった可能性は高い。嶋崎一九七七、二八五頁參照。

(34)　祝一九八三、四六五—四六七頁、白須一九九七、一四九—一五二頁ほか參照。

(35)　これと同樣な事後通告としての王令の例として、「高昌延昌二七（五八七）年四月兵部條列買馬用錢頭數奏行文書」（66TAM48:25 (a), 31 (a)〈錄〉文書3, p. 73;〈寫〉圖文1, p. 338）などが擧げられる。祝一九八三、四六五—四六七頁參照。

(36)　なお本文書の文字は麹氏高昌國の上奏文書に類した書體（楷書體・小字）であると認められるが、抹消線や書き直しが目立ち、本文書そのものが上奏されていた可能性は低い。荒川・關尾二〇〇〇、六六頁參照。

(37) この問題については、第50回國際東方學者會議 Symposium II 「前近代中央アジアにおける税役」（東方學會、二〇〇五年五月二〇日）での報告「トゥルファン漢人支配期（6-8c.）の税・役について」で觸れた。

(38) 安樂以下の地理比定については、荒川一九八六、四〇―四一・六七―六八頁注（16）、王素二〇〇〇、五七―八四頁參照。なお安樂（縣）城については、李徵一九八六に詳しい。

(39) カラシャールについては、このほか「鄔夷」（『法顯傳』卷一）、「阿耆尼」（『大唐西域記』卷一）などの漢字表記がある。

(40) ただし近道價・遠道價として銀錢が支拂われる體制が、當初から設定されていたかどうかは詳らかではない。この點については別に檢討したい。

(41) 嶋崎一九七七、一三三―一三五頁、荒川一九八六、四〇頁、王素二〇〇〇、八二―八三頁。ただし始昌城の地理的な比定については、なお今後の檢討に待つべきところがある。

(42) 王素氏は、『慈恩傳』卷一を擧げて、統葉護可汗へ獻上する「果味兩車」をこの遠行車牛と見ている。王素二〇〇〇、五〇九頁。

(43) 朱一九八二、二三頁ほか、既に多くの論攷において指摘されている。

(44) 麴氏高昌國において國家財政と王室財政を設定することについては、この兩者を截然と區別することの限界も含めて、關尾一九九四、三―一九頁に指摘がある。

突厥執失氏墓誌と太宗昭陵

石見清裕

はじめに

二〇〇二年夏から二〇〇三年秋にかけて、唐・太宗の陵墓昭陵（九嵕山）の北闕遺址が發掘調査され、北から獻殿・司馬門・列戟廊・門闕と竝ぶ遺構のほぼ全貌が明らかとなった。同遺址は一九六五年、一九八五年にも調査されたが、この度の發掘によって、特に「十四國蕃君長像」の石像やその國名・君長名が刻された臺座の新たな斷片が出土し、ユーラシア東部に君臨した太宗の陵墓を象徵する遺構として、學界の注目を集めた[1]。

唐は、他の王朝とは異なって、建國者というと初代皇帝の高祖だけではなく、第二代の太宗が強く意識される。それは、高祖の治世は短く、太原擧兵も次男の太宗の獻策によるとされるからであるが、そればかりではなく、北方・西方まで版圖に收める大帝國の基礎が太宗期に築かれたからであろう。確かに、唐初期の史料を讀むと、唐による統一とは中國の統一というよりは、むしろモンゴリア南部と華北とで形成される地域の統一だったのではないか、それが太宗期に實現したのではなかったか、と感じられるのである。

しかしながら、そうはいっても、歷史書は中國的傳統を踏まえて編纂されるので、外地民族に關する史料には自ずと制約がある。そこで近年注目されているのが、外來種族の墓誌・墓碑等の石刻史料である。これらの史料は、その性格から墓主を美化粉飾して記されるのは當然であるが、それでもそこには客觀的事實をつかむだけの貴重な情報が含まれる。唐王朝と密接な關係をもった北方テュルク系民族の墓誌は現在約二〇點が知られ、數はさほど多くはないものの、史書からはその存在すらうかがえない人物もおり、やはり貴重な史料なのである。

ところで、テュルク人墓誌には突厥の王族阿史那氏の墓誌が多いが、それでも他氏族出身者も約半數を占める。他氏族出身者の墓誌には、突厥という遊牧政治體を構成した有力氏族の一つである執失氏のものが二點含まれており、しかもその一點は昭陵に陪葬された者の墓誌である。とすれば、これらの墓誌を分析することによって、阿史那氏以外のテュルクと唐との關係をつかむことができ、同時にそれらと太宗または昭陵との關わり方を一歩掘り下げることが可能となるはずである。そこで本稿では、その執失氏墓誌を取り上げ、唐・突厥關係史の一端に迫ってみたい。

一　「執失善光墓誌」

執失氏墓誌の一つは、開元十一年（七二三）刻の「執失善光墓誌」である。原石は中國陜西省冷泉縣の昭陵博物館の所藏になる。誌蓋は縱七七㎝、横七八㎝、厚さ約一二㎝であり、全三行、每行四字、篆書體で「大唐朔方公執失府君墓誌銘」と刻される。誌石は縱七八・五㎝、横七九㎝、厚さ約一二㎝で、楷書體で全三四行、每行三四字の墓誌文が刻される。本墓誌の書誌情報を示せば、次のとおりである。

拓本　『隋唐五代墓誌彙編』（天津古籍出版社）陜西卷三―一四四頁、『新中國出土墓誌』（文物出版社）陜西壹一一〇、『昭陵碑石』（三秦出版社）八五頁

錄文　『唐代墓誌彙編續集』（上海古籍出版社）開元五二、『全唐文新編』（吉林文史出版社）二一―一四九八八頁、『全

唐文補遺』（三秦出版社）二—四五二頁、『昭陵碑石』二一五頁、『新中國出土墓誌』陝西壹一一〇

筆者は二〇〇六年八月に同博物館を訪れ、倉庫に所藏される本墓誌石を實見する機會に惠まれた（大阪大學教授・森安孝夫氏を研究代表とする科研費調査の一環。卷末〔付記〕參照）。今、その成果を踏まえてここに錄文を掲げる。字體は本字によって示すが、改行・空格は原石どおりとする。なお、便宜上句讀點を付す。

1　錄文と構成

1　大唐故右監門衛將軍、上柱國、朔方郡開國公、兼尚食内供奉、執失府君墓誌銘幷序
2　君諱善光、字令暉、代郡朔方人也。原夫傳芳夏裔、騰懿天嬌。膺星象而披圖、控月弦而畫
3　野。布諸史册、列在方書。美族良苗、其來遠矣。曾祖淹、本蕃頡利發。　皇初起太原、領數
4　千騎援接至京、以功拜金紫光祿大夫、上柱國。仍降　特制、以執失永爲突厥大姓、新
5　昌縣樹功政碑。爰從締構之初、即應義旗之始、功陪　造化、德贊　開天。祖武、本蕃
6　頡利發。以元勳之子、　　皇授上大將軍、右衛大將軍、上柱國、安國公。于時頡利可汗率
7　百萬之衆、寇至渭橋、蟻結蜂飛、雲屯霧合。祖即遣長子思力、入朝獻策。太宗嘉其誠節、取
8　其謀效。遣與李靖計會、内外應接、因擒頡利可汗、賊徒盡獲。　太宗與思力歃血而盟
9　曰「代代子孫、無相侵擾。」即賜金券、因尚九江公主、駙馬都尉、贈武輔國大將軍。被練韜戈、
10　當鋒冒銳、呼郡嘯侶、剗平沙塞。父莫訶支、從破遼還、拜左威衛大將軍、左羽林軍上下、使
11　持節、執失等四州諸軍事、執失州刺史、上柱國、歌禮縣開國子。扈　大駕於遼碣、斬馘

12 首於蒼波。鐵石居心、冰霜挺操、侍奉帷幄、帶礪山河。公任右監門衛將軍、上柱國、朔方郡
13 開國公、兼尙食內供奉。嶽瀆降靈、才緣代出、星辰誕慶、人爲時須。器宇魁梧、體貌岐嶷。仁
14 慈立性、孝友因心。寬猛相資、剛柔得所。無欺惸獨、不畏高明。汪汪萬頃之陂、朗朗百間之
15 屋。若日磾之歸漢、卽助雄圖、等由余之入秦、爰扶覇業。六奇演妙、畢合　天謀、八難陳
16 誠、行參　帝議。門傳冠冕、地襲貂蟬。掩抑笙竽、非唯北里、鏗鏘鍾鼎、豈獨南鄰。丹穴鳳
17 飛、彩淩初日。洼川龍躍、影籋朝雲。屯武衞於中營、掌鈎陳於徼道。豈期天不遺憖、殲及忠
18 良。坐鵩□災、巢鵀構禍。醫方靡效、砭石無瘳。俄縈聞蟻之悲、遽鍾易簀之痛。春秋六十、以
19 開元十年七月廿一日、薨于洛陽私第。隙駒易往、石火難留。巷織停梭、鄰舂輟相。朝擧廢
20 朝之哭、市興罷市之悲。洹水珠亡、荊山玉折。嵇松千丈、坐見摧殘、郄桂一枝、行看銷鑠。小
21 星既落、空傳白馬之名、大樹將凋、虛說靑牛之號。奉　敕贈粟百石、絹一百疋。開元十一
22 年二月十三日、陪窆于　昭陵。禮也。南瞻龍首、則地受萬家、北背鶉郊、則山高千刃。送鴈
23 辭而嚮去、弔鶴訃而聲來。扃是日而將閉、門何年而重開。長子趨庭、次子過庭、泣扣地無
24 追、號天靡及。進溢粥而不嘗、奉壺漿而不入。影瘠瘠而杖扶、形羸羸而骨立。將恐陰陽迭
25 謝、日月遷移。深谷化於高陵、平田變於巨海。勒琬琰以成文、寄芳猷而長在。迺爲銘曰、
26 天地氤氳、厥初生人。爰有父子、迺立君臣。文物歲廣、徽章日新。誰可匡時、唯公濟代。歸此
27 天朝、去彼荒裔。知雄守雌、納瑕藏穢。牽裾出閤、借筯成籌。亟申妙略、遽展嘉謀。功參帝念、
28 德贊　王猷。趨鏘武衞、徘徊戎省。蘭錡禁兵、晝巡夜警。志等鷹揚、心同豹騁。何期遘疾、
29 奄忽云亡。庭筠碎玉、苑桂銷香。珠埋隨岸、木折鄒梁。馬鬣龍騰、牛崗鳳峙。奠徙蘭階、塋開

30 藁里。青松日度、白楊風起。冥冥泉宇、欝欝佳城。陰溝溜急、暗壁天明。百身不贖、何年更生。
31 鵲下巣低、鷰來塊集。哀烏聚啼、弔鶴群泣。石人長望、玉羊久立。墳新未草、碑近無金。隴雲
32 黯黯、隧霧沈沈。年華痛抱、春色傷心。哀哀二子、慘慘雙嗣。櫕荼起恨、攀柏增思。哭無常聲、
33 血有添淚。鑽燧改火、月往歳還。舟移鯨壑、田變龜山。鐫華礎上、播美行間。
34 開元十一年歳次癸亥二月丁酉朔十三日己酉立頌

本墓誌の構文は次のとおりである（長文の墓誌であり、紙數の都合もあるので譯注は割愛する）。

誌題（第一行）　誌序（第二～二五行）　銘（第二六～三三行）　紀年（第三四行）

このうち、誌序は次のような記述内容によって構成されている。

①發辭（第三行「其來遠矣」まで）、②祖先の業績（第一二行「帶礪山河」まで）、③墓主の生涯（第一七行「掌鈎陳於徼道」まで）、④墓主の死と埋葬（第二三行「門何年而重開」まで）、⑤長子・次子の刻銘の經緯。

第一八～一九行に、墓主執失善光は開元十年（七二二）に享年六〇で死去したとあるので、この人物の生まれは龍朔三年（六六三）であり、唐の高宗・武則天・玄宗初期に生きたことになる。ただし、その生涯については、③の部分に右監門衛將軍の武官職、上柱國の勳官、朔方郡開國公の封爵を授與され、尙食内供奉を兼官したとあるが、それ以外には外來民族の墓誌にしばしば見られる春秋・秦の由余と漢の金日磾の故事が引用（第一五行）されて美辭麗句が書き連ねられるだけで、長文の墓誌のわりには生前の墓主の具體的な姿は全くといってよいほど浮かび上がってこない。特筆すべき功績をあげた譯でもないようであり、これまでの唐代史料にもほとんどこの人物の名は登場しない。

しかし、それにもかかわらず、第二一～二二行に記されるように、墓主は開元十一年に昭陵に陪葬されている。今、

『唐會要』巻二一、昭陵陪葬名氏の條を開けば、そこに列記された陪葬者の中に「右監門將軍執失善」の名が見え、「光」字が脱落しているが、これは本稿の墓主「執失善光」に相違ない。現在、文獻諸史料から昭陵陪葬者は計一八九名が知られ、陪葬墳丘墓は一六七基が確認されている。(2) 執失善光墓は李勣（徐勣）墓すなわち現昭陵博物館の南方に存在し、(3) 發掘調査によって本墓誌が出土したのである。

それにしても、太宗の治世にはまだこの世に生まれてさえいなかった執失善光が、昭陵に陪葬されたというのは、いかにも奇異に映る。實はその理由は、②の部分に記される祖先の業績にある。つまり本墓誌は、墓主本人の事績よりも祖先の事績の方が重要なのである。

2　本墓誌の意味

まず、問題の墓誌文②の部分を訓讀してみよう（便宜上、段落を付す）。

曾祖の淹は、本蕃の頡利發なり。(4) 皇初、太原より起こるに、數千騎を領し、援接して京に至り、功を以て金紫光祿大夫・上柱國を拜す。仍りて特制を降し、執失を以て永く突厥の大姓と爲し、新昌縣に功政碑を樹つ。爰に締構の初めより、卽ち義旗の始めに應じ、功は造化に陪し、德は開天に贊ず。

祖の武は、本蕃の頡利發なり。元勳の子を以て、皇は上大將軍・右衞大將軍・上柱國・安國公を授く。時に、頡利可汗、百萬の衆を率い、寇して渭橋に至り、蟻結蜂飛し、雲屯霧合す。祖、卽ち長子の思力を遣はし、入朝して策を獻ぜしむ。太宗、其の誠節を嘉し、其の謀效を取る。遣はして李靖と計會し、內外應接せしめ、因りて頡利可汗を擒へ、賊徒盡く獲たり。太宗、思力と歃血して盟して曰く、「代々子孫、相ひ侵擾すること無かれ」と。卽ち金劵を賜ひ、因りて九江公主を尙はせて駙馬都尉とし、武に輔國大將軍を贈る。被練韜戈もて、冒鋭に當鋒し、呼郡嘯侶して、沙塞を削平す。
父の莫訶支は、從ひて遼を破りて還り、左威衞大將軍・左羽林軍上下・使持節・執失等四州諸軍事・執失州刺史・上柱國・歌禮縣開國子を拜す。大駕に遼碣に扈ひ、鼷首を蒼波に斬る。鐵石もて心に居し、冰霜もて操に挺し、帷幄に侍奉し、山河を帶礪す。

ここに、墓主執失善光の曾祖父（執失淹）・祖父（執失武）・父（執失莫訶支）の事績が記され、しかもその中には唐・突厥關係史上の貴重な情報を含んでいる。たとえば、曾祖父の執失淹は、李淵の太原起兵にあたって數千騎を率いて援接したとあるが、從來の史料からは、『大唐創業起居注』卷二、義寧元年八月癸巳の條に、
突厥五百人、馬二千疋、（康）鞘利らに從ひて至る。帝、其の兵の少なく、來るの遲きを嘉す。
とあり、また『舊唐書』卷一九四上、突厥傳上に、
高祖、太原に起義するに、大將軍府司馬劉文靜を遣はして始畢（可汗）を聘し、引きて以て援と爲す。始畢、其の特勤康鞘利らを遣はして、馬千匹を獻じ、絳郡に會せしむ。また、二千騎を遣はして軍を助け、從ひて京城を平らげしむ。
とあるなど、太原起兵の際に突厥の援兵が來たことは間違いないとされるが、本墓誌を信ずるならば、その援兵は執失氏の兵であったことになる。さらに、唐は執失の功績をたたえて功政碑を建てたともあるが、このような情報はこれまでの史料からは一切知られていなかった。それどころか、執失淹・執失武・執失莫訶支といった人物の存在すら、在來史料には全く現れなかったのである。

また、墓主の父莫訶支は執失等四州諸軍事・執失州刺史に就任したとも記され、ここに唐が突厥遺民に對して設置した羈縻州名が現れ、これも貴重な史料といわねばならない。

ところで、あらためて右に引用した本墓誌の祖先に關する記述を見ると、そこには曾祖父・祖父・父の順に記されてはいるが、實は彼らよりも多くの字數を割いて執失思力の業績に觸れられていることに氣づく。執失思力は、墓誌には「祖の長子」とあるので、墓主からみれば父の兄、つまり伯父にあたることになる。そしてその伯父に關する記述には、太宗の軍が頡利可汗を捕虜にして突厥第一可汗國を征服するいきさつ、すなわち唐が大帝國に發展する一大契機が記され、しかも太宗の言葉さえも載せられている。曾祖父の執失淹については、太原起兵を支援した功績が記されるが、しかしそれは高祖に對する功績であり、祖父の武の地位もそれによるものである。父の莫訶支は太宗の高句麗遠征における功績が記されるが、さほど具體的な記述ではない。ましてや墓主本人にいたっては、太宗の治世にはまだこの世に生すらうけていなかった。とすれば、その墓主が太宗の昭陵に陪葬された背景には、伯父の執失思力の業績にこそ價値があったと見なければならない。すなわち、本墓誌文の最大の意味は、この執失思力に關する部分なのである。

それならば、通常の墓誌文では取り上げない、いわば傍系の伯父の業績を特筆し、そのような墓誌を作成してまで墓主執失善光を昭陵に陪葬する必要性が、いったいどこにあったのであろうか。

二　唐初の執失氏

墓主の伯父執失思力は、さほど多くはないが、唐初期の突厥人武將として在來史料に登場する。『唐會要』卷六、

公主、高祖十九女の條に、

九江　降執失思力。

とあり、『新唐書』巻八三、諸帝公主、高祖十九女の條に、

九江公主　下嫁執失思力。

とあり、『冊府元龜』巻三〇〇、外戚部、選尙にも、

執失思力は突厥の酋長なり。入朝して高祖の女、九江公主を尙る。

とあるのは、本墓誌に太宗が思力の功績をたたえて「九江公主を尙はせ」たと刻す一節と符合する。

執失思力が特に史書に登場するのは、突厥第一可汗國末期に關わる史料で、有名な武德九年（六二六）八月の突厥の便橋侵寇に際しては、『舊唐書』巻二、太宗本紀の八月癸未の條に、

突厥の頡利、渭水の便橋の北に至り、其の酋帥執失思力を遣はし、入朝して覘を爲さしめ、自ら形勢を張る。太宗、命じて之を囚へしめ、親ら玄武門を出で、六騎を馳せて渭水の上に幸し、頡利と津を隔てて語り、責むるに約に負くを以てす。俄にして衆軍繼いで至り、頡利、軍容の旣に盛んなるを見、また思力の拘に就くを知り、是に由りて大いに懼れ、遂に和を請ふ。詔して許す。

とある。この約二ヶ月前の六月四日に玄武門の變が起こり、長安の混亂に乘じて突厥頡利可汗は大擧して渭水まで侵入したのであるが、その際に使者として長安に送り込まれたのが執失思力だったのである。

その四年後の貞觀四年（六三〇）に第一可汗國は崩壞するのであるが、その際の史料にも思力は登場する。『舊唐書』突厥傳上には、

（貞觀）四年正月、李靖進みて悪陽嶺に屯し、夜に定襄を襲ふ。頡利、驚き擾れ、因りて牙を磧口に徙す。……

二月、頡利、計窘まり、鐵山に竄る。兵尙ほ數萬たれども、執失思力を使はし、入朝して謝罪せしめ、國を擧げて內附せんことを請ふ。

と記される。ここでも、唐への使者として選ばれたのは執失思力であった。

この時、唐側は頡利可汗のもとに返使として鴻臚卿の唐儉と將軍の安修仁を送ったが、定襄道行軍總管の李靖は、唐の使者が突厥の牙庭に滯在している時こそが敵の油斷する兵機とみて總攻擊をしかけ、頡利可汗を捕虜にし、(5)こうして突厥第一可汗國は滅んだのであった。「死間」の好例として知られるできごとである。

このいきさつが、本稿の墓誌文「太宗、其の誠節を嘉し、其の謀效を取る。遣はして李靖と計會し、內外應接せしめ、因りて頡利可汗を擒へ、賊徒盡く獲たり」に反映されたと思われる。在來史料には、これを執失思力の謀略とはどこにも書かれておらず、どちらが事實に近いのかをうかがい知る史料は存在しないが、少なくとも本墓誌の撰者（あるいは執失善光の遺族）は、それを思力の功績として認識していたことは間違いないであろう。

その後の思力は、太宗の狩獵を諫めた記事、(6)太宗の高句麗遠征に際して夏州方面で突厥兵を統領して薛延陀防御にあたった記事、(7)吐蕃遠征に從軍した記事、(8)などに登場する。しかし、これらの功績よりも、突厥併合に一役買った動功の方が、はるかに價値が高くとらえられたのである。

一方、突厥滅亡後の執失氏一族はどうなったかといえば、可汗を失った彼らは唐の支配下に入った。『唐會要』卷七三、安北都護府の條に、

（貞觀）二十三年（六四九）十月三日、もろもろの突厥歸化し、舍利吐利部を以て舍利州を置き、阿史那部に阿史那州を置き、綽部に綽州を置き、賀魯部に賀魯州を置き、葛邏祿・悒怛二部に葛邏州を置き、竝びに雲中都督府に隸せしめ、蘇農部落を以て蘇農州を置き、阿史德部に阿史德州を置き、執失部に執失州を置き、卑失部に卑失

州を置き、郁射部に郁射州を置き、多地藝失部に藝失州を置き、竝びに定襄都督府に隷せしむ。

とあるように、唐は突厥遺民に對し、部族ごとに羈縻州を置き、合計一一の羈縻州を雲中・定襄兩都督府に統治させた。そして、執失州は蘇農州・阿史徳州・卑失州・郁射州・藝失州とともに定襄都督府の管轄とされた(9)。とすれば、「執失善光墓誌」に記された父・莫訶支の帶びた稱號「左威衞大將軍・左羽林軍上下・使持節・執失等四州諸軍事・執失州刺史・上柱國・歌禮縣開國子」のうちの「執失州刺史」とは、この羈縻州の刺史であり、「執失等四州諸軍事」とは定襄都督府管轄下の六羈縻州のうち四州の軍事を管轄する職號と見てよいであろう。

すなわち、突厥第一可汗國滅亡後の執失氏は、その族長クラスの執失思力は長安で將軍職に就き、北方の部落は弟の莫訶支が統治して、高句麗遠征などの唐の軍事行動の一翼を擔ったのである。莫訶支の帶びた左威衞大將軍・左羽林軍上下などの稱號は、高句麗遠征後のものと見てよいのではないだろうか。

ところで、唐代史料に現れる執失氏出身者といえば、そのほとんどは執失思力に盡き、さらに思力は公主を娶っているのであるから、太宗の昭陵に陪葬されるとすれば、まさに彼こそがそれにふさわしい。それにもかかわらず、なぜ執失思力は陪葬されなかったのであろうか。

それは、彼が高宗朝初期に起きた房遺愛の謀反事件に連座したからである(10)。『舊唐書』巻四、高宗本紀上、永徽四年（六五三）の條に、

春正月……丙子、新たに除せられし房州刺史、駙馬都尉房遺愛、司徒・秦州刺史・荊王元景、司空・安州刺史・吳王恪、寧州刺史・駙馬都尉薛萬徹、嵐州刺史・駙馬都尉柴令武、謀反す。二月乙酉、遺愛・萬徹・令武ら、竝びに誅に伏し、元景・恪、巴陵の高陽公主、竝びに死を賜ふ。左驍衞大將軍・安國公執失思力、巂州に配流せらる。

とあり、思力はこの事件によって巂州に流刑とされたのである。

『新唐書』巻一一〇、執失思力傳には、

房遺愛と交はるに坐し、高宗、其の戰多きを以て、赦して誅さず、巂州に流す。主（九江公主）、封邑を削りて偕に往かんと請ふ。主、前に卒す。龍朔中、思力を以て歸州刺史と爲し、卒す。麟德元年、公主の封邑を復し、思力に勝州都督を贈り、謚して景と曰ふ。

とあり、思力の死は龍朔年間（六六一～六六三）、その名譽回復は麟德元年（六六四）、太宗崩御の一五年後であった。

三　「執失奉節墓誌」より

ところで、はじめに述べたとおり、執失氏の墓誌は「執失善光墓誌」のほかにもう一點存在する。西安市・碑林博物館に所藏される顯慶三年（六五八）刻「執失奉節墓誌」がそれである。本墓誌は、誌蓋・誌石ともに縱・横五二㎝で、誌蓋には全四行、毎行三字、篆書體で「唐故常樂府果毅執失君墓誌」と刻され、誌石は楷書體で全三〇行、毎行三一字の墓誌文が刻される。長文であるので、今は錄文の掲載は避け、拓本・錄文は次の書誌情報を參照されたい。

拓本　『隋唐五代墓誌彙編』陝西巻一─一九頁、『新中國出土墓誌』陝西貳三〇、『西安碑林全集』（廣東經濟出版社・深圳海天出版社）七四─二〇〇七頁

錄文　『全唐文新編』二〇─一四〇〇六頁、『全唐文補遺』三─三六二頁、『新中國出土墓誌』陝西貳三〇

本墓誌の構文は、誌題・誌序・銘からなり、誌序は①發辭、②祖先の業績、③墓主の生涯、④墓主の死と埋葬、⑤孝子の刻銘の經緯、からなる。誌文には、墓主執失奉節は顯慶元年（六五六）に三四歳で死去したと刻されるので、

生まれは武徳六年（六二三）であり、唐でいえば高祖朝から太宗朝をへて高宗朝初期まで生きたことになる。祖先の業績には、大父（祖父）・父の二人が記され、いずれも諱は記されない。二人の帯びた稱號は、次のように刻される。

大父…上柱國・安國公食邑三千戸・贈右武衛大將軍

父……左驍衛大將軍・定襄都督・駙馬都尉・上柱國・襲爵安國公

父については、さらに「遂に降されて王姫に匹するを得、……名は帝戚に班す」とある。とすれば、この父こそが九江公主を娶った執失思力に相當するのであり、大父の官職も前掲「執失善光墓誌」の祖・執失武の稱號とほぼ一致することになる。父の稱號に「定襄都督」が含まれるのは、前節の唐の羈縻支配體制に執失州が雲中都督府ではなく、定襄都督府の系列だったことと符合する。執失氏が、對突厥羈縻支配體制においていかに重要な役割を擔っていたかがうかがえるであろう。

以上に誤りがないとすると、本墓主の執失奉節は執失思力の實子にほかならないことになる。そして、執失奉節自身が帯びた官職としては、墓誌には、

千牛備身・右屯衛長上校尉・振威副尉・游撃將軍・善福府右果毅都尉・常樂府左果毅都尉・上騎都尉

の諸官號が刻される。すなわち、執失氏の勳功をたたえて一族の者を昭陵に陪葬するのであれば、執失善光よりもはるかにこの執失奉節の方がそれにふさわしいのである。にもかかわらず、執失奉節は昭陵に陪葬されなかった。なぜであろうか。

それは、やはり執失思力の實子としてあの房遺愛謀反事件の影響を受けたからだと思われる。そのことは、本墓誌文にも匂わされているが、ことがことであるだけに、誠に微妙な言い回しとなっている。以下に、その部分（誌文第

九〜一一行）を讀んでみよう。

〔原文〕

往以醜徒背義、包藏樂禍。潛擬忠良、奄罹刑憲。幸屬震嚴降察、曲監非辜。但以在法難違、遂甘遐裔。罰嗣移望、賞延斯及。堯舜之道、千載而來。

〔訓讀〕

往《さき》以に、醜徒義に背き、樂禍を包藏す。潛かに忠良に擬へども、奄かに刑憲を罹む。幸ひにして、震嚴して察を降し、曲監して辜に非ざるに屬す。但し、法に在りては違ひ難きを以て、遂に遐裔に甘んず。罰嗣いで望を移し、賞延びて斯に及ぶ。堯舜の道、千載にして來たれり。

〔口語譯〕

先に、凶徒が朝廷に背き、災いを恐れぬ心を抱いた。ひそかに忠良の臣を装ったが、にわかに官憲の捜査がおよんだ。さいわい、嚴しい取り調べが行われ、詳しい監査の結果、無罪と判定された。しかし、それでも法律には觸れたために、僻地への流刑に甘んじたのである。ついで、罰の等級が下がり、恩賞がおよぶこととなった。いにしえの聖徳の道は、千年たっても訪れて來たのである。

この文章は、執失思力の房遺愛謀反事件への連座を述べていることは疑いないであろう。前節末尾で觸れたように、事件は永徽四年（六五三）に起こり、思力の死は龍朔年間（六六一〜六六三）、名譽回復は麟德元年（六六四）であった。本墓主・執失奉節の死は顯慶元年（六五六）であるので、房遺愛事件の三年後であり、父の死と名譽回復の前なのである。したがって、奉節の昭陵陪葬はあり得なかったのであり、彼の三四歳という若さでの死も、おそらくは何らかの形で事件のまきぞえを食ってのことと推測されよう。

執失思力の名譽回復から五九年後の開元十一年、玄宗朝の朝廷は執失氏の功績を回顧して、思力の甥にあたり、武官として仕えていた執失善光を昭陵に陪葬したのである。

むすび

以上、二點の執失氏墓誌を手がかりにうかがえたことをまとめれば、

① 李淵の太原擧兵にあたって突厥が援軍を送ったことは從來も知られていたが、それは執失氏を主體とする突厥兵であった。また、唐が頡利可汗を捕らえて突厥を支配下に置いた際にも、執失思力が一役買った可能性がある。これらを、執失氏の子孫は祖先の勳功として自負していた。

② 執失氏は、唐の對突厥羈縻支配體制で重要な役割を果たし、唐の軍事行動においてもその一翼を擔っていた。

③ したがって、太宗朝に執失氏を代表して唐の武官を勤めた執失思力は、昭陵に陪葬される蕃將として何ら遜色はなかったはずである。しかし、高宗初期の房遺愛謀反事件に連座したために陪葬は見送られ、また彼の子の執失奉節も思力の名譽回復の前に死去した。

④ 玄宗朝になって、思力の甥にあたる武官・執失善光が死去すると、朝廷は李勣墓の南に墓域を設定して、この人物を昭陵に陪葬した。

のごとくである。それならば、執失善光の昭陵陪葬はいったいどのような意味があったのであろうか。

そもそも昭陵の陪葬は、太宗在位中の貞觀十一年（六三七）にはすでに行われているが、太宗の葬儀の直後に高宗が發した貞觀二十三年（六四九）八月二十八日詔には、

宜しく所司をして、昭陵の南の左右の廂に於て、封量して地を取り、仍りて卽ち疆域を標誌し、擬して葬所と爲さしめ、以て功臣に賜へ。其れ、父祖陪陵せられ、子孫の來たりて葬に從はんと欲する者有らば、亦た宜しく聽許すべし。

（『唐會要』巻二一、陪陵名位）

とある。すなわち、祖先が昭陵に陪葬され、子孫が從葬を希望すれば聞き入れられたのである。[11]執失善光の場合は祖先が昭陵に陪葬されてはいないが、遺族が執失氏と思力の名譽回復を願ったことは想像に難くない。しかし、かりにそうだとしても、朝廷側には別の論理が働いていたのではなかろうか。

安史の亂以前の唐の皇帝は、中國の王であるとともに、天可汗でもあった。そして、いうまでもなく、天可汗は太宗が北族からその稱號を贈られたことに由來する。つまり、太宗は初代の天可汗なのである。したがって、その陵墓である昭陵の北闕には蕃臣像が飾られ、また南麓には多くの外來種族の陪葬墓が造られたのである。唐初の功臣で突厥人武將である執失思力は、陪葬に最もふさわしい一人であったが、それは見送られていた。祖先に陪葬者がいないにもかかわらず執失善光が昭陵に陪葬された背景には、こうした事情があったからであり、つまりそれは唐朝廷が天可汗陵である昭陵を實現してゆく一齣なのである。とすれば、なぜ昭陵に陪葬されているのか不可解な陪葬者について、彼らの出自や、いつどのようないきさつで陪葬されたのかを突き詰めていけば、唐代における「昭陵」實現の姿を浮かび上がらせることができるのではあるまいか。

注

（1）　張建林・史考「唐昭陵十四國蕃君長石像及題名石像座疏證」（『碑林集刊』一〇、二〇〇四年）、國家文物局主編『2003中國重要考古發現』「陝西冷泉唐太宗昭陵北司馬門遺址」（文物出版社、二〇〇四年）、林俊雄『ユーラシアの石人』（雄山閣、二〇〇五年）第Ⅱ部第四章「中國の石像」、特に一七三～一七七頁。

（2）來村多加史『唐代皇帝陵の研究』（學生社、二〇〇一年）、上編第二章第四節「『唐會要』「陪葬名位」補注」二二七～二三五頁。このほか、同書上編第一章、二一～三八頁、第二章、一九三～一九六頁も參照。

（3）『昭陵碑石』（三秦出版社、一九九三年）一頁、「昭陵陪葬墓分佈示意圖」による。

（4）頡利發は俟利發とも表記され、テュルク語の eltäbär, eltäbir, iltäbär, iltäbir の漢字音寫であり、突厥および鐵勒の可汗を出す部族以外の諸部のうち、比較的に有力部族の首長が頡利發（俟利發）を、弱小部族の首長が頡斤（俟斤、irkin）を稱したという。護雅夫「鐵勒諸部における eltäbär, irkin 號の研究」（同氏『古代トルコ民族史研究』Ⅰ、山川出版社、一九六七年）。

（5）『舊唐書』卷六七、李靖傳、『册府元龜』卷四二〇、將帥部掩襲、等。

（6）『唐會要』卷二八、蒐狩、『册府元龜』卷四〇七、將帥部諫諍、等。

（7）『舊唐書』卷一八五上、良吏上、田仁會傳、『唐會要』卷九六、薛延陀の條、『册府元龜』卷四三二、將帥部示弱、等。

（8）『舊唐書』卷一九六上、吐蕃傳上、『新唐書』卷二一六上、吐蕃傳上、等。なお『新唐書』は注（5）以下の史料などによって卷一一〇に執失思力傳を立傳する。

（9）石見淸裕「唐の突厥遺民に對する措置」（石見『唐の北方問題と國際秩序』、汲古書院、一九九八年）。

（10）房遺愛は唐初の功臣房玄齡の次子で、太宗の高陽公主を娶ったが、公主は太宗に疎んじられてより怏々として樂しまず、帝の崩御後ついに夫や皇族の一部を卷き込む謀反に發展した。『舊唐書』卷六六、『新唐書』卷九六、房玄齡附傳、『新唐書』卷八三、太宗二十一女傳、合浦公主條。

（11）來村、前掲書、二二五～二二九頁。

〔付記〕小論は、平成一七～二〇年度科學研究費補助金基盤研究（A）（一般）「シルクロード東部地域における貿易と文化交流の諸相」（研究代表・大阪大學教授・森安孝夫）による研究成果の一部である。

杜佑の戸口論

北川俊昭

はじめに

最初の「政書」として知られる唐の杜佑『通典』二〇〇巻は、諸制度の沿革を敍述し、目指すべき統治のあり方を說く、經世の書として位置づけられている。編者杜佑は史學者としての側面だけでなく、周知のように德宗・順宗・憲宗の三代にわたって宰相の地位を占め續けた。とくに當時重要視された財務關係の要職や財源地帶の節度使を歴任し、一時は唐朝の財政運營權を掌握した、政治家としての面を持つことを忘れてはならない。安史の亂後の大變動を經驗し、財政を最優先とする國家に變質したとされる唐後半期の狀況を受けて『通典』は編纂されているのだから、本稿で取り上げようとする杜佑の財政經濟論も、當時の政治の背景、社會の變化が色濃く反映されているはずである。

本稿はこうした視點に立ち、『通典』の食貨篇にみえる「論曰」という書き出しで始まる論說に考察を加える。これらは『通典』のなかでも中心に位置する政治的提言であり、その第一は同書巻七末尾の歴代戸口の盛衰に關する論說で、第二は食貨篇末の輕重策に關する論說（以下、「戸口論」「輕重論」とそれぞれ表記）である。[1] そのふたつの論說のうち、今回は「戸口論」に焦點をあて、杜佑の財政經濟論の特徵と當時の政治狀況とのかかわりをさぐってみたい。

一　「戶口論」の内容

本節では諸先學の研究を參考にして、「戶口論」の内容を概觀する。[2] 杜佑が食貨を重視していたことはよく知られているが、具體的にどのように衣食と財貨の充實をはかり、何を國政の根本にすえるのか、それを論じたのが『通典』丁中のあとに掲載された「戶口論」である。全體の構成が理解しやすいように、六つの段落にわけてその要點を解説していく。(〈 〉内は夾注を示す。全文を掲載することは紙幅の制約上、不可能であるので一部省略した)

1論曰、昔賢云「倉廩實知禮節、衣食足知榮辱。」夫子適衞、冉子僕。曰「美哉庶矣。」「既庶矣、又何加焉」曰「富之。」「既富矣、又何加焉」曰「教之。」故知國足則政康、家足則教從、反是而理者、未之有也。夫家足不在於逃税、國足不在於重斂。若逃税則不土著而人貧、重斂則多養贏而國貧、不其然矣。〈管子曰「以正戶籍、謂之養贏。」贏者、大賈蓄家也。正數之戶既避其賦役、則至浮浪、以大賈蓄家之所役屬、自收其利也〉

昔の賢人は以下のように指摘する。管仲は「穀物の倉庫が充實すれば、人民は禮儀や節操を身につけるようになり、衣食の日常生活が充足すれば、榮譽と恥辱をわきまえて行動するようになる」と述べる。また孔子が衞の國に行ったとき、冉有がお供をして馬車を御していた。孔子は「さても人が多いことだ」といった。冉有は「人が多くてにぎやかですが、その上に何を加えましょう」と質問した。孔子は「民を富ませて、生活を豊かにすることだ」と答えた。冉有はさらに「富んで豊かになり、生活が安定したなら、その上何をつけ加えましょう」と質問した。孔子は「民の教育である」と答えた。これらの指摘により、國が充足すれば政治は安らかで、家が充足すれば教化に従う、これに反してうまく治まったためしはないことがわかる。……過重に税を取り立てれば多くの豪商や資産家を養うことになり國は貧しくなる。これが『管子』國蓄篇の「本業のある者に課税するのを、贏を扶養する方法と呼ぶ」ということなのである。「贏」とは豪商や資産家をいう。本業を有する者に課税すれば賦役を避けて浮浪の民となり、豪商や資産家が彼らを圍い込みその利を獨占してしまうことになる。

2三王以前、井田定賦。秦革周制、漢因秦法。魏晉以降、名數雖繁、亦有良規不救時弊。昔東晉之宅江南也、慕容・苻・姚・迭居中土、人無定本、傷理爲深、遂有庚戌土斷之令。財豐俗阜、實由於茲。其後法制廢弛、舊弊復起、義熙之際、重擧而行、已然之效、著在前志。

魏晉以降、賦税の名目が多くなっても、良法の實行により時弊を救うことはできなかった。江南によった東晉時代は、華北の地には異民族が交互に盤踞し、民に定住すべき土地がなく政治を深く損なった。そこで東晉の桓溫が興寧二（三六四）年三月庚戌に庚戌の土斷を行い、これによって財貨が豐富で風俗も良好になった。その後、法制が弛緩し舊弊がまた起こると、今度は劉裕が義熙八、九（四一二、四一三）年にかさねて土斷を實行した。その效果は前代の史書に明らかである。

3隋受周禪、得戸三百六十萬。……洎於大業二年、干戈不用、惟十八載、有戸八百九十萬矣。……其時承西魏喪亂・周齊分據、暴君慢吏、賦重役勤。人不堪命、多依豪室、禁網隳紊、姦僞尤滋。高熲覩流冗之病、建輸籍之法。於是定其名、輕其數、使人知爲浮客、被彊家收太半之賦、爲編甿奉公上、蒙輕減之征。〈浮客、謂避公税・依強豪作佃家也。……高熲設輕税之法、浮客悉自歸於編戸、隋代之盛、實由於斯。〉先敷其信、後行其令、烝庶懷惠、姦無所容。隋氏資儲遍於天下、人俗康阜、熲之力焉。功規蕭・葛、道亞伊・呂、近代以來未之有也。〈……京都及幷州庫布帛各數千萬、而錫賚勳庸、竝出豐厚、亦魏晉以降之未有〉

隋は北周の禪讓を受け、その戸數は三百六十萬であった。……戰爭が終息してわずか十八年目の大業二年には、八百九十萬になった。當初西魏の爭亂と北周・北齊の分據を承け、暴虐な君主と怠慢な官吏が賦税を重くし徭役を嚴酷にした。民は命令に堪えず多くは富豪を賴り、禁令が紊亂し姦僞がもっとも横行した。そこで定住できず流亡する病弊を察した高熲は輸籍の法をたてた。これによって徵税の名目を確定しその數量を輕減し、民に浮寄戸のままで富豪に重い税を納めるよりも、國家に編附されてお上に奉公し輕い税を納めたほうが良いことを知らしめた。……隋代の物資の充實と風俗の安定は、高熲の力によるものである。……

杜佑は輸籍法を一種の輕税策と理解し、富豪層に庇護されていた人々の編戸化を推進し、地方官吏の不當な收奪を防いだという。高熲の功績は蕭何・諸葛亮に匹敵し、その治政は伊尹・呂尚につぎ、近代未曾有の業績であると杜佑は稱讚を惜しまない[3]。

4國家貞觀中有戸三百萬、至天寶末百三十餘年、纔如隋氏之數。……自建中初、天下編甿百三十萬、賴分命黜陟、重爲案比、收入公税、增倍而餘。〈諸道加出百八十萬、共得三百一十萬。〉遂令賦有常規、人知定制、貪冒之吏、莫得生姦、狡猾之甿、皆被其籍。誠適時之令典、拯弊之良圖。〈舊制、百姓供公上、計丁定庸調及租、其税戸雖兼出王公以下、比之二三十分唯一耳。自兵興以後、經費不充、於是徵斂多名、且無恆數、貪吏橫恣、因緣爲姦。法令莫得檢制、烝庶不知告訴。其丁狡猾者、卽多規避、或假名入仕、或託跡爲僧、或占募軍伍、或依信豪族、兼諸色役、萬端蠲除。鈍劣者卽被徵輸、困竭日甚。建中新令、竝入兩税、恆額既立、加益莫由、浮浪悉收、規避無所〉

唐の貞觀年間の戸數は三百萬であったが、天寶末年にいたる百三十餘年の間にようやく隋代の數に達した。……建中年間の初め、全國で百三十萬戸を編附した。各地に黜陟使を派遣し、徹底して比較調査させ、國家の税收は增倍してなお餘裕があった。〈諸道からの百八十萬を加えると、合計三百十萬戸となる。〉これで遂に賦税における一定の規則が出來上がり、人に税制が確定したことを知らしめた。貪冒な吏員も悪事をすることができず、狡猾な民も皆戸籍に登載された。誠に時代に適した令典であり、舊弊を救った良圖といえる。〈舊來の税制では、人民がお上に差し出すには、丁數を計って租庸調を定めた、税錢は王公より以下、すべての編戸に區別なく課せられたが、租庸調と比較すれば二、三十分の一にすぎない。安史の亂後、經費は不足し、そのために徴税の名目が多くなり、かつ定數もなかったので、貪欲な吏員が横暴をきわめて惡事を犯しても、法令で取り締まることもできず、民は告訴することすら知らなかった。租税負擔者のうち狡猾な者は、多く納税を避け、ある者は名義借りして入仕し、ある者は寺に依託して僧となり、ある者は軍人に應募し、さらには豪族に身を寄せて、各種の徭役は皆免除された。鈍劣な者は、納税を擔わされ、困窮は日々甚だしくなった。建中元年に新たに政令を發布し、みな兩税に繰り入れた。そこで税額の定數が決まり、勝手に税を追徴できなくなり、浮浪の民は悉く國家に吸收され、納税を回避することもなくなった〉

　安史の亂後に税目が亂立し、税額も一定でないため徴税擔當の役人が惡事を重ねたこと、しかし法令でこれを取り締るのも、民が告訴するのも不可能な狀態であったこと、狡猾な連中は巧みに税負擔を回避するいっぽう、その分だけ鈍劣な者たちに負擔が集中し貧困を窮めていったことを指摘する。以上の社會的弊害を解決し、税收も倍增して國家財政の基盤を確保したのが、德宗朝、建中元年の兩税法であると高く評價する。

5而使臣制置各殊、或有輕重未一、仍屬多故、兵革薦興、浮冗之輩、今則衆矣。徴輸之數、亦以闕矣。舊額既在、見人漸艱、詳今日之宜、酌晉・隋故事、版圖可增其倍、征繕自減其半。賦既均一、人知税輕、免流離之患、益農桑之業、安人濟用、莫過於斯矣。〈計諸道簿帳所收、可有二百五十餘萬戸。按歷代戸口、多不過五、少不減三、約計天下除有兵馬多處食鹽、是知見在之數。若採晉・隋舊典制置、可得五百萬矣。以五百萬戸共出二百五十萬戸税、自然各減半數〉

　しかし地方に派遣された使者の統制處置も各々異なり、輕重も均一ではない、近頃は樣々な事情により、軍亂がしきりに起こり、今日でも浮冗の輩は多い。納税の數量も、また充分とはいえない。舊來の税額が定まっているために、納税者はしだいに苦しむようになった。今日の便宜を詳らかに考え、晉・隋の故事を斟酌するなら、版圖は倍増して各自の負擔もおのずから半分に輕減できるのである。賦を均一にした上、税が輕いことを民が知り、流亡の患から免れて、農桑の業を増やせば、民を安んじ經費を充たすこと、これに勝る方法はない。〈諸道の簿帳に登載された數字を集計すると、二百五十餘萬戸となる。歴代の戸口を調べると、多くてもこの數字の五倍を超えず、少なくても三分の一以上を減じた數にはならない、兵馬が多くいる所を除き全國の食鹽の消費量を基礎に約計すると、現在の戸口數を知ることができる。今もし晉・隋の舊法を採用して各地を統制處置すれば、五百萬戸を獲得できる。五百萬戸で二百五十萬戸分の税額を納めるなら、自然と各自半分の減税を實現できるわけである〉

兩税法施行直後から、藩鎭や國境での動亂が續き軍事費が増大していたが、その對應策を述べる。それは晉の土斷法と隋の輸籍法の故事にのっとり、今一度戸口を洗いだして國家に編附し、租税負擔者數の増大により、税の割り當てを均一にし負擔の輕減を實感させることである。その實現こそ、民の流亡を防止し農業と養蠶の振興をもたらし、人心を安定させ國家財政をまかなう最善の方策であるという。

6古之爲理也、在於周知人數、乃均其事役、則庶功以興、國富家足、教從化被、風齊俗和。……及理道乖方、版圖脱漏、人如鳥獸、飛走莫制。家以之乏、國以之貧、姦宄漸興、傾覆不悟。斯政之大者遠者、將求理平之道、非無其本歟。

太古の政治は人口數を周知し、それによって負擔を均等化したので、庶民の生業は振興し、國は富裕となり家は充足し、教化があまねく及び風俗が整った。……政治がくずれ領域内の戸數把握に漏れが生じ、人々が鳥獸のように流離すれば、家はそのために乏しく國はこれによって貧しくなり、内亂がしだいに生起し國を轉覆しつつあるのも氣づかない。治政とは廣大で深遠なものである、治平の道を求めるなら、この根本こそ無くしてはいけない。

「戸口論」は全體として、最初の段落でその基調となる見解を表明し、最後の段落でふたたびそれを強調するという構成をとる。第一段落冒頭で『管子』牧民篇と『論語』子路篇を引用して持論を補強するが、それはまず衣食の充實により人民を富裕にするのが教化の前提であるという見解である。[4] この考えは、『通典』自序の主張の繰り返しでもある。[5] その場合、家の充足は稅を逃れることによるのでなく、國の充足も稅の過重な取り立てに頼ってはならない。そして最後の第六段落でも、周代より政治の要諦は、人口を把握して稅の負擔を均等にすることにあり、國と家を裕福にしてのち教化へといざなうことが國政の根本であると締めくくる。

とくに興味深いのは、第一段落と第六段落に挾まれた四つの段落の論法である。第二段落以降は、各王朝が戸口數を把握して人民の負擔の均一化をすすめ、民生の安定と財政基盤の確立を成し遂げた具體的な政策を示す。それは東晉の土斷法、隋の輸籍法、唐の兩稅法の三つである。各段落における論旨の展開方法はまったく同一で、魏晉以來の時弊の救濟に效果があった土斷法、西魏末の混亂より生じた流亡の病弊を打開した輸籍法、唐の綱紀の紊亂と租庸調制の崩壞による社會的弊害を救った兩稅法、各々の意義が積極的に位置づけられる。各政策が要請されるにいたった社會背景と時代の必然性、さらに加えて各政策の利點とその功績を追認する展開となっている。そして第五段落では、またもや現在の弊害を克服するためもう一度、前例に倣い浮寄戸を洗い出して編戸に繰り入れ相對的な輕稅を實現するよう主張するのである。このように中間の四つの段落はすべて、弊害とその改善策を組み合わせて記述され、時弊に遇えば變通が必要であり、弊害を除去するための政策の實行を強調する論法は、「輕重論」や「省官議」などからも讀み取れる、杜佑の經世論に通底する思想である。[6]

その自序にあるように、『通典』は原則として唐天寶年間までを記述の對象としている。しかし、ここではその原則にこだわらず、建中元年の黜陟使の派遣、新たに把握した客戸數（百三十萬戸）、兩稅法の施行、そして杜佑の集計による「戶口論」執筆時における戶口數（二百五十餘萬戶）など、貴重な數値を掲示しつつ例外的に言及する。[7] とりわけ兩稅法について附言すれば、『通典』卷六、食貨六、賦稅下にも建中元年の發布の詔敕を掲載しているので、杜佑の思想に關する從來の研究では、「戶口論」にみえる兩稅法擁護論ばかりが注目されていたように思う。[8] 確かに後述のように、杜佑は財務官僚として楊炎の期待に應えようと行動した事實もあり、中唐期に兩稅法をこれほど明瞭に肯定した人物はいない。ただ、この論說を虛心に讀めば、杜佑の主張の眼目は、むしろ第五段落の兩稅法施行後に新たに生じた弊害の打開にある。すなわち、この文章は兩稅法成立にいたった過去の出來事を回顧した單なる論贊・史論ではない。國家による戶口の把握と輕稅の實行という、これまで採用された諸政策の成果を強調し、自己の現狀改革案がそうした歷史的事實から導き出される當然の歸結であると述べるのである。

以上、「戶口論」の內容を概觀した。『通典』は、編纂開始から大曆末年の草稿の完成までと、その增補訂正という二段階の編纂をへて朝廷に上呈された顚末は、かつて論じたことがある。『通典』における安史の亂後の出來事に言及した記事で、これほどまとまった分量の杜佑の言說は、「輕重論」と職官にある建中年間の「省官議」以外にはない。[9] 他の記事も官職改廢や州郡配置の變遷などという斷片的な事柄にすぎないのであり、具體的な數字を驅使したこのような主張は、『通典』における天寶以降の記事としてはきわめて異例である。こうした事實からも、杜佑がこの論說をいかに重要視しているかが判明するのである。

二　楊炎の財政政策と杜佑

楊炎が遂行した財政機構の改革に杜佑が協力した事實はよく知られているが、はじめに杜佑の擔った役割の重要性から指摘したい。德宗が卽位して、大曆一四年八月に宰相となった楊炎は、すぐに一連の財政改革に着手した。左藏庫の機能回復、兩稅法の施行、財政使職の廢止という三政策の斷行である。[10] 杜佑との關連でとくに注目されるのは、建中元年正月に發令された財政使職の廢止である。當時、鹽鐵轉運使の劉晏は度支使も兼務して全國の財賦を掌握し、辟召制による獨自の人材登用によってその影響力を擴大して、宰相をも脅かすほどの權力を持つまでになっていた。これを排擊して財政使職の權限を削り、財政運營の主導權を取り戾し中央集權の強化をねらったのが楊炎であった。この時期に杜佑が中央政界に徵召され、楊炎のこうした目的の實現に盡力したことは、つぎの史料などにより確認できる。

楊炎入相、徵入朝、歷工部・金部二郎中、竝充水陸轉運使、改度支郎中、兼和糴等使。時方軍興、餽運之務、悉委於佑、遷戶部侍郎・判度支。（『舊唐書』卷一四七、杜佑傳）

由殿中侍御史轉主客員外郎・工部郎中、再爲撫州刺史。以御史中丞領容州刺史・經略使、入爲金部・度支郎中。復兼中丞、超拜戶部侍郎、出爲蘇州刺史、屬受代者以憂闋換饒州刺史。（「杜公淮南遺愛碑銘幷序」）[11]

すなわち、楊炎が宰相になってから、杜佑は地方官より拔擢され、建中元年三月に金部郎中・江淮水陸轉運使となる。當時杜佑は四十六歲、その職責の重要性と行政手腕への期待の大きさは、彼が就任したポストが明確に物語っている。『舊唐書』卷一一八、楊炎傳に

炎救時之弊、頗有嘉聲。……初、載得罪、左僕射劉晏訊劾之、元載誅、炎亦坐貶、故深怨晏。晏領東都・河南・江淮・山南東道轉運・租庸・靑苗・鹽鐵使、炎作相數月、欲貶晏、先罷其使、天下錢穀皆歸金部・倉部。

とあり、楊炎は政敵の劉晏を排除するため、中央の尙書戶部（金部曹・倉部曹）に全國の錢帛と穀物を歸屬させ、財政使職が果たしていた機能を移管しようとした。その移管先の郎官人事を掌握した楊炎により、改革の樞要ポストとなっ

た金部郎中に選任されたのが杜佑だったのである。また江淮水陸轉運使にも起用され、かつて劉晏が統轄していた東南部の財賦の輸送も分掌する[12]。この時期の金部員外郎は李舟、倉部郎中は孫成であった。兩人とも楊炎の「腹心」であり、宰相主導による中央集權化の實をあげるために、楊炎は自己の黨人を選拔して財務關係の要職を固めたわけである[13]。この直後の建中二年初頭、河朔の藩鎭の反亂が勃發し、その討伐のための軍糧調達も杜佑に專任させることになった。そして、時期は確定できないが彼は、これも財務の要である度支郎中および和糴使をへて、同年一一月になると中央財務の最高責任者である戶部侍郎・判度支にまで昇進する[14]。

つぎにこのような重責を杜佑が擔った要因を、ふたつの事柄から檢討してみたい。第一は、楊炎と杜佑における財政上の理想と時代認識の共通性である。兩稅法制定の趣旨を示す基本史料の『唐會要』卷八三、租稅上には、

其（大曆一四）年八月、宰相楊炎上疏奏曰「國家初定令式、有租賦庸調之法。至開元中、玄宗脩道德、以寬仁爲治本、故不爲版籍之書、人戶浸溢、堤防不禁。丁口轉死、非舊名矣。田畝移換、非舊額矣。貧富升降、非舊第矣。戶部徒以空文總其故書、蓋非得當時之實。舊制、人丁戍邊者蠲其租庸、六歲免歸。玄宗方事夷狄、戍者多死不返、邊將怙寵而諱敗、不以死申、故其貫籍之名不除。至天寶中、王鉷爲戶口使、方務聚斂、以丁籍且存、則丁身焉往、是隱課而不出耳。遂按舊籍、計除六年之外、積徵其家三十年租庸。天下之人苦而無告、則租庸之法弊久矣。

とあり、楊炎はまず開元年間の丁數や資產の把握の不徹底、對外戰爭によって當初の戶口數が現實と一層乖離したこと、天寶期の王鉷より始まる聚斂の臣の橫暴、それにともなう人民の勞苦などを指摘する。この上奏文は引き續き安史の亂から兩稅法成立期までの變遷について、つぎのように述べて、

迨至德之後、天下兵起、始以兵役、因之飢癘、徵求運輸、百役竝作、人戶凋耗、版圖空虛。軍國之用、仰給于度支・轉運二使、四方大鎭、又自給於節度・團練使、賦斂之司增數而莫相統攝。於是綱目大壞、朝廷不能覆諸使、

諸使不能覆諸州。四方貢獻、悉入内庫。權臣猾吏、緣以爲奸、或公託進獻、私爲贓盜者、動以萬計。有重兵處、皆厚自奉養、正賦所入無幾。吏之職名、隨人署置、俸給厚薄、由其增損。故科斂之名凡數百、廢者不削、重者不去、新舊仍積、不知其涯。百姓受命而供之、旬輸月送、無有休息。吏因其苛、蠶食於人。凡富人多丁、率爲官爲僧、以色役免、貧人無所入則丁存、故課免於上而賦增于下。是以天下殘瘁、蕩爲浮人、鄉居地著者百不四五、如是者迨三十年。」炎遂請作兩稅法……

（同前）

權臣と不正な官吏の稅の貢獻と私物化、さらに「戸口論」第四段落と同様に稅目の度重なる增設、富民の傜役回避と貧民への負擔の集中、人民の流亡化による逃戸の增大などを示しつつ、疲弊した社會狀況を描く。楊炎の戸口論ともいえるこの上奏文で、近三十年の國政の推移と農民の現狀をこのように認識し、杜佑と同じく中唐期に顯在化した積弊の打破と困窮する人民の救濟の方策として、兩稅法を位置づけようとしていることがわかる。[15] さらに

炎因奏對、懇言其弊、乃請作兩稅法、以一其名、曰「凡百役之費、一錢之斂、先度其數而賦於人、量出以制入。……其田畝之稅、率以大曆十四年墾田之數爲準而均徵之。夏稅無過六月、秋稅無過十一月。逾歲之後、有戸增而稅減輕及人散而失均者、進退長吏而以尙書度支總統焉。」德宗善而行之、詔諭中外。而掌賦者沮其非利、言租庸之令四百餘年、舊制不可輕改。上行之不疑、天下便之。人不土斷而地著、賦不加斂而增入、版籍不造而得其虛實、貪吏不誡而姦無所取。自是輕重之權、始歸於朝廷。

（『舊唐書』卷一一六、楊炎傳）

とある。實際は別問題として、人民の土着と稅收の增加をもたらし、戸口の實態も把握され稅を貪る吏員による惡事がなくなったとする點は、兩稅法導入による成果として「戸口論」第四段落でも評價されているとおりである。國家の財政基盤の確立にあたり、戸口把握の推進によって租稅負擔の輕減化と均等化を重視する楊炎の考えは、「戸口論」における杜佑の主張と一致するのである。

三　楊炎と杜佑の人的つながり

本節では、杜佑が中央政界で活躍することになった第二の要因として、楊炎と杜佑の人的つながりを検討したい。杜佑が楊炎派とみなされたことは、『唐語林』巻六、補遺に、

司空（杜佑）曾爲楊丞相炎判官、故盧新州見忌、欲出之。公見桑道茂、道茂曰「年内出官。」官名遺忘、福壽果然。

とあって容易に確認できるが、これは中央官として拔擢された建中年間以降の關係を傳える記事にすぎない。杜佑の人脈としては、李華・李翰の父子、趙匡、沈既濟、陸淳といった中唐期のいわゆる古文運動の先驅者や春秋學者との交流や影響がすでに指摘されている。詳細は島一氏の一連の研究があるので、參照されたい[16]。ただし楊炎と杜佑については、管見による限り、建中年間以前の直接の接點・交流を示す史料は見出しえない。よってここでは、杜佑が入朝する以前の人間關係について、留意すべき事柄を推測を交えつつ整理するにとどめる。

楊炎の傳記を參看すると、彼が肅宗朝の至德二年に着任した杜鴻漸のため「河西節度使杜公碑」を記して、その功德を稱えていることが目を引く。杜鴻漸は代宗朝には宰相となり、永泰二年二月に楊炎は、

永泰末、劍南叛亂、鴻漸以宰相出領山・劍副元帥、以亞及楊炎竝爲判官。使還、授吏部郎中・諫議大夫、炎爲禮部郎中・知制誥・中書舍人。（『舊唐書』巻一四六、杜亞傳）

とあるように、劍南地方の反亂平定に向かう杜鴻漸の判官となった。大曆二年に彼とともに中央に歸還すると、禮部郎中、中書舍人などの官職に就任している。そもそも杜鴻漸も、古文家たちと決して無縁ではなく、

弘農楊君、諱極、字齊物……擧進士時、刑部侍郎樂安孫公逖、以文章之冠爲考功員外郎、精試羣材。君（楊極）以南陽張茂之、京兆杜鴻漸、瑯邪顏眞卿、蘭陵蕭穎士、河東柳芳、天水趙譁、頓邱李琚、趙郡李蕚・李欣、南陽張階……等、連年高第。華亦與焉。（李華「楊騎曹集序」『文苑英華』巻七〇一、序三、文集三）

とあり、李華・蕭穎士といった古文家とともに考功員外郎の孫逖によって進士に擧げられている。のち楊炎が改革の目玉ポストの倉部郎中に選出した孫成は、孫逖の息子である。また楊炎が金部員外郎に任じた李舟は、獨孤及のため序文を記している。そこには父の李岑の頃から、蕭穎士・李華・賈至という古文家との交友關係が見出され、

先大夫（李岑）、嘗因講文、謂小子（李舟）曰「吾友蘭陵蕭茂挺、趙郡李遐叔、長樂賈幼幾、洎所知河南獨孤至之、皆憲章六藝、能探古人述作之旨。」（李舟「獨孤常州集序」『文苑英華』巻七〇二、序四、文集四）

とある。以上のことからも、古文派の流れを汲む人物と楊炎政権のかかわりを確認できるのである。[17]

さらに大事なことは、杜鴻漸は韋元甫という人物とも關係が深く、『舊唐書』巻一一五、韋元甫傳に、

韋元甫……初任滑州白馬尉、以吏術知名。……元甫精於簡牘、（員）錫詳於訊覆……大曆初、宰臣杜鴻漸首薦之、徵爲尙書右丞。會淮南節度使缺、鴻漸又薦堪當重寄、遂授揚州長史・兼御史大夫・淮南節度觀察等使。

とあり杜鴻漸の推擧により、尙書右丞から大曆三年には淮南節度使に榮轉する。韋元甫は後述のように、潤州刺史時代（寶應元年〜廣德二年頃）に杜佑の才覺を見拔き、杜佑の父希望に恩顧を受たこともあり自分の部下にする。その後、蘇州刺史・浙西觀察使さらに淮南節度使へと轉遷しても、幕職官として終始身近におき厚く信任したという。こうして杜佑は江淮地方を舞臺に實務經驗を積み、その行政手腕に磨きをかけていく。吏術をもって知られ行政上の文書や帳簿にも精通した韋元甫は、杜佑にとっても得難き先達であった。

大曆六年の韋元甫の死後、撫州刺史となった杜佑は、大曆一三年に包佶の知遇を得ている。[18] 包佶は劉晏の故吏とい

う履歴を持ち、元載の失脚により嶺南に左遷されていたが、その才能を認められ楊炎の黨人として江州刺史となった。楊炎政權下、鹽鐵使を權領して江南地方の財賦と鹽鐵の専賣業務を委任された。そして建中二年には、杜佑の後任として戶部郎中・江淮水陸轉運使に充てられ、その後も苦難に遭遇しながら財務官僚、また一流の詩人として活躍する。[19]さらに杜佑の親友には史官として有名な沈既濟がいる。彼は楊炎派に屬し、楊炎が宰相となると左拾遺・史館修撰に拔擢され、その「腹心」として自己の史筆の才を發揮した人物である。[20]

以上の檢討によれば、楊炎はまず杜鴻漸を通じて韋元甫の配下にいた杜佑を知った可能性がある。そして韋元甫の任地である潤州（鎭江）から蘇州、あるいは揚州において、杜佑と韋元甫、李翰、張延賞らとの交流が確認されている。[21]また撫州（臨川）に着任してからは、包佶という文人との關係も見出せる。杜佑は政治上の黨派としては、包佶や沈既濟に代表される元載や楊炎が登用した人物とのかかわりが密接であった。その交流は古文家たちの活動の中心地であり、かつ杜佑の任地でもあった江南地方において展開された點に特色があったといえよう。楊炎自身は、文辭主義すなわち文筆家としての素養と、禮教主義すなわち禮教の保持者の兩要素を完備する逸材とみなされる。[22]彼は文學的素養のある人物を多く自己の派閥に招き入れたといわれるが、調べてみても杜佑については、そうした素養や要素の具備を明示する記事は見出しえない。[23]したがって、むしろ後述のように地方官として積み重ねてきた實務執行能力と江南一帶で展開された人的交流とが、楊炎との關係づけの契機となり、前節で說明した重要ポストへの拔擢の主要な要因となったと推測される。

建中二年七月に楊炎が德宗に疎まれて失脚すると、翌年には藩鎭の反亂に對する軍費捻出手段の對立により、杜佑も宰相の盧杞によって地方へ左遷される。それでもその後、楊炎と揆を一にする時代認識のもと「戶口論」を記して、兩稅法という新稅導入にいたる社會背景を詳論したのである。杜佑は楊炎の名前こそ擧げないが、兩稅法の支持も前述のような人的つながりの反映であり、中央政府主導の財政運營による國權の強化という楊炎の基本理念は、杜佑にも受け繼がれていくのである。(24)

貞元年間の竇參と陸贄の抗爭を分析し、その黨派的特色を考察された渡邊孝氏は、關隴系「門閥」官僚は財政の掌握・寵臣的性格・朋黨・權勢者（宦官）との結託を、山東「門閥」貴族は禮教の傳統の堅持・儒教的學識・文學的素養を機軸として結黨し、前者は司法や吏職に精通する實務派、後者は科擧を利用して官界に進出した文筆派、という對照點を指摘されている。(25) 氏の指摘は、杜佑の政治的立場と人的背景を檢討する上でも、大いに參考になると思われる。杜佑は京兆萬年の人・襄陽房とされ、關中系「門閥」貴族にあたる。(26) 無論、彼が本領を發揮したのは法務・財務關係で、その令名は着實に高まっていくことになる。『舊唐書』卷一四七、杜佑傳に

時潤州刺史韋元甫嘗受恩於希望、佑謁見、元甫未之知、以故人子待之。他日、元甫視事、有疑獄不能決、佑時在旁、元甫試訊於佑、佑口對響應、皆得其要、元甫奇之、乃奏爲司法參軍。元甫爲浙西觀察、淮南節度、皆辟爲從事、深所委信。……佑性敦厚強力、尤精吏職、雖外示寬和、而持身有術。

とあり、さきに紹介した韋元甫が潤州刺史のとき、司法案件の處理に關しその才能を見出され司法參軍に任じられている。そしてもっとも吏職に精通していたと傳えるこの記事は、杜佑の素養と器量を端的に象徴する證據として見逃せない。さらに、杜佑は兩稅法成立の背景を語る「戸口論」第四段落に、つぎのように記しているのである。

直以選賢授任、多在藝文、才與職乖、法因事斃。隳循名責實之義、闕考言詢事之道。崇秩之所至、美價之所歸、不無輕薄之曹、浮華之伍。習程典、親簿領、謂之淺俗、務根本、去枝葉、目以迂闊。風流相尚、奔競相驅、職事委於羣胥、貨賄行於公府、而至此也。

すなわち、官吏の登用においては文藝の才能ばかりが重視され、官員の才能と職務上必要な能力が乖離し、法制は

因循に流れて政治に悪弊が生じた。高位高官を占めるのは、輕薄な連中や浮華の輩ばかりであった。彼らは吏職を淺俗として輕蔑し、物事の根本に重點を置けば迂闊とみなす有り樣である。風流をたっとび競爭してこれを追い求め、職務を胥吏に委ねたため役所に賄賂が横行した、こうして官界の弛緩と腐敗が進行したのであると、その責任を追及する。文辭主義に流れ、法制や財務をなおざりにする人士への批判が展開され、彼の立場はここでも明確に把握できる。渡邊孝氏が竇參グループの分析より抽出された關中系「門閥」の特色のうち、「法務及び財務を據り所とする實務型」官僚、「科擧によらない非文筆型官僚としての性格が強く、典型的には、財務や權勢者との私的コネクション（朋黨）をテコとして政權中樞への進出をはかるという、玄宗朝以來の傾向性を保持」という指摘は、杜佑においても是認されるわけである。(27) もちろん、杜佑は竇參や裴延齡グループとは一線を畫していて、朋黨を形成して自己の權勢を擴大しようとすることはなかった。ただし彼自身も科擧を利用せず任子制、つまり門蔭によって出身していて、この點も關中系「門閥」貴族の典型といえる。前述のように、江南の文學者から杜佑が多大な影響を受けたことは贅言を要しないが、衣食の充足による人民と國家の安定を第一とし、その上で民衆の教化を進めるという統治論に、中唐期まで受け繼がれていた關中系「門閥」貴族の傳統的志向性をも見出すことができるであろう。(28)

おわりに

科擧制度が浸透しこれを階梯として官界に進出することが多くなり、政局の安定と內外の軍亂の鎭靜化も手傳って、杜佑の兩稅法肯定論は特異な存在となっていった。兩稅法批判に關していえば、同じ中唐期の陸贄が第一人者であり、その論理的で精緻な議論との對比は、杜佑の經世論の特徵を明らかにする上でも參考になる。兩者の論說と立場の比較については兩稅法に限定せず、財政經濟全般や禮樂制度、對藩鎮政策など、幅廣い角度からの檢討が必要である。もうひとつの杜佑の財政經濟論である「輕重論」の分析とともに、今後の課題にしたいと思う。

注

（1）　これらの「論」は『文苑英華』卷七四七、論九、食貨にそれぞれ「戶口人丁論」「平準論」と題して採錄されている。本稿では文章の內容を考慮し、金井之忠氏後揭論文と同じく「戶口論」「輕重論」と表記したい。

（2）　「戶口論」の抄譯および解說は、以下のような論考があるので參照されたい。金井之忠「隋の高熲の政術と通典の食貨典」（『文化』三—四、一九三六年）、同氏『唐代の史學思想』（弘文堂書房、一九四〇年）、鞠清遠原著・中嶋敏譯註『唐代財政史』（商務印書館、一九四〇年。國書出版株式會社、一九四四年）、島一①「『通典』における杜佑らの議論について——食貨・選舉・職官を中心として——」（『立命館文學』創刊五百號記念論集、一九八七年）同氏②「『通典』における杜佑の議論について——食貨・刑法を中心として——」（『立命館文學』五〇二、一九八七年）、徐大英「從『通典・食貨典』看杜佑富國安民的經濟思想」（『西南師範大學學報』〈哲學社會科學版〉一九九四—三、一九九四年）など。

（3）　高熲の政治活動については、金井氏前揭論文、谷川道雄「高熲と隋の政界」（『田村博士頌壽記念東洋史論叢』所載、同朋舍、一九六八年。のち同氏『隋唐帝國形成史論』增補版所收、筑摩書房、一九九八年）、唐長孺「唐代的客戶」（同氏『山居存稿』所收、中華書局、一九八九年）、李燕捷「隋代戶數增長情況分析」（『河北師院學報』一九八九—三、一九八九年）、陳明光「試論唐太宗『輕傜薄賦』思想及其實踐」（『中國社會經濟史研究』一九九三—一、一九九三年、のち同氏『漢唐財政史論』所收、岳麓書社出版、二〇〇三年）、李燕捷「隋代的輪籍定樣法」（『歷史研究』一九九五—二、一九九五年）を參照。

（4）　こうした見解は、『管子』治國篇に「凡治國之道、必先富民、民富則易治也、民貧則難治也。奚以知其然也、民富則安鄉重家、安鄉重家則敬上畏罪、敬上畏罪則易治也。……故治國常富、而亂國必貧。是以善爲國者、必先富民、然後治之」および『漢書』卷二四上、食貨志上に「食足貨通、然後國實民富、而教化成。黃帝以下『通其變、使民不倦』。堯命四子以『敬授民

時』、舜命后稷以『黎民祖飢』、是爲政首」として同様に見出せる。

（5）『通典』巻一、冒頭に「佑少嘗讀書、而性且蒙固、不達術數之藝、不好章句之學。所纂『通典』、實采羣言、徵諸人事、將施有政。夫理道之先在乎行教化、教化之本在乎足衣食。易稱聚人曰財。洪範八政、一曰食、二曰貨。管子曰『倉廩實知禮節、衣食足知榮辱。』夫子曰『旣富而教。』斯之謂矣」とある。

（6）「輕重論」に「酌古之要、適今之宜、旣弊而思變、乃澤流無竭」、『通典』巻四〇、職官二二に「隨時立制、遇弊變通、不必因循、重難改作」とある。また副島一郎氏は、「窮通の理」の追求という視點から『通典』の史學を考察されている。同氏「『通典』の史學と柳宗元」（『日本中國學會報』四七、一九九五年）を參照。

（7）胡寄窓氏は、杜佑が集計した二百五十餘萬、食鹽の消費量から獨自に推算した五百萬という數字を貴重な記録として強調される。ただし、いつの時點の戸口數か斷定できないこともあり、胡氏以外はほとんど注意されていないのは不思議である。同氏『中國經濟思想史』中（上海人民出版社、一九六三年）四五四、四八三頁を參照。

（8）齊濤・馬新『劉晏　楊炎評傳』（南京大學出版社、一九九八年）二四二頁を參照。なお、楊炎の兩稅法の贊否論については、小林高四郎「唐代兩稅法論考――支那經濟思想史の一齣――」（『社會經濟史學』三―六、一九三三年）、李志賢『楊炎及其兩稅法研究』（中國社會科學出版社、二〇〇二年）を參照。

（9）拙稿「『通典』省官議について」（『史觀』一三一、一九九四年）、「『通典』編纂始末考――とくにその上獻の時期をめぐって――」（『東洋史研究』五七―一、一九九八年）を參照。

（10）一連の財政改革の意義については、高瀨奈津子「安史の亂後の財政體制と中央集權について――建中元年の財政使職廢止をめぐって――」（『史學雜誌』一一〇―一一、二〇〇一年）を參照。

（11）この遺愛碑銘は『權載之文集』巻一一、碑銘、『唐文粹』巻五四、碑五、遺愛、『全唐文』巻四九六、權德輿一四にみえる。また『新唐書』巻一六六、杜佑傳を參照。

（12）すぐに財政使職が復活した事情については、礪波護「三司使の成立について――唐宋の變革と使職――」（『史林』四四―四、一九六一年。のち同氏『唐代政治社會史研究』所收、同朋舍、一九八六年）を參照。

(13)　楊炎の政治抗爭については、中川學「楊炎の財政改革の基調について」（『一橋論叢』五三―五、一九六五年）、卞孝萱「中唐政治鬪爭在小說中的反映」（『中華文史論叢』三八、一九八六年）、林偉洲「政治衝突與中唐稅政」（中國唐代學會編輯委員會編『唐代文化研討會論文集』所載、文史哲出版社、一九九一年）、鄭學檬「唐代德兩朝黨爭和兩稅法」（『歷史研究』一九九二―四、一九九二年）、鈴木正弘①「楊炎の『腹心』達」（『立正大學東洋史論集』一一・一二、一九九九年）、李志賢「中唐代・德二朝之際宰相之爭性質考辯」（韓金科主編『'98法門寺唐文化國際學術討論會論文集』所載、陝西人民出版社、二〇〇〇年。のち同氏前掲書所收）、高瀨氏前掲論文、李錦繡『唐代財政史稿』下（北京大學出版社、二〇〇一年）などを參照。なお、本稿でいう「腹心」の定義は、鈴木氏前掲論文によっている。

(14)　杜佑の履歷については、鄭鶴聲『杜佑年譜』（上海商務印書館、一九三四年）、岑仲勉「杜佑年譜補正」（『學原』二―四、一九四八年。のち同氏『岑仲勉史學論文集』所收、中華書局、一九九〇年）、郭鋒『杜佑評傳』（南京大學出版社、二〇〇四年）を參照。ただしこの年、建中二年七月には楊炎は尙書左僕射となり宰相としての實權を奪われ、一〇月にはすでに死を賜わっている。杜佑の戶部侍郎・判度支の就任は、楊炎派で前任者の韓洄の左遷にともなう人事と考えられよう。

(15)　島一氏らが指摘されるように、春秋學者たちは『春秋』の主旨を君主の責務としては「人民の救濟」に、臣下のあり方としては「現王朝體制の強化」にあると認識していた。時弊から人民を救濟するという思想は、春秋學者のみならず楊炎、そして杜佑にも共通する統治理念として注目すべきである。同氏「啖・趙・陸らの春秋學とその周邊」（『立命館文學』四三九・四四〇・四四一、一九八二年）と前注（6）を參照。

(16)　島氏前掲論文①②、同氏「中唐期の天人論と杜佑の『通典』」（『立命館文學』五〇六、一九八八年）、同氏「中唐期における天人論とその背景」（『立命館文學』五一二、一九八九年）を參照。

(17)　古文運動の先驅者とかかわりが深い點は、すでに鈴木正弘氏が明確に指摘されている。同氏前掲論文①を參照。

(18)　『輿地碑記目』卷二、撫州碑記に「杜佑去思碑。在城東三十步。大曆十三年建、刑部侍郎包佶文。時佑爲刺史」とあり、當地の刺史を務めた杜佑のため、包佶は碑文を製作している。

(19)　包佶の經歷については、向以鮮「潤州詩派考」（『唐代文學論叢』七、陝西人民出版社、一九八六年）、鈴木正弘「唐代鹽鐵轉運使における使職の繼承——德宗朝から武宗朝を中心に——」（『立正大學東洋史論集』五、一九九二年）、蔣寅『大曆詩人研究』上下（中華書局、一九九五年）、高瀨氏前掲論文を參照。

(20) 島氏前掲論文①、鈴木氏前掲論文①を參照。

(21) 郭氏前掲書六四頁を參照。

(22) 鈴木正弘「代宗朝末・德宗朝初の宰相と人事施策」（『立正史學』八五、一九九九年）を參照。

(23) 『唐國史補』卷下に「宰相自張（九齡）曲江之後、稱房（琯）太尉・李（峴）梁公爲重德。德宗朝、則崔（祐甫）太傅尚用・楊（炎）崖州尚文、……乃一時之風采」とある。また高瀨奈津子「楊炎の兩稅法施行と政治的背景」（『駿臺史學』一〇四、一九九八年）を參照。

(24) 杜佑が中央集權の強化を志向していたことは、『通典』卷一八五、邊防一に「主威張而下安、權不分而法一。生人大賚、實在於斯。〈三代以前、天下列國更相征伐、未嘗暫寧。……自秦氏罷侯置守、兩漢及有隋・大唐、戶口皆多於周室之前矣。夫天生烝人、而樹君司牧、語治道者、固當以旣庶而安爲本也〉」とあり確認できる。

(25) 渡邊孝「唐の小說『上淸傳』と德宗貞元年間における竇參——陸贄の抗爭について——中唐政治史の一考察——」（『史峯』二、一九八九年）を參照。文中の「門閥」の定義は、同論文に示されているので參照されたい。

(26) 『新唐書』卷七二上、表一二上、宰相世系二上および鄭鶴聲氏前掲書を參照。

(27) 渡邊氏前掲論文、同氏「中唐期における『門閥』貴族官僚の動向——中央樞要官職の人的構成を中心に——」（柳田節子先生古稀記念論集編集委員會編『中國の傳統社會と家族』所載、汲古書院、一九九三年）を參照。

(28) たとえば、玄宗朝で財務官僚として括戶政策を實施した、關中貴族の宇文融を杜佑は積極的に評價している。なお、こうした杜佑の人物評價については、「輕重論」を取り上げる續稿において、考察する豫定である。

第五章

東アジアにおける文字文化の傳播
――朝鮮半島出土『論語』木簡の検討を中心に――

橋本　繁

はじめに

これまで朝鮮半島で出土した木簡は、一六遺跡・約二五〇點に過ぎないが[1]、東アジアにおける文字文化に占める重要性が注目されている。すなわち、これまで中國木簡と日本木簡の共通性は見いだせなかったが、朝鮮半島で出土した木簡を間に置くことで、東アジアにおいて文字文化がどのように傳播したのかがはじめて具體的に明らかになりつつある。こうした東アジアにおける文字文化の傳播を李成市は、「中國大陸（A）→朝鮮半島（A′→B）→日本列島（B′→C）」と圖式化して、中國大陸の木簡を受容した朝鮮半島でそれが變容されていき、そうした過程をへた木簡が日本列島で受容されたとしている[2]。

韓國木簡にたいするこれまでの研究では、記載形式や書風における日本木簡との共通性が指摘されている[3]。また、こうした韓國木簡と日本木簡という大きな枠組での類似性だけではなく、韓國木簡の特徴が、日本の宮都木簡よりもむしろ地方木簡にみられるとし、地方において木簡の形態や書式が宮都ほど整えられることのなかった状況のなかで、韓國木簡の多様な要素の影響がある段階まで殘存したのではないだろうかとも指摘されている[4]。日韓の木簡については、地域や年代など、より詳細なレベルでの比較段階にいたっている。[5] 朝鮮半島（B）→日本列島（B′）の部分の研究は比較的活發に行われているといえよう。

本稿では、こうした研究状況を踏まえた上で、これまで十分に檢討されてこなかった中國大陸（A）→朝鮮半島（A′）の部分も含めて東アジアにおける文字文化の傳播について檢討していく。そのための具體的資料として近年相次いで韓國で出土した『論語』の書かれた木簡（以下、『論語』木簡）に着目して、古代東アジアにおいて木簡による共通した學習法の存在したことを指摘したい。また、併せてそれぞれの社會における『論語』の位置づけについても考察を加えていきたい。

一　朝鮮半島出土の『論語』木簡

朝鮮半島ではこれまで次の三箇所の遺跡から『論語』木簡が出土している。なお、典籍を記した木簡は、朝鮮半島ではこれらのみである。

①平壤市樂浪區域出土竹簡

樂浪區域の古墳にたいする發掘調査において、『論語』が出土した。[6] 報告書は出されておらず、ごく簡單な紹介があるのみである。「『論語』の一一巻と一二巻全文の書かれている竹片を編んだもの」と表現されており、竹簡の冊書であったと推定される。[7] 一一巻・一二巻の全文が書かれたとしているが、現行の『論語』には一〇巻までしかない。現行『論語』と當時の『論語』とでは構成が異なっていた可能性もあるが、後述するように中國で出土した紀元前一世紀に書寫されたと推定される最古の『論語』も現行『論語』と同様の構成であったとされることから、その可能性は低い。おそらく、巻數ではなく篇數の誤りであり、第一一篇と一二篇にあたる先進篇と顏淵篇を書寫したものなのであろう。寫眞など詳細な資料の公開が期待される。

この平壤出土『論語』竹簡の詳細な年代は不明であるが、遲くとも樂浪郡（紀元前一〇八～紀元三一三）の置かれていたころに、朝鮮半島に『論語』がもたらされたといえよう。

②金海鳳凰洞出土木簡

この木簡については、前稿(8)ですでに詳しく論じているので、概略のみを述べる。

出土地は、慶尙南道金海市鳳凰洞地區であり、遺跡の性格は不明である。出土した木簡は、現存長二〇・九センチで上下兩端が缺損しており、四面全てに『論語』公冶長篇が書かれている。文字の重複がないことなどから、公冶長篇の全體を書き寫したものであったと推定され、一面には元來八〇字前後が書寫されていて、原形は一二五～一四六センチに達する非常に長大なものであったと復元した。本木簡の用途は、その特異な形状からみて、金官小京に置かれた學校において『論語』を學習するために使用したものであると結論づけた。

③仁川桂陽山城出土木簡

木簡の出土した桂陽山城は、仁川廣域市北區桂山洞と京畿道金浦郡桂陽面防築里の境界にある桂陽山（海拔三九四・九メートル）に位置する。城壁は、主峰から東側に二三〇メートルほど離れた中腹に築かれており、全長は五八七メートルある。北側には漢江の流れを、南側には富平、東側には富川の平野を眺望できる地點にあたる。二〇〇五年の發掘で木簡の出土した遺構は、東門址の内側にある集水井で、城内でもっとも低い地點にあたる。

木簡の年代について、說明會資料では四世紀頃の百濟木簡とする。その年代推定の根據としてあげるのは、木簡と共に出土した圓底短頸壺が四世紀ころの百濟のものと推定されることと、木簡の書體が魏晉代に流行した楷書體であることの二點である。(9) もしこの推定が正しければ、これまで韓國內で確認されている木簡のうちで最古の木簡となる。ただ、根據とされる壺の年代推定の根據や、出土狀況については詳細が不明で檢證不能である。また、書體については、古代朝鮮の肉筆資料はほとんど殘されておらず、年代を確定することは困難であろう。したがって、とりあえず本稿では四世紀は木簡の上限をあらわすものと考えたい。下限としては、城內から出土した遺物に統一新羅のものも含まれていたことから統一新羅まで下る可能性も想定する必要があろう。以下の敍述では、本木簡を漠然と朝鮮半島古代のものとしてのみ捉えて論を進めたい。

まず、木簡の復元をおこなう。次に揭げる試釋は、說明會資料に付されたカラー寫眞と實測圖を參照して作成したものである。釋文は基本的にほぼ說明會資料と同じであるが、第三面のみ一字釋文が異なるのと、便宜上できるだけ日本の木簡學會の表記法(10)に從った。

　　　1 2 3 4 5 6 7 8
一面　×賤君子[　　]×
二面　×吾斯之未能信子□×
三面　×□不知其仁也求也×
四面　×[　　]×
五面　×[　　]子曰吾×

長さは一三・八センチ、上下端は缺損している。各面の幅は一定しておらず、もっとも幅の狹い三面が一一・九ミリ、もっとも幅の廣い四面が一八・七ミリと七ミリ近い差がある。一面の「賤君子」の三文字は、カラー寫眞からも十分確認できるほど墨の殘りがよい。しかし、それ以下の部分については確認できない。二面は全體的に墨の殘りがよく、カラー寫眞から文字を確認することができる。八文字目は、上部のごく一部しかみられない。

三面は全體に墨の殘りがよい。第一字目は、木の缺けている部分にあたる。第七文字目は、說明會資料釋文では「赤」と釋されているが、この箇所のみ試釋では異なった釋文を加え「求」と讀んだ。いずれも次の公冶長篇の第八章にみえる語句である。

子曰、由也、千乘之國、可使治其賦也、不知其仁也、求也何如、子曰、求也、千室之邑、百乘之家、可使爲之宰也、不知其仁也、赤也何如（後略）[11]

孟武伯と孔子の問答であり、傍線を引いた部分に「其の仁を知らざるなり。求や何如」と「其の仁を知らざるなり。赤や何如」という同じ表現が出てきている。說明會資料では「赤」と讀んで後者の傍線部分に當てているが、殘畫からは「求」と讀んで前者の傍線部に當てるのが適當と判斷される。

四面はもっとも墨の殘りが惡く、上端にごく一部の墨痕が見られるが、文字の特定には至らない。五面は中間部の表面に傷があって墨の殘りが惡い。下端の三字はカラー寫眞では判讀しがたいが、實測圖から「子曰吾」と釋した。

以上の釋文をもとに木簡の原形を復元していきたい。說明會資料では、「全體推定長さ二五センチ前後の五角木柱に儒教經典である『論語』の名文を書いており、ちょうど今日の我々が小さな聖書を手に持ち步いてするように暗唱したり人生の座標としたのであろう」としている。[12]しかし、結論から先にいえば、本木簡も金海木簡同樣、一メートルを超える長大な木簡であったと考えられる。次に掲げたのは、公冶長篇の冒頭から一一章までの原文である。□で圍っているのが木簡で實際に文字が確かめられる部分、傍線を引いたのは書かれていたと推測される部分である。

公治長第五子謂公冶長可妻也雖在縲絏之中非其罪也以其子妻之子謂南容邦有道不廢邦無道免於刑戮以其兄之子妻之子謂子賤君子哉若人魯無君子者斯焉取斯子貢問曰賜也
何如子曰女器也曰何器也曰瑚璉也或曰雍也仁而不佞子曰焉用佞禦人以口給屢憎於人不知其仁也焉用佞也子使漆雕開仕對曰吾斯之未能信子說子曰道不行乘桴浮于海從我者
其由也與子路聞之喜子曰由也好勇過我無所取材孟武伯問子路仁乎子曰不知也又問子曰由也千乘之國可使治其賦也不知其仁也求也何如子曰求也千室之邑百乘之家可使爲之
宰也不知其仁也赤也何如子曰赤也束帶立於朝可使與賓客言也不知其仁也子謂子貢曰女與回也孰愈對曰賜也何敢望回回也問一以知十賜也聞一以知二子曰弗如也吾與女弗如
也宰予晝寢子曰朽木不可雕也糞土之牆不可杇也於予與何誅子曰始吾於人也聽其言而信其行今吾於人也聽其言而觀其行於予與改是子曰吾未見剛者或對曰申棖子曰棖也慾焉

一面から五面に書かれた文字が、ほぼ等間隔で現われていることがわかる。そこで、木簡の各面に書かれた文字が、どの程度の間隔で表れるのかみていく。木簡の第一面第1字（以下、一1のように表記する）「賤」から、二1「吾」までの原文の文字數は、七六字である。同様にみていくと、二1「吾」から三2「不」までが七一字、四面は殘念ながら特定できないので、三6「也」から五6「子」までをみると一五四字であり、これを二で割れば七七字である。つまり、ある面の文字と次の面の同じ位置にある文字との間隔は、七一～七七字であることが分かる。このように、ある面の文字と次の面の文字との間隔がほとんど一定であるということは、說明會資料のいうように『論語』の適當な文章を拔き出して各面ごとに書いたものであればありえない。したがって、この木簡は、『論語』公冶長篇の本文全體を木簡に書き寫していったものと推定される。

木簡のひとつの面にもともと七一～七七字が書かれていたことが分かれば、もとの木簡全體の長さを推定できる。まず、墨痕の殘りがもっともよい第二面で一文字あたりの長さを計算する。二1「吾」の筆畫下端から二7「子」の筆畫下端までの距離は、說明會資料の實測圖によると一〇四ミリという數字が得られ、これを六で割れば文字一字の大きさが平均約一七・三ミリと求められる。これを一面の文字數である七一～七七字にかけると、木簡のもとの長さは、文字の書かれた部分だけでも一二二・八〜一三三・二センチあったと計算できる。[13] 文字の書かれていない餘白を想定すればさらに長かったと考えられ、一メートル三〇センチ以上の長大な木簡であったことが推定できる。

以上の考察の結果、本木簡は、金海鳳凰洞出土の『論語』木簡と形狀が酷似していることが明らかになった。出土例が金海木簡一點のみに限られた段階においては、長大な觚という特異な形狀が金海木簡のみの特殊な例である可能性も排除できなかったが、新たに出土したことによってこうした使用法が廣範圍に存在したとみてよかろう。

わずか二點ではあるが、朝鮮半島で出土した『論語』木簡は、いずれも全長が一メートル三〇センチ前後にもなる非常に長大な木簡で、それに本文全體を書き寫しているという共通點のあることが分った。では、なぜこのような特異な形狀の木簡が使用されたのであろうか。

說明會資料は手で持ち歩いて使用したと推測しているが、一メートルを超える長大な木簡を持ち歩いていたとは考えにくく、出土地點付近において使用されたものと考えるべきであろう。前稿で金海木簡を暗唱用であったと推測したが、その根據としたのは、斷面が多角形の觚とよばれる形狀であることと、その長大さであった。金海の木簡と全く同じ特徵をもつ桂陽山城の論語木簡も、やはり同じ用途であったと考えてよかろう。

そうなると、桂陽山城という遺跡の性格が、改めて問題となる。木簡の出土した集水井の北側護岸石築の上部からは、「主夫吐」という銘の入った瓦が出土している。「主夫吐郡」は『三國史記』地理志にみえる高句麗から統一新羅時代におけるこの地域の名稱である。郡名を記した瓦が出土したことをもって、この山城が主夫吐郡の施設であると斷定できるわけではないが、郡と密接な關わりのあったことは推測に難くない。

したがって、朝鮮半島で出土した『論語』木簡は、小京の中心地と思われる地域や、郡治に關わりの深いと思われる山城から出土しており、そのような場所で『論語』を暗唱するために用いていたことになる。そして、このような木簡を使用していたのは、小京や郡の官人であったと推測される。官人にとって『論語』が必須の知識であったからこそ學んでいたのであろう。古代の朝鮮半島において、木簡を利用したこのような學習法が存在したという事實に注目し、次節からは中國や日本における文字文化とどのような關係にあるのかを中心に考察を加えていきたい。

二　中國における觚と『論語』

前節で指摘したように、朝鮮半島で出土した『論語』木簡の特徴は、觚と呼ばれる棒狀多面體であること、そして非常に長大なことである。この點に注目して、中國の文字文化が朝鮮半島に與えた影響をみる。

まず、中國で出土した『論語』の例をみていきたい。河北省定州市の西南四キロにある八角廊村に位置する漢代の墓群のうち、もっとも規模の大きい四〇號漢墓から出土している。[14] この『論語』は、五鳳三年（紀元前五五）以前に書寫されたものと考えられ、現存する最古のものであるという。この墓からはほかに「文子」・「儒家者言」・「太公」・「日書」と命名されたテキストも出土している。論語に關わる竹簡は六二〇枚餘あり、一簡の長さは一六・二センチ（漢代の七寸）で、それぞれに一九～二一字が記されていた。論語二〇篇のすべての篇が殘存しているが、殘簡が多いため文字數は七五七六字と全體の半分弱にすぎない。前揭の平壤から出土した『論語』竹簡も、この竹簡と似たものであったと推測される。樂浪郡による支配によって竹簡に書いた『論語』は朝鮮半島に傳わったが、長大な觚に書寫しこれを暗唱するという工夫はまだみられないのである。

觚という木簡の形狀は、板狀の簡牘ではおさまらない長文を書く場合などに使用され、[15] 習書に使用されることも多い。[16] 金海『論語』木簡についても習書であるとする說があるが、[17] もう一つの特徴である長大さによって、繰り返し文字を書いたり削ったりするのが不便であるので、習書とは考えにくい。前稿で指摘したとおり、學習用である。敦煌で出土した漢簡のうち、斷面三角形の觚に子供が文字を覺えるための教科書である『急就篇』が一面に二一字、三面六三文字かかれていて、上部の穴にひもを通し吊りさげて回しながら覺えたと考えられる。[18]

つぎに、漢代における長大な觚の例をみていく。長さ一三〇センチにいたる居延甲渠官遺址出土『候史廣德座罪行罰檄』(EPT57.108)は、斷面が三角形で二面に文字を書いており、一面は自然面のままである。居延甲渠候官が候史廣德に關し失職の處罰を決定した文書で、正面に處罰の公文、側面にその據るところを記している。[19]

以上のように、觚に典籍を書いて學習をおこなうという方法と、長大な觚については、それぞれ西域で出土した漢代の簡牘にみられる。朝鮮半島の『論語』木簡は、こうした漢簡の影響を受けたものであると考えられる。ただし、この二つの特徴を兼ね備えた木簡は、管見の限り中國では出土していない。したがって、長大な觚に典籍を書いたもので學習するという方法は、朝鮮半島において發明されたものと考えられよう。

では、中國では『論語』がどのように位置づけられていたのであろうか。一言でいえば、それは初級の教科書という扱いであった。すなわち、『千字文』などで讀み書きを學んだものが次に取り組んだのが『論語』や『孝經』であった。[20]その具體的な例として、新疆ウイグル自治區トゥルファン縣アスターナ墓地から、景龍四年(七一〇)にわずか十二歳の卜天壽が書寫した『論語鄭氏注』が出土している。[21]紙のテキストから紙に書き寫したものと思われ、木簡は使用されていない。

本節で述べてきたことをまとめると、朝鮮半島にみられる長大な觚の『論語』木簡は、漢代の簡牘文化にその源流があったといえる。ただ、中國においては、『論語』は初學者の教科書であって官人が學ぶものではなかった。唐代には紙に寫して學習するという方法がとられており、木簡を利用して學習したという證據はみられない。

三　日本における觚と『論語』

1　日本における學習用の觚

日本における觚の出土事例については、前稿においても紹介し、その用途について習書、六〇干支を書いたもの、文書を書いたものなどがみられると指摘した。(22) その際には指摘できなかったが、朝鮮半島の『論語』木簡と同様、學習に用いられたと推測される觚が出土している。

・□□□□□〔薑海鹹河淡カ〕（右側面）
・推位□〔讓〕國（表面）
・□□□□□［　　］（左側面）
（一五六）×二四×（一〇）

飛鳥池のＳＤ〇五遺構より出土した木簡である。この遺構が最終的に埋められた時期は天武～持統朝のころとされ、木簡の年代はおおよそ七世紀後半代であるという。上下両端は二次的に切斷され、裏面も二次的に削られている。木簡には『千字文』が記されており、右側面が第一六～一七句、表面が第二三句である。さらに、わずかに殘畫の残る左側面は、第五句の「寒來暑往」にあてることも可能であるという。したがって、本木簡の原形は、次のように四角柱で各面に六句ずつ書寫された可能性がある。(23)

天地玄黃　宇宙洪荒　日月盈昃　辰宿列張　寒來暑往　秋收冬藏　（左側面）
閏餘成歲　律呂調陽　雲騰致雨　露結爲霜　金生麗水　玉出崑崗　（裏　面）
劍號巨闕　珠稱夜光　菓珍李奈　菜重芥薑　海鹹河淡　鱗潛羽翔　（右側面）
龍師火帝　鳥官人皇　始制文字　乃服衣裳　推位讓國　有虞陶唐　（表　面）

※傍線部分が出土した木簡にみられる部分

もしこの推定が確かであれば、出土した木簡は約一五センチに一句を記しているので、原形は少なくとも九〇センチ程ある長大な觚であったと復元できる。テキストは『論語』と『千字文』で異なるものの、朝鮮半島と同様に日本列島にも長大な觚を利用した學習法が存在していたのである。

2　日本の『論語』木簡

日本における『論語』木簡の出土例は、文末の表に掲げたとおり管見の限りで三〇例ある。[24] このうちの二一點が、飛鳥や平城など都城からの出土であり、九點が地方からの出土である。書名のみを書いたのが一三點を占め、『論語』の本文を記したのは一七點である。そのうち、篇が具體的に分かるものは一六點あり、學而篇を書いたものが九點、爲政篇が二點、八佾篇が一點、公冶長篇が三點、堯曰篇が一點である。ほとんどが冒頭の二篇に偏っており、一六點中の一一點、約七割を占めている。

ほとんどのものは、同じ文字を何度も繰り返し書いていることから習書、すなわち文字を練習したものであると推測される。ただ、一部には單純に習書であると斷定しがたいものもある。

長野縣屋代遺跡群三五號木簡

子曰學是不思」　（二〇二）×二一×四

長野縣屋代遺跡群四五號木簡

・亦樂乎人不知而不□〔慍カ〕　（一九六）×（一〇）×七

・　□□

これら屋代遺跡群から出土した木簡の年代は、七世紀後半から八世紀前半とされている。この二點は、同一文字を繰り返しておらず、また片面にのみ記載が認められることから、習書ではなく冊書的形態を活用した木簡の使用法と復元する見解がある。(25)

兵庫縣柴遺跡

・悅乎　有朋自

・子乎　有子　（一〇〇）×二四×七

上下端が欠損しているため現存長は一〇センチにすぎないが、原形は片面二〇～二一字あったと推測され、本來の長さは四〇センチ弱あったと推定される。(26)

奈良縣阪原阪戸遺跡(27)

□□夫子之□之興其諸異乎×

これらの木簡も、やはり文字を繰り返すことなくテキストをそのまま書き寫していることから、單なる習書ではなかった可能性がある。

古代日本の木簡は、紙の文書と同時に使用するいわゆる紙木併用時代であるため、テキストを書寫した木簡は存在しないとされるのが普通である。そして、『論語』以外にも數多く出土している習書木簡が示すように、おそらく紙に書かれた典籍があって、それを身近な木簡に書き寫していたのであろう。したがって、右でみたような册書的木簡や單なる習書ではない可能性のある木簡は、古代日本の木簡のなかで特異な性格をもつものであるといえる。これらの木簡の具體的な用途について特定することは困難であるが[28]、そのような特異な性格の木簡が地方から出土した『論語』木簡に集中していることが注目される。こうした事實は、『論語』が重視されたことを示しているのではないだろうか。もしそうだとすれば、朝鮮半島における『論語』受容の狀況と共通している側面があるといえるだろう。すなわち、中國において初學者の教本であった『論語』は、朝鮮半島において官人に必要な知識として重視されるようになり、そして、そのような『論語』の位置づけが日本に傳わった可能性が考えられる。

おわりに

本稿で明らかにしてきたことをまとめる。朝鮮半島から出土した三國時代以降の『論語』木簡二點は、いずれも長大な觚に本文を書き寫すという特徴をもっていた。觚に典籍を書いて學習するという方法や、長大な觚の例は、漢代の中國にもみられることから、それらの影響を受けつつ朝鮮半島で獨自に工夫を加えられた文字文化であると考えられる。また、日本列島では、『千字文』を長大な觚に書いて學習したと思われる例が一點みられ、朝鮮半島の文字文化が傳播した結果であると考えられる。日本列島の『論語』木簡に長大な觚の例はないが、册書的な使用法の可能性のある木簡や、テキストをそのまま書寫していて單なる習書とは考えにくいものなどがみられる。それらの具體的な用法については不明であるが、朝鮮半島におけると同様に『論語』がそれだけ重視されたためであったろう。また、出土地點として、朝鮮半島においても日本列島においても、地方官衙と關わりのあるところが多い。中國において『論語』は基本的に初學者の教本であったことと比較すると、官人が『論語』を學習していたという點が日本と朝鮮の共通點として指摘できよう。

『論語』木簡は、『論語』がどのような人々によって、どのように學習されたのかという史書には現れにくいことを具體的に示す貴重な資料である。中國大陸、朝鮮半島、日本列島の諸國で『論語』を學んでいたという事實は共通していても、それぞれの社會において文化の狀況や社會制度は異なり、それにあわせて學習法も工夫が凝らされていたのであろう。そうであれば、三國で共通する『論語』木簡をさらに檢討していって、それを使用した主體や目的を明らかにしていくことで、それぞれの社會における『論語』の位置づけ、ひいてはその社會において儒教のもつ意味をより詳細に明らかにすることができるだろう。本稿は、そうした儒教の傳播、各地域における受容の樣相を明らかにするための、初歩的な考察である。今後の出土資料の增加を期待し、さらに考察を進めていきたい。

【付記】本稿は、早稲田大學21世紀COEプログラム「アジア地域文化エンハンシング研究センター」の研究成果の一部である。また、本稿は、二〇〇五年一一月二七日の早稲田大學アジア地域文化エンハンシング研究センター主催國際シンポジウム『アジア地域文化學の構築Ⅲ』における報告と、二〇〇六年一月一四日の早稲田大學朝鮮文化研究所主催シンポジウム『韓國出土木簡の世界Ⅲ』における報告に基づきまとめたものである。兩シンポジウムにおいて、大隅清陽、朴珉慶、平川南、三上喜孝、李鎔賢、李成市の各先生はじめ數多くの方々からご教示をいただいた。末筆ながら記して謝意を表したい。

注

(1) 韓國内で木簡を出土した遺跡は一四である(國立昌原文化財研究所編『韓國의古代木簡　改訂版』藝脈出版社、二〇〇六年)。また、戰前の發掘で平壤から一點、それから本稿で取り上げるように戰後の朝鮮民主主義人民共和國による發掘でも平壤から竹簡が出土している。なお、以下の敍述ではこれら朝鮮半島で出土した木簡を總稱して「韓國木簡」とする。

(2) 李成市「古代朝鮮の文字文化と日本」(『國文學』四七―四、二〇〇二年)一五頁。

(3) 李成市「韓國出土の木簡について」(『木簡研究』一九、一九九七年)、平川南「屋代遺跡群木簡のひろがり――古代中國・朝鮮資料との關連」(『古代地方木簡の研究』吉川弘文館、二〇〇三年、初出は一九九九年)、平川南「韓國・城山山城跡木簡」(前揭『古代地方木簡の研究』、初出は二〇〇〇年)。舘野和己「日本古代の木簡」(國立昌原文化財研究所編『韓國の古代木簡』二〇〇四年)。

(4) 三上喜孝「日韓木簡學の現狀とその整理狀況」(『唐代史研究』九、二〇〇六年)。

(5) 古代日本が文字文化を受容する際に、百濟の文字文化が強く意識された可能性が指摘されている(三上喜孝「習書木簡からみた文字文化受容の問題」『歷史評論』六八〇、二〇〇六年)。

(6) リュウビョンフン「고고화분야에서 이룩한 성과(考古學分野で成した成果)」(『朝鮮考古研究』八三、平壤、一九九二年、二頁)。なお、曹喜勝「絹と硯を始めとした樂浪遺物を通じて觀た樂浪文化の性格と出雲地方への傳播」(シンポジウム『樂浪文化と古代出雲』資料集、二〇〇二年一一月二〇日)にも言及がある。

(7) 尹善泰「韓國古代木簡の出土現況と展望」(前揭『韓國の古代木簡』、三五九～三六〇頁)においても同樣に推測している。

(8) 拙稿「金海出土『論語』木簡と新羅社會」(『朝鮮學報』一九三、二〇〇四年)。

(9) 鮮文大學校考古研究所「仁川桂陽山城東門址內集水井出土木簡保存處理結果報告」二〇〇五年六月二七日(本資料は、韓國文化財廳ホームページ(http://www.cha.go.kr/)で公開されている)。

(10)　木簡學會編『木簡研究』二七、二〇〇五年、vii〜viii頁の凡例による。
(11)　『論語』のテキストと句點は、金谷治譯注『論語』（岩波書店、一九九九年）によった。
(12)　鮮文大學校考古研究所「仁川桂陽山城東門址内集水井出土木簡保存處理結果報告」（前掲）一五頁。
(13)　『論語』テキストによって若干の文字數が異なることや、文字の割附に多少バラツキがあることを勘案すれば、この推定には多少の誤差があろう。それでも、一メートルを超えることは確實である。
(14)　河北省文物研究所・定州漢墓竹簡整理小組『定州漢墓竹簡論語』（文物出版社、一九九七年）、高橋均「定州漢墓竹簡『論語』試探（一）」（『中國文化』五七、一九九九年）など參照。
(15)　大庭脩編著『木簡――古代からのメッセージ』（大修館書店、一九九八年）三三、三七三頁。
(16)　籾山明「巻頭言――書くことと削ること」（『木簡研究』二七、二〇〇五年）によると、大英圖書館のスタイン・コレクションにも文字の練習に用いたと思われる大量の觚の削屑があるという。
(17)　東野治之「近年出土の飛鳥京と韓國の木簡」（『日本古代史料學』岩波書店、二〇〇五年、初出は二〇〇三年）。
(18)　大庭脩著『大英圖書館藏　敦煌漢簡』同朋舍出版、一九九〇年）木簡番號四四一。
(19)　大阪府立近つ飛鳥博物館編『シルクロードの守り』（一九九四年）三五頁。
(20)　吉川忠夫「六朝時代における『孝經』の受容」（『古代文化』一九―四、一九六七年）、同「六朝時代における『孝經』の受容再説」（『古代文化』二七―七、一九七五年）、東野治之「『論語』『千字文』と藤原宮木簡」（『正倉院文書と木簡の研究』塙書房、一九七七年）。
(21)　金谷治編『唐抄本鄭氏注論語集成』（平凡社、一九七八年）。
(22)　拙稿「金海出土『論語』木簡と新羅社會」（前掲誌）一〇〜一一頁。
(23)　寺崎保廣「奈良・飛鳥池遺跡」（『木簡研究』二一、一九九八年）。
(24)　表中の事例一六、一八については、早稲田大學文學部日本史學專修の山本大志氏のご教示による。記して謝意を表したい。
(25)　平川南「屋代遺跡群木簡のひろがり」（前掲書）。

（26）西口圭介「兵庫・柴遺跡」（『木簡研究』二三、二〇〇一年）。

（27）奈良縣立橿原考古研究所付屬博物館『大和を掘る　一九九二年度發掘調査速報展一三』（一九九三年）三五頁。

（28）具體的用法について、「當時の典籍は本文のところどころに詳細な長文の注釋を插入した卷物の形態であったから、本文のみを讀むには適していない。そこで木簡に本文のみを記し、それをテキストとして適宜參照しながら讀み進めるという使用法」を想定する見解がある（新井重行「習書・落書の世界」平川南他編『文字と古代日本五　文字表現の獲得』吉川弘文館、二〇〇六年、二二〇〜二二四頁）。

	出土地	遺跡名	發掘次數	遺構番號	木簡番號	本文	篇・章	法量	參考文獻
1	奈良縣	飛鳥京	104			論論語		(40)×(4)×	明日香風17
2	奈良縣	飛鳥池遺跡	84	SD01		亦樂乎	學而1	××	飛15
3	奈良縣	飛鳥池遺跡	84	SK10		禮論語禮□禮		(92)×(19)×1	飛13
4	奈良縣	飛鳥池遺跡	84	SD05		・（表面）觀世音經卷 ・（裏面）子曰學□□是是 ・（左側面）支爲□〔照ヵ〕支照而爲	學而1	145×(21)×20	飛13木研21
5	奈良縣	石神遺跡	122	SK4066		論語學			飛17
6	奈良縣	石神遺跡	129	SD4090		・乎　有朋自遠方來　□ ・「大大大大□□□〔大ヵ〕」（左側面）	學而1	(259)×(11)×18	飛18
7	奈良縣	藤原宮				糞土墻墻糞墻賦	公治長10	188×22×4	藤原宮出土木簡概報
8	奈良縣	藤原宮	24	SD170	662	・子曰學而不□ ・□水明□　□	爲政15	(85)×(18)×2	藤2
9	奈良縣	藤原京	115	SG501		而時習	學而1	××	飛16
10	奈良縣	平城宮	22S	SD3236	2593	・□□□□〔秦忌寸諸人カ〕大□〔田カ〕 「□論語」 ・□□　□□		(122)×(23)×4	平2

11	奈良縣	平城宮	32	SA4120A	4688	・青青青秦秦秦謹謹申 ・謹論語諌許計課許謂諟誰		(235)×(29)×5	平 4
12	奈良縣	平城宮	133	SD1250		・論語序論□ ・論□		128×7×4	木研 4
13	奈良縣	平城京長屋邸	193E	SD4750	1105	論語語□□		××	平城京木簡1
14	奈良縣	平城京二條大路	200	SD5100		□□□□〔語論語カ〕		××	城33
15	奈良縣	平城京二條大路	204	SD5300		□□□□□〔論語カ〕		××	城30
16	奈良縣	平城京	198	SD5300		□□五美 □道皇五五□ 道道皇五 □	堯曰 7		城30
17	奈良縣	平城京	204	SD5300		・□□□□□□□ □□□□□□□□□又曰猶 吾大夫崔子世□有有有有有有 人道財財財長長長長長可可及不及 武章 章 歸 歸 歸不 章歸道章歸長路章 章 章 歸 歸 歸 歸 所 □ 有 道 ・歸 歸□ 事 事 大大大天天天大天天天天天天天天天有道章事 飛 □□□□□ □者 有有 有	公冶長19 他？	444×(28)×10	城29
18	奈良縣	平城宮	198	SD5300		□ □　何晏集解　子曰□		(203)×(15)×4	城29
19	奈良縣	平城京	281	SD7090A		・曰上□ □　　不□ □子曰學而時習之□　我學 ・□□識　　子曰	學而 1	(310)×42×4	城34木研20
20	奈良縣	平城京	281	SD7091A		孔子謂季氏八□〔佾カ〕□ □□	八佾 1	××	城34木研21
21	奈良縣	東大寺	3			・○　東大之僧志尺文寺得□〔得カ〕 尊 ・　作心信作心　第　爲　□　爲是□是 論語序一「寺」□　第 信心　哥第　爲爲爲爲爲羽□		(266)×24×8	木研16

22	奈良縣	阪原阪戸遺跡				□□夫子之求之與其諸異乎	學而10	(253)×21×7	木研16
23	兵庫縣	袴狹遺跡	8	第五遺構面カ	21	・「『子謂公冶長可妻』 ・「右爲鐳符捜求□	公冶長1	(196)×26×4	木研22
24			9	SD303	22	・(表面略) ・　　□□ □□　論語序何晏集□〔解カ〕		(332)×(32)×5	木研22
25	兵庫縣	芝遺跡				・亦乎　有朋自 ・子乎　有子	學而1〜2	(100)×24×7	木研23
26	德島縣	觀音寺遺跡			77	・「□(〔冀カ〕)□依□□(〔夷カ〕)乎□□(〔還カ〕)止□(〔耳カ〕)所中□□□」(表面) ・　□□□□乎」(裏面) ・「子曰　學而習時不孤□乎□自朋遠方來亦時樂乎人不知亦不慍」(左側面) ・　□用作必□□□□□(〔兵カ〕)□人 □□□□□(右側面)	學而1	(653)×29×19	
27	滋賀縣	勸學院遺跡				・　之子　左右　我　□□□ 論語□「論□論天」天　道　「天」 天　我我我我　□道天 ・(裏面略)		331×48×10	木研 8
28	靜岡縣	城山遺跡			14	論□〔語カ〕		(22)×(10)×(0.5)	木研 2
29	長野縣	屋代遺跡群		SD7036	35	子曰學是不思	爲政15	(202)×21×4	木研22
30				SD8040	45	・亦樂乎人不知而不□〔慍カ〕 ・	學而1	(196)×(10)×7	木研22

參考文獻の「木研」は『木簡研究』、「城」は『平城宮發掘調査出土簡概報』、「飛」は『飛鳥藤原宮發掘調査概報』、「平」は『平城宮木簡』、「藤」は『藤原宮木簡』

新羅王京の三市について

李　成　市

はじめに

新羅の王京復元の試みは、慶州の發掘調査が本格化したこの三〇數年の間に、急速な進展が見られる。たとえば、新羅の王京都市プランについては、これまでに様々な假說がたてられたが、慶州における二一カ所の道路遺構の發掘調査により、おおよその姿が明らかにされている。それによれば、いわゆる統一期における新羅の王京は、同時代の唐や日本のような方形プランに基づくような都市ではなく、東西は、西の兄山江から東へは狼山の西側に至るまでの約五キロメートル、南北は、南は蘿井から北へは龍江洞北部までの約八キロメートルに及ぶ地域に條坊制が施行されていたと推定されている。山川に阻まれて不定型ではあるが、王京の中心部から一定の地域におよぼされた條坊制が何段階の整備過程を經て施行されていたことが明らかにされている。

本稿では、このような新羅王京の都市としての復元に關わって、新羅の三市を王京の姿との具體的な關連のなかで追究しようとするものである。『三國史記』新羅本紀には、智證王十年（五〇九）に東市が設けられ、その後、孝昭王四年（六九五）に西市と南市が設置されたと傳えている。これらの三市は、新羅の王京の發展にともなって設置されたものであるが、その具體的な位置や規模については、關係資料が皆無に近く不明なままになっている。また、市を規定する新羅の交易體系については、三市についてと同様に史料の壓倒的な不足によって、當時の新羅における交易のありようを再構成するのは極めて困難である。すでに、そのような制約を乗り越えるべく努力が傾けられているが[1]、本稿では、それらを參照しつつも、基礎史料の分析と、それに基づく大枠に關わる試見を提起できればと考えている。

總じて東アジアにおける古代王朝の王京は、政治中心であり、そこには政治權力の中樞が所在していた。王京は外部世界との交流を獨占し、それを梃子として文化中心としても君臨した。王朝内の交易網（交通）の結節點として、地方からもたらされる財物の集積地となり、それらは王朝國家の財政を支えた。

このような王京の性格を、都市として規定した場合、カール・マルクスの交通論に基づく關係主義的な都市理解が王京の性格を敷衍する上で助けとなるように思われる。すなわち、そもそも都市と都市との交通は、あらかじめ二つの都市があって、その間で交通が行われるのではなく、人やモノがたえまなく移動しており、そうした複數の交通路の結節點が、たまたま都市という實態として錯視されるのである。要するに都市は、交通を媒介とする動的な關係のまっただ中にあるといえる[2]。前近代の王京とは政治、經濟、社會、文化などの總體がおりなす交通網の結節點であり、まさに交易體系の結節點であった[3]。

新羅の王京であった慶州は、新羅の古代國家としての活動が明確になる紀元四世紀頃から、九三五年に滅亡するまで、一貫して新羅の王京として存續した。東アジアの古代國家が、多くの場合、遷都をくり返していることを想起すれば、そのような事實がもつ意味は決して小さくない。少なく見積もっても六〇〇年以上にわたって、慶州が政治的な中心としてあり續けただけでなく、その間には、新羅の國家發展にともなう王京の變化は何度となく繰り返しおとづれたであろう。とりわけ七世紀後半の領域擴大によって、舊百濟・高句麗からかつての支配層のものたちを包攝するなど、王京の人口は急増し、それにともなって交易體系も質的な變化を遂げたであろう。

本稿では、古代國家新羅の王京を、交易體系の結節點として捉えることによって、古代國家形成期の慶州が占めていた位置と王京内の交易の場となった市肆のあり方を明らかにし、王京内での相貌と、それを復元するための基礎的な事實を提示してみたい。

一　王京の市肆と市典の設置

新羅の王京内における市の設置について『三國史記』新羅本紀は、

　　炤知王十二年（四九〇）、初開京師市肆、以通四方之貨。

と傳えている。この時に始めて京師すなわち王京に、市肆を開き、廣く全土の財貨を流通させたという。改めて指摘するまでもなく、「市肆」とは、狹義には商店の意味があるが、廣義には、交易を行う場所をさす。この記事には、「市肆」で全土の財貨を流通させたとあって、ここでは當然のことながら、「市肆」は、後者の交易を行う場所となる。

また、「市肆」に關わって重要なのは、『三國史記』新羅本紀は、

　　智證王十年（五〇九）春正月、置京都東市。

と傳えており、この年に、京都すなわち王京に東市を置いたとある。この「東市」とは、『三國史記』職官志にも、

　　東市典、智證王九年（五〇八）置、監二人、位奈麻至大奈麻爲之、大舍二人、景德王改爲主事、後復稱大舍、位自舍知至奈麻爲之。書生二人、景德王改爲司直、後復稱書生、位與調府史同、史四人。

とあって、新羅本紀は、「東市」の設置を智證王十（五〇九）年とするのに對して、職官志は、「東市典」の設置を、

智證王九年（五〇八）として、兩者には一年の齟齬がある。

ここでは、とりあえず兩者の設置年に關する差異については保留して、まず問題としたいのは、新羅本紀で記す「東市」と、職官志の「東市典」との關係についてである。文字上の解釋からすれば、「東市」とは、王京の東方に位置していた市肆であり、「東市典」とは、この東市を管理、監督する官司となるであろう。[4]

要するに、『三國史記』によれば、市肆としての「東市」と、それを管理する官司としての「東市典」の設置年に一年の差異があるわけだが、このような『三國史記』が傳える「東市」と「東市典」の關係を知るうえで、次の西市と南市との事例が參考になる。すなわち、孝昭王四年（六九五）に、西市と南市が設置されたことを、新羅本紀は、

孝昭王四年、置西南二市。

と傳えており、その一方、『三國史記』職官志には、

西市典、孝昭王四年（六九五）置、監二人、大舍二人、景德王改爲主事、後復稱大舍、書生二人、景德王改爲司直、後復稱書生、史四人。

南市典、亦孝昭王四年置、監二人、大舍二人、景德王改爲主事、後復稱大舍、書生二人、景德王改爲司直、後復稱書生、史四人。

とあって、同じく孝昭王四年に、西市典と南市典が設置されたことを傳えている。これにしたがえば、新羅本紀でいう西市と南市の設置は、同時に職官志に記す西市典と南市典との設置をも意味していたことになる。つまり、このような西市と南市の事例をみるならば、新羅本紀でいう西市と南市の設置記事は、交易の場としての市肆の開設だけではなく、同時にそれらの市肆を管理、監督する官司の設置も意味していたことが分かる。

そうであるならば、新羅本紀でいう智證王十年の「東市」の設置と、職官志の智證王九年の東市典の設置記事とは、

同一の内容を示す可能性がある。つまり、智證王九年ないし十年に、「東市」および、それを管理、監督する官司としての「東市典」が設置されたと解釈されるのである。東市と東市典が同時に設置されながらも、その設置年には、本紀と職官志とでは、一年のずれが生じていたことになる。[5]

そこで問題となるのは、炤知王十二年（四九〇）に王京に開設されたという「市肆」と、智證王九年（五〇八）ないし十年に設置された「東市」・「東市典」との關係である。

東市典が、東市を管理、監督する官司であることは、前述のとおりであるが、とすると、「東市典」の場合もまた、「西市典」と「南市典」のように、市肆とそれを管轄する官司（市典）の設置が同時になされたと解される。そえゆえ、炤知王一二年に開設された「市肆」と智證王九年（一〇年）に設置された「東市」とは、全く關係のない別個の市と考えることは、とりあえず可能であろう。[6] しかしながら、「東市」「東市典」については、「西市」「西市典」、「南市」「南市典」とは同一に論じられないところがある。

というもの、智證王九年ないし十年に設置された「東市」「東市典」が當初より、そのように呼稱されていたか否か、はなはだ疑問であるからである。そもそも、「東市」とは、「西市」と一對になって初めて意味をもつのではあるまいか。もちろん、王京の東方、あるいは王宮の東方にある市肆という地理上の位置から、「東市」との呼稱を附すことも十分にありえたであろう。ところが、唐の長安における東市・西市や、それを模倣したといわれる古代日本の平城京には、東市・西市が一對となって存在している。六九五年以降の新羅を加えれば、七、八世紀の東アジアでは、ひとしく東・西市が實在していたことになる。それゆえ、この段階で、新羅にだけ西市を缺いた「東市」の呼稱をもつ市肆が存在することを疑わないわけにはゆかないのである。

思うに、新羅の「東市」とは、後世に新たな市肆（西市）が増設されるに伴って、新たな市肆「西市」に對應することに因んで、それまでの「市肆」が改めて「東市」と命名されたのではあるまいか。つまり、『三國史記』に「東市」と傳わる交易の場は、當初は、ただ「市肆」と呼ばれ、その後、この「市肆」を管理、監督する官司としての「市典」が智證王代に設置され、それが後の孝昭王代における西・南市の増設にともなって、「市肆」が改めて「東市」と命名されたと推測されるのである。要するに、『三國史記』には、七世紀末に改められた官司名が、過去に遡って當初より命名されていたかのように、「東市」「東市典」と記されたのではあるまいか(7)。

後にも述べるように、新羅の王京には、七世紀後半の神文王代にいたり、坊里制が施行されたことが明らかにされている。こうした王京の坊里制施行にともない、月城から北に延びる大路の西側に、新たに「西市」を設置するにともなって、在來の「市典」を「東市典」とし、新設した「西市」を管轄する官司として「西市典」を設置したのではないかと推定されるのである。

さらに孝昭王四年には、「西市」と同時に、「南市」が設けられたことが傳えられている。この南市は、東西の二市に、さらに加えられた市肆であることからすれば(8)、孝昭王代において、新羅の王京内に市肆を増設しなければならなかった現實の要請があったことをうかがわせる。

以上を要するに、炤知王十二年（四九〇）に、まず「市肆」が開設され、その約二〇年後の智證王九年ないし十年に、「市肆」を管理、監督する官司として「市典」が設置され、さらに、その約一九〇年後の孝昭王四年に、西市、南市の各々の市肆を管掌する西市典、南市典が設置され、これにともなって、従前の「市典」は東市典に改稱され、こうして新羅の王京に三市が成立することになったのであろう。

二　市肆開設と市典設置の意義

上述のような新羅三市の設立經緯をふまえたうえで注目されるのは、後世に「東市典」と改稱されたと推測される「市典」は、『三國史記』職官志が傳える官司群のなかでも設置年が最も古く、新羅の官僚機構のなかでは、設置年を確實に知りうる最初の官司であるという事實である[9]。

周知のように、新羅の政治的な成長は、六世紀初頭の智證王代に急速な進展が見られるが、新羅中古の中央官司制の形成が武力を管掌する兵部（五一六年）に先立って、東市典がまず設置されたのであり、こうした事實は輕視できない。

というのも、「おおよそ近代以前と以後を問わず、個々の歴史社會はいつでもどこでも、他の歴史社會との不斷の相互的關係においてのみ棲息し」、「この歴史社會の外的諸關係は、何よりも『戰爭』と『交易』の二相を錯綜させた『交通』關係としてあらわれ[10]」るのであり、人類社會が始原的な出發から今日に至るまで、その歴史的發展において交易と戰爭が不可缺であったことを想起する時、新羅の官司設置が市典と兵部から始まることは、新羅の古代國家形成にとっても交易と戰爭がいかに重要であったかをそのまま物語るとみられるからである。

こうした點に關わって留意されるのは、市肆の開設に先立ち、炤知王九年（四八七）三月のこととして傳わる次の事實である。すなわち、『三國史記』には、

始置四方郵驛、命所司修理官道。

とあって、新羅の支配が及ぶ地域に「郵驛」を置き、官司に命じて「官道」を修理させたという。こうした施策が三

年後のこととして「市肆の設置によって、四方の財貨を流通させた」とある記事の前提となりうる點は、容易に認められるであろう。[11]

この「官道」については、關係史料を全く缺くが、その實態を檢討する上で「鳳坪新羅碑」（五二四年）に記す「法道」は注目に値する。[12] すなわち、鳳坪碑の立つ蔚珍は、新羅王京から東海岸を北上して約一五〇キロメートルの位置にあり、また碑文には、さらに北へ約五〇キロメートル隔てた「悉支」（三陟）に派遣された軍主の名前が見える。このことから鳳坪碑に記された「法道」とは、王京から蔚珍を經て、三陟へと通じる道を指していたとみて間違いないであろう。

とすれば、鳳坪碑が立碑された當時の新羅では、王京を起點とする幹線道路を「法道」と呼んでいたにちがいない。私見によれば、「法道」の名の由來は、法興王七年に律令が頒示されて以後の呼稱かと思われるが、[13]『三國史記』が炤知王代のこととして記す「官道」は、それ以前において新羅が服屬させた辰韓・弁韓以來の諸小國へと至る幹道であったのではあるまいか。

というのも、新羅は五世紀前半まで、高句麗に政治的に從屬していたが、五世紀後半より脱高句麗化の道を歩み、百濟、大加耶との連攜を強めながら、自立化していった。それは同時に、かつての辰韓、弁韓地域の諸小國を政治的に統合する過程でもあった。[14] 高句麗から自立した新羅は、この時期にかつての祭祀ネットワークを交易ネットワークとして再編、強化しながら、政治的統合を強めていったであろう。[15] そのような過程が、官道の整備と、それによって全土からもたらされ集積された財貨の交易された場所が「市肆」であり、やがて、それを管理する官司として智證王代に東市典（市典）が創設されたのではあるまいか。

「冷水新羅碑」（五〇三年）によれば、當時の新羅は、王京外の地域の紛爭に對して、王京六部の高官が共同して紛爭を調停し、支配共同體として共同で意志決定を下して、外方の在地首長に對して優位性を發揮していた様子を傳えている。[16] 五世紀後半から六世紀初頭の新羅では、王京と外方との財貨の交換、情報傳達、人的交流によって、政治的、經濟的な地域圏の形成を促進していたと考えられる。

軍事と外交にとって必須の「官道」の整備は、「市肆」開設にとっても不可缺の前提である。まさに、「市肆」の開設と「市典」の設置とは、このような新羅の五世紀から六世紀にかけての交易體系の制度的成立過程を反映するものと考えられる。

三　王京の市肆と市典の機能

以上の檢討に基づけば、新羅の「市肆」は、炤知王代の官道の整備を前提に、炤知王十二年（四九〇）に開設され、その後、智證王九年（五〇八）に「市肆」を管理する官司として「市典」が設置され、さらに約一九〇年後の孝昭王四年（六九五）に、「西市」、「南市」を加えて、從前の「市肆」を「東市」となし、王京に三市を備えるように至ったと推測される。

遺憾ながら、それらの三市を構成する各市肆に關する史料はほとんどない。これまでも市肆の具體的な姿や、それを管理、監督していた市典については、職官志の記事によって官司の設置年とそこに配屬された官職名を知りうるだけで、多くは同時代の唐や日本を參照しながら、その機能や役割が推測されてきたにすぎない。すなわち、東・西・南三市を監督する官司としての東市典、西市典、南市典は、各々に、監、大舍、書生、史が配屬され、これらで構成される市典が王京の官市である市肆の管理、監督をしていたと推定さてきたが、その具體的な機能と役割については、不明とするしかない。

ただ、新羅の市肆の大きな變化が孝昭王四年にあったことだけは動かしがたい事實であって、その要因には、まず百濟・高句麗の滅亡により舊百濟・高句麗支配層が王京へ流入して、人口の急激な膨張があったであろうし[17]、同時に、領域の擴大にともない全國の物資が王京へもたらされ集積されたことに關わっていたであろう。

それを可能にしたのは、新羅の王京と地方を結ぶ幹線交通路の整備でなければなるまい。周知のように「五通」は、新羅全土に通じる交通體系の代表的な交通路として推定されている。五通がそれのみで新羅の交通體系として完結するか否かは不明とされるが、その目的とルートの復元による限り[18]、王京の五門驛を起點に國土四方の邊境海域に通じる幹線交通路であったことは間違いなさそうである。百濟、高句麗滅亡後に、新羅の九州五京制が神文王八年（六八七）に完備したことからすれば、この頃を前後する時代に五通が整備されたと見てよいであろう。そうであれば、孝昭王四年の三市の成立は、五通の整備が前提にあったことになる。

さらには、三市成立の具體的な要因として、新たな國家體制の確立にともなって官僚機構が整備され、官僚に對する俸祿制度が確立したことは輕視できない。すなわち、神文王七年（六八七）には、

教賜文武官僚田有差。

とあって、新羅は文武官僚を對象にした職田制が施行されており、次いで、神文王九年（六八九）春正月には、

下教罷內外官祿邑、逐年賜租有差、以爲恆年。

とあって、祿邑を廢止し、その代わりに租の逐年支給（月俸支給）が實施されている事實は、注目に値する[19]。新羅の祿邑は、邑落を基礎單位に官僚個人に俸祿として與える新羅獨自の分給制度と見られており、祿邑に對する官僚の經濟的な支配は、收租權のみならず、邑落民の勞働力を所有し、それに基づいて租稅・貢賦なども收取するものであっ

た。[20]

それまで祿邑からの多様な物資をも得ていた高位の貴族（眞骨貴族）たちは、祿邑に代えて國家から支給される租米に切り替えられたとすれば、まず國家から受給した租米を市肆において賣却し、様々に必要な物資を購入せざるをえなかったであろう。[21] このような官僚制の整備とそれに伴う俸祿體系の確立がその前提としてあって、現物による國家支給に移行したとすると、市肆のはたすべき役割は當然のことながら倍増したであろう。

また、官人や王京に生きる庶人の生活のみならず、文武・神文王代に擴充された中央官司においても、中央政府から供給された資源を、官司の職務に必要な物品に替える必要に迫られたであろう。それらは、王京の市肆で調達せざるをえなかったものとみられる。

この點については具體的な史料に缺くが、時代を遡れば、六世紀末から七世紀初頭と推定される月城垓字木簡の中にある文書木簡の一つには、四面にわたって以下のような文字が認められる。[22]

牒垂賜敎在之後事者命盡

經中入用思買白不雖紙一二斤

大烏知郎足下萬引白了

使官

牒す。垂《くだ》され賜し教在り。後事は命を盡す。

經に入用と思しめし買わん。白に不らずと雖も紙を一二斤。

大烏知郎足下、万引、申し了んぬ。

使官[23]

この木簡については、四面の限定的なスペースの中に、差出人（万引）と宛先（大烏知郎）が明記されていることから、一定の書式を盛り込んだ文書「牒」であることがすでに指摘されているが[24]、おそらくは、その内容から紙（白不難紙）の購入請求のための寫經所關係文書と推定される。このような紙の購入も、市肆を媒介にしていた可能性があろう[25]。

また、新羅の市肆の具體的な姿を傳える史料がほとんどない中で、注目されるのは、『新唐書』新羅傳に、

男子翦髮鬻、冒以黑巾、市皆婦女貿販。

とあって、男子の毛髪が新羅の國内で賣買されていた事實や、また、王京のどの市肆でも女性が物品を交換して商いをしていたといった事實がかいまみられる。八世紀以降、新羅の唐に對する朝貢品目に大量の毛髪が重要品目として含まれていることから[26]、王京の市肆では、唐への朝貢品に必要な物品をも取り引きの對象となっていた可能性があるだろう。

以上のように、その具體的な史料は極めて少ないが、王京の市肆では、中央官司や官人をはじめとする王京人の交易が行われていたことが斷片的ではあるが、史料に卽してうかがえる。

そのような王京の市肆の管理、監督を行っていたのが市典であったが、その市典の機能として、まずは、交易の場の秩序維持などにあたっていたであろうが、そうした取引の管理のみならず、流通機構としての市肆における物價の把握や管理が市典によってなされていたとみてよいであろう。というのも『三國遺事』巻一太宗春秋公には、

城中市價、布一疋租三十碩或五十碩、民謂之聖代。

とあって、武烈王代に、王京内の「市價」は、布一疋で租三〇碩あるいは五〇碩であったことを傳えるが、このような「市價」こそは、まさに市典がはたすべき役割であって、このような物價調整の役割を市典がはたしてした可能性が高い[27]。

四　三市の立地條件と位置

前述のとおり、新羅王京の交易をになった三市は、まず五世紀末に「東市」の前身である「市肆」が設置され、六九五年に「西市」の設置にともない「市肆」を「東市」に改め、さらに「南市」を加えて三市となったと推定した。このような設置過程からうかがえるのは、唐の長安城の單なる模倣ではなく、新羅の古代國家形成の過程で市肆が要請され、その後に獨自の展開を遂げたことが推察される。

ところで、李基東氏は東アジア規模の巨視的な視點から新羅王京の三市について、次のように指摘している。「唐の長安城からその模範を求めることができる中國式都城制度によれば、市街地の中央を南北に貫通するいわば朱雀大路によって市街地が東西の二區域に別れるために、自然と市場は東と西の二カ所に作られたが、これは長安城を模倣した渤海の上京龍泉府、日本の平城京、そして新羅の慶州も例外でないが、新羅はこのほかにも慶州南側にもう一つの市場を作った[28]」。すなわち、三市という新羅獨自の形態をもちながらも、新羅が東西市を設置した背景に、中國式都城制の影響をみてとる指摘は、三市の具體的な位置を追究する際に、示唆的な見解ではないだろうか。つまり、東西市の設置とその位置は、王京の整備、とりわけ坊里制の施行に密接に關わる問題である。

よく知られているように、新羅王京の特徴は羅城をもたない點にあった。それゆえ慶州盆地の山川を考慮しつつ、東西・南北約四キロメートル四方の地域内に方形プランを想定し、そこに條坊の施行を想定することもあった[29]。しかしながら、冒頭に記したように、その後の發掘調査によって、實際には方形プランは成り立ちえず、想定されていた地域をさらに越えて條坊制の施行が確認されることになった。

國立慶州文化財研究所などの一六年餘にわたる調査によって、慶州市の廣範な地域から二一箇所の道路遺構が確認されたが、それによって判明した條坊の規模は、道路の中心部を基準にすると、東西一六七・五メートル、南北一七二・五メートル内外とされ、道路を除いた坊里内部の廣さは八〇〇〇餘坪であるという。[30] そうした規模の條坊が施行された地域は、すでに指摘したように、東西は、約五キロメートル、南北は、約八キロメートルにおよぶと推定されている。[31] しかも、それらは全體が同時に整備されたのではなく、段階的に擴大、改編されたと推定されている。[32]

このような王京整備の大きな畫期は、文武・神文王代にあったのではないかと推測されるが、[33] とりわけ注目されるのは、月城（王宮）を中心に、雁鴨池（東宮）を包含する地域は、最近の道路遺構などを根據に方形であったと推定されており、有力な復元案として提起されていることである。[34] この王宮地域は、條坊制が施行されてた王宮のほぼ中央に位置していることも、これまでの指摘があるとおりである。とすれば、この王宮から眞北にのびる大路を想定することに無理はなく、その大路を軸にして左右に各々、東市と西市の所在を見當づけることができるであろう。

具體的な位置については、關係史料がなく全く不明であるが、朴方龍氏は、東市を皇龍寺址前方（南側）に、西市を興輪寺址附近に比定している。さらに南市については、天官寺址附近に各々位置比定している。[35]

朴方龍氏は、その根據として、東西間の重要幹線道路である「東西大路」を基準に、東市は皇龍寺址前方附近、西市は興輪寺址附近が推定されるという。この「東西大路」というのは、推定王宮地域の北限を東西に走る道路に重なる。つまり、王宮（月城）地域を眞ん中にして、その東西に位置していたことになる。

ところで、西市に比定されているの興輪寺址とは、現在の慶州工業高校の敷地内に寺址があり、ここに推定する有力な見解がある。[36] 朴方龍氏は、「東西大路」を重視しているのであるが、その位置關係には、あまり無理がないように思われる。とりわけ興味深いのは、興輪寺の建立された天鏡林は、「金橋の東」と傳わり、その「金橋」は「西川の橋を謂う。俗に訛して呼び松橋と云う」（『三國遺事』阿道基羅條）とあって、西川の橋が今の西川橋の位置に推定されていることである。[37]

つまり、東西市は、東西の幹線道路に沿っており、また、西市は、慶州の西を北上して流れ東海に注ぐ西川に鄰接することになる。市肆は、物資の運搬に密接に關わっていたはずであり、車や馬が用いられてあろう。また、日本の事例を參照すれば、水運についても考慮する必要があることから、[38]西川に鄰接する立地は有力な假説として重視したい。

また、朴方龍氏は南市について、その名稱の由來が月城の南側にある市肆とみなし、さらに月城南西に大規模な窯址が密集している點に注目している。ただ、南川にかかる月精橋から數百メートルの所に位置する天官寺址附近に、東西市に匹敵する市肆としての立地條件を求めることができるか否か不明としなければならない。西南方面は道路遺構が長く南に延びており、五陵の西や南をも候補に擧げて良いのではないかと思われる。

いずれにしても、三市の所在については、今後の發掘調査に期待するしかないが、その際に道路遺構との關係や、水運にも留意する必要があるのではなかろうか。新羅の水運研究は全く未開拓ではあるが、城山山城木簡の研究によれば、六世紀半ばにまで、漕運の制度的整備がさかのぼる可能性は十分ありえるので、[39]今後の發掘調査に期待したい。

おわりに

以上、新羅王京における三市設置の經緯や、市肆を管理、監督する市典の機能と役割、さらには三市の立地條件と位置などについて検討を加えてきた。炤知王十二年（四九〇）に設置されたという市肆や、孝昭王四年（六九五）に整備された三市は、新羅の交易體系を支えたたが、それらの實態を究明するには、残されている文獻史料はあまりに零細である。本稿はあえて、それらの史料に、大膽な解釋と推測をかさねたところがある。

最後に簡單なまとめを行っておきたい。新羅の市肆は、高句麗の政治圏から脱して、かつての弁韓や辰韓地域の小國の祭祀ネットワークを、交易ネットワークへと再編し、この地域への政治統合へと展開する時期に設置されたと推定される。官道（後の法道）の整備や郵亭の整備がなされて、市肆が設置されたことはそのことを裏づけるものである。

六世紀初頭に、市肆を管理、監督する市典（のちの東市典）が兵部に先立って設置されたことは、新羅發展の要因が交易ネットワークの形成に係わっていたことを推定せしめるものである。

また、その約二世紀後には、舊百濟、高句麗の支配層が王京に流入して、王京の人口は急増し、領域の擴大と九州五京制の成立に基づく幹線道路の整備によって、全土の文物が王京にもたらされることになった。さらに、こうした國家基盤に見合った官僚機構の擴大、整備には、新たな俸祿制が要請されたが、これらの諸變化に對應するためには、新たに條坊制が施行された王京に、これまでの市肆（東市）に加えて、西市、南市が增設され、三市體制がとられることになった。ここに新羅の交易體系が擴充整備され、新羅の王京は朝鮮半島における交通網の一大結節點として、また、交易體系の結節點としての面貌を新たにしたのである。

注

（1）金昌錫『三國と統一新羅の流通體系研究』（一潮閣、ソウル、二〇〇四年）。

（2）立川健二・山田廣昭『現代言語論』（新曜社、一九九〇年）一六三頁。

（3）李成市「大會のねらい」（『朝鮮史研究會會報』一〇五、一九九一年九月）二頁。
（4）白南雲『朝鮮社會經濟史』（改造社、一九九三年）三八〇頁。
（5）同様の事例としては、兵部（令）の設置をめぐって、新羅本紀は兵部の設置を法興王四年とし、職官志は兵部令の設置を法興王三年としており、この事例でも新羅本紀が職官志よりも一年後に設置年を掲げている。
（6）白南雲『朝鮮社會經濟史』（前掲書）、金昌錫『三國と統一新羅の流通體系研究』（前掲書）。
（7）『三國史記』職官志には、領客府（司賓府）の前身が倭典であった事例のように、官司の由來は必ずしも傳わらず、後世の官司名のみを傳える場合がある。倭典については、李成市『東アジアの王權と交易』（青木書店、一九九七年）九〇頁參照。
（8）同時代の唐王朝においても、七一〇年に藤原京から遷都した平城京においても、東市、西市を設置しているものの、南市の名は見えない。金昌錫『三國と統一新羅の流通體系研究』（前掲書）は、前例として、後漢の洛陽で金市（大市）、馬市、南市の「洛陽三市」を指摘しているが、新羅の場合、それとの直接の關連性は考えがたい。
（9）武田幸男「六世紀における朝鮮三國の國家體制」（井上光貞他編『東アジア世界における日本古代史講座』四、朝鮮三國と倭國、學生社、一九八〇年）六一頁。
（10）滝村隆一『國家論大綱』（第一巻上、頸草書房、二〇〇三年）四一九頁。
（11）金昌錫『三國と統一新羅の流通體系研究』（前掲書）。
（12）蔚珍碑および法道については、李成市「蔚珍鳳坪新羅碑の基礎的研究」（『史學雜誌』九八—六、一九八九年六月〔原載〕、『古代東アジアの民族と國家』岩波書店、一九九八年〔所收〕）參照。
（13）李成市「蔚珍鳳坪新羅碑の基礎的研究」（前掲書）。
（14）李成市「新羅の國家形成」（鈴木靖民編『日本の時代史』2、倭國と東アジア、吉川弘文館、二〇〇二年）三〇八—三一一頁。
（15）李成市「國家形成史からみた新羅と加耶」（鈴木靖民編『シンポジウム倭人のクニから日本へ』學生社、二〇〇四年）一三四、二二四頁。

（16）李成市「新羅の國家形成」（前掲書）三一八頁。
（17）李基東「王京の繁榮と社會生活」（金元龍外『歷史都市慶州』悅話堂、ソウル、一九八四年）一四三頁。
（18）田中俊明「新羅の交通體系に對する豫備的考察」（『朝鮮古代研究』四、二〇〇三年）。なお田中氏の考證に基づく五通の方向と目的地は次のとおりである。

北海通　坎門驛（北）→高城→泉井
鹽池通　兌門驛（西）→鹽海
東海通　艮門驛（東北）→祇林寺西→東海口
海南通　坤門驛（西南）→海南
北傜通　乾門驛（西北）→尙州→唐恩浦

（19）金昌錫『三國と統一新羅の流通體系硏究』（前掲書）九〇頁。
（20）新羅の祿邑については、姜晉哲「新羅の祿邑について」（『韓國中世土地所有硏究』一潮閣、ソウル、一九八九年）、武田幸男「新羅の村落支配」（『朝鮮學報』八一、一九七六年一〇月）參照。
（21）たとえば、眞骨貴族の經濟基盤に關して、全羅南道潭陽郡に所在する「開仙寺石燈記」（八九一年）によると、この開仙寺の土地に鄰接して「池宅土」（池宅の土地）が見いだせる。新羅の王都から遠く隔たった全羅南道の邊隅に、金入宅の一つ「池宅」の私有地が實在していたことを示している。こうした經濟基盤について、圓仁『入唐求法巡禮行記』は、

卯の時、武州の南界の黃茅嶋の泥浦に到りて舩を泊す。亦た丘草嶋とも名づく。（中略）是れ新羅國の第三宰相が馬を放つ處なり。（八四七年九月六日）

と傳えており、朝鮮半島西南地方の多島海域に、新羅の「第三宰相」の放牧場があったという。さらに『新唐書』新羅傳には、

宰相家祿絶えず、奴僮三千人、甲兵・牛・馬・猪も之に稱う。海中の山に畜牧し、食を須む。

と記されており、眞骨貴族が領有する土地から多くの物資を調達していたことが分かる。祿邑廢止の理念は、このような經

濟基盤を否定し、租米に換えることにある。
(22) 國立慶州博物館編『文字からみた新羅――新羅人の記録と筆跡』(國立慶州博物館、二〇〇二年)一三七頁の釋文を參照。
(23) 從來「使官」は「使内」と釋讀されてきたが、深津行德氏の指摘に從う。
(24) 三上善孝「文書様式『牒』の授受をめぐる一考察」(『山形大學歴史・地理・人類學論集』七、二〇〇六年三月)。
(25) 金昌錫『三國と統一新羅の流通體系研究』(前掲書)八八頁。
(26) 李成市「八世紀新羅・渤海關係の一視角――『新唐書』新羅傳長人記事の再檢討」(『國學院雜誌』九二―四、一九九一年四月〔元載〕、『古代東アジアの民族と國家』前掲書〔所收〕)。
(27) 金昌錫『三國と統一新羅の流通體系研究』(前掲書)八四頁。
(28) 李基東「王京の繁榮と社會生活」(前掲書)一四三頁。
(29) 東潮・田中俊明『韓國の古代遺跡』(1新羅篇、中央公論社、一九八八年)二六三頁。
(30) 國立慶州文化財研究所『新羅王京　發掘報告書(Ⅰ)』(國立慶州文化財研究所、慶州、二〇〇二年)。
(31) 國立慶州文化財研究所『新羅王京　發掘報告書(Ⅰ)』(前掲書)。
(32) 黃仁鎬「新羅王京の變遷」(『東アジアの古代文化』一二六、二〇〇六年二月)。
(33) 田中俊明「新羅における王京の成立」(『朝鮮史研究會論文集』三〇、一九九二年一〇月)、李成市「新羅文武・神文王代の集權政策と骨品制」(『日本史研究』五〇〇、二〇〇四年四月)。
(34) 朴方龍『新羅都城研究』(東亞大學　文學博士論文、一九九七年)、國立慶州文化財研究所『新羅王京　發掘報告書(Ⅰ)』(前掲書)。
(35) 朴方龍『新羅都城研究』(前掲書)。
(36) 田中俊明「慶州新羅廢寺考(1)――新羅王都研究の豫備的考察1」(『堺女史短期大學紀要』二三、一九八八年)一一頁。
(37) 田中俊明「慶州新羅廢寺考(1)――新羅王都研究の豫備的考察1」(前掲誌)九頁。
(38) 古代日本の事情については、榮原永遠男「都城の經濟機構」(岸敏男編『日本の古代』九、都城の生態、中央公論社、一九八七年)、榮原永遠男『奈良時代流通經濟史の研究』(塙書店、一九九二年)を參照のこと。

(39)　近年の城山山城出土木簡の研究によれば、六世紀中頃に洛東江上流の慶尙北道地域の文物が洛東江を利用して、咸安の城山山城に搬入されていたことが指摘されている。とすれば、當時における新羅の漕運制度がそのような輸送を保證していたことになるであろう。朝鮮文化研究所編『韓國出土木簡の世界』(アジア地域文化學叢書四、雄山閣、二〇〇七年)參照。

高麗における燃燈會と王權

奥村周司

一　はじめに

高麗王朝において盛大に擧行されていた國家祭祀の一つである燃燈會は、八關會とともに高麗王權の特性を理解する上で重要な意味をもつ祭祀として論究されてきているが、燃燈會をめぐる王權と佛教との關係についてはなお檢討の餘地があるように思われる。(1)

例えば、『高麗史』世家に載る兩祭祀の實際の開設記事をみると、國王は燃燈會では「奉恩寺」へ、八關會では「法王寺」へ行幸することになっており、(2)ともに佛教寺院と關連のあったことが窺えるが、『高麗史』世家の太祖二十六年條に記錄されているいわゆる「太祖訓要」の第六條には、「朕の至願する所は燃燈・八關に在り。燃燈は佛を事る所以、八關は天靈及び五嶽名山大川の龍神を事る所以なり」(3)とあり、燃燈會の方が佛を祀る祭祀として位置づけられている。また、『高麗史』禮志に收錄されている「上元燃燈會儀」と「仲冬八關會儀」には、それぞれ兩祭祀の儀禮內容が說明されているが、「上元燃燈會儀」の場合には國王が奉恩寺に出向き太祖の眞影に拜謁する「謁祖眞儀」が祭祀の重要な儀禮として取り込まれているけれども、「仲冬八關會儀」の場合には法王寺への行幸自體が何故か八關會の祭祀儀禮の中には全く規定されていないのである。このように兩祭祀と佛教との關係には何らかの相違のあったことが窺えるが、充分な説明がなされているわけではない。

そこで本論考では、以上のような燃燈會と八關會の開設狀況の相違點を踏まえ、主として燃燈會における奉恩寺への行幸が何を意味しているのか、また奉恩寺での「謁祖眞儀」を含む燃燈會全體が儀禮空間としてどのような意味をもっていたのかという點について若干の考察をしてみたい。

二　燃燈會の祭祀構造とその形成

1　康安殿と奉恩寺

燃燈會の儀禮內容は『高麗史』禮志の「嘉禮雜儀」に收錄されている「上元燃燈會儀」に詳しく說明されている。それによれば、燃燈會は八關會と同樣初日の小會日と翌日の大會日の二日間にわたって開設されたことになっている。その小會では、まず宮中の康安殿（重光殿）(4)にて近侍官等が國王に拜禮を行い（便殿禮）、國王が奉恩寺に出向き太祖の眞影に拜謁する「謁祖眞儀」が行われる。二日目の大會では、小會と同樣に康安殿にて便殿禮を執り行った後、太子以下群官が國王に「聖躬萬福」と奏して拜禮を行い、續いて獻茶禮・獻壽酒禮・獻花禮・回賜花酒禮等の饗應の儀式が行われる。

以上が「上元燃燈會儀」で述べられている燃燈會の構造の大枠である。この燃燈會の構造を見て注目される特徵は、その祭祀が宮城の內と外に相當離れている康安殿と奉恩寺の二箇所で行われている點である。

まず康安殿については、前間恭作氏が「開京宮殿簿」の中で「王の起居せられる便殿である。代々の卽位もここで擧行せられた。毎年二月にここで行はれる燃燈大會は宮中の行事の隨一であろう[5]」と述べているように、康安殿は國王が日常様々に使用していた身近な宮殿（便殿）であった。また前間恭作氏の前掲論文中に圖示されている「本闕圖[6]」や朴龍雲氏の『高麗時代開京研究』に圖示されている「宮城・皇城内の宮殿と主要官廨[7]」等を見ると、康安殿が宮城の奥まった場所に位置していたことが分かる。八關會が王宮の正面入り口に相當する神鳳門の樓上とその前庭の毬庭で擧行されていたことと比較すると、燃燈會が王宮内部の祭祀として開設されていた様子が見えてくる[8]。

康安殿について次に注目しておきたい點は、前間恭作氏も指摘しているように、この宮殿でしばしば國王の即位儀禮が擧行されていた點である。ちなみに、高麗における國王の即位宮殿を調べてみると、二代惠宗から三十二代恭讓王までの國王のうち十五人の國王が、康安殿において即位儀禮を行っていた。その高麗王の即位形式については、臣下が王たるべき人物を推戴する奉王即位、前王の存命中に讓位される内禪即位、前王の死後前王の遺命・遺詔による遺詔即位に大別されるが、いずれの場合も宮殿にて一定の即位儀禮を踏んでいたと見え、史料には「□□宮殿にて即位」と宮殿名が記されている。その即位儀禮の詳細は不明であるが、熙宗の内禪即位の記事に次のような注目すべき記述がある。

（神宗七年正月己巳）忠獻白太子曰、君父之命不宜固辭。引入康安殿、進御服、北面再拜。奉出大觀殿、受百官朝賀。（『高麗史』巻二一、世家）

これによれば、熙宗の即位儀禮の場合には、まず康安殿において崔忠獻が太子に國王の衣服を着せ、崔忠獻が北面して臣下の禮を執るという、太子を國王に推戴する儀禮が執り行われ、續いて大觀殿にて百官による朝賀儀禮が擧行されていたようである。つまり、このように見てくると、康安殿が國王即位にとって極めて重要な宮殿であったことが窺えるのであるが、それゆえに、同じ康安殿にて展開されていた燃燈會は、國王の即位儀禮に類似した意義を持つ祭祀ではなかったかと、推測されるのである。

燃燈會のもう一箇所の會場となる奉恩寺は、『高麗史』に

（光宗）二年、創大奉恩寺于城南、爲太祖願堂。又創佛日寺于東郊、爲先妣劉氏願堂。（『高麗史』巻二、世家）

と記載されているところから、光宗が父親（太祖）の願堂として王宮の南の郊外に建立した寺院であることが分かる。願堂とは死者の畫像や位牌を祀り、死者の冥福を祈り供養するために設けられた法堂のことであるから[9]、奉恩寺は光宗が父太祖の冥福を祈願するために建立した寺院であったということになる。しかも、上記史料によれば、奉恩寺と同時に光宗の先妣（亡くなった母親）の願堂として佛日寺が建立されたことになっており、それが王宮の東郊に建立されたと記載されているのである。

つまりこの記事を見る限り、奉恩寺と佛日寺は、それぞれ意圖的に王宮の南郊と東郊に建立されたのではないかと推測される。朴龍雲氏の前掲著書に圖示されている「開京の施設[10]」によれば、開京は北西部の高臺に王宮があってそれを宮城と皇城（内城）が圍み、その南方と東方の方向に低地が擴大していて、そこが人々の生活の空間であったことが分かる。光宗は皇城内部に密やかに父母の願堂を創るのではなく、人々の目に觸れる場所に願堂としての奉恩寺と佛日寺を建立したのであり、それによって人々に王朝の開祖である太祖の存在をより強く印象づけることができると考えたのではなかろうか。

光宗は奉恩寺を、當初自分の父親の願堂として建立したのであるが、太祖は王朝の開祖として、その後の歴代の國王の信仰の對象となっていったのである。燃燈會に際しこの奉恩寺への行幸が擧行されたのも、その太祖信仰の形成と深くかかわる出來事であったと思われる。

2　燃燈會と奉恩寺

燃燈會は、宮城内の奥まった宮殿である康安殿と、そこから相當離れた皇城（内城）外の南の郊外に建立された奉恩寺とで開催されたのであるが、なぜこのような空間を設けることになったのであろうか。「謁祖眞儀」を行うだけのためならば、八關會と同様に神鳳門樓上の太祖の眞影を拝謁することも可能であったはずであるが[11]、なぜそのような簡便な方法をとらず、あえて皇城（内城）外に設けた奉恩寺の太祖眞殿に參詣したのであろうか。そこで、その疑問を解くために、『高麗史』禮志の「上元燃燈會儀」に描かれている、奉恩寺での「謁祖眞儀」を含む燃燈會の祭祀形態が、何時どのような事情で成立したのかを考えてみることにする。

ところで燃燈會とは、元來佛教祭祀の一つであり、すでに中國や新羅において開設されていた。そして、高麗においてもその當初から開設されていたと推測されるが、途中成宗時代に一旦廢止され、顯宗元年に復活されるという經緯を經ている[12]。その顯宗元（一〇一〇）年の復活記事には次のように記されている。

（顯宗元年）春閏二月復燃燈會。國俗自王宮國都以及鄕邑、以正月望燃燈二夜。自成宗以來廢而不擧。至是復之。（『高麗史節要』巻三）

この復活記事によれば、成宗以前の燃燈會は正月望日に開京のみならず鄕邑においても開設される俗節であって、祭祀の重點が二夜にわたる燃燈に置かれていたことが窺えるが、奉恩寺への行幸やそこでの「謁祖眞儀」は、まだ行われてはいなかったと考えられる。

それでは、奉恩寺への行幸や「謁祖眞儀」はいつから行われたのであろうか。前に擧げた顯宗元年の燃燈會復活記事に續き、顯宗二年二月に、契丹の侵入を受け開京を脱出した國王が清州の行宮で燃燈會を開設したという記事が見えるが、この時點でも寺院との關連は認められない。[13] そこで、燃燈會において寺院との關連が確認できる記事を探ってみると、德宗元（一〇三二）年二月に次のような行幸記事が見える。

（德宗元年二月）乙卯、燃燈、幸王輪寺。　（『高麗史』巻五、世家）

これは燃燈會における寺院への行幸を傳える最初の記事である。ところがこの時は、「奉恩寺」ではなく「王輪寺」への行幸であり、まだ燃燈會と奉恩寺との結びつきはできていなかったことが窺える。しかしこの王輪寺は、八關會の行幸寺院である法王寺と同樣太祖が都城内に建立した一〇寺の一つであった。[14] どの寺院でもよいということではなく、八關會に倣い太祖の創建した寺院への行幸が意圖的に行われたと考えられる。

ところが、それから六年後の靖宗四（一〇三八）年二月に、次のような奉恩寺への行幸を伴う開設記事が出現するのである。

（靖宗四年）二月癸未、燃燈。王如奉恩寺謁太祖眞、燈夕、必親行香眞殿、以爲常。　（『高麗史』巻六、世家）

この開設記事に見える「燈夕」とは、本來正月十五日の上元の夕に燈火を飾り夜を照らす祭祀のことであるが、高麗ではその日に燃燈會が開設されていた。それを顯宗二（一〇一一）年の淸州燃燈會から二月に時期を變更して開設していたのである。[15] そして、この靖宗四年の燃燈會からは、國王は王輪寺ではなく奉恩寺に出向き、太祖の眞殿において香を焚き拜謁する儀禮が導入されていたことが窺える。文末に「以て常と爲す」と記されているように、この燃燈會の「謁祖眞儀」の内容がその後も繼承され、『高麗史』禮志の「上元燃燈會儀」に收錄されたと考えられる。

それでは、なぜ燃燈會はこの時期に王輪寺行幸から奉恩寺行幸に變更され、「謁祖眞儀」を含む形に整えられたのであろうか。

3　奉恩寺行幸の背景

靖宗四（一〇三八）年に燃燈會における國王の行幸先が王輪寺から奉恩寺に變更された理由の一つは、太祖の眞殿が王輪寺ではなく奉恩寺に存在したからであると考えられる。王輪寺は、太祖が創建した寺院の一つであったから、その意味で太祖と深い緣のある寺院ではあったが、太祖との直接的な結びつきを確認する寺院ではなかった。これに對して奉恩寺は太祖の願堂として建立された寺院であり、そこには太祖の眞影が奉安されていた。上記の靖宗四（一〇三八）年の開設記事を見る限りでは、燃燈會において重視されていた儀禮は、靖宗が太祖の眞殿に上香して拜謁する儀禮であった。太祖との形式的な緣ではなく、より直接的な太祖との繋がりを確認する儀禮が求められていたと考えられる。

それでは、なぜこの時期に太祖との結びつきが重視されたのであろうか。そこで、顯宗元（一〇一〇）年から靖宗四（一〇三八）年にかけての時代背景を探ってみると、この時期の内外の政治狀況が危機的狀況に陷っており、とりわけ穆宗末年には高麗王家（王氏）の王統が斷絕するかもしれないという危機意識が高まっていたことを擧げることができる。穆宗六（一〇〇三）年に太后の皇甫氏が重臣の金致陽と密通して子を生み、その子を穆宗の後の王位につかせようと畫策したのである。金致陽等は當時太祖の唯一の孫であり有力な王位繼承者と目されていた大良院君（後の顯宗）を政權から遠ざけるため強制的に佛門に入れたり、毒盃を贈って抹殺しようとしていた。このような金致陽等の策謀に危機感を抱いた穆宗は、十二（一〇〇九）年二月、近臣の中樞院使崔沆等と圖り急遽大良院君を迎え讓位するのである。この時穆宗は「太祖の孫、唯だ太良院君在り。（略）宜しく心を盡くして匡扶し、以て社稷をして異姓に屬せしむる勿れ」と述べているが、[16]この言葉からは王氏系王統の斷絕を豫測した強い危機感を讀み取ることができる。

ところで、この時穆宗を支持し顯宗卽位を實現させた中樞院使が、八關會の復活を主張した崔沆であった。[17]そしてこの崔沆が、實は「太祖訓要」の作成に關わった人物でもあったのである。今西龍氏の考證によれば、『高麗史』世家太祖二十六（九四三）年條に記されている「太祖訓要」も、顯宗の末年に崔沆か崔齊顔によって僞作されたものであったということになる。[18]

つまり、穆宗末から顯宗初にかけて政權の中樞にいた崔沆としては、燃燈會や八關會の復活、「太祖訓要」の作成等を通じて太祖の權威との結合を強め、太祖への信仰を強めることによって弱體化した王權を強化しようとしたのではないかと考えられる。

その後の顯宗から德宗を經て靖宗にいたる時期は、高麗王朝と契丹との緊張が高まり[19]、また德宗が治世四年で他界したため弟の靖宗が後繼するなど、王權の動搖も續いていた。そうした內外の不安定な政治狀況の中で、それに對應するかのように燃燈會や八關會等の太祖の權威と繫がる祭祀の整備が、換言すれば太祖信仰の強化が確實に進行していたのである。燃燈會における奉恩寺行幸と「謁祖眞儀」を含む儀禮內容は、以上のような顯宗時代から靖宗時代における內外の政治狀況を背景にして整備され、靖宗四（一〇三八）年頃までには完成したと考えられる。それでは、奉恩寺における「謁祖眞儀」とはどのような意味をもつ儀禮であったのであろうか。いま少し儀禮の內部に立ち入って檢討してみよう。

三　奉恩寺謁祖眞儀と王權の再生

1　謁祖眞儀の意義

燃燈會における行幸寺院が靖宗四（一〇三八）年に王輪寺から奉恩寺に代わったことによって、燃燈會の儀禮空間に二つの大きな變化がもたらされた。その一は、會場が皇城北部に近い高臺地域から皇城南部の郊外に張り出し、より廣範圍の人々の目に觸れ、多くの人々の動員を可能にしたことである。そして第二には國王が奉恩寺に出向き「謁祖眞儀」を行うようになったことにより、人びとがこれによって國王と太祖との直接的で強固な結びつきを確認することができるようになったことである。その奉恩寺における「謁祖眞儀」の內容は『高麗史』禮志の「上元燃燈會儀」に次ぎのように描かれている。

（a）（前略）王服赭黃袍出坐殿。（略）王降殿御軺輅輦。（略）禮司奏三嚴。駕至泰定門。（略）次黃門侍郎奏請動駕、侍臣引駕至昇平門外。導從群官皆上馬。

（b）駕至奉恩寺三門外。群官皆下馬。侍臣引駕入三門內。王下輦入幄次。閤門引太子以下先詣眞殿門外布立以俟。

（c）王行至眞殿門內、北向立。閤門引太子公侯伯宰臣、各就階下褥位北向西上立。侍臣於宰臣後合班北向西上立定。文武群官於侍臣後。兩班相對爲首北向立定。訖樞密贊拜、王拜。舍人喝、太子以下群官皆再拜。每王拜後舍人喝、太子以下俱拜。下皆倣此。

（d）王入殿庭。閤門引太子公侯伯宰臣升階上褥位立定。王至殿戶外。樞密贊拜、王拜、太子以下群官再拜。王入戶內、再拜、酌獻。訖又再拜。太子以下群官再拜。樞密進福酒。王再拜、飮。訖又再拜。飮福前後臣下無拜。出殿戶再拜。太子以下群官再拜。閤門引太子公侯伯宰臣下階就拜位。

（e）王出詣門內位、北向立。樞密贊拜、王拜、太子以下群官再拜。訖宰密引王還幄次。閤門引太子公侯伯宰臣俱出就幕。侍臣兩班出三門外陳列如常儀。

（f）引駕官引平兜輦、入置於輦褥。訖禮司奏嚴。王服赭黄袍出御平兜輦。（略）駕行入泰定門至康安殿庭。（後略）

（『高麗史』巻六九、禮志一一、「上元燃燈會儀」）

この記事は、「上元燃燈會儀」における「謁祖眞儀」の中心部分であり、儀式の展開に従い便宜的に場面を區分けして引用したものである。その場面を要約すると、まず（a）は、國王が赭黄袍に着替えて康安殿を出、軺輅輦に乘って宮殿の正門である昇平門に至り、奉恩寺に向けて出發しようとしている場面。次に（b）は、奉恩寺に到着した國王が幄次にて待機している場面。（c）は、國王が太祖眞殿の門内に入った場面。そこで國王は北向して再拜をしている。さらに（d）は、國王が殿庭に入り、殿戶の外から殿戶内へと進み、太祖の眞影に向って再拜し、酌獻、飮福の儀式を執り行う場面。（e）は、儀式を終えた國王が眞殿の殿庭に下り、北向して拜禮を行い、その後幄次に入り待機する場面。そして（f）は、國王が赭黄袍を着て幄次を出、平兜輦に載って康安殿に戻る場面である。

さてここで注目しておきたい點は、（c）（e）の場面で、國王が眞殿門に入った時と眞殿を出た時に殿庭において「北向」して拜禮を行っていると書かれている點である。いうまでもなくこの「北向」は君主に對面する臣下の面位であり、本來は國王が就く面位ではない。しかし、「謁祖眞儀」では國王が太祖の眞殿に向かって、群臣とともに臣下として北面の面位を執る特別の對應であったがゆえに、あえて「北向立」と表記されているのであろう。

次に注目すべき點は、（d）の場面において國王が太祖の眞影に向って酌獻し、太祖の眞影からの賜酒を拜飮する飮福の禮の際に、「飮福前後臣下無拜」と記されている點である。國王が太祖の眞影から下賜された福酒を拜飮する際に臣下が拜禮をしないということは、この儀禮が太祖と國王との極めて個別的な結びつきを象徴する祕儀に近い儀禮であったことを示している。この祕儀に似た飮福の儀禮を通じて、太祖の威德が國王にのみ傳授されると考えられていたのではなかろうか。

「謁祖眞儀」における三つめの注目すべき點は、國王の服装についてである。場面（a）と場面（f）にみられるように、國王が奉恩寺に向う間と奉恩寺から宮殿に戻る間の服装は赭黄袍であった。赭黄袍については、『宋史』輿服志に皇帝の常朝の服装であったという記述があり[20]、高麗王朝でもこれに倣ったものと思われる。『高麗史』輿服志の「視朝之服」の記事によれば、國王は「正至節日の朝賀、大觀殿での大宴、儀鳳門での宣赦、奉恩寺の謁祖眞、八關會、燃燈の大會、祈穀圜丘の儀式等で宮殿を出る場合には赭黄袍を着る」ことになっている[21]。

しかし、奉恩寺の「謁祖眞儀」において國王が太祖の眞影に拝謁し、酌獻し、飲福を行う場面では、國王は赭黄袍から更に他の服装に着替えていたのではないかと思われる。その理由は、これらの儀禮が太祖に對する臣下としての儀禮であったからである。國王が臣下の立場で行っている儀禮の場で、皇帝の朝服である赭黄袍を着用することは矛盾した對應であったと言わざるをえない。それゆえに、場面（f）において、國王が幄次から出て平兜輦に乗り込む際に、あえて「王は赭黄袍を服して出で」と記述し、改服のあったことを暗示しているのであろう。太祖の眞影に拝謁する儀禮を赭黄袍のまま實行していたのであれば、こういう記述は不用であったはずである[22]。

つまり「謁祖眞儀」とは、國王が臣下としての服装と拝禮を以て太祖の眞影に對面し、太祖との間で祕儀に似た排他的な酌獻・飲福の儀禮を行うことによって、太祖の威徳を體得しようとする儀禮であったと理解することができる。

2　燃燈會と即位儀禮

燃燈會における「謁祖眞儀」の展開は、太祖との君臣關係を確認し、太祖の威徳を體得しようとする儀禮として捉えることができたのであるが、それではそれを含む燃燈會全體は高麗王權にとってどのような意義をもつ祭祀であったと考えられるのであろうか。そこで次にこの問題について検討してみようと思うが、その際、忠烈王と忠宣王の即位儀禮に注目してみたい。というのは、この二王が元から高麗へ戻って行った即位儀禮の展開が燃燈會の展開と極めて類似しているからである。『高麗史』には次のように記述されている。

○忠烈王即位

（元宗十五年六月）癸亥、元宗薨。甲子、百官會于本闕遙尊爲王。（略）秋七月、元遣同知上都留守事張煥冊爲王。（略）（八月）戊辰、王至自元、百官迎于馬川亭。伴行元使奉詔書先入京。王御帳殿受百官拜。備儀仗先詣堤上宮謁殯殿。己巳、以便服皀鞓幸本闕、更備袍笏受詔于康安殿。其詔曰國王在日屢言世子可以承替、今命世子承襲國王勾當凡在所屬並聽節制。王受詔畢。謁景靈殿、還御康安殿、服黄袍即位、受群臣朝賀。仍宴詔使。

（『高麗史』巻二八、世家、忠烈王一）

○忠宣王即位

（忠烈王三十四年）七月己巳、忠烈王薨。（略）（八月）壬子、王自元來奔喪、在途星行十餘日、乃至先詣殯殿入哭設奠、百官以玄冠素服侍立、次詣仁明太后殿設祭。（略）甲寅、王服紫袍設灌頂道場于康安殿、詣景靈殿告嗣位、遂乘輿至壽寧宮即位、受群臣朝賀。

（『高麗史』巻三三、世家、忠宣王一）

まず忠烈王即位の場合は、元宗十五（一二七四）年六月癸亥に元宗が死亡すると、遺詔に基づいて百官が元に在住の世子諶を國王に推戴し、七月には元の皇帝も諶を國王として封册した。次いで八月戊辰、諶は元から歸國するとまず殯殿にて元宗の遺體に拜謁し、翌日元の皇帝が齎した王位承襲を命じる詔勅を康安殿で受けた。そしてそれが終わると景靈殿に參詣し、再び康安殿に戻り、黄袍を着て即位し、群臣の朝賀を受けた。

また、忠宣王即位の場合は、忠烈王が三十四（一三〇八）年七月己巳に死亡すると、國王は八月壬子に元より歸國し、まず殯殿に參詣して入哭し、奠を設けた。次いで甲寅に紫袍を着て灌頂道場を康安殿に設け、景靈殿に參詣して嗣位の報告をし、それが終わると輿に乘って壽寧宮に移動し、そこで卽位の儀禮を行い、群臣の朝賀を受けた。

この二例の卽位儀禮の中心は、國王が黃袍を身に着けて玉座に就き、群臣の朝賀を受けるところにあったが、「謁祖眞儀」との關連で看過できない點は、卽位の儀禮に先立ち、前王の遺體が安置されている殯殿への拜謁と歷代國王の位牌が奉安されている景靈殿に參詣し嗣位の報告をしているところである。[23] しかも、忠宣王卽位の事例ではこの景靈殿への嗣位報告に先立ち、紫袍にて康安殿で灌頂道場を設けているが、この「紫袍」が景靈殿の嗣位報告の儀式まで係る可能性が強い。そうであるとすれば、景靈殿での國王の服裝は「黃袍」ではなく臣下の服裝である「紫袍」であったということになる。[24]

すなわち、忠烈王や忠宣王の卽位の場合は、彼等が高麗を離れて元で生活していたため、高麗の王統を繼承する者としての存在感が薄いと考えられていたのではなかろうか。それゆえに敢えて卽位儀禮の前に、景靈殿に參詣して臣下の立場で祖靈に嗣位の報告をし、その承認を受けるという儀禮を導入したものと考えられる。

その後の忠肅王と恭愍王の卽位記事の場合にも「王謁景靈殿、卽位於延慶宮」「謁景靈殿、卽位于康安殿」[25] という、卽位に先だって景靈殿に拜謁したことを示す記事が見えるが、忠烈王と忠宣王の場合と同樣に理解することができると思われる。

このように見てくると、景靈殿にて祖靈に拜謁して嗣位の報告をし、その後に黃袍に着替えて卽位儀禮を行い群臣の朝賀を受ける一連の卽位儀禮の展開が、臣禮を以て「謁祖眞儀」を擧行した後に赭黃袍を着て群臣と獻壽花禮と賜花酒禮を交わす燃燈會の展開に酷似していることが分かる。しかも、文宗二十五年には定例の燃燈會の七日後に特設の燃燈會が開催されているが、この時は奉恩寺ではなく景靈殿に拜謁しているのである。[26]

つまり、高麗の燃燈會は、國王の即位儀禮に類似した、いわば王權の再生を象徴する祭祀儀禮として構成され、王朝の國家儀禮の一環に組み込まれていたのであり、ここに高麗國家が佛教的世界をその支配下に包含していった様子を窺うことができる。

3　王家の祭祀と「如奉恩寺」

燃燈會における「謁祖眞儀」は、即位儀禮における謁景靈殿の儀禮と同様、王家の祖先から國王としての資格をあらためて繼承する、いわば王家內部における王統の繼承と王權再生を象徴的に表す儀禮であった。その際、國王は祖先に對しては臣下の禮をもって臨んでいたのであるが、この臣下としての儀禮的な對應については『高麗史』の編者にも當然認識されていたことであったと思われる。というのは、『高麗史』に見える奉恩寺への行幸記事が通常の國王の行幸記事と同じ「幸奉恩寺」ではなく「如奉恩寺」と表記され、區別されているからである。

『高麗史』では、通常國王の行幸記事は國王を敬って「幸」と表記されており、「如」という表記は、主に家臣が外國に派遣されて出向く場合等に用いられている。しかし、佛教寺院への行幸の場合には「幸□□寺」という表記と「如□□寺」という表記の兩方が用いられているのである。ちなみに八關會の場合は「幸法王寺」と表記されており、通常の行幸であったことが窺える。この表記の區別は『高麗史節要』の記述においても確認できるので、共通する史料の表記に依據しているものと推測される[27]。

さて、この『高麗史』の寺院への行幸記事に見える「幸」と「如」の標記の相違については、かつて毅宗朝代の事例について檢討したことがあるが、その際、「如□□寺」と表記されている場合は、その寺院が太祖や當該國王の父母の冥福を祈る願堂となっている場合であること、そしてその寺院には祖先の位牌や眞影が奉安されていて、國王がそれに臣禮をもって拜謁していたのではないかと推測してみた[28]。

ところで、『高麗史』には國王の行幸記事が「如」と表記されているもう一つの注目すべき事例がある。それは、次ぎのような「南郊」への行幸の場合である。（傍點は筆者）

○（宣宗五年）夏四月丙申、以旱甚、王率百寮如南郊再雩（略）（『高麗史』巻一〇、世家）

○（肅宗五年十月）壬子、遼遣肅好古高士寧來冊王太子。敕曰卿嗣（略）。乙卯、王與太子如南郊受冊。（『高麗史』巻一一、世家）

宣宗五（一〇八八）年の事例は旱魃のため南郊で雩祀の祭りを行った場合の行幸である。雩祀とは、南郊の圜丘で開設される雨乞いの祭天禮のことであり、その祭祀儀禮の詳細は『高麗史』禮志の「圜丘」に收録されている。その規定によれば、雩祀では、國王が天神に奏上する祝文において「高麗國王臣王某敢明告」と稱臣しており、國王が臣下として行う祭天禮であったことが分かる[29]。

また肅宗五（一一〇〇）年の事例は、遼の皇帝が高麗の肅宗の子（太子）を冊封した際に、國王と太子が南郊に出てその冊命を受けた時の行幸である。冊命を受けるための行幸であったということであるから、明らかに臣下としての禮をもって受命したものと考えられる。

つまり、この二つの事例は、國王が臣下の禮をもって南郊に行幸したものであり、しかもその際の行幸が「如」と表記されていたのであるから、このことによって國王の行幸記事が「如」と表記されている場合は、臣下としての行幸であったということが裏付けられているものと考えられる。

そうであるとすれば、奉恩寺の場合は、すべての國王の行幸記事が「如奉恩寺」と表記されているのであるから、それは奉恩寺が王朝の開祖である太祖の願堂として建立され、太祖の眞影を納めた眞殿が設けられていたからであり、歴代の國王が太祖の眞影に對して王統を繼ぐ子孫として臣下の禮を盡くしていたことの證であると理解することができる。その意味で燃燈會は王家内部の卽位禮に順ずる祭祀として位置付けられていたものと考えられる。

四　おわりに――燃燈會の儀禮空間

高麗の燃燈會における「謁祖眞儀」は、國王が王氏の子孫として、臣下の禮をもって太祖の眞殿に拜謁する儀禮であり、その眞殿において太祖の眞影と個別的な酌獻・飲福の儀禮を行うことを通じて太祖の靈威を體得しようとする儀禮であった。その「謁祖眞儀」を含む燃燈會は、ちょうど國王が景靈殿に拜謁し祖先の靈に嗣位を報告し許可を得る謁景靈殿の儀禮を伴う卽位儀禮に酷似していた。

高麗王朝は、奉恩寺を太祖の願堂として位置づけ、傳統的で佛教的な祭禮である燃燈會にこの奉恩寺の「謁祖眞儀」を導入することによって、各國王が王位を繼承する者としての資格を改めて確認し、王權の再生・強化を圖ったと考えられる。

その王權の再生を圖る燃燈會は文字どおり光に滿ちた祭祀であった。『高麗史』禮志の「上元燃燈會儀」によれば、式場となる康安殿の殿上と殿庭の各所に燈籠が設置されることになっているが[30]、おそらくは、同様の燈籠は宮殿から國王が行幸する郊外の奉恩寺とそこにいたる街路の路傍にも設置されていたに相違ない。勿論、奉恩寺以外の主要な寺院にもそれぞれ篝火や燈籠が設置されたのであろう。鎌田重雄氏は寶石寺の燃燈飾りについて描寫し「一歩門に入るや、燃燈が寶石寺の境内を埋め盡くしていた。まさにちょうちんの森である。（略）夜になると燃燈の中には蠟燭が一せいにともる。光と色彩のあやなす美しさは見事である」と述べている[31]。

寺院の庭いっぱいに、あますところなく設けられた篝火や燈籠。人々はその篝火や燈籠の光をもとめ、その光に浴することを求めて暗闇の中から寺院に集う。少し離れたところから眺めると、漆黑の闇の中で、そこだけが光溢れる別世界の樣相を呈している。それは、一足早く訪れた、あるいは人々が待ち望む春の樣相であり、さらに信仰心厚い人々にとっては、極樂淨土の世界をも想起させる光景であったのではあるまいか。晝間國王が行幸した奉恩寺への街路も、酷寒と漆黑の夜の闇の中で、一本の光の帶となって輝いていたに相違ない。それは、奉恩寺の太祖眞殿と王宮を結ぶ、太祖と現實の王を結ぶ聖なる光の帶であった。爲政者もそして人々も、その光輝く帶を眺め、さらにはその聖なる光の下に集い、その聖なる光を浴びることによって、高麗王權の織り成す世界との一體感を實感することができたに相違ない。

（以上）

註

（1）燃燈會や八關會に關する論文を擧げると、以下のものがある。
①安啓賢「八關會攷」（『東國史學』四、一九五六年、東國大史學會）
②二宮啓任「高麗の八關會について」（『朝鮮學報』九、一九五六年、朝鮮學會）
③二宮啓任「高麗朝の上元燃燈會について」（『朝鮮學報』一二、一九五八年、朝鮮學會）
④安啓賢「燃燈會攷」（『白性郁博士頌壽紀念　佛教學論文集』一九五九年、東國文化社）
⑤奥村周司「高麗における八關會的秩序と國際環境」（『朝鮮史研究會論文集』一六、一九七九年、朝鮮史研究會編）
⑥奥村周司「高麗の外交姿勢と國家意識」（『歴史學研究』別冊特集『民衆の生活・文化と變革主體』一九八二年、歴史學研究會編）

⑦李恩奉「燃燈會와 土着信仰의 關係」（『如山柳炳德博士華甲紀念 韓國哲學宗教思想史』一九九〇年、圓光大學校宗教問題研究所）
⑧金炯佑「高麗時代國家的佛教行事에 대한研究」（一九九二年、東國大學校大學院、博士學位論文）
⑨同「高麗前期 國家的佛教行事의 展開樣相」（『伽山李智冠 스님 華甲紀念論叢 韓國佛教文化思想史（上）』一九九二年、伽山佛教文化振興院）
⑩同「高麗時代燃燈會研究：設行實態를 중심으로」（『國史館論叢』五五、一九九四年、國史編纂委員會）
⑪都珖淳「八關會와 風流道」（『韓國學報』七九、一九九五年、一志社）
⑫李敏弘「高麗朝 八關會와 禮樂思想」（『大東文化研究』第三〇輯、一九九五年、成均館大 大東文化研究院）
⑬奥村周司「高麗の圜丘祀天禮と世界觀」（『朝鮮社會の史的展開と東アジア』武田幸男編、一九九七年、山川出版社）
⑭김종명「고려 燃燈會와 그 유산」（『佛教研究』一六、一九九九年、韓國佛教研究院）
⑮安智源「高麗時代 國家佛教儀禮研究：燃燈・八關會와 帝釋道場을 중심으로」（博士學位論文、一九九九年、서울大 대학원）
⑯奥村周司「高麗における謁祖眞儀と王權の再生」（『早實研究紀要』第三七號、二〇〇三年、早稲田實業學校）
⑰奥村周司「高麗の燃燈會における『如奉恩寺』の意味」（『早實研究紀要』第三八號、二〇〇四年、早稲田實業學校）

（2）例えば『高麗史』世家における靖宗即位年と四年の兩祭祀の開設記事は次のように記されている。（傍點は筆者）
○（即位年十一月）庚子、設八關會御神鳳樓賜百官酺、夕幸法王寺。翼日大會又賜酺觀樂。東西二京東北兩路兵馬使四都護八牧各上表陳賀。宋商客東西蕃耽羅國亦獻方物、賜坐觀禮、後以爲常。
○（四年）二月癸未、燃燈王如奉恩寺謁太祖眞、燈夕必親行香眞殿、以爲常。

（3）其六曰、朕所至願在於燃燈八關、燃燈所以事佛、八關所以事天靈及五嶽名山大川龍神（『高麗史』巻二、世家、太祖二十六年四月條）

（4）「康安殿」はもと「重光殿」と稱していたが、仁宗十六年五月「康安殿」に改稱された。

（5）前間恭作「開京宮殿簿」（『朝鮮學報』第二六輯、一九六三年、朝鮮學會）一六頁。
（6）前註（5）の前間恭作氏の論文には宮殿の配置を示した「本闕圖」が掲載されており、それによって康安殿（重光殿）の位置が奥まっていたことが窺える。
（7）朴龍雲『고려시대開京연구』（一九九六年、一志社）三三頁に「宮城・皇城内의宮殿과중요官廨」が圖示されており、康安殿が宮殿の奥に位置していたことが窺える。同書は、開京の構造を宮城・皇城（内城）・羅城の三城から成っていると考えている。
（8）前註（1）⑤の拙論。七六〜七七頁。
（9）王室の願堂については、韓基汶『高麗寺院의構造와機能』（一九九八年、民族社）二一七〜二六二頁。
（10）前註（7）の朴龍雲氏著書、四三頁に「開京의施設」が圖示されている。
（11）前註（1）⑤の拙論にて、八關會でも儀鳳門樓上に祖眞を設け拜謁していたことを述べた。七六〜七七頁。
（12）前註（1）③の二宮啓任氏論文。一一二〜一一三頁。
（13）（顯宗二年二月）己未、設燃燈會于行宮。是後例以二月望行之。（『高麗史』卷四、世家）
（14）（太祖二年）三月創法王・王輪等十寺于都内。兩京塔廟肖像之廢缺者並令修葺。（『高麗史』卷一、世家）
（15）前註（13）。
（16）『高麗史』世家及び『高麗史節要』には次のように記されている。
○（穆宗六年）是年、太后皇甫氏與金致陽通生子謀爲王後、逼大良君詢爲僧。（『高麗史』卷三、世家）
○（穆宗十二年、正月壬申）王曰、朕疾漸危篤、朝夕入地。太祖之孫唯大良院君在。卿與崔沆素懷忠義。宜盡心匡扶、使社稷不屬異姓。（『高麗史節要』卷二）
（17）（顯宗元年十一月）復八關會。王御威鳳樓觀樂。初成宗以雜技不經且煩擾悉罷之。但於其日幸法王寺行香、還御毬庭受文武朝賀而已。廢之幾三十年、至是政堂文學崔沆請復之。（『高麗史節要』卷三）
（18）今西龍「高麗太祖訓要十條に就きて」（『東洋學報』第八卷第三號、一九一八年）

(19) 高麗の契丹への抵抗の姿勢は年號使用の面にも顯著に現れている。例えば德宗卽位（一〇三一）年に契丹の聖宗が亡くなった際に、高麗は契丹が國境に造った鴨綠城と橋を壞し、契丹に捉えられている高麗人を解放するよう要求したが、聞き入れられなかったため、新しい「景福」の年號を拒否し、代わりに聖宗時の「太平」を使用し續けた。

(20) 衫袍。唐因隋制、天子常服赤黃、淺黃袍衫、折上巾、九還帶、六合鞾。宋因之、有赭黃、淡黃袍衫、玉裝紅束帶、皂文鞾、大宴則服之。又有赭黃、淡黃襈袍、紅衫袍、常朝則服之。（『宋史』卷一五一、輿服三、「天子之服」）

(21) 毅宗朝詳定。凡正至節日朝賀大觀殿大宴、儀鳳門宣赦奉恩寺謁祖眞、八關會燃燈大會祈穀圓丘出宮、王太子納妃、醮戒冊王妃王太子臨軒發冊、服赭黃袍。燃燈小會則服梔黃衣。（『高麗史』卷七二、輿服一、「視朝之服」）

(22) 前註（1）⑯の拙論。前註（1）⑮で安智源氏は、奥村の紫袍説を批判している（七二頁）が、⑯の拙論はそれへの反論である。

(23) 景靈殿への拜謁儀禮については『高麗史』禮志三の「景靈殿」に説明が載っている。

(24) 『高麗史』輿服志の「公服」には次のように元尹以上の臣下の公服について「紫衫」であると記されている。「公服。光宗十一年三月、定百官公服。元尹以上紫衫、中壇卿以上丹衫……」（『高麗史』卷七二、輿服一、「公服」）。

(25) 忠肅王の卽位禮については「（忠宣王入元五年六月）甲申、王謁景靈殿、卽位於延慶宮」と、また恭愍王の卽位禮についても「（忠定三年十二月）壬寅、謁景靈殿、卽位于康安殿」と記されており、卽位の前に景靈殿への拜謁が行われていたことが窺える。

(26) （文宗二十五年）二月辛未、燃燈王如奉恩寺。戊寅、特設燃燈會、謁景靈殿。（『高麗史』卷八、世家）

(27) 『高麗史節要』における佛教關係記事自體が『高麗史』より乏しいが、例えば文宗二十七年三月條に次のような記事があり、「幸」「如」の表記の區別は兩史に通底していることが分かる。（傍點は筆者）

○丁卯、幸弘化寺、遂如玄化寺、置酒蓬萊亭、夜分乃還（『高麗史』卷九、世家）

○三月、幸弘化寺、遂如玄化寺、置酒蓬萊亭、夜分乃還（『高麗史節要』卷五）

(28) 前註（1）⑰の拙論。八六～八八頁。

（29）前註（1）⑬の拙論。三一六～三二二頁。

（30）『高麗史』禮志の「上元燃燈會儀」には、燈籠の設置について「設二獸爐於前楹外。尙衣局設花案於王座左右楹前。殿中省列燈籠於浮階之上下左右。設彩山於殿庭」と記されている。

（31）鎌田茂雄『朝鮮佛教の寺と歴史』（大法輪閣、一九八〇年）一九一～一九二頁。

第六章

遼代の遼西路について

高井康典行

はじめに

現在の遼寧省朝陽市一帶は秦漢以來、遼西の中心の一つであった。遼代にも興中府（覇州）などの州縣が設置され、また複數の有力漢人官僚の一族の居住地として知られ、遼代史における重要な地域として注目される。この地域について、從來は『遼史』地理志の記載にもとづいて中京道に所屬する地域として認識されてきた。しかし、三上次男、關樹東氏等は遼後半期には廣域の地域區分として「路」が設定されていたことを明らかにし、朝陽一帶は遼西路に屬し、中京とは別箇の地域として認識されていたことを指摘している。(1)

筆者の最終的な目標は朝陽を含め遼代の遼西路の地域構造・地域社會の實態を明らかにすることにあるが、いみじくも關樹東氏が指摘しているように遼西路の管轄地域すら明確でないのが現状である。(2)そこで、本稿では遼西路の範圍をできうる限り明確にし、その作業を通じて遼代におけるこの地域の特徴の一端を明らかにしたい。

圖１　遼代の中京・遼西地區

一　遼西路と顯州・乾州

1　遼西路の中核地域

關樹東氏は『遼史』巻二八天祚紀二、天慶八年二月の條に「金主復書曰、能以兄事朕、歳貢方物、歸我上、中、興中府三路州縣……」と上・中路と併稱されている興中府路を遼西路のことを指すとし、遼西路の中心が興中府であると推論しているが、おそらく妥當であろう。

ところで、興中府（覇州）について『遼史』巻三九地理志三、興中府の條に、

統和中、制置建、覇、宜、錦、白川五州。尋落制置。

とみえる。これは覇州（興中府）を中心として建州、宜州、白川州、錦州の大凌河中下流域の五州がひとまとまりの地域として把握されていたことを示唆する。なお、上掲の史料では「尋落制置」として五州制置は一時的なものとることも可能である。しかし、張修桂・賴靑壽氏が『遼史』巻四八百官志四、南面邊防官の條に「五州制置司。開泰九年見覇、建、宜、泉、錦五州制置使」とあり、統和年間からすでに十年程經ているので「尋」字は不正確な表現であると指摘している[3]。また、五州制置司に關しては、他に『遼史』巻一六聖宗紀七、開泰七年閏四月壬子の條に「以蕭進忠爲彰武軍節度使兼五州制置」とみえ、また開泰六年の銘のある「朝陽東塔經幢記」に「建、覇、宜、白川、錦等州制置使、金紫崇祿大夫、檢校太尉、守千牛衞上將軍、知彰武軍節度使事、韓紹基」とみえ、覇州の長官（彰武軍節度使）が韓紹基から蕭進忠に交替しても五州制置を兼ねている。ここから、五州制置の職が特定の個人に對して特

例的に授けられたものでないこともうかがえる。したがって、大凌河中下流域をひとまとまりの地域としてとらえるのは、ある程度恆常的なものであり、これらの地域が遼西路を構成することとなったということができる。

しかし、五州制置司の存在が直ちに遼西路の成立を意味するわけではない。『武溪集』巻一八契丹官儀（以下、「契丹官儀」と略稱す）に、

胡人司會之官、雖於燕京置三司使、惟掌燕、薊、涿、易、檀、順等州錢帛耳。又於平州置錢帛司、營、灤等州屬焉。中京置度支使、宜、覇等州隷焉。東京置戶部使、遼西、川、錦等州屬焉。上京置鹽鐵使、饒、澤等州隷焉。山後置轉運使、雲、應等州隷焉。置使雖殊、其實各分方域、董其出納也。

とあり、中京度支使が覇州・宜州を管轄していたと記されているからである。この記述は「契丹官儀」の冒頭に「予自癸未至乙酉三（宋慶曆三―五、遼重熙十二―十四年）至其庭」とあることから、重熙年間（一〇三二―一〇五五）中葉の狀況を示したものと考えられ、この時點では覇州・宜州などは中京から未分離の狀態にあったことがうかがえる。これは、統和二十五年（一〇〇七）の中京建設後、重熙年間にいたるまで、遼朝は覇州を中心とする大凌河中下流域をひとまとまりの地域としてとらえながらも、中京と切り離そうとはしなかったことを示す。

2　遼西路と東京

前引の「契丹官儀」において、さらに問題にすべきは、川（白川）州・錦州が東京戶部使の管轄となっていることである。この史料から、この當時、白川州・錦州は東京路に屬していたと見ることが可能である。從來『遼史』地理志によって東京道と中京道の地域區分がなされてきたが、近年、李逸友氏・關樹東氏の研究により『遼史』の五京道は遼代の行政區畫ではなく、『遼史』編纂時に便宜的につけられた區分であることが主張されている。[4]とすれば、遼

西路の範圍を考える場合にも從來の地域區分を再檢討する必要がある。

ただし、「契丹官儀」から白川州・錦州は東京路に屬すと速斷はできない。何故なら、遼代には二種類の戶部使があり、余靖がそれを區別していなかった可能性もあるからである。

遼代に二つの戶部使司があったことは、向南・楊若薇氏によって論じられている。(5) 以下に兩氏の說を紹介しておく。兩氏は斡魯朶が州縣・部族のいずれにも屬さない存在であることから斡魯朶所屬戶を管轄する財政機關の存在を想定している。そして、以下の三つの史料から、東京の戶部使司の他に、斡魯朶の財政を管理する戶部使司の存在を說明する。

（1）入授永興宮崇德宮都部署、兼帥武平軍。轉戶部使、加太尉。尋以風痃、不隨行在、乃求醫於中京貴德坊。開泰八年冬十二月七日、疾作、薨於正寢。享壽五十二。……改職版圖。扈隨輦下。……

（「耿延毅墓誌」）

（2）其歷官自西頭供奉官至頒給副使……中上兩京內省使、延州觀察使、敦睦宮漢兒渤海都部署、歸義軍節度管內觀察處置等使、上京戶部使……

（「馮從順墓誌」）

（3）建彼皇都、營築勞神、板圖任重、加授戶部使。掌戶籍、轄□夫。大內旣成……。

（「王說墓誌」）

（1）では戶部使である耿延毅は行在に隨うのが常態であったことが分かる。常に皇帝に扈從している役職であることから考えて、この場合の戶部使は東京道の財政を扱う官とは考えがたい。また、（2）の場合、「上京戶部使」と記している以上東京道の官ではありえない。また、上京にはすでに鹽鐵使司があるので、同種の官が存在するとは考え難い。この場合上京といっているのは、斡魯朶が上京道を中心に廣がっているためと考えられる。それから、（3）は中京建設の時のことを記したものである。そして、王說は戶部使を帶して中京の建設の任に當たっているのだから、東京道の財政に關與することはできないはずである。以上のように、この三つの史料から東京戶部使司とは別の戶部使司の存在は明らかである。また、耿延毅・馮従順は戸部使司に就任する前に、斡魯朶關係の官を歴任している。そのことから、この戸部司が斡魯朶と關係していることがうかがえる。

以上が兩氏の説のあらましだが、大筋において首肯しうるものであろう。特に皇帝に扈從する戸部使司の存在は疑いようが無い[6]。ただし、斡魯朶の官を歴任しているからといって、戸部司が斡魯朶の財政を司っているとは斷言しえないし、上京戸部使が斡魯朶と直接關係しているか否かは（2）だけでは明らかにはしえない。ここで明らかなのは、戸部司が二つあったということだけである。

戸部司が二つあったという事實から、「契丹官儀」は次のような解釋が可能になる。まず東京路には戸部使司が存在したことは明らかであるから、『遼史』地理志で東京道に分類されている遼西州についてはとりあえず問題にしなくてもよい。問題は川・錦の二州である。『遼史』巻三九地理志三には、

錦州、臨海軍、中、節度。本漢遼東無慮縣。慕容皝置西樂縣。太祖以漢俘建州。有大胡僧山、小胡僧山、大査牙山、小査牙山、淘河島。隷弘義宮。統州一、縣二。……

川州、長寧軍、中、節度。本唐青山州地。太祖弟明王安端置。會同三年、詔爲白川州。安端子察割以大逆誅、沒入、省曰川州。初隷崇徳宮、統和中屬文忠王府。統縣三。

と見え、兩者に共通している要素は所謂「斡魯朶所屬州縣」ということである[7]。ここから東京戸部使司ではないもう一つの戸部使司は「斡魯朶所屬州縣」の財政を管轄したものと考えることができる[8]。この解釋が成り立つならば「契丹官儀」の記述を根據に白川州・錦州が東京路に所屬したと積極的に主張するのは困難となる。

以上のように、白川州・錦州が戸部使の管轄とされることについては二種類の解釋が成り立つが、いずれが妥當であろうか。このことについて別の史料から考察をしていこう。

遼西路の名稱の初出は咸雍元年（一〇六五）年に撰述された「耶律宗允墓誌」にみえる、

其年十二月七日、薨於行帳。……旋遣王子班詳穩、乾德軍節度使、檢校太尉耶律宗胤監護靈櫬、歸於攢所。仍命廣德軍節度使、金紫崇祿大夫、檢校太傅、守左監門衛上將軍、王澤、充敕祭葬發引都提點、中命晉州觀察使、金紫崇祿大夫、檢校太傅、遼西路錢帛都提點、韓造、充敕發引使。越以咸雍元年四月十一日、備鹵簿鼓吹、陪葬於乾陵……

という記述である。この記述には實は大きな問題が含まれている。耶律宗允は聖宗の甥にあたる人物で、彼の葬儀にあたり當地の財務官僚である遼西路錢帛使がそれに協力するというのは一見すると當然のように思われる。しかし、『遼史』卷三八、地理志二は耶律宗允が陪葬された乾陵の所在地である乾州について「兵事屬東京都部署司」として、東京に統攝されていたと記しているのである。

これはいくつかの解釋が可能である。ひとつは耶律宗允の葬儀に遼西路錢帛使が遣わされたのは、たんなる偶然で、任地とは關係がなかったという考え方である。もうひとつは、乾州は軍事的には東京の管轄下にあったが、財政的には遼西路が管轄していたとも考えられる。あるいは、乾陵での祭事については遼西路が關與していたとすることも可能であろう。また、時期により管轄に變化があったということも考えられる。

第一の可能性についてはほとんど成り立たないとみられる。耶律宗允の葬儀から五年後の咸雍五年（一〇六九）に彼の妻秦晉國妃が夫の墓に葬られる。彼女の墓誌である「秦晉國妃墓誌」は「夏州觀察使、檢校司徒、遼西路錢帛提點、王正辭、敕遣祭奠監護靈轜之臣也」と記し、またもや遼西路錢帛使が葬儀にたずさわっているのである。つまり、乾陵に陪葬される人物の葬儀に際しては機械的に遼西路錢帛使がかかわっていたとみられる。したがって、遼西路錢帛使は少なくとも乾陵の祭事に關連があったと考えなければなるまい。

さらに、いくつかの史料は、大凌河流域の諸州と、乾州さらには鄰接する顯州との結びつきを示している。『遼史』巻二八天祚紀二、天慶八年十二月甲申の條には、

時山前諸路大餓、乾、顯、宜、錦、興中等路斗直數縑。民削楡皮食之、旣而人相食。

とあり、乾州・顯州が興中府などと併記され、さらに「路」という語で一括されている。無論、乾州以下の諸州がそれぞれ獨立した「路」とみなされている可能性もあるので、この史料のみでは、これらの諸州がひとまとまりの地域としてとらえられていたとすることはできない。しかし、重熙六年（一〇三七）撰述の「韓椅墓誌」には、

尋授乾、顯、宜、錦、建、覇、白川七州都巡檢、再任章愍宮都部署、依前左監衞門大將軍。太平五年……

と「乾、顯、宜、錦、建、覇、白川七州都巡檢」の官が見られる。「七州都巡檢」の語からも明らかなように、これは列擧された諸州の巡檢を歴任したのではなく、これら七州を統括する巡檢の意である。そして、これら諸州は五州制置司の管轄である大凌河中下流域の諸州に乾州・顯州を加えたものである。このことから、少なくとも聖宗朝末の太平年間にこれらの諸州をひとまとまりの地域としてとらえようという考え方が存在していたことがうかがえる。

また、『皇朝事實類苑』巻七七所引『乘軺錄』（以下、『乘軺錄』と略稱す）にも「靈河有靈、錦、顯、覇四州」とみえる。史料中の「靈河」は大凌河のことをさし、この中に顯州が含まれているのである。これは、顯州が大凌河流域諸州というひとまとまりの地域の中の一州として把握されていたことの表れと見ることができよう。

これらの史料から考えると、遼西路が乾州および顯州を管轄していた可能性は高いと思われる。ただし、それが時期によって變化が見られるのか、あるいは軍事と財政では管轄が異なっていたのかについては、それを明らかにする史料は管見の限り見いだせず、いまのところは不明といわざるを得ない。

上の乾州・顯州と遼西路の關係の議論にもとづいて前に提示した錦州・白川州の歸屬に關する疑問について考えて

みると、錦州・白川州が東京路に屬した可能性は極めて低いといえよう。何故なら、乾州・顯州の歸屬が東京なのか遼西なのか不明瞭な印象を受けるのは、とりもなおさず遼朝がこの地域を遼西と東京の境界と考えていたことを示すからである。そして、この地域こそが、秦漢以來の遼西と遼東の境界であった。古來から遼西と遼東の境界線の基準は醫巫閭山あるいは遼河のいずれかに置かれていた。例えば漢代では醫巫閭山が遼西・遼東の境界になり、唐代の營州は遼河を東の境としている。また、後の金代においてこの地域は咸平路、東京路、北京路（金代の北京は遼代の中京）と所屬を替え、やはり遼東と遼西の間で歸屬が定まらない狀態であった。[9] 乾州・顯州はともに醫巫閭山と遼河に挾まれた地域に所在し、遼東・遼西の境界としてどちらをとるのかによって地域の歸屬が變化することになるのである。つまり、乾州・顯州の歸屬の不明瞭さは、遼代において遼東・遼西の境界の基準が歴史的な境界にもとづいて議論されていたことを示すものであり、新たな地域區分の基準を設けようとしたわけでないのである。したがって、醫巫閭山の西方にある錦州・白川州を東京に歸屬させるという發想はなかったと考えられる。

二　遼西路と中京路

前節の議論では、主に遼西路と東京路の境界について考察し、興中府（覇州）・建州・宜州・白川州・錦州に加え少なくともある時期には乾州・顯州がその領域であったことが明らかとなった。そこで、つぎに中京路との境界について考えていこう。

1　來州の歸屬と中京路・遼西路の區分基準

『遼史』地理志で「中京に屬す」と記される恩州・惠州・高州・武安州・利州・楡州・澤州・北安州・潭州・松山州の十州が、中京路を構成し、遼西路の範圍外であるのはほぼ明確である。問題は『遼史』巻三九地理志三に中京道の諸州として列擧されたもののうち、これまで擧げた遼西路・中京路所屬の州に含まれていない來州（およびその巡屬の遷州・潤州・隰州）の歸屬である。來州が中京・遼西のいずれに屬すかについて明示する史料は管見の限り見られない。そこで、遼西路と中京路が分けられた基準を見いだし、それにもとづいて來州の歸屬を明らかにしていくことにする。

中京の管轄地域については『契丹國志』巻二二控制諸國の條に「中、上京路控制奚境」とあるように、奚との關係が考えられる。實際に上揭の諸州のうち、利州・楡州・北安州については『遼史』地理志に奚との關係が明記され、また「賈師訓墓誌」に「自松亭已北距黄河、其間澤、利、潭、楡、松山、北安數州千里之地、皆奚壤也」として、澤州、潭州、松山州、北安州も奚の土地であるとされている。つまり、中京の管轄地域の大半は奚が居住している、または過去に居住していた地域であり、ここから奚の居住地域か否かが中京路と遼西路を分かつ基準であったと見ることが一見可能である。しかし、すでに李符桐氏、平島貴義氏らが指摘しているように、奚の居住地は大凌河中流の興中府方面にも及んでいた[10]。したがって、奚の居住地であるか否かは、中京路と遼西路を分かつ基準としては不十分であり、他の基準を考える必要があるといえよう。

そこで、着目されるのは「張建立墓誌」に「銀靑崇祿大夫、檢校尙書右僕射、行楡州諸軍事、楡州刺史、兼西南路番漢都提轄使、兼御史大夫、上柱國張公墓誌」として、楡州が西南路にあたると記すことと、「韓椅墓誌」に「推忠契運宣力功臣、彰武軍節度、東南路處置使、開府儀同三司、守尙書左僕射、兼中書令、諱知古、曾祖父也」として覇州彰武軍節度使が東南路處置使であったとしていることである。張建立は天顯五年（九三〇）に沒しており、また韓知古は周知のごとく建國の功臣の一人に數えられ、ともに遼初の事例であり、ほぼ同時期にそれぞれの地域を西南・東南として區分しているのには何らかの基準があると見なければなるまい。しかも、後に覇州は遼西路の中心地であり、楡州は中京路に所屬する刺史州とそれぞれ所屬を異にしているのである。したがって、ここでの西南・東南の區分の基準が、後の中京・遼西の區分に繼承されている可能性は十分に考えられる。

覇州から東南に向かえば遼東にたどり着き、楡州から西南へ向かえば長城を越えて幽薊地區へたどり着く。ゆえに、覇州、楡州はそれぞれ遼東、幽薊に對する據點であったことは想像に難くない。しかし、結論を急がずに史料を検討してみよう。なお、ここでは楡州を中心に議論を進めていく。その理由は一方の地域を區分する基準が分かれば、おのずと兩者の區分は明確になるからである。

楡州についての基本になる史料の第一は『遼史』巻三九地理志三の以下の記事であろう。

楡州、高平軍、下、刺史。本漢臨渝縣地、後隸右北平驪城縣。唐載初二年、析鎭州置黎州、處鞊鞨部落。後爲奚人所據。太宗南征、横帳解里以所俘鎭州民置州。開泰中沒入、屬中京。統縣二。

和衆縣。本新黎縣地。

永和縣。本漢昌城縣地、統和二十二年置。

この史料からうかがえるのは、この地域が奚の居住地區であったこと、横帳（遼の宗室）である解里の頭下州であったこと、開泰年間に沒入されて中京の巡屬となったこと、などである。しかし、この史料からは、楡州と幽薊地區との關係はうかがえない。

『武經總要』巻一六北蕃地理（以下、「北蕃地理」と略稱す）にも、楡州についての記事と思われる記述が見られる。

渝州、隋臨渝宮地。北控營、平。歷代置關戍守。今陷胡中、置州。東北海州、西北至中京百七十里、西至招遙州四十里。

ただし、「北控營、平。歷代置關戍守」として、渝州の所在を平州、營州の南方にしていることから考えて、この記事は楡州と渝關を混同した記述とみなすべきで、あまり信賴のおけない史料となっている。

時代は少し下るが、『熱河志』巻六二所引『大元一統志』（以下『大元一統志』と略稱す）は楡州の地理的位置を考える上で重要な史料である。

和衆縣。西南至大都九百里。西北至上都九百里。西北至本路九十里。東至利州界水峪嶺三十里。西至惠州界鶉鴿嶺一百里。南至惠州界燕王城嶺六十里。北至大寧縣界車家嶺四十里。東到利州九十里。西到興州三百五十里。南到惠州百六十里。北到本路九十里。東南到龍山縣一百四十里。東北富庶縣一百二十里。西南到惠州一百六十里。西北到上都路九百里。

和衆縣は遼代の楡州の附郭縣で、この地より惠州（遼代の澤州）、興州（遼代の北安州）、利州、龍山縣（遼代の潭州）への交通路が延びていることがうかがえる。澤州からは南へ松亭關路が、北安州からは西南に古北口路が延びていることは從來の研究で明らかにされている[11]。また、龍山縣について『大元一統志』は

龍山縣。……南至撫寧縣界冷口三百里。……東到錦州四百里。西到惠州二百二十里。南到撫寧縣三百五十里。……

西南到遷安縣三百五十里。

と述べ、撫寧、遷安といった遼代の平州の領域へ向かう交通路の存在を示している。これは現在の喀喇沁左旗蒙古族自治縣から大凌河を遡り、建昌縣をへて青龍滿族自治縣に入り、青龍河を下ってゆくルートに比定できる。從來の遼

代交通路研究ではこのルートについて言及されることは無かったが、この交通路の一部は唐代以前から利用されており[12]、またこのルート上に遼金代の遺跡が多数發見されていること[13]からも、これが遼代においても用いられていたと考えてよかろう。

また、利州について『大元一統志』は、

利州。……東到錦州三百五十里。西到和衆縣九十里。南到龍山縣八十里。北到富庶七十里。東南到瑞州三百里。東北到建州一百二十里。西南到惠州二百二十里。西北到本路一百六十里。

と記している。ここで、注目すべきは利州から瑞州（遼代の來州）へ向かうルートの存在である。嚴耕望氏は唐代の幽州（遼代の南京）・營州（遼代の興中府）間の幹線として、渝關からしばらく海沿いを東進し、或る地點から營州へ北上するルートを想定しているからである[14]。もし、この見解が妥當であれば、この史料に見える利州・瑞州間を南北に結ぶ交通路がそれに相當すると見ることができよう。

以上の考察からつぎの二點が明らかとなろう。まず第一に澤州、北安州、利州、潭州はいずれも幽薊方面へ向かう交通の要衝であった。第二に楡州はこれら諸州を結ぶ交通路の結節點に位置していた。このことから、楡州は幽薊方面にたいする重要な據點であったことが確認される。特に遼前半期は後の中京路に相當する地域に州縣がほとんど設置されておらず（後述）、楡州の存在は際立っている。

さらにいえば楡州以下、澤州、北安州、利州、潭州といった中京の南に位置する諸州はいずれも幽薊へ向かう交通路を抑えているのであるから、中京路と遼西路を區分する基準のひとつがここにあると考えてよかろう。そこで改めて來州についての記述を見ると、「北蕃地理」に「潤州、盧龍寨。……西渝關四十里。……」と潤州の西に渝關があったと記しているのに氣付く。潤州は『遼史』巻三九地理志三によると來州の巡屬である。つまり、來州は幽薊方面へ

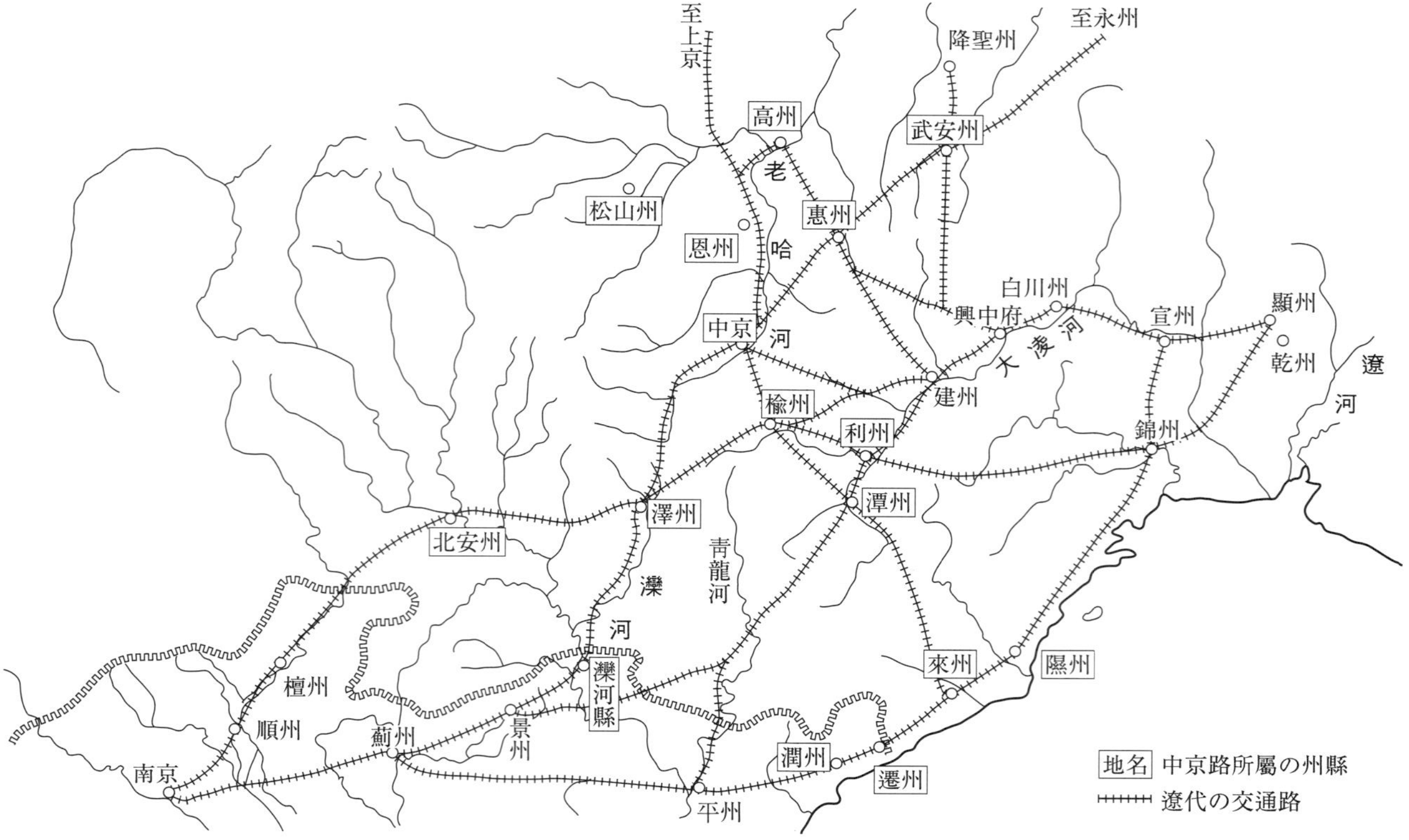

圖 2　遼代の中京・遼西地區の交通路

の交通の要衝にあたるのである。このことから、來州は中京路の管轄下にあり、遼西路には屬さなかったと結論できよう。

また、中京以北の恩州、惠州、高州、松山州、武安州について付言すると、これらは上京諸州との交通路との關係が指摘できる。

恩州、高州、松山州は從來の諸研究により明らかにされている中京・上京間の交通路にほぼ沿うように置かれている。また、惠州は『宋會要輯稿』蠻夷二契丹の條所引「宋綬行程錄」に記錄されている中京・木葉山間の交通路中に記載がある。木葉山は周知のように、シラムレンと老哈河の合流點付近にある契丹族發祥の地とされる聖地であり、近くの草原（廣平淀・白馬淀と呼ばれる）はしばしば冬の宮廷（冬捺鉢）が置かれた場所である。[15] 武安州も「北蕃地理」に「新州[16]……西至惠州一百三十里。南至覇州三百里。北至永州三百七十里」とあり、中京から惠州を經て木葉山付近に設置された永州へと向かう交通路上に位置していたことがうかがえる。

以上をまとめると、中京路は上京と南京を結ぶ交通路上にある諸州を、遼西路はそこから枝分かれして東京方面へ向かう交通路上の諸州を、それぞれ管轄していたといえよう。

2　遼西路と中京路の關係

上の考察により、遼西路と中京路の區分が明確となった。しかし、中京設置後、數十年間は中京度支司の管轄下として兩者がひとまとまりの地域として扱われていたのは嚴然たる事實である。また、遼代の中京路と遼西路に相當する地域は金代には北京路、元代には大寧路としてひとまとまりの地域として把握されている。そこで、次に遼西路の中京からの分離の事情について考察し、そこから遼代における遼西地區の性格の一端を明らかにしていこう。

表1　遼西路、中京路の州縣設置年代

年代	遼西路	中京路
太祖期	覇州、覇城縣、營丘縣、盛吉縣、宜州、錦州、永樂縣、建州、永覇縣	惠州、武安州、楡州、和衆縣、灤河縣
太宗期	川州	恩州、恩化縣
世宗期	弘政縣、聞義縣、顯州、奉先縣、遼西州、康州、率賓縣、海北州、開義縣	
穆宗期	黔州、山東縣	
景宗期		
統和元～24年	安德縣、弘理縣、宜民縣、長慶縣、乾州、奉陵縣	利州、阜俗縣、永和縣
統和25年～		中京大定府、大定縣、長興縣
開泰年間	象雷縣、閭山縣	富庶縣、勸農縣、文定縣、升平縣、神水縣、金源縣、高州、三韓縣、澤州、神山縣、潭州、龍山縣、松山州、松山縣
太平年間		遷民縣、潤州、海陽縣
聖宗期（時期不明）	巖州、興城縣	惠和縣、北安縣、興化縣、來州、來賓縣、隰州、海濱縣

1）『遼史』卷38、39地理志２、３等にもとづき作成
2）設置年代の記載が無いものについては、附郭縣については州のそれに準じ、その他のものについては表中に掲載しなかった。

遼西路の中京からの分離は、遼西路銭帛司という財務官廳の設置によって示される。そこから、遼西の經濟的發展を遼西路の分離の理由とする見解が生じうる。しかし、この考えは成り立ちがたい。

表1は遼西路と中京路の州縣の設置時期を示したものであるが、これを見れば明らかなように、中京路所屬の州縣の設置は、遼西路のそれと比べて時期が遅いものが大半である。建設當初の中京について『乘軺錄』は、

　虜名其國曰中京、府曰大定。無屬縣。有留守府尹之官、官府寺丞、皆草創未就、蓋與朝廷通使以來、方議建立都邑。内城中、止有文化、武功二殿。後有宮室、但穹廬毳幕。常欲遷幽、薊、八軍、及沿靈河之民、以實中京。

と記し、都市がまだ未整備で、まだ人口が

少なかったことを傳えている。これは中京大定府に限らず、中京管下の他の新設州縣も同様と考えられる。つまり、中京設置時點では後の中京路に相當する地域は人口が少なく、それにともない税收も不十分であったとみられる。そうなると、當初の中京度支司の財源は、開發の先行していた大凌河中下流域の諸州にかなり依存していたとみなければなるまい。したがって、當初中京路と遼西路がそれぞれ獨立した區畫として設定されなかったのは、設置當初の中京の財政的事情が原因といえる。そして、遼西路の中京からの分離は、中京路の經濟的發展[17]がもたらしたものとすることができよう。

また、中京設置當初から五州制置司が設けられ、後の遼西路につながる地域が統括されたことは注目に値しよう。これは、將來の中京と遼西の分離を早くから考えていたことを意味するからである。中京の設置にもかかわらず、遼朝は遼初以來の東南路と西南路の區分を一貫して持っていたということができよう。

それでは、金元代において、遼代のような中京と遼西の地域區分がなされなかったのはいかなる事情によるのであろうか。結論からいえば、これは各政權の政治的中心地の違いに起因するものである。前述のように、遼朝が中京路と遼西路を區分したのはシラムレン流域の上京地區から幽薊地區への交通路とそこから分岐して遼東方面に向かう交通路を分けて考えていたからである。換言すれば、上京を中心に西南方面・東南方面という形で地域區分をしているのである。シラムレン流域がもはや政治的中心ではなくなった金元代においては、この地域區分はその意義を失わざるを得ないであろう。金代であれば、中京・遼西はともに上京會寧府と中都大興府を結ぶ交通路上に存在し、兩者を區別する必然性はない。元代においても同様で、中京・遼西はともに大都・上都から遼東へ向かう交通路上に存在するのである。したがって、中京路、遼西路の區分は、シラムレン流域を據點とした遼朝だからこそ成立しえた地域概念ということができよう。

おわりに

以上、本稿では従來あまり注目されてこなかった遼西路について検討を加えてきた。その結果、遼西路は覇州（興中府）、建州、宜州、白川州、錦州の五州およびその巡屬（安德州、黔州、巖州）を基礎とし、それに時期によっては乾州・顯州を加えた地域をさすことが明らかとなった。また、中京路と遼西路はそれぞれ幽薊・遼東に對する據點として位置づけられ、兩者の區分もそれに應じた交通路によっていたこと、さらに中京設置當初は遼西地區の經濟力に依存しており、そのため當初は中京と遼西が中京度支司の管轄下に置かれていたことなどもあわせて明らかとなった。

ところで、遼西路と中京路の區分を考える上で、上京を中心とした交通路の設定が重要な意味を持っていた。これは、遼・宋間の交通路を基準に検討されてきた從來の遼の交通路についての研究のみでは、遼朝の地域構造を十分に解明できないことを示すものである。遼代の交通路についての基本資料の大半が宋使の行程錄であるという史料狀況のなかでは致し方ない面はあるが、今後は考古資料などを用いるなどして、新たな視角からの遼代の交通路の復元が今後求められよう。

また、本稿では遼西を遼西路という財務路の管轄地域として設定したが、無論、この設定が遼代のこの地域を分析する唯一絕對の地域設定というわけではない。あくまでも遼朝の政策決定者たちが把握しようとした地域の姿の表現が遼西路である。そして、本稿で見たように、遼西路という區畫のなかにも乾州・顯州のように不安定な要素が存在している。今後は、本稿で明らかにした遼西路の枠組みを基礎として、さらに、乾州・顯州のような不安定要素の分析などを通じて、遼西の地域・社會について考察を深めていきたい。

注

（1）三上次男「金朝初期の路制について」（『金史研究三――金代社會史の研究――』中央公論美術出版、一九七三年）、關樹東「遼朝州縣制度中的『道』『路』問題探研」（『中國史研究』二〇〇三年第二期）を參照。

（2）關樹東前掲「遼朝州縣制度中的『道』『路』問題探研」一四一頁を參照。

（3）張修桂・賴青壽『遼史地理志匯釋』一五〇頁を參照。

（4）李逸友「遼代城郭營建制度初探」（『遼金史論集』第三輯、書目文獻出版社、一九八七年）五〇―五一頁、關樹東前掲「遼朝州縣制度中的『道』『路』問題探研」一二九―一三四頁を參照。

（5）楊若薇・向南「遼代經濟機構試探」（『文史』第一七輯、一九八九年）を參照。

（6）『遼史』巻八一王繼忠傳に、

統和二十一年、宋遣繼忠屯定之望都、以輕騎覘我軍、遇南府宰相耶律奴瓜等、獲之。太后知其賢、授戸部使、……二十二年、宋使來聘、遺繼忠弧矢、鞭策及求和劄子……詔繼忠與宋使相見。仍許講和。以繼忠家無奴隸、賜宮戸三十、加左武衛上將軍、攝中京留守。……

とあるが、「宋使來聘云々」というのは澶淵の盟のことを指しており、その場に王繼忠が居合わせることが可能であったことを考えると、王繼忠も戸部使として皇帝に扈從していたと考えざるを得ない。

（7）ちなみに、『遼史』巻三八、地理志二には「遼西州、阜成軍、中、刺史。本漢遼西郡地、世宗置州、隷長寧宮、屬顯州。……」とあり、遼西州も「斡魯朶所屬の州縣」であった。

（8）「斡魯朶所屬州縣」とその財政については拙稿「オルド（斡魯朶）と藩鎭」（『東洋史研究』第六一巻第二號、二〇〇二年）を參照。

（9）『金史』巻二四地理志上、北京路に「廣寧府、散、下、鎭寧軍節度使。本遼顯州奉先軍、漢望平軍地、天輔七年升爲府、因軍名置節度。天會八年改軍名鎭寧、天德二年隷咸平、後廢軍隷東京。泰和元年七月來屬」とみえる。

(10) 李符桐「奚部族及其與遼朝關係之探討（一）」（『大陸雜誌』第一三冊第七號、一九五六年）、平島貴義「遼初史の二・三の問題に就いて〈一〉——太祖の奚經略と其意義——」（『西日本史學』第六號、一九五一年）を參照。

(11) 田村實造「遼・宋の交通と遼朝の經濟的發達」（『中國征服王朝の研究』一九六四年、東洋史研究會）、嚴耕望『唐代交通圖考五、河東河北區』（中央研究院歴史語言研究所、一九八六年）、項春松『遼代歴史與考古』（內蒙古人民出版社、一九九六年）などを參照。

(12) 嚴耕望前掲『唐代交通圖考五、河東河北區』一七一六—一七一七頁を參照。

(13) 『秦皇島市志』卷九、文物志（一九九三年、天津人民出版社）は青龍滿族自治縣内の遼金代の遺跡を二十一ヶ所擧げているが、その大半は青龍河およびその支流沿いに點在している。

(14) 嚴耕望前掲『唐代交通圖考五、河東河北區』一七四五—一七五六頁を參照。

(15) 『遼史』卷三二營衛志二行衛、冬捺鉢の條、同書卷三七、地理志一、永州の條を參照。

(16) 『遼史』卷三九地理志三、武安州の條、および張修桂前掲・賴青壽『遼史地理志匯釋』一三七—一三八頁によれば、新州は武安州の舊名であった。

(17) 中京の經濟的發展については韓茂莉「中京及其周邊地區農業生產的發展」（『遼金農業地理』社會科學文獻出版社、一九九九年）が詳細に論じている。

宋代の「畋獵」をめぐって——文治政治確立の一側面——

久保田　和　男

はじめに

私は、昨年來、北宋の政治文化と都市との關係を檢討する必要性から、皇帝「行幸」の問題を考えた。[1] その結果、北宋皇帝は、初期の三代の皇帝をのぞき、地方への行幸を行わず「動かぬ王」になったことを明らかにし、その間の歴史的な事情や、言説について檢討を加えた。その作業の中で、私が注目したもう一つの變化が、北宋皇帝が狩獵を行わなくなった事實である。

皇帝の狩獵は儀禮として、中國では、古來行われているものである。[2]『禮記』王制には、「天子諸侯無事、則歲三田。一爲乾豆、二爲賓客、三爲充君之庖。無事而不田、曰不敬。田不以禮、曰暴天物。」とあり、『周禮』大司馬によると各季節にそれぞれ、畋獵が定められている。呼び方は、幾つかあり「畋獵」「校獵」「田」「畋」などという。『禮記』や『周禮』にその制度的な記述があり、天子の四時行うべきものとされている。その影響は、日本にも及び、郊祀を實施するなど中國の儀禮を取り入れることに熱心であった桓武朝では、盛んに天皇の儀禮として狩獵が行われている。そして、嵯峨朝まではだいたい行われていた。佛教の不殺生戒や、穢れをめぐる思想の普及を背景として攝關政治の全盛期には行われなくなったが、院政期に入ると、上皇がその權力を表現する手段として狩獵を行う。承久の亂後は、その權力の衰退に従って、朝廷では行われなくなったという。[3]

中國では、歴代王朝は、軍事訓練としての役割も擔わせながら、國家儀禮として畋獵を實施している。ところが、北宋になってから、行われなくなり、南宋にいたる。それに對して遼金元の皇帝は狩獵を盛んに行っている。すなわちこの事實は、北宋王朝の政治文化の一つの特色を示す現象なのではないかと考えられる。

丸橋充拓氏は、權力を誇示するための象徴的な「仕掛け」としての軍事關係の儀禮に注目され、近年、論考を發表された。「唐宋變革期の軍禮と秩序」と題された論考は、[4]唐代から北宋にかけての畋獵と講武の變遷を丹念に追っており、これまで未開拓であった、軍事關係の儀禮の歴史的意義とその變遷を問題とした大作である。『開元禮』などの記述を讀み解くことで、軍禮の詳細を明らかにすると同時に、畋獵や講武の實施の實態を丹念に史料に卽して統計的に分析されている。本稿は、時代を北宋、儀禮を畋獵に限定して考察する。丸橋氏は、畋獵が北宋中期に中止されることには言及するものの、その背景には詳論されていない。私はこの「中止」が、宋朝の政治文化形成における轉換點の分析に關わる問題なのではないか考え、若干の史料を集めて考察してみた。（本稿では頻出する『續資治通鑑長編』を『長編』と略稱する。）

一、北宋皇帝の狩獵記録概觀

本節では、北宋の皇帝が狩獵を行った記録を概觀する。まず、北宋皇帝の狩獵を記録した記事を表として提示したものが、表1である。

太祖が初めて畋獵を國家儀禮として行った事實を、『長編』では次のように記述する。

（建隆二年：九六一　一一月）己卯、上始めて、近郊に獵す。宰相・樞密使・節度觀察防禦團練使・統軍・侍衞諸軍都校に錦袍を賜う。その日、先に禁軍を出だして、圍場を爲らしめ、五坊、鷹犬を以て從う。上親ら弧矢を御し、射て走兎に中つ。從官貢馬して賀を稱す。中路にて頓し、近臣に飲を賜う。夕に至り宮に還る。その後、およそ田に出づるに皆然り。從臣、あるものは、窄袍・暖鞾を賜り、親王以下、射中するものは馬を賜わる。
（『長編』二）

すなわち、太祖の畋獵は、「近郊」で行われ、禁軍が先に狩り場を設定し、そこで皇帝を含めた狩獵參加者が、弓矢を使用して行われるものであったことがわかる。その際に皇帝からは、的中者に賜與があったことが記される。太祖は、これ以降、毎年、「近郊」での畋獵を實施しているが（表1を參照）、時期は、一一月か一二月であり、孟冬に行うという傳統（『開元令』の規定(5)）をなぞっている。

太祖は、開寶八年（九七五）、契丹の使者、耶律覇德と通事王英を伴って、「近郊」に畋獵している。

上、親ら走獸を射る。矢、虛發無し。使者、俯伏し萬歲を呼《さけ》ぶ。ひそかに譯者に謂いて曰く「皇帝、神武無敵なり。射れば必ず中る。未だかつて見ざる處なり」と。（『長編』一六、開寶八年八月壬戌）

この記録では、畋獵は、契丹の使者に對して北宋皇帝の武威を印象づける政治色の強いものとなっている。

なお、翌月の九月壬申（『長編』一六）には、

上、近郊に獵す。兎を逐い、馬、蹶《つまづ》きて墜つ。佩刀を引き乘るところの馬を刺す。既にしてこれを悔いて曰く「我天下の主となるも、しかして輕しく畋獵に事う。馬の過ちにあらず」と。これよりまた獵さず。

とある。原注には、「この月の壬申出獵すも、これよりついに出獵せず。よりて附してこのことを見《しめ》す。」とあり、馬から落ちたことをきっかけに、遊興を自戒したのは、必ずしもこの日のできごとではないようである。しかも、太祖

（表1）

皇帝	年代	西暦	月		實施場所
太祖	建隆2	九六一	12	畋	近郊
	建隆3	九六二	10	畋	近郊
	建隆3	九六二	11	畋	近郊
	乾德1	九六三	10	畋	近郊
	乾德1	九六三	11	畋	近郊
	乾德2	九六四	11	畋	近郊
	乾德2	九六四	12	畋	陽武縣
	乾德2	九六四	12	畋	北郊
	乾德3	九六五	11	畋	近郊
	乾德5	九六七	9	畋	近郊
	乾德5	九六七	11	畋	近郊
	開寶1	九六八	10	畋	近郊
	開寶1	九六八	10	畋	近郊
	開寶2	九六九	1	畋	近郊
	開寶2	九六九	10	畋	近郊
	開寶2	九六九	11	畋	近郊
	開寶2	九六九	11	畋	近郊
	開寶2	九六九	12	畋	近郊
	開寶3	九七〇	12	畋	近郊
	開寶4	九七一	12	畋	近郊
	開寶5	九七二	12	畋	近郊
	開寶8	九七五	9	畋	近郊
太宗	太平興國2	九七七	9	狩	近郊
	太平興國2	九七七	10	畋	近郊

は、翌開寶九年一〇月に「病沒」しており、『長編』あるいは、『長編』がもとにした史料が記述するような、畋獵を中止したという事件といえるかどうか、疑問が殘る。

これは、晩年の太祖が畋獵を愼む傾向を持ったということを主張したい後世の歴史記述なのではないかと考えるが、その理由は、本論の結論によって說明したい。

・太宗は、卽位の一年後（太平興國二年：九七七）に近郊で四度、狩あるいは畋を行っており、その後も畋獵をコンスタントに實施している。しかし、途中で、五年の間隔があり、雍熙四年（九八七）に畋獵した後、中止する。淳化五年に諸王に命じて、畋を行わせているが、自身が自ら郊外で狩獵を行うことは、彼の死去する九九七年までなかった。

・眞宗は、卽位直後に每年實施するが、景德元年（一〇〇四）、澶淵の盟の直前に實施しての

	太平興國2	九七七	11	畋	近郊
	太平興國2	九七七	12	畋	近郊
	太平興國3	九七八	10	畋	近郊
	太平興國4	九七九	11	畋	近郊
	太平興國4	九七九	12	畋	近郊
	太平興國5	九八〇	9	畋	近郊
	太平興國5	九八〇	12	校獵	
	太平興國5	九八〇	12	畋	大名府近郊
	太平興國5	九八〇	12	校獵	大名府と開封の間
	太平興國6	九八一	12	畋	近郊
	太平興國7	九八二	12	畋	近郊
	雍熙4	九八七	12	畋	近郊
	淳化5	九九四	12	畋	近郊（諸皇子によるもの）
眞宗	咸平2	九九九	11	狩	近郊
	咸平3	一〇〇〇	12	狩	近郊
	咸平4	一〇〇一	11	畋	近郊
	景德1	一〇〇四	11	校獵	近郊
仁宗	慶曆5	一〇四五	10	畋	楊村
	慶曆6	一〇四六	11	畋	東韓村

（『長編』・『宋史』・『宋會要輯稿』に取材）

ちは、畋獵の記録は無くなる。

・仁宗は、慶曆五年と六年に二度にわたって實施しているが、その後、宋朝皇帝が、畋獵を行った記錄は途絶えるのである。

以上のように、太宗・眞宗・仁宗は、それぞれ畋獵をやめている。すなわち、畋獵は、三度の畋獵繼續中止があった。北宋では、北宋のある時點で中止されたのではなく、それぞれの皇帝政府は、それぞれの時代背景のなかで、畋獵をやめるという政治的な選擇を行ったのである。丸橋氏は、畋獵において行われる宗廟への恭獻の形骸化という事實を強調してこの畋獵中止の理由として抽出しようと考えられているようである。[6] しかしながら、その中止に至る過程には更に具體的な政治文化の問題が浮上してくるように思えてならない。丸橋氏が前掲論文に掲載した表は、朝代別の数量はわかるが、いつ「中止」という事件があったのか判別できない。次節では、それぞれの朝代において畋獵をやめた政治的背景について考えてみたい。

二、畋獵をやめること

傳統的な國家儀禮である畋獵が中止されるには、何らかの理由が考えられる。先ほどもふれたように太祖は畋獵を中止したとはいえない。太宗の場合は、毎年、數度の畋獵を行っているが、即位半ばで中止を宣言する。眞宗・仁宗は、それぞれ四回・二回畋獵を行い、その後中止している。

1、太宗朝時代の「畋獵」

太平興國二年、前年の一〇月卽位した太宗は、畋獵を四度にわたって實施している。太祖がその治世において毎年缺かさずに畋獵を行っており、宋朝においては、ルーティーンとなっていたのであろう。表1によって明らかなように太宗は、卽位當初から太平興國年間を通じて年間に複數回の畋獵を行っており、太祖とも餘り變わらない數といってよい。特に太平興國五年（九八〇）は、四度も記錄されている。その事情を検討してみよう。

前年、太宗は、周世宗や宋太祖がなしえなかった事業に成功する。北漢の併吞である。北宋に殘された領土的課題は、燕雲十六州の「回復」である。太宗は北漢併吞後も直ちに歸京せず、燕雲十六州を回收するため、軍を幽州にむけるが、數か月の攻城戰の後、契丹の援軍の到着により形勢逆轉する。北宋軍は太宗自身も負傷するという大敗北を喫してしまう（高梁河の戰い）[7]。

翌太平興國五年（九八〇）一一月、契丹の侵入が報じられるや、再び太宗は軍を北に進發させ、自身も河北の大名府に行幸する[8]。そのような狀況の中で、大名府の近郊で、三度にわたり畋獵が實施されているのである。これは、

『長編』二一、太平興國五年一二月甲戌の條には、「近郊に畋す。よりて以て閲武し、禁軍校および衞士に襦袴を賜う。」とあり、對契丹戰のための軍事訓練であると同時に、契丹に對する示威行動であったといえよう。この年には、本格的な戰爭には至らず、一二月中に、太宗は開封に戻っている（『長編』二一、太平興國五年一二月乙酉）。

以上のように太平興國四年（九七九）からしばらくの間、北宋と契丹は戰爭狀態となる。冬の數ヶ月間は、契丹が河北と河東に間歇的に入寇し、北宋は必死に防戰するという狀態となる。太宗は、契丹との戰爭を優位に進めるため、渤海[9]や女眞、定安國[10]などの諸國との同盟を摸索する。そんな中で行われる畋獵は、軍事訓練として眞劍に行われたことであろう。冬期に行われる畋獵は、契丹の入寇が冬に多いということを考え合わせると、契丹に對する抑止力として期待されていたと考えられる。

雍熙元年（九八四）、太宗は、數十萬の大軍を三路に分かち契丹に侵攻させ幽州攻略をめざす。しかし、軍糧不足や、指揮官の失策などの理由から敗北する。中でも曹彬の率いる主力部隊が、退却中に契丹軍に捕捉され潰亂狀態となってしまう（巨馬河の戰い）。その後、勝ちに乘じた契丹軍が侵入し大名府より北の人民は大いに被害を受けたという（『長編』二八、雍熙四年正月）。北宋側の有效な戰術は「堅壁淸野」と表現されているものだった（『長編』二九、端拱元年一一月）。すなわち、契丹軍の進入に對して、すべての住民を城郭都市に避難させ契丹軍の退却を待つという、一種の焦土作戰である。女眞や高麗が契丹との關係を惡化させて援軍を求めてきても、守勢に立っている宋朝は積極的に支援することができず、兩者との修好關係を失ってしまうのである[11]。

太宗は、九八四年の敗北を境として「武」から遠ざかり、「文」に傾斜していったようだ。史料上は、以前からその兆候がみられる。たとえば、太平興國七年（九八二）太宗はすでに近臣に次のように語っている。

朕、『老子』を讀むごとに「佳兵は不詳の器なり、聖人やむを得ずしてこれをもちう。」に至り、未だかつて三復し以て規戒とおもわざるにあらず。王者武功をもって克定すといえども、終にすべからず文德を用いて治を致すべし。朕、退朝するごとに觀書を廢さず。意は前代の成敗を酌みてこれを行いもって損益を盡くさんと欲するなり。（『長編』二三、太平興國七年一〇月癸亥）

後半の、政務の後に「讀書」を缺かさず、歴史から反省材料を博搜し、實際の政治行動に生かしていたという態度の表明は、太宗時代の史料に散見するものである。「文德」という言葉が強調され、翌年宮城の主要な宮殿の名稱にもえらばれる（『長編』二五、雍熙元年七月壬子）。

曹彬軍が敗北した巨馬河の戰いより九年後の史料（『長編』三四、淳化四年（九九三）一一月甲寅）には、太宗と宰相呂蒙正が、卽位前半に行った「用師討伐」について總括する對話が記錄されている。この中で、太宗は「治國在乎修德爾、四夷當置之度外。」とのべ、內政重視を打ち出している。つづいて、

朕、往歲、すでに幷・汾を克《と》り、兵を薊北に觀す。年少氣鋭にあたり、桑乾河に至り流れをたちて過ぎるに橋梁に由らず。往けばすなわち鋭を奮うを居先《ゆうせん》し、還ればすなわち殿後に勒兵《ぐんじくんれん》しき。靜にしてこれを思えば、また、戒めと爲すべし。

とあり、「年少氣鋭」だった治世前半に、軍事を重視したことを反省しているのである。この條にも「今亭障無事。」とあるように、淳化年間になると、契丹の入寇は少なくなってきていた。『長編』三一、淳化元年一〇月丙寅には、「是歲、契丹亦不敢大爲邊患云。」とあり、『長編』三四、淳化四年一〇月丁酉には「是歲、寇亦不動。」とある。文德を重視するよう政策轉換するための狀況は整ってきたのである。

軍事より文德を先にする言説と竝んで、太宗は、「遊ばない皇帝」として餘暇においても政務の參考のために讀書

に勵む姿勢を強調している。「観書」「讀書」という言葉は、『長編』においては太宗自身の口からよく語られている。つぎの史料はその一例である。

上、飛白を出して宰相李昉らに賜う。因りて謂いて曰く「朕、退朝するに、未だ嘗て光陰をむなしく度らず。讀書の他、嘗て眞草に留意す。近くはまた飛白を學ぶ。これ帝王の事業にあらざると雖も、然るになお畋遊聲色にまさらざるか」と。昉ら頓首して謝す。(『長編』二七、雍熙三年一〇月丙申)

ここでは、讀書とともに、書道に意を用いており、畋遊聲色を遠ざけていることを誇っている。[12] 太宗は讀書に勉める理由を別の場面では次のように述べている。淳化二年(九九一)、御書三八〇巻が完成し、上呈されてきたのを受けた發言である。

人の嗜好戒めざるべからず、必ずしも遠く前古を取らず、ただ近世、符彦卿のごときは、しばしば節鎭に任ずるも、射獵馳逐をもって樂と爲す。ここにおいて、近習その意を窺い測りて、争いて鷹犬を獻ず。彦卿悦びて、これを假借《ゆる》し、その下よりて恣横侵擾す。故に知る、人君まさに澹然として無欲たるべし。嗜好をして外に形見《あらわ》しむなくば、すなわち姦佞自ずから入る無からん。朕年長にして他に愛するところ無し、ただ讀書を喜び、多く古今の成敗を見る。善なるものはこれに従い、不善なるものは、これを改む。これのみ。(『長編』三二、淳化二年閏二月戊寅)

讀書によって歴史上の故事を知り、自らの行動規範としているという表明を行っている。この中では、五代歴代王朝につかえた宿將符彦卿(宋初に死去)は狩獵に耽溺しておりそこが問題だったという指摘が行われている。

太宗が最後に畋獵をおこなったのが雍熙四年(九八七)である。その一年後の『長編』二九、端拱元年一〇月(九八八)癸未の記事のなかで、畋獵の中止を宣言している。

上、侍臣に謂いて曰く「朕、いつも古人禽荒の戒を念ず。いまより有司、順時行禮するのほか、更に近甸において游獵せず。五坊の鷹犬、ことごとくこれを解き放て。好生の意を表すにちかし」と。遂に天下に詔してまた鷹犬を以て來獻するなからしむ。

太宗の畋獵の中止を巡っての言説を縷々取り上げてきたが、それらの多くは、太宗が近臣に語ったという形式で『長編』に記述されている。これらのテキストは、太宗が廣く傳えられることを意圖して、流布した可能性が高いといえよう。政務に勵み、餘暇も讀書に費やし、歴史を鏡として「德」治を追求する、軍事行動や畋獵などの「武」を愼む一方で、讀書や書道のような「文」に親む「文德」ある君主像の演出なのである。(13)

太宗は、兄太祖の「死去」によって卽位した。「死去」の時、「好做！好做！」と遺囑されたと傳える史料もある。(14)しかし、卽位の不自然さは同時代人にも知られるところであった。(15)そのうえ、弟廷美や、太祖の長子德昭などを失脚させ、自分の血統に帝位を繼承させる狀況をつくった。したがって、その正統性を絶えず發信して行く必要があった。道教神の神言を利用して卽位の正當性を擔保し、一方では佛教を保護することにより佛教徒の支持を得たりした。(16)同時に、軍事行動による中華世界の統一をおこなう。北漢の併合そして燕雲十六州の回收は、まさに疑惑を拂拭するためにふさわしい事業である。前者は成功したものの、後者は數度にわたり失敗している。そして、現實的に不可能な政治課題となっていったのである。

そのような情況の中で、彼は理想的な皇帝像として、「文德のある」「遊ばない皇帝」を演出することによって在位の正當性に說得力をもたせることに傾いてゆく。したがって、「畋獵」儀禮は、「遊ぶ皇帝」の象徵として中止される。畋獵を中止すること自體が演出の一つだったのではないか。

「文德」という言葉ともっとも遠い存在と考えられるのが後唐の莊宗である。太宗も次のように評している。

後唐莊宗のごときは、國事をうれえず、ただ畋遊につとめ、ややもすれば浹旬《ひゃくにち》を經る。大いに苗稼を傷つけ、還るに及び、すなわち租賦を蠲放す。これ甚だしく君たらず。（『長編』三〇、端拱二年五月戊戌）

燕雲十六州の回收に失敗した太宗時代の北宋政權にとって、支配の正當性を主張できる「榮光の歷史」とは、「唐末五代の亂世」を平定したことである。したがって、五代亂世の象徴的存在である莊宗が好んだ畋獵を、積極的には實施しなくなったのではないだろうか。

2、眞宗が畋獵をやめたこと

至道三年（九九七）三月、眞宗は、太宗が死去して即位した。咸平二年（九九九）一一月、郊祀を行ったその月に、近郊で畋獵を行い、その後、數年にわたり、一一月に、畋獵を行っている。太宗が中止したにも關わらず、眞宗朝で復活したことは、前項で述べたような太宗朝獨特な事由が、畋獵中止の背景として存在していたことを傍證する。眞宗は北宋最初の皇太子から皇帝となった皇帝である。天子の儀禮である畋獵を行うのは、古禮にかなったことである。

さて、眞宗の即位當初から、契丹の動きは再び活發化し、連年入寇を繰り返すようになった。また李繼遷の活發な軍事行動への對應、四川での反亂など、即位當初から多事多難となる。畋獵の再開は、契丹への示威行動としてみた場合も、契丹の活動の活發化と畋獵の復活が期を一にしているため理解しやすい。

眞宗が行った最後の畋獵は、景德元年（一〇〇四）一〇月のことで、澶淵の盟の直前である。まさに澶州への行幸が決定し、數日後には出發するというタイミングで、この畋獵が行われていることは興味深い（『長編』五八、景德元年一一月甲子）。

八日後に、眞宗は開封を出發し、契丹軍との前線を督戰する。結果は周知のように、北宋が歳幣を與え、契丹が兄事することで、兩者は妥協し、澶淵の盟が成立する（『長編』五八、景德元年一二月癸未）。

澶淵の盟は、眞宗政權にとって失點と考える向きもあった。城下の盟を結ばされた、という批判もあり、この盟約の主導者である寇準は責任を負わされて中央から去る。眞宗と宰相の王欽若は、屈辱をそそぐため「大功業」を計畫し實施する。「もって四海を鎭服、戎狄に誇示すべきにちか」い事業として王欽若が眞宗に提案したのが泰山封禪である。[17]實に、太宗も契丹に敗北したタイミングで泰山封禪を實施しようとしたが、宮殿が火災に見舞われたため中止を餘儀なくされる。[18]父太宗ですらできなかった封禪を行う正當性は、天書の降下や芝草などの瑞祥出現に因って保證された。

大中祥符元年（一〇〇八）に行われた封禪の後は、眞宗は畋獵を行うことは無かった。『長編』七一、大中祥符二年六月壬寅には、

上、景德四年（一〇〇七）より以來、また出獵せず。壬寅、詔すらくは、「五坊は、鷹鶻十數を量留し、もって諸王の時に從いて展禮するに備え、餘はことごとくこれを縱て」と。

とあり、皇子たちが使用する鷹をのぞいて、自然に歸すことが命じられているのである。この言説は、太宗の雍熙四年のものと、同じ構造のようである。ただし、中止の背景は異なる。太宗の場合は「遊ばない皇帝」を演出するための放鷹である。一方、眞宗の場合は、「畋獵を好まない」ことを自畫自贊する言説を見いだすことはできない。

封禪や、それに引き續き行われた汾陰祀の際には、その地方での民間の狩獵が禁止されている。[19]また眞宗の命で編纂された『雲笈七籤』三八、「説十戒」には「第二戒者、不得殺生屠害割截物命。」とあり、「大戒上品」には「若見畋獵、當願一切不爲始終、入爲無罪。」とある。なお、道教の殺生にたいする戒は佛教からの影響であり、神への犧

牲の奉納は行われ續けたようであるが、[20]畋獵の中止にも影響を與えたと思われる。たとえば、民間に對して、しばしば狩獵の制限が行われるようになる。『長編』七三、大中祥符三年二月己亥には、

詔す。毎歳春夏、所在の長吏に令し、かさねて民間の彈射・罝網《うさぎのあみ》・獵捕の具を禁ぜしめよ。

とある。これは、太祖朝に出されたものを「申命《かさねてめいれい》」したものである。

眞宗が、畋獵を止めた契機は太宗と類似する。すなわち契丹との戰爭に敗北した。その敗北を乘り越えて國家統合を維持するため、すなわち皇帝權威を高める目的で行われたと考えられる。やめることに意義があった。しかし、その具體的な方法論は異なる。太宗が有德の君主として讀書や書道などを餘暇に行い、畋獵などの一見遊技に見えるものには手を染めないということをアピールする意味で、畋獵が中止された。それに對して、眞宗は、天書や芝草などの祥瑞によって實施が促されたとする泰山封禪や汾陰での國家的な壯大な祭祀によって超自然的な權威を身にまとうことに努力した。そのなかで、畋獵はふさわしくないものとして退けられたのである。では、次代の仁宗は、どちらのケースに近いであろうか。

3、仁宗が畋獵をやめたこと

仁宗は、生まれながらの皇帝であり、また契丹との間の關係は盟約が存在したため、とくに大きな蹉跌を生じることはなかった。

仁宗が初めて畋獵に赴いたのは、慶曆五年（一〇四五）冬の事であるから、即位（一〇二二）から、二三年が經過しており、（十三歳という年少で即位したと言っても）必ずしも青年皇帝という時期でもない。注目すべきは、慶曆の治の

中止と重なることである。慶曆三年（一〇四三）からはじまる慶曆の改革が、慶曆五年正月、杜衍・范仲淹・富弼らが地方に轉出することで頓挫した直後なのである。前年には西夏との紛爭が解決し、仁宗も改革に熱意を示さなくなってしまう。(21) そのような保守的なムードが、軍事訓練を兼ねた古禮の復活の背景にはあると考えられる。なお、西夏との紛爭に乘じて契丹が割地を求め、歲弊の增額で對應した直後であり、戰鬪は終わったとはいえ、對外的な危機は依然として實感されていた。平和が到來した故に軍律の弛緩のおそれがあり、訓練の強化が求められていた時期でもあった（『長編』一五九、慶曆六年七月壬午の條を參照。）。

『長編』一五七、慶曆五年八月壬戌の條にかけられている李柬之の上奏がきっかけである。その年の一〇月、四十數年ぶりに畋獵が行われる。同書同巻同年一〇月庚午の條には、仁宗の畋獵が詳述されている。

ついで楊村に獵す。幄殿に燕す。教坊、樂を奏す。遣使以て、獲るところの獐兎を以て馳せて太廟に薦めしむ。すでにして、父老を召して臨問し、賜うに飲食茶絹をもってし、五坊の軍士に銀絹を賜うこと差有るに及ぶ。宰臣賈昌朝ら言えらく「陛下、しばし近郊に幸し、時に順いて畋獵す。鮮殺《あたらしいいけにえ》を取り以て廟俎に登す。孝德を昭かにする所以なり。すなわち高原につきて軍實を閱すは、武事を講ずる所以なり。耆年に問いて秩飫すは養老する所以なり。田夫を勞りて惠みを賜うは勸農の所以なり。乘輿ひとたび出でて、しかして四美みな具わる。伏して望むらくは宣して史館に付せしめんことを」と。これに從う。

單なる軍事訓練ではなく、太廟へ恭獻して孝行、耆老をいたわり敬老、農民をねぎらって勸農、など四つの皇帝としての美事を、この畋獵一回によって實現できたという宰相らの評價がある。

仁宗の畋獵は、翌年慶曆六年一一月にも實施されるが、この畋獵を最後として中止される。『長編』一六〇、慶曆七年三月乙亥には、御史何郯の畋獵反對論が載せられており、これによって仁宗時代の畋獵の實態が明らかになる。

長文ではあるが引用してみたい。

上、李東之の建議により、再び近郊に畋す。南城の役、衞士、整うにおよばずして、歸るに夜をもってす。雉の殿中に殞つるあり。諫者、以て不祥と爲す。この月の乙亥、詔してまさに復た出でんとす。諫める者甚だ衆し。御史何郯言う「古は天子、四時の田を具すは、威武を講じて遠略に勤む所以なり。ただ游戲につかえて細娯をならうを圖らず。これは策書に載り、具に典法あり。前日、伏して聞くならく法駕、將に近郊に獵せんとす。中外の人、聽く者頗る惑う。良に去歳をもって車駕すでにかつて畋に出づ。群臣抗言し隨《す》卽《ぐ》に停罷せり。忽ちここに再擧するは、未だ聖心をさとらず。伏しておもえらく陛下繼統して以來、動もすれば法度にしたがい、弋獵を喜ばず。しばしば豫遊せず。恭儉の風前古にまさるに足る。しかして今の擧事、固より必ず因あらん。あに陛下、宇内有年《みのり》、方隅無事をもっての故に、農隙において以て武經を講じ、都邑游觀の盛をなさんと欲すか。抑も獻議する者あり、謂く、田獵の事具に禮文あり、これを行うに時を以てするは、蓋し墜典を擧ぐるならんと。則ちさきの諫止の言は顧るにたらざるか。もし聖意果然としてかくの如く先に定まれば、則ち愚臣の敢て議するところにあらざるなり。然れどもその中に事の利害において切なるものあれば、なお得てこれを言うべきなり。

恭じけなくも眞宗皇帝卽位の後より、遂に詔書下り、五坊の鷹鶻を罷放し、獵事を講ぜざること、四十年を踰ゆ。校聯の籍、率ね宿將にあらず。士卒久しくその事を便習せず。官司もまた素よりその儀に詳からず。倉卒にして行わば、必ず多く曠闕あらん。竊に聞く、去歳乘輿の出づるに、往返甚勞にして、一日の間、殆ど百里を馳せて、また、兵衞も肅ならず、警蹕も嚴ならず。從官侍行に及ばず、有司供億に暇あらず。暮夜におよび、始めて都門に入る。これあに士そのことを習わず、官その儀に詳しからずして、然るに致るにあらずや。而して況や騎乘して疾馳の勞ある、原野にありて嚴衞の備弛む、或いは御者蹉跌するを以て、變、銜橛《でんりょう》に生じ、愚民は然るに非常に備えざるべからず。且つ西北二隅、變故測りがたし。あに姦僞の稠人《ひとびと》廣衆の中に雜るなからんや。これよりして言う、益す深慮すべし。傳曰く「千金の子、坐して垂堂せず」と。萬乘の尊におよぶか。賈誼曰く「射獵の娯、安危の機と、孰か急なる」と。今、猛敵を獵さずして田彘を獵す。彊寇を搏《と》らずして蓄兎を搏《と》る。細娯を翫びて大患を圖らず、もって安と爲す所にあらざるなり。伏して望むらくは陛下出遊を罷省せんことを。……」と。

編修唐書官王疇も亦た十事を陳べて以て諫す。是日、詔ありて出獵をやむ。

はじめの部分は、前年の畋獵における不首尾が述べられている。[22]護衛の禁軍部隊がバラバラになり、夜になってようやく歸ってくるという混亂が生じた。王安石が書いた孫抗の墓碑[23]によると、翌日も出獵する豫定だったが、この夜のうちに、畋獵停止の詔がでたというから、相當な混亂ぶりである。そのような前例が有るにも關わらず、慶曆七年の三月乙亥に、出獵の詔が再び出たので、諫めるものが大勢現れたのである。『長編』では何郯の上奏文によって代表させている。

仁宗時代には禁軍の軍律弛緩と冗兵化が問題化している。[24]畋獵においてもそれが問題だったようである。畋獵は、威武を目的とした儀禮である。契丹や西夏の使節が頻繁に往來している時期であり、禁軍の無様な様を見せるのであればはじめからやらない方が良い。また、近郊で行われる畋獵が農地に被害を與える事は、前掲した莊宗の記事からも讀み取ることができるが、仁宗慶曆時代においては、開封近郊に大規模な畋獵を行う原野が有ったのかどうか非常に疑問である。慶曆六年の畋獵の際にも、近所の居民の家畜があやまって捕らえられてしまったり、狩り場（圍場）に關わる民田の税を一年間免除したりしている。[25]それどころか、何郯の上奏では、實際に狩獵に供されるのは、野生動物ではなかったことが明らかにされている（傍線部を參照）。すなわち、近郊で狩獵を行おうにも開發されてしまっていて、野生動物が捕獲困難になっていた狀況が判明するのである。

おわりに――その後の「畋獵」

畋獵は、仁宗以降、行われなくなった。しかし、畋獵はその後のテキストにも使用される。そこでは、どのような文脈の中で使用されたのだろうか。本稿を閉じるにあたり檢討してみたい。

北宋中期には、契丹あるいは西夏との間には使者の往復がおこなわれたが、宋側の使者は、狩獵を常時行っているこれらの外國朝廷において、北宋皇帝が畋獵を愼み文を尊んでいることをアピールする。(26) 宋朝朝廷へ復命では、契丹・西夏の君主が狩獵をおこなっている様子を「野蠻」な異俗として報告するのが常となる。(27) いわゆる文の重視ということも、實は軍事力に勝る契丹への一つの對抗意識なのではないかという假說も考えられる。

さて、歐陽修が仁宗時代に編んだ『五代史記』の莊宗本紀には、論贊が存在していない。一方、明宗にたいする論贊には次のようにある。

その卽位の時、春秋すでに高く、聲色にちかづかず。畋遊を樂しまず。在位七年、五代の君において、もっとも長世たり。兵革ほぼやすまり、年しばしば豐登す。生民實に賴《さいわい》にして、もって休息す。

あたかも莊宗論贊のネガフィルムのようである。このように、北宋では「畋遊を樂しまない」ことは「有德の君主」に對する一つの贊辭として使用されるようになる。

北宋後半において、士大夫官僚たちは、皇帝に「有德の君主」であることを要求し續ける。それは、帝王教育の場で展開される言説に示されている。そのなかに、「畋獵を樂しまない」ことが必ず入るのである。[28]そしてそれは、「祖宗の制」として、表明されるようになってゆく。[29]このように、畋獵は、從來は古禮の重要な要素なのであるが、宋朝の文治政治體制の確立のなかで、その意味するものが變化していった。そのために畋獵が行われなくなったと考えられる。

第一章の冒頭に紹介した太祖の「畋獵中止」の『長編』の記事は、畋獵に對する負の態度を太祖が取ったとする。後世からすると「有德の君主」太祖が、畋獵を中止せずに死去したとすることはできない。「祖宗の制」とよぶには、太祖も太宗と同樣の態度を畋獵に對して取る事實が必要なのである。したがって、私は、この記事について、後世の人々の意向が微妙に反映した可能性を提起したい。

本稿では、文治政治という宋朝政治文化の確立の背景として、契丹との抗争が一定の作用をしていたことを、畋獵儀禮の推移と關連づけて考察した。しかしながら畋獵そのものの分析については、宋朝の軍禮體系の中で位置付けを含めて再び考察する必要が有るようである。華夷の峻別を掲げる道學派が、畋獵に對してどのようなスタンスをとったかも興味深い問題であるが、與えられた紙數は盡きたようである。

注

（1）拙稿「北宋の皇帝行幸について」（『宋代社會の空間とコミュニケーション』汲古書院、二〇〇六所收）

（2）殷代の畋獵については松丸道雄「殷墟卜辭中の田獵地について」（『東洋文化研究所紀要』三一號、一九六三）、平勢隆郎『よみがえる文字と呪術の帝國』（中公新書　二〇〇一）などを參照。

（3）中澤克昭『中世の武力と城郭』（吉川弘文館　一九九九）第一章　王權と狩獵。同「狩獵と王權」（『岩波講座　天皇と王權

を考える』第三巻所收、二〇〇二　岩波書店）

（4）丸橋充拓「唐宋變革期の軍禮と秩序」（『東洋史研究』六四―三　二〇〇五）

（5）丸橋氏によると、『開元令』では、『周禮』に則って畋獵の手順が決められていた。氏の整理を簡單に紹介しておこう。①事前準備　②入場　③畋獵　1、獸を御前に驅り出す。→2、皇帝の射→3、王侯の射→4、百姓の射→5、擊鼓譟呼　④獲物の分配、1、旗の下に獲物の左耳を集約→2、大小・優劣により分配→3、校廟へ獲物を供獻する。（宋朝においても、のちには宗廟への獲物の供獻も行われるようになる。）

（6）丸橋氏前揭「唐宋變革期の軍禮と秩序」五〇頁を參照。

（7）何冠環「宋太宗箭疾新考」（『香港中文大學中國文化硏究所學報』第二〇卷、一九八九）などを參照。何氏は、この戰いにおいて太宗の大腿部に矢があたり（『默記』卷中の說）、その傷がなかなか完治せず、この後の太宗の政治行動に大きな影響を及ぼしたとする。何氏の推論は狀況證據を數多く列擧し、十分に說得的である。しかし、太宗がこの後も、畋獵を行っていることは、矢傷が治癒し、乘馬も可能になったことを示していると考えられ、その影響は限定的に考えねばならないと思われる。

（8）『長編』二一、太平興國五年一一月己酉。

（9）『長編』二二、太平興國六年七月丙辰。

（10）『長編』二二、太平興國六年一一月甲辰。劉浦江「遼代的渤海遺民――以東丹國和定安國爲中心」（文史　二〇〇三年一期）參照。

（11）女眞が契丹に歸順した記事は『長編』三二、淳化二年、是歳の條。高麗の援軍要請は『長編』三六、淳化五年七月壬子を參照。

（12）この時點でも、畋獵を中止してはいないが、『太宗實錄』三四、雍熙二年（九八五）一一月壬午には「詔曰、順時蒐狩、禮有舊章。非取樂於畋游。將薦誠於宗廟。久隳前制闕孰甚焉。今者暫狩近郊。爰遵時令、其以所獲禽獸付所司薦饗宗廟。」とあり、畋獵を行うことに消極的であることを強調している。

（13）『太平御覽』をはじめとする大編纂事業はその一環である。

（14）『續湘山野錄』（不分巻）
（15）この問題について多くの論説があるが、宮崎市定「宋の太祖被弑説について」（宮崎市定全集10）・王瑞來「〝燭影斧聲〟事件新解」（『中國史研究』一九九一年二期）をあげておく。
（16）本稿では詳述できないが、太宗が、道教・佛教兩教に對して厚く保護を行ったことは、帝位繼承の正當性を擔保するための政治的な行爲であった。愛宕元「宋太祖弑害説と上清太平宮」（『史林』第六七巻第二號、一九八四）、竺沙雅章「宋初の政治と宗教」（『宋元佛教文化史研究』汲古書院　二〇〇〇、三六三頁～）などを參照。
（17）『長編』六七、景德四年一一月庚辰。前掲拙稿「北宋の皇帝巡幸について」參照。
（18）『長編』二五、雍熙元年四月甲午に封禪の詔が出るが、五月壬寅の條で、封禪は停止されている。
（19）『長編』七四、大中祥符三年八月庚戌。
（20）『道教』第二巻　道教の展開（平河出版社　一九八三）、五八頁および一二二頁を參照。
（21）小林義廣『歐陽修　その生涯と宗族』（創文社、二〇〇〇）第4章を參照。
（22）城南に畋したのは、慶曆六年一一月の事である。『長編』一五九、慶曆六年一一月辛丑の條を參照。
（23）『臨川先生文集』八九、廣西轉運使孫君墓碑。
（24）拙稿「宋都開封と禁軍軍營の變遷」（『東洋學報』七四巻三・四號　一九九三）を參照。
（25）『長編』一五九、慶曆六年一一月辛丑などを參照。
（26）『長編』一三〇、慶曆元年正月。
（27）『長編』八一、大中祥符六年九月乙卯。『長編』一一五、景祐元年一〇月丁卯。
（28）『歐陽文忠公集』奏議集一三、論罷修奉先寺（至和二年）など。
（29）『長編』四八〇、元祐八年正月丁亥。呂大防等の發言を參照。『清波雜志』一、祖宗家法も同文を收錄している。祖宗の法については、鄧小南「試論宋朝的祖宗之法」（『國學研究』第七輯、二〇〇〇）同「趙宋祖宗之法的提出與詮釋」（『中國の歷史世界』所收　東京都立大學出版會　二〇〇二）などを參照。

金代地方吏員の中央陞轉について

飯山知保

はじめに

周知の通り、モンゴル時代の中華地域[1]において、吏員からの出職は最も一般的な出仕經路のひとつであり、「吏」は「儒」とならんで官僚が體得すべき能力と考えられていた。この中華地域の歴史の中でも特殊な状況は、從來から多くの研究者の關心を集め、モンゴル時代の吏制についてはは少なからぬ知見が蓄積されている。

ところで、このモンゴル時代の吏制について、湖南衡州に生まれ、江西臨川崇仁で育った、モンゴル時代中華地域を代表する文人のひとり虞集（一二七二～一三四八）は、「今はなき宋朝では士人は科擧受験をなりわいとしていたが、わが國では金國の制度が用いられ、府史から公卿に至ることができる（故宋士人以進士爲業、而國家用金制、自府史可以至公卿）」（『道園類稿』巻四七「熊同知墓誌銘」）と述べ、金制との關連をはっきりと意識している。

これも周知の通り、モンゴル時代中華地域で運用された法制などは、金代のそれらから少なからぬ影響をうけており、それは吏制も例外ではない。「儒」と「吏」の區分が曖昧で、中華地域の歴史上獨特の地位を占めるとされるモンゴル時代の士人層について考察するうえでも、彼らに先行する金代の吏制とその士人層との關係は重要な檢討課題といえる。

このような問題意識に基づき、本稿では特に、從來ほとんど研究の對象となってこなかった金代地方吏員の中央官衙への陞轉について考察する。そして、前掲した虞集の認識が金代にはどの程度現實性のあるものだったのか、金代士人層はかかる吏制・吏員に對してどのような認識を抱いていたのかを検討する。

第一節　金代令史と地方吏員

金代吏制に關して、先行研究はごく少ない。その中で、唯一の專論といえる孟繁清「金代的令史制度」（『宋遼金史論叢』第二輯、一九九一）は、金代吏制の最大の特徴である中央官衙の令史について、初めて總合的な考察を行なった研究として重要である。本節ではまず、この孟繁清氏の研究に基づき、金代令史についてその概觀を確認しておく。

金代の令史は、尙書省・御史臺・樞密院・都元帥府・尙書六部・三司などの中央官衙に屬し、文書の作成・管理その他の事務を擔當した。令史には女眞・契丹・漢の三種があったが、これは主に使用する言語・文字の差異に由來する（契丹令史は明昌三（一一九二）年に廢止）。史料中に比較的言及の多い女眞・漢令史は、その總數が把握できる。時期により變動があるが、四三六～四六六名であり、女眞令史はその四割程度を占めた。中央官衙の中でも尙書省・吏部・戶部・刑部はそれぞれ七〇名、六九～七九名、七二～八〇名、五一名と、全體の六割の令史を擁していた。本稿では、主に州縣レベルの地方官衙に勤務する吏員の令史への陞轉を考察するため、猛安謀克という獨特の行政組織により統括され、令史への陞轉經路も異なる女眞人[2]から選充される女眞令史は考察の對象外とする。

吏でありながら、金代令史は一般の官吏に較べて好條件で昇進した。尙書省令史は從七品以上、樞密院令史は從八品以上、その他の令史も九品以上での出職が規定されていた。例えば、元好問が記すとおり[3]、吏部令史出身は一種のエリートコースとなっており、五・六品での出職も珍しくはなかったと考えられている。金代の宰相にも、こうした令史出身者が數多く確認される。

令史の採用には主に四つの方途があった。①進士出身者、②女眞進士、③武散官（進士出身以外の官吏）、④承廕者、⑤終場擧人である。②は女眞令史にのみ關係するので措くとして、本稿が扱う漢令史の來源には時期的な變遷があった。特に、諸令史の間で最も重視された尙書省令史の變遷には關連史料が比較的多い。金初には尙書左司の官から選充されたが、皇統八（一一四八）年に進士出身者からの選充が始まり、正隆年間（一一五六～一一六〇）に一時中斷されるが、以後金代を通じて定制となる。一般的に、進士及第者は地方官を三任程度勤めた後、尙書省などの令史となった。こうした①進士出身者と共に、③武散官（地方吏員はこの中に含まれる）、④承廕者（特に宰執など高官の子弟）、そして大定年間～明昌年間の科擧改革の後には⑤終場擧人（科擧の廷試に三～四回以上落第した擧人）が尙書省令史の來源を形成していた。尙書省令史以外の令史の來源も同樣であったが、史料的制限からその詳細な內譯は不明である。

以上が金代令史制度の概觀であるが、この中央官衙の吏員を出世の捷路とした令史制度こそが、虞集が記したような「府史から公卿への榮達」、すなわち地方吏員から高級官僚への飛躍を可能とした制度的中核である。さて一方、令史の來源のひとつである地方吏員であるが、こちらについては先行硏究が皆無に等しい。『金史』及び碑刻史料などから、金代の地方官衙には都目官・孔目官・司吏・典史・書吏・譯史・書佐・典佐などの吏員が存在したことが分かる。[4] これらの吏員の選充方法については、史料上明證がない。斷片的な史料からは、おそらく胥吏見習い（貼書）からの昇進か、在地有力者からの選充が行なわれていたことが認められる。[5] 實際、「公の諱は儀、字は君瑞、先祖は華州の人であった。……代々吏員をなりわいとしていた。（公諱儀、字君瑞、其先華州人。……世以吏爲業）」（『寓庵集』卷七「故京兆路都總管府提領經歷司官太溥府都事李公墓誌銘」）、「謹んで按じるに、馬氏は上黨壺關の人、先祖は吏文を習い、代々縣史であった（謹按、馬氏爲上黨壺關人、上世習吏文、代爲縣史）」（道光『壺關縣志』巻九藝文志上・元「贈朝列大夫同僉太常禮儀院事騎都尉追封扶風郡伯馬氏之先德碑記」）、「祖の諱は珍、宋代から富裕で、「十萬毛氏」と號された。一子を生み、諱は允といった。金朝の初め、允は戶計により吏員に推薦され、一州がその吏員としての能力を稱えた。矩と繒という子を生んだ。矩の字は仲方で、承安元（一一九六）年、州の吏員から隨朝の吏員に保證・推薦された。（祖諱珍、自宋日雄於財、有「十萬毛氏」之號。生一子、諱允。金朝初、允以戶計、推擇爲吏、一郡以吏能稱之。生子曰矩、曰繒。矩字仲方、承安元年、由州掾屬保隨朝吏員）」（『遺山集』巻三四「毛氏宗支石記」）など、在地の特定の家系がその資産などに基づいて州縣の吏員を世襲する事例が散見される。

　また、もと北宋の太原知府兼河東路經略使であり、金軍に捕われた後に齊國の左丞相となった張孝純（?～一一四四）が南宋に送った密書とされる『僞齊錄』所收「上大宋書」に「河東・河北では太原・眞定を除き、その餘〔の州縣〕はみな我が宋の官吏を用いています（河東・河北除太原・眞定、其餘竝用我宋官吏）」と記すように、北宋あるいは遼の吏員がそのまま金代も吏員として勤務することもあったろう。

　さらに、『秋澗集』巻四九「南鄘王氏家傳」の「仲英は資質が優れて他人とは異なっていたが、これが〔わたくし王〕惲の高祖である。田舍者から改まって學業を習い、嘗てある人に「最終的には農業のかわりに筆で身を立てるのだ」と語り、みなはこれを尋常ではないと考えた。成長してから、州の吏員に任じられた。（仲英資穎異、是爲惲高祖。自田舍郎改肄士業、嘗語人曰、「終當以筆代耕」。衆異其言。及長、補郡掾）」という逸話から推すと、全くの一般人でも相應の素養あるいは人脈があれば、州縣の吏員に任じられたと考えられる。この過程でなにがしかの試驗があったのか不明だが、次節で考察するように、縣吏から州・府吏への昇進には、試驗が伴う場合もあった。

　以上、本節では金代の中央・地方の吏員を、主にその選充に關して概觀した。「はじめに」で提示した問題設定にとって重要なのは、こうした中央・地方の吏員の間にどのような接點があったのかという點である。

第二節　地方吏員の中央官衙への昇轉經路

大定二九（一一八九）年、「諸州府の吏員を試驗により中央官衙の吏員に任じるのではなく、「清勤者」の多い五品以上の官員の子孫を試驗して任用すべき」という主旨の封事が上せられた。結局、一定の官員の子孫に中央令史受驗が許されたが、地方吏員の中央登用廢止は却下された。この際、尙書省の見解は、「吏員を試驗して任用する法は施行されてすでに久しく、もし承廕者のみを任用するなら、文書事務に習熟せずに失敗を犯すかもしれない」というものであった。[6] 地方吏員の中央登用については、海陵王の治世から明確な記錄が殘っており、「施行されてすでに久しく」とは、少なくとも四〇年程度の施行實績を背景とした見解である。しかし、この「試」の內容について、『金史』選擧志には何も記載がない。そこで本節ではまず、地方吏員を振り出しに上級官衙に昇進した人物の事例を關連史料から收集し、その昇進過程を分析する。

金代史料全体の數量的な問題に加え、地方吏員に言及する史料自體が稀少なため、管見の限り關連する事例は次の九例のみである。

①王宏（一一五〇～一二一六）　陽丘の人。父の億は天會年間（一一二三～一一三七年）初めに兵部掾となり、最終官職は登州軍事判官。その三子の宏は若くして吏事を習って縣史となり、ついで郡曹に擢された。興陵朝（一一八九～一二〇七年）に越王が濟南に開府すると、王府書掾に選充される。越王が移鎭する際に朝廷に推薦されたが、辭退して隱棲。（道光『章丘縣志』卷一四藝文志・金石「王宏墓碑銘」）

②王瑾　①王宏の次子。十五歳で縣吏となり、ついで府吏に充てられる。試験に合格して三司掾となって出職し、丙子（一二一六）年に功績により章丘縣丞を授かる。丁丑（一二一七）年、山東路行六部外郎。戊寅（一二一八）年、懷遠大將軍・樂安監使兼濱・棣二州招捕使。辛卯（一二三一）年、提領沂・滕・嶧三州事。（①と同じ）

③毛矩（一一五三〜一二一一）　彭城の人。父の允は金初に推擇されて州吏となる。同じく州吏であった矩は、承安元（一一九六）年の秋場の試驗に合格し、翌二年に吏部覃科令史に任じられ、後に貼黄科房長に轉任。泰和二（一二〇二）年、忠勇校尉・博州防禦判官。同四年、永豐庫使。同六年、遼陽縣丞。大安二（一二一〇）年、宰相の推薦をうけて桓州軍事判官を特授される。翌三年、桓州はモンゴル軍により陷落し、軍資庫で自縊。（『遺山集』卷三四「毛氏宗支石記」）

④李儀（一一九七〜一二六三）　代々吏業をなりわいとする家に生まれる。縣典史から試驗に合格して華州掾に任じられ、軍功により忠武校尉に累遷。「才幹」により陝西行六部掾に選充され、主事を攝し、銀符を佩びて關陝の漕運糧儲に從事。正大年間（一二二四〜一二三一年）末に行部大司農の保奏により尙書都省掾に任命されるが、「關中擾攘」のため赴任できず。關陝總帥阿不罕により帥府掾とされる。ついで行尙書省掾となる。（『寓庵集』卷七「故京兆路都總管府提領經歷司官太溥府都事李公墓誌銘」）

⑤馬銳　上黨壺關の人。代々縣吏の家に生まれる。「勇銳」により昭義軍節度使に仕え、元帥左監軍となる。府掾となり、知事に辟され、功勞により元帥府經歷に就任。（道光『壺關縣志』卷九藝文志上・元「贈朝列大夫同僉太常禮儀院事騎都尉追封扶風郡伯馬氏之先德碑記」）

⑥王仲英　衞州汲縣長樂鄉白楊里の人。郡掾に任じられ、明昌年間（一一九〇〜一一九五年）初めに上司の推薦をうけて河平軍都目官に就任。急病により三十八歳で死去。（『秋澗集』卷四九「南鄘王氏家傳」「金故忠顯校尉尙書戶部主

事先考府君墓誌銘」）

⑦王宇（一一七三～一二二四）⑥王仲英の子。「家學」を傳習して文法（文書業務と法律）に明るかった。モンゴルの侵攻後、節度使完顔從坦の知遇を得て郡掾から節度司の刑曹孔目官に辟された。（⑥と同じ）

⑧王天鐸（一二〇一～一二五七）⑥王仲英の孫で、⑦王宇の子。元光年間（一二二二～一二二三）初めに陝西から新衛に胥鼎が移鎭してきた際、尙書の李特立により州戶曹の掾から權行部令史に拔擢される。正大四（一二二七）年、元帥完顔訛可の推薦により京師で受驗し、「吏員甲首」で合格して、「運司掾長」に任じられる。同六年、禮部令史に轉任。開興年間（一二三二）初め、入粟と任期滿了にともない、戶部主事に任命される。（⑥と同じ）

⑨韓仁（一一九八～一二八二）汲縣の人。「孝廉」により辟されて州孔目となり、能力により元帥府令史に充てられる。（『秋澗集』巻六〇「大元國故尙書省左右司員外郎韓公神道碣銘幷序」）

年代としては、大定年間から金末にかけて活動した人物が大部分である。金末に出仕した人物については、モンゴルの侵攻という異常事態下での非常措置を勘案しなければならない。例えば、⑤馬銳は縣史の家に生まれ、府掾も經驗しているが、その昇進は軍事關連の功績によるものであり、地方吏員の通常の昇進經路ではない。④李儀も同様であり、華州掾となってからの昇進は、主に對モンゴル戰爭中の陝西での軍糧補給に關する功績による。これらの事例を一般化することはできない。

他方、その他の事例からは、地方吏員の昇進について『金史』選擧志にみられない記述がみられる。まず看取されるのは、⑥⑨を除き、全て吏員を父に持つか、吏員を輩出する家系に生まれていることである。④⑦⑧では父の職位を子が繼承した可能性も考えられ、前節でみたように特定の家系が州縣の吏員を輩出する情況が想定される。ただし、⑨の「孝廉」による拔擢もあり、州縣レベルの吏員採用には、様々な形態があったことがうかがえる。また、上級官衙への昇進に關しても注目すべき記述がある。すなわち、①王宏は縣史から郡曹〈州府の司吏〉に「擢され〈擢郡曹〉」、その息子である②王瑾も府史に「充てられ〈充府史〉」るなど、縣の吏員から州の吏員に昇進するまでに何らかの選擇が行なわれている點である。これは④李儀の場合より明確であり、「縣典史から試驗に合格して華州掾に任じられた〈自縣典史試中、補華州掾〉」と記されている。李儀が試驗を受けた時期は金末の動亂期にあたり、この試驗も何らかの臨時措置である可能性もあるが、縣史に對する試驗實施の實例として貴重である。

より確實なのは、州・府史から中央令史への昇進經路である。③毛矩の事例では、秋場、つまり科擧の府試にあわせて州・府の吏員に對しても中央吏員登用試驗が實施されていたことが分かる。合計三回の試驗を行なった科擧と異なり、この試驗は一回限りで非重層的であったようである。『金史』選擧志には、承蔭者などの中央吏員登用試驗に關して、樞密院や六部の令史は、「內祇は三品職事官の承蔭人とあわせて、四品・五品の班祇及び吏員と試驗を受けさせて合格したら採用する」「四品・五品の〔官員の〕子孫及び吏員で試驗を受けて合格したものは、舊例に依って任用する」などの表現がみられ(8)、承蔭者などと地方吏員との試驗が同時に行なわれていたと考えられる。⑧王天鐸が「吏員甲首」で合格していることも、この推測を支持するだろう。

この中央吏員登用試驗が科擧と同じく三年一貢であったのかは不詳だが、後述する禮部令史の着任事例からみて、ほぼ毎年實施されて合格者が各衙門に割り當てられたか、あるいは缺員の出た官衙ごとに實施されたと考えられる。

②王瑾と⑧王天鐸も受驗して中央衙門に陞轉しているが、兩者ともモンゴル侵攻後の事例であり、地方吏員の中央登用試驗が金末の動亂期も繼續して行なわれていたことを物語っている。なお、⑧王天鐸はおそらく所屬官衙の長官である完顔訛可の推薦を受けて〈薦拔所能〉受驗している。これは①王宏や⑥王仲英のように地方官衙間での昇進でもみられるが、同時期の南宋の規定と同じく(9)、吏員の所屬機關が中央吏員登用試驗の受驗者、上級地方衙門への昇進

者の選定・保證を行なっていた可能性もあろう。

さて、こうした地方吏員はいかなる科目で受驗したのだろうか。この點については、次の二點の史料が手がかりを與えてくれる。

A　公の諱は元佐、字は祐之、太原の人であった。律學に精通し、『刪注刑統賦』・『刑名歌括』が世間に流布していた。金國の省部・臺院の試で令史に任じられた者はみなその門下であった。開封にいた際、元好問と交遊し、「祐之は私の同郷人だが、性格は寛大で物事をよくわきまえ、吏事に熟達している」と稱された。[10]（『青崖集』卷五「故鎭國將軍太原李公墓誌銘」）

B　（前掲⑦王宇は）『刑統』・『進祿』などの書に類注をした。……いま（一二六〇年代）梁衞の間で、吏業によって出世した者は、半ばがその門生である。[11]（『秋澗集』卷四九「南鄘王氏家傳」）

『刪注刑統賦』や『刑名歌括』といった書名、モンゴル時代にまで影響を與えたという『刑統』・『進祿』などの書の類注から類推するに、金代中央吏員登用試驗の科目は法律關係のものであったと考えられる。これに關して想起されるのが、北宋代吏員の中央登用に際しても、問われたのは法律知識であったことである。[12]全體的に、金代の吏員登用制度は北宋代のそれを下敷きにしていたかの觀がある。なお、『刪注刑統賦』『刑名歌括』といったいかにも參考書らしき本が當時どの程度流布していたのか不明だが、こうした本が書かれたこと自體、中央吏員登用試驗への關心の強さを示唆していよう。

中央吏員登用試驗の合格者數だが、おそらくかなり少なかったと考えられる。『金石萃編』卷一五五「禮部令史題名記」は大定八（一一六八）年から明昌三（一一九二）年に禮部に着任した令史二六名を、その貫籍・着任年月・前職とともに記録するが、このうち少なくとも四名は前職が州の軍事判官であり、おそらくは進士出身者である。その他の二二名が地方吏員か承廕者出身であろう。樞密院漢令史の場合、定員六名のうち吏員出身は二名、御史臺漢令史は定員一五名のうち內班・內祗出身者が七名、終場擧人が八名と吏員出身者は皆無であった[13]。これらの事例に照らし合わせると、禮部令史の場合も吏員出身者の割合は低かったと思われる。さて、『金史』卷五三選擧志三によれば、禮部令史の定員は一五名である。禮部令史の出職までの勤務期間は不明だが、大定年間初めの尙書省令史の場合は一考三〇月で六品の州同知、二考六〇月で五品の節度副使・留守判官などに出職した[14]。尙書省ほど優遇はされないものの、禮部令史もこれよりもやや長い期間で出職したのだろう。だとすれば、二四年間で二六名という着任者數は妥當である。

「禮部令史題名記」所載の着任年を詳しくみると、缺字で判讀不可能な箇所を除き、大定八年一名、同一〇年一名、同一五年二名、同一六年一名、同一七年四名、同一九年一名、同二一年二名、同二九年一名、明昌元年六名、同二年一名、同三年二名となっている。年次によりばらつきがあるが、おおよそ毎次一・二名であり、缺員が出るごとに新規採用を行なったと考えるのが穩當だろう。假にこの禮部のように、定員一五名につき一・二年で一・二名の新規採用があるとすると、令史全體でも一・二年で三〇名前後の新規採用があるに過ぎない。一回で八〇〜一二〇名程度の及第者を出した科擧（經義科・詞賦科）[15]と較べても、その「隘路」ぶりは引けを取らない。この中にさらに承廕者と吏員出身者が含まれるのである。地方吏員が中央官衙に陞轉するのがいかに困難であったかが窺えよう。

第三節　金代士人の吏員觀

それでは、こうした金代吏員に對して士大夫官僚・在地知識人層（士人と總稱する）はいかなる認識を抱いていたのだろうか。まず地方吏員については、「吏民」とひと括りにされる統治・教化の對象として、文集や碑刻などの史料にあらわれる場合がほとんどであり、その貪欲さや狡猾さが強調される、前代以來の吏員觀が繰り返し記される。

例外的に王寂は、自身が大定二（一一六二）年に太原府祁縣の知縣となった際に縣吏であった張弼なる人物が、「天資は義を畏れ愼み、詐欺を行なわなかった（天資畏愼義、不爲乾沒）」として、特別に文章を贈っている。ただしこれは張弼が特別なのであって、一般の吏員に對しては、同文の中で「吏というものが習うのは人を欺く技術である。凶暴で狡賢さがもっとも甚だしい者は、言外の意を汲み取り、何をしたいか様子をうかがい、〔物事の〕輕重を推し量り、不正と公正とをいつわり、必ず利益を得ようとするものだ（夫吏之所習詭道也。或桀黠尤甚者、揣不言之意、伺欲動之色、推輕重、矯枉直、必利而後已）」と斷言する。[16] また、金末の肥鄉縣の人で、幼いころから儒書に親しんでいた竇傑には、州の典吏となって勢威を振るう叔祖の旺がおり、傑に吏業を繼がせようとしたが、傑は「近くの利をとって遠謀を棄てるのは良計ではない」と言ってこれを固辭した。[17] 竇傑にとって、吏員とは所詮「遠謀」とは無關係な俗物であったのだろう。少なくとも、彼の神道碑を撰述した金末の進士王磐は彼の意圖をそう理解し、評價したのである。

一方、中央官衙の吏員に對しては、その官歷上の重要性と、何よりも進士出身者も任用されたことから、史料上高い評價を受ける事例も少なくない。[18] ただし、それは士人が任用される場合に限ったことであった。さらに、「吏」ということにより無條件で斷罪されることさえあった。

海陵王が吏員を信任したことに對する對抗心からか、[19] 世宗は吏員に對して殊の外嚴しい言動で知られる。[20] 大定十六（一一七六）年には、尙書省令史から縣史に至る各級の吏員に、材質の異なる書袋を所持させる規則を定めたが、その理由は、「吏員と士民とに服裝の區別がなければ、吏員がひそかに民間で賄賂を受けたり、裁判で不正を働いたりしても、有司は調査追及ができない」というものであった。[21] ちなみにこの時期、中央官衙の令史の汚職が原因となった政治上の混亂や、皇帝が直接改善に乘り出すような地方吏員の不正腐敗などは起きていない。すなわち、世宗自身が吏員を信用していなかったと考えられる。

その後、モンゴルの侵攻の最中（一二一三年）に即位した宣宗は、法律の嚴格な施行を好んで吏員を重用し、吏員出身者が中央で高位に就いたが、それは結果的に彼らと科擧官僚との深刻な對立を招來した[22]。結局、この吏員と進士の抗争により生み出された軋轢が修復されないまま金國は滅亡し、モンゴル時代が始まるのである。

おわりに

金代には、縣→州・府の場合はおそらく、州・府→中央の場合には確實に、定例化された選抜試驗が實施され、要件を滿たして合格した吏員は「府史から公卿に至ること」が可能であった。しかし、その採用人數は僅少であり、モンゴル時代の吏員の中央陞轉に較べれば、かなりの狹き途であった。また、吏員に對する認識は、前代からほとんど變化がなかった。「吏」は「士」あるいは「儒」とは比較の對象にすらならず、世宗の治世からは服裝上の區別まで導入されたのである。

續くモンゴル時代初期には、同じような認識が散見される[23]一方、儒業から吏業への轉換も增加する。やがて、三年一貢の科擧が長らく行われない一方、モンゴル政權が實務能力を重んじ、吏員としての出仕が「捷路」であることが明らかになるにつれ、「吏」は「儒」を補う重要な要素であるとし、科擧自體の有用性にすら疑問を提起する見解が史料上にみられるようになってゆく[24]。無論、だからといって「儒」が「吏」を對等視するようになったとは言えず、『至正集』巻五九「故亞中大夫福州路總管兼管內勸農事李公墓誌銘」で許有壬は、「わたし（許有壬）が朝廷にいた時に、仲舒（李惟閏）は部令史であったが、かれを胥吏扱いしたことは一度もなかった。（愚在政府、仲舒實掾曹、未嘗吏之）」と、前章で言及した王寂と同様な意識を髣髴とさせる記述を殘している。こうした風潮は、特に延祐の科擧再開後に目立つように思える。

ただし、そうであったとしても高位の吏員が有した權威の高さは前代とはくらべものにならない。虞集の認識は、制度上は正確であった。しかし、その制度を取り巻く環境は、金代からモンゴル時代へという巨大な社會の變動を經て、大きく變化していたのである。

注

（1）本稿での「中華地域」とは、前近代においておおむね「中國」とみなされてきた、一般的にChina properと通稱される地域を意味する。

（2）女眞令史は、女眞（策論）進士のほか、元帥府・統軍司など軍事關係衙門の吏、そして承廕者が主な來源となっていた。

（3）『遺山集』巻三三「吏部掾屬題名記」「吏部爲六曹之冠、自前世號爲前行。官屬府史由中後行而進者、皆以爲榮焉。國朝故事、掾屬之分有左右選。右選之在吏曹者、往往至公卿達官」。

（4）『金史』巻五三選擧志三、『山右石刻叢編』巻二〇「英濟侯感應記」、『常山貞石志』巻一三「奇石山磨崖記」などを參照。なお、書佐・典佐については、その名稱からして胥吏見習いを指す可能性もある。

（5）『金史』巻五三選擧志三「大定二年、戸部郎中曹望之言、隨處胥吏猥多、乞減其半。詔、胥吏仍舊、但禁用貼書。又命、縣吏缺則令推擧行止修擧爲鄕里所重者充」。

（6）『金史』巻五三選擧志三「章宗大定二十九年、上封事者言、諸州府吏人不宜試補隨朝吏員、乞以五品以上子孫試補。蓋職官之後、清勤者多。故爲可任也。尚書省謂、吏人試補之法、行之已久。若止收承廕人、復恐不閑案牘、或致敗事。舊格、惟許五品職官子孫投試。今省部試者尚少、以所定格法未寬故也。遂定制、散官五品而任七品、散官未至五品而職事五品、其兄弟子孫已承廕者、竝許投試。而六部令史內吏人試補者、仍舊」。

（7）『金史』卷五三選擧志三「海陵初、除尚書省・樞密院・御史臺吏員外、皆爲雜班。乃召諸吏員於昌明殿、諭之曰、爾等勿以班次稍降爲歉。果有人才、當不次擢用也。又定、少府監吏員、以內省司舊吏員及外路試中司吏補」。

（8）『金史』卷五三選擧志三「樞密院令史・譯史。令史、……〔大定〕十四年、遂命內祗并三品職事官承廕人、與四品五品班祗及吏員人通試中選者用之。……十四年、以三品至七品官承廕子孫、一混試充。尋以爲不倫、命以四品五品子孫及吏員試中者、依舊例補。六品以下不與」、『秋澗集』卷五六「大元故奉訓大夫尚書禮部郎中致仕丁公墓碑銘并序」「金制、大定間、限以三品至五品職事官承廕子孫內班供奉、或省署柔直者、同吏員、許試六曹令史」。

（9）梅原郁『宋代官僚制度研究』（同朋舍、一九八五）五七六～五七八頁を參照。

（10）「公諱元佐、字祐之、太原人。粹於律學、有『刪注刑統賦』・『刑名歌括』傳於世。金之省部・臺院試補掾者咸出其門。在汴梁、與元遺山遊、稱、「祐之、余鄉曲。爲人寬博疏通、精於吏事」」。

（11）「類注『刑統』・『進祿』等書。……今梁衞間、由吏業而上達者、半爲門生」。

（12）なお、北宋代には法律關連の吏員（法吏）以外の地方吏員にも中央昇轉經路があったらしいが、史料的制約のため詳細は不明である。前揭梅原『宋代官僚制度研究』五七七～五八〇頁を參照。

（13）『金史』卷五三選擧志三「樞密院令史・譯史。……又定制、三品職事子弟設四人、吏員二人」、同「御史臺令史・譯史。……漢人十五人、內班・內祗七人、終場擧人八人」。

（14）『歸潛志』卷七「省吏、前朝止用胥吏、號堂後官」條を參照。

（15）都興智『遼金史研究』（人民出版社、二〇〇四）九四頁を參照。

（16）『拙軒集』卷六「送故吏張弼序」。

（17）雍正『肥鄉縣志』卷五藝文志下・碑・元「大學士竇公神道碑」「公幼好學、善讀儒書。叔祖旺爲郡功曹掾、充執事權、家門榮潤、亦欲使公改業。公曰、「趨近利而棄遠圖、非計也。不若仍舊」。卒不改。年二十、値國朝兵南下、親屬亡沒、家業蕩盡」。

（18）『遺山集』卷二三「故河南路課稅所長官兼廉訪使楊君神道之碑」「不三十、三赴廷試。興定辛巳、以遺誤下第。同舍盧長卿・

李欽若・欽用昆季惜君連蹇、勸試補臺掾。臺掾、要津、仕子慕羨而不能得者」。

（19）注（7）所引の史料を參照。

（20）『金史』卷八世宗本紀下 大定二十三年十一月戊午條「上謂宰臣曰、女直進士可依漢兒進士補省令史。夫儒者操行淸潔、非禮不行。以吏出身者、自幼爲吏、習其貪墨、至於爲官、習性不能遷改。政道興廢、實由於此」。

（21）『金史』卷四三輿服志下「書袋之制、大定十六年、世宗以吏員與士民之服無別、潛入民間受賕鬻獄、有司不能檢察、遂定懸書袋之制。省樞密院令譯史用紫紵絲爲之、臺・六部・宗正・統軍司・檢察司以黑斜皮爲之、寺監・隨朝諸局幷州縣、竝黃皮爲之。各長七寸、闊二寸、厚半寸、竝於束帶上懸帶、公退則懸於便服。違者所司糾之」。

（22）高橋文治「元遺山と黨爭」（『追手門學院大學文學部紀要』二二、一九八七）二四八～二五〇頁を參照。

（23）『中庵集』卷一一「先府君遷祔表」「年十四、丁郎中君憂、哀毀如成人。或憐其孤、勸爲吏、可以速成。答曰、「學儒、先志也。可棄而吏乎」。由是學益篤。既仕、以廉直名」、『西巖集』卷一三「議科擧」「竊見比年老師宿儒、彫落殆盡、後生子弟、無所見聞。稍稍聰明者、不爲貼書、必學主案。今年一主案貼書、明年一州胥府吏、今年一州胥府吏、明年一部掾省雜。不數年之間、內而省部臺院、外而府州司縣、出身一官人矣。習以成風、莫之能革」など。

（24）『紫山集』卷一二「議選擧法上執政書」、『牆東類稿』卷三「儒學吏治」などを參照。

本稿は平成十八年度科學研究費補助金（特別研究員奬勵費）による研究成果の一部である。

徽宗の御碑
――〈大観聖作碑〉あるいは〈八行八刑碑〉をめぐって――

石田　肇

一

皇帝が書丹した石碑を御碑あるいは御製碑という。歴代の皇帝で御碑を遺した例は数多くあり、数の多さからすると清の康熙帝や乾隆帝などはその最たるものであろう。光緒『順天府志』巻一二七の「金石志」一「御碑」を見ると、ことに乾隆帝の遺した御碑の多さに辟易してしまいそうになる。北宋で御書が刻石されたり、あるいは模刻されたりした例は『宋會要輯稿』（以下、『會要』）崇儒六の「御書」にかなり見られるが、小稿では北宋末の徽宗が遺したそれらのうち、副題の〈大観聖作碑〉あるいは〈八行八刑碑〉といわれる石碑をとりあげることにする。この碑は西安碑林の場合、蔡京書丹の「大觀聖作之碑」という題額を持ち、後掲のように数多く立碑された。一方、〈御製八行八刑條制詔〉、〈八行八刑條製碑〉、〈御製八行八刑碑〉、〈欽頒八行八刑條碑〉、〈御製學校八行八刑碑〉、〈八行詔旨碑〉等々の名稱で著録されている場合もあり、以後これらを〈八行八刑碑〉と記し、一般論としてこの碑を取りあげる場合は〈聖作碑〉と記すことにする。

徽宗は多くの御碑を遺したが、なかでも〈聖作碑〉そして〈神霄玉清萬壽宮碑〉の二碑が著名であり、それらの痩金體といわれる書風は書道史にあって異彩をはなっている。また徽宗は〈元祐姦黨碑〉、〈元祐黨籍碑〉を御書刻石したが、この〈元祐黨籍碑〉が蔡京によって書丹され、梅原郁氏によるとこれは全國各州縣に約三百は立碑されたと推測されるが、今日全く殘っていず、わずかに桂林と融州に南宋に再刻されたものが知られるのみであり、(1) 一方、〈神霄玉清萬壽宮碑〉は福建省興化府莆田縣にあるものが知られるのみである。(2) ところが後掲のように、管見の限りでは〈聖作碑〉は少なくとも八例（後掲Ⅱ・4、Ⅱ・7、Ⅴ・6、Ⅴ・7、Ⅴ・8、Ⅷ・3、Ⅷ・8、Ⅷ・11）が今日殘存しており、六十例以上が存在したことは確實で、それらに關わる記錄が知られる。より詳しく調査すればこれらの數は增えるであろう。後掲Ⅵ・8やⅧ・9は拓本の存在が知られるので現存している可能性はある。一般に石刻の研究は、その對象が單一の場合がほとんどであるが、〈聖作碑〉の場合は短期間に全國にわたって數多く立碑され、それらの内のいくつが存在しているという狀況であり、この點で特異な對象といえよう。

從來、〈聖作碑〉は書道史の對象として、つまり徽宗の瘦金體の書丹、正確に言えばその模寫の刻として、そして蔡京の題額があることで取りあげられてきたが、實は徽宗の書丹以外のものもあったようであるし、碑文は徽宗の御筆で、その内容は科擧・學校制度に關わるもので重要であり、また數多く立碑されたという事實はなにを物語るのか、それらの石碑は同じものなのか、等々、仔細に見てゆくと問題點も多いことになる。そこで小稿では次節で立碑の經緯を見、ついで具體的な記錄を紹介し、そしてこの碑に關わる問題點を考えることにしたい。

〈聖作碑〉で一番よく知られているものは西安碑林のもの（後掲Ⅷ・8）で、それは螭首で龜趺に乘り、『西安碑林書法藝術』（一九八三年　陝西人民美術出版社）によると高さ三七八㎝、幅一四〇㎝、碑文二十八行、行六十九字である。〈聖作碑〉の拓本は日本にはさほどはないようで、筆者が目睹したのは（一）東洋文庫本（陝西省武功縣、後掲Ⅷ・9）、（二）淑德大學書學文化センター本（山東省金鄉縣、後掲Ⅵ・8）、（三）同書學文化センター本（題額を缺く、所在地未詳）

の三者にすぎない。『書道全集』十五（昭和二九年、平凡社）に掲載された拓本は東洋文庫本である。また拓本を紹介した書物のなかで、寫眞が鮮明で全體がわかるものには（一）『西安碑林』（昭和四一年、講談社）、（二）『中華人民共和國河南省碑刻畫像石』（昭和四九年、共同通信社、河南省新鄉縣、後掲Ⅴ・7）、（三）『西安碑林書道藝術』（昭和五四年、講談社）、（四）『北京圖書館藏中國歴代石刻拓本匯編』第四一冊（一九九〇年、中州古籍出版社、西安碑林）、（五）『西安碑林全集』卷二八（一九九九年、廣東經濟出版社　海天出版社）がある。

二

〈聖作碑〉は蔡京の「大觀聖作之碑」という題額があることから〈大觀聖作之碑〉といわれるが、〈御製八行八刑條制詔〉や〈八行詔旨碑〉等々とも言われるように、八行八刑科にかかわる徽宗の御筆を刻したものである。[3] 本節ではこの御筆がくだされ、この碑が立碑された經緯を記しておきたい。

碑文は一般には『金石萃編』（以下、『萃編』）卷一四六の「大觀聖作之碑」などによって紹介されており、[4]『萃編』は後掲Ⅷ・3の陝西省興平縣の〈聖作碑〉によって錄文している。その冒頭は「學以善風俗、明人倫、而人材所自出也」であり、徽宗の御筆を李時雍が敕を奉じて模寫したものである。ところが後掲Ⅷ・11の乾隆『淳化縣志』卷二三の「學校八行八刑碑」によると、錄文の冒頭には「准大觀元年三月十九日封中書省據學制局狀准本局承受送到內降奉御筆一道」とあり、ついで「學以善風俗云々」とあり、書丹は鄭仲光である。『萃編』はこの淳化縣の「御製學校八行八刑之碑」をあげ、書丹は鄭仲先とするものの、碑文の冒頭には言及してはいない。また後掲Ⅲ・5の『崑山見存石刻錄』卷一の「御製八行八刑之碑」は、冒頭は「一道德以善風俗明人倫云々」である。前者は御筆一道を受けたことを示し、後者の冒頭の「一道」とはこの「一道」のことであろう。後者は政和三年（一一一三）七月の立碑で陳堯庭の書とあり、大觀年間の後で、大觀年間に立碑されたものとは同列には扱えないが、[5] 淳化縣のものにしても、崑山縣のものにしても、一般に取りあげられている〈聖作碑〉の錄文とは異なることが理解できよう。また後掲Ⅵ・10の『山左金石志』巻一七の「御製八行八刑條制碑」は山東省觀城縣のもので、「大觀元年六月立、正書篆額」とし、「右碑額題御製八行八刑制」として「御製八行八刑制」という碑額で、かつ篆額であり、蔡京の「大觀聖作之碑」という碑額ではないことを示し、「此碑首尾全是尙書省牒原文、後列令丞尉簿諸銜名」としており、一般に知られる〈聖作碑〉とは異なること、また尙書省の牒の原文としていることからすると、淳化縣の碑文の冒頭と同樣であったことを推測させるのである。同じく後掲Ⅴ・2の許州臨穎縣の〈八行八刑碑〉は鄭仲先の正書で「御製學校八行八刑之碑」という碑額であり、後掲Ⅷ・6の高陵縣の〈八行八刑碑〉は張瓛の行書で胡□□の篆額である。つまり次節で示すように〈聖作碑〉には様々な類型が存在したのであり、これらをふまえて〈聖作碑〉を考える必要があることになる。[6]

そこで以下、時系列に從って立碑の經緯をみてゆくことにする。

崇寧元年（一一〇二）、天下三舍法が實施され、[7] この時期には科擧・學校關係の様々な政策が立案施行されたが、翌年の醫學、四年の武學の設置、そして五年の書・畫・算・醫學の廢止、大觀元年（一一〇七）、醫學を復すなど、政策は一定しなかった。このような折の元年三月甲辰（十八日）に「以八行取士」の詔がくだった。いわゆる八行八刑科である。[8]

詔の內容は、孝・悌・睦・婣・任・恤・忠・和の八行に優れる者を鄉里から推薦させ、八行の內容に從って縣學・州學・太學に學ばせ、三舍法によって任官させようというもので、不忠・不孝・不悌・不和・不睦・不婣・不任・不恤の八刑の者は條件によって終身入學の禁止から様々な制限がある、というものである。尙、『宋史』巻二〇四「藝文志」三、刑法類には大觀元年御製として『八行八刑條』一巻があげられている。

このような詔がくだると、つぎにこれを周知させることが課題となる。はやくも元年六月庚午、江東轉運副使の家彬の奏請により、諸州學に「御製八行八刑」を刻石させるよう御筆がくだされた。[9] Ⅵ・10の觀城縣のものはこの御筆に應じたものであろう。また後掲Ⅱ・6も六月の立碑で趙湯の正書としており、既にふれたⅥ・10とともにこれらはいわゆる〈聖作碑〉よりもはやい立碑ということになる。八月庚午（十七日）、資政殿學士の鄭居中の要請によって「御書八行八刑」を石に模刻して學宮に立てることになった。[10]『萃編』の〈聖作碑〉の錄文は元年九月十八日とし、「御筆八行詔旨」を摹刻して宮學に立てて、次いで太學・辟雍・天下の郡邑に及ぶとする。後掲Ⅰ・1は元年八月の立碑であり、Ⅳ・4は元年九月の立碑で蔡京の題額とし、後掲Ⅵ・17も元年九月で蔡京の題額である。Ⅰ・1は六月の御筆によるのか、鄭居中の要請に關わるのかははっきりしないが、Ⅳ・4とⅥ・17は鄭居中の要請に關わるといえよう。しかし、蔡京の題額とするのは疑問で、この時期にはまだ蔡京の題額はないはずである。記述に誤りがあるのか、あるいは後に蔡京の題額を刻したのかもしれない。十二月壬午、提擧福建路學士の陳汝錫の奏請によって、在學であるか否かに拘わらず八行の士を推薦するように學制局に御筆がくだった。[11] ともあれ八行に足る人物を廣範圍に求めようとしたのであろう。

『萃編』の〈聖作碑〉の錄文には、

・（大觀）二年八月二十九日奉　御筆賜臣禮部尚書兼　侍講久中令以所賜刻石

・通直郎書學博士臣李時雍奉　敕摹寫

・臣蔡京奉　敕題額

とある。二年八月二十九日、禮部尚書の久中が賜った徽宗直筆の八行八刑科の御筆が刻石されることになり、書學博士の李時雍が御筆を模寫して書丹し、蔡京書丹の「大觀聖作之碑」の題額が刻されることになったのであった。これがいわゆる〈聖作碑〉である。前掲の拓本をみると「久中」の久字は異體で、〈聖作碑〉を取りあげた金石關係の著錄では「居」字とするものもあり[12]、『萃編』も怪しげな字であり、『王建秋』は「久中令」で人名とし、『塚本』は「爪」字とするが、「久中」とはこの時期に禮部尙書で、鄭居中の弟である鄭久中である[13]。

以後、次節であげるように多くの〈聖作碑〉が立碑されることになるが、二年八月以前の立碑すなわち〈八行八刑碑〉の例も多かったと推測されよう。李時雍模寫の碑文が數多く作られたのか、あるいは李時雍模寫碑の拓本によったのかは未詳であるが、ともあれ全國各地に立碑され、それらの一部が現在も殘存し、少なくとも六十例以上の〈聖作碑〉に關わる記錄が殘されたのであった。

政和三年には八行科に關わる議論が多くなされたが[14]、その後の八行科の評價は芳しいものではなかった。たとえば『會要』「八行科」四年九月二十三日（『會要補編』も同じ）では、臣寮の上言に、天下に八行にかなう者を求め、朝廷は旌賞するのに、その人を得ることはない、とし、五年六月十八日によると、八行貢士の萬宗孟なる者が上舍に補充されて太學に入ることになったが、調査したところ彼には顯著な行跡がないので退黜させたところ、赴試のために上京して朝廷を訴える始末であり、彼は處罰されるとともに、推薦した關係者も處罰されたというありさまであった。

『咸淳臨安志』巻六六は、八行科に擧げられた錢塘・仁和の人である崔貢が沒後「八行先生」と尊ばれたと記すが、『宋史』巻四五九の台州の徐中行のように、八行科に應ぜず、ために「八行先生」といわれた者もおり、あるいは『宋元學案』巻三二に、蔡京の設けたものであるゆえ恥じて應じなかった趙霈の例があげられているように、八行科は當初の目的通りには機能しなくなり、宋の南渡をむかえたのであった。

三

本節では〈聖作碑〉の一覧を示すことにしたい。關係文獻によって説明には精粗があり、矛盾した記述もあり、また不分明な部分もある。本節では數多くの〈聖作碑〉が立碑された事實といくつかの問題點がわかればよいので、重なる記述はさけ、なるべく簡單な記述にとどめる。詳しく知りたい向きは關係文獻を參照されたい。關係文獻のなかでは呉式芬の『金石彙目分編』(以下『分編』)が〈聖作碑〉を四十三例あげており、これが一番多くあげている著作である。そこで『分編』に記載されていないものもふくめ、以下は概ね『分編』の順番に從って示す。京師・直隷・江蘇などの地域ごとに記し、それぞれで通し番號をつけて『分編』に準じて府縣名をあげ、〈聖作碑〉の名稱を關係文獻に從って記し、名稱の後の( )内に書名・卷數をあげる。ついで説明する事項があれば簡單に記す。特記しない限り紀年は大觀である。略稱する書名は以下の如くである。

光緒『畿輔通志』(『畿輔』)、『語石　語石異同評』(『語石』)、『藝風堂金石文字目』卷一一(『藝風』)、『江蘇金石志通志稿』金石一〇(『江蘇』)、『金石萃編補目』(『萃編補目』)、『寰宇訪碑錄』卷八(『寰宇』)、『中州金石目錄』卷六(『中州』)、『河朔新碑目』上卷(『河朔』)、宣統『山東通志』卷一五二(『山東』)、『山左金石志』卷一七(『山左』)、『續陝西通志稿』卷一五七(『陝西』、『陝西金石志』卷二三に同じ)、『陝西石刻文獻目錄集存』(『陝西集存』一九九〇年三秦出版社)。

Ⅰ　京師

1順天府文安縣〈大觀聖作碑〉(光緒『順天府志』卷一二八)元年八月、文安學宮、存。〈大觀聖作碑〉(『畿輔』卷一四

一）『日下舊聞』では〈大觀聖作碑〉が文安儒學泮池東壁に、『金石分域編』では〈八行八刑碑〉が縣學泮池東北壁にある、とする。この二者は表現が異なり、別のものとも考えられるが、一應、同一の〈聖作碑〉としておく。尙、『畿輔』によると、文安縣は北宋の支配下にあったとする。

Ⅱ　直隷

1河間府河間縣　〈大觀聖作碑〉（『分編』巻三之二）御製正書蔡京題額、府學。〈大觀聖作碑〉（『畿輔』巻一四三）。

2天津府南皮縣　〈大觀聖作碑〉（『畿輔』巻一四三）。〈大觀聖作碑〉（民國『南皮縣志』巻一三）孔廟、文字は摩滅して題額の「大觀」の二字のみが辨別できる、とある。

3正定府（眞定府）安平縣　〈大觀聖作碑〉（『畿輔』巻一五二）。『畿輔』にひく『樊彬碑目』によると、碑陰に〈安平金進士題名碑〉が刻されている、という。

4趙州　〈大觀聖作碑〉（『分編』巻三之二）行書額正書、二年歳次戊子、州學戟門内。〈大觀聖作碑〉（『畿輔』巻一五一）。『八瓊室金石補正』巻六三「趙州刺史何公碑陰記」（大曆九年　七七四）によると、碑陽にはもともと何公に關わる碑文が刻されていたが、下截を殘して上部は削られ〈聖作碑〉が刻されており、『八瓊室金石補正』は下截の題名を錄文している。この〈聖作碑〉は唐碑に刻されたのである。『語石』。『趙縣志』（一九九三年　中國城市出版社）に現況の説明あり。〔長城在線〕の「大觀聖作之碑」に、舩田善之氏のH.P.にあり。現存。

5順德府邢台縣　〈大觀聖作碑〉（『分編』巻三之二）徽宗御製竝正書有額、二年九月、府學、已摩滅。〈聖作碑〉（『畿輔』巻一四七）。

6順德府邢台縣　〈御製八行八刑條制詔〉（『分編』巻三之二）趙湯正書　元年六月　府學。〈八行八刑條製碑〉（『畿輔』巻一四七）。〈八行八刑條製碑〉（『藝風』）額篆書、元年六月十五日、縣學。

＊5・6の二碑の關係は光緒「續修邢台縣志」巻八、『畿輔』、『分編』によると別の碑と考えられる。尚、『語石』は「邢台」をあげるが、二つの碑を意味するのか、どちらかなのかは不明。

7順徳府平鄉縣〈大觀聖作碑〉（『分編』巻三之二）徽宗御製正書蔡京題額　二年八月。『語石』。〔長城在線〕の「大觀聖作之碑」によると現存。

8順德府內邱縣〈御製八行八刑碑〉（『分編』巻三之二待訪）大成殿。

9廣平府威縣〈大觀聖作碑〉（『分編』巻三之二）徽宗御書、二年八月。〈大觀聖作碑〉（『藝風』）元年九月十六日。〈大觀聖作之碑〉（民國『威縣志』巻一八）城内の文廟、民國十二年に拓本を取ったが文字はほとんどなかったと記し、『廣平府志』と『深州風土記』によって碑文を示すが、碑文中に「大名府宗城縣奉敕摸勒上石、政和三年六月初五日」とあり、鍾祺、張拜桀、牛直侯の立石關係者をあげる。

10廣平府威縣〈八行八刑條制碑〉（『分編』巻三補遺）徽宗御製正書竝額、政和三年六月。〈八行八刑條制碑〉（『藝風』）額正書、政和三年六月初五日。

＊9・10の二碑の關係は不分明であり、前者の『威縣志』の記述が問題となる。あるいは宗城縣、深州にも〈聖作碑〉があった可能性がある。ここでは『分編』が別のものとしていること、後者が政和三年とあるので、一應、別のものと考えておく。

11大名府濬縣〈大觀聖作碑〉（『河朔金石待訪目』）元年九月。〈大觀聖作碑〉（『濬縣金石錄』巻上）佚。濬縣は現在は河南省である。

Ⅲ　江蘇

1江寧府江寧縣（金陵）〈大觀聖作之碑〉（『金陵古金石攷目』）郡學。

2江寧府句容縣　〈大觀聖作碑〉（『分編』卷四）徽宗御製正書、二年、縣學。〈大觀聖作之碑〉（『景定建康志』卷四）縣學大成殿。〈大觀聖作之碑〉（『江寧金石待訪錄』卷三）縣學大成殿。〈大觀聖作碑〉（『江蘇』）。〈大觀聖作碑〉（『江寧金石記目錄』卷四）學宮。〈大觀聖作之碑〉（『江寧金石記』卷四）には「此碑紹興二十四年、後縣尹龔濤所建」とあり、〈大觀聖作之碑〉（嘉慶『重刊江寧府志』五二）も「攷江賓王修學記、此碑乃紹興二十四年、後縣尹龔濤所建」とある。『寰宇』。『語石』。一方、〈政和御製八行八刑碑〉（『藝風』）二年八月十九日、學宮。〈御製學校八行八刑碑〉（『句容金石記』卷五）は、目錄には「紹興二十四年、龔濤建、見宏（弘）治志」とあり、この〈八行八刑碑〉は龔濤の立石である。〈大觀聖作碑〉と〈八行八刑碑〉の關係が不明瞭で、ここでは一應、〈聖作碑〉と〈八行八刑碑〉は同じものとしておく。句容縣では大觀年間に立石後、紹興二四年（一一五四）に再び建碑されたのか、あるいは紹興二四年にはじめて建碑されたのかは未詳である。また『藝風』がなぜ〈政和御製〉とするのかも未詳であるが、Ⅱ・10の廣平縣、Ⅲ・5の崑山縣の〈八行八刑碑〉は政和三年である。尚、龔濤が學校教育に熱心であったことは「句容縣重修學記」（『江寧金石錄』卷六）に見える。註（6）參照。

3江寧府溧水縣　〈大觀聖作之碑〉（『景定建康志』卷四）縣學大成殿。〈大觀聖作之碑〉（『江寧金石待訪錄』卷三）。

4江寧府溧陽縣　〈大觀聖作之碑〉（『江蘇』）碑額のみ城隍廟牆脚にあり。〈大觀聖作之碑〉（『溧陽縣續志』）碑額が古鎮穀院東牆外にあり。

5蘇州府崑山縣　〈御製八行八刑條〉（『分編』四）政和三年七月、陳光庭行書。〈御製八行八刑之碑〉（『崑山見存石刻錄』卷一）戟門右、政和三年七月十五日建、府學生臣陳堯庭書、崑山縣關係者を列擧。〈欽頒八行八刑條碑〉（光緒『蘇州府志』卷一四〇）陳克庭行書。〈御製八行八刑條〉（『潛研堂金石文跋尾』一五）。〈八行八刑碑〉（『江蘇』）陳堯庭書。〈八行八刑條制碑〉（『藝風』）陳克庭行書、縣學。

Ⅳ　浙江

1湖州府烏程縣　〈御筆八行八刑手詔〉（同治『湖州府志』巻四七、『吴興金石記』巻六）『吴興志』に見え、通判林虡の刻石、州學。

Ⅴ　河南

1開封府滎陽縣　〈御製八行八刑碑〉（『分編』巻九之一）正書、三年八月、縣學。〈八行八刑碑〉（『中州』）存。〈大觀聖作碑〉（『萃編補目』巻二）。〈八行八刑碑〉（『天一閣碑目』）。

2許州臨潁縣　〈御製學校八行八刑碑〉（『分編』巻九之一）鄭仲先正書、有額、二年四月、縣學。〈八行八刑碑〉（『藝風』）正書、額篆書、元年六月。〈御製學校八行八刑碑〉（『中州』）存。〈學校八行八刑碑〉（『八瓊室金石補正』巻一一〇）に「額題御製學校八行八刑之碑十字、竝正書」とあり、臨潁での建碑の關係者、邵世卿、劉文仲、杜欽益、聶份を列擧する。〈八行八刑碑〉（『天一閣書目』）。『寰宇』。註（6）參照。

3許州襄城縣　〈大觀聖作碑〉（『分編』九之一）正書、二年、縣學。『語石』。

4彰德府湯陰縣　〈大觀聖作碑〉（『河朔金石目』巻三）元年九月、城内東南隅文廟、碑右側に「暢吉刺重立碑記正元至元四年（一三三八）」とあるので、大觀年間に建碑されたものが失われ、至元四年に重立されたのであろう。〈大觀聖作碑〉（『河朔』）。

5彰德府武安縣　〈大觀聖作碑〉（『河朔金石目』巻四）正書、年月泐、城内文廟。〈大觀聖作碑〉（『河朔』）。武安縣は現在は河北省である。

6彰德府渉縣　〈大觀聖作碑殘石〉（『分編』九之二）蔡京書、二年。〈大觀聖作碑〉（『中州』）元年、佚。〈大觀聖作碑〉（『中州金石攷』巻四）元年。〈大觀聖作碑〉『河朔』。〔長城在線〕の〈大觀聖作之碑〉によると現存。渉縣は現在は河北省である。

7衛輝府新郷縣〈大觀聖作之碑〉（『河朔金石目』巻五）李時雍模書、蔡京題額、二年八月二十九日、城内西街文廟。〈大觀聖作碑〉（『河朔』）。〈大觀聖作碑〉（『新郷縣續志』巻四）學宮内戟門右、贔屓甚豐偉。〈大觀聖作碑〉（『續補寰宇訪碑録』巻一九）。新郷市博物館「新郷《大觀聖作之碑》和瘦金書體」（『文物』一九七三年第七期）あり。現存。

8河南府偃師縣〈大觀聖作碑〉（『分編』巻九之四）二年九月、城東街宋學官《ママ》故址。〈大觀聖作碑〉（『偃師金石記』巻三）李時雍模寫、二年六月。〈大觀聖作碑〉（『偃師金石遺文記』下）。『藝風』。『寰宇』。『語石』。『偃師縣志』（一九九二年三聯書籍出版）に現況の説明あり、碑身のみ現存。

9陝州靈寶縣〈大觀聖作碑〉（『分編』九之四　待訪）。〈大觀聖作碑〉（『中州金石攷』巻七）。

10陝州盧氏縣〈八行八刑碑〉（『分編』九之四）正書、三年八月、朱楊鎭。〈八行八刑碑〉（『范氏天一閣碑目』）の「朱陽縣本」、〈八行八刑碑〉（『寰宇』）の「□□朱陽」はこの碑であろう。

11南陽府泌陽縣〈大觀聖作碑〉（『分編』九之四）元年、縣學泮池旁。『語石』。

12南陽府内郷縣〈八行八刑碑〉（『分編』巻九之四）□年、保西峽□巡檢司。〈八行書碑〉（『中州金石攷』巻八）に「邑志在保西峽口《ママ》巡檢司」とある。

13南陽府舞陽縣〈大觀聖作碑〉（『分編』九之四）李時雍正書蔡京題額、二年。〈大觀聖作碑〉（『中州金石攷』巻八）二年、博士李時雍書蔡京題額、石多剥落。〈大觀聖作碑〉（『中州』）。

Ⅵ　山東

1濟南府章邱縣〈大觀聖作碑〉（『山東』）二年。〈大觀御製碑〉（道光『章邱縣志』巻一四）大成殿前東丹墀。〈大觀元年八行詔旨碑〉（『濟南金石志』巻三）蔡京の題額あり、〈聖作碑〉である。

2濟南府歷城縣〈大觀御製碑〉（乾隆『歷城縣志』卷二三）『齊乘』を引く、佚。〈大觀聖作碑〉（『山東』）二年。〈大觀聖作之碑〉（『濟南金石志』卷二）。

3濟南府臨邑縣〈大觀聖作碑〉（『山東』）二年。〈八行詔旨碑〉（道光『臨邑縣志』卷一四）正書、額題大觀聖作之碑、文廟。〈大觀元年八行詔旨碑〉（『濟南金石志』卷四）縣學。『語石』。

4泰安府泰安縣〈大觀聖作碑〉（『分編』一〇之一）正書蔡京題額、元年九月、縣學。〈大觀聖作碑〉（『山東』）。〈大觀聖作碑〉（『山左訪碑錄』卷三）縣學泮橋西。〈大觀聖作碑〉（『山左』）。〈大觀聖作之碑〉（『山左碑目』卷一已見）府學文廟。〈大觀聖作碑〉（『藝風』）泰安學宮。〈大觀聖作碑〉（民國『泰安縣志』卷一一）文廟泮橋西偏東。〈大觀聖作碑〉（民國『重修泰安縣志』卷一四）。『寰宇』。『語石』。

5泰安府新泰縣〈大觀聖作碑〉（『分編』卷一〇之一）御製正書、二年九月。『寰宇』。『語石』。

6兗州府嶧縣〈大觀聖作碑〉（光緒『嶧縣志』二四）學宮。『語石』。

7兗州府汶上縣〈御製八行八刑碑〉（『分編』卷一〇補遺）正書篆額、四年三月、縣學。〈御製八行八刑條碑〉（『藝風』）四年三月、學宮。

8濟寧府金鄉縣〈大觀聖作碑〉（『山東』）二年。『濟州金石志』卷六は〈大觀元年八行詔旨碑〉と〈大觀聖作之碑〉を竝擧し、碑文を錄するが、二碑は同じもの、縣學大成門外、張士亨と侍其理の鐫刻。〈大觀聖作碑〉（咸豐『濟寧直隸州續志』卷一九）學宮[15]。

9曹州府菏澤縣〈大觀聖作碑〉（『分編』卷一〇之三）御製正書竝額、元年九月、縣學。〈大觀聖作之碑〉（『山左』）。〈大觀聖作之碑〉（『山左碑目』卷三已見）蔡京題額、學宮。〈大觀聖作碑〉（『山東』）二年。『寰宇』。『語石』。

10曹州府觀城縣〈八行八刑條制碑〉（『分編』卷一〇之三）御製正書篆額、元年六月、縣學。〈御製八行八刑條制碑〉

（『山左』）碑額は「御製八行八刑條制」、碑文は尚書省牒の原文。〈御製八行碑〉（『山左碑目』巻三已見）六《ママ》年、學宮。〈八行八刑條制碑〉（『山東』）元年。『寰宇』。

11曹州府城武縣〈大觀聖作碑〉（『分編』巻一〇之三）御製正書蔡京題額、二年九月、學宮。〈大觀聖作碑〉（『山左』）元年九月。〈大觀聖作之碑〉（『山左碑目』巻三）九《ママ》年。〈大觀聖作碑〉（『山東』）二年、縣學。『寰宇』『語石』。

12曹州府定陶縣〈大觀聖作碑〉（『語石』）。

13曹州府鉅野縣〈大觀聖作碑〉（『山東』）二年。

14東昌府高唐州〈大觀聖作碑〉（『山東』）二年。〈大觀八行碑〉（光緒『高唐州志』巻七之二）高唐學に〈大觀八行碑〉があったが隱滅、明の景泰元年（一四五〇）重立、碑陰に王宗賢「重立記」あり。『語石』。

15青州府臨朐縣〈大觀聖作碑〉（『分編』巻一〇之三）御製正書蔡京題額、二年九月、縣學。〈大觀聖作碑〉（『山左』）。〈大觀聖作之碑〉（『山左碑目』巻四已見）元年、學宮。〈大觀聖作碑〉（『山東』）。〈大觀聖作之碑〉（光緒『臨朐縣志』巻九下）學宮。〈大觀聖作碑〉（『藝風』）元年。〈大觀聖作之碑〉（民國『臨朐續志』巻一七）明倫堂前（現師範講習所）。『寰宇』。『語石』。

16青州府諸城縣〈大觀聖作碑〉（『分編』巻一〇之三）御製正書竝額、二年九月、縣學。〈大觀聖作碑〉（『山左』）元年九月、縣學から超然臺上に移置。〈大觀聖作之碑〉（『山左碑目』巻四）二年、李時雍模、學宮。〈大觀聖作之碑〉（道光『諸城縣志』巻一四）大成殿前。〈大觀聖作碑〉（『藝風』）元年九月。〈大觀聖作碑〉（『山東』）二年。『寰宇』。『語石』。

17萊州府掖縣〈大觀聖作碑〉（『分編』巻一〇之三）正書蔡京題額、元年九月、府學泮池前。〈大觀聖作碑〉（『山東』）二年。

18萊州府平度州〈大觀聖作之碑〉（道光『重修平度州志』巻二四）「元至元重脩縣學碑」に、もと膠水縣學にあり、今は不存。

Ⅶ　山西

1太源府繁峙縣〈大觀聖作之碑〉（光緒『繁峙縣志』巻四）二年、舊城内、張士臣の鐫、碑は二つに截斷されており、碑文は漫滅。〈大觀聖作碑〉（光緒『山西通志』巻九四）。

2平定州盂縣〈大觀碑〉（『分編』巻一一待訪）『平定州志』に、文廟聖槐下、蔡京書、「元復鐫跋於陰」とある。〈大觀聖作碑〉（光緒『山西通志』巻九四）二年十月、文廟東廡前古槐下。

3潞安府襄垣縣〈大觀聖作之碑〉（民國『襄垣縣志』巻七）文廟、存。〈大觀聖作碑〉（光緒『長治縣志』巻四）佚、二年、府學、張士恩の鐫、「潞州學田記」（至正四年　一三四四）に「上黨學舍燬于兵餘、三十年前見之。惟存大觀中聖作碑及賜辟雍詔。巋然二石對峙於應門之前」とあり、至正年間には〈聖作碑〉が存在していた。『山右石刻叢編』巻三六「潞州學田記」參照。〈大觀聖作碑〉（光緒『山西通志』巻九四）。

Ⅷ　陝西

1西安府長安縣〈大觀聖作碑〉（『分編』巻一二之一待訪）『天下金石志』に府學。〈大觀聖作碑〉（『天下金石志』）府治。

2西安府興平縣〈八行八刑條制碑〉（『分編』巻一二補遺）正書、無年月。〈御製學校八行八刑條〉（『關中金石記』巻六）二年十月、奉御筆建、行書。『關中金石記』は次の〈聖作碑〉の記述に續けてこの〈八行八刑碑〉をあげるが、場所を示していない。〈聖作碑〉は康平縣學であるので、この〈八行八刑碑〉も縣學であろう。

3西安府興平縣〈大觀聖作之碑〉（『陝西』）存、二年、李時雍正書、蔡京題額、賀若誼（開皇年間）碑陰。〈大觀二年碑〉（『張氏吉金貞石錄』巻一、乾隆『興平縣志』巻八）賀若誼碑陰、模刻不佳、立石關係の李任・盧端仁・陳亦を列擧。〈大觀聖作碑〉（『關中金石記』巻六）二年四月、縣學、賀若誼碑陰。〈大觀聖作之碑〉（『竹崦盦金石目錄』巻四）二年八

月。〈大觀聖作之碑〉（『萃編』）。〈大觀聖作碑〉（張彥生『善本碑帖錄』）存興平縣。『寰宇』。『語石』。尚、『石墨鐫華』卷一「隋海陵公賀若誼碑」や『雍州金石記』卷一「賀若誼碑」は、宋人が碑陰に「夫子廟記」を、乾隆『西安府志』卷七三は「孔廟碑」を刻したとする。〈大觀聖作之碑〉（『陝西集存』）賀若誼碑陰、存興平縣。現存。

4 西安府臨潼縣〈御製學校八行八刑條〉（『分編』卷一二之一）王雹正書竝額、二年十月、縣學。〈八行八刑條碑〉（『陝西』）存、二年、王雹正書、王奐立石。〈學校八行八刑條目〉（乾隆『西安府志』卷七三）元年十二月。〈御製學校八行八刑條〉（『萃編』）王雹書、立石關係者名に徐□、李良佐、王敦化、王奐（立石）、黃哲、李降。〈御製學校八行八刑條〉（『竹崦盦金石目錄』卷四）二年十月二十五日。〈御製學校八行八刑條〉（『藝風』）。『寰宇』。『語石』。〈八行八刑條碑〉（『陝西集存』）原在臨潼縣。

5 西安府臨潼縣〈大觀聖作碑〉（『分編』卷一二補遺）御製正書、二年九月。〈大觀聖作碑〉（『藝風』）。

6 西安府高陵縣〈御製學校八行八刑條〉（『分編』卷一二之一）張瓛行書、胡□□篆額、二年五月。〈八行八刑條〉（『陝西』）存、二年、胡□□篆額、張□正書幷立石。〈御製學校八行八刑條〉（『竹崦盦金石目錄』卷四）二年五月十五日、張瓛行書、李壽永・壽明刊。〈御製學校八行八刑條〉（『萃編』）立石の關係者に李希伋、史□、吳若虛、李凱、張憲、李壽永、李壽明。〈八行八刑碑〉（『藝風』）。『寰宇』。〈八行八刑條碑〉（『陝西集存』）原在高陵縣。註（6）參照。

7 西安府藍田縣〈八行八刑條制碑〉（『分編』卷一二補遺）正書、元年十二月。〈八行八刑條碑〉（『陝西』）存、二年、范祕・黃哲・李降立石、尚、按語に碑文には「元年十二月二十日奉御筆」とあるが二年の誤りとする。〈大宋觀御製學校八行八刑條〉（光緒『藍田縣志』卷一一）は、上記以外の立石關係者に支夢?嗣・吳翰・朱翼・劉湍を列擧する。〈八行八刑條碑〉（『金石續編』卷一七）は關係者名の內、支慶嗣、范崧とする。〈八行八刑條碑〉（『陝西集存』）原在藍田縣。尚、『金石萃編補目』卷二は藍田縣に〈聖作碑〉があり、三年とするが、一應これはこの〈八行八刑碑〉としておく。

8乾州〈大觀聖作碑〉（『分編』巻一二之二）徽宗正書蔡京題額、二年八月。〈大觀聖作之碑〉（光緒『乾州志稿』巻一〇）存、文廟戟門外、元年、李時雍模寫。『語石』。現西安碑林藏、一九六二年に移置[16]。

9乾州武功縣〈八行八刑碑〉（『分編』巻一二之二）□書、二年八月、「疑與大觀聖作爲一碑」とある。〈八行八刑條碑〉（『陝西』）存、二年、蒲瀅立石。〈八行八刑條碑〉（『金石續編』巻一一）蒲瀅立石。『語石』。〈八行八刑條碑〉（『陝西集存』）原在武功縣[17]。

10乾州武功縣〈大觀聖作碑〉（『分編』巻一二之二）「唐任令則碑」（天寶四載　七四五）の碑面を磨して刻した、縣學。〈大觀聖作碑〉（『金石萃編補目』巻二）三年。〈大觀聖作碑〉（『藝風』）二年九月。尚、「任令則碑」（『金石續編』巻八、『隋唐石刻拾遺』巻上）では〈聖作碑〉に言及せず。

＊9・10の二碑の關係は『分編』も指摘しているように不分明である。兩面碑で、「任令則碑」の碑陰に9が刻され、10は「任令則碑」を磨して刻したのかもしれない。東洋文庫拓本は「大觀聖作之碑」という題額があり、題額からすると10ともいえるのだが、拓本を見る限りでは碑面を磨したようには見えない。9と10は別の碑としておく。

11汾州淳化縣〈御製學校八行八刑碑〉（『分編』巻一二之二）鄭仲先正書竝額、二年四月十五日。〈學校八行八刑碑〉（乾隆『淳化縣志』巻二三）鄭仲光書、劉云立石。〈八行八刑條碑〉（『陝西』）存、二年、鄭仲先正書、劉云立石。〈御製學校八行八刑之碑〉（『萃編』）鄭仲先書丹。〈御製學校八行八刑之碑〉（『竹崦盦金石目錄』巻四）鄭仲先正書。『寰宇』。尚、『淳化縣志』は碑文冒頭に「准大觀元年三月十九日封中書省據學制局狀准本局承受送到內降奉御筆一道」とあって、ついで「學以善風俗云々」とある。〈八行八刑條碑〉（『陝西集存』）、鄭仲先正書、淳化縣文化館に現存。

Ⅸ　湖北

1武昌府興國州〈八行八刑碑〉（『分編』卷一四）行書、元年、州學。〈御製學校八行八刑碑〉（嘉慶『湖北通志』卷九一）興國州學。〈御製學校八行八刑碑〉（民國『湖北通志』卷一二〇）。

Ⅹ　湖南

1衡州府衡山縣〈御製八行八刑條碑〉（『分編』卷一五待訪）『衡山縣志』に、大觀元年、今存。〈御製八行八刑條碑〉（光緒『湖南通志』卷二七〇）。

2常德府武陵縣〈御製八行八刑條碑〉（『分編』卷一五待訪）『常德府志』に、府學。

Ⅺ　廣西

1桂林府臨桂縣〈大觀聖作碑〉（『語石』）。

四

〈聖作碑〉は、書道史の對象としては徽宗の書丹、正確に言えばその模寫の刻で、蔡京の碑額があり、兩者の書風を知ることができるという説明で事足りようし、科擧・學校制度との關係でいえば、先述のような經緯で八行科が施行され、實質を伴わずに廢れてしまい、その評價は低い、ということになる。ところが、前節で示したように、關係史料を見て行くと、これら多くの〈聖作碑〉には樣々な類型があったと推測され、また不分明な點もあり、石碑に關わるいくつかの問題點を示しているといえる。そこで小稿の結論を兼ねてこれらの點について以下に箇條書きに記してゆくことにしたい。

（1）〈聖作碑〉の名稱は關係史料により様々である。蔡京の碑額からすれば〈大觀聖作碑〉であり、碑文の内容からすれば〈八行八刑碑〉ということになる。
（2）Ⅱ・5・6、Ⅱ・9・10、Ⅷ・2・3、Ⅷ9・10のように同一の縣に二つある場合があり、それらはみな〈聖作碑〉と〈八行八刑碑〉の兩者である。Ⅱ・10のように政和三年とするものもあるが、この事實は先に〈八行八刑碑〉が立碑され、ついで蔡京の題額のある〈聖作碑〉が立碑されたことを推測させよう。
（3）紀年も様々である。碑文の誤讀、あるいは記錄側の誤記も推測されるが、記錄する側が碑文中にみえる年月のどれをとるかによって紀年は異なることになる。勿論、大觀元年あるいは二年より後の立碑という場合もある。
（4）碑文の書者は徽宗（李時雍模寫）ばかりではなく、Ⅱ・6の趙湯、Ⅳ・5の陳光庭、Ⅴ・2の鄭仲先、Ⅷ・4の王電、Ⅷ・6の張瓛、Ⅷ・11の鄭仲先（光）があげられており、これらは全て〈八行八刑碑〉であり、一方、Ⅴ・2、Ⅴ・7、Ⅵ・10、Ⅷ・10は篆額で、これは蔡京の題額ではないことと理解し得、これらもまた全て〈八行八刑碑〉である。すなわち〈八行八刑碑〉には徽宗の書丹・模寫でないものもあり、題額も篆額の場合があり、「大觀聖作之碑」という題額ではなく、Ⅴ・2の「御製學校八行八刑之碑」やⅥ・10のように「御製八行八刑制」といったものがあったことを示している。
（5）立碑に關わった地方官の官職や名前が錄文されている例がある一方、著錄にはそれらを記さない場合も多い。また淑德大學藏拓本のひとつは立碑關係者名が刻されておらず、所在地を確認できない。多くの〈聖作碑〉のなかにはこのように立碑關係者の名を刻さないものもあったと推測され、この事實はこの碑が倉卒の間に立碑されたことを推測させるとともに、蔡京への悪評が立碑者の名を刻させなかった可能性もある。因みに東洋文庫藏拓本の最終行にみえる蔡京の名の部分は意圖的に少し削られている印象を受ける。

（6）Ⅱ・4の唐碑、Ⅷ・3の隋碑、Ⅷ・10の唐碑のように、既存の碑の碑陰に刻したり、碑陽を磨して刻したものがあり、これらは倉卒に刻したことを物語るといえよう。

（7）一方、實質的に八行八刑科が機能しなくなった南宋に刻されたⅢ・2、元代に重立されたⅤ・4、明代重立のⅥ・14といった例もある。Ⅲ・2を紹興二四年のものとすると、父徽宗の資質を受け繼いで書畫に優れた高宗の時代であり、立碑者が學校教育に熱心であったこととともに、あるいは徽宗・痩金體への評價がこの碑を刻させたのかもしれない。Ⅴ・4やⅥ・14も同様に痩金體への評價が關係するのかもしれない。

（8）〈聖作碑〉は數多く立碑された。この事實は〈神霄玉清萬壽宮碑〉や〈元祐黨籍碑〉も同様に數多く立碑されたことを示している。梅原郁氏は〈元祐黨籍碑〉は約三〇〇は立碑されたと推測しているが、〈聖作碑〉も同様に數多く立碑されたと推測してよいであろう。

（9）〈聖作碑〉立碑の目的は八行八刑科の存在を周知させるためであり、ここに傳達手段としての石碑の機能を見いだすことができよう。これは江戸時代で言えばいわば高札の役割を果したといえる。御筆という形で發布されたものが全國に立碑されたのである。〈聖作碑〉の立碑がどれほど効果をあげたかは別として、このような傳達という石碑の機能に注目すべきである。

（10）小稿では〈聖作碑〉が數多く立碑されたという事實を踏まえて、石碑研究のひとつの方法を提示したつもりである。一般に石碑などの研究はあるひとつの石碑について研究するのであるが、同一の碑文が刻され數多く立碑された例はある。たとえば〈神霄玉清萬壽宮碑〉は書道史では莆田のものをあげるにすぎないが、この碑は金石關係著錄には散見される。道教史の對象としてそれらを比較検討すると新知見を得られるかもしれない。

（11）いわゆる書道史あるいは書法史で金石を取りあげる場合、書あるいは文字そのものに關心の重點があるため、それらが持つ傳達手段としての機能は等閑視されがちである。宋以後の石碑には聖旨を刻したものが多くなる。傳達手段としての石碑の機能という點にも注目すべきであり、このような點で〈聖作碑〉は格好の事例なのである。
(12)現存している〈聖作碑〉のうち、陝西省淳化縣のそれは〈八行八刑碑〉であり、淳化縣は西安からさほど遠いところではないので、いずれ調査の機會を持ちたく思う。小稿であげた以外の〈聖作碑〉に關する知見も今後增えることであろう。より詳細な検討を行いたく思うとともに、博雅の教示をお願いしたい。

註

(1)梅原郁「元祐黨籍碑の周邊」(『書道藝術』二五號　一九八七年)、同「宋の徽宗」(【中國の群雄】八『亡國の皇帝』一九九八年　講談社)、拙稿「東坡と黨禁」(【中國法書ガイド】四六『蘇軾集』一九八八年　二玄社)參照。『宋史』卷八五「地理志」によれば、宣和四年の路數は二十六、京府は四、府は三十、州は二百五十四、監は六十三、縣は千二百三十四で、この數は宋代で最大であった。梅原氏のいう三〇〇という數はこれらをふまえてのことであろう。尚、〈元祐黨籍碑〉に關しては『閩中金石記』卷七に記錄があり、「在福州府學後詔燬」とある。
(2)『楷書千字文　神霄玉淸萬壽宮碑』(【書籍名品叢刊】一四二　一九七〇年　二玄社)に莆田本の拓本が紹介されている、西林昭一解說。各地に立碑され、『金石彙目分編』等に散見される。莆田本は『閩中金石略』卷八や『福建金石志』卷二に見え、後者には錄文がある。また錄文は光緒『長治縣志』卷四や『績語堂碑錄』にも見える。
(3)御筆については德永洋介「宋代の御筆手詔」(『東洋史研究』五七―三、平成十年)參照。
(4)西安碑林の〈聖作碑〉については塚田康信の勞作『西安碑林の研究』(一九八三年　東方書店、以下『塚本』)に記述がみられるが、錄文には誤記・誤植があり、また立碑關係者の一行が拔けるなどの問題がある。
(5)政和三年には、關係史料の閏四月甲寅、七月己亥、九月癸酉、十一月二十日などに八行科に關わる議論がみられ、『通鑑長編紀事本末』(以下『紀事本末』)卷一二六「八行取士」九月癸酉には、八行科の人が學額を多く占めているので士人が入學するのを妨げているとし、八行科の制限をする詔が降っている。この碑は七月の立碑であるが、このように八行科にかかわる議論がなされていることが立碑の背景にあるのかもしれない。

（6）尚、後掲Ⅲ・2に關わる『句容金石記』巻五「御製學校八行八刑碑」はより詳しい錄文をあげており、その冒頭は、

准大觀元年三月十九日　敕中書據學制局狀申准本局承受送到內降　御筆批一道學制內有學人與貢士同試合格者上等升二等差遣文行優者取旨推恩中等赴殿試其上等升差遣雖優而無賜出身之文可於升二等差遣字下添入仍使上舍出身一道學以善風俗明人倫而人材所自出也（中略）

であり、ついで八行科の碑文を錄し、錄文の最後の部分は、

諸士有犯不忠不孝不弟不和終身不齒不得入學（中略）又不犯第三等罰聽齒於諸生之列

に續けて、

奉敕如右牒到奉行前批三月二十日午時附禮部施行仍關合屬去處

准大觀元年三月十九日奉

敕中書省據學制局狀准本局承受送到　內降奉

御筆批學以善風俗明人倫至仍關合屬去處

とある。また、後掲Ⅴ・2に關わる『八瓊室金石補正』巻一一〇「學校八行八刑碑」は、

と錄文し、ついで建碑の關係者を列擧する。また後掲Ⅷ・5に關わる『萃編』巻一四六「御製學校八行八刑條」にも同類の錄文が見える。

（7）この時期の三舍法については近藤一成「蔡京の科擧・學校政策」（『東洋史研究』五三―一、平成六年）參照。

（8）『紀事本末』「八行取士」、『會要』選擧一二「八行科」、『會要補編』「八行科」。尚、八行科については王建秋『宋代太學與太學生』（民國五四年　中國學術著作獎助委員會、以下『王建秋』）に詳しく、Thomas H. C. Lee "Government Education and Examinations in Sung China" (1985　The Chinese U.P.　中譯　李弘祺『宋代官學教育與科擧』民國八十三年　聯經出版事業公司)、John W.Chaffee "The Thorny Gates of Learning in Sung China" (1985　Cambridge U.P.　中譯　賈志揚『宋

代科擧』民國八四年　東大圖書股份有限公司）で言及されている。また中嶋敏編『宋史選擧志譯註（二）』（平成八年、東洋文庫）の三八九・三九〇條に八行科に關わる詳しい譯註がある。

（9）『紀事本末』「八行取士」。

（10）同前。尙、『會要』選擧一二「八行科」、『會要補編』「八行科」は學宮に立て、次いで太學・辟雍・天下の郡邑に及び、石經と竝べる、としてより詳しい記述である。

（11）『紀事本末』「八行取士」、『會要』「八行科」元年十二月一日、『會要補編』「八行科」同日。

（12）光緒『長治縣志』卷四。Ⅶ・3參照。

（13）鄭興裔『鄭忠肅奏議遺集』卷下「狨座」。

（14）註（5）參照。

（15）淑德大學藏拓本によると立石者の部分は「□中殿□應臣張士亨臣侍其□　奉　聖旨鐫」とあるが、『濟州金石志』は「睿思亭祇應臣張志亨臣侍其珵奉聖旨鐫」とある。

（16）堀久夫・岩切誠兩氏の教示によると、立石者に關わる碑文は「文林郎權醴州州學教授臣宋闓《?》　通直郎權通判醴州郡州同管勾神霄玉清萬壽宮管勾學□□□□　起《?》復朝散郎權知□州郡州管勾神霄玉清萬壽宮管勾□□臣張A極立石」で、Aは喜あるいは有などに見える、という。

（17）東洋文庫藏拓本の立石關係者の部分は「奉議郎新通判渭州軍州管勾學事推官京兆府武功縣事借緋魚袋新蒲瀅立石」である。

（付記）小稿は平成十六・十七・十八年度科學研究費基盤研究（C）による研究成果の一部である。

（丙戌十一月四日稿）

宋末元初湖州吳興の士人社會

近藤一成

まえがき

明清時代の科學研究に大きな影響を與えた何炳棣『科擧と近世中國社會――立身出世の階梯――』は、浙江省における學問的成功の地理的分布が明から清にかけて大きく變化したことを指摘している[1]。明代に紹興・寧波・嘉興・杭州の四府がそれぞれ五〇〇名以上の進士を輩出した記錄は清代の他省でもみられず、また、紹興・寧波の進士合計は省北部の裕福な杭州・嘉興・湖州の合計より多かったが、清代には北部三州、とりわけ杭州への大集中が起ったとする。何氏のあげるデータをみるかぎり、明清代を通じ、これら五府のなかで湖州の地位は比較的見劣りするが、それでも現在の縣單位で比較すると、清代の縣は概ね二縣で現代の一縣に相當するが、湖州市の吳興縣（何氏の論文執筆當時）すなわち烏程・歸安は全國第五位に位置し、府の總數でも全國八位につけているから、やはり學問的成功を収めた地方と考えてよいのであろう。何氏は、こうした變化を引き起こす要因を人口移動などさまざま考察しているが、一般論としては「杭州灣と太湖に沿った三角州は國內で最も進んだ米・茶・絹の生産地帶の一つであり、また、この地域の大きな經濟的・人的資源は、長い目で見れば、必ず學問的成功に轉化されたということが一つの明白な理由であった」と述べている。

省内各地域の進士合格者數の變動を引き起こす要因を考えるという作業は、實に魅力的であるが、實際には因果關係を推測する程度に終わってしまうことは、何氏が述べるとおりであろう。小論は、推測に終わることを覺悟しながらもその魅力に抗し切れず、南宋湖州の進士合格者數の變化の理由を探り、地域士人社會の變化を讀み取る作業を試みるものである。

一　科擧合格者數からみた南宋の湖州

先に私は、各州の進士合格者總數の比較とは別に、時期による合格者數の增減に注目すると、南宋にあっては江南を含む東南地域とくに兩浙（浙東・西）、福建の兩路諸州は、漸增、維持、漸減の三類型に分類できることを指摘した。(2) このうち、沿海部の明州や溫州は漸增型、江南の常州、湖州は漸減型の典型といえる。さらに前者は東南地域のなかでは相對的に開發フロンティア、後者は開發先進地域とみなされるから、二つの傾向は地域開發の歷史的特質と相關關係にあると推測できよう。すると南宋の經濟・文化の先進地域で科擧合格者が年代とともに減少する理由はどこにあるのであろうか。

この問題を考えるに際し、もっとも分かりやすい比較は明州慶元府と湖州（濟王竑の湖州に據る反亂により、理宗以降は安吉州と改名）の場合である。附載した兩州の進士表の縱軸は合格者人數を示すが、先論にも述べたように目盛は明州が湖州の倍に設定してある。合格者數ではなく、問題は時代による增減であり、この兩表からその對照的な推移は一目瞭然である。(3)

南宋半ばを境に、合格者數が增加する明州に對し、湖州は激減させている。この間、兩者の戶數の變化は、明州が

南宋慶元府進士

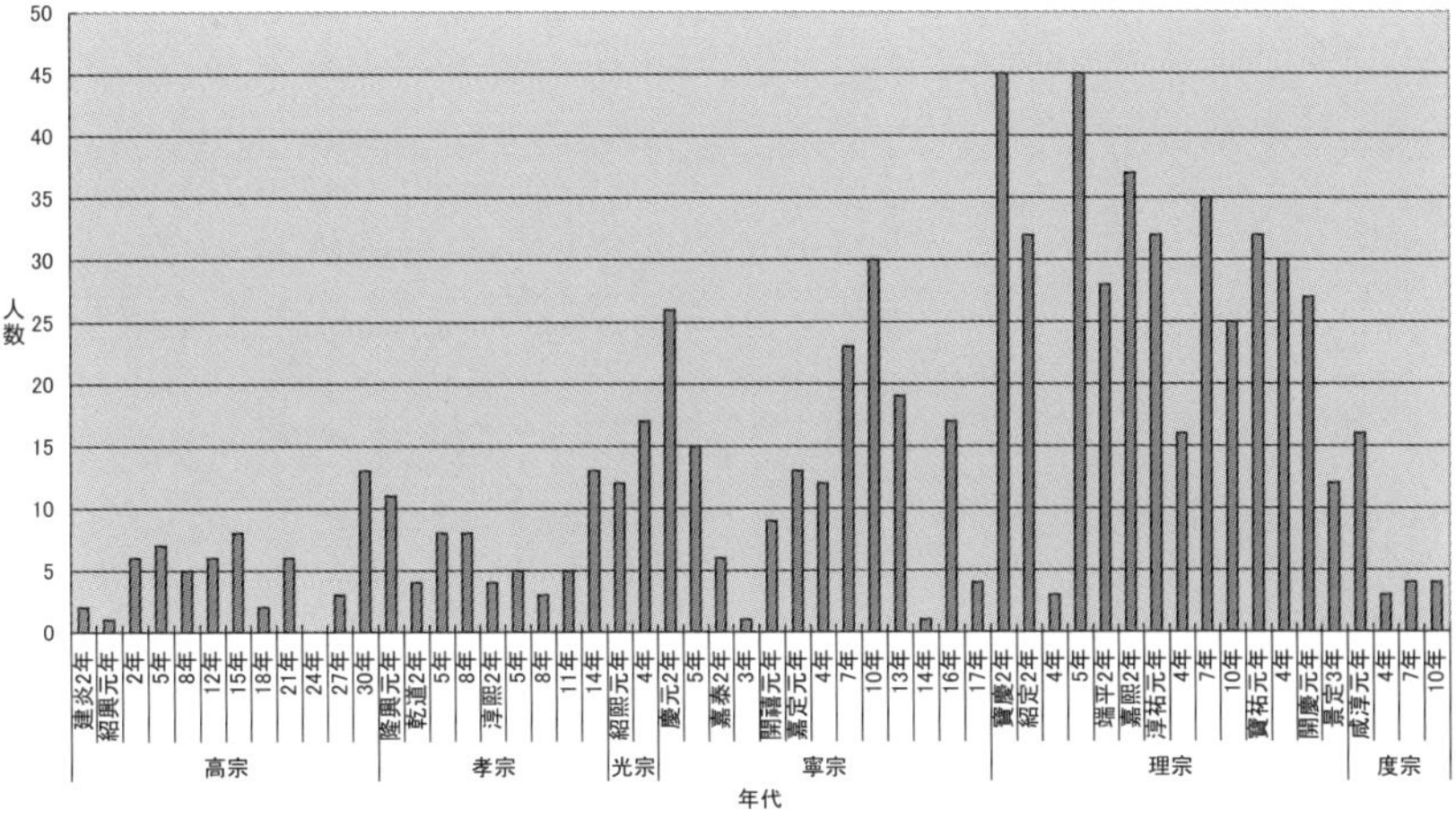

南宋湖州進士表

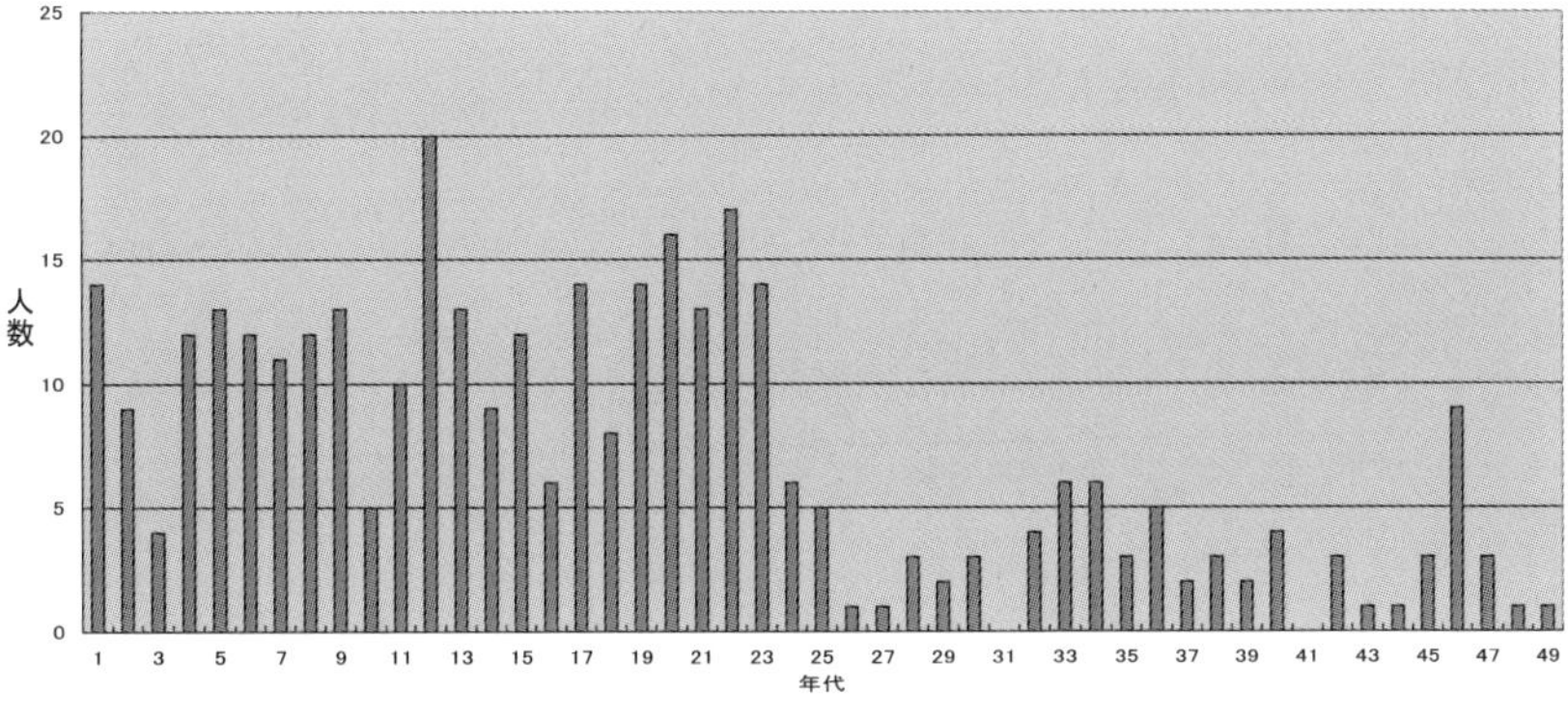

政和六年（一一一八）一二萬三六九二、乾道四年（一一六八）一三萬六〇七二、寶慶元年（一二二五）一四萬三四九と推移し戸數の年平均增加率は一・二％、湖州は崇寧元年（一一〇二）一六萬二三三五、淳熙九年（一一八二）二〇萬四五九〇、至元二十七年（一二九〇）二三萬六五七七で年平均一・三％の增加率とされる。[4] 湖州が明州の約一・六倍の戸數を有するとはいえ、戸數＝人口の變化の形はほぼ同じといえる。從って合格者數の變化の差異を、人口數の增減に歸することはできない。

そもそも宋代の科擧は一次試驗である鄉試に一定の合格枠を設定する解額制を導入しており、人口の增減は合格者數の變化に直接は連動しない。その解額は明州の場合、北宋宣和三年に天下三舍法を罷め科擧を復活したときが一二名、南宋紹興二十六年（一一五六）に北からの流寓者のために二名增加させ一四名に、そして理宗の端平元年（一二三四）、一擧に倍增して二八名となっている。[5] 表から分かるように合格者數の增加は光宗朝から始まっており、端平の增額は州の鄉試以外のルートで合格する人數の增大を前に、州の解額を倍增して實勢に對應した措置と理解できる。一方、湖州の解額は宣和五年の科擧復活最初の鄉試が八名、紹興二十六年に二名增額、また流寓一名增で計三名增加の一一名となり、この額が南宋末まで續いたと思われる。[6] 人口數も北宋の進士合格者總數においても、より多い湖州がどちらも及ばない明州より解額が少ないということは奇妙であるが、結果として解額數の多い明州慶元府は南宋に限れば福州、溫州に次ぐ全國第三位の進士合格者を出した州となる。

先の湖州解額の史料は、應試者の動向についてもう少し詳しい情報を提供してくれる。それは、宣和五年の終場人數が五〇三人であり、南宋に入ると解額は八名から一一名に增えたが終場の人數は四～五倍に增加したというのである。地方志編者としては暗に增額が少なすぎると言いたいのであろう。ここから南宋での湖州の應試者は、嚴密には第三場受驗者數であるが二〇〇〇人から二五〇〇人ほどであったことが分かる。すなわち湖州鄉試の倍率は一六〇から一八〇倍となり、確かに南宋後半の最多の解額一〇〇名に二萬人が殺到したといわれる福建の福州には及ばないものの非常な難關であったことに變わりない。問題は、それにもかかわらず南宋後半の湖州進士合格者が解額に遠く及ばなかったことにある。通常、一次試驗は太學解試や漕試などのルートで受驗する者が多數あり、結果的に解額以上の最終合格者を出す州もあったから、全合格者が解額以下となると實際に鄉試經由の進士登第者はさらに少なく、湖州の場合その減少傾向が目立つのである。結局、一次試驗の激烈な競爭にもかかわらず、地域枠無しで競わせる禮部試にあっては、全國から集まる得解者のなかで合格を勝ち取る力のある湖州人が少なかったということなのであろう。

筆者は先論において、明州慶元府で進士合格者數が時代と共に增加する背景として、南宋後半、朱子學や陸學、呂學など同時代に形成された新しい思想・學術を明州士人は積極的に取り入れ、それら新思想と格闘しながら擧業と學術活動を兩立させ、士人間の交流の中で新たな地域士人社會を作り上げていった歷史狀況を提示した。とすれば既に北宋の仁宗朝、胡瑗が全國に先驅けて州學に經義・治事の兩齋を置き、經學・實學兩コースを授業し大いに學生を集め、やがてそのカリキュラムは太學にも採用されたという學の傳統をもつ湖州は、どのような背景で南宋の科擧合格者を遞減させていったのであろうか。胡學の問題は別に詳細な檢討を要する課題であるが、胡瑗の墓は烏程縣にあり、仕官した子の志康、孫の獬解・鮮解、及びその子孫らは元、明に至るまで湖州に居住したものの、かれらが吳興士人社會へ與えた影響は今のところ判然としない。胡瑗の號を冠した府治西北の安定書院は、理宗の淳祐五年（一二四五）の創建で元、明に重修・重建を繰り返し存續したが、[7]その創建當初、山長に招かれた程若庸は朱門高弟黃榦の學統を繼承する朱子學者で性理の學を說いた（『宋元學案』八三雙峯學案）。その『學案』一　安定學案が評するように、胡瑗その人の位置づけは、孫復とともに「宋學の先河であり（宋世學術之盛、安定・泰山爲之先河）」、「伊洛の先を開（開伊洛之先）」いたことにあり、その思想内容というより「孔孟沒して自り、師道振るわず（自孔孟沒、師道不振）」「正學の明らかならざる（正學之不明）」狀況に「體用を以って先とする學問（其學以體用爲先）」（黃震『黃氏日抄』四五）で三〇年間天下の才を教育した事實が重んじられていたのである。

安定から春秋を授けられた朱臨は致仕後、吳興城西に住み、子孫は湖州の名族と稱されるようになる。子の朱服は熙寧六年の殿試を前に病氣となり執筆もままならなかったが、まだ知る人の少なかった王安石『詩義』に通じていたため第二人で合格、その後、元豐年間の太學の獄によって制定された太學新法を國子司業として嚴格に運用し、また反新法の言動を取り締まった。しかし晚年は蘇軾との交流を彈劾されて海州團練副使蘄州安置の處分を受け、興國軍に移され卒している。(8) かれの言行は子の朱彧が著した『萍州可談』に多く記され、そこでは蘇軾との關係の記事が專ら語られている。彧自身、恩赦により流配先の海南島から常州に向う最晚年の軾に會い、強烈な印象を受けている。既に胡安定の存在は關心の對象外であり、新法派や蘇軾との關係こそが問題なのであった。ではわれわれの眼に映る南宋の湖州の情景とはどのようなものであろうか。節を改めて檢討する。

二　趙孟頫と周密——鵲華秋色圖をめぐって

元を代表する文人官僚であり書畫家である趙孟頫の代表作として、鵲華秋色圖は夙に有名である。（圖1）乾隆帝が愛玩し、山東の巡幸に持ち歩いたといわれるこの作品が中國繪畫史に占める位置についてここでは問わない。問題としたいことは、宋の太祖趙匡胤十一世の孫でありながら元朝五帝に仕えて翰林學士承旨に至り、沒後、魏國公に封ぜられた趙孟頫が、宋滅亡後は出仕せず、後世「愛國詞人」と評される周密の爲に、この畫卷を描いた背景についてである。畫面は乾隆帝の御題や鑑藏印で埋め盡くされているが、中央に趙孟頫自筆の題識がある。そこに「公謹は齊

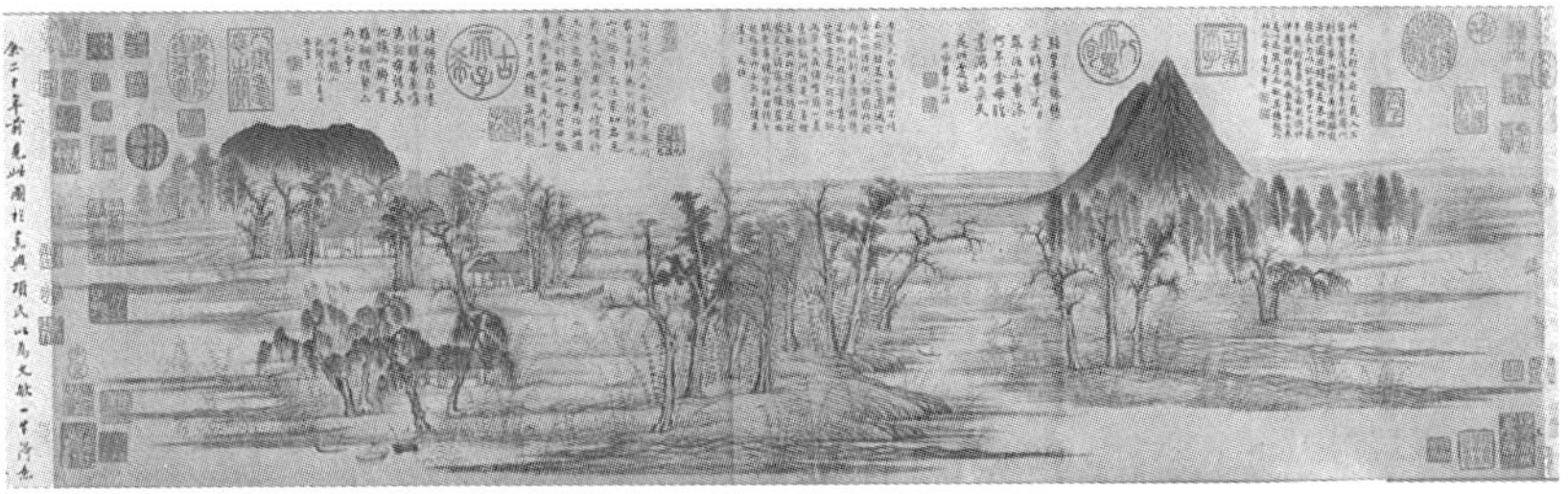

圖1　鵲華秋色圖

の人である。自分は副知事として齊州に任官し、退任して歸鄕したので、公謹の爲に齊の風景を説明した。只だ華不注山のみ有名で、名は春秋左氏傳に見えている。その山容はまた險峻で屹立しており奇觀というに足る。そこでこの畫を描いた。東にあるのが鵲山であり、これを鵲華秋色と名づけた。元貞元年十二月、呉興の趙孟頫が作成（公謹父、齊人也。餘通守齊州、罷官來歸、爲公謹説齊之山川、獨華不注最知名、見於左氏。而其狀又峻峭特立、有足奇者、乃爲作此圖。東則鵲山也、命之曰鵲華秋色云。元貞元年十有二月、呉興趙孟頫製）」（圖2）と述べるように、これは齊を原籍とするが未だ彼の地を訊ねたことの無い周密、字は公謹のために、同知濟南路總管府事の任を終え呉興に歸った孟頫が、自ら實見した山東の山川を描いた畫卷なのである。この題識の問題點は後に觸れる。元貞元年は一二九五年、孟頫四十二歳、周密は六十四歳のときであった。文獻史料中に二人の交流を直接示す記事はそう多く殘されていない。しかし、本報告ではかれらが共に南宋湖州の人であり、二人はその呉興士人社會の文化を共有していた點に特に注目したい。

まず二人の略歷を確認しておく。周氏は密の曾祖祕が宋の南渡にともない濟南から呉興に移住した。祕は御史中丞、祖の珌が刑部侍郎、父晉は知汀州と代々官僚となり、密は紹定五年（一二三二）父の任地である臨安府富陽縣の官舍で生まれている。母は嘉定年間に參知政事を務めた呉興の章能良の女《むすめ》、妻は南宋中興に多大の貢獻をなした武將楊沂中（存中）の曾孫である伯嵒の女で、姻族はいずれも浙江の名望家といえる。

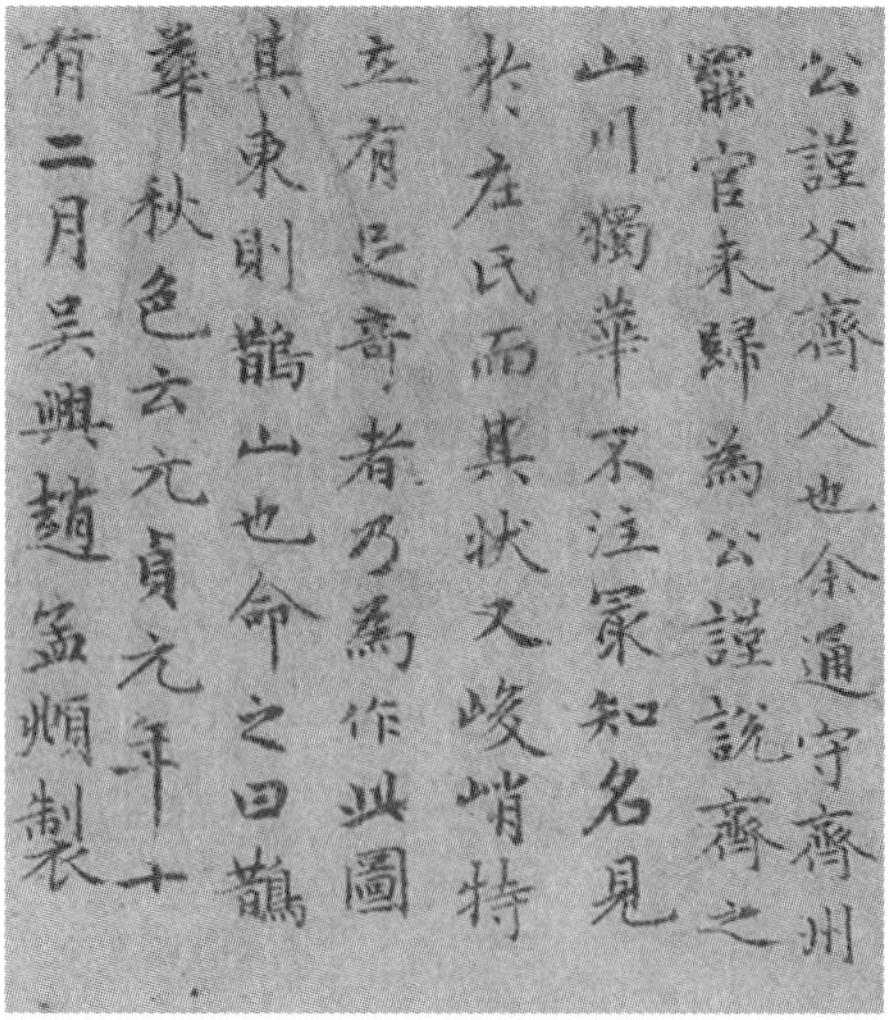

圖２　鵲華秋色圖趙孟頫自識

父の蔭によって任官し、臨安府の幕僚、婺州義烏縣令などを務め、咸淳十年に臨安府豊儲倉擔當官として臨安に在住する。元軍が駐屯した湖州には歸らず、杭州開城後は癸辛街にある楊存中の築造した環碧園で宋遺民として過ごした。なお趙孟頫が歸鄕した元貞元年には、密も墓參りのために吳興に戻っている。大德二年（一二九八）沒、六十七歲（清 顧文彬編『草窗年譜』宋人年譜叢刊12）。官僚としては微職を經歷したに過ぎないが、かれの多くの著作は南宋末の浙江について豊富な情報をわれわれに與えてくれる。

一方、趙孟頫は、太祖趙匡胤の第四子德芳の子孫にあたり、その家は五世の祖、謚安僖、秀王子偁の廟が湖州に立てられて以來、吳興に居住するようになった。子偁の子伯琮が後の南宋第二代皇帝孝宗であり、その同母兄伯圭の第三子師垂が曾祖、孟頫は父與訔の第七子として寶祐二年（一二五四）湖州に生まれた（周密はむしろ父與訔の友人であった）[9]。父の蔭により任官、眞州司戶參軍を務めたが二十六歲のとき宋が滅亡、湖州で家居の生活を送っていた。三十三歲のとき世祖フビライの命を受け江南の人材を發掘にきた程鉅夫に白羽の矢を立てられ、元に出仕して高官に至ったことは周知のことであろう。元朝第一の書家であり畫家として評價されるが、『元史』一七二本傳は最後に「孟頫の才能は書畫のみ評價され過ぎる。その書畫を知る者は、その文章を知らない。その文章を知る者は、その經世の學を知らない（孟頫之才頗爲書畫所掩、知其書畫者、不知其文章、知其文章者、不知其經濟之學）」という前史官楊載の言を引用して終わる[10]。

兩者が生まれ育った南宋の湖州は當時獨特の歴史環境にあり、それが吳興士人社會の在り方にも影響を及ぼしていたと思われる。南宋嘉泰『吳興志』二〇風俗に「高宗皇帝、臨安に駐蹕してより、實に行都の輔郡と爲り、風化先に被り、英傑輩出す。四方の士大夫、山水之勝者を樂しみ、鼎來して卜居す」とあるように、南宋になると行在臨安への近さと山水の景勝故に多くの士大夫がここに居を構えたという。江南の諸都市はどれも風光明媚を誇るが、湖州の場合には加えて杭州臨安との地理的條件から多くの士大夫官僚層を招くことになったのである。これを周密が書き殘した湖州の庭園の記事から檢討してみる。

『癸辛雜識』前集　吳興園圃には「吳興、山水は清遠、昇平の日、士大夫多く之れに居る」として、南渡後は秀安僖王の府第がもっとも壯觀であるとし、周密が日ごろ遊ぶ城内外の三三の庭園を列擧している（記事中の黃龍洞など三所は庭園というより名勝なので除外）。造園から歳を經て周密がこの記事を記す頃には所有者も變わり、形狀を變えたものもあるが、樓閣、堂亭、書院が各處に配置され、「天下山水之美、……吳興特爲第一」（葉適『水心文集』一〇北村記）に相應しい情景を生み出していた。これらのなかでは趙氏の姓を冠した園が最多で一一を數え、その多くが秀王一族の庭園であった。趙孟頫に關係する園もみられる。月河の西の蓮花莊は莫氏の造園にかかわるが、今は趙氏のものという。『吳興志』一三　苑囿にある月河莫郎中園（莫氏は、胡安定に受業した嘉祐二年の進士莫君陳に始まる吳興の名族、多くの進士を輩出した。郎中とは乾道五年の進士漳をいうか）のことであり、蓮花莊の名稱から推して今の所有者は孟頫と思われる。また趙氏菊坡園について、もと新安郡王（伯圭の長子師夔）の趙氏蓮莊が分割され、これはその半ばであると記し、菊坡は孟頫の父與訔の號であるから、當時は與訔一族の誰かの所有となっていたであろう。さらに城外にも趙氏蘇灣園があり、やはり菊坡與訔の始めるところとする。周密自身の苑囿もあげられている。以前は韓侂胄一族の所有であったので韓氏園と呼ばれている庭園がそれで「後歸余家」と記す。高さ數十尺の太湖石三峰が置かれ、千百の役夫を動員して運んだのであろうと韓侂冑全盛時の財力に想いを致している。

そのほかもっとも古い北宋の左丞葉石林少蘊の邸宅跡、母方の章參政良能の嘉林園、さらには四川井研出身の歴史家李心傳の弟性傳の李氏南園もみえる。彼ら兄弟は湖州に寓居していた。要するに呉興の園囿は、北宋以來の土着の名家、北宋滅亡時に南渡した宗室、同じく北から移住してきた北方出身の士大夫官僚、さらには各地から呉興に奇寓している者などさまざまな士人によって營まれていたのである。そして周密は恐らく、これら園囿の所有者らのもっとも好ましい生き方を、兪氏園の兪澂、字子淸にみていた。その兪氏園の解説には「兪子淸侍郎は（北門の）臨湖門の居宅に庭園を構えていた。兪氏は退翁から四代にわたり致仕の年齢に達する前に引退し、みな長壽を享受して、晩年は庭園の樂しみをもった。思うにこれは我が呉興士大夫の譽れである（兪子淸侍郎臨湖門所居爲之。兪氏自退翁四世皆未及年告老、各享高壽、晩年有園池之樂、蓋吾鄕衣冠之盛事也。……）」とある。兪子淸についてはさらに詳しい記事が『齊東野語』一〇 兪侍郎執法に記されており、そこでは嚴正な法運營で鳴り響いていた子淸の幾つかの逸話を紹介している。嚴正とは、恣意も、酷に過ぎることも、寛に過ぎることも、況や法を曲げることなど許さない態度である。自身が墨戲の竹石を善くした兪澂は、權刑部侍郎、待制を以って引退したのだが、それは致仕年齢七十歳の前であり、その後一〇年の家居を園池・琴書・歌舞の樂しみで過ごした。實は、北宋慶暦二年の進士兪汝尙（退翁）の起家以來、兪氏一族の早い致仕は、澂に至るまで五人が踏襲し、かれらは引退後の生活を樂しんだ。そうした兪氏一族の生き方を、周密は榮としたのである。また兪澂は、大叔父（伯祖）侯の蔭で出仕したのであるが、周密は、侯の描いた墨戲竹石二紙を實際にみて「自成一家」とその出來榮えに感心し、澂の墨戲にはきちんとした由來があるのだと納得している。科擧受驗にあくせくせず、できれば恩蔭で出仕し、官僚としては筋を通す仕事をやりぬき、早めに引退して園池・琴書・歌舞の生活を樂しむ、上昇志向にとらわれず、いわば俗と雅の調和を一生のなかで成し遂げる、これが周密の思い描いた士大夫としての理想の生活であった。

こう考えると、この時期の言説としては一際目立つ周密の道學批判の言がよく理解できるように思える。周密は『癸辛雜識』續集下と『齊東野語』一一に「道學」の項目をたてて考えを述べている。兩者は基本的には同じ論調であるが論の構成を異にする。『雜識』は若い頃聞いたという吳興の老儒沈仲固の説を紹介し、道學者は言うことは立派であるが空虛な題目に過ぎず、行うことは輕佻浮薄、自分の立身出世のため、實務に長けた眞の能力者を排斥する小人集團であり、いずれ國家に大きな災禍をもたらすであろうとの仲固の極論ぶりに驚嘆したが、賈似道が國政を握るに及んで不幸にも豫言が的中してしまったと回顧する。一方『野語』では、伊洛の學の流れのなかで、自ずから一家を爲したもの（自爲一家者）として張栻、呂祖謙、朱熹を評價し、とくに朱熹には最大級の贊辭を贈っている。これに對し張九成、陸九淵には禪僧の影響が有り異端に流れていてもその自覺がないと低い評價であり、永嘉諸公に至っては同日には語れないと評價しない。周密にとって程學の流れを集大成した朱子學は、朱熹の思想體系として最大限の評價を受けるべき存在であり、かれの道學批判とは、自らの能力ではしかるべき地位につけないことを悟った「一種淺陋之士」が、道學の名に附して自分を賣り込む獵官活動に對しての批判であった。

所謂「道學派」のこうした態度は、實は南宋初めの程學派に類似している。蔡京ら新法黨の政治によって亡國の憂き目をみた反動から、南宋初期は舊法黨とくに程學に近い人物が政局の主導權を握る場面があった。秦檜ら和平派は、主戰論を展開する程學派の彈壓を強めたが、そのときの程學派の態樣を、周密の描寫する「褒衣博帶、危坐闊步」「抄節語類以資高談」「閉眉合眼號爲默識」と同樣の表現を使って非難していることは興味深い[11]。秦檜ら南宋初期の程學派批判と周密の道學批判の違いは、時の政治の風向きを讀むのに長け、權力に阿諛追從する人士を批判することが、最終的には趙鼎という和平派の最大の障害を排除するための手段に過ぎなかった秦檜に對し、周密は逆に朱熹の學問の俗物による利用が國家を危うくすることへの危機感からの批判であった(12)。

慶元僞學の禁で彈壓を受けた道學派は、理宗の寶慶三年（一二二七）に朱熹が太師を特贈されたころから復權が始まり、淳祐元年（一二四一）太學の孔子廟の従祠から王安石が永久に追放され、程頤、朱熹ら道學者が代わって加えられたときに確定した。道學は主流派への流れに乘ったのである。機を見るに敏な「淺陋之士」は一齊に道學に靡き始めた。吳興の老儒沈仲固はその風潮に眞っ先に反發し、同じ吳興の周密は眞の道學と淺陋の士の道學を峻別して批判した。その背景に政治の世界がもつ醜さ・猥雜さを厭い、むしろ美の世界に遊ぶことを願う吳興士人社會が透けて見えてくる。これを先の論考で考察した明州慶元府と比較してみると、それぞれの地域士人社會のいわば「文化的熟成度」の相違を感じる。その意味で、元の時代のことではあるが吳興の趙孟頫と永康の胡長孺に關する次の逸話は、それが事實か否かは別として、浙西と浙東兩士人社會の違い、あるいは「文化の浙西」と「學術の浙東」を象徴するといってもよいであろう。

趙文敏孟頫と胡石塘長孺は、至元中、その名が世祖にまで聞こえ召されてお目見えした。上が文敏に何ができるか、と問われると、「文章を作ること、それに琴棋書畫を辨えております」とお答えした。次に石塘に問われると、「臣は正心修身齊家治國平天下の何たるかを辨えております」と答えた。そのとき胡石塘の被っている笠が傾いていた。上は「頭上の一個の笠すらまっすぐに出來ないのに、どうやって國を治め天下を平らかにするのか」といわれ、ついに召抱えられなかった。

趙文敏孟頫胡石塘長孺、至元中有以名聞于上被召入見。問文敏會甚麼。奏曰「做得文章、曉得琴棋書畫」。次問石塘奏曰「臣曉得那正心修身齊家治國平天下本事」。時胡所戴笠相偏攲。上曰「頭上一個笠兒、尚不端正。

何以治國平天下」竟不錄用。（元末明初『農田餘話』）

周密のための趙孟頫鵲華秋色圖作成は、「遺臣」と「貳臣」という政治次元の對立ではなく、「士人文化」を共有するこうした南宋の呉興士人社會を前提にして初めて理解することが可能となる。(13) さらに推測を重ねれば、この同じ文化狀況が能力ある士人をして擧業に邁進する單純な上昇志向の生き方を躊躇させ、結果として湖州における進士合格者の漸減につながったのではないかと思うのである。

三　楊載題跋をめぐって

以上、南宋湖州呉興の進士合格者漸減の歴史的背景を、趙孟頫の鵲華秋色圖に關連させながら檢討してみた。しかし鵲華秋色圖については、小論が成り立つために看過できない疑問が美術史側から提起されているので、以下簡單に觸れる。

日本の代表的な中國繪畫史研究者である鈴木敬教授は、この鵲華秋色圖について『中國繪畫史―中之二』で「……大きなV字形の構成にそって華不注山と鵲山、秋を代表する樹林を配したものであり、兩山の位置からみて濟南附近から北を遠望した形がとられている。兩山の關係は北から南望した形をとる場合、畫としては逆に描かれなければならない（本文篇40頁）」「跋や印をとりのぞいた鵲華秋色圖卷は實に奇妙な作品であることが分る。その奇妙さ、不自然さはすべて李鑄晉教授が指摘しているので（「鵲華秋色圖卷」一九六五　スイス）(14) 省くが、このような不可思議な表現の目立つ作品を趙孟頫の原作とすることには若干の躊躇があり、もし原作とすれば大きな改變の手が後世加わったと

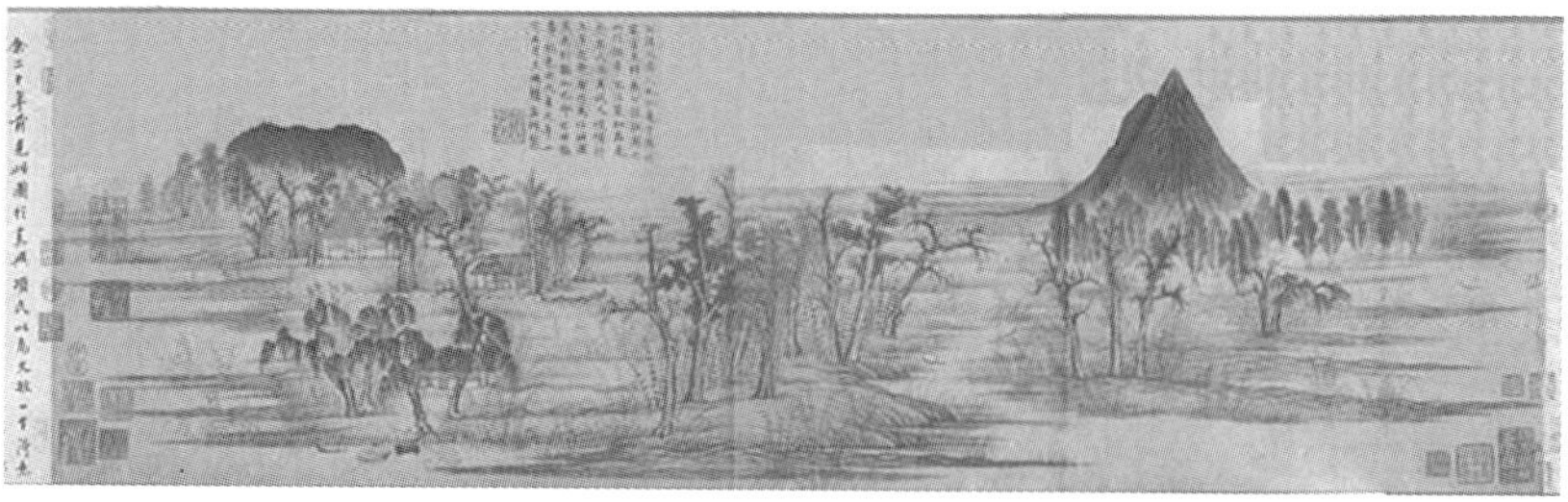

圖３　乾隆以前の鵲華秋色圖

みなくてはなるまい。それは畫上の自題が加筆され鵲・華の方位を間違えてしまった時と同一かも知れない（本文篇50頁）」「自題の不可解な記述〝……華不注山の形状は険しく、……その東にあるのが鵲山である。〟乾隆帝は、趙の〝筆誤〟とする。私は乾隆が言うように一時の筆誤とは受け取ることはできない。筆誤なら正したらよいのであり、大きな間違いを犯した自題をそのまま齊人周密に捧げることは有りえないであろう（圖版篇18頁注（二八））と繰り返し贋作の疑いを強く示唆されている。確かに趙孟頫自筆の題識としては不可解な誤りがあり、乾隆帝も自らの題識に記すように、そのことに氣がついていた。また畫の構圖も奇妙といわれる。因みに跋や印をとりのぞいてみたものが圖３であり、これが乾隆以前の鑑賞者たちが目にした鵲華秋色圖である。ただ筆者には、これをみても美術史家が指摘する如く董元（源）の影響がかなりはっきり分かるようになる程度であり、この構圖が趙孟頫の作品として奇妙なのかどうかは残念ながら判斷はできない。周密の『雲烟過眼錄』には趙孟頫がこのとき燕京から持ち歸った書畫などの目錄があり、[15]そのなかに董元の畫が含まれているから確かに影響は受けたのであろうとは推測できる。ということで、この復原も筆者にとって眞贋問題の解決とはならなかった。

疑わしいといえば趙孟頫高弟で行狀を撰した楊載の題跋も、自書する執筆の年月や孟頫の官位などおかしいといえばいえる。（圖４）孟頫自らの題識を除けば本圖卷最初の題跋となる楊載の跋文には、「大德丁酉孟春望後之三日」とあるから、執筆は大德元年（一二七九）正月十八日ということになる。しかし大德は元貞三年二月の改元以後の年號であり、この年の正月はまだ元貞年間である。跋文を記した時點で、楊載は近々の改元と新しい年號を知っていなければこの記述はあり得ない。また楊載は、趙孟頫を「承旨」と呼ぶが、孟頫の翰林院承旨就任は延祐三年（一三一六）のことであり、翰林院入りにしても至大三年（一三一〇）の翰林院侍讀學士が最初であり、確かに大德元年には翰林院への推薦がなされたらしく、結局、本人は辭退しているが、翰林院入りの機會があったというだけで美稱として長官の稱號である承旨を使うには少々飛躍しすぎると思う。もしこの畫卷が題跋を含めすべてが後世の贋作であるとすると、今までの行論は、議論のきっかけを失うことになる。

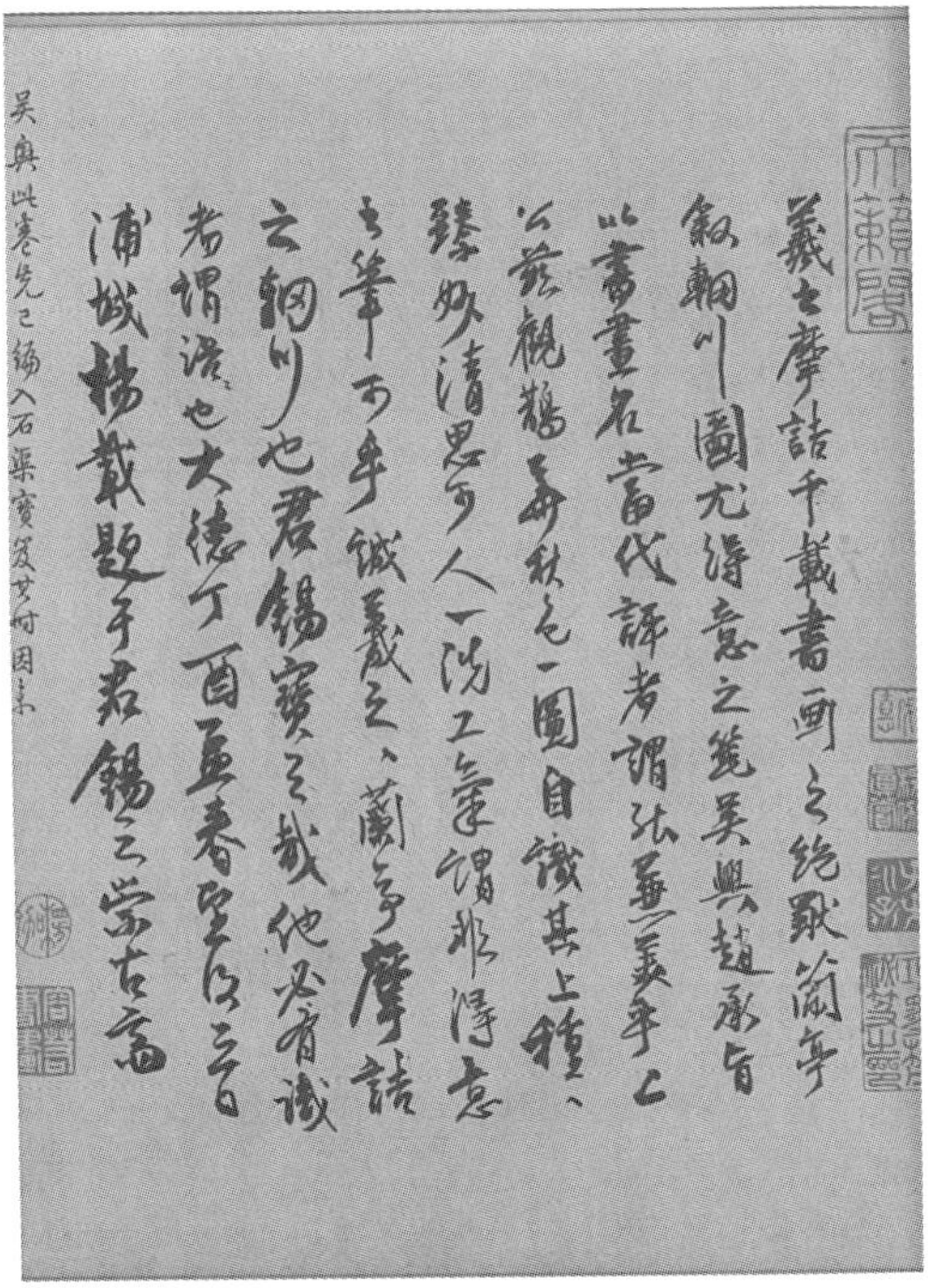

圖4　楊載題跋

ただし小論に即していえば、現在、臺灣故宮博物館に所藏されているこの圖卷が、孟頫の手になる眞作なのか、あるいは後世の模本にすぎないのかは、實は重要でなく、趙孟頫が周密のために鵲華秋色なる圖卷を描いたか否かという事實の有無が問題である。とすれば同時代の楊載の題跋は、それが後世の僞作でない限り、圖卷の事實が存在したことの證言となろう。現存題跋が楊載の眞筆であることの證明は難しいが、少なくとも題跋の内容の矛盾點は解決しておかねばならない(16)。

楊載（南宋咸淳七年一二七一～元至治三年一三二三）は、北宋楊億十一世の孫であり、それ故億の本貫を以って浦城の楊載と記すが、實際は杭州に住む。延祐二年（一三一五）の科擧同年の黄溍による行状（『金華黄先生文集』三三 楊仲弘墓誌銘）および元史一九〇の列傳がある。それらに據ると、楊載は四十歳の頃（至大三年一三一〇）、戸部賈國英の推薦で翰林國史院編修官となり武宗實錄の編修に攜わった。その後、地方官に轉じ、延祐二年の科擧に合格している。國史院編修官となった時期には、本傳に「吳興の趙孟頫、翰林に在り、載の爲る所の文を得、極めて之れを推し重んず」とあるように、先述の至大三年に侍讀學士として始めて翰林院入りした趙孟頫から推薦を受けているが、それ以前の兩者の關係は不明である。そこで先ず楊載が鵲華秋色圖をみたという所藏者及びその齋室「君錫之崇古齋」について檢討する。

『元人傳記資料索引』は、君錫を別名とする元人を三人著錄しているが、それら吳晉卿、張瑾、陰元圭の傳記資料ではこのうちの誰がこの君錫であるか特定できない。『石渠寶笈』二八 御書房一の趙孟頫書「福仙禪院碑」一册の解說に「張氏君錫」「崇古齋」の二印があると記され、ここから題跋の君錫の姓は張氏すなわち張瑾のことであり、崇古齋はその齋室名と考えたいのであるが、恐らく『索引』の張瑾とは別人であろう。確かに『索引』の擧げる『雲南通志』一九名宦 元 に「張瑾、字君錫、號玉溪、河南の人。至正の間（一三四一～）、雲南廉訪副使と爲る」とある。しかし後述のように君錫は泰定（一三二四～）以前に沒しているから同一人ではありえない。張瑾は、むしろ『元史續編』一三 至正三年十二月に記す、處士から（翰林待制に〈『何氏語林』五〉）拔擢された人物の一人で、至正五年の阿魯圖「進宋史表」に名前を列記する翰林待制奉議大夫兼國史院編修官張瑾であろう。それ故、崇古齋の君錫が諱であるか字ないし號であるのかを含め、本人については後考を待つことにする。

張孟頫『松雪集』八 任叔實墓誌銘によると、「余、十年前、杭州に至る（大德三年、行江浙等處儒學提擧としてであろう）。故人大梁の張君錫、上虞の蘭穹山寺碑を以って余が書を求む」とあって、『石渠寶笈』所載の會稽上虞縣の蘭穹山福仙寺碑文の書を孟頫に依賴した人物が張君錫であった。『嘉泰會稽志』八によれば、福仙院は縣の西北三十里にある唐咸通三年建立の古刹である。墓誌銘は、この福仙院の碑文の撰者が四明の任叔實であり、その文の立派なことに感銘した孟頫は、その後、杭州にやってきた叔實と知己となったこと、こうした經緯から、叔實沒後、墓誌銘を記すことになったと述べる(17)。任叔實の沒年は武宗至大二年（一三〇九）、埋葬の年は諜年とあり不明であるが、墓誌銘執筆は沒年からそう遠くない時期であろうから、君錫が孟頫に福仙寺碑文の書を依賴した時期は大德三～四年（一二九九～一三〇〇）頃ということになる。その時點で孟頫は君錫を故人（舊友）と表現しているので、大德元年に張君錫の崇古齋に鵲華秋色圖が存在していたことは十分考えられることである。

張君錫について二、三付け加えておく。柳貫『柳待制文集』一一夷門老人杜君行簡墓碣銘によると、墓主の杜敬と張君錫はともに開封の人で早くから杭州に居を構え、至元・大德の間に朝廷が禮樂の事を講求するに際し、宋の古都である汴・杭の耆舊に意見を求めるという雰圍氣の中に在ったという。柳貫のみるところ、杭州での兩人は集賢柴貢父、尙書高彥敬、都曹鮮于伯機、承旨趙子昂、饒州喬仲山、侍講鄧善之ら「鑑古を尤《よく》し、淸裁有る」人士と「每に其の論議を上下」し、諸公はその見解を尊重した。その結果、延祐初め朝廷は大樂署丞に張君錫を、次に杜簡を拔擢したのであった。杜簡は、泰定元年（一三二四）に七十歳で沒し、君錫はその數年前に世を去っていたという(18)。ここに杭州で君錫が交流した人士として名前が擧げられている鮮于伯機は、大德二年二月二十五日、かれの邸宅で王羲之「思想帖」鑑賞の會が開かれたことでも著名な文人官僚鮮于樞であり、會には趙孟頫、鄧善之らが參加し、そこに周密の名がみえる（郁逢慶『續書畫題跋記』）。要するに趙孟頫の杭州赴任を機會に、かれや鮮于樞を中心として集った杭州在住の文人の輪のなかに趙君錫も位置していたわけで、若き楊載が「君錫之崇古齋」で鵲華秋色圖をみたことはほ

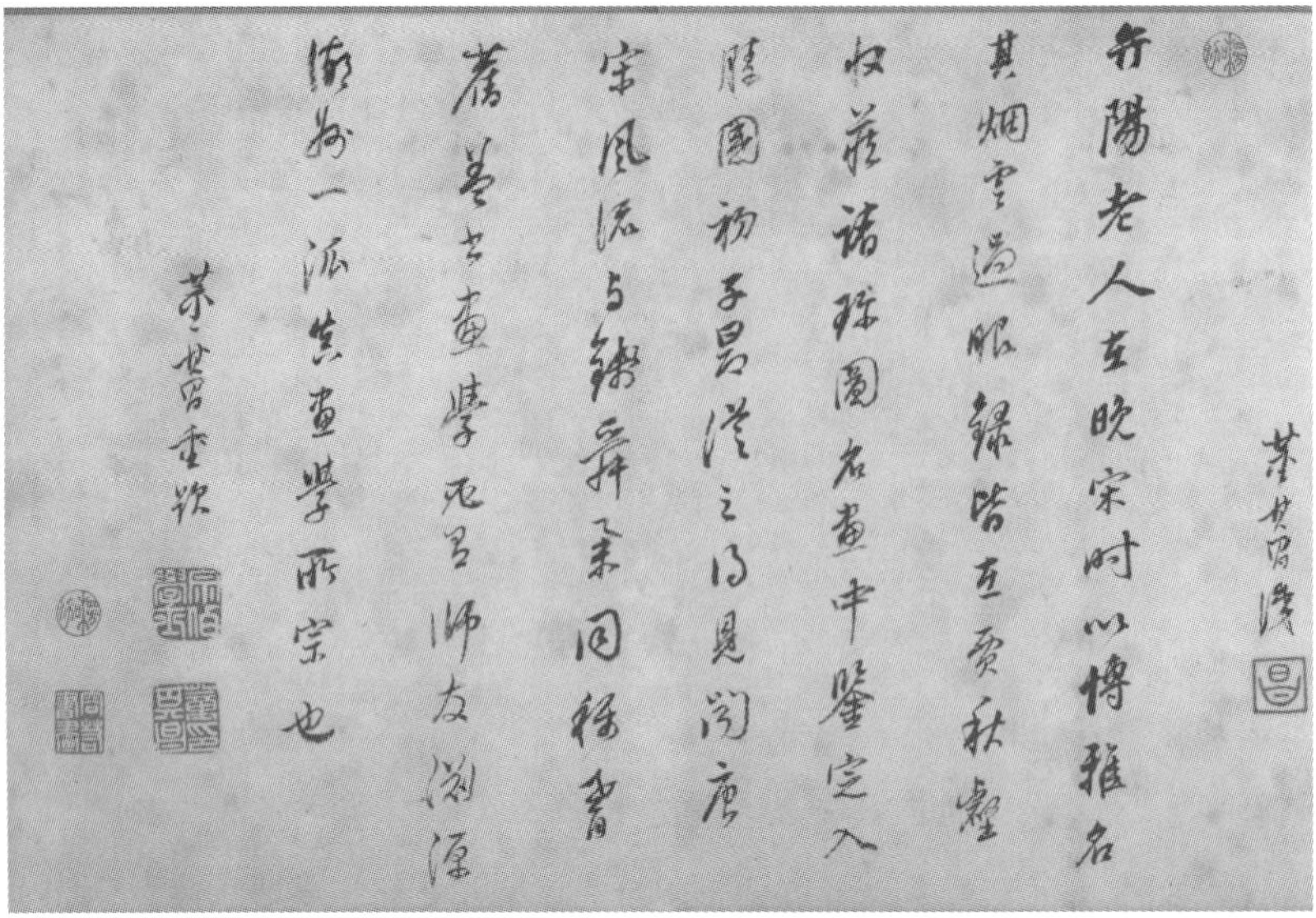

圖6　董其昌題跋

ぼ確實といえるであろう。ただし題跋の實際の執筆は、それより後の時期と考えたい。なお元人の題跋には、他に楊載題跋に觸れる范椁德機のものがある。これも嚴密には考證が必要であるが、楊載題跋の存在を裏から支えている。

おわりに

小論は、第二節で吳興士人社會の特色を検討したが、それは周密の目から見た士人社會に過ぎなかった。別の目から異なる特徵の士人社會を描くことも可能であろう。また元朝の趙孟頫や鮮于樞をとりまく文人官僚のサロンは杭州をその場としていた。小論では觸れられなかったが周密生前のかれを取り卷く元初の士人サロンも杭州にあった。吳興士人社會の「文化」を湖州獨自のものとするには些か無理があろう。しかし同時に、元末四大家と呼ばれるこの時期を代表する「文人」畫家たちの活動の場が太湖周邊を中心としていたことも事實である。一方で、南宋期に時代が降るにしたがって進士合格者數を減らしていった典型的なもう一つの州に常州があることを思えば、浙西の文化的成熟と進士合格者數の遞減はあながち無關係ともいえないであろう。

明末、「尙南貶北」論を唱えた董其昌は、この圖卷題跋の一つで「……蓋書畫學必有師友淵源、湖州一派、眞畫學所宗也」と記し（圖6）、元初に湖州が南宋畫院の傳統を繼承する杭州とは異なる獨自の美的傳統を築き[19]、その中心にいた趙孟頫の影響は孫の王蒙[20]をはじめとする「元末四大家」を經由し、やがて吳派として繪畫史の主流となることを見通していた。とすれば、董其昌が主張する「王維に淵源する南宗畫」の經由地は宋末吳興の士人社會にあり、かれの南宗畫論をどのように評價するにしても、湖州吳興は、唐・宋・元・明と繼承されるの士人文化の流れのなかで再檢討される必要があろう。これは科擧社會と科擧文化の問題でもある。

注

（1）*The Ladder of Success in Imperial China, Aspect of Social Mobility, 1368-1911* Columbia University Press 1962　一四四頁以降、寺田隆信・千種眞一譯　日本語譯版　平凡社　一九九三　二四一頁以降。

（2）近藤一成「南宋地域社會の科擧と儒教――明州慶元府の場合――」（土田健次郎編『近世儒學研究の方法と課題』汲古書院　二〇〇六　中國語版「宋代科擧社會的形成――以明州慶元府爲例」『厦門大學學報（哲學社會科學版）』二〇〇五―六　二〇〇五）。

（3）グラフの典據は、明州が『寶慶四明志』と『延祐四明志』、湖州が『（嘉泰）吳興志』と萬曆『湖州府志』。但し人數は、地方志によって相當數の異同がある。

（4）吳松弟『中國人口史　遼宋金元時期』（復旦大學出版社　二〇〇〇）一四九頁。

（5）『寶慶四明志』一一　貢擧。

（6）嘉泰『呉興志』一一　學校。この箇所は誤字が多く、ここでは同じ記事を引用した明天啓『呉興備志』一八進士の記述による。いずれも呉興叢書所收本。

（7）萬曆『湖州府志』書院。

（8）以下の湖州の人物についての敍述は、とくにことわらない限り『呉興備志』一一、一二による。

（9）Ankeney Weitz *Zhou Mi's Record of Clouds and Mist Passing Before One's Eyes: An Annotated Translation.* Brill 2002　一九〇頁注二三二。

（10）趙孟頫の交友關係と主に碑文撰書を中心とした經歷については、櫻井智美「趙孟頫の活動とその背景」（『東洋史研究』五六―四　一九九八）に詳しく、宋末湖州士人社會の考察にも基本史料を提供してくれる。

（11）近藤一成「南宋初期の王安石評價について」（『東洋史研究』三八―三　一九七九）。

（12）周密の道學批判を、それが家學であること及び南宋政治史と學派史の流れのなかで論じた論考に、石田肇「周密と道學」（『東洋史研究』四九―二　一九九〇）がある。

（13）村上哲見氏は、宋末元初の江南文人に對する「貳臣」か「遺民」かの評價は、乾隆帝及び『四庫全書提要』の恣意的規準によるもので、そもそも元初の江南文人の間にそうした意識はなかったと論じられている。なお小論で使用する士人社會という語は、村上氏がそれぞれ一部を重ね合せつつも別の概念として定義された讀書人、士大夫、文人それら全體によって構成される集團を意味している。村上哲見『中國文人論』（汲古書院　一九九四）に收録された「雅俗考」（一九八三初出）「文人・士大夫・讀書人」（一九八八初出）「貳臣と遺民――宋末元初江南文人の亡國體驗――」（一九九四初出）を參照。

（14）Chu-tsing Li *The Autumn Colors on the Ch'iao and Hua Mountains A Landscape by Chao Meng-fu.* Artibus Asiae Publishers 1965.

（15）『雲烟過眼錄』下　趙子昂孟頫乙未自燕回出所收書畫古物のなかに「董元河伯娶婦一卷。長丈四五、山水絕佳、乃着色小人物。今歸莊肅與。余向見董元所作弄虎、故實略同。董元水石吟龍、高祖題。」とある。

（16）題跋全文は圖4を參照。「羲之摩詰、千載書畫之絕、獨蘭亭敍・輞川圖尤得意之筆。呉興趙承旨以書畫名當代、評者謂能兼

美乎二公。茲觀鵲華秋色一圖、自識其上、種種臻妙、淸思可人、一洗工氣、謂非得意之筆可乎。誠羲之蘭亭、摩詰之輞川也。君錫寶之哉。他必有識者、謂〔語　誤字〕也。大德丁酉孟春望後三日、浦城楊載于君錫之崇古齋」と讀める。ちなみに故宮博物院藏　最晩年の至治二年（一三二二）靜春堂詩序を參考までに擧げる（圖5）。

(17)「余十年前至杭。故人大梁張君錫以上虞蘭穹山寺碑求余書。讀一再過曰「噫、世固不乏人斯文也。其可以今人少之哉。」君錫曰「是四明任叔實之文也。」余始聞叔實、夢寐思見之數年。叔實自四明來杭、余始識叔實。……」

(18) 夷門老人杜君行簡墓碣銘幷序「至元大德間、儒生學士蒐講藝文、紹隆製作禮樂之事、蓋彬彬乎太平極盛之觀矣。然北汴南杭、皆宋故都、黎獻耆長、往往猶在、有能參稽互訂、交證所聞、則起絕鑒於敗縑殘楮之中、寄至音於淸琴雅瑟之外、雖道山藏室、奉常禮寺、亦將資之以爲飾治之黼黻。若予所識張君君錫、杜君行簡、則以汴人而皆客杭最久。于時梁集賢貢父、高尚書彥敬、鮮于都曹伯機、趙承旨子昂、喬饒州仲山、鄧侍講善之尤鑒古有淸裁。二君每上下其論議、而諸公亦交相引重焉。延祐初、朝廷首起君錫爲大樂署丞、將次及行簡、而君錫死。又數年、行簡死。……得年七十、而終泰定元年十二月二十二日也。……」

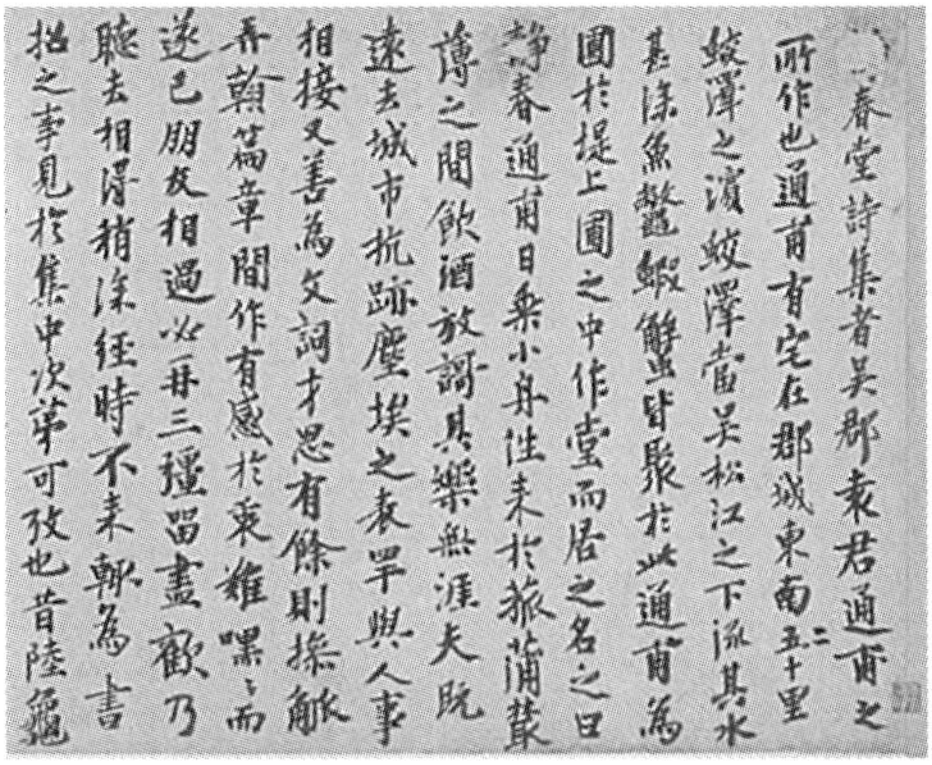
…春堂詩集者吳郡袁君通甫之
所作也通甫有宅在郡城東南五十里
蛟澤之濱蛟澤當吳松江之下流其水
甚深魚鼈蝦蟹皆聚於此通甫爲
圖於堤上圖之中作堂而居之名之曰
靜春通甫日乘小舟往來於菰蒲葭
葦之間飲酒放謌其樂無涯夫既
遠去城市抗跡塵埃之表罕與人事
相接又善爲文詞才思有餘則操觚
弄翰篇章間作有感於衷雖嘿嘿而
遂已朋友相過必再三留盡歡乃
聽去相得稍深經時不來輒爲書
招之事見於集中次第可攷也昔陸龜

圖5　楊載　靜春堂詩序

(19) Chu-tsing Li The Role of Wu-Hsing in Early Yuan Artistic Development Under Mongol Rule. ed.by John D. Langlois *China under Mongol Rule.* Princeton University Press 1981.

(20) 王蒙は、趙孟頫の外甥という說もある。朱彝尊『曝書亭集』六三　王蒙傳。

（本稿は、二〇〇五年度早稻田大學特定課題研究「中國科學制度からみた吳興士人社會の形成と展開」の成果の一部である）

跋

福井重雅先生は一九六三年四月に早稲田大學文學部講師に就任されて以來、昨年三月に定年によりご退職されるまで、四三年にわたり、一貫して早稲田大學文學部（文學學術院）において研究と教育に從事された。その間、一九八三年からは毎夏、指導する大學院生とともに、輕井澤の早稲田大學追分セミナーハウスにおいて夏季合宿を主宰された。これは約二〇年間續けられたが、年月の經過とともに、學籍を離れた者、さらには先生の直接の指導學生ではない者も參加する研究會的な集まりとなった。いわゆる「福井ゼミ」である。合宿は參加者の研究報告、『獨斷』『西京雜記』等の譯注のとりまとめ、そして夜を徹した議論が展開され、非常にユニークな研究活動の場であった。

福井先生が還暦を迎えられたころから、福井ゼミでは研究の成果を世に問う論文集を刊行できないかという聲が高まってきた。合宿で論文集刊行を視野に入れた研究報告も行ない、遲々たるものであったが準備を進めてきた。

一方、早稲田大學文學部が二〇〇七年度から全面改組されることになり、東洋史研究室も大きな轉機を迎えた。教員や大學院生の間でも、福井先生の古稀、早稲田大學ご退職を機に、早稲田大學の中國史・東アジア史研究の成果・到達點を提示することは多大な意義があると認識されるに至った。

二〇〇五年春に、早稲田大學の學内に籍を置く者を中心に、記念論集刊行會が設けられた。刊行會では前述したような經緯から、執筆者は早稲田大學東洋史研究室において福井先生の教えを受けた者とし、さらに先生ご自身にもご執筆をお願いすることにした。また書名は『古代東アジアの社會と文化』とすることとした。執筆豫定者を先生にご相談申し上げ、執筆依頼狀を發送したのは二〇〇五年九月であった。幸い大方のご賛同を得、先生から玉稿をいただくとともに、二五名の方からご論考をお寄せいただくことができた。

福井先生のご研究の中心は言うまでもなく中國古代史であるが、そのご指導は廣範圍にわたる。したがって本書を構成する論考が扱う時代は甲骨文の時代から一三世紀に及び、地域も東アジア全域に廣がる。本書ではそれを概ね時代ごとの六章に分け、先生の玉稿も、敢えて巻頭には置かず、對象とする時代に相當する第二章の最後に配置させていただいた。本書によって、先生が研究・教育に攜わってこられた時代の早稲田大學の中國史・東アジア史の學問潮流を俯瞰できるのではないだろうか。

刊行は二〇〇六年一二月の豫定であったが、諸般の事情で三ヶ月ほど遲れてしまった。いち早く玉稿をお寄せいただいた福井先生ならびに執筆者の方々にご寛恕をお願いするとともに、ご寄稿いただいたことに改めて厚く御禮申し上げる次第である。なお本書刊行の經費の一部は、かつて先生から福井ゼミに對し活動の費用にと贈られたものである。記念論集にまで先生のご心配をいただいたことになり心苦しい限りであるが、不肖の教え子として先生に甘えさせていただきたい。

本書出版については汲古書院社長石坂叡志氏、編集部小林詔子氏に全面的にお世話になった。不慣れな編集委員を叱咤してくださったおかげで、ようやく刊行することができた。深く感謝の意を表すものである。

二〇〇七年三月

福井重雅先生古稀・退職記念論集刊行會

執筆者紹介（掲載順）

（＊印は論集編集委員）

豊田　　久　（とよた　ひさし）鳥取大學地域學部。

濱川　　榮　（はまかわ　さかえ）共立女子大學國際文化學部。

岡安　　勇　（おかやす　いさむ）目黑學院高等學校。

工藤　元男＊（くどう　もとお）早稲田大學文學學術院。

水間　大輔　（みずま　だいすけ）日本學術振興會特別研究員ＰＤ。

石岡　　浩　（いしおか　ひろし）明治大學法學部。

熊谷　滋三　（くまがい　しげぞう）東海大學文學部。

小林　春樹　（こばやし　はるき）大東文化大學東洋研究所。

渡部　　武　（わたべ　たけし）東海大學文學部。

澤　　章敏　（さわ　あきとし）關東學院六浦中學校・高等學校。

三﨑　良章＊（みさき　よしあき）早稲田大學本庄高等學院。

小幡みちる　（おばた　みちる）早稲田大學文學學術院。

小林　　岳＊（こばやし　たかし）早稲田大學高等學院。

平田陽一郎　（ひらた　よういちろう）沼津工業高等專門學校。

荒川　正晴　（あらかわ　まさはる）大阪大學大學院文學研究科。

石見　清裕＊（いわみ　きよひろ）早稲田大學教育・總合科學學術院。

北川　俊昭　（きたがわ　としあき）富山商船高等專門學校。

橋本　　繁　（はしもと　しげる）早稲田大學文學學術院。

李　　成市＊（り　そんし）早稲田大學文學學術院。

奥村　周司　（おくむら　しゅうじ）早稲田實業學校。

高井康典行　（たかい　やすゆき）早稲田大學文學學術院。

久保田和男　（くぼた　かずお）長野工業高等專門學校。

飯山　知保　（いいやま　ともやす）日本學術振興會特別研究員ＰＤ。

石田　　肇＊（いしだ　はじめ）群馬大學教育學部。

近藤　一成＊（こんどう　かずなり）早稲田大學文學學術院。

福井重雅先生古稀・退職記念論集
古代東アジアの社會と文化

二〇〇七年三月二十八日　發行

編　者　記念論集刊行會
發行者　石　坂　叡　志
整版印刷　富　士　リ　プ　ロ
發行所　汲　古　書　院
〒102-0072 東京都千代田區飯田橋二-五-四
電　話　〇三（三二六五）九七六四
FAX　〇三（三二二二）一八四五

ISBN978-4-7629-2810-9　C3022
KYUKO-SHOIN, Co., Ltd. Tokyo.